O Novo Czar

A Ascensão e o Reinado de Vladimir Putin

Título original:
The New Tsar: The Rise and Reign of Vladimir Putin

Copyright © 2015 by Steven Lee Myers

Tradução: Lumir Nahodil e João Quina Edições

Revisão: Cátia Loureiro

Design de capa: Peter Mendelsund
© Platon / Trunk Archive

Depósito Legal n.º 417375/16

Biblioteca Nacional de Portugal – Catalogação na Publicação

MEYERS, Stephen Lee, 1965-

O novo Czar : a ascensão e o reinado
de Vladimir Putin. - (Extra-coleção)
ISBN 978-972-44-1912-1

CDU   929Putin, Vladimir

Paginação:
João Jegundo

Impressão e acabamento:
PAPELMUNDE
para
EDIÇÕES 70
em
Março de 2022

1.ª edição: Novembro de 2016

Direitos reservados para Portugal e países africanos de língua oficial portuguesa por Edições 70

EDIÇÕES 70, uma chancela de Edições Almedina, S.A.
LEAP CENTER – Espaço Amoreiras – Rua D. João V, n.º 24, 1.03
1250-091 Lisboa – Portugal
e-mail: editoras@grupoalmedina.pt

www.edicoes70.pt

Esta obra está protegida pela lei. Não pode ser reproduzida,
no todo ou em parte, qualquer que seja o modo utilizado,
incluindo fotocópia e xerocópia, sem prévia autorização do Editor.
Qualquer transgressão à lei dos Direitos de Autor será passível
de procedimento judicial.

O Novo Czar

A Ascensão e o Reinado de Vladimir Putin

Steven Lee Myers

Para Margaret, Emma
e Madeline

E em memória da minha mãe,
Nita Louise Myers

Oh, ele percebia muito bem que para a alma dócil de um russo ingénuo, esgotado por desgostos e dificuldades e, acima de tudo, por injustiças e pecados, seus ou do mundo, não existia necessidade mais forte do que aquela de encontrar um santuário ou um santo para se prostrar diante dele e o venerar.

FIÓDOR DOSTOIÉVSKI,
Os Irmãos Karamázov

Índice

PRIMEIRA PARTE

Capítulo 1: *Homo Sovieticus*... 15

Capítulo 2: Coração quente, cabeça fria e mãos limpas 37

Capítulo 3: O oficial dedicado de um império moribundo 55

Capítulo 4: A democracia enfrenta um inverno de fome 75

SEGUNDA PARTE

Capítulo 5: Os espiões regressam do frio 99

Capítulo 6: A democracia mal gerida.. 123

Capítulo 7: Um caminho inesperado rumo ao poder 143

Capítulo 8: Nadar duas vezes no mesmo rio.. 163

Capítulo 9: *Kompromat*.. 185

Capítulo 10: Na latrina... 207

TERCEIRA PARTE

Capítulo 11: Chegar a Portugal... 235

Capítulo 12: A alma de Putin 269

Capítulo 13: Os deuses dormiam nas suas cabeças 293

Capítulo 14: *Annus horribilis*.. 317

Capítulo 15: O contágio laranja... 341

Capítulo 16: Kremlin, Inc. 363

Capítulo 17: Veneno 391

Capítulo 18: O problema de 2008... 415

QUARTA PARTE

Capítulo 19: A regência.. 441

Capítulo 20: Homem de ação 461

Capítulo 21: O regresso 485

QUINTA PARTE

Capítulo 22: A restituição... 511

Capítulo 23: Sozinho no Olimpo 533

Capítulo 24: Putingrado 553

Capítulo 25: A nossa Rússia... 583

Agradecimentos 615

Notas 619

Bibliografia 663

PRIMEIRA PARTE

Capítulo 1

Homo sovieticus

Vladimir Spiridonovitch Putin avançava lentamente pelo campo de batalha coberto de crateras ao lado do rio Neva, a cerca de cinquenta quilómetros de Leninegrado. As suas ordens faziam a missão parecer um puro suicídio. Devia fazer o reconhecimento das posições alemãs e, se fosse possível, capturar uma «língua», como se designava, na gíria, um soldado para interrogar. Era o dia 17 de novembro de 1941, ([1]) já estava um frio de rachar, e o humilhado exército da União Soviética debatia-se desesperadamente para evitar a sua destruição completa às mãos da Alemanha nazi. Os últimos tanques mantidos em reserva na cidade tinham atravessado o rio Neva havia uma semana, e os comandantes de Putin tinham agora ordens para abrir uma brecha nas posições extremamente reforçadas defendidas por cinquenta e quatro mil soldados de infantaria alemães ([2]). Não havia outra opção senão obedecer. Ele e outro soldado aproximaram-se de um abrigo de atirador algures ao longo de uma frente fortificada, pejada de trincheiras, marcada por crateras de obuses, manchada de sangue. De repente, um alemão surgiu para surpresa de todos os três presentes. Durante um momento de paralisia, nada aconteceu. O alemão foi o primeiro a reagir: tirou a cavilha de uma granada e atirou esta última. Ela aterrou perto de Putin, matando o seu camarada e enchendo as suas próprias pernas de estilhaços. O soldado alemão escapou, deixando Putin prostrado, pensando que estivesse morto. «A vida é, na realidade, qualquer coisa de tão simples», diria, décadas mais tarde, um homem que contaria a história com um fatalismo característico ([3]).

Putin, que na altura tinha trinta anos, jazia ferido numa cabeça de ponte na margem leste do rio Neva. Os comandantes militares do Exército Vermelho tinham despachado tropa atrás de tropa fazendo uso do rio na esperança de quebrar o Cerco de Leninegrado, que começara havia dois meses, quando os alemães tinham conquistado Chlisselburg, uma antiga fortaleza na foz do rio Neva, mas o esforço tinha sido vão. Os alemães montaram um cerco que iria durar 872 dias e matar um milhão de civis em bombardeamentos, de fome e de doenças interpostas. «O Führer decidiu apagar a cidade de Sampetersburgo da face da Terra», declarava uma ordem secreta alemã emitida em 29 de setembro. A capitulação não seria aceite. Os bombardeamentos aéreos e de artilharia seriam as ferramentas de destruição da cidade, e a fome seria a sua cúmplice, uma vez que «alimentar a população é um problema que não pode nem deve ser resolvido por nós» ([4]). Nunca antes uma cidade moderna tinha suportado um cerco deste género.

«Será este o fim das vossas perdas?», escreveu Estaline, furiosamente, num telegrama enviado aos defensores da cidade no dia que se seguiu ao início do cerco. «Se calhar, já decidiram sacrificar Leninegrado?» O telegrama trazia as assinaturas de toda a liderança soviética, incluindo Viatcheslav Molotov, que, em 1939, tinha firmado com o seu homólogo nazi, Joachim von Ribbentrop, o famigerado pacto de não-agressão entretanto traído ([5]). De modo algum, as perdas tinham chegado ao fim. A queda de Chlisselburg coincidiu com ferozes ataques aéreos sobre a própria Leninegrado, incluindo um que incendiou o armazém principal de géneros alimentícios da cidade. A tropa soviética que defendia a cidade estava na mais perfeita desordem, tal como em toda a União Soviética. A Operação Barbarossa, a invasão nazi que se iniciara em 22 de junho de 1941, tinha esmagado as defesas soviéticas ao longo de uma frente de mil e seiscentos quilómetros, que ia do mar Báltico ao mar Negro. Até Moscovo parecia estar na iminência de cair.

Estaline nunca pensou entregar Leninegrado, e destacou para lá o chefe do Estado-Maior General, Gueorgui Jukov, para reforçar a defesa

HOMO SOVIETICUS

da cidade, o que este fez com considerável brutalidade. Foi sob as ordens de Jukov que, na noite de 19 de setembro, forças soviéticas lançaram o primeiro assalto atravessando os seiscentos metros de largura do rio Neva a fim de romper o cerco, mas este foi repelido pelo poder de fogo avassalador dos alemães. Em outubro, tentaram outra vez, atirando para a frente a 86.ª Divisão, que incluía a unidade de Putin, o 330.º Regimento de Atiradores. A cabeça de ponte que esta tropa conseguiu criar na margem leste do rio Neva tornou-se conhecida, devido ao seu tamanho, como Névski Piatachok, nome derivado da palavra empregada para designar a moeda de cinco copeques ou um pequeno pedaço de terreno. Na altura da sua maior expansão, o campo de batalha media pouco mais de um quilómetro e meio de largura, e menos de metade dessa extensão de fundura. Para os soldados destinados a combater nesse lugar, era uma armadilha mortal, cruel e desprovida de sentido.

Putin era um operário sem instrução, um dos quatro filhos de Spiridone Putin, um cozinheiro que, em tempos, trabalhara no célebre Hotel Astoria da cidade pré-revolucionária. Spiridone, embora apoiasse os bolcheviques, fugiu da capital imperial na altura da guerra civil e da fome que se seguiram à Revolução de Outubro de 1917. Estabeleceu-se na aldeia dos seus antepassados, Pominovo, nas serranias a oeste de Moscovo, e mais tarde mudou-se para a própria cidade, onde cozinhou para a viúva de Vladimir Lenine, Nadejda Krupskaia, na sua casa de campo soviética oficial no distrito de Gorki, nos arrabaldes da cidade de Moscovo ([6]). Depois da morte desta, em 1939, trabalhou no retiro do Comité do Partido Comunista de Moscovo. Diziam que tinha cozinhado, certa vez, para Grigori Rasputine no Astoria e, ocasionalmente, para Estaline quando este fazia uma visita à viúva de Lenine, inaugurando uma tradição familiar de servidão ao escol político. A proximidade do poder de nada lhe serviu para proteger os seus filhos dos nazis; a nação inteira lutava pela sobrevivência.

Vladimir Putin já era veterano quando os nazis invadiram a União Soviética em junho de 1941. Nos anos trinta do século xx, fizera serviço militar enquanto tripulante de um submarino, instalando-se de seguida não muito longe de Leninegrado, na aldeia de Petrodvorets, onde Pedro, *o Grande*, construíra o seu palácio sobranceiro ao golfo da Finlândia. Nos dias caóticos que se seguiram à invasão, ele, tal como muitos cidadãos, apressou-se a voluntariar-se para defender a nação e fora inicialmente integrado num destacamento especial de demolições do Comissariado do Povo para Assuntos Internos, ou NKVD, a temida polícia secreta que, mais tarde, daria origem ao KGB. O NKVD criou 2222 destacamentos deste tipo para acossar os nazis atrás da frente de combate, que na altura avançava rapidamente ([7]). Uma das primeiras missões de Putin na guerra foi um desastre. Ele e vinte e sete outros guerrilheiros foram lançados de paraquedas na retaguarda da tropa alemã, que avançava sobre Leninegrado, perto da vila de Kinguisepp. Esta estava perto da fronteira com a Estónia, que a União Soviética tinha ocupado no ano anterior, juntamente com a Letónia e a Lituânia, no âmbito do infame pacto firmado com Hitler antes da guerra. Aparentemente, o destacamento de Putin conseguiu dinamitar um paiol, mas ficou rapidamente sem munições e ração de combate. Residentes locais, estónios, levaram-lhes comida, mas também os denunciaram aos alemães, que foram bem recebidos por muitos dos membros das nações bálticas, pelo menos inicialmente, como libertadores da ocupação soviética. A tropa alemã estava no encalço da unidade, abrindo fogo sobre ela enquanto seguia apressada por uma estrada que conduzia de volta às linhas soviéticas. Putin separou-se dos restantes, perseguido por alemães com cães, e escondeu-se num pântano, onde se submergiu, respirando por meio de uma palha até a patrulha ter passado ([8]). A forma exata de como conseguiu regressar perdeu-se nas brumas da história, mas só ele e três outros integrantes do destacamento sobreviveram à incursão. O NKVD interrogou-o após a sua fuga, mas ele logrou evitar a suspeita de deserção ou cobardia, e pouco tempo depois voltou a ser enviado para a frente de combate ([9]). Poderá ter sido apenas a coragem que impeliu Putin, ou poderá ter sido o medo. A Ordem N.º 270 de Estaline, emitida em 16 de agosto, ameaçara os soldados que desertassem de execução, e as suas famílias, de prisão.

No interior de Leninegrado, as condições foram-se deteriorando rapidamente, apesar dos esforços das autoridades para manter uma aparência de normalidade. Como de costume, as escolas abriram no dia 1 de setembro, mas três dias mais tarde os primeiros obuses alemães caíram no interior da cidade ([10]). Com o bloqueio instaurado e a cidade submetida a ataques aéreos regulares, as autoridades reforçaram o racionamento

HOMO SOVIETICUS

alimentar. As rações deteriorar-se-iam gradualmente, conduzindo à perda de esperança, ao desespero e, por fim, à morte. Enquanto Vladimir Putin combatia fora da cidade, a sua mulher, Maria, e o filho bebé de ambos estavam confinados no seu interior. Vladimir e Maria, ambos nascidos em 1911, foram filhos do turbulento século xx da Rússia, fustigado pela Primeira Guerra Mundial, pela revolução bolchevique e pela guerra civil que a ela se seguiu. Conheceram-se em Pominovo, para onde o pai de Vladimir se tinha mudado depois da revolução, e casaram-se em 1928, quando ambos tinham apenas dezassete anos. Mudaram-se para Lenine-grado recém-casados, voltando em 1932 a instalar-se em Petrodvorets com familiares dela. Depois da incorporação de Putin na Marinha, tive-ram um filho chamado Oleg, que morreu na sua infância. Um ano antes do início da guerra, tiveram outro filho, de seu nome Victor.

Foi só por pouco que Maria e Victor evitaram ficar sob ocupação em territórios conquistados pelos nazis. Inicialmente, ela recusara-se a abandonar Petrodvorets, mas com os alemães a aproximarem-se, o seu irmão, Ivan Chelomov, obrigou-a a consentir na retirada. Ele servia enquanto primeiro capitão no quartel-general da frota do Báltico e, desse modo, dispunha de autoridade militar e dos privilégios ainda existentes numa cidade cercada ([11]). O capitão Chelomov foi buscá-los «debaixo de fogo de espingardas e de uma chuva de bombas» e instalou-os numa cidade cujo destino era precário ([12]). As condições tornaram-se terríveis com a chegada do inverno, e o frio daquele ano ainda ficou mais glacial do que de costume. Maria e Victor instalaram-se num de dúzias de abrigos que as autoridades abriram para albergar refugiados que chegavam dos arrabaldes ocupados da cidade. O seu irmão ajudou-a com recurso às suas próprias rações, mas ainda assim a sua saúde foi-se deteriorando. Certo dia — não se sabe exatamente quando —, ela perdeu os sentidos e transeuntes juntaram o seu corpo aos cadáveres congelados que tinham começado a empilhar-se na rua para ser recolhidos, abandonando-a por pensarem que estava morta, tal como tinha acontecido ao seu marido na frente de combate. De alguma forma, foi descoberta no meio deste necro-tério ao relento, tendo os seus gemidos atraído a atenção de alguém ([13]).

A sobrevivência de Vladimir não pareceu menos improvável. Passou várias horas a jazer, ferido, ao lado do rio Neva até que outros soldados soviéticos o encontrassem e o levassem até ao reduto do regimento na margem do rio. Poderia ter morrido, ser mais um dos mais de trezentos mil soldados que perderam as suas vidas na Piatachok, não fosse um vizinho de longa data encontrá-lo deitado numa maca num primitivo hospital de campanha. Este atirou Putin para cima do seu ombro e levou-o através do rio congelado até um hospital na outra margem.

Como iria revelar-se, o ferimento de Putin quase de certeza lhe salvou a vida. A sua unidade, o 330.º Regimento de Atiradores, combateu na cabeça de ponte durante todo o inverno de 1941–42. Pela sua escala e pela carnificina envolvida, a batalha foi um prenúncio do terrível Cerco de Estalinegrado do ano seguinte, tanto que lhe chamaram uma «monstruosa máquina de picar carne» ([14]). A tropa ali estacionada suportou um bombardeamento incessante da parte dos alemães. A floresta na margem do rio deu lugar a uma paisagem revolta e inanimada em que durante muitos anos nada cresceria. Novos recrutas atravessariam o rio Neva para substituir os mortos e feridos ao ritmo alucinante de várias centenas por dia até à primavera de 1942, quando a cabeça de ponte se desmoronou e os alemães retomaram o terreno em 27 de abril. O 330.º Regimento de Atiradores foi inteiramente dizimado, com exceção de um major do seu corpo de oficiais, Aleksandr Sokolov, que conseguiu salvar-se a nado apesar dos seus ferimentos graves ([15]). Foi uma das batalhas mais mortíferas de toda a guerra, e, no que toca ao comando militar soviético, uma loucura que desperdiçou as vidas de dezenas de milhares de soldados e, provavelmente, prolongou o cerco em vez de o encurtar ([16]).

Putin passou meses num hospital militar, recuperando no meio de uma cidade que morria à sua volta. Na altura em que a última estrada de saída da cidade fora cortada, três milhões de civis e militares tinham ficado cercados. Maria, que recusara ser retirada enquanto ainda era possível, acabou por encontrar o seu marido no hospital. Ao arrepio das regras, ele partilhou as suas próprias rações hospitalares com ela, escondendo comida das enfermeiras, até que um médico reparou no estratagema e pôs fim às visitas diárias de Maria por algum tempo ([17]). A resistência inicial da cidade sucumbiu à devastação, à fome e a outras coisas piores. Os serviços essenciais deterioraram-se juntamente com o abastecimento alimentar. Cadáveres que ninguém recolhia amontoavam-se nas ruas. Em janeiro e fevereiro de 1942, morreram mais de cem

HOMO SOVIETICUS

mil pessoas por mês ([18]). A única ligação a território não ocupado era a improvisada «Estrada da Vida», uma série de rotas precárias através das águas congeladas do lago Ládoga. Estas permitiam aliviar a situação da cidade, nem que fosse de forma residual, e o cerco foi-se prolongando até ao mês de janeiro de 1943, quando o exército soviético rompeu o bloqueio no lado oriental. Levou mais um ano para libertar a cidade completamente do punho férreo dos nazis e dar início à marcha inexorável e impiedosa dos soviéticos rumo a Berlim.

Vladimir e Maria sobreviveram mal ou bem, embora os ferimentos o deixassem coxo e a sofrer com dores até ao fim da vida. Em abril de 1942, recebeu alta do hospital e foi mandado trabalhar numa fábrica de armamentos que produzia obuses de artilharia e minas antitanque ([19]). O seu filho Victor não sobreviveu. Morreu de difteria em junho de 1942 e foi enterrado numa vala comum no cemitério de Piskariovskoie, juntamente com outros quatrocentos e setenta mil civis e soldados. Nem Vladimir nem Maria sabiam exatamente o lugar, e tudo indica que pouco esforço fizeram para saber. Nem alguma vez abordaram o assunto em pormenor na sua vida posterior ([20]). O tributo que a guerra exigiu foi devastadoramente pessoal. A mãe de Maria, Elizabeta Chelomova, morreu numa das linhas de frente de Moscovo, embora nunca ficasse estabelecido se foi um obus soviético ou alemão que a matou; um irmão de Maria, Ivan, sobreviveu, mas outro irmão, Piotr, foi condenado por um tribunal militar na frente de combate nos dias iniciais da guerra, decerto por alguma falha disciplinar, e o seu destino último nunca foi conhecido, e certamente não foi referido. Dois dos irmãos de Vladimir morreram igualmente durante a guerra: Mikhaíl, em julho de 1942, também ele em circunstâncias que não ficaram para a história, e Alexei, na frente de Voronej, em fevereiro de 1943 ([21]).

Foram estas as histórias da Grande Guerra Patriótica — relatos de heroísmo e sofrimento — com que o terceiro filho de Vladimir e Maria haveria de crescer e que lhe causariam uma impressão indelével ao longo de toda a sua vida. De «alguns pedaços, alguns fragmentos» de conversas entreouvidas à mesa de cozinha, num apartamento comunitário sobrelotado numa Leninegrado ainda devastada, criou a sua narrativa familiar, moldada e remoldada pelo tempo e pela memória, provavelmente apócrifa em partes e certamente longe de ser exaustiva. Os Putins eram gente simples, e não é provável que tivessem sabido muito dos aspetos mais sombrios da guerra: as purgas paranoicas de Estaline durante o Grande Terror, que tinham dizimado o exército antes da guerra; a conivência com os planos de Hitler para conquistar a Europa; a divisão da Polónia em 1939; a anexação forçada das nações bálticas; a defesa caótica aquando da invasão nazi; as malfeitorias oficiais que contribuíram para que tantos morressem de fome em Leninegrado; as atrocidades inspiradas pela sede de vingança cometidas pela tropa soviética enquanto marchava sobre Berlim. Mesmo naquela altura, após a morte de Estaline ocorrida em 1953, continuava a ser perigoso falar-se menos bem do Estado numa voz que não fosse de sussurro. A vitória — e a diminuta quota-parte dos Putins no feito — era uma fonte inexaurível de orgulho. Que mais podia ser? Uma pessoa não pensava nos erros que estavam a ser cometidos, diria mais tarde o rapaz; uma pessoa só pensava em vencer.

Este terceiro filho, Vladimir Vladimirovitch Putin, ([22]) nasceu em 7 de outubro de 1952, numa cidade que ainda ostentava as chagas do cerco, sofrendo ainda de privações, ainda consumida pelo medo. A megalomania de Estaline, mesmo na vitória, tinha dado lugar a atitudes de paranoia e desforra. No final dos anos quarenta, o escol da cidade do tempo da guerra, tanto civil como militar, foi dizimado por uma purga que ficou conhecida como o Caso de Leninegrado. Dúzias de dignitários do partido e os seus familiares foram presos, mandados para o exílio ou fuzilados ([23]). Cidadãos leais ao Estado abstiveram-se de levantar a voz, ou por medo, ou por cumplicidade nos crimes que foram cometidos, incluindo mesmo os descendentes de um homem considerado de confiança, a ponto de poder ocasionalmente cozinhar para Estaline. Poucas das pessoas cujas vidas nalgum ponto se cruzaram com a de Estaline, por muito breve que fosse, «sobreviveram sem sequelas», como Vladimir Vladimirovitch Putin mais tarde recordaria, «mas o meu avô foi uma delas» ([24]). Não é que falasse muito do assunto. «O meu avô mantinha-se bastante calado sobre a sua vida passada. Os meus pais também não falavam muito do passado. Em termos gerais, as pessoas não o faziam naquela altura.» O pai de Vladimir era taciturno e severo, assustador mesmo para pessoas que o conheciam bem ([25]). A experiência de guerra do pai — o coxeio

HOMO SOVIETICUS

que lhe ficara para a vida, e que sempre parecia piorar quando o tempo arrefecia — exercia claramente uma grande impressão sobre o seu filho. Depois da guerra, Vladimir sénior continuou a trabalhar na fábrica Iegorov sita na Avenida Moskovski, que construía as carruagens de passageiros para os caminhos de ferro e metropolitanos do país. Membro do Partido Comunista, tornou-se no representante do partido na fábrica, um *apparatchik* de colarinho azul que assegurava o rigor, a lealdade, a disciplina, e, sobretudo, a prudência.

O cargo dava-lhe direito a um único quarto — a área não chegava aos dezassete metros quadrados — num apartamento comunitário decrépito, no quinto andar daquilo que em tempos tinha sido um elegante prédio de apartamentos do século XIX, no número 12 da Rua Báskov, não longe da avenida central de Leninegrado, a Avenida Névski, e do canal Griboiédov. Os Putins mudaram-se para lá em 1944 e, depois da guerra, viram-se constrangidos a partilhar o espaço reduzido com outras duas famílias. Ficariam a viver por lá durante mais de duas décadas. O apartamento não dispunha de água quente, nem tinha banheira. Um átrio sem janelas servia de cozinha comunitária, com um único bico a gás em frente de um lava-louça. A sentina encontrava-se num cubículo enfiado num vão de escada. O apartamento era aquecido por um forno a lenha.

A educação de Maria, tal como a do seu marido, era limitada. Faltavam dez dias para fazer quarenta e um anos quando Vladimir nasceu. Depois de tanto sofrimento e tantas perdas, tratou o filho como o milagre que parecia ser ([26]). Penou em vários empregos domésticos, limpando edifícios, lavando provetas num laboratório e fazendo entregas de pão, todos eles trabalhos que lhe deixavam mais tempo livre para se ocupar dele. Um casal idoso partilhava um quarto no apartamento; uma família judaica praticante com uma filha mais velha, Hava, partilhava outro quarto. Vladimir júnior, a única criança nesse lar comunitário, recordaria o casal idoso com ternura, tendo passado com eles tanto tempo como com os seus pais. Tornar-se-iam avós substitutos, e ele trataria a mulher por Baba Ania. Ela, tal como a sua mãe, era uma mulher dotada de uma profunda fé religiosa. A Igreja Ortodoxa Russa, reprimida pelo regime soviético, teve licença para funcionar abertamente ao longo da guerra com o fito de unir a nação, embora voltasse a ser objeto de uma severa repressão mal as armas se calaram. Como Vladimir contaria a história posteriormente, em 21 de novembro, quando ele tinha sete semanas, Baba Ania e Maria percorreram a pé três quarteirões bravando o gelo invernal até à Catedral da Transfiguração, um monumento amarelo do século XVIII, construído no estilo neoclássico de muitas das igrejas da cidade, e lá batizaram o rapaz em segredo [27].

Não se sabe ao certo se ela manteve o batismo em segredo com medo do seu marido severo ou com medo de uma reprimenda oficial, embora o seu filho mais tarde tivesse sugerido que poderia não ter sido tão secreto quanto ela tinha esperado. Havia poucos segredos na União Soviética. Ocasionalmente, ela levaria o rapaz à missa, mas manteria o apartamento, com a sua falta de privacidade, livre de ícones ou outros sinais exteriores de prática religiosa [28]. Nem ela discutiria de uma forma evidente as suas crenças com ele, naquela altura, e certamente não o faria de forma aprofundada. Foi apenas quarenta anos mais tarde que Maria lhe entregou a sua cruz batismal, pedindo-lhe que a fizesse benzer na Igreja do Santo Sepulcro, em Jerusalém, quando ia visitar Israel pela primeira vez. Ainda assim, a fé pairava no contexto da vida do rapaz, par a par com a devoção do seu pai à ortodoxia secular do comunismo. Ele evidenciava pouca preferência por uma coisa ou outra, embora alguns dos que o conheceram afirmassem, muitos anos depois, que a sua relação com os vizinhos judeus lhe teria instilado uma invulgar tolerância ecuménica e um desdém pelo antissemitismo que há muito tempo tem assolado a cultura russa [29].

O prédio da Rua Báskov foi o universo da juventude de Putin. Os pontos de referência dourados da Rússia imperial — o Hermitage, o Cais do Almirante, a Catedral de Pedro e Paulo — estavam perto, mas pouco mais eram do que distantes monumentos na paisagem urbana. Era um descendente do proletariado, não da *intelligentsia* ou da nata política; só mais tarde, em retrospetiva, ganharia consciência das privações da sua infância. A escada para o quinto andar estava esburacada, fétida e mal iluminada; cheirava a suor e a couves a ser fervidas. O prédio estava infestado de ratazanas que ele e os seus amigos costumavam perseguir de paus em riste. Era algo que passava por um jogo — até ao dia em que ele encurralou uma delas no fim de um corredor. «De repente, virou-se e atirou-se a mim», recordou. «Fiquei surpreendido e assustado.» [30]

HOMO SOVIETICUS

Sempre foi um rapaz franzino. Uma das suas primeiras memórias de se aventurar fora da sua infância enclausurada ocorreu no Primeiro de Maio de 1959, ou talvez de 1960. Deu consigo aterrado com a azáfama na «grande esquina» da Rua Maiakovskaia. Alguns anos mais tarde, ele e os seus amigos apanharam um comboio suburbano até uma parte desconhecida da cidade em busca de aventura. Estava frio e não tinham que comer, e, embora tivessem feito uma fogueira para se aquecerem, voltaram desalentados; a isto, Putin sénior reagiu dando-lhe uma tareia com o cinto.

O prédio de apartamentos encerrava um pátio interior que ligava com o pátio do prédio do lado para formar um espaço pouco cuidado e desprovido de árvores, pouco melhor do que o fundo de um saguão. O pátio atraía bêbedos e rufiões que ficavam por ali a beber, a fumar e a arranjar outros meios de matar o tempo da sua vida. De acordo com o seu próprio testemunho e o dos seus amigos, a vida no pátio, e mais tarde na escola, tornou-o duro, um brigão rápido a responder a invetivas e ameaças, mas é mais provável, dada a sua estatura, que fosse intimidado por outros. Os seus pais adoravam-no e, na sua juventude, proibiam-no de deixar o pátio sem autorização. Cresceu no abraço protetor, se bem que não ostensivamente amoroso, de pais que tinham sobrevivido por milagre e que teriam feito qualquer coisa para assegurar que o filho seguisse o mesmo caminho. «Não havia beijos», recordou Vera Gurevitch, uma professora que se tornou numa amiga próxima da família. «Não havia nada dessas lamechices em casa deles.» ([31])

No dia 1 de setembro de 1960, Vladimir começou a frequentar a Escola N.º 193, localizada a pouca distância de casa, na mesma rua em que morava. Tinha quase oito anos, e Maria tinha-o mantido longe do jardim infantil, talvez por um excesso de precaução. Faltava-lhe a aptidão social que poderia ter desenvolvido se tivesse crescido na companhia de mais crianças. Apresentou-se no primeiro dia levando não um ramo de flores para a sua professora, como ditava a tradição, mas uma planta num vaso ([32]). Na escola, era um aluno indiferente, petulante e impulsivo, provavelmente um pouco mimado. Vera Gurevitch tratava-o por «ventoinha», porque ele costumava entrar na sala de aulas a rodopiar sobre o seu próprio eixo. Era extremamente incomodativo dentro e fora da sala de aulas, ([33]) tendendo mais a dar-se com rapazes que ela considerava más influências, tais como dois irmãos chamados Kovchov. Foi apanhado no interior da escola armado de uma faca, e certa vez foi repreendido por delinquência por um comité de bairro do partido que ameaçou enviá-lo para um orfanato ([34]). Inicialmente, o seu comportamento manteve-o arredado dos Pioneiros, a organização de juventude do Partido Comunista, cuja filiação era considerada um rito de passagem; por altura da terceira classe, era um dos poucos da sua turma de quarenta e cinco alunos que não tinham aderido a ela. Na sua qualidade de membro ativo do partido, o pai apenas podia estar desgostoso com um falhanço tão evidente, que Vladimir mais tarde descreveu como uma atitude de rebelião contra o seu pai e o sistema que o rodeava. «Fui um arruaceiro, não um Pioneiro», disse ([35]). Vera Gurevitch, que o conheceu na quarta classe, acabou por se queixar ao seu pai de que o rapaz era inteligente, mas desorganizado e indiferente à aprendizagem.

«Ele não está a trabalhar à altura do seu potencial», disse ela a Vladimir sénior no apartamento da Rua Báskov, que descreveu como desagradável, «tão frio, simplesmente horrível».

«Que posso fazer?», respondeu Vladimir Spiridonovitch. «Matá-lo ou quê?» ([36])

Ainda assim, Vladimir e Maria prometeram a Vera Gurevitch que haveriam de tomar as rédeas do seu filho. O pai pressionou-o para se inscrever no boxe, mas o rapaz franzino não tardou a desistir da modalidade quando, segundo dizia, um murro lhe partiu o nariz. Em contrapartida, virou-se para as artes marciais, aparentemente contra os desejos dos seus pais, praticando sambo, um estilo soviético que combinava o judo com a luta livre e se adaptava melhor à sua estatura delicada e «natureza combativa» ([37]). Um dos seus treinadores tornar-se-ia numa influência decisiva na sua vida. Anatoli Rakhlin trabalhou para o Clube Trud (ou seja, «Trabalho»), não longe da Rua Báskov, e, em 1965, Putin, que entretanto frequentava o quinto ano, inscreveu-se nesse clube. Rakhlin viu-se constrangido a tranquilizar os pais de Vladimir, assegurando-lhes que «não ensinamos nada de mau às crianças» ([38]). A disciplina e o rigor do sambo, e mais tarde do judo, intrigou o rapaz mais do que qualquer coisa antes o tinha conseguido. As artes marciais transformaram a sua vida, dotando-o dos meios para se afirmar contra rapazes maiores e mais fortes. «Foram uma ferramenta para me afirmar no seio da matilha», diria ele ([39]). Também lhe trouxeram um novo círculo de amigos, especialmente dois irmãos, Arkadi e Boris Rotenberg, que se manteriam próximos dele ao longo de toda a sua vida. As artes marciais deram-lhe uma ortodoxia que não encontrara nem na religião nem na política. Acreditava que não se resumiam a uma modalidade desportiva; eram uma filosofia. «Foi o desporto que me tirou das ruas», recordaria mais tarde. «Em boa verdade, o pátio não foi um ambiente propício para uma criança.» ([40])

Talvez todos estes relatos exagerassem a sua transformação. As suas afirmações de ter vivido a vida da selva soavam mais a bazófia. A sordidez do pátio e os seus ocupantes mal-encarados poderiam mais uma vez tê-lo intrigado, mas instilaram-lhe igualmente um desdém pela bebida e pelo fumo, pela indolência e pela desordem. Fosse como fosse, assim que encontrou a sua paixão pelas artes marciais, passou a ostentar uma determinação pertinaz de vencer. Uma vez que o Clube Trud exigia boas notas para aceitar alguém como membro, esforçou-se mais na escola, e quando chegou à sexta classe, as suas notas tinham melhorado. Vera Gurevitch e os seus colegas de turma resolveram fazê-lo ingressar nos Pioneiros, apelando tardiamente ao representante da escola para que este abrisse uma exceção tendo em conta as suas falhas anteriores. A sua cerimónia de acolhimento realizou-se em Ulianovka, uma aldeia anteriormente conhecida como Sablino, onde em tempos vivera a irmã de Lenine ([41]). Numa questão de semanas, tornou-se no líder da secção dos Pioneiros da sua escola, alcançando assim a sua primeira posição de liderança. Na oitava classe, figurou entre os primeiros escolhidos para integrar o Komsomol, a organização juvenil do Partido Comunista. Foi uma etapa necessária para o que, brevemente, descobriria ser a vocação da sua vida.

Em 1965, o vigésimo aniversário da vitória sobre os nazis chegou a cavalgar uma nova onda de nostalgia e celebrações oficiais. Um dos romances mais populares da década foi um enredo de espionagem, *O Escudo e a Espada*. Foi primeiramente publicado por fascículos na revista literária *Znamia*, ou seja, «Bandeira», o órgão da União dos Escritores. O seu autor, Vadim Kojevnikov, foi correspondente de guerra do *Pravda*, e a sua experiência dava ao relato um ar realista, embora se

O NOVO CZAR

alinhasse conscienciosamente com a narrativa da propaganda soviética. (Kojevnikov, enquanto diretor da União dos Escritores, esteve envolvido na proibição de um relato, de longe, mais realista da guerra, *Vida e Destino* de Vassili Grossman.) O protagonista do romance, o major Aleksandr Bélov, era um agente secreto da União Soviética que se fazia passar por um alemão na Alemanha nazi nas vésperas da eclosão da Grande Guerra Patriótica. Usando o pseudónimo de Johann Weiss, sobe a pulso na hierarquia da Abwehr, a organização nazi de espionagem militar, e posteriormente da Schutzstaffel, mais conhecida por SS. Weiss é corajoso em batalha, estóico e de uma serenidade imperturbável, mesmo quando torturado. Está desgostoso com os nazis que tem de parecer servir, desgostoso com o nazi cuja aparência tem de assumir, mas obrigado a suportar a experiência a fim de sabotar o esforço de guerra alemão. «Ele nunca tinha pensado que a parte mais difícil e atormentadora da sua missão de eleição viria a ser esta cisão do seu eu consciente», escreveu Kojevnikov. «Inicialmente, até se tinha sentido atraído por este jogo de vestir a pele de outra pessoa e de produzir os pensamentos desta e de se regozijar quando estes coincidiam com aquilo que outros esperavam desta sua personalidade postiça.» [42]

Certamente, não era Tolstói. Para um adolescente fácil de impressionar, também era muito, mas muito melhor. Três anos depois da sua publicação, o livro tornou-se num filme de mais de cinco horas, com Kojevnikov a assinar o guião. Foi o filme mais popular na União Soviética em 1968, uma homenagem em preto-e-branco aos serviços secretos — àquilo que entretanto se tinha tornado no KGB. Vladimir Putin, que na altura tinha quase dezasseis anos, estava encantado. Ele e os seus amigos viram o filme repetidas vezes. Mais de quatro décadas mais tarde, ainda se recordaria das palavras da sentimental canção do genérico do filme, «Onde Começa a Pátria», impregnada do chilreio de pássaros e do odor aprazível de bétulas da Rússia profunda [43]. Vladimir prontamente abandonou os seus sonhos de infância de ir para marinheiro, tal como o seu pai, ou talvez piloto. Tornar-se-ia num espião, já se imaginando como um futuro major Bélov, aliás Johann Weiss: atraente, atlético e dotado da capacidade de mudar o curso da história pelo seu esforço solitário. «O que me espantava sobretudo era como os esforços de um único homem podiam conseguir o que não estava ao alcance de exércitos inteiros», recordar-se-ia anos mais tarde com a mesma apreciação romântica que tivera na sua juventude. «Um espião podia decidir os destinos de milhares de pessoas.» [44]

Nessa altura, pouco sabia do KGB e do seu funcionamento interno. O pai de um dos seus colegas de turma tinha trabalhado nos serviços de informações, mas já se tinha reformado. O lançamento do filme enquadrava-se nos esforços de modernização do novo diretor do KGB, Iuri Andropov, que tinha assumido o cargo em 1967. Andropov pretendia renovar a imagem da agência, apresentando-a não como uma temida polícia secreta responsável por repressão e terror, mas antes como a defensora da grande nação soviética. Pelo menos no caso de Vladimir, a propaganda atingiu o seu objetivo; se foi o deporto que o tirou da rua, o filme inspirou a sua carreira. No dia que se seguiu àquele em que viu o primeiro episódio, disse a um colega de turma que havia de ser espião, [45] e pouco depois fez, segundo contou, uma coisa que tanto tinha de audaciosa como de ingénua. Apresentou-se de improviso nas instalações da sede local do KGB na Avenida Liteini, não muito longe de onde morava, e ofereceu os seus préstimos.

A sede do KGB em Leninegrado era conhecida como a Casa Grande, não apenas pela sua dimensão. Uma anedota sardónica andou a circular sobre a sua dimensão; aliás, era a mesma que era contada em versões ligeiramente adaptadas em muitas cidades soviéticas: da Catedral de Santo Isaac pode ver-se toda a cidade de Leninegrado. Da Casa Grande pode ver-se até às ilhas Solovétski — o arquipélago no mar Branco centenas de quilómetros a norte, onde se encontrava um notório precursor dos campos de trabalho do Gulag. Vladimir teve de fazer três tentativas até encontrar a entrada indicada da Casa Grande e um oficial que o recebesse. O oficial fez a vontade ao rapaz, mas disse-lhe sem rodeios que o KGB não aceitava voluntários. Em vez disso, selecionava aqueles que considerava mais valiosos, aqueles que já estavam no Exército ou na universidade. Vladimir insistiu. Queria saber que curso haveria de servir melhor às suas novas ambições. O oficial, aparentemente desejoso de se ver livre dele, sugeriu Direito, e isso resolveu o assunto. Iria inscrever-se na universidade e cursar Direito, contra os desejos dos seus pais, que pensavam que as suas notas e o seu temperamento o predestinavam mais para uma escola técnica como a Academia de Aviação Civil, que inicialmente quisera frequentar. Vladimir podia ser impulsivo, mas, ainda assim, persistente. Os seus pais e os seus treinadores ficaram baralhados com o seu novo propósito, uma vez que não lhes tinha falado da sua excursão até à Casa Grande, e assim do motivo real para frequentar a faculdade de Direito. Um treinador no Trud repreendeu-o quando soube da sua escolha, pensando que faria dele um procurador ou um polícia. Um Vladimir furioso exclamou: «Eu não vou para chui!» ([46])

A sua decisão de se juntar ao KGB ocorreu no meio da agitação internacional de 1968. Dias antes de começar a frequentar a escola secundária em Leninegrado, a União Soviética tinha invadido a Checoslováquia para esmagar as reformas da Primavera de Praga. Vladimir não parecia incomodado com a repressão violenta de todos aqueles que estivessem em desacordo, fosse no seu país ou no estrangeiro. Tal como muitos, namoriscou a cultura proibida do Ocidente, escutando as canções dos Beatles em gravações que passavam de mão em mão entre amigos, como se de contrabando se tratasse. «A música foi como uma lufada de ar fresco», diria mais tarde, «como uma janela aberta sobre o mundo exterior» ([47]). Durante algum tempo, Vladimir tocou acordeão, e, posteriormente, numa viola que o pai lhe tinha oferecido, aprendeu a tocar as cantigas populares de Vladimir Visotski e de outros conjuntos da época. Embora o final dos anos sessenta fosse visto na União Soviética como um período de repressão seguido de estagnação, os anos da sua adolescência foram muito mais despreocupados do que tudo aquilo que a geração dos seus pais tinha conhecido. Os Putins não faziam parte do escol acarinhado pelo regime, mas o nível de vida tinha subido depois da guerra, e a família também tinha passado a viver com mais conforto. Vladimir e Maria até tinham um grande telefone preto no apartamento, o que ainda era uma raridade, e Vladimir e os seus amigos fariam algum uso do mesmo ([48]). Por essa altura, já estavam suficientemente bem na vida para comprar uma casa de campo de três divisões em Tosno, uma pequena aldeia nos arredores de Leninegrado, onde ele passou boa parte da sua adolescência com um grupo de amigos mais chegados, longe do ambiente claustrofóbico do apartamento comunitário. Na parede acima da mesa estava pendurado o retrato impresso de alguém que um amigo, Victor Borisenko, não reconheceu. Quando lhe perguntou,

HOMO SOVIETICUS

Vladimir explicou que era Ian Karlovitch Berzine, um dos fundadores da secção de inteligência militar dos bolcheviques. Tinha sido preso durante o Grande Terror, em 1937, e executado um ano mais tarde, mas reabilitado postumamente [49].

Vladimir frequentou a escola secundária na Escola N.º 281, uma academia científica seletiva e especializada que devia preparar os seus alunos para a universidade. Ele não era um estudante excessivamente popular, antes pelo contrário, era petulante, obcecado com o desporto e quase militantemente estudioso [50]. Embora tirar um curso de Ciências pudesse ter-lhe assegurado uma vaga numa prestigiada universidade técnica, ele seguiu a variante de Humanidades, Literatura e História. Também continuou a ter aulas de Alemão, que tinha começado a frequentar no quarto ano, com o encorajamento de Vera Gurevitch. Desta feita, a sua professora era Mina Iudiskaia, que o descreveria como um aluno modesto, mas sério. Ela teria uma profunda influência sobre ele, e ele recordá-la-ia com mostras de uma ternura sentimental ainda décadas mais tarde [51]. A Escola N.º 281 tolerava, dentro de certos limites, a abertura intelectual e o debate. Um professor popular, Mikhaíl Demenkov, distribuía *samizdat*, a literatura proibida posta a circular em cópias datilografadas em papel-carbono. Uma professora de História, Tamara Stelmakhova, organizava discussões sobre se Nikita Krutchov poderia ter acabado por cumprir a sua promessa de edificar um Estado verdadeiramente comunista num prazo de vinte anos [52].

Embora tivesse aderido ao Komsomol em 1967, raramente participou nas suas atividades, dedicando-se antes ao desporto e aos trabalhos escolares, em detrimento de outras preocupações típicas dos adolescentes. Vera Brileva, uma rapariga dois anos mais nova, recordou-o inclinado sobre a sua secretária, que se encontrava na sala comunitária junto de um sofá e de um aparador. Tinha-o conhecido em 1969 na casa de campo em Tosno e logo tinha ficado apaixonada por ele. Recordou um beijo breve durante um jogo de «girar a garrafa» — «De repente, fiquei cheia de calor» —, mas não tardou a descobrir que ele tinha pouco tempo para raparigas, algo em que até a sua professora reparou [53]. O seu namoro juvenil terminou num dia em que ela interrompeu os seus estudos no apartamento perguntando se ele se lembrava disto ou daquilo. Ainda não tinha terminado a frase quando ele a interrompeu. «Só me lembro de

O NOVO CZAR

coisas de que preciso de me lembrar», redarguiu ([54]). Entrevistada muitos anos mais tarde, recordou as suas «mãos pequenas e fortes», ainda com a mágoa da rejeição a transparecer na sua voz.

Tanta assiduidade não deixou de dar os seus frutos. Nos seus últimos dois anos de frequência do ensino secundário — a educação escolar na União Soviética resumia-se a dez anos —, teve notas boas, se bem que não particularmente impressionantes. Teve bons resultados em História e Alemão, e menos bons em Matemática e Ciências. No seu último ano, dedicou-se menos aos estudos do que a queimar as pestanas para os exames de admissão que poderiam garantir-lhe uma cobiçada vaga na Universidade Estatal de Leninegrado, uma das mais prestigiadas da União Soviética. Vera Gurevitch exprimiu as suas dúvidas sobre se ele conseguiria entrar e nunca ficou a saber a verdadeira razão pela qual a tanto aspirava. «Eu cá me encarrego desse problema», foi quanto ele lhe disse ([55]). As hipóteses de ser aceite na Universidade Estatal de Leninegrado eram tão reduzidas, com aproximadamente um em cada quarenta candidatos a ser aceite, que existiram especulações sobre ele ter sido aprovado ou devido às suas raízes na classe operária, ou mesmo, embora fosse improvável, devido ao facto de a mão silenciosa do KGB estar secretamente a orientar a sua carreira mesmo sem que o próprio o soubesse ([56]). Fosse como fosse, teve notas suficientemente boas nos seus exames e foi recebido na faculdade de Direito da universidade no outono de 1970, exatamente como o oficial do KGB tinha sugerido dois anos antes.

Enquanto estudante universitário, continuou a dedicar-se aos estudos com rigor e a reservar muito do seu tempo às competições de judo, abdicando de fumar e de beber para se manter em forma. Recusou juntar-se à equipa de judo da Universidade de Leninegrado, mantendo a lealdade aos seus treinadores do Trud. Tornou-se mestre neste desporto em 1973 e participou em vários campeonatos locais e regionais. Ainda vivia no apartamento comunitário, mas alargou o raio das suas viagens pela União Soviética. Participou em competições de judo em locais tão longínquos como a Moldávia, passou um verão a cortar lenha no Norte, em Komi, e duas semanas num campo de construção estudantil na Abcásia, na altura uma região da República Soviética da Geórgia. Ganhou oitocentos rublos, ou seja, quase seiscentos dólares dos Estados Unidos da América

HOMO SOVIETICUS

na época, comprando um casaco que vestiria durante os próximos quinze anos e esbanjando o restante em Gagra, uma estância balnear situada na costa do mar Negro debruada de florestas luxuriantes [57]. Ele e os seus amigos conseguiram introduzir-se num ferribote rumo a Odessa, com pouco dinheiro nos bolsos e só carne enlatada para comer. Durante duas noites, dormiu num barco salva-vidas, invejando os passageiros com direito a cabina, mas também fascinado com o céu noturno. «As estrelas pareciam estar já aí à mão de semear», recordaria. «Talvez os marinheiros estejam habituados a isso, mas para mim foi uma descoberta maravilhosa.» [58]

Em 1972, a sua mãe ganhou um carro depois de ter adquirido uma cautela de lotaria de trinta copeques. Poderia ter vendido o carro por três mil e quinhentos rublos, mas, num gesto altivo, ofereceu o carro ao filho. Era apenas um pequeno e anguloso *Zaporojets*, mas eram relativamente poucos os adultos, para não falar em estudantes universitários, que possuíam um carro na União Soviética nos anos setenta. Para Vladimir, foi um símbolo de prestígio e também uma diversão. Ia a todo o lado de carro, deslocando-se a campeonatos e dando boleia a amigos só pelo prazer de conduzir. Também era um condutor endiabrado e imprudente. Certa vez, atingiu um homem que cambaleou para a faixa de rodagem, mas afirmou que tinha sido o homem a querer suicidar-se. Segundo alguns relatos, perseguiu o homem enquanto este se afastava aos tropeções, mas Vladimir negou-o. «Não sou uma besta», insistiu [59].

Passou quatro anos na universidade antes de ser abordado por um homem misterioso que, como mais tarde ficaria a saber, pertencia à secção do KGB que supervisionava as universidades. Por essa altura, já quase tinha desistido das ambições da sua adolescência. Num verão, fez um estágio na secção criminal do ministério local dos transportes, participando na investigação de um acidente de aviação, e pareceu destinado a tornar-se num oficial do Ministério Público local, tal como o seu treinador o tinha prevenido. A lei seduzia Vladimir tanto como as artes marciais. Impunha regras e ordem, que acabou por respeitar mais do que qualquer ideologia. Afirmou nunca ter trabalhado para o KGB enquanto estudante, nem nunca ter tido notícias suas, embora a colaboração com os serviços secretos tivesse sido corrente entre os estudantes universitários. Desta forma, quando o recrutamento por que tanto tempo ansiara

O NOVO CZAR

finalmente chegou em 1974, durante o seu quarto ano, veio, dizia ele, como uma surpresa. O homem nunca se apresentou propriamente. «Preciso de falar consigo por causa da sua carreira», disse a Vladimir pelo telefone, recusando entrar em pormenores. Ainda assim, Vladimir pressentiu a importância do encontro e acertou-o para pouco depois no salão das faculdades da universidade. Depois de chegar a horas, ficou à espera durante vinte minutos, furioso por presumir que alguém lhe tinha pregado uma partida. O homem apareceu e, sem fôlego, pediu desculpa, algo que impressionou profundamente o jovem ([60]).

Vladimir passou por um rigoroso inquérito pessoal relativamente aos seus antecedentes e circunstâncias de vida. Uma última etapa passava por uma entrevista com o seu pai, de forma que, em janeiro de 1975, um oficial de meia-idade chamado Dmitri Gantserov visitou Vladimir Spiridonovitch. Putin sénior não era muito alto, pensou Gantserov, um simples e honesto trabalhador manual que estava orgulhoso por o filho ter ido para a universidade e agora estar a ser sondado para os serviços de segurança. Compreendia a responsabilidade e a dificuldade das tarefas que esperavam o filho. Falou a esse desconhecido de uma forma séria, quase suplicante. «O Volodia para nós é tudo», disse-lhe, usando o diminutivo do nome do filho. «Todas as nossas esperanças repousam unicamente nele. Afinal, sabe, dois filhos nossos morreram. Depois da guerra decidimos ter um filho. Agora, só vivemos a vida de Volodia. Já vivemos a nossa.» ([61])

Embora o seu Volodia devesse ter consciência daquilo que o KGB fizera, o jovem não se deixava perturbar pela sua história, pelo seu papel a policiar os inimigos do Estado, quer no país quer no estrangeiro. Pelo contrário, considerava que o bom cidadão soviético tinha obrigação de colaborar com o KGB — não por dinheiro, mas em prol da segurança do Estado. «A cooperação de cidadãos era uma ferramenta importante para a viabilidade da ação do Estado», disse ([62]). Tinha a noção de que poderiam ter existido excessos, mas o culto de personalidade montado em torno de Estaline tinha sido desmantelado pouco depois do seu nascimento, tendo as vítimas do seu terror sido gradualmente libertadas do Gulag. De qualquer modo, refletia pouco sobre o assunto. Na sua perspetiva, os crimes do passado que tinham matado ou arruinado milhões pertenciam à história antiga, e a sua atitude era tudo menos invulgar.

HOMO SOVIETICUS

Para muitos russos, incluindo aqueles que tinham sofrido a sua tirania na pele, Estaline continuava a ser o venerado pai da nação que tinha conduzido o país à vitória sobre os nazis; os episódios mais sombrios do seu reinado eram recalcados, quer por medo, quer por cumplicidade ou culpa, deixando uma herança contraditória que dominaria a sociedade soviética ao longo de décadas. Como mais tarde recordaria, ele próprio era «um produto extremamente bem-sucedido da educação patriótica de um homem soviético» [63].

Capítulo 2

Coração quente, cabeça fria e mãos limpas

Vladimir Putin cumpriu o seu sonho de se juntar ao KGB no verão de 1975, mas nunca se tornaria o agente secreto que se imaginara na sua infância. A sua incorporação seguiu a rotina, tirando um episódio cómico devido a uma falha de comunicação que ocorreu quando, naquela primavera, se apresentou diante da comissão universitária de emprego que encaminhava os finalistas para as respetivas carreiras no seio do sistema soviético. Um funcionário da faculdade de Direito da universidade anunciou que, afinal, ele iria exercer advocacia em Leninegrado. Só nesse momento, um oficial do KGB que supervisionava a atribuição de postos se mexeu no canto da sala. «Olhe que não», disse o oficial. «Essa questão já foi decidida.» (¹) Vladimir nem sequer sabia que missão lhe tinha sido destinada, mas estava deliciado. «Vamos embora», disse ao seu amigo de infância, Victor Borisenko, quando o foi buscar de carro. Borisenko compreendeu que tinha acontecido algo importante, mas Vladimir nem por meias-palavras deu a entender o que era. Foram a um restaurante georgiano perto da Catedral de Kazan, o marco das colunatas na Avenida Névski, comer frango com molho de nozes e, para surpresa de Borisenko, pois o seu amigo nunca antes se tinha permitido tal prazer, beber copinhos de um licor açucarado (²). Só muito mais tarde, soube que tinham estado a celebrar o ingresso do seu amigo no KGB.

O NOVO CZAR

Na altura em que Vladimir entrou para o KGB, este tinha ganho a dimensão de uma vasta burocracia que não só controlava assuntos ligados à espionagem interna e externa, mas igualmente a contraespionagem no interior e no estrangeiro, a contraespionagem militar, a vigilância fronteiriça e as alfândegas, assim como a proteção física da liderança política e de equipamentos governamentais, tais como as instalações nucleares do país. Havia diretórios que supervisionavam as comunicações e a criptografia, e que monitorizavam as chamadas telefónicas. O Sexto Diretório ocupava-se da «segurança económica» assegurando o policiamento da especulação, das trocas de moeda e de outros sinais de uma perversa atividade de mercado livre. O Quinto Diretório Principal, criado em 1969 para «proteger» a Constituição, impunha a lealdade ao partido e incomodava os dissidentes em todas as esferas da vida. O KGB era mais do que uma mera agência de segurança; era um Estado dentro do Estado, sempre à procura de inimigos no interior e no exterior. À primeira vista, servia os interesses do Partido Comunista — e agia sob as suas ordens —, mas os seus amplos poderes também serviam para impor limites ao poder do partido ([3]).

Vladimir foi trabalhar para o Secretariado do Diretório, que era a secção de pessoal da sede do KGB em Leninegrado, estando instalada no mesmo edifício na Avenida Liteini que tinha visitado em adolescente. Só não passou a ser nenhum Johann Weiss a infiltrar-se nas fileiras de uma potência estrangeira. Aquela era uma altura de paz relativa, em que a União Soviética só estava em guerra consigo própria. Ele era um burocrata subalterno, de vinte e três anos, que se ocupava de papeladas no trabalho e ainda vivia em casa dos pais sem direito a um quarto próprio. O escritório onde trabalhava era um lugar comum, habitado por veteranos dos tempos de Estaline a ficar carecas, com idade suficiente para se lembrar do Gulag, senão mesmo do Terror de 1937. O jovem agente fazia questão de pôr em causa as formas antigas de trabalhar, mas nunca se rebelou contra o KGB, e se o fez, certamente não foi de um modo que minasse a sua carreira por estar a «meter as orelhas de fora» ([4]), como se costumava dizer.

Depois da sua iniciação à secretária, recebeu formação para oficiais na Escola N.º 401 em Leninegrado, que era uma das academias de formação regionais do KGB. Localizada num edifício de seis andares fortemente

CORAÇÃO QUENTE, CABEÇA FRIA E MÃOS LIMPAS

vigiado, próximo do local onde o rio Okhta desagua no Neva, a escola era «uma espécie de submarino» onde os cadetes mergulhavam nas aulas teóricas e em treinos físicos, isolados da sociedade restante ([5]). Durante seis meses, andou a aprender táticas básicas de recolha de informação, incluindo técnicas de interrogatório. As fileiras do KGB tinham engrossado sob a chefia de Iuri Andropov, que foi o seu diretor de 1967 a 1982, ano em que se tornou no líder supremo da União Soviética. Andropov tornou-se num dos heróis de Vladimir, um líder distante mas venerado. Andropov compreendia as limitações do sistema soviético e procurava modernizá-lo para que pudesse recuperar o seu atraso relativamente ao Ocidente, sobretudo no que dizia respeito a questões económicas. O KGB selecionava e recrutava novos elementos que sabiam de assuntos macroeconómicos, comércio e relações internacionais. Vladimir parece ter pressentido a tendência com os seus estudos na Universidade Estatal de Leninegrado, onde redigiu uma tese sobre o princípio do estatuto de nação mais favorecida no comércio internacional ([6]). Andropov quis transformar o KGB numa organização de escol, e Vladimir estava sintonizado no mesmo comprimento de onda. Representava uma nova geração no KGB, a geração pós-estalinista de recrutas que era considerada menos ideológica, demasiado nova para se lembrar dos horrores do regime de Estaline.

No contexto soviético, Andropov era encarado como um reformador, apesar do seu envolvimento na repressão no próprio país e no estrangeiro. Tinha sido o embaixador soviético em Budapeste durante a Revolução Húngara de 1956 e, durante o resto da sua vida, ficara obcecado com a recordação da violência repentina que podia eclodir e pôr em causa o governo de um só partido. «Observava horrorizado das janelas da sua embaixada como oficiais do odiado serviço de segurança húngaro eram enforcados em candeeiros de rua.» ([7]) Este «complexo húngaro» deu forma à crença de Andropov de que só a força, sabiamente administrada, podia assegurar a sobrevivência do Estado e do império soviético. Por isso, Andropov, embora aspirasse a modernizar o sistema soviético, não esteve com meias-medidas para punir qualquer dissensão em relação ao mesmo. Foi ele quem criou o famigerado Quinto Diretório Principal para combater a oposição ideológica, o que conduziu à perseguição do físico Andrei Sakharov e do escritor Aleksandr Soljenítsine. Foi ele quem,

O NOVO CZAR

em 1969, criou uma rede de hospitais psiquiátricos para perseguir os dissidentes, qualificando a oposição ao Estado de sinal de doença mental.

Vladimir, cego pela propaganda oficial ou pela indiferença, racionalizava e idealizava o trabalho do KGB. Acreditava que o oficial dos serviços de informações era o defensor da lei e da ordem. No verão de 1976, emergiu da academia do KGB como primeiro-tenente. Não voltou para o departamento de pessoal, mas para o departamento de contraespionagem, o Segundo Diretório Principal do KGB. Participou em operações, não contra o inimigo externo, mas contra o inimigo interno. Tornou-se num *apparatchik* que procurou, acima de tudo, manter a ordem social e o controlo político, embora muito pouco se soubesse das suas atividades nessa época. Os seus amigos, e mesmo os seus colegas, nunca souberam exatamente o que ele andava a fazer, e ele, durante muitos anos, não se poupou a esforços para manter secretos os pormenores do seu trabalho. Um oficial que trabalhou com ele afirmou posteriormente que ele tinha trabalhado, de facto, para o Quinto Diretório Principal, mas ninguém podia ter bem a certeza ([8]). Embora Vladimir o negasse, os seus colegas acreditavam que estava intimamente familiarizado com as táticas que o KGB aplicava contra críticos do poder soviético, incluindo Soljenítsine e, mais tarde, Sakharov. O que é certo é que um dos seus amigos mais chegados em Leninegrado, Victor Cherkesov, se tornou notório pelo seu trabalho no Quinto Diretório Principal contra dissidentes, incluindo crentes religiosos ([9]). E não sentia nenhum remorso ou reserva pelo facto de o KGB depender de informadores ou colaboradores. Embora semeassem a desconfiança em toda a sociedade soviética, acreditava que a conivência com um temido Estado policial não só não tinha nada de errado, como até era essencial para a manutenção da ordem. Como afirmou certa vez, noventa por cento das informações obtidas pelo KGB deviam-se ao facto de cidadãos soviéticos comuns informarem de outros, voluntariamente ou de outro modo, os seus colegas de trabalho, os seus amigos, os seus parentes. «Não se vai a lado nenhum sem agentes secretos», disse ([10]).

É uma evidência que Vladimir andou a recrutar e a controlar agentes enquanto trabalhou para a contraespionagem em Leninegrado, com relevo para homens de negócios, jornalistas e atletas que tinham viajado para o estrangeiro ou se tinham encontrado com estrangeiros que estavam de visita. Embora ainda hoje as suas atividades permaneçam envoltas em mistério, tinha-se tornado em algo mais parecido com o «chui» que o seu treinador tinha avisado de que se tornaria se fosse tirar Direito. Vivia uma vida dupla, ainda que fosse muito menos dramática e perigosa do que a retratada em *O Escudo e a Espada*. Foi nesse quadro que estabeleceu amizades com homens que trabalharam com ele nas sombras e assim continuariam ao longo de anos: Victor Cherkesov, Aleksandr Bortnikov, Victor Ivanov, Serguei Ivanov, assim como Nikolai Patrutchev. Neste círculo estreito e fechado de amigos — todos eles homens —, encontrou a camaradagem entre oficiais que estavam no mesmo comprimento de onda e que reforçariam aquilo que iria tornar-se numa consolidada visão em preto-e-branco do mundo.

Depois de passar seis meses na contraespionagem, Vladimir foi transferido para o Primeiro Diretório Principal do KGB, responsável por operações de espionagem além das fronteiras da União Soviética. Era considerada a secção de escol do KGB. De quase trezentos mil funcionários do aparelho de segurança, menos de cinco mil trabalhavam nesse departamento ([11]). Sem dúvida, os seus estudos de Alemão ajudaram-no a conseguir o cargo, e o KGB deu-lhe a possibilidade de continuar a estudar duas horas por dia, três vezes por semana ([12]). Ainda assim, não se tornou num espião, e não foi para o estrangeiro. Permaneceu na Casa Grande na Avenida Liteini, responsável pela vigilância de visitantes estrangeiros e diplomatas estacionados nos consulados da cidade. Muito do trabalho era analítico, e pouco indica que tivesse sido muito exigente. Sendo a segunda cidade da União Soviética, Leninegrado não era propriamente um degredo, mas faltavam as intrigas de espionagem que se multiplicavam na capital, em Moscovo. O próprio KGB tinha começado a ser vítima da sua dimensão e de esclerose, uma vez que as suas fileiras cada vez mais numerosas resultavam na redução da sua eficácia. Para muitos agentes, o entusiasmo juvenil pelo mundo da espionagem inevitavelmente deu lugar ao tédio e à inércia burocrática. «É só na ficção que um único homem pode fazer frente ao mundo inteiro», foi o que um contemporâneo, Iuri Chvets, escreveu sobre aquela época ([13]).

Vladimir parecia contente com penar nos graus inferiores da hierarquia. Embora fosse descrito por um dos seus superiores como sendo meticuloso no seu trabalho, ([14]) não mostrava nenhuma ambição em subir a pulso através da hierarquia da organização. Em 1977, o seu pai reformou-se da fábrica de comboios e, enquanto veterano deficiente da guerra, recebeu um pequeno apartamento de dois quartos — que não chegava aos vinte e oito metros quadrados — na Avenida Stachek em Avtovo, um bairro acabado de reconstruir a sul do centro histórico de Leninegrado. A penúria habitacional na cidade depois da guerra era tal, que ainda havia muitas famílias a viver em apartamentos comunitários — mesmo oficiais do KGB não tinham automaticamente direito a um apartamento.—, mas agora, aos vinte e cinco anos, Vladimir tinha, pela primeira vez na sua vida, o seu próprio quarto, o seu próprio «cantinho», como Vera Gurevitch o designou.

Com tempo livre em abundância, dava voltas pela cidade no carro que a mãe lhe tinha oferecido e, de acordo com os seus amigos, continuava a envolver-se em rixas de rua, apesar do risco que tais imprudências podiam acarretar para a sua carreira. Era indiferente ao risco e ao perigo — mais tarde, referiria com orgulho uma fraca avaliação do seu desempenho que dizia isso mesmo —, em parte porque o seu trabalho com o KGB lhe garantia alguma proteção da polícia comum. Infringia as regras porque tinha os meios de o fazer. Certa vez na Páscoa, Putin levou Serguei Rolduguin, um músico clássico que se tornou num amigo chegado, a uma procissão religiosa que tinha sido encarregado de vigiar, policiando pessoas de fé, gente como a sua própria mãe. Impressionou o seu amigo levando-o a ver o altar da igreja, cujo acesso estava proibido aos laicos, sugerindo que Putin tinha pouca reverência pela santidade da igreja. «Ninguém pode lá ir, mas nós podemos», disse ao amigo. Era temerário e temperamental. Segundo o relato de Rolduguin, no regresso a casa da excursão comum à igreja, um grupo de estudantes bêbedos que estava numa paragem de autocarro abordou-os pedindo-lhes um cigarro. Vladimir, claramente uma presença pouco intimidatória, respondeu-lhes com tanta rudeza, que um dos presentes o empurrou. Putin atirou-o por cima do seu ombro como se fosse uma competição no clube de judo ([15]).

Contava aos amigos que era agente da polícia no Ministério do Interior, e muitos parecem ter acreditado. Mas brevemente, a sua verdadeira posição tornar-se-ia mais difícil de disfarçar. Rolduguin, que o conheceu em 1977, rapidamente percebeu qual era a sua verdadeira ocupação. Essa descoberta tornou-o desconfiado. Enquanto músico, tinha viajado para o estrangeiro em visitas acompanhadas por operacionais do KGB mal disfarçados de funcionários do Ministério da Cultura. Rolduguin não gostava destes vigilantes ideológicos e aprendera a não falar livremente na sua presença. E lá estava ele a tornar-se amigo de um deles. Vladimir acabou por o desarmar admitindo qual era a sua verdadeira profissão, mas, mesmo depois disso, Rolduguin apercebeu-se de que era impossível arrancar-lhe mais fosse o que fosse. «Eu toco violoncelo», disse certa vez ao seu amigo. «Nunca poderia ser cirurgião — mas ainda assim sou um bom violoncelista. Mas que é a tua profissão? Sei que és um agente do serviço de informações. Não sei é o que isso quer dizer.» Vladimir fez-lhe a vontade, mas pouco se abriu. «Sou especialista em relações humanas», disse de forma críptica, e depois recusou-se a falar mais do assunto [16].

Em 1979, Vladimir tinha chegado à patente de capitão e foi, finalmente, enviado para Moscovo a fim de frequentar a Escola Superior do KGB, que trazia o nome de Félix Dzerjinski, o fundador da polícia secreta soviética. Dzerjinski continuava a ser uma figura de culto venerada no KGB, cujos manuais de formação citavam a sua descrição das características essenciais do oficial dos serviços de informações: «coração quente, cabeça fria e mãos limpas». [17] Finalmente, o Primeiro Diretório Principal parecia estar a prepará-lo para fazer serviço no exterior. Ainda assim, depois de um breve curso de formação, voltou novamente a Leninegrado e retomou a sua tarefa de vigiar estrangeiros — com resultados pouco certos. Um superior descreveu o seu trabalho como «extremamente produtivo», mas o oficial superior do KGB em Leninegrado durante a sua carreira, Oleg Kaluguin, disse que a agência não conseguiu desmascarar um único espião estrangeiro que estivesse à solta na cidade [18].

A sua carreira parecia estagnar na precisa altura em que o período de uma paz relativa e de desanuviamento que a União Soviética tinha vindo a atravessar começava a enfrentar uma crescente agitação interna e externa — em retrospetiva, os primeiros sinais da decadência e da derrocada final da União Soviética. Em dezembro de 1979, a União Soviética invadiu o Afeganistão depois de um sangrento golpe de Estado orquestrado pelo KGB de Andropov e levado a cabo por comandos de escol do Exército envergando fardas afegãs. A invasão foi o início de uma operação fútil para apoiar o governo comunista em Cabul que iria custar as vidas de milhares de soldados, cujos cadáveres eram levados de volta a casa em

O NOVO CZAR

caixas de zinco conhecidas pelo nome de código CARGO 200 e envoltos num manto de secretismo.

A eleição de Ronald Reagan para presidente dos EUA (Estados Unidos da América), em novembro de 1980, atiçou ainda mais as tensões da Guerra Fria e empurrou as duas superpotências para uma situação cada vez mais próxima de uma conflagração. O Kremlin e o KGB não tardariam a ficar obcecados com aquilo que os líderes da União Soviética acreditavam ser os planos de Reagan para lançar um ataque nuclear preventivo contra a União Soviética. Numa conferência em maio de 1981, um Leonid Brejnev já debilitado denunciou Reagan como uma ameaça à paz mundial, ao passo que Andropov anunciou que doravante a prioridade última dos serviços de segurança era a descoberta de provas do plano de Reagan para destruir o país [19]. Esta vasta operação — cujo nome de código era RYAN, de acordo com o acrónimo da expressão russa para «ataque com mísseis nucleares», *raketno-yadernoye napadenie* — tornou-se no principal esforço de espionagem das agências do KGB no mundo inteiro e permaneceria uma obsessão paranoica durante o resto da década. Brevemente, Vladimir Putin desempenharia o seu papel nesse esforço.

Em 1980, depois do seu regresso a Leninegrado, a vida pessoal de Vladimir — e também a sua carreira — deu uma importante reviravolta. Aos vinte e oito anos, Vladimir continuava solteiro, o que era pouco habitual na sociedade soviética. Esse seu estatuto pouco convinha ao conservador KGB. Com efeito, o Primeiro Diretório Principal recusava-se a colocar homens solteiros no estrangeiro, temendo que ligações sexuais fora do casamento pudessem torná-los vulneráveis à exposição ou à chantagem [20]. Vladimir não deixava de ser atraente, com os seus profundos olhos azuis. Estava em boa forma física e era perspicaz, nem que fosse para ser sardónico. Mas quanto às mulheres, parecia emocionalmente reticente, senão mesmo inibido; estava muito mais à vontade com o círculo de amigos homens da sua juventude e do KGB. «Costumava dizer-lhe com frequência que era uma lástima a manter uma conversação», disse Rolduguin [21].

Nos seus últimos anos de estudos universitários, Vladimir tivera a sua primeira relação séria com uma estudante de Medicina. Chamava-se

Ludmila Khmarina, cujo irmão, Victor Khmarin, também era um amigo próximo. Rolduguin descreveu-a como bela e impetuosa, menos inclinada a perguntar a Vladimir como se sentia do que a dizer-lhe que estava doente. Conheceram-se na casa de campo da família dele em Tosno e namoraram até ao final dos estudos e ao lançamento da carreira dele. Em 1979 anunciaram o seu noivado. Pediram uma autorização para se casar, e os seus pais compraram anéis, um fato e um vestido. E foi aí que ele rompeu a relação de forma repentina. Decidiu «que era melhor sofrer naquela altura do que termos os dois de sofrer mais tarde», mas nunca explicou o que tinha acontecido, nem mesmo a Rolduguin. Apenas fez alusão a «alguma intriga», embora não parecesse ter sido de uma gravidade especial, visto continuar a ser amigo do seu irmão Victor ao longo de anos. Vladimir tinha-se habituado à sua vida de solteiro — talvez até a preferisse, filho mimado que era, ainda a viver em casa dos papás. Contava com a possibilidade de nunca se casar [22].

Em março de 1980, porém, conheceu outra Ludmila — Ludmila Chkrebneva, uma hospedeira de bordo da Aeroflot, de olhos azuis, que vivia em Kalininegrado, na antiga província prussiana confiscada pela União Soviética depois da derrota dos nazis. Tinha vinte e dois anos e cabelos louros ondulados que lhe chegavam aos ombros. Ela e uma outra hospedeira de bordo, Galina, foram visitar Leninegrado por três dias. Na sua primeira noite em Leninegrado, com vontade de ver o mais possível das vistas da cidade, foram com o namorado de Galina, Andrei, ao Teatro Lensovet ver um espetáculo de Arkadi Raikin, um ator e satírico já de uma certa idade. Galina tinha convidado Ludmila, de forma que Andrei levou o seu amigo Vladimir. Ludmila inicialmente não estava impressionada, tendo reparado nas suas roupas pouco elegantes e no seu comportamento pouco aprazível. Segundo recordou, se o tivesse encontrado na rua, «ele nunca teria atraído a minha atenção» [23]. Durante o intervalo, porém, ganhou coragem e perguntou se poderia ajudá-los a comprar bilhetes para o espetáculo de música da noite seguinte. Ele assim fez, e no fim da segunda noite deu-lhe o seu número de telefone. Andrei estava chocado. «Estás maluco?», perguntou ao seu amigo mais tarde. Nunca antes o tinha visto a dar o seu número a alguém que não conhecesse bem [24]. Voltaram a encontrar-se na terceira noite, e quando ela voltou a Kalininegrado, marcou o número.

O NOVO CZAR

Quando Ludmila voltou a apanhar um avião para Leninegrado em julho, começaram uma relação. Ela dizia a brincar que outras raparigas apanhavam o autocarro ou o troleicarro para irem namorar, ao passo que ela ia de avião ([25]). Após pouco tempo, resolveu mudar-se para Leninegrado. Vladimir insistiu em que ela voltasse para a universidade — ela tinha abandonado uma universidade técnica para se tornar hospedeira de bordo —, e Ludmila inscreveu-se no departamento de Filologia na *alma mater* dele, a Universidade Estatal de Leninegrado. A tensão da mudança e os estudos conduziram a uma rutura inicial na sua relação, e ela interrompeu-a até ao dia em que ele apanhou um avião para Kalininegrado e a convenceu a voltar. Em outubro, ela estava instalada num apartamento comunitário que partilhava com uma mulher cujo filho tinha partido para ser incorporado no Exército ([26]). Vladimir revelou-se um namorado exigente e ciumento; ela sentia que ele estava constantemente a observá-la, a testá-la, a julgá-la. Ele costumava comunicar a sua intenção — quer fosse ir fazer esqui, ou que ela fosse, a título de exemplo, tirar um curso de datilografia —, não lhe deixando nenhum espaço para a discutir. Ao contrário da primeira Ludmila, esta era mais dócil. Quando a mãe de Vladimir a conheceu, não ficou impressionada e, o que é pior, não fez segredo disso. O seu filho já tinha tido outra Ludmila, bufou Maria, uma «boa moça».

Ludmila não sabia que ele trabalhava para o KGB. Também a ela, ele tinha dito que trabalhava para o departamento de investigação criminal do Ministério do Interior. Esta era uma cobertura corrente para agentes dos serviços de informações, e até lhe tinha sido emitido um falso cartão de identificação para o atestar ([27]). Sempre que ela lhe perguntava o que tinha andado a fazer durante o dia, evitava responder-lhe recorrendo a ditos espirituosos. «Antes do almoço, andámos a apanhá-los», disse-lhe certa vez, como se ele e os seus colegas tivessem passado o dia na pesca à linha. «À tarde, andámos a soltá-los.» ([28]) Foi só em 1981, depois de terem namorado um ano e meio, que ela ficou a saber qual era o seu verdadeiro emprego — e mesmo assim foi pela mulher de um amigo. Ela sentiu um formigueiro de excitação e orgulho. Contrariamente a Rolduguin, ela não tinha nenhum motivo para temer o KGB, ou esse seu jovem companheiro. Os seus modos taciturnos pareciam agora compreensíveis, explicando um comportamento que parecera esquivo. Quando a sua amiga lho disse, foi uma revelação, embora também tivesse um aspeto inquietante. Estar com ele significava aceitar que uma parte dele permaneceria sempre fora do seu alcance ([29]). Até lhe ocorreu que a mulher que lhe tinha revelado o seu segredo poderia ter recebido instruções para o fazer. Nunca o saberia ao certo. Só aí se lembrou de um estranho encontro ocorrido alguns meses mais cedo.

Tinha combinado telefonar a Putin às sete horas de uma tarde, como frequentemente fazia. Como o seu apartamento comunitário não dispunha de telefone, ela deslocou-se a um telefone público situado num pátio das redondezas. Marcou o seu número enquanto anoitecia, mas ele não atendeu. Ludmila desistiu, sabendo que ele tinha tendência para trabalhar até tarde. Quando ela se ia embora, um jovem cavalheiro aproximou-se dela nesse espaço calmo e vazio. Ela virou-se para voltar para o seu apartamento através da entrada arqueada do pátio, e ele ainda a seguia. Ele acelerou o seu passo, e ela fez o mesmo.

«Minha jovem senhora, por favor. Não tenho más intenções. Apenas gostaria de falar consigo. Só dois segundos.» Ele parecia sincero, a falar com honestidade. Ela parou. «Minha jovem senhora, é o destino! É o destino! Não imagina quanto desejei conhecê-la.»

«De que está a falar?», perguntou ela com desdém. «Qual destino, qual carapuça!»

«Por favor, peço-lhe encarecidamente. Dê-me o seu número de telefone.»

«Não tenho telefone.»

«Então tome nota do meu», disse ele. Estava a oferecer-lhe o seu número da mesma forma que Putin o tinha feito no seu segundo encontro.

«Nem pensar», respondeu ela, e só depois disso ele a deixou partir ([30]).

O episódio meio esquecido regressou-lhe à memória deixando-a febril e intrigada. Teria sido o KGB — ou Vladimir — a testá-la nessa rua ao anoitecer? Se ela fosse o género de mulher capaz de entabular relações com um homem qualquer que encontrasse na rua, tal poderia causar ciúmes ao seu marido, tornando-os vulneráveis à contraespionagem ou à chantagem. Ou talvez ele apenas tivesse sido um jovem atrevido, esperançado em a conhecer. Não ficou propriamente perturbada, mas agora estava a compreender o tipo de vida que teria com este homem. Algumas poderiam ter ficado com medo devido a um teste deste género, pensou ela

O NOVO CZAR

para se tranquilizar, mas seria ridículo ficar enervada com isso. Afinal, ela não tinha nada a esconder. Não nutria nenhum ressentimento no que dizia respeito ao seu trabalho — «Trabalho é trabalho», disse para si encolhendo os ombros —, mas quando ela lhe perguntou pelo encontro, mais de uma vez, ele recusou-se a responder, e isso, sim, enervava-a. Ela sabia que ele nunca lhe diria nada sobre o outro mundo que habitava, nunca iria tranquilizá-la explicando porque tinha chegado a casa, digamos, à meia-noite em vez de às nove. Ela iria preocupar-se, depois ficar zangada, mas teria sempre de ficar à espera, só e sem saber o que se passava. O seu trabalho no KGB deixaria a sua marca nela. Ela nunca poderia falar do seu trabalho ou falar abertamente com as pessoas sobre a sua vida ou a vida conjunta deles. Casar-se com Putin equivaleria a uma «interdição privada» sobre a sua própria vida, ela sabia disso. Lentamente, estava a apaixonar-se por este homem, mas a sua situação parecia-lhe sufocante ([31]).

Vladimir podia ser afoito e impetuoso, mas no namoro era hesitante. Ainda assim, tirava proveito da sua posição — e do seu salário — para viajar com ela. Por duas vezes, foram ao mar Negro, que ele amava desde a sua viagem enquanto jovem estudante fascinado pelas estrelas. Certa vez, foram de carro com amigos até Sochi, o local de veraneio situado mais de mil e seiscentos quilómetros a sul. Ficaram num apartamento de duas divisões reservado aos guardas da Bocharov Ruchei, a mansão à beira-mar construída sob as ordens de Nikita Krutchov, nos anos cinquenta do século XX, para a alta-roda soviética e que, num dia num futuro imprevisível, se tornaria no retiro dos presidentes de uma nova Rússia. Leonid Brejnev passava lá temporadas em convalescença nos incontáveis anos finais do seu reinado. Da varanda do seu quarto, viam a praia, mas o acesso estava proibido. Em 1981, voltaram ao mar Negro, ficando desta feita por duas semanas em Sudak, na Crimeia, naquela que foi a sua primeira viagem a sós ([32]). No entanto, não foi propriamente um romance do estilo tiro e queda. Quando finalmente lhe pediu a sua mão, estavam no mês de abril de 1983, e ela teve mais a impressão de que ele estava a acabar com a relação.

«Em três anos e meio, provavelmente já tomaste a tua decisão», disse-lhe no seu apartamento.

«Sim», disse ela hesitantemente, temendo que fosse o fim. «Tomei a minha decisão.»

Ele parecia inseguro. «Sim?» respondeu, e depois acrescentou, «Bem, então se é assim, eu amo-te e proponho que nos casemos.» (³³).

Ele já tinha marcado uma data: 28 de julho, ou seja, faltavam apenas três meses. Casaram-se pelo civil, não pela igreja, o que estaria vedado a um oficial do KGB, ao que se seguiram duas celebrações. Vinte amigos e parentes participaram na primeira a bordo de um restaurante flutuante, atracado ao cais ao lado da Universidade Estatal de Leninegrado. Na noite seguinte, tiveram uma reunião diferente num local mais recatado, uma sala de banquetes no Hotel Moscovo. Para Ludmila, a primeira festa foi calorosa e alegre; a segunda foi mais cerimonial, bastante agradável, mas «um bocadinho diferente». Os convidados eram os colegas de Vladimir do KGB que não podiam pôr em risco o seu sigilo, nem mesmo com os parentes e amigos mais chegados de um dos seus camaradas.

Passaram a lua de mel na Ucrânia, começando por ir de carro até Kiev, onde se encontraram com amigos que viajaram com eles, muitas vezes partilhando um quarto. Deram uma volta pela Moldávia, depois seguiram para Lviv na Ucrânia ocidental, para Nikolaev e finalmente para a Crimeia, ficando alojados em Ialta. Todas estas eram localizações de férias de referência no vasto império soviético. Em Ialta, os recém-casados tiveram um quarto só para si e ficaram doze dias a nadar e a apanhar sol na praia rochosa (³⁴). Para ele, a Crimeia parecia ser um local mágico, até sagrado. Voltaram passando por Moscovo para que ele pudesse dar um salto à sede do KGB — que era conhecida como «Central» —, e em seguida mudaram-se para o apartamento de duas assoalhadas dos pais dele na Avenida Stachek. Ele tinha trinta anos, ela, vinte e cinco, e juntos deram início a um casamento feliz, se bem que constrangido.

Um colega, Igor Antonov, estava convencido de que Vladimir se tinha casado para fazer avançar a sua carreira, estando consciente de que ser solteiro haveria de o prejudicar (³⁵). Certamente, parecia ter pensado muito bem em tudo, e a sua oportunidade de carreira chegou um ano mais tarde. Ao fim de nove anos de serviço, o KGB promoveu-o a major e mandou-o estudar em Moscovo na escola de elite de espionagem no estrangeiro, o Instituto Estandarte Vermelho. Fundado em 1938, era o campo de treino para os espiões da União Soviética a colocar no estrangeiro. O instituto era exclusivo não só em termos ideológicos, mas também discriminatório em termos raciais e étnicos. Os Judeus eram banidos, e o mesmo se aplicava aos Tártaros da Crimeia, aos Chechenos e aos Calmucos. Qualquer tipo de prática religiosa era proibido. A sua admissão pode ter resultado de uma versão à KGB de ação afirmativa. Nos anos oitenta, o Primeiro Diretório Principal começou a queixar-se de que demasiados dos seus cadetes eram «os filhos mimados de pais privilegiados» que se aproveitavam da sua influência e das suas relações em Moscovo para conseguirem entrar. Em vez deles, queria candidatos sólidos com aptidão para as línguas e uma devoção absoluta à causa soviética. O diretório tentou alargar o leque de candidatos a recrutamento aumentando a proporção dos cadetes vindos das províncias, pedindo às sedes regionais que lhes indicassem jovens oficiais ([36]). Leninegrado enviou Vladimir Putin.

Entretanto, o instituto trazia o nome de Andropov. Este, depois do seu longo reinado ao leme do KGB, assumiu o posto de secretário-geral do Partido Comunista na sequência da morte de Brejnev, ocorrida em 1982, dando esperanças àqueles que queriam modernizar o Estado sob a mão firme dos serviços de segurança. Em vez disso, Andropov apenas se manteve em funções durante quinze meses, antes de morrer de repente em fevereiro de 1984, dando lugar a uma tumultuosa sucessão de líderes soviéticos de contornos geriátricos. Konstantin Tchernenko sucedeu a Andropov apenas meses antes de Vladimir começar a frequentar o Instituto Estandarte Vermelho, e sobreviveu pouco mais de um ano, até morrer em março de 1985. De súbito, a grande nação soviética parecia incapaz de produzir novos líderes, enquanto se arrastava penosamente por um período de estagnação económica e política que a levava a acumular um atraso ainda maior relativamente ao Ocidente e ao «adversário principal», os EUA. A guerra da União Soviética no Afeganistão tinha-se transformado num atoleiro, e aqueles que habitavam nos círculos dos serviços secretos em que Vladimir se movia tinham todo o à-vontade para debater verdades sobre a mesma que nunca poderiam ser expressas em público. Ele ficou espantado com as revelações, visto ter acreditado cegamente na justeza da intervenção ([37]).

O instituto era uma instalação secreta localizada numa floresta nos arredores de Moscovo, onde ainda hoje se encontra sob um novo nome, Academia de Informações Estrangeiras. Ministrava cursos que iam de um a três anos em função da educação, da experiência e da missão

CORAÇÃO QUENTE, CABEÇA FRIA E MÃOS LIMPAS

esperada do cadete ([38]). Ludmila, entretanto grávida, permanecia em Leninegrado a viver com os pais dele. Foi aqui que Vladimir aprendeu o mister da espionagem — como recrutar agentes, comunicar em código, montar vigilância, como despistar alguém que o seguisse, como criar e utilizar caixas de correio mortas. Sobretudo, estava a aprender a arte do comportamento conspirativo rigoroso. Ao longo de toda a formação, os cadetes adotaram nomes de código derivados da primeira letra dos seus nomes. Putin converteu-se no camarada Plátov, resguardando a sua real identidade mesmo dos outros alunos. Andavam vestidos à civil em vez de usar fardas, preparando-se assim para as suas vidas futuras em que se fariam passar por jornalistas, diplomatas ou delegados comerciais em países que teriam obrigação de conhecer intimamente, mesmo antes de os terem visitado. Vladimir apresentou-se em setembro de 1984, vestido com um novo fato de três peças, desejoso de causar boa impressão, embora fosse um dia quente de outono. «Ora, vejam bem o camarada Plátov!», disse um instrutor, coronel Mikhaíl Frolov, aos outros cadetes, referindo-se a esse jovem franzino como um exemplo a seguir ([39]).

Finalmente, após quase uma década de tédio a vigiar estrangeiros e dissidentes em Leninegrado, lá estava ele a aprender o ofício que idealizara em adolescente. Naquela altura, os três departamentos principais do instituto eram chefiados por veteranos da «era de ouro» da espionagem do KGB — dos anos antes, durante e após a Segunda Guerra Mundial: Iuri Modin na espionagem política, Ivan Chichkin na contraespionagem e Vladimir Barkovski na espionagem científica e tecnológica. Todos tinham adquirido a sua reputação enquanto espiões em Londres, e Modin tinha sido o último controlador do grupo que se tornaria conhecido como os Cinco Magníficos — os jovens licenciados de Cambridge, incluindo Kim Philby, que tinham sido recrutados durante os anos trinta enquanto agentes da União Soviética e que tinham acabado por penetrar nas esferas mais elevadas do poder britânico. Embora houvesse muito tempo que a operação tinha sido desmascarada e desmantelada, esta continuava a ser apresentada no instituto como «um modelo para jovens oficiais dos serviços de informações» ([40]). O camarada Plátov estava a aprender com a fina-flor do KGB.

Em 28 de abril de 1985, ainda a terminar a licenciatura, Ludmila deu à luz uma menina. Quis chamar-lhe Natacha, mas Vladimir já tinha tomado a sua decisão. Haveria de lhe chamar Maria, ou Macha, em homenagem à sua mãe. Faltou ao nascimento da filha, mas, depois de mãe e filha terem recebido alta do hospital, recebeu uma guia para as visitar e celebrou o nascimento do novo membro da sua família com Serguei Rolduguin — que se tornou no padrinho de Maria — na casa de campo do pai dele nos arredores de Viborg, perto da fronteira finlandesa. Sem o saber, a própria Ludmila estava a ser submetida a um rigoroso inquérito pessoal relativamente à sua saúde e ao seu temperamento; apenas soube deste procedimento quando foi convocada pelos serviços administrativos da universidade e lhe disseram que tinha sido considerada acima de qualquer suspeita ([41]).

Agora, Vladimir Putin era um respeitável pai de família naquela que até à data era a mais decisiva encruzilhada da sua vida. As suas esperanças de ser enviado para o estrangeiro — de ascender ao trabalho de escol da espionagem estrangeira — dependiam do seu êxito no Instituto Estandarte Vermelho, e este teve certamente muito que se lhe dissesse. Pela sua imersão linguística, estava claro que iria fazer serviço nalgum país de língua alemã. A única questão era a de saber se iria ser destacado para o Ocidente capitalista — ou seja, a Alemanha, a Áustria ou a Suíça — ou para o satélite soviético no Leste, a República Democrática da Alemanha. Trabalhar como agente secreto no Ocidente teria requerido mais um ano ou dois no instituto, com uma formação cada vez mais aprofundada em costumes locais que frequentemente traíam origens estrangeiras — aspetos básicos da vida capitalista, como as hipotecas, podiam atrapalhar e denunciar um espião soviético ([42]). Mais tarde, Vladimir afirmaria que teria preferido trabalhar na Alemanha de Leste, mas não lhe cabia tomar a decisão.

A comissão de avaliação do instituto decidia com base no desempenho e no comportamento pessoal. E apesar de tudo o que estava em jogo, o seu comportamento deitava tudo a perder. Ele podia voltar a Leninegrado por breves intervalos, e num deles envolveu-se uma vez mais numa rixa ao enfrentar um grupo de arruaceiros no metropolitano, como contaria a Serguei Rolduguin. Desta vez, sofreu tanto como aqueles que enfrentou, partindo um braço na peleja. Disse a Rolduguin que isso teria consequências, e de facto teve uma reprimenda, embora nunca explicasse o castigo ao seu amigo. «Ele tem um defeito que é objetivamente

CORAÇÃO QUENTE, CABEÇA FRIA E MÃOS LIMPAS

mau para os serviços especiais: corre riscos», disse Rolduguin. «Uma pessoa deveria ter mais tento, e ele não tem.» ([43])

A sua avaliação no fim do seu ano de formação foi medíocre. Ele não padecia de ambição excessiva — a palavra «carreirista» andava perto de uma injúria no sistema soviético —, mas o coronel Frolov tomou nota de várias características negativas. Era «reservado e pouco comunicativo». Embora fosse «rápido a responder», também revelava uma «certa tendência académica», uma forma educada de descrever os seus modos pedantes ([44]). Não dispunha das cunhas ou do respaldo necessário para lubrificar o caminho para um posto prestigioso. É quase certo que a rixa no metropolitano de Leninegrado tivesse contribuído para o fim abrupto dos seus estudos no Instituto Estandarte Vermelho. Em vez de continuar mais dois anos a ser preparado para os postos de topo do mister da espionagem, foi-se embora no fim do primeiro. E quando recebeu a sua missão, não foi para a Alemanha Ocidental, mas para o Leste. Nem sequer foi para Berlim, o centro de espionagem da Guerra Fria desde a derrota dos nazis, mas para Dresden, a capital provincial da Saxónia, perto da fronteira com a Checoslováquia. Pela primeira vez, recebeu um passaporte para viajar para o estrangeiro. Tinha quase trinta e três anos e nunca tinha deixado a União Soviética.

Capítulo 3

O oficial dedicado de um império moribundo

De todos os Estados socialistas criados após a guerra pela vitoriosa União Soviética, a República Democrática Alemã parecia ter construído o paraíso dos operários prometido pelo comunismo — com o único senão de ser governado tanto pela opressão e pelo terror como pela ideologia. O Ministério de Segurança do Estado — a Stasi — mantinha uma rede de noventa e um mil funcionários, acrescida de pelo menos cento e setenta e três mil informadores, talvez mais, numa nação de dezassete milhões de pessoas. «Não é mais possível pôr uma fronteira em torno da Stasi», escreveu um historiador acerca da omnipresença do ministério, «do que se pode cercar um cheiro no meio de uma sala» ([1]). A Vladimir Putin, acabado de ser promovido à patente de major, parecia que tinha retrocedido no tempo. Considerou a Alemanha de Leste «um país agrestemente totalitário» ([2]), não tanto uma nação, mas um aparelho securitário penetrante. E isso era muito do seu agrado.

O KGB mantinha uma presença avassaladora na Alemanha de Leste. Na sua base em Karlshorst, em Berlim, onde o exército soviético também tinha o seu quartel-general, empregou centenas de funcionários ao longo de toda a Guerra Fria. Os oficiais da Stasi — «caros amigos», como os seus homólogos do KGB lhes chamavam invariavelmente — tinham tanto de aliados como de rivais. A Stasi fazia muito do trabalho político do

O NOVO CZAR

KGB, fornecendo a maior parte dos relatórios de informações telegraficamente retransmitidos para a Central em Moscovo — não só da Alemanha, mas de todo o bloco soviético. O KGB também tratava os seus «caros amigos» com uma desconfiança condescendente que causava algum ressentimento aos alemães. Uma das maiores operações do KGB, que teve início no tempo de Brejnev nos anos setenta e cujo nome de código era LUCH, ou seja, «raio», recrutava às escondidas agentes alemães para vigiarem e elaborarem relatórios sobre os seus próprios líderes partidários, dignitários governamentais e mesmo gente comum, no que dizia respeito à sua falta de lealdade para com a causa soviética ([3]).

A residência do KGB em Berlim era a maior do mundo. Já a delegação em Dresden não passava de um minúsculo posto avançado da intriga global da agência. A cidade, dividida pelo rio Elba, nunca contou com mais de seis a oito oficiais do KGB. As suas instalações estavam localizadas no número 4 da Angelikastraße, numa mansão cinzenta de dois andares com um telhado coberto de telhas vermelhas em Neustadt, do outro lado das célebres pontes que vão dar ao centro histórico da cidade. Aqui, num escritório situado num dos cantos do segundo andar, o major Putin haveria de trabalhar ao longo dos próximos quatro anos e meio.

Dresden, uma das cidades mais bonitas da Europa, ainda estava desfigurada pelos escombros dispersos da Frauenkirche [Igreja de Nossa Senhora]. A igreja barroca permanecia em ruínas, quatro décadas após o bombardeamento de Dresden com engenhos incendiários em fevereiro de 1945, como um símbolo dos horrores da guerra — e, para fins propagandísticos mais contemporâneos, da barbárie ocidental. A Angelikastraße, do outro lado do rio, era uma rua curta e bonita, debruada de árvores e jardins que floresciam a cada primavera criando uma tapeçaria de cores, contrastante em tudo com a arquitetura monumental caduca de Leninegrado. Do outro lado do cruzamento com a rua principal, a Bautznerstraße, estendia-se um grande complexo que ia até um penhasco que oferecia uma panorâmica do largo estuário coberto de erva do rio Elba. Era ali que, depois da guerra, o NKVD tinha transformado um pequeno edifício situado em cima do penhasco num tribunal militar onde processava não só os resíduos do regime nazi, como igualmente os opositores do novo Estado comunista ([4]). Depois da sua criação, a Stasi tomou conta do complexo, submetendo-o a alargamentos sucessivos. Em 1953, construiu uma prisão com quarenta e quatro celas, por onde, ao longo dos anos, passariam mais de doze mil prisioneiros à espera de ser interrogados e encaminhados para o cárcere.

Na altura em que o major Putin chegou, a sede da Stasi tinha-se convertido numa cidade secreta dentro da cidade. No interior do complexo encontravam-se escritórios administrativos, assim como uma casa de hóspedes VIP e um número suficiente de blocos de apartamentos para alojar três mil pessoas. Também havia um edifício situado a alguma distância dos restantes, onde oficiais enfiavam na cabeça pares de volumosos auscultadores para ouvir horas e horas de conversações gravadas por aparelhos de escuta ocultos, disseminados pelos quatro cantos da cidade. O chefe da Stasi em Dresden, Horst Böhm, ocupava um escritório no segundo andar do edifício principal, com vista sobre um pátio calcetado onde os oficiais da Stasi jogavam voleibol e futebol, por vezes com os seus camaradas do KGB vindos do outro lado da rua.

A vida na União Soviética estava estagnada a ponto de mesmo um sistema socialista esclerosado como o da Alemanha de Leste parecer próspero em termos comparativos, perigosamente repleto de tentações, especialmente para jovens oficiais do KGB e do Exército Vermelho: mulheres, dinheiro e álcool. Todos eles eram caminhos perigosos rumo à degeneração ideológica ([5]). Os oficiais e soldados estacionados na Alemanha procuravam por tudo o que pudessem adquirir — calças de ganga, pornografia e mesmo armas — para o venderem ou trocarem no mercado negro por vodca, que na altura estava a ser restrita pelos comandantes do Exército Vermelho. Mesmo no quadro de escol do KGB, oficiais e as suas esposas compravam alimentos, roupa e aparelhos eletrónicos — luxos escassos na sua Rússia natal — e enviavam-nos para casa para outros os venderem num mercado negro voraz.

Quando chegou a Dresden em agosto de 1985, Vladimir tinha realizado o seu sonho de infância: era um oficial dos serviços de informações enviado para o estrangeiro para combater os inimigos do Estado. Ainda assim, a sua experiência foi muito menos cinematográfica do que tinha imaginado. Nem sequer operava enquanto agente secreto. Era um diretor de agentes que se juntou a um quadro de pessoal dissoluto e cínico num posto avançado de província do império do KGB. Os seus colegas não tardaram a brindá-lo com a alcunha de «Pequeno Volodia», uma

O NOVO CZAR

vez que já havia dois outros Vladimires na mansão da Angelikastraße, o «Grande Volodia» e o «Volodia Bigodes» ([6]). O Grande Volodia era Vladimir Usoltsev, que tinha chegado dois anos mais cedo. Tinha estagiado e trabalhado em escritórios de província do KGB na Bielorrússia e em Krasnoiarsk e, por essa altura, tinha-se tornado profundamente cínico.

Mais cedo nesse ano, quando Konstantin Tchernenko morreu, antes de o Pequeno Volodia ter chegado, Usoltsev e os seus colegas tinham brindado à doença que o levara tão rapidamente, em vez de obrigar o país a suportar outro período prolongado de incerteza. Usoltsev gozava com a burocracia, com as exigências insaciáveis da Central e, com a sua obsessão, com aquilo que lhe pareciam ser ameaças imaginárias. Dizia a brincar que «a mais perigosa de todas as armas» de que dispunha um espião do KGB em Dresden era o punção com que fazia furos nas resmas de relatórios devida e inutilmente enviadas para Moscovo, muitas das quais não passavam de um resumo de acontecimentos políticos relatados na imprensa local ([7]). «Volodia Putin chegou ao KGB em busca de um romantismo heróico», escreveu, «mas em Dresden não podia existir nenhum romantismo especial por definição, e por essa altura ele já o compreendia perfeitamente» ([8]).

Ainda assim, o Pequeno Volodia encontrou o seu lugar. Quase de súbito, caiu nas boas graças do chefe da unidade de Dresden, o coronel Lazar Matvéiev, que estava estacionado naquele posto desde 1982. Matvéiev era baixo, mais baixo mesmo do que Putin, estava a ganhar barriga e pouco faltava para estar calvo, não fossem duas madeixas laterais de cabelo branco impecavelmente aparadas. Nascido em 1927, era da velha escola, um oficial dedicado dos serviços de informações soviéticos, cujos pais tinham morrido na Grande Guerra Patriótica. Meteu o jovem major debaixo da sua asa, admirando a sua resoluta ética de trabalho e a sua integridade. Um ano antes de Putin lá chegar, o KGB tinha começado a desembolsar aos seus oficiais ali estacionados o equivalente a cem dólares em divisas, um montante generoso dividido em dólares e marcos. Na opinião de Usoltsev, uma temporada na Alemanha de Leste significava, para a maior parte dos oficiais do KGB, «uma oportunidade única de assegurar uma velhice confortável» ([9]). Mas não era o caso de Putin, nem da sua mulher. Matvéiev adorava Ludmila como uma bela e jovem mãe que não era uma «mulher venal» como as outras. Não fazia

O OFICIAL DEDICADO DE UM IMPÉRIO MORIBUNDO

nenhum segredo perante os restantes membros do quadro do KGB na Angelikastraße de que o Pequeno Volodia era o seu favorito — sobretudo porque este jovem major não apresentava nenhum sinal de ser «um carreirista» determinado a fazer sombra aos seus superiores. Era uma «pessoa clara como água cristalina» e um verdadeiro «trabalhador», embora não fosse o tipo de subordinado que haveria de exagerar trabalhando dia e noite ([10]).

Inicialmente, Ludmila ainda estava em Leninegrado, ocupada a terminar a sua licenciatura. Por pouco tempo, o Pequeno Volodia ocupou um apartamento, com um colega, no último andar de um longo bloco de apartamentos acabado de construir no número 101 da Radebergerstraße, que ficava a uma distância de cinco minutos a pé da mansão do KGB. O edifício confinava com uma caserna militar soviética de um lado e com um parque arborizado do outro, que correspondia à orla nordeste da cidade de Dresden. Como a maior parte dos edifícios do bairro, alojava oficiais da Stasi e soviéticos, e as suas famílias. Esta era uma comunidade pequena e autossuficiente de polícias secretos e espiões. O bairro incluía um armazém de manutenção militar, uma loja que vendia produtos russos, escolas para as crianças, um cinema que apresentava filmes soviéticos e uma *banya* (a versão russa de uma sauna). O major Putin mudou-se posteriormente para um apartamento no quarto andar, em cima da primeira de doze entradas separadas do edifício, a cada uma das quais correspondia uma escadaria própria, embora não houvesse elevadores. O apartamento tinha apenas quatro divisões num espaço de sessenta e cinco metros quadrados. Não era luxuoso, mas era a sua primeira casa verdadeiramente própria.

Quando Ludmila chegou no outono de 1985, com Macha ao colo, encontrou à sua espera em cima da mesa de cozinha um cesto de bananas, que na altura eram uma raridade na sua Rússia natal. Inicialmente, pareceu-lhe que um sonho se tinha tornado realidade. O bairro era um encanto, as ruas estavam limpas. As janelas do apartamento eram lavadas uma vez por semana. Lá fora, as esposas alemãs enfiavam as suas roupas em cordas paralelas estendidas sobre postes de metal plantados na relva do jardim, tudo muito compostinho e muito parecido ([11]).

O posto avançado de Dresden supervisionava o trabalho do KGB em quatro dos distritos do sul da Alemanha de Leste: Dresden, Leipzig,

59

O NOVO CZAR

Gera e Karl-Marx-Stadt. O major Putin e os seus colegas envolviam-se em operações de recolha de informações, contraespionagem, análise e outra das crescentes obsessões da Central, a espionagem científica e técnica — tudo focado principalmente no inimigo do outro lado da fronteira, a pouca distância. Ele partilhava um escritório no segundo andar com Usoltsev, que chamava ao espaço a cela de ambos, e ao Pequeno Volodia, o seu companheiro de cela. A sala tinha duas secretárias, um cofre-forte para documentos secretos, assim como dois telefones, embora ambos estivessem ligados a uma única linha. Inicialmente, o Pequeno Volodia tinha receio de atender o telefone, envergonhado por ainda se debater com a língua alemã, embora acabasse por melhorar a ponto de saber empregar o dialeto saxão ([12]). Em estudante, tinha aprendido a amar a cultura, história e literatura alemãs, e agora estava imerso nelas. «Às vezes, ele sabia mais do que eu próprio», recordou Horst Jehmlich, um primeiro ajudante de Böhm, chefe da Stasi de Dresden. O russo pedia frequentemente a Jehmlich que lhe explicasse expressões idiomáticas em alemão, sempre na esperança de melhorar o seu desempenho linguístico ([13]).

Usoltsev estava intrigado com o seu novo colega, com o seu sentido de humor e com as suas raízes humildes. Não obstantes os encontros próximos de cozinha do seu avô com os grandes da Revolução de Outubro, o Pequeno Volodia não tinha familiares «altamente posicionados» que pudessem ter dado um empurrão à sua carreira. Era o menino querido do chefe e tornar-se-ia no representante do Partido Comunista da delegação, moderando debates semanais sobre acontecimentos políticos, mas fazia-o com aquilo que Usoltsev percebia ser uma devoção fingida, mesmo irónica. Deleitava-se com despretensiosos programas de variedades na televisão alemã, mas também lia abundantemente os clássicos, dando preferência a satíricos russos como Nikolai Gógol e Mikhaíl Saltikov-Chedrin, que arrasavam a burocracia imperial sufocante e corrupta do século XIX. *Almas Mortas*, a obra-prima de Gógol que toma de ponta a venalidade e suplicação provincianas, tornou-se num dos seus romances preferidos. Brincava irreverentemente com as repugnantes características dos agentes de contraespionagem, coisa que ele tinha sido, pelo menos, por algum tempo. E gozava com o antissemitismo de Matvéiev, atitude que era omnipresente no KGB, embora nunca o fizesse em frente do chefe.

O OFICIAL DEDICADO DE UM IMPÉRIO MORIBUNDO

Usoltsev pensava que o Pequeno Volodia tinha uma capacidade extraordinária de adaptar a sua personalidade à situação e aos seus superiores, encantando-os e ganhando a sua confiança; era um traço distintivo em que os outros costumavam reparar. Nas suas amplas horas dedicadas ao debate — frequentemente na *banya* situada na cave da mansão —, Volodia haveria de revelar lampejos de individualidade e mesmo de uma perigosa liberdade de pensamento. No dia 9 de novembro de 1985, seguiam a emissão soviética do dramático final do campeonato do mundo de xadrez entre Anatoli Karpov e Garry Kasparov, que era considerado um recontro ideológico entre a velha e a nova guardas. Quase todo o quadro de pessoal do KGB torcia por Karpov, campeão em funções e apregoado herói da União Soviética. Consideravam que Kasparov, que era trucidado pela imprensa oficial à medida que o jogo se desenrolava, era um «arrivista extremamente desavergonhado». O Pequeno Volodia, por seu lado, dava mostras de uma «perigosa simpatia» por Kasparov. Ansiava que ele acabasse por ganhar e não tinha medo de o afirmar.

O que intrigava Usoltsev acima de tudo era a fé em Deus que o seu colega professava. No KGB, isso era «algo inconcebível», e Usoltsev, um comunista ateu puro e duro, admirava-se com a sua predisposição para admitir qualquer fé que fosse, embora o jovem major tivesse o cuidado de nunca o alardear. De facto, era tão discreto, que Usoltsev nunca teve a certeza absoluta de que ele não estava a usar Deus como uma tática de recolha de informação igual a outra qualquer ([14]).

O major Putin instalou-se muito confortavelmente na vida na Alemanha. Pela primeira vez na sua vida adulta, parou de praticar judo e desistiu do exercício regular. Embora nunca muito dado à bebida, adquiriu um gosto pela cerveja, particularmente a *Radeberger Pilsner*, fabricada numa pequena vila nos arredores de Dresden. Tornou-se amigo de um empregado de balcão de cervejaria que iria atestar a sua dose — um pequeno barril — com regularidade, e não tardou a acrescentar onze quilos à sua estatura franzina. Quase imediatamente após a sua chegada, Ludmila voltou a engravidar, e a segunda filha do casal, Ekaterina, ou Kátia, nasceu em 31 de agosto de 1986. Usoltsev sentiu que ele ficou «ligeiramente desencorajado» com o facto de não ter sido um rapaz.

O NOVO CZAR

Enquanto marido e pai, revelou alguns traços de chauvinista. Recusava-se a ajudar nas compras, na cozinha ou noutra coisa qualquer relacionada com as tarefas domésticas, acreditando na partilha tradicional de papéis no seio do casal. Durante uma breve hospitalização, quando Ludmila esteve grávida em Dresden, ficara só com Macha três dias e quase se foi abaixo com o esforço. Era um «provedor e defensor», como Ludmila o definiu, e ela tinha de se amanhar com o restante. Era tão esquisito, recusando-se a tocar em pratos de que não gostasse, que ela perdia a paciência de cozinhar para ele. Quando ela se queixava, ele citava um aforismo russo: «Nunca elogies uma mulher, senão vais estragá-la.» Nunca celebrou os seus aniversários de casamento ([15]).

O major Putin não era tão requisitado pelo serviço, a ponto de este ter estragado os fins de semana do casal. Os Putins, que tinham um *Jiguli* de fabrico soviético à sua disposição, passaram muitos deles em viagens com os seus vizinhos russos — todos eles agentes de segurança e as suas mulheres. Ele inscreveu-se num clube de pesca e visitou os parques florestais da Saxónia com Ludmila. Foram pelo menos duas vezes à Checoslováquia, outro país satélite da União Soviética, numa delas com o coronel Matvéiev e a sua mulher Evguenia. Os Putins compraram uma aparelhagem vinda do Ocidente e, mais tarde, um dos primeiros jogos de vídeo da Atari. No entanto, nunca viajaram até à Alemanha Ocidental e, embora regularmente recebessem amigos russos e alemães no seu apartamento, a sua vida social apenas incluía aqueles que faziam parte de um restrito círculo de agentes dos serviços de informações alemães e soviéticos. Ficaram bastante íntimos de um casal, os Burkhards, que tinham um filho deficiente. Mais tarde, quando o casal se divorciou, de acordo com Horst Jehmlich, o major Putin ajudou a mulher a encontrar um emprego em Berlim. Por comparação com as pessoas que conheciam na União Soviética natal, os Putins viveram uma vida privilegiada e confortável, mas que se desenrolava dentro de limites apertados. As mulheres eram desencorajadas de arranjar amizades fora do seu círculo próximo, o que criou uma comunidade insular que punha os nervos em frangalhos, e dava azo a mexericos e a querelas mesquinhas. Os seus anos em Dresden tornavam-se «comedidos, assentados, vulgares e monótonos» ([16]). A vida tornava-se vazia de ocorrências e, para Ludmila, claustrofóbica. O marido nunca falava do seu trabalho em casa, embora o mesmo

O OFICIAL DEDICADO DE UM IMPÉRIO MORIBUNDO

lançasse a sua sombra sobre tudo. Mais de uma vez, ele avisou Ludmila de que evitasse encontrar-se com conhecidos «indesejáveis». Até entre os irmãos alemães, ninguém era verdadeiramente digno de confiança. As suas verdadeiras identidades e intenções podiam ficar por desvendar ao longo de anos, como os Putins haveriam de descobrir mais tarde, quando surgiram afirmações de que a agência alemã ocidental de espionagem estrangeira, o BND, tinha infiltrado na mansão da Angelikastraße uma agente de volumetria avantajada que fazia serviço de intérprete. A sua figura inspiraria o seu nome de código, VARANDA, e dizia-se que se tinha tornado amiga dos Putins, particularmente de Ludmila. Ludmila segredou-lhe que o seu casamento era do tipo tempestuoso, que Vladimir era violento e um mulherengo inveterado ([17]). Era impossível provar se a intérprete era uma espiã; o acontecimento pode ter simplesmente feito parte da guerra de desinformação entre agências de informação rivais. No mister da espionagem, a verdade nunca foi o que contava no fim do dia.

O objetivo do KGB na Alemanha de Leste era reunir informação e recrutar agentes que tivessem acesso ao Ocidente. O papel do major Putin nesta missão era rotineiro, se não mesmo fastidioso. Os alemães de Leste destacavam dois oficiais para a delegação do KGB, e juntos passariam a pente fino os pedidos daqueles que nutriam a esperança de viajar para a Alemanha Ocidental. A finalidade era determinar quem, entre eles, tinha família perto das bases militares dos EUA e da OTAN em Bad Tölz, Wildflecken e Celle, e ver se, em troca de um visto, iriam colaborar com o KGB relatando qualquer coisa invulgar que pudessem ver. Em 1986, os líderes do KGB permaneciam fixados no risco constituído pela OTAN, mesmo na altura em que as alterações introduzidas por um carismático novo líder soviético, Mikhaíl Gorbatchov, prometiam uma desescalada das tensões da Guerra Fria. As suas ordens centravam-se numa obsessão com a localização dos Boinas Verdes na Alemanha, obsessão essa que parecia ridícula a Usoltsev. O aborrecido apuramento de listas de potenciais recrutas era a «primeira tarefa» da delegação de Dresden, disse ele, mas acabou por ser abandonada como uma perda de tempo ([18]).

O major Putin apresentava-se ao serviço fardado nuns dias e vestido à civil noutros, de acordo com as tarefas que tinha de preencher. Geria informadores que ele ou outros tinham recrutado na esperança de reunir

O NOVO CZAR

informações sobre desenvolvimentos económicos, políticos ou militares no Ocidente e também na própria Alemanha de Leste. Os agentes eram os verdadeiros espiões, escondendo as suas identidades e atividades, e vivendo com medo de ser desmascarados; ele era um administrativo. Seguia o rasto de homens de negócios ou outros estrangeiros que estavam de passagem, e dispensava uma atenção especial à única igreja ortodoxa russa da cidade, São Simeão dos Montes Milagrosos, compilando uma ata sobre o seu clérigo, o arcipreste Grigori Davidov, e o seu pequeno séquito de crentes ([19]). Horst Jehmlich, o ajudante do chefe da Stasi de Dresden, Horst Böhm, recordou que Putin concentrou os seus esforços de recrutamento em estudantes «que pudessem tornar-se importantes no seu país de origem», subindo nas hierarquias da indústria ou do governo. Foi assim que o KGB recrutou Philby e os outros na universidade de Cambridge com um efeito surpreendentemente devastador, mas, pelo que é conhecido, o êxito de Putin foi pálido em termos comparativos. Em tempos, as pessoas ajudaram a União Soviética por convicção ideológica, mas agora a maioria traía os seus países em troca de dinheiro, como era o caso de Aldrich Ames e de Robert Hanssen nos EUA. Por essa altura, que mais tinha a União Soviética para oferecer?

Relativamente a cada potencial recruta, o major Putin preparava a papelada e apresentava-a ao gabinete de Böhm para aprovação. «Tínhamos de nos assegurar de que as pessoas que estavam registadas pelos nossos amigos não eram igualmente abordadas por nós», explicou Jehmlich. Mesmo assim, a Stasi não tinha conhecimento de tudo o que o KGB andava a fazer. O posto avançado de Dresden também analisava desenvolvimentos políticos e líderes partidários nas duas Alemanhas, à procura de sinais de oposição às políticas soviéticas, que estavam sujeitas a profundas mudanças durante a era Gorbatchov. A operação LUCH, o esforço de longo prazo do KGB para vigiar os alemães de Leste, continuava a abastecer a Central de relatórios sobre os seus «caros amigos», incluindo mesmo os da Stasi.

Em 1987, o major Putin foi promovido a tenente-coronel e nomeado um dos assistentes de Matvéiev, acabando por ocupar o cargo de primeiro assistente. Em termos práticos, tornou-se no vice-chefe do posto avançado de Dresden. As suas atribuições administrativas alargavam-se com as suas promoções, mas também o afastaram mais do trabalho

O OFICIAL DEDICADO DE UM IMPÉRIO MORIBUNDO

ativo dos verdadeiros agentes e espiões. Tal como em Leninegrado, era um especialista, o equivalente a um oficial de assuntos internos, sempre à espreita de inimigos tanto internos como externos. Um vizinho na Angelikastraße, Siegfried Dannath, certa vez estava a dar um passeio com o seu cão quando se deteve em frente dos escritórios do KGB para se envolver numa conversa de circunstância com um dos colegas de Putin. Quando a mulher de Dannath fotografou os dois homens juntos com a mansão ao fundo, um guarda russo ladrou em sinal de alarme. Descompôs tanto o russo como os alemães, berrando que era estritamente proibido tirar fotografias. Dannath não tardou a esquecer-se do encontro, mas o tenente-coronel Putin enviou um ofício à Stasi, pedindo que os Dannaths fossem postos sob vigilância reforçada como medida de precaução [20].

No exercício das suas funções oficiais, Putin teve oportunidade de conhecer a liderança alemã oriental em Dresden, incluindo Horst Böhm e Hans Modrow, o secretário do Partido Comunista da cidade, mas a sua patente e posição continuavam a ser demasiado baixas para lhe proporcionar um convívio íntimo. As suas atribuições oficiais incluíam assuntos tão mundanos como averiguar se três oficiais do KGB em visita podiam ficar alojados num hotel a custo zero (pelo visto, Moscovo estava com dificuldades orçamentais) ou arranjar bilhetes grátis para que soldados russos pudessem ir ver um jogo de futebol entre a equipa de Dresden e o Spartak de Moscovo. A sua única correspondência conhecida com Böhm foi uma carta pedindo ajuda no restabelecimento do serviço telefónico para um informador no interior da empresa de comércio por grosso da Alemanha de Leste. Putin parecia destinado a permanecer uma figura discreta a operar nos bastidores [21].

Em 1987, o diretor da Stasi, Erich Mielke, assinou um decreto que atribuía ao tenente-coronel Putin uma medalha de ouro por ocasião do septuagésimo aniversário da Revolução Russa. Nessa noite de 7 de novembro, ele e doze outros oficiais do KGB juntaram-se aos seus colegas da Stasi no salão de baile da sede na Bautznerstraße — no mesmo edifício que também abrigava a prisão — para ouvir um discurso de Horst Böhm. Böhm era um notório partidário da linha dura, e o seu tom de voz era determinado, sombrio e aterrador na sua inflexibilidade ideológica. O líder da União Soviética bem podia procurar uma relação

O NOVO CZAR

menos hostil com o Ocidente, mas Böhm avisou, naquela noite, de que os serviços de informações dos inimigos do socialismo não tinham de todo reduzido a sua atividade. «Os serviços secretos imperialistas aumentaram as suas atividades para obter quaisquer informações que sejam ou possam ser relevantes para a sua ação futura» contra a Alemanha de Leste e as outras nações socialistas, tonitruou. Ainda assim, um mês mais tarde, Gorbatchov e Reagan assinaram, em Washington, o Tratado sobre Armas Nucleares de Médio Alcance para eliminar parte das armas mais perigosas na Europa.

A Guerra Fria não tinha terminado, mas o degelo era previsível — para todos menos os líderes da Alemanha de Leste. Estes tornaram-se críticos ferozes da política de *perestroika* e *glasnost* de Gorbatchov, com as suas denúncias a encher os relatórios do KGB enviados telegraficamente para a Central. A firmeza da crença dos seus líderes no futuro inabalável da Alemanha de Leste nunca vacilou até ser tarde de mais. Gorbatchov percebeu que a União Soviética estava a deixar-se ultrapassar pelo Ocidente — economicamente, cientificamente e militarmente — e a desintegrar-se. Os primeiros passos dados por Gorbatchov para reformar o sistema económico da União Soviética, embora apoiados por uma nova liderança «reformista» do KGB, começaram a pôr a descoberto perigosas fraturas no inamovível Estado, assim como no seio do próprio KGB. Enquanto as suas incitações à modernização da produção industrial e agrícola tiveram poucos efeitos diretos sobre o poder e as prerrogativas do KGB, a sua política de *perestroika*, anunciada no 27.º Congresso do Partido em 1986, prometia a iniciativa e a criatividade no governo e tolerava a crítica. Era o princípio do fim da ortodoxia rígida da era Brejnev.

Os membros do quadro do KGB na Angelikastraße observaram estes desenvolvimentos de uma certa distância, e reagiram com precaução. O coronel Matvéiev não estava a gostar daquilo que se estava a passar em Moscovo sob o comando de Gorbatchov, mas os outros, talvez com o privilégio da retrospetiva, diriam mais tarde que souberam que o sistema soviético estava a rebentar pelas costuras sob a pressão libertada pela *perestroika* e *glasnost*. «Nós éramos a jovem geração dos serviços de segurança», recordou Usoltsev. «Para nós, estava absolutamente claro que o poder soviético estava a encaminhar-se inexoravelmente para o

O OFICIAL DEDICADO DE UM IMPÉRIO MORIBUNDO

abismo.» [22] Também o tenente-coronel Putin partilhava de uma perspetiva sombria do estado da União Soviética. Considerava que a guerra no Afeganistão se tinha tornado «desprovida de sentido e, de facto, criminosa» [23]. Via com os próprios olhos a relativa prosperidade do Ocidente «decadente» ao passar em revista os catálogos de grandes empresas retalhistas alemãs, que eram tão cobiçados na delegação do KGB a ponto de serem trocados e enviados para casa para servir de moldes de moda a costureiras [24]. Ao esquadrinharem jornais como o *Der Spiegel* ou revistas como a *Stern* em busca de bisbilhotices para preencher os seus relatórios de informações para a Central, ele e os seus colegas viam com os próprios olhos relatos não embelezados de catástrofes, como o acidente da central nuclear de Chernóbil na Ucrânia em 1986, e sabiam que a versão oficial não passava de uma mentira. De certa forma, a *glasnost* chegou às forças de segurança em primeiro lugar, uma vez que tinham acesso a informações restritas na altura, mas brevemente passaria para o domínio do conhecimento público.

O pequeno posto avançado de Dresden era um espelho das divisões no seio do KGB como um todo relativamente às mudanças tectónicas que se estavam a processar no território nacional, a clivagem entre os partidários da linha dura e os reformadores, entre a velha guarda e a nova geração. No final de 1986, a libertação de Andrei Sakharov do seu exílio em Gorki provocou uma tirada do coronel Matvéiev, mas contou com a simpatia do seu subalterno preferido. De tempos a tempos, o tenente-coronel Putin fazia alarde da sua admiração por dissidentes como Sakharov ou Soljenítsine. No serão que se seguiu à libertação de Sakharov do exílio, surpreendeu Usoltsev uma vez mais. «Não te esqueças», disse, «de que só a óbvia superioridade militar do Ocidente pode fazer que os senhores absolutos do Kremlin ganhem juízo» [25]. Noutra ocasião, já em 1987, disse a um médico do Exército Vermelho que o conhecia em Dresden que apoiava a ideia de organizar eleições para o novo presidente da União Soviética, [26] três anos antes disso se tornar realidade. A sua ambivalência já era evidente. Sentia a necessidade de mudanças políticas e económicas, mas, tal como Gorbatchov e muitos outros russos, dava preferência a uma transformação evolucionária, não a uma reforma radical. Tal como muitos outros, nunca desejou que o Estado entrasse em rutura.

O chefe do Primeiro Diretório Principal em Moscovo, Vladimir Kriuchkov, adaptou-se rapidamente ao novo pensamento de Gorbatchov, pelo menos em termos superficiais. Em muitos aspetos, Kriuchkov era como Putin: um fanático da forma física, obcecado pelo trabalho e abstémio que «deu um desgosto aos tradicionalmente dados à bebida» ao acabar com o consumo de álcool nas festas de despedida para oficiais que iam partir para o estrangeiro ([27]). Tornou-se num dos conselheiros mais próximos de Gorbatchov, abraçando uma nova abertura nos assuntos ligados aos serviços de informações e, em 1988, tornou-se no presidente do KGB; por essa altura, o KGB já tinha começado a pressentir que o bloco criado na Europa de Leste tinha os dias contados.

Do seu posto avançado de Dresden, o tenente-coronel Putin e os seus colegas também viam que o governo liderado por Erich Honecker, um obstinado marxista à antiga, estava a perder o apoio popular. Honecker e o seu chefe da Stasi, Erich Mielke, recusavam-se teimosamente a replicar a política de *perestroika* e *glasnost* de Gorbatchov, mas os alemães comuns de Leste sentiam a mudança no ar; o desejo latente de liberdades básicas estava a despertar, tal como acontecia em toda a Europa de Leste. O «desaparecimento» do país era inevitável, pensava Putin, mas não fazia ideia de que estava iminente ([28]).

Em agosto de 1989, a Hungria abriu as suas fronteiras com a Áustria, permitindo aos cidadãos que passassem livremente. Os alemães de Leste, que podiam viajar dentro do bloco soviético, começaram a convergir para lá na esperança de emigrar. Surgiram protestos em cidades um pouco por toda a Alemanha de Leste, dinamizados por gente que exigia, no mínimo, aquilo que o líder soviético estava a oferecer aos seus próprios cidadãos: eleições, liberdade de criticar o governo de um só partido e reformas de mercado que haveriam de assegurar uma maior prosperidade material. O medo da Stasi manteve-se, mas, naquele ano efervescente da revolução — da Lituânia até à praça Tiananmen —, já não bastava manter as pessoas caladas e com medo enfiadas nas suas casas. Em Leipzig, em 4 de dezembro, um movimento de oposição formou-se na Igreja de São Nicolau e organizou um pequeno protesto depois da missa naquele serão de segunda-feira. As «manifestações de segunda-feira» cresceram a cada semana que passava e espalharam-se a outras cidades, incluindo

O OFICIAL DEDICADO DE UM IMPÉRIO MORIBUNDO

Dresden. Em outubro, dezenas de milhares de pessoas já se tinham juntado ao movimento oposicionista, enquanto milhares de outras se tinham despachado a dar o salto para o Ocidente.

Em 2 de outubro, Honecker emitiu ordens para esmagar os protestos pela força, mas uma unidade de paraquedistas despachada para Leipzig nunca chegou a cumpri-las. No dia seguinte, o governo de Honecker tentou estancar a sangria de emigrantes proibindo as viagens à Checoslováquia. Quando Gorbatchov chegou a Berlim Leste em 6 de outubro, oficialmente para festejar o quadragésimo aniversário da fundação da República Democrática Alemã, o fim já estava próximo. Gorbatchov pressionou Honecker a ceder às exigências dos manifestantes, dizendo que «A vida castiga os que chegam atrasados», mas este manteve-se obstinado. «Resolveremos os nossos problemas nós próprios com meios socialistas», declarou no seu discurso, com Gorbatchov a seu lado. «Propostas que pretendam enfraquecer o socialismo, aqui, não trarão frutos.» [29]

Menos de duas semanas mais tarde, foi deposto e substituído pelo seu vice-presidente, Egon Krenz, na esperança de estancar a agitação política. Era tarde de mais. A dinâmica dos protestos tinha-se tornado irreversível, e as acções cada vez mais erráticas do governo aceleraram a sua própria destruição. No dia 9 de novembro, um porta-voz do governo anunciou que a Comissão Política tinha autorizado os alemães de Leste a viajarem livremente para o Ocidente, e, quando lhe perguntaram mais pormenores, afirmou que, ao que sabia, a mudança entrava em vigor imediatamente. Dezenas de milhares de pessoas reuniram-se prontamente junto do Muro de Berlim, deixando os guardas fronteiriços sem capacidade de resposta. Sem instruções claras da hierarquia, os guardas deixaram-nos passar. Foram saudados do outro lado pelos alemães ocidentais em exaltação. E juntos começaram a derrubar o símbolo mais infame da Guerra Fria.

Em Dresden, a agitação deu com a delegação do KGB em pantanas. O tenente-coronel Putin estava profundamente dividido, ou pelo menos era isso que iria afirmar posteriormente. Disse ter simpatizado com as exigências dos manifestantes, mas o seu coração também estava próximo dos seus amigos da Stasi. Considerava que a Stasi «também era uma parte da sociedade» e estava «infetada com a mesma doença», não sendo uma força alienígena que devesse ser descartada juntamente com a decrépita liderança política. Aquilo de que ele desdenhava — e temia — era que o poder caísse na rua. E era para isso que apontava tudo o que via desenrolar-se à sua volta. Pior, em Moscovo ninguém parecia ralar-se. Queixou-se de que o KGB, sem mãos a medir com as lutas internas a decorrer no próprio país, tinha ignorado os avisos e recomendações que ele e os seus colegas tinham enviado. Não só a União Soviética estava em apuros, a sua própria carreira parecia ter-se tornado numa miragem, num beco sem saída. «O nosso trabalho já não era necessário», recordou mais tarde. «Para que servia escrever, recrutar e procurar informações? Ninguém na Central de Moscovo lia os nossos relatórios.» ([30])

A queda do Muro de Berlim em novembro não acabou com os protestos. Nem conduziu imediatamente à queda do governo. A rede de segurança da Stasi manteve-se, embora a sua autoridade começasse a minguar. Depois da euforia de Berlim, formaram-se grupos oposicionistas e começaram a exigir eleições livres. As exigências acabaram por ser levadas às portas da própria Stasi. Em Dresden, um grupo oposicionista organizou um protesto no exterior da sede da Stasi no dia 5 de dezembro. No início, apareceram algumas centenas de manifestantes, mas não tardaram a ser reforçadas por milhares. De uma varanda lateral da mansão da Angelikastraße, a equipa do KGB via sem dificuldade a multidão a apinhar-se em torno do complexo da Stasi. O tenente-coronel Putin aventurou-se a sair e a avançar até à sua margem para observar os acontecimentos mais de perto. Às cinco horas da tarde, ultrapassado pela dimensão da multidão e incapaz de acalmar a situação apenas pelo medo, Böhm cedeu e mandou abrir o portão. Os manifestantes encheram o complexo, percorrendo os edifícios que, até à véspera, só tinham instilado terror. Böhm, aturdido e pálido, suplicou por calma enquanto a multidão saqueava o seu quartel-general. A tomada de controlo foi em grande medida pacífica, mas, na opinião de Putin, a multidão estava fora de si, varrida pela loucura. Recordaria uma mulher que gritava: «Procurem a passagem debaixo do rio Elba! Há lá prisioneiros a ser torturados com a água a chegar-lhes aos joelhos!» Sabia que isso era um disparate — mas só porque sabia muito bem onde as celas de prisão se encontravam realmente.

Já era noite quando se retirou para a mansão. Um novo oficial do KGB, de patente superior, o major-general Vladimir Chirokov, tinha substituído Matvéiev nesse mesmo ano. Naquela noite, tinha abandonado

O OFICIAL DEDICADO DE UM IMPÉRIO MORIBUNDO

a mansão às nove horas da noite e andava algures pela cidade. Enquanto a multidão vasculhava os edifícios da Stasi, um pequeno grupo separou-se, virou para a Angelikastraße e reuniu-se no exterior do posto avançado do KGB, sendo que a sua função e os seus ocupantes não constituíam nenhum segredo para os manifestantes. Um guarda estacionado numa guarita no exterior para garantir a segurança do complexo correu para o interior para informar o tenente-coronel Putin, que era o oficial de mais elevada patente presente naquele momento, encontrando-se no interior apenas quatro outros. Estava furioso e alarmado; naquelas circunstâncias, era ele quem respondia pelo património do KGB — pelos seus ficheiros e segredos. Mandou que os guardas se preparassem para um assalto, ([31]) e em seguida telefonou para o comando militar soviético de Dresden, pedindo que mandassem reforços para proteger o edifício. Um oficial de serviço respondeu que não havia nada que pudesse fazer, porque «não há ordens de Moscovo». No entanto, prometeu averiguar. Quando viu que o oficial não dava sinal de vida, Putin voltou a ligar.

«Então, como é?», insistiu.

«Perguntei a Moscovo», respondeu o oficial, «mas Moscovo mantém-se em silêncio».

«E nós, que vamos fazer?», perguntou.

«Para já, não há nada que possa fazer para vos ajudar.» ([32])

Putin ficou estupefacto. Quaisquer que fossem as suas dúvidas sobre o destino do sistema comunista, ele não deixava de ser um servidor dedicado do Estado. Agora, o Estado estava a deixá-lo por sua conta num momento de crise. «Naquele momento, tive a sensação de que o país já não existia», recordaria, com a amargura ainda na voz, anos mais tarde, «que tinha desaparecido. Ficou óbvio que a União [Soviética] estava em situação crítica. Era uma doença mortal e sem cura chamada paralisia — uma paralisia do poder» ([33]). Atormentou-se com a questão do que haveria de fazer. Mesmo sem uma declaração explícita que o confirmasse, era claro que a liderança soviética já não tinha nenhuma intenção de pôr a mão por baixo do governo da Alemanha de Leste, como o tinha feito em 1953, repetindo o mesmo com recurso à força em 1956 na Hungria, e novamente na Checoslováquia em 1968. Putin não podia recorrer à força contra a multidão lá fora, e de qualquer forma não tinha poder de fogo que chegasse para tal. Pensou nos ficheiros que se encontravam no interior — os relatórios de informações recolhidas para a Central — e nas consequências quase inimagináveis se caíssem nas mãos da populaça. Os ficheiros não trairiam apenas o trabalho do KGB, mas afetariam «os destinos de pessoas concretas», aquelas que tinham vindo a colaborar com ele e os seus colegas ao longo dos anos, gente «que tinha confiado nos corpos de segurança» da União Soviética. Estava certo de que iria enfrentar um tribunal militar se os ficheiros ficassem comprometidos, mas não tinha ordens que estabelecessem o que poderia fazer para os proteger. Pensou na sua carreira no KGB e na sua família que dependia dela. Naquele momento, pressentiu que a União Soviética iria entrar em derrocada e, com ela, a vida que ele tinha conhecido: o seu serviço enquanto oficial dos serviços de informações ([34]).

Foi nesse nadir, perto da meia-noite, que o tenente-coronel Putin cometeu o ato conhecido mais arriscado da sua carreira no KGB. Envergando a sua farda, saiu da mansão. Embora tivesse uma pistola distribuída pelo KGB guardada no cofre do escritório, não foi buscá-la. Saiu sozinho e aproximou-se do portão da mansão, sem chapéu e sem ordens, e fez *bluff*.

O ambiente na Angelikastraße era mais de euforia do que de agressividade. Um grupo de duas dúzias de homens estava reunido na rua, do outro lado do portão, conversando animadamente, admirados com o facto de a temida Stasi ter ido ao tapete sem dar luta nenhuma. Siegfried Dannath, que dois anos antes tivera o tal encontro à porta da mansão do KGB, acompanhado pelo seu cão, era um deles. Alguém desafiou o guarda de serviço a que os deixasse entrar, mas esse nada disse. Depois de ele ter desaparecido no interior da mansão, não tinham a certeza do que haveriam de fazer ao certo. Foi então que Dannath viu um oficial de estatura baixa surgir na porta da frente, descer os poucos degraus e aproximar-se. Primeiro manteve-se calado, mas depois falou lenta e pausadamente.

«Esta casa está fortemente vigiada», disse num alemão tão fluente, que Dannath ficou surpreendido. «Os meus soldados estão armados. E dei-lhes ordens claras: se alguém entrar no complexo, devem abrir fogo.»

Não gritou nem ameaçou. Simplesmente, disse essas poucas palavras, calou-se, e depois virou-se e regressou ao interior da mansão. Os homens na rua apenas murmuraram em resposta. Dannath sentiu o ambiente mudar. Os manifestantes pensaram duas vezes relativamente à possibilidade de tomar os portões de assalto. Ninguém queria que houvesse violência, e afinal já tinham derrubado a Stasi. Meter-se com o KGB era algo completamente diferente. Assim sendo, dispersaram e desceram a Angelikastraße para voltar a unir-se à turba que vasculhava o complexo da Stasi ([35]). Algumas horas mais tarde, a base soviética finalmente recebeu algumas ordens, e os seus comandantes enviaram dois veículos blindados com soldados que já não eram necessários.

Esta noite deu origem a lendas embelezadas de acordo com o autor e a agenda. Nalgumas versões, «centenas» de manifestantes «invadiram» o edifício. Noutras, guardas posicionados à janela apontaram as suas AK-47 à multidão, prontos a atirar para matar. Numa versão, o oficial russo brandiu uma pistola no exterior, ou no cimo das escadas para o segundo andar, olhando de alto uma horda desejosa de avançar na sua direção. Nada de tão dramático aconteceu naquela noite, e o que chegou a acontecer foi ensombrado pelos acontecimentos muito mais importantes que se desenrolaram em Berlim, tais como a resignação do comité de segurança do Partido Comunista e a detenção de Erich Honecker. Egon Krenz demitiu-se no dia seguinte, abrindo caminho aos primeiros líderes não comunistas da história da Alemanha de Leste.

O papel do tenente-coronel Putin nos acontecimentos em torno da dissolução da Alemanha de Leste foi um pequeno ato perante a incerteza, se não o perigo. Por um breve momento, foi de facto um oficial dos serviços de informações que se ergueu só em defesa do seu país, um único homem capaz de afetar o decurso da história — nem que fosse na Alemanha — tal como tinha imaginado duas décadas antes, quando era um jovem fácil de impressionar. Agiu com determinação calma, até estóica. Evitou uma quebra de segurança e também o derramamento de sangue. Ainda assim, não haveria de lhe chegar nenhum reconhecimento por aquilo que fez naquela noite, nenhuma condecoração, nenhuma medalha. *Moscovo mantém-se em silêncio.* A frase atormentá-lo-ia ao longo de anos. Pressentiu naquela noite que a sua carreira estava a chegar ao fim. O mesmo se aplicava ao seu país.

Capítulo 4

A democracia enfrenta um inverno de fome

Foi uma experiência bastante amarga para Vladimir Putin testemunhar a desintegração do ideal soviético na Europa, incapaz de inverter as perdas. Ele sabia que uma Alemanha dividida não podia durar, apesar da promessa feita no início de 1989 por Erich Honecker de que o Muro de Berlim ainda haveria de estar de pé «dentro de cinquenta, e mesmo cem anos». Para Putin, o mais grave era assistir a algo que considerava uma capitulação incondicional da União Soviética, seguida de uma retirada humilhante, caótica e catastrófica. «Foi isso que doeu», disse. «Simplesmente largaram tudo e debandaram.» ([1])

Os homens e as mulheres com quem tinha trabalhado durante quase cinco anos foram postos de lado, abandonados pelos seus protetores soviéticos, deixados à mercê da Alemanha Ocidental e dos seus próprios concidadãos sedentos de vingança. De repente, os vizinhos e amigos dos Putins viram-se sem trabalho, ostracizados por causa do seu emprego na Stasi. A educadora de infância de Kátia, uma oficial da Stasi, foi proibida de trabalhar com crianças. Uma das amigas de Ludmila «chorou pelos seus ideais perdidos, pelo desmoronar de tudo aquilo em que tinha acreditado durante toda a sua vida», como ela recordou. «Para eles, foi o ruir de tudo — das suas vidas, das suas carrciras.» ([2])

Os oficiais dos serviços de informações sentiram-se particularmente traídos. Markus Wolf, o chefe da espionagem estrangeira da Alemanha de

Leste até 1986, ficou ressentido com a indiferença de Gorbatchov depois de 1989, embora, durante um breve período, tivesse obtido refúgio na Rússia. «Não houve nenhum grande esforço de ajuda entre camaradas dos nossos amigos de Moscovo ao longo dos difíceis últimos meses», escreveu. «Como nós, eles não estiveram minimamente preparados para o que sucedeu. A irmandade supostamente eterna a que tínhamos erguido os copos ao longo dos anos agora não passava de um laço esfarrapado.» (³) Horst Böhm, o chefe da Stasi de Dresden, suicidou-se em sua casa no dia 21 de fevereiro de 1990, pouco antes da data em que devia depor perante uma comissão sobre o futuro do Estado em derrocada, embora se tivessem mantido boatos de que teria sido assassinado para impedir que se apresentasse num processo-crime contra o patrão despótico de Dresden, Hans Modrow (⁴). Os alemães de Leste não tardaram a saber a verdade sobre a operação LUCH do KGB, o esforço mantido ao longo de décadas para os espiar. Horst Jehmlich, o ajudante de Böhm, sentiu-se pessoalmente traído por Putin. «Enganaram-nos e mentiram-nos», disse (⁵).

O KGB na Alemanha de Leste tinha dado em pantanas, fazendo um esforço para destruir ou retirar os seus ficheiros de informações recolhidas enquanto cortava ou encobria as suas redes de agentes e lançava as bases de outras novas. O último chefe em Dresden, o general Chirokov, mandou tirar e destruir doze camiões cheios de documentos do quartel-general da divisão blindada soviética. Queimaram tantos, que a fornalha destinada a esse fim rachou. Em seguida, um comandante de batalhão mandou abrir uma vala no terreno, despejar os documentos e regar a pilha com gasolina (⁶). O tenente-coronel Putin também queimou ficheiros — «todas as nossas comunicações, as nossas listas de contactos e as nossas redes de agentes» —, mas ele e os seus colegas despacharam os mais importantes de volta aos arquivos do KGB em Moscovo. O verdadeiro perigo era que os segredos do KGB fossem desvendados ao Ocidente e à OTAN, embora naquela altura houvesse pouco que ele ou outra pessoa qualquer no posto avançado de Dresden pudesse fazer para o evitar.

No início da nova década, o tenente-coronel Putin e o seu quadro de pessoal já tinham recebido ordens de marcha para o seu país de origem, mas ele ainda recebeu uma missão final enquanto operacional de espionagem soviético. Continuou a recrutar informadores na esperança de estabelecer uma rede de agentes que servisse de retaguarda na

Alemanha de Leste que se estava a democratizar. Voltou-se para os seus velhos amigos e contactos, incluindo um inspetor do departamento de polícia de Dresden e um oficial da Stasi chamado Klaus Zuchold, que tinha conhecido quatro anos antes. Zuchold tinha-o levado num dos seus primeiros passeios pela Saxónia — mesmo antes da chegada de Ludmila — e visitava-o com frequência. Aparentemente, Zuchold nunca tinha trabalhado para o KGB antes do rescaldo dos acontecimentos de 1989. Em janeiro de 1990, num dos seus últimos atos oficiais, o tenente-coronel Putin formalizou o seu recrutamento, enviando a sua ata da Stasi para Moscovo para aprovação. Ditou a carta de juramento de fidelidade de Zuchold ao KGB, deu à filha deste um livro de contos de fadas russos e brindou ao momento com brande soviético ([7]). Este êxito provou ser sol de pouca dura: um ano mais tarde, após a reunificação da Alemanha, ocorrida em outubro de 1990, Zuchold aceitou uma oferta de amnistia e não só revelou o seu próprio recrutamento como expôs quinze outros agentes que fizeram parte da rede de Dresden do KGB ([8]).

A traição de agentes — e a apreensão da enorme compilação de ficheiros da Stasi pelo BND alemão ocidental e a sua subsequente revelação pública, que também pôs a descoberto toda a extensão das atividades do KGB — enfureceu o tenente-coronel Putin. Este disse posteriormente ao seu velho amigo Serguei Rolduguin que a Stasi nunca deveria ter entregado os seus arquivos, nunca deveria ter traído aqueles que tinham trabalhado como informadores. Rolduguin raramente o tinha ouvido a falar do seu trabalho, e nunca o tinha visto tão emocional. «Disse que era igual a uma traição», recordou Rolduguin. «Estava muito, mesmo extremamente irritado», mas também com vergonha e remorsos. Tinha sido impotente para ajudar os seus camaradas alemães enquanto o mundo secreto dos mesmos implodia. «Senti aquilo», disse a Rolduguin, «como se fosse uma falha minha» ([9]).

Em fevereiro de 1990, caixotes de mudanças, todos numerados e dotados de descrições, enchiam o apartamento modesto dos Putins. O apartamento parecia um armazém. A retirada do KGB, seguida pela das Forças Armadas russas, libertou repentinamente espaço habitacional em Dresden. Jörg Hofmann, um jovem cuja mulher dispunha de ligações à administração da cidade, conseguiu obter o contrato de arrendamento do apartamento. Passou para o ver enquanto os Putins esperavam os homens das mudanças. As paredes estavam revestidas de papel-alumínio, as janelas estavam decoradas com recortes de bonecas russas, feitos pelas raparigas. Os Putins foram educados e simpáticos; o tenente-coronel não revelava nenhum sinal exterior de amargura ou outra emoção qualquer. Simplesmente disse a Hofmann que estava a regressar a casa ([10]). No dia 1 de março, os Hofmanns mudaram-se para lá. Em quatro anos e meio, os Putins tinham conseguido poupar algumas das divisas que ele tinha recebido, e um vizinho deu-lhes uma máquina de lavar roupa. Tinha vinte anos, mas continuou a funcionar durante outros cinco ([11]). Era tudo quanto tinham a apresentar como resultado da sua carreira de agente de espionagem externa. Os seus pertences foram enfiados num contentor e enviados para Moscovo. O casal, acompanhado das suas duas filhas pequenas, meteu-se num comboio, também com destino a Moscovo. Na viagem de regresso, um ladrão desapareceu com o casaco de Ludmila e com tudo quanto ela transportava de rublos e marcos ([12]).

Os Putins tinham seguido de longe as convulsões da era Gorbatchov — a azáfama pública gerada pela política de *perestroika* e *glasnost* —, mas, independentemente do que esperaram, aquilo que encontraram aquando do seu regresso deixou-os desiludidos. Depois do conforto comparativo da Alemanha de Leste, a vida no seu país natal apresentou-se como um choque. «Lá estavam as mesmas terríveis filas, os cartões de racionamento, os cupões, as prateleiras vazias», recordou Ludmila ([13]). Temia deslocar-se à loja, incapaz de «farejar as pechinchas e de esperar em todas essas filas. O que eu costumava fazer era simplesmente entrar de rompante na loja mais próxima, comprar aquilo que era mais necessário e voltar para casa. Era horrível». Não tinham estado lá para tirar proveito do libertador espírito intelectual e político da era, da saída de filmes proibidos e de romances anteriormente censurados como *O Mestre e Margarida*, a obra-prima de Mikhaíl Bulgákov que imagina a visita de Satanás a Moscovo, ou *Doutor Jivago* de Boris Pasternak. A nova liberdade de ler, de debater, de pensar sem se esconder, tinha inspirado tantos, mas eles tinham regressado à Rússia no momento em que as reformas liberalizantes de Gorbatchov tinham começado a desmoronar-se ([14]).

Ludmila tinha a impressão de que o seu marido «tinha perdido o contacto com o verdadeiro objetivo da sua vida» ([15]). A sua carreira enquanto oficial do KGB encontrava-se numa encruzilhada. Viu-se metido no meio de um repatriamento em massa de elementos dos serviços de informações do estrangeiro, não só da Alemanha, mas de toda a Europa de Leste e de outros campos de batalha remotos da Guerra Fria, como o Afeganistão, Angola, a Mongólia, o Vietname, a Nicarágua e o Iémen. Eram refugiados derrotados, descartados, efetivamente desempregados e deslocados de um império em desagregação. A Central em Moscovo era o destino típico de oficiais que estavam de regresso de um destacamento no estrangeiro. Só que já nada era típico. Durante três meses no início de 1990, Putin nem sequer recebeu o seu salário. Inicialmente, o KGB ofereceu-lhe um posto no quartel-general do Primeiro Diretório Principal em Iasenovo, o complexo arborizado e rigorosamente guardado a sudoeste de Moscovo. Normalmente, a sua patente e o posto para que foi nomeado ter-lhe-iam dado direito a um apartamento em Moscovo, mas nenhum estava disponível. Com tantos veteranos dos serviços de informações à procura de casa, teria de esperar, possivelmente ao longo de anos. Ludmila gostava de Moscovo e queria mudar-se para lá, e ele tinha a noção de que quaisquer perspetivas que tinha de progredir na carreira eram as que existiam na capital, não em Leninegrado, mas as suas vagas dúvidas sobre o futuro da União Soviética tinham-se reforçado. Passados quinze anos, a sua carreira nada tinha de espetacular, e já não o inspirava. Nos seus últimos anos em Dresden, tinha-se apercebido da desorganização dos órgãos do poder, da degradação da disciplina, da ladroagem e da ausência de lei nas suas próprias fileiras.

Encontrou o seu antigo chefe de unidade e mentor, o coronel Lazar Matvéiev, que na altura estava estacionado em Iasenovo. «Não sei que fazer», disse a Matvéiev no apartamento moscovita do grisalho coronel. Matvéiev, por muito que gostasse do seu antigo subordinado, nada fez para o convencer a ficar em Moscovo, ou mesmo no KGB. «Tira essa ideia da cabeça de Liuda», segredou-lhe, «e vai para Leninegrado» ([16]). Lá, tinha ao menos um apartamento onde pudessem viver: o dos seus pais. Os progenitores de Putin tinham-se mudado para um apartamento maior, desta feita na Avenida Sredneokhtinski, não muito longe da primeira academia onde Vladimir tinha recebido formação depois de se juntar ao KGB. Assim sendo, aceitou um emprego como adjunto do reitor para os assuntos internacionais na sua antiga universidade, um posto reservado ao KGB que servia para manter os estudantes e os visitantes debaixo de olho. Finalmente, teria a sua missão «secreta», embora a verdadeira identidade de oficiais em postos como este fosse um segredo intencionalmente mal guardado. Não vinha nenhum mal ao mundo se as pessoas soubessem de que o KGB espreitava em todas as esquinas. Agora tinha retornado àquilo que Oleg Kaluguin, o antigo vice-director do KGB em Leninegrado, descreveu como «este absurdo, estupendo zigurate, esta máquina assustadoramente centralizada, esta religião que procurava controlar todos os aspetos da vida no nosso imenso país» ([17]).

O reitor da universidade, Stanislav Merkuriév, era um especialista em física teórica que tinha sido nomeado na fase inicial do mandato de Gorbatchov. Falava inglês, alemão e francês, e estava determinado a abrir o asfixiado sistema de educação superior. Aquando da sua morte prematura em 1993, tinha granjeado reconhecimento por tornar a sua universidade numa das melhores da Europa ([18]). Rodeou-se de profissionais que partilhavam as mesmas ideias — e, como certamente seria do seu conhecimento, de um último supervisor do KGB. Para um veterano do KGB que estivesse a entrar na senectude, o posto na universidade poderia ter sido uma sinecura, confortável e pouco exigente, mas para um tenente-coronel que apenas tinha trinta e sete anos e muitos anos de serviço pela frente, parecia um beco sem saída. Naquele momento, tinha pouca perspetiva de arranjar outra missão no estrangeiro; o KGB estava a reduzir os seus quadros, e os seus feitos dificilmente valiam um posto. Assim, a sua carreira na espionagem estrangeira chegou a um fim que mais parecia um naufrágio. Nem sequer Matvéiev tinha meios de lhe estender uma mão e o puxar à tona. Contou a Serguei Rolduguin que estava a pensar abandonar o KGB de uma vez por todas, embora Rolduguin tivesse as suas dúvidas. «Um antigo agente dos serviços secretos é coisa que não existe», retorquiu. Solidarizava-se com a raiva e a confusão do seu amigo, mas também compreendia a sua mentalidade. «Podes parar de trabalhar nessa organização, mas a sua mundividência e o seu modo de pensar estão gravados na tua cabeça.» ([19])

À primeira vista, Leninegrado pouco tinha mudado, mas a *perestroika* tinha inspirado uma nova vida à política da cidade. Em março de 1989, quando os Putins ainda estavam em Dresden, cidades de toda a União

Soviética organizaram as primeiras eleições competitivas da história do país a fim de eleger representantes para um novo quase parlamento, o Congresso dos Deputados do Povo. Em vez de votar com cruz em líderes do Partido Comunista, como era invariavelmente o caso nas eleições soviéticas, os eleitores em Leninegrado revoltaram-se e rejeitaram os cinco candidatos mais bem colocados, incluindo o líder do partido da cidade, Iuri Soloviév [20]. Um dos que foram eleitos em seu lugar foi um professor de Direito alto e carismático da *alma mater* de Vladimir Putin, Anatoli Sobtchak. Nascido nos confins da Sibéria e educado em Leninegrado, Sobtchak já se tinha destacado enquanto crítico do sistema soviético. Escrevia profusamente, advogando reformas de mercado e o Estado de direito; a sua tese de doutoramento tinha sido rejeitada por falta de correção política. Os colegas de Sobtchak da faculdade de Direito tinham-no nomeado surpreendentemente para ser um de quatro candidatos do distrito universitário na ilha Vassílievski, que também incluía os enormes estaleiros navais bálticos e milhares de construtores navais e estivadores. Apesar dos esforços do Partido Comunista para afastar os candidatos da oposição, Sobtchak conseguiu ficar em segundo lugar numa espécie de convenção política no Palácio da Cultura dos estaleiros depois de fazer um discurso que, de forma extemporânea, evocava Martin Luther King Jr. «Sonhava com um tempo em que o nosso Estado viesse a ser governado pela lei — um Estado que não permitisse conferir direitos e privilégios a algumas pessoas às expensas de outras», escreveu mais tarde [21].

Embora não tivesse nenhuma experiência eleitoral, Sobtchak atirou--se de cabeça à política. Tal como Gorbatchov, acreditava que o sistema soviético podia mudar se lhe fossem aplicadas reformas, mas encontrou o país despreparado para a novidade da democracia, após as décadas de medo e suspeição que tinham fraturado a sociedade soviética. As especificidades do sistema — com o emprego, a habitação e mesmo as férias a serem atribuídos pelo Estado — significavam que a maior parte das pessoas vivia imersa num estreito círculo social e nutria uma profunda desconfiança relativamente a qualquer forasteiro. «Nunca fales com estranhos», a famosa frase de *O Mestre e Margarida*, era um dogma na União Soviética. Como o próprio Sobtchak admitiu, vivia a exclusiva vida da *intelligentsia*, confortável e «crescentemente cerceada», e ao

O NOVO CZAR

fazer campanha fora do seu meio descobriu quão pouco sabia da forma como viviam as pessoas comuns ([22]).

Uma vez eleito, Sobtchak causou boa impressão quando o Congresso dos Deputados do Povo se reuniu na primavera de 1989. Reuniu um bloco de reformadores que incluía Andrei Sakharov, o físico dissidente, e Boris Ieltsine, o robusto funcionário do partido que se tinha tornado primeiro secretário em Moscovo, e andou a invetivar com paixão e eloquência contra a liderança soviética, a instituição militar e o KGB em audições públicas que eram transmitidas em todo o vasto país. Sobtchak presidiu a uma investigação da morte de vinte pessoas durante uma manifestação antissoviética em 9 de abril em Tblisi, capital da Geórgia, desmascarando a falsidade da versão oficial da repressão militar ali ocorrida. Agora, as convulsões de 1989 tinham-se propagado à própria União Soviética — com distúrbios na Lituânia, no Azerbaijão e na Arménia. Apesar dos seus derradeiros esforços violentos para resfriar os ânimos, as autoridades soviéticas já não dispunham de poder suficiente para manter o sistema unido ([23]).

Um mês após o regresso dos Putins, Leninegrado elegeu uma nova assembleia municipal. Os reformadores e independentes ganharam em número suficiente para quebrar o monopólio do Partido Comunista no poder municipal. Os novos legisladores eram sérios, mas também inexperientes, desorganizados e sem liderança. Um bloco deles apelou a Sobtchak que se candidatasse a um dos vinte e cinco lugares ainda vagos e, no caso de ganhar, concorresse ao cargo de presidente do conselho municipal. A preeminência de Sobtchak no Congresso dos Deputados do Povo em Moscovo dava esperanças de que ele seria um líder unificador para a cidade. Conseguiu ser eleito e, em maio, tornou-se no novo presidente do conselho, para todos os efeitos o funcionário eleito mais importante da cidade. Sobtchak «personificou a transição para uma nova forma de governo», como disse um historiador, em que a esperança triunfou sobre a razão ([24]). Era um académico da área do Direito, não um administrador, e por muito grande que fosse o seu carisma, não tinha nenhuma experiência a governar uma cidade de cinco milhões de habitantes — e muito menos numa época de convulsões políticas, secundada por uma burocracia recalcitrante ainda dominada pelos comunistas. Sobtchak precisava de aliados e experiência, e voltou-se para a única instituição em que

A DEMOCRACIA ENFRENTA UM INVERNO DE FOME

pensava poder encontrar assessores competentes para navegar as águas de uma transição política que se estavam a revelar traiçoeiras. Voltou-se para a instituição que tinha arrasado com críticas contundentes do alto do púlpito do Congresso dos Deputados do Povo. Voltou-se para o KGB.

Pouco tempo depois de assumir a sua nova posição, Sobtchak telefonou a Oleg Kaluguin, o antigo chefe dos espiões cuja carreira tinha entrado num compasso de espera devido às intrigas internas do KGB após ter trabalhado na espionagem externa, deixando-o estacionado num «exílio interno» em Leninegrado. Entretanto, Kaluguin tinha-se juntado às fileiras dos reformadores democráticos e tornado num dos críticos mais destacados da sua antiga agência. Agora, Sobtchak tinha um favor a pedir-lhe. Poderia ele recomendar alguém do interior do KGB em quem pudesse confiar enquanto conselheiro? Desconfiava da burocracia. Precisava de uma ligação às forças de segurança. Kaluguin sugeriu um oficial superior, um terente-general em quem confiava, mas Sobtchak não gostou da ideia. Preocupado com a possibilidade de que uma aliança assumida pudesse manchar a sua reputação democrática, queria alguém cujo perfil fosse mais discreto. Passaram alguns dias e Sobtchak voltou a telefonar. Perguntou a Kaluguin se alguma vez tinha ouvido falar de um jovem oficial chamado Vladimir Vladimirovitch Putin ([25]).

Alguns presumiram que o KGB tinha tido alguma intervenção ao encaminhar o jovem oficial para o gabinete de Sobtchak, mas, de acordo com Kaluguin, foi Sobtchak quem o recrutou. Vladimir Putin lembrava-se de Sobtchak das suas aulas na faculdade de Direito, mas não o conhecia bem. Segundo o seu próprio relato, um amigo da faculdade de Direito tinha sugerido que fosse falar com Sobtchak, o que fez com algum receio. Dificilmente poderia ter concordado com algumas das críticas mais virulentas de Sobtchak ao KGB, e o seu futuro político continuava periclitante, no melhor dos casos, tal como tudo na União Soviética em 1990. Ainda assim, nesse mês de maio, deslocou-se ao novo gabinete de Sobtchak no Palácio Mariinski, e Sobtchak contratou-o imediatamente. Disse que haveria de tratar da sua transferência com Merkuriév e pediu-lhe que se apresentasse ao serviço na segunda-feira seguinte. Antes disso, porém, Putin sentiu-se na obrigação de revelar a sua verdadeira profissão. «Devo dizer-lhe que não sou apenas um adjunto do reitor», disse a Sobtchak. «Sou um oficial regular do KGB.»

Segundo Putin recordou, Sobtchak hesitou e depois, para sua surpresa, resolveu não ligar ao assunto. «Que se lixe!», respondeu [26].

Putin insistiu que tinha de informar os seus superiores e, se necessário fosse, se demitir do KGB. De acordo com os seus amigos, custou-lhe muito tomar essa decisão. Apesar da sua crescente desilusão, o KGB continuava a ser a instituição que ele servia com lealdade. No caso em apreço, qualquer preocupação que tinha com a reação da Central provou ser injustificada. O KGB estava deleitado com a ideia de ter o seu próprio agente a trabalhar secretamente no gabinete dessa estrela política em ascensão em Leninegrado. Esta nova experiência democrática era, afinal, um processo espinhoso que requeria uma vigilância permanente. E foi assim que, com a bênção do KGB, talvez até por sua insistência, permaneceu ao seu serviço, continuando a ganhar o seu magro, se bem que estável, salário, que era mais elevado do que aquele que ganhava enquanto adjunto de Sobtchak.

Estava agora, por fim, a viver uma vida dupla, a vida de um agente secreto, se bem que fosse no interior do seu próprio país. Começou a aconselhar Sobtchak, apesar de continuar a trabalhar num pequeno escritório no primeiro andar do edifício vermelho e branco dos Doze Colégios da universidade. A sua tarefa era fazer o seguimento dos estudantes e visitantes estrangeiros que estavam a chegar em números cada vez mais avultados, à medida que a *glasnost* ia relaxando as restrições impostas às viagens. Já não trabalhava na Casa Grande na Avenida Liteini, mas ainda lá ia ocasionalmente, sendo que o único objetivo dessas suas visitas só podia ser o de manter os seus superiores informados das mudanças políticas que estavam na ordem do dia — na universidade e no escritório de Sobtchak. Quando uma delegação da St. Petersburg Community College, no estado da Flórida, chegou no outono de 1990 para um intercâmbio pedagógico, foi o tenente-coronel quem fez de guia ao presidente dessa universidade, Carl M. Kuttler Jr., que de nada suspeitava.

Kuttler conheceu o conselheiro universitário de Putin, Valeri Musin, quando este visitou a Flórida e propôs entabular relações institucionais entre as duas cidades e universidades. Quando Kuttler e a sua delegação chegaram, Putin recebeu-os no aeroporto e passou os dez dias seguintes a tratar da logística de todas as suas reuniões, refeições, assim como concertos na sinfonia e no balé. Fê-lo com uma pontualidade e eficácia que surpreenderam Kuttler, dada a deterioração contínua das condições económicas na cidade, incluindo uma grave escassez de combustíveis que causava longas e frustrantes filas. Quando Kuttler foi fazer uma excursão fora da cidade, a limusina governamental esteve na iminência de ficar sem combustível, até Putin intervir e a encaminhar para um armazém dos serviços de saneamento da cidade, onde conseguiu encontrar gasolina.

As suas vidas paralelas começaram a entrosar-se cada vez mais. Ele apresentou Kuttler a Sobtchak, e, num banquete na última noite, Sobtchak tinha um favor a pedir a Kuttler. «Carl, era capaz de fazer uma coisa por mim?», começou. «Não temos muito dinheiro para as viagens.» Sobtchak sentia necessidade de fazer algumas viagens ao estrangeiro e estava com vontade de voltar aos EUA — «Seriam capazes de custear isso?» [27]

Kuttler reuniu a verba, e Sobtchak partiu em visita um mês mais tarde. Em Washington, encontrou-se com o presidente George H. W. Bush e com os principais líderes do Congresso. A Procter & Gamble levou Sobtchak e a sua delegação de avião a Cleveland por um dia. E na Flórida ficou hospedado na casa que Kuttler tinha junto da baía, onde ficou maravilhado com as restrições ambientais que lhe proibiam abater uma árvore que fosse sem permissão das autoridades municipais [28]. Para Putin, a viagem saldou-se na decisão de Sobtchak de o promover ao seu quadro permanente de pessoal em 1991. Também não se esqueceu do comportamento de Kuttler no banquete. Quando chegou a hora de responder a um brinde, Kuttler pediu aos surpreendidos convidados que se segurassem pelas mãos, e proferiu uma oração. «O senhor rezou pela nossa universidade», recordou-lhe Putin quando se reencontraram uma década mais tarde. «Rezou pela nossa cidade. Rezou pelo nosso país. E rezou por mim.» Kuttler desconfiou de que o jovem adjunto da universidade nunca antes tinha ouvido uma oração ser proferida em seu nome. Nunca imaginou que o seu anfitrião fosse um oficial do KGB [29].

Agora, o futuro do tenente-coronel Putin estava cada vez mais colado a um homem que era capaz de citar poetas clássicos de cor e articular habilmente o que outrora teriam sido heresias. «Até certo ponto, todos nós estamos infetados pelo sistema», escreveu Sobtchak apenas um ano depois de o seu novo conselheiro vir trabalhar para ele, meditando sobre o «Cavaleiro de Bronze» de Púchkine e aquilo que designava «síndrome sistémica». «Desde que nascemos, ensinaram-nos a sermos intolerantes, desconfiados e a termos um medo paranoico de espiões.» Sobtchak idealizava uma nova União Soviética que proporcionasse justiça e esperança, uma democracia, um país «normal e civilizado» em que «não haja necessidade de chacinar metade da população para dar felicidade à outra metade» ([30]).

Os dois homens faziam um estranho par. Distinguiam-se um do outro pela idade, pelo temperamento e pela filosofia. Sobtchak era espalhafatoso e carismático; Putin, reservado, desconfiado por inerência e discreto. Não partilhava da hostilidade de Sobtchak relativamente à União Soviética, mas ainda assim servia o seu novo chefe com a mesma lealdade com que tinha servido os seus comandantes do KGB e, com o tempo, começou a assimilar algumas das ideias do seu superior. Mesmo numa altura em que outros oficiais do KGB renunciavam aos princípios ou andavam em busca de novas formas de fazer dinheiro, Putin cumpriu com o seu juramento. Nunca rompeu com a agência como o fizera Kaluguin; não se arrependeu nem nunca se arrependeria do seu serviço. Um dos seus superiores em Leninegrado que também tinha trabalhado na Alemanha de Leste, Iuri Lechtchev, disse que, para Putin, o KGB era um «mister sagrado» ([31]). Não obstante, Sobtchak ia-o puxando cada vez mais para o âmago da nova política da era. Trabalhava para o velho regime — e para aqueles que iriam derrubá-lo.

O Conselho Municipal de Leninegrado, embora democrático, era ineficaz. Os seus membros discutiam infindavelmente entre si e com Sobtchak sobre os poderes do presidente, mas pouco faziam para resolver as amargas necessidades da cidade em termos de habitação, alimentação e transportes. No verão de 1990, a economia da União Soviética estava à beira da rutura, e em Leninegrado e noutras cidades começaram a faltar os víveres mais básicos; as prateleiras das suas lojas já assim mal fornecidas esvaziaram-se primeiro de chá e sabão, depois de açúcar, cigarros e mesmo vodca. Pouco tempo depois do seu regresso dos EUA — onde tinha visitado um Kmart bem abastecido em Alexandria, na Virgínia —, Sobtchak forçou o conselho municipal a introduzir cartões de racionamento. Não era propriamente a fome — não com um mercado negro que florescia —, mas o racionamento trouxe de volta assustadoras memórias do cerco. «A democracia enfrenta um inverno de fome», disse Sobtchak em defesa do seu plano. «É crucial para a democracia sobrevivermos a este inverno.» [32]

Por essa altura, o KGB e os líderes militares soviéticos já tinham começado a elaborar planos de emergência com vista à imposição da lei marcial. Em janeiro de 1991, Gorbatchov mandou as Forças Armadas restabelecerem a governação comunista na Lituânia após dias de protestos, revertendo a declaração de independência do ano anterior. O assalto culminou em tanques a atacarem a torre da televisão na capital, Vilnius. Catorze pessoas morreram, mas os líderes da Lituânia continuaram a desafiar Moscovo e apressaram-se a avançar com um referendo sobre a independência em fevereiro, que Gorbatchov declarou ilegal. Em junho, a Rússia organizou as suas próprias eleições presidenciais, e Boris Ieltsine tornou-se num contrapeso legitimamente eleito à governação cada vez mais errática e impopular de Gorbatchov. No mesmo mês, Sobtchak tirou partido das eleições nacionais para ganhar a eleição para um ramo executivo acabado de criar que iria impor a sua autoridade aos órgãos legislativos urbanos, tão difíceis de manejar. Só um mês antes disso, tinha forçado o conselho municipal a criar o posto de presidente de câmara, que só ele estava em posição de disputar. Os membros do conselho estavam cada vez mais insatisfeitos com o papel de Sobtchak como seu presidente, e esperavam que criando ramos separados do governo seriam capazes de limitar os seus poderes enquanto líder da cidade. Leninegrado também organizou um referendo não vinculativo sobre o regresso ao nome pré-revolucionário de Sampetersburgo. Inicialmente, Sobtchak tinha-se oposto à mudança, mas fez campanha pela reposição do nome da cidade com astúcia e tato. Apresentou a mudança como a evolução natural da visão de Pedro, *o Grande*, da cidade como uma «janela para a Europa», e propôs a remoção do cadáver ceroso de Lenine do seu mausoléu na Praça Vermelha e a sua inumação lado a lado com os seus parentes em Leninegrado, cumprindo assim a última vontade e o testamento do revolucionário. A sua proposta respeitava aqueles que ainda veneravam Lenine e apaziguava aqueles que queriam acabar com o culto que ainda existia em torno da sua pessoa [33]. No dia do escrutínio, Sobtchak ganhou sessenta e seis por cento dos votos, enquanto uma maioria mais apertada — cinquenta e quatro por cento — votou pela alteração do nome da cidade ([34]).

Vladimir Putin não desempenhou nenhum papel na política que levou ao desmoronamento da União Soviética. Não chegou a ser mencionado nas muitas memórias e histórias contemporâneas dos extraordinários acontecimentos de 1991 — nem sequer nas de Sobtchak, que este escreveu no ano depois de Putin ter começado a trabalhar para ele. Permanecia um jovem funcionário, habituado a trabalhar nas fileiras e na sombra. As suas lealdades e o seu destino, porém, estavam agora intimamente ligados ao líder incontestável da cidade, um homem frequentemente referido como um futuro presidente de toda a Rússia.

Depois da eleição de Sobtchak, Putin deu por terminado o seu trabalho na universidade e, em junho de 1991, juntou-se à equipa do presidente da câmara como o diretor da nova comissão de relações externas da cidade. Fez-se indispensável. Uma presença tranquila, sóbria, mas grave, que trabalhava num escritório escassamente mobilado. Trabalhou de uma forma tão incansável e com uma tal eficácia e «determinação bruta», nas palavras de um colega, que ganhou a alcunha pouco lisonjeira de «Stasi», só parcialmente devido à sua comissão de serviço na Alemanha de Leste ([35]).

O KGB não se tinha esquecido do seu oficial nas fileiras de Sobtchak. Coincidência ou não, certa vez, os colegas de Putin apareceram no seu escritório depois de Sobtchak ter partido em viagem deixando o seu adjunto com três folhas de papel em branco, respetivamente assinadas, por preencher, com assuntos diversos da competência do presidente da câmara. Os oficiais que o foram visitar queriam uma delas para algum aproveitamento nefando que ele ou não conhecia ou nunca referiu. «Não veem que o homem confia em mim?», foi o que Putin mais tarde disse ter respondido, mostrando-lhes uma pasta que continha os documentos ([36]). Putin não recusou terminantemente, mas eles tão-pouco insistiram. Simplesmente apresentaram as suas desculpas e foram-se embora.

Em 17 de agosto de 1991, os Putins partiram de férias, indo de carro até Kalininegrado para ficar numa estância no istmo da Curlândia, um estreito crescente feito de praias, dunas e florestas no mar Báltico ([37]). Sobtchak tinha passado esse fim de semana na Lituânia a debater a sua

A DEMOCRACIA ENFRENTA UM INVERNO DE FOME

visão de um acordo de comércio livre e depois tinha voado de volta a Moscovo na noite de 18 de agosto para, dois dias mais tarde, participar na assinatura de um novo Tratado de União que, em termos efetivos, iria dissolver o Estado soviético centralizado. Mikhaíl Gorbatchov, Boris Ieltsine e o chefe do partido do Cazaquistão, Nursultan Nazarbaiev, tinham secretamente negociado o acordo que transferia funções do governo central para as repúblicas soviéticas individuais, enfraquecendo significativamente a autoridade central do Kremlin.

A cerimónia não chegou a realizar-se. Naquela noite, no interior do Kremlin, um grupo de partidários da linha dura já tinha posto em marcha um golpe de Estado, pondo Gorbatchov sob prisão domiciliária na sua casa de férias na Crimeia e estabelecendo o Comité de Estado do Estado de Emergência. Entre os líderes do golpe figurava o vice-presidente de Gorbatchov, Guenadi Ianaiev; o primeiro-ministro; os ministros da Defesa e do Interior; assim como Vladimir Kriuchkov, o antigo chefe da espionagem externa que agora era o diretor do KGB. As ordens formais dos golpistas às Forças Armadas e ao KGB para assumirem o controlo foram emitidas às quatro horas da madrugada de dia 19 de agosto.

Os Putins souberam da notícia da mesma forma que a maior parte do país, inicialmente por intermédio de uma série de comunicados difundidos pela rádio e, em seguida, por boletins especiais transmitidos na televisão do Estado, que interrompiam a emissão de *O Lago dos Cisnes*. Sobtchak acordou no seu quarto de hotel em Moscovo quando um amigo lhe telefonou do Cazaquistão para lhe dar a novidade. Tanques e paraquedistas em veículos blindados já tinham começado a tomar conta das ruas de Moscovo. Sobtchak, com alguns guarda-costas e um condutor, deslocou-se à casa de campo de Ieltsine, juntando-se à liderança do recém-eleito parlamento russo para organizar a resistência. O nome de Sobtchak, tal como o de Ieltsine, estava na lista de mandados de captura do KGB, mas estes nunca começaram a ser executados. Ieltsine insistiu com Sobtchak que regressasse a Leninegrado para liderar a oposição ao golpe de Estado de lá. Sobtchak, juntamente com um único guarda--costas, conseguiu chegar ao Aeroporto Sheremetievo e reservou um lugar no próximo voo regular para Leninegrado. Apesar do estado de emergência formalmente declarado, os conspiradores que planearam o golpe permitiram que a vida continuasse mais ou menos normalmente, incluindo o tráfego aéreo de rotina. Os três oficiais do KGB que vieram ter com ele à sala de espera do aeroporto tinham ordens para o prender, mas simplesmente desobedeceram e esperaram com ele até que embarcasse no avião. «De forma que agora tinha quatro guarda-costas, três dos quais armados de metralhadoras», recordou Sobtchak ([38]). O golpe de Estado que os reformadores durante tanto tempo tinham temido estava a converter-se numa farsa.

Em Leninegrado, o comandante militar da cidade, o coronel Victor Samsonov, também tinha recebido ordens para pôr tropa nas ruas. Apareceu na televisão às dez horas da manhã para anunciar o estado de emergência, declarando ilegal qualquer manifestação e ajuntamento público, e dissolvendo todos os partidos políticos e organizações sociais que nos dois anos anteriores tinham despontado por toda a parte como cogumelos depois da chuva. Também anunciou a formação de um comité de emergência que iria substituir-se ao governo da cidade acabado de eleger. O comité incluía líderes locais das Forças Armadas e do KGB e o novo líder do Partido Comunista, Boris Guidaspov. O nome de Sobtchak destacava-se pela sua ausência, mas não o do seu vice-presidente Viatcheslav Tcherbakov. Também ele se encontrava numa estância de veraneio junto do mar Negro e, depois de regressar a Leninegrado de avião, desmentiu qualquer envolvimento no golpe de Estado. Fosse como fosse, pela altura em que o voo de Sobtchak aterrou em Leninegrado, às duas horas da tarde, nenhuma tropa tinha entrado na cidade. A ordem do general Samsonov não tinha sido cumprida.

O comandante da polícia da cidade, Arkadi Kramarev, enviou um carro que levou Sobtchak diretamente ao quartel-general das Forças Armadas na Praça do Palácio, em frente do Hermitage, onde se tinha reunido o comité de emergência de Leninegrado. Kramarev já lá estava, desafiando abertamente as ordens de Samsonov de tirar das ruas os manifestantes que tinham começado a reunir-se no exterior do conselho municipal no Palácio Mariinski.

Sobtchak entrou de rompante e acusou os presentes tempestuosamente de serem uma conspiração ilegal que lhes haveria de valer uma «Nuremberga própria». Sobtchak ignorou Guidaspov, o chefe do partido que devia substituí-lo enquanto líder da cidade, e preferiu focar a sua raiva no general Samsonov. Citou exemplos específicos de situações em

A DEMOCRACIA ENFRENTA UM INVERNO DE FOME

que comandantes militares tinham sido utilizados por líderes partidários corruptos ou criminosos, incluindo os morticínios na Geórgia que tinha investigado. Jurista como era, pôs em causa a legalidade das ordens do general com base no pormenor técnico de não autorizarem explicitamente um estado de emergência em Leninegrado. Kramarev disse mais tarde que Sobtchak descompôs o general num tom que este, quase de certeza, nunca tinha ouvido nos seus anos de oficial ([39]). «Se der um passo fatal agora, todos o recordarão como um traidor, um verdugo», disse-lhe Sobtchak ([40]). Quer fosse pela raiva de Sobtchak ou pela sua lógica, o general prometeu reconsiderar o envio de tropa e vacilou durante algumas horas cruciais.

Em seguida, Sobtchak foi a correr à estação de televisão da cidade e, naquele serão, discursou ao vivo, aparecendo com Tcherbakov e o líder legislativo da província, Iuri Iarov, a seu lado. Ambos tinham sido anunciados como líderes locais do comité de emergência, mas agora o público percebeu que não tinham apoiado o golpe. Os canais da televisão nacional em Moscovo tinham sido confiscados, mas não era o caso dos canais de Leninegrado, que continuavam a emitir para boa parte da União Soviética. O diretor da estação deixou seguir a emissão porque Tcherbakov estava lá, partindo do princípio de que agora era ele quem mandava ([41]). Milhões ouviram as observações de Sobtchak e puderam ver que havia quem resistisse ao golpe. «Uma vez mais, há uma tentativa de bloquear o caminho do nosso povo rumo à liberdade, à democracia e à verdadeira independência», começou Sobtchak. Insistiu em que a população se reunisse na manhã seguinte na Praça do Palácio. Referiu-se aos líderes do golpe como «antigos» ministros e, em seguida, como «cidadãos», tal como se falava aos acusados em tribunal ([42]).

Ao longo de todo esse primeiro dia crucial, Vladimir Putin manteve-se na estância de veraneio a mais de oitocentos quilómetros de distância. Conseguiu falar com Sobtchak ao telefone na noite de 19 de agosto, mas não regressou imediatamente, embora provavelmente tivesse tido a possibilidade de o fazer. Ao invés, esperou até ao dia seguinte, quando apanhou um voo regular com partida de Kalininegrado ([43]). Para todos os efeitos, a sua atitude foi profundamente ambivalente. Um ano e meio antes, tinha regressado do império soviético em vias de derrocada na Europa de Leste, desgostoso com o que considerava o abandono das suas nações camaradas, a humilhante retirada da sua tropa e dos seus

91

O NOVO CZAR

oficiais dos serviços secretos, e o triunfo da OTAN, do Ocidente e do capitalismo. Agora, a própria União Soviética estava a rebentar pelas costuras, as suas repúblicas, incluindo a Rússia, estavam entropicamente encaminhadas para a independência. Isso significava o desmembramento do seu país, e, como diria mais tarde, os líderes do golpe simplesmente quiseram acabar com tudo isso. Considerava que o fim deles era nobre. O diretor do KGB, Kriuchkov, largamente considerado um maçador pomposo e conivente, para ele era «um homem muito digno» ([44]). Embora as intenções de Kriuchkov fossem claras, as lealdades do KGB não o eram. Muitos oficiais leais ao governo atual ajudaram Boris Ieltsine e os que se opunham ao golpe de Estado com informações e mesmo com uma máquina de impressão. Alguns dos oficiais mais novos redigiram mesmo uma declaração que denunciava o golpe ([45]). O tenente-coronel Putin, que agora estava a trabalhar para um dos principais democratas do país, tinha de escolher o seu lado.

Na madrugada de dia 20 de agosto, Sobtchak deslocou-se à enorme fábrica de Kirov, que produzia tanques, tratores e as turbinas utilizadas nos submarinos e quebra-gelos nucleares da União Soviética. A fábrica, a maior da cidade, era lendária na mitologia soviética devido ao papel que desempenhara na Grande Guerra Patriótica, tendo continuado a produzir ao longo de todo o cerco embora se encontrasse a escassos quilómetros da frente de combate. Sobtchak quis chegar antes do turno da manhã para reunir os trinta mil operários da fábrica. Falou diante de um automóvel que trazia um altifalante, após o que os diretores da fábrica se propuseram permitir que os operários se juntassem ao comício que tinha convocado para a Praça do Palácio. Por essa altura, a fábrica, a polícia e a maior parte dos representantes eleitos da cidade desafiavam abertamente o golpe de Estado. Milhares de operários da fábrica Kirov marcharam pela Avenida Stachek para o centro da cidade. «Sabiam quais podiam ser as consequências», disse um maquinista que foi um deles. «Sentiam que eram gente, seres humanos. Tinham deixado de ter medo.» ([46])

A multidão que se reuniu naquele dia foi a maior que Leninegrado tinha visto em décadas. Mais de cento e trinta mil pessoas apertavam-se na Praça do Palácio e nas ruas adjacentes a vários quarteirões de distância. Diante do Museu Hermitage, uma faixa dizia: «Não ao golpe militar!» Contrariamente à atmosfera tensa em Moscovo, onde os manifestantes se

A DEMOCRACIA ENFRENTA UM INVERNO DE FOME

preparavam para qualquer movimento das unidades blindadas dispostas por toda a cidade, o comício foi ordeiro e esperançoso, sendo vigiado pelos mesmos agentes da polícia e do KGB que deveriam ter impedido que se realizasse. De acordo com um relato de jornal, Sobtchak até discutiu planos para o comício com o chefe local do KGB, Kurkov, concordando que fosse levado com calma ([47]). Sobtchak falou brevemente, seguido de Dmitri Likhatchov, um venerado linguista, preservacionista e historiador que tinha sobrevivido ao Gulag e ao exílio, que disse à multidão que as pessoas «já não podem ser obrigadas a pôr-se de joelhos». Naquele serão, Sobtchak apresentou-se numa sessão extraordinária do conselho municipal no Palácio Mariinski. «A situação em Leninegrado está inteiramente sob o controlo dos órgãos de poder legítimo», declarou. O golpe desintegrou-se em Leninegrado antes de em qualquer outro lugar.

Putin chegou de Kalininegrado naquela tarde, mas não participou no comício da Praça do Palácio. Juntou-se a Sobtchak no Palácio Mariinski e por lá se quedou. Tinha visto o «presidente em funções» da União Soviética, Guenadi Ianaiev, a dar a sua conferência de imprensa na noite anterior — tinha observado Ianaiev a repetir as mentiras do comité de emergência sobre a saúde de Gorbatchov e a jurar que iria pôr fim ao «presente Tempo de Dificuldades», aludindo à ocupação, guerra e fome que se seguiram à morte de Boris Godunov no dealbar do século XVII. «Tendo embarcado no caminho de profundas reformas e tendo percorrido um caminho assinalável nessa direção, a União Soviética chegou agora a um ponto em que enfrenta uma crise grave, cujos desenvolvimentos ulteriores poderiam pôr em causa tanto o próprio curso das reformas como conduzir a sérios cataclismos na vida internacional», disse Ianaiev, mas ao fazê-lo a sua voz falhava e as suas mãos tremiam. Os jornalistas começaram a fazer-lhe perguntas para o sondar, e até se riram das suas respostas improváveis.

Putin disse que naquele momento sabia que o golpe tinha os dias contados. Independentemente de quão profunda era a sua lealdade ao KGB, ele não seguiria as ordens desse comité de emergência, mesmo que apoiasse as suas intenções subjacentes de salvaguardar a união. O seu esforço para reafirmar o poder soviético levou ao fim deste último. «Até essa altura eu não percebia verdadeiramente a transformação que estava a ocorrer na Rússia», recordou sobre o seu regresso da Alemanha de Leste. «Todos os ideais, todos os objetivos que tive quando fui trabalhar para o KGB, se desmoronaram.» Ainda assim, estar ao lado de Sobtchak significaria uma violação do seu juramento de serviço. Assim sendo, ao fim de dezasseis anos ao serviço do KGB, redigiu a sua carta de demissão.

Como afirmou, foi a sua segunda demissão. Disse ter despachado uma carta similar um ano antes, embora fosse em circunstâncias muito menos extremadas. No rebuliço político em torno do conselho municipal e, mais tarde, da câmara municipal, Putin ouviu insinuações relativamente à sua origem nos serviços de informações; algumas pessoas esperavam a sua ajuda, outras ameaçavam expô-lo. De uma forma ou de outra, queriam alguma coisa de Putin, e ele estava «farto até aos olhos dessa chantagem descarada» ([48]). Queria proteger Sobtchak e a sua reputação, tal como o tinha avisado quando se tornou seu adjunto. Foi a decisão mais difícil da sua vida, disse, mas redigiu e enviou a sua carta de demissão. E depois nada aconteceu. Nunca mais ouviu falar da sua carta, que desapareceu nas engrenagens da burocracia, se alguma vez lá chegou. Nem ele fez nenhum esforço para dar seguimento à iniciativa, discrepância essa que nunca explicaria de uma forma plenamente satisfatória.

Por esta altura, no meio da confusão do golpe, informou Sobtchak da sua decisão de apresentar a sua demissão, deixando claro ao seu chefe e mentor que tinha tomado o seu lado. Apesar do enorme protesto público contra o golpe, a situação em Leninegrado permanecia por resolver. Ieltsine, na sua qualidade de presidente da Rússia, emitiu um decreto em que nomeava Tcherbakov comandante militar do distrito de Leninegrado, substituindo para todos os efeitos o general Samsonov, que, de facto, estava quieto e bem compenetrado dos avisos de Sobtchak, mantendo-se alheado de tudo. Putin organizou a defesa no Mariinski, distribuindo pistolas aos adjuntos de Sobtchak, embora mais tarde afirmasse que tinha deixado o seu revólver do KGB no cofre, como fizera em Dresden. Poucos milhares de manifestantes se mantinham lá fora na praça, montando uma vigília nervosa atrás de barricadas improvisadas que de pouco teriam servido contra um assalto militar determinado. Mais uma vez, deu por si no interior de um edifício rodeado de uma turba nervosa a exigir liberdade, só que desta vez estava do mesmo lado da barricada.

A DEMOCRACIA ENFRENTA UM INVERNO DE FOME

Rumores de uma ação militar iminente continuavam a circular a alta velocidade, incluindo um relato que dizia, por volta das três horas da manhã, que tropa de escol e de operações especiais tinha sido enviada de um local secreto no interior da cidade e que iria marchar sobre o gabinete de Sobtchak. «Eles podem limpar-nos o sebo em cinco minutos», disse Tcherbakov a Sobtchak. Como medida de precaução, Sobtchak e Putin fugiram e passaram a noite no interior da fábrica Kirov.

No fim do dia 21 de agosto, porém, o golpe tinha-se desmoronado. Gorbatchov tinha sido libertado da sua prisão domiciliária e estava no caminho de regresso a Moscovo. Boris Ieltsine, o rosto público da resistência, tornar-se-ia no líder na nova nação russa que emergia. Sobtchak tinha liderado a resistência em Leninegrado, e tornou-se num dos mais preeminentes entre os novos democratas da nação. Sem querer, Vladimir Putin acabou do lado ganhador da desintegração da União Soviética. Ainda assim, não partilhou da euforia que muitos russos sentiram. Pelo contrário, a experiência foi difícil para ele. Ludmila e os amigos dele caracterizaram esse período como o mais difícil da sua vida. «De facto», disse ele, «dilacerou a minha vida» [49]. O coronel Lechtchev, que tinha sido um dos seus superiores no quartel-general do KGB em Leninegrado, disse que a demissão de Putin tinha sido mais pragmática do que movida por ideais. «Não havia perspetivas nenhumas e, em termos gerais, nada se sabia do que iria acontecer ao serviço de informações.» [50] Foi um risco calculado. Se o golpe tivesse sido bem-sucedido, poderia ter sido preso. No mínimo, certamente teria ficado desempregado por se ter demitido. No caso vertente, limitou-se a esperar até que a dinâmica se tivesse virado contra o golpe. Leonid Polokhov, que tirou Direito com ele em Leninegrado, e mais tarde se tornou num procurador militar que pôs a descoberto os terríveis rituais de praxe nas Forças Armadas soviéticas na era da *glasnost*, ficou simplesmente estupefacto quando soube de que o seu amigo tinha abandonado o serviço. «Volodia surpreendeu-me enormemente por duas vezes: a primeira vez, quando se juntou ao KGB — e a segunda, quando o deixou», disse ele [51].

SEGUNDA PARTE

Capítulo 5

Os espiões regressam do frio

Em 1991, Igor Chadkhan passou quatro meses a rodar um documentário em Norilsk, a desoladora cidade industrial no norte remoto da Sibéria. Este lugar, acima do Círculo Polar Ártico, pouco tinha de habitável, mas debaixo dele jaziam alguns dos minérios mais valiosos à face da Terra: níquel, cobre e outros metais. Desde a década de trinta do século XX, a União Soviética foi construindo um campo de prisioneiros e, posteriormente, uma cidade para extrair toda essa riqueza das minas que se estendiam ao longo de quilómetros no subsolo. Chadkhan esteve lá para documentar uma verdade mais sombria que nunca teria sido revelada antes do advento da *glasnost*: Norilsk não era uma gloriosa conquista soviética à natureza; era uma ilha desoladora e gélida do «Arquipélago Gulag» construída em cima das ossadas daqueles que não sobreviveram.

Chadkhan, com cinquenta e um anos e praticamente careca, era nascido em Leninegrado. Tinha-se tornado famoso enquanto realizador de uma série televisiva, *Teste para Adultos*, que começara a ser emitida em 1979 e que ainda estava no ar em 1991. Nesta série, foi filmando entrevistas com um grupo de dez crianças e respetivos pais, traçando a evolução das suas vidas ao longo dos anos. O talento de Chadkhan consistia na sua capacidade de conversação; trazia à luz as esperanças dos indivíduos em entrevistas conduzidas com tato e que evitavam assuntos que poderiam ter sido do desagrado dos censores da era Brejnev, mas que ainda assim pareciam elucidativas. Planeava fazer das suas entrevistas com os sobreviventes do Gulag uma nova série que daria pelo nome de *Neve: O Meu Destino*, mas, antes disso, o diretor-geral do seu canal, Dmitri Rojdestvenski, tinha em mente outra tarefa para ele cumprir. Pediu a Chadkhan que traçasse o perfil dos colaboradores do presidente da câmara de Leninegrado. Rojdestvenski, que se preparava para montar uma empresa de produção para a televisão chamada Vídeo Russa, pensou que seria bom para o negócio, uma vez que o presidente da câmara agora era o dono efetivo da estação, e sugeriu que Chadkhan começasse por um assessor que detinha uma posição importante.

«Quem é esse Putin?», perguntou Chadkhan ([1]).

Quando Chadkhan regressou de Norilsk no outono desse ano, de repente a sua cidade natal era outra, já não estando sob o controlo dos comunistas, mas dos democratas. A derrocada do golpe de agosto acelerou a desintegração da União Soviética, que, naquela altura, vivia as últimas semanas da sua existência. Os conspiradores foram presos, incluindo Vladimir Kriuchkov, o diretor do KGB, que, por seu lado, viria a ser desmembrado em departamentos diversos sob o controlo político dos novos líderes da Rússia. O Quinto Diretório Principal, que perseguia dissidentes, foi abolido. Gorbatchov voltou ao seu posto, mas agora enquanto presidente de um país que estava em vias de dar lugar a quinze Estados separados. O parlamento russo em Moscovo — que incluía o Congresso dos Deputados do Povo e um Soviete Supremo reduzido a 252 membros — era agora o detentor incontestado do poder legislativo no país. No dia 6 de setembro, ratificou formalmente os resultados do referendo que Leninegrado tinha organizado três meses antes. A cidade voltou a ser Sampetersburgo, como Pedro, *o Grande*, a tinha batizado três séculos antes. Sobtchak presidiu a uma cerimónia formal de rebatismo em 7 de novembro, optando sugestivamente pela data do septuagésimo quarto aniversário da Revolução Russa.

Boris Ieltsine, na sua qualidade de presidente da nova Rússia, tinha proibido o Partido Comunista depois do golpe, e Sobtchak aproveitava todas as oportunidades para fazer as exéquias do partido também na sua cidade. Fez apreender os atributos do poder, os bens e as infraestruturas do partido, incluindo a sua sede no Instituto Smolni, o convento do século XVIII e posterior academia para moças, onde Lenine tinha estabelecido o seu governo bolchevique. O monumento barroco tornou-se agora na sua câmara. A iniciativa simbolizava «a vitória das forças democráticas» numa nova Rússia, mas foi também sinal da «intenção de Sobtchak de assegurar algum poder real para si próprio logo no início da era pós--comunista» [2].

Agora, Sobtchak nomeara Putin para presidir ao novo comité de assuntos económicos externos da cidade, e Putin instalou-se num novo gabinete em Smolni. Aproveitando a deixa de Sobtchak, substituiu o retrato de Lenine que tinha decorado os escritórios dos *apparatchiks* por uma gravura de Pedro, *o Grande*. Na sua nova função, Putin juntou-se a Sobtchak na luta contra os esforços de retaguarda do Partido Comunista com o objetivo de asfixiar as novas autoridades da cidade, fazendo cumprir os decretos do presidente que tinham usurpado os privilégios do partido. A Casa de Esclarecimento Público, um edifício moderno revestido de mármore do outro lado da Rua da Ditadura do Proletariado, em frente do Smolni, durante muito tempo fora propriedade do Partido Comunista, mas Sobtchak decidiu convertê-la num centro internacional de negócios, que não tardaria a atrair empresários russos astutos que já tinham reparado no potencial comercial da nova Rússia. Entre eles encontravam-se homens como Dmitri Rojdestvenski, do canal de televisão estatal, e Vladimir Iankunin, um antigo diplomata comercial das Nações Unidas. Quem faria a ligação entre eles nos corredores do poder seria o discreto ex-oficial do KGB nomeado por Sobtchak.

Ainda assim, o que restava do Partido Comunista da cidade continuava a ocupar uma ala do novo centro de negócios, e os seus membros, numa atitude de desafio, hastearam no telhado a bandeira vermelha da União Soviética com a foice e o martelo. Era um ato simbólico e nada mais do que isso, mas Putin mandou tirar a bandeira, só para ver os comunistas hastear outra no dia seguinte. Mais uma vez, Putin mandou tirá-la. O ritual foi continuando até os comunistas ficarem sem bandeiras regulamentares, começando a hastear outras, feitas à mão, tendo uma das últimas sido mais castanha-escura do que vermelha. Por fim, Putin fartou--se da brincadeira. Mandou trabalhadores cortarem todo o mastro [3]. Fazendo-se eco de Sobtchak, Putin nunca teve muita paciência para a oposição.

O NOVO CZAR

Foi Sobtchak quem teve a ideia de se fazer um documentário televisivo sobre os colaboradores do presidente da câmara. Percebendo o papel que a televisão desempenhara na sua própria ascensão à preeminência no Congresso dos Deputados do Povo, Sobtchak acreditava que mostrar os seus gestores a trabalharem cimentaria a ideia de que ele, e não o conselho municipal, era a figura central de autoridade na nova Sampetersburgo. Chadkhan não ficou entusiasmado. Tinha acabado de filmar entrevistas com gente que tinha passado anos a sofrer no Gulag devido a uma situação de abuso de poder. Agora, mandavam-no para um edifício que até poucas semanas antes tinha albergado o Partido Comunista, que fora o responsável pelo seu sofrimento. Disse que só lá tinha ido uma vez antes e tinha encontrado os seus corredores frios e arrepiantes. Agora, encontrou-os animados com um magote de pessoas que falava não só russo, mas igualmente línguas estrangeiras — na própria sede do poder político.

O homem que o saudou no gabinete de Putin foi Igor Sechin, cuja figura atarracada e modos abrutalhados não deixavam adivinhar as suas viagens pelo mundo inteiro e a sua fluência em português ([4]). Este antigo colega de curso de Putin na universidade tinha trabalhado em Moçambique e depois, nos anos noventa, em Angola como tradutor para conselheiros militares soviéticos, embora muitos desconfiassem de que também trabalharia para o KGB ou para os serviços de informações militares. Tornou-se num assessor inseparável de Putin, cujo gabinete — e brevemente também o de Sobtchak — estava cheio de homens como Sechin, veteranos da Guerra Fria lançados à ventura aquando da implosão do império soviético. Putin explicou a ideia de Sobtchak a Chadkhan, que lisonjeou elogiando o seu trabalho no programa *Teste para Adultos*, mas também tentou estabelecer condições, pedindo que as perguntas lhe fossem disponibilizadas de antemão. Chadkhan recusou. «Há uma única regra: o senhor não deve conhecer as perguntas — nem eu as respostas», disse-lhe, e Putin cedeu ([5]). As entrevistas prolongaram-se por uma série de dias no mês de novembro de 1991. Putin não aparentava os seus trinta e nove anos, o seu cabelo ainda estava louro, embora estivesse a ficar mais ralo. Era tão baixo e magro, tão minúsculo, que parecia sair da proporção das grandes salas de reunião onde Chadkhan rodava. No seu escritório, porém, este aproximou a câmara de um modo quase claustrofóbico, focando os seus olhos azul-escuros e os seus lábios macios, com as suas faces descoloradas pela barba por fazer. Começou com perguntas triviais sobre a sua idade, a sua família, a sua educação, até o seu signo. («Balança, penso eu», disse Putin, «mas não tenho a certeza».) Fez perguntas acerca do seu cão, do seu trabalho e da política de uma nova Rússia.

A pergunta óbvia, sobre a sua carreira antes de trabalhar para o governo, não haveria de se fazer esperar. Anos mais tarde, Putin afirmou que ele próprio tinha feito providências para que a entrevista revelasse a sua associação a uma organização detestada que naquele momento estava a ser desmantelada. Os críticos de Sobtchak e outros avisavam Putin de que as suas origens ainda secretas no KGB, quando se tornassem conhecidas, poderiam ser usadas contra ele ou o presidente da câmara, e ele julgou que se fosse ele próprio a revelar o facto, todo o assunto ficaria neutralizado. Chadkhan talvez tivesse forçado a nota um pouco mais do que tinha esperado. Sendo «um escravo da metáfora», filmou o jovem adjunto do presidente da câmara a conduzir o seu *Volga*, e acompanhou a cena com uma sonata para piano de *Dezassete Momentos de Primavera*, uma popular minissérie televisiva de 1973 baseada num romance escrito, tal como *O Escudo e a Espada*, com a cooperação do KGB ([6]). O seu herói era um agente duplo na Alemanha nazi chamado Max Otto von Stirlitz, e a série era mais um dos enredos televisivos de espionagem que Putin adorava ([7]). Quando Chadkhan lhe perguntou com a câmara ligada qual era a sua vocação, porém, pareceu evasivo e petulante.

«Parece que não há maneira de passarmos a outro assunto», disse Putin.

«Concordará, contudo, que não é todos os dias que encontramos um oficial dos serviços de informações — bem, pelo menos não um que admita sê-lo», respondeu Chadkhan.

«O senhor nunca sabe», disse Putin cripticamente. «Pode ser que os encontre com bastante frequência. Ele sabe-o, você é que não.» ([8])

A sua confissão pública prosseguiu numa extensa entrevista publicada em 25 de novembro no jornal *Chas Pik*, ou *Hora de Ponta* ([9]). Não fazia tábua rasa do seu passado, mas queria diferençar a sua carreira dos crimes do KGB, das cruzadas implacáveis contra os dissidentes até ao golpe malogrado. Disse à entrevistadora que o KGB se tinha tornado «um monstro» que já não cumpria as «tarefas para as quais tinha sido criado», isto é, a proteção do Estado dos seus inimigos externos. Insistiu que o seu trabalho tinha sido a recolha de informação externa, e que não tinha estado nem minimamente ligado à repressão interna operada pelo KGB. Também frisou que nenhum serviço de informações no mundo poderia funcionar sem agentes secretos. «Foi assim que foi, é assim que é, e é assim que será.» Era um passado que tinha posto para trás das costas, dizia, mas não sentia nenhuns remorsos relativamente à carreira que tinha escolhido.

«Não está arrependido do seu passado?», perguntou a entrevistadora, Natália Nikiforova.

«Não, não estou arrependido», respondeu. «Arrependo-me de crimes. Eu não cometi crimes nenhuns. E não me justifico, embora justificar-se seja mais fácil do que dar um passo decisivo.» Pela expressão «passo decisivo» referia-se à sua demissão do KGB, o que enfatizou repetidas vezes.

Longe de o excluir da função pública, disse, a sua origem, a sua experiência, a sua fluência em alemão e a sua familiaridade com a economia internacional iriam ser úteis às necessidades da cidade e à nova democracia da Rússia. Quando Nikiforova perguntou se os «parceiros internacionais» iriam olhar de soslaio a presença de espiões do KGB entre os colaboradores de Sobtchak, ele limitou-se a reparar que o presidente dos EUA, George H. W. Bush, tinha sido diretor da CIA, e que ninguém considerou que isso o excluía do posto.

Foram assim os dias excitantes que se seguiram aos acontecimentos de agosto. Tudo estava em rebuliço, e tudo parecia possível, mesmo falar de segredos há muito escondidos. Tirando três mortos em Moscovo, o povo derrotou o golpe, sem violência, simplesmente recusando aceitar o resultado de uma luta pelo poder nas altas esferas da hierarquia soviética. Esta nova Rússia oferecia a entusiasmante e desorientadora oportunidade de ser livre, de viver sem medo, de ser honesto e responsável, de se reinventar para a nova era. A Rússia estava a braços com dificuldades económicas, mas a diminuída herdeira da União Soviética podia agora estabelecer um governo democrático, dar por terminado o seu isolamento dos tempos da Guerra Fria, e abrir-se à Europa e ao resto do mundo. Na sua primeira incursão sob as luzes da ribalta, que teria sido impensável alguns meses antes, Vladimir Putin retratou-se assumindo a imagem de um democrata convicto. Ainda assim, mesmo naquela altura, que era o dealbar da democracia na Rússia, avisou de que o imperativo do Estado forte — e da predisposição do povo para o aceitar, e mesmo o desejar — continuava a fazer parte do temperamento coletivo dos russos. «Por muito triste e mesmo terrível que isso possa soar, acredito que um recurso temporário ao totalitarismo é possível no nosso país. O perigo, porém, não deveria ser procurado nas forças da ordem, nos serviços de segurança, na polícia, ou mesmo no Exército. O perigo reside na mentalidade, na mentalidade do nosso povo, na mentalidade que nos é muito própria. Parece a todos nós — e admitirei que, por vezes, mesmo a mim — que, se impusermos a ordem com um punho de ferro, todos nós passaremos a viver melhor, mais confortavelmente, com mais segurança. Em boa verdade, esse conforto seria de pouca dura, visto que esse punho de ferro muito rapidamente iria começar a sufocar-nos.» ([10])

Sobtchak alcançou o zénite da sua popularidade e do seu poder depois do golpe. Foi o segundo político mais importante da Rússia a seguir a Ieltsine ([11]). A sua visão para a cidade era tão grandiosa quanto a sua ambição pessoal. Queria recriar a glória da capital imperial, dando nova vida às obras-primas arquitetónicas da cidade, aos seus monumentos e aos seus elegantes canais. Tendo já proposto uma zona económica livre para atrair investimentos estrangeiros, imaginava a velha Leninegrado como uma esplendorosa «nova» cidade europeia, uma capital financeira e cultural que faria sombra a Moscovo em matéria de destaque nos planos nacional e internacional. Reuniu-se com o secretário de Estado dos EUA, James A. Baker III, que desembarcou na cidade em 15 de setembro, e cinco dias mais tarde Sobtchak embarcou noutro avião para Londres, na companhia de Putin, para se encontrar com o primeiro-ministro britânico, John Major. Foi a primeira experiência de Putin no Ocidente: em outubro, Sobtchak viajou à Alemanha Ocidental para uma reunião com o chanceler Helmut Kohl, com Putin a fazer um brilharete como seu intérprete. Sobtchak não tardou a juntar-se a um dos guerreiros da Guerra Fria mais destacados, Henry Kissinger, enquanto copresidente de uma comissão internacional de peritos e homens de negócios dedicados a encontrar investidores que iriam converter as moribundas fábricas de material de guerra e outras manufaturas em empresas comerciais. Quando Kissinger foi a Sampetersburgo em visita, foi Vladimir Putin quem o recebeu no aeroporto e o levou à residência do presidente da câmara, conversando animadamente sobre o seu passado no KGB. «Todas as pessoas decentes começaram nos serviços de informações», disse-lhe Kissinger, para seu deleite. «Eu também o fiz.» [12]

No fim de pouco tempo, Sobtchak passava tanto tempo no estrangeiro como em Sampetersburgo, uma celebridade internacional, cujo perfil foi apresentado pela *Time* como o de uma estrela política em ascensão que iria transformar a Rússia numa democracia moderna e próspera e num mercado livre [13]. O que aconteceu em vez disso desiludiu e desconcertou aqueles que tinham investido tanta esperança no futuro democrático da Rússia. Quase imediatamente, Sobtchak dilapidou o seu enorme capital político com atos de arrogância e de uma loucura audaciosa. Para desgosto dos liberais e da *intelligentsia* da cidade, encheu as suas fileiras com *apparatchiks* da nomenclatura comunista supostamente deposta [14]. O KGB, agora desacreditado, também ele, não só forneceu Putin como ia enviando um manancial contínuo de veteranos para preencher as fileiras em expansão dos colaboradores de Sobtchak. Apesar de ter a boca cheia de democracia, Sobtchak cortejava os oficiais superiores de segurança que permaneciam nas suas funções. Victor Cherkesov, um amigo próximo de Putin que era conhecido por perseguir dissidentes por crimes antissoviéticos, tomou conta da delegação de Sampetersburgo de uma das agências de segurança que emergiram do desmantelamento do KGB, o Ministério da Segurança.

Os motivos para Sobtchak recrutar os veteranos da segurança intrigaram e alarmaram os reformadores da cidade, mas ele dizia que a cidade precisava de profissionais experientes para governar, mesmo que isso significasse cooptar a burocracia política e securitária que em tempos jurara desmantelar. Para se agarrar ao seu poder, precisava dos *apparatchiks*, não dos democratas. Esse seria um dilema central na Rússia durante muitos anos. Jovens reformadores como o economista Anatoli Tchubais, que tinha redigido as primeiras propostas para estabelecer as zonas de empreendimento livre de Sampetersburgo, cedo se viram sem posto ou marginalizados. Em vez de ficar à espera, Tchubais partiu para Moscovo no outono e juntou-se ao programa de privatizações de

OS ESPIÕES REGRESSAM DO FRIO

Ieltsine, o que acabou por o tornar numa das figuras mais execradas da nova Rússia ([15]).

À medida que foi consolidando a sua autoridade executiva, as relações de Sobtchak com o conselho municipal azedaram ainda mais do que no caso das lutas intestinas que precederam o desmoronamento da União Soviética. Muitos dos seus membros, especialmente os democratas mais ardentes, estavam consternados com as suas tendências autoritárias. No início de 1992, o conselho já estava a tentar destituí-lo, e as ações do seu assessor, Vladimir Putin, a tal não eram alheias.

A cidade enfrentava uma profusão de desafios no inverno de 1991. Nada funcionava, a cidade estava na falência. As indústrias fortemente militarizadas da cidade, já em dificuldades, estavam a atrofiar com a diminuição dos contratos de armamento. A dissolução da União Soviética tinha cortado as ligações económicas com repúblicas vizinhas, e agora independentes, que em tempos tinham fornecido Leninegrado com alimentos e gasolina. Quando o inverno chegou, a cidade teve de recorrer a uma reserva de bens enlatados até que quatro mil toneladas de carne fresca chegassem em janeiro. Moscovo, sendo a capital, tinha melhores cadeias de fornecimento e recursos do que Sampetersburgo, e como resultado as lojas desta última apenas ficariam com recursos irrisórios por muitos dos anos vindouros. Sobtchak avisou em novembro de que a escassez de alimentos se tinha tornado crítica ([16]).

No entanto, de forma inexplicável, um dos seus primeiros decretos destinados a dar a volta à fortuna da cidade foi torná-la numa nova Las Vegas, e foi Putin quem ele pôs à frente do projeto. O resultado foi uma proliferação de casinos e covis de jogo espalhados por uma cidade desbotada, mas bela, que tinha necessidades mais prementes do que máquinas de jogos. O crescimento súbito dos casinos em Sampetersburgo não foi apenas ideia de Sobtchak, mas a transição democrática da Rússia cedo ficou com a sua metáfora duradoura, a manifestação mais visível do novo capitalismo que tinha sido negada aos russos ao longo de décadas. Pretensamente, o decreto de Sobtchak visava pôr ordem nessa indústria emergente — com os «impostos recolhidos a ser utilizados para financiar programas sociais de máxima prioridade» ([17]) —, mas também autorizou que o município fornecesse «as instalações necessárias para o estabelecimento de casinos», uma prerrogativa de que usou e abusou também no caso de outras indústrias. Sobtchak distribuiu direitos de propriedade como um imperador a conceder cartas de doação de terras. Pelas próximas duas décadas, a paisagem urbana de Sampetersburgo, tal como a de Moscovo, estaria pejada de uma trama de mau gosto de letreiros de néon e de painéis publicitários a prometer mundos e fundos, e as autoridades estariam a braços com o crime organizado.

Putin fez os seus trabalhos de casa; estudou a forma como o Ocidente regulava a sua indústria de jogo. Como agora tinha liberdade para viajar além das fronteiras do bloco soviético, podia tomar o gosto da vida em lugares que só conhecia de relatórios dos serviços de informações. Como parte do seu esforço para se inteirar dos factos, nesse outono, ele e Ludmila viajaram de avião até Hamburgo, onde, com amigos, visitaram o Reeperbahn, o famoso bairro de prostituição da cidade e sede de um dos casinos da mesma. Insistiu em dizer que foram os amigos quem os convenceu a assistir a uma representação erótica enquanto lá estiveram, e esta introdução aos extremos da liberdade pessoal — de se dar a vícios sem a censura moral da ideologia do Estado e o escrutínio do KGB — deixou uma impressão tão duradoura, que uma década mais tarde ainda foi capaz de descrever os artistas até ao mais ínfimo pormenor, da sua altura à cor da pele desnuda ([18]).

A sua conclusão foi que os proveitos do pecado deveriam pertencer ao Estado. Inicialmente, esteve a favor da criação de um monopólio do Estado para controlar a indústria de jogo, embora as novas leis russas contra os monopólios o proibissem, esperando quebrar o poder do Estado sobre a economia. Em vez disso, o comité de Putin criou uma empresa municipal que compraria cinquenta e um por cento das participações em cada um dos novos casinos a que a cidade atribuía uma licença, e os dividendos iriam encher os cofres da cidade. A cidade não tinha o dinheiro, de forma que adquiriu as participações por conta das rendas dos edifícios pertencentes ao município que se tornaram casinos. Os juristas que aconselharam o comité de Putin foram o seu conselheiro universitário, Valeri Musin, e Dmitri Medvedev, um jovem jurista que fizera campanha para Sobtchak quando este era candidato ao Congresso dos Deputados do Povo. O empreendimento acabou por ser um desastre, um esquema gigante que firmou uma aliança entre o município e figuras obscuras, entre as quais se dizia incluírem-se antigos oficiais do KGB e mafiosos ([19]). A nova empresa municipal chamou-se Neva Oportunidade e fundou duas dúzias de casinos, a maior parte dos quais nunca recebeu licenças do novo governo federal que estava a ser estabelecido em Moscovo. E os lucros por que o município ansiava nunca apareceram. Os gerentes simplesmente lavavam os proventos de um negócio a dinheiro e declaravam perdas às autoridades. Os proprietários adquiriam propriedades e faziam milhões, e o município recebia pouco mais do que nada em troca. «Eles riam-se nas nossas caras», como mais tarde diria Putin, para defender o papel por ele desempenhado.

A criação de uma economia de mercado regulada revelou ser um exercício muito mais difícil do que Putin, à semelhança de muitos funcionários e representantes russos, antecipara. As bases jurídicas para o capitalismo ainda não estavam lançadas e, tal como a maior parte dos funcionários públicos, ele não tinha nenhuma experiência a gerir assuntos económicos após décadas de planos quinquenais e controlo estatal. «Este foi um erro típico cometido por gente que se vê confrontada com o mercado pela primeira vez», reconheceu. As pessoas que sofreram com esse erro foram «reformados, professores e médicos» ([20]), mas ele nada fez para remediar as escandalosas perdas para os cofres do Estado, nem então, nem posteriormente. Entretanto, outros enriqueciam num ápice, tirando proveito do sistema jurídico e económico imaturo, como alguns suspeitaram, com a cumplicidade de funcionários como Putin.

As suspeitas em torno de outro dos «erros» de Putin teriam consequências mais duradouras, criando uma aura de impunidade em redor da governação da cidade e alimentando a sua própria desconfiança de pedidos públicos de prestação de contas e responsabilização dos culpados. No dia 4 de dezembro de 1991, Putin escreveu uma carta ao Ministério federal da Economia em Moscovo pedindo autorização para trocar no estrangeiro produtos no valor de mais de cento e vinte milhões de dólares daquilo que ainda eram empresas estatais — entre os quais figuravam setecentos e cinquenta mil metros cúbicos de madeira, cento e cinquenta mil toneladas de óleo, trinta mil toneladas de sucatas de metais, assim como quantidades menores de metais extraídos de terras raras, como

O NOVO CZAR

cobre, alumínio, cimento e amoníaco — pelo valor equivalente em carne, manteiga, açúcar, alho e fruta ([21]).

Por um segundo inverno, a cidade estava a braços com severas carências de vários géneros alimentícios e voltou a impor o racionamento. A crise piorou no momento em que o governo russo autorizou que os preços fossem aumentados de acordo com as forças do mercado, no início de 1992. Mesmo onde havia alimentos disponíveis, não estavam ao alcance dos russos pobres, que naquela altura eram quase todos exceto os mais privilegiados. No documentário televisivo, Chadkhan mostrou Putin a falar ao telefone com Sobtchak sobre os preparativos de uma reunião com Ieltsine. Quando pousou o auscultador no descanso, ansioso por demonstrar que a câmara municipal estava a resolver a crise alimentar, disse a Chadkhan que duas toneladas e meia de açúcar iriam brevemente ser enviadas da Ucrânia. No entanto, já soava cínico ao falar do desperdício e da corrupção. «Do prato à boca se perde a sopa», disse ([22]).

Enquanto a câmara municipal negociava os acordos de troca, Putin e um vice-presidente da câmara, Aleksandr Anikin, assinavam dúzias de contratos. Muitos foram firmados com empresas cujos proprietários, de acordo com o que alguns críticos diriam posteriormente, tinham ligações à câmara municipal e ao próprio Putin. Os contratos eram redigidos de uma forma negligente, e todo o empreendimento foi juridicamente dúbio, uma vez que alguns dos acordos foram negociados antes que Putin tivesse recebido a devida autorização do ministro federal em Moscovo que tinha competência na matéria. Os contratos tinham comissões inabitualmente elevadas que iam de vinte e cinco a cinquenta por cento; supostamente, estes lucros chorudos eram encaminhados para os cofres da cidade para o que devia ser um projeto alimentado com dinheiro vivo destinado a evitar a fome, mas a maior parte parece ter desaparecido misteriosamente. Para mais, os contratos eram calculados às taxas de câmbio oficiais, que era como dizer que subavaliavam os bens que estavam a ser exportados. Pior do que tudo, quase nada foi importado em troca. O único contrato que alegadamente foi cumprido foi o que trouxe dois navios-tanques cheios de óleo para cozinhar, o que Putin declarou devidamente a Moscovo. No melhor dos casos, o negócio foi um fracasso catastrófico. No pior, foi um cambalacho.

O conselho municipal, envolvido numa guerra sem tréguas com Sobtchak, lançou uma investigação liderada por Marina Salie, uma geóloga de cabelo grisalho que era uma das democratas mais aguerridas do conselho. Ela e um colega, Iuri Gladkov, centraram a sua atenção em doze contratos que puderam estabelecer de forma inequívoca que tinham sido assinados por Putin ou por Anikin, embora desconfiassem de que ainda haveria outros por encontrar. Estes contratos não foram objeto de nenhum concurso público, sendo o seu valor total de noventa e dois milhões de dólares, embora importasse referir que também ainda não existiam leis que exigissem claramente a realização de um concurso público. De janeiro até maio, Salie e Gladkov reuniram provas, recolheram testemunhos e elaboraram um extenso relatório que apresentaram ao conselho em sessão plenária. Putin cooperou com a investigação, mas apenas a contragosto; inicialmente, recusou disponibilizar determinadas licenças e contratos, alegando que tinha obrigação de salvaguardar segredos das trocas comerciais. Salie e Gladkov desconfiavam de que era mais provável que os documentos mostrassem quem já estava a ganhar dinheiro à custa do sofrimento da cidade.

Putin nunca explicou como os contraentes foram escolhidos ou quem eram, mas defendeu-se agressivamente, apresentando-se diante do conselho quando a tal era intimado e dando conferências de imprensa para refutar as acusações ([23]). Eriçava-se ante a mera ideia de supervisão legislativa, considerando a investigação nada mais do que um assalto politicamente motivado à autoridade do presidente da câmara. Em 30 de março, escassos seis meses após o fracasso do golpe de agosto, o conselho votou pela expulsão de Sobtchak com base no argumento de que a sua administração estava minada pela corrupção; entre as provas figurava o escândalo dos alimentos. O conselho também tinha compilado uma lista de cem propriedades que Sobtchak já tinha transferido para empresas estrangeiras e locais. A sua iniciativa fracassou porque o conselho não tinha claros poderes legais para o depor, e Sobtchak limitou-se a ignorar a sua votação ([24]).

Putin saiu repetidamente em defesa do seu mentor — e em sua própria defesa. Desvalorizou críticas como «essa gente inocente que acaba de chegar» e afirmou que os colaboradores de Sobtchak eram aquelas pessoas «que sabiam em que botões têm de carregar para fazer as coisas avançar» ([25]). Ainda assim, viu-se obrigado a reconhecer que quase todos os parceiros não tinham fornecido os géneros alimentícios. Lamentou tratar-se de empresas de fachada e esquemas piramidais que se encontravam fora do alcance dos tribunais, embora a negociação dos contratos tivesse em primeira linha sido da responsabilidade do seu comité. Algumas das empresas tinham simplesmente exportado os materiais para em seguida abrirem falência tão misteriosamente como tinham surgido, provavelmente arrecadando milhões de dólares em bancos estrangeiros. Apesar disso, pelo menos alguns dos homens de negócios a que tinham sido adjudicados contratos foram-se tornando aliados próximos de Putin, incluindo Iuri Kovaltchuk e Vladimir Iakunin, que exploraram uma nova empresa que recebeu uma licença para exportar alumínio e metais não ferrosos ([26]). Outros foram adjudicados a uma empresa chamada Névski Dom, controlada por Vladimir Smirnov, assim como ao ramo dedicado às exportações de uma refinaria com o nome complicado de Kirichinefteorgsintez, da qual um dos proprietários fundadores foi Guenadi Timchenko. Nenhum desses homens foi alguma vez acusado. Embora fossem pouco conhecidos à época, tornar-se-iam próximos do jovem funcionário da câmara municipal e, por fim, anos mais tarde, viriam a ser titãs dos negócios na nova Rússia. Nunca foi provado que o próprio Putin tivesse lucrado com o negócio, embora alguns, como Marina Salie, dissessem que suspeitavam de que sim, mas era óbvio que as pessoas em seu torno tinham forrado os bolsos, um padrão que se repetiria ao longo dos anos. As explicações de Putin soavam a falso. Em vez de exigir uma investigação, na maior parte dos casos fugia às perguntas. Até chegou a sugerir, com ar críptico, que membros do próprio conselho quiseram os contratos para si próprios e não queriam que fosse um «metediço homem do KGB» a atribuí-los ([27]).

O relatório da comissão de inquérito não chegou a acusar Putin e Anikin explicitamente de corrupção, mas acusou-os de «total incompetência rasando a má-fé». A comissão remeteu o caso para a procuradoria e apelou ao presidente da câmara que despedisse os dois ([28]). Uma equipa de investigadores da câmara federal de contas viajou até Sampetersburgo para fazer um inquérito, mas não intentou nenhuma ação judicial ([29]). O caso deixou o nome de Putin manchado de escândalo por algum tempo, mas em seguida cairia, em grande medida, no esquecimento ao longo de quase uma década. Anikin acabou por se demitir, mas foi substituído por Alexei Miller, um jovem economista que se tornaria num dos assessores mais próximos de Putin. Sobtchak não castigou Putin. Em vez disso, promoveu-o a vice-presidente da câmara e deixou-o ocupar-se do seu objetivo supremo: atrair investidores estrangeiros à cidade.

Putin foi mais bem-sucedido neste empreendimento, parcialmente devido à sua carreira no KGB. Os seus contactos e a sua fluência em alemão abriram as portas a investidores oriundos da Alemanha recém--reunificada. Mesmo numa altura em que os contratos dos casinos e dos alimentos estavam rodeados de controvérsia, Putin voltou a viajar à Alemanha — desta feita a Francoforte — para anunciar uma conferência internacional da banca em Sampetersburgo. Foi ali que negociou a abertura do primeiro banco estrangeiro na cidade, uma dependência do Dresdner Bank. O homem que foi enviado para a dirigir era Matthias Warnig, um antigo oficial da Stasi que tinha sido designado para trabalhar com o KGB em Dresden em outubro de 1989, no preciso momento em que a Alemanha de Leste estava a desmoronar-se sob os protestos ([30]). Ambos afirmaram terem-se encontrado pela primeira vez em Sampetersburgo, embora em pelo menos uma ocasião, em janeiro de 1989, tivessem aparecido juntos numa fotografia de oficiais soviéticos e da Stasi, juntamente com outro amigo de Putin envolvido na espionagem de alta tecnologia em Dresden, Serguei Chemezov ([31]). As suas vidas não tardariam a entrelaçar-se tanto no plano profissional como no pessoal. Eram oficiais dos serviços de espionagem unidos por convicções comuns a navegar a tumultuosa transição para um novo modelo económico, modelo esse contra o qual tinham obrado ao longo de todas as suas vidas.

A dependência do Dresdner Bank abriu em janeiro de 1992, com o objetivo de criar a infraestrutura financeira necessária à integração da economia russa no mercado alemão e ajudar a privatizar ou reestruturar as vastas empresas estatais soviéticas, verdadeiros colossos que era improvável adaptarem-se rapidamente às forças de mercado. O seu primeiro projeto foi assistir a fábrica Kirov, que agora estava ameaçada pela falência, o que iria custar os postos de trabalho de milhares de operários que tinham apoiado Sobtchak durante o golpe de Estado de 1991. Para o Dresdner Bank foi uma aposta arriscada no futuro da Rússia.

Não só as finanças de Sampetersburgo estavam um caos, como também era esse o caso das suas leis, regulamentos e supervisão. Toda a economia, todo o país, estava uma balbúrdia, e tudo estava a piorar. «Temos realmente de começar por Adão e Eva», disse o economista-chefe do banco, Ernst-Moritz Lipp, alguns meses mais tarde, explicando a escassez de experiência na banca e na finança. «Em Sampetersburgo, talvez existam dez pessoas que possam fazer uma real diferença.» [32]

Putin fez por ser um deles, e o investimento antecipado do Dresdner Bank recompensaria o banco e o próprio Warnig de forma espetacular. Ao Dresdner Bank seguiram-se o Deutsche Bank, o Banque Nationale de Paris e o Crédit Lyonnaise. O fabricante de doces espanhol Chupa Chups começou a fabricar chupa-chupas em Sampetersburgo em 1991. O fabricante de elevadores Otis abriu uma dependência, antecipando a renovação dos edifícios desatualizados da cidade. A Procter & Gamble, que no ano anterior tinha convidado Sobtchak para visitar a sua central estado-unidense, abriu um escritório na cidade quase imediatamente após o golpe de Estado. Sobtchak desfrutava do papel enquanto pai da cidade, ao passo que Putin se mantinha nos bastidores, negociando os acordos com estrangeiros e ocupando-se dos pormenores. «Vladimir Putin foi a pessoa que esteve lá para concretizar aquilo que Sobtchak queria», disse Kaj Hober, um jurista sueco que na altura privou com ele. Hober passou semanas a negociar a venda de um dos símbolos da cidade, o Grand Hotel Europe — uma venda precipitada por uma fatura de imposto onerosa que, na opinião de muitos, servia o propósito de abrir o caminho a mais um proprietário favorecido. Hober descreveu-o como um negociador obstinado que não «cedia muitos milímetros» nas suas conversações. «Certamente, nessa época particular, parecia estar a fazer aquilo que era suposto — isto é, representar os interesses de Sampetersburgo.» [33]

A política macroeconómica — o debate em torno da «terapia de choque» destinada a revitalizar a economia da Rússia — era o terreno de Boris Ieltsine e dos seus ministros em Moscovo, mas Sobtchak quis transformar a cidade numa das mais amigas dos investidores estrangeiros de todo o país. O comité de Putin supervisionou a fase final da instalação de um cabo de fibra ótica até à Dinamarca, um projeto iniciado nos tempos soviéticos, dotando a cidade das primeiras ligações telefónicas internacionais modernas. Mais tarde, o comité abriria zonas industriais para fábricas estrangeiras, tais como a Heineken, a Pepsi, a Coca-Cola, a Ford e a Wrigley. Com a ajuda de Putin, Sobtchak tinha reaberto a «janela para o Ocidente» como Pedro, *o Grande*, tinha idealizado a sua capital. O presidente da câmara viajava regularmente para o estrangeiro, frequentemente duas vezes por mês ou mais, consagrando tanta atenção à sua reputação internacional como ao seu posto. Também continuou a aconselhar Ieltsine em Moscovo, dedicando horas de tempo e capital político a ajudar a redigir a nova Constituição da Rússia, que entrou em vigor em 1993.

Sobtchak deixou a administração quotidiana da cidade aos seus vice--presidentes da câmara, incluindo Putin, que, após a sua breve aparição sob as luzes da ribalta na televisão, tendia a operar sem alarde ou escrutínio público. Evitava o circuito das receções e a vida social diplomática. Ludmila queixava-se de que ele trabalhava até tarde, voltando para casa a altas horas da noite, enquanto ela ficava em casa dos pais dele com as crianças. Raramente tinha tempo para amigos como Rolduguin. Quando se viam apesar de tudo, Rolduguin encontrava-o esgotado e preocupado com os assuntos da cidade ([34]). Ainda assim, interessava--se e sentia-se desafiado pelo seu novo trabalho — a sua «vida civil», como o qualificou. Antes, enquanto oficial de um serviço de informações, tinha recolhido informações para as transmitir a superiores que tomavam decisões políticas. Agora, era ele quem tomava decisões ([35]). Putin desenvolveu uma reputação de competência, eficácia e uma lealdade absoluta e implacável a Sobtchak. Enquanto outros que trabalharam para Sobtchak não tardaram a ir-se embora, muitas vezes no meio de polémica, ele manteve-se firme ao seu lado, com a sua influência e autoridade a crescer, ao passo que a administração da cidade estava a ser bombardeada por todos os lados com acusações de corrupção. No trabalho, Putin tinha um ar distante, até majestático, ostentando raramente emoções ou simpatia — em contraste com os tempestuosos debates políticos a decorrer no país. «Podia ser severo e exigente, mas nunca levantava a voz», recordou a sua secretária, Marina Entaltseva. «Se ele atribuía uma tarefa, não queria saber como era executada, quem se ocupava dela ou quais eram os problemas enfrentados pelos executantes. Simplesmente tinha de ser executada, e pronto.» ([36]) Quando, certo dia, Entaltseva lhe deu a notícia de que o novo cão pastor caucasiano da família tinha morrido atropelado por um carro, ficou impressionada com a ausência de qualquer tipo de reação.

Ele mostrou-se igualmente enigmático nas suas interações com os investidores e políticos que enxameavam no Smolni, em busca de negócios e, tudo menos raramente, de ajuda quando os mesmos davam para o torto no caos sem lei da transição da Rússia para o capitalismo. Putin era o homem para abrir um caminho através da burocracia e das leis opacas. «Embora fosse o funcionário principal a lidar com os problemas com que os investidores estrangeiros se defrontavam, os investidores nunca tiveram a impressão de o conhecer ou de que os ouvia de uma forma compreensiva», escreveu Arthur George, um advogado estado-unidense que trabalhou de perto com ele naquela altura. «Putin escolhia as suas batalhas com precaução e evitava a controvérsia. Nunca se comprometia. Era difícil decifrar o que realmente pensava.» ([37])

Putin tornou-se num vigarista que intermediava investimentos e conciliava disputas comerciais por meio das suas conexões, contactos e ameaças pessoais. Continuou a viajar, com Sobtchak ou sem ele, para aliciar empresas a lançarem-se no obscuro mundo do capitalismo pós-comunista. Tornou-se no «principal viabilizador» da economia da cidade, aprovando centenas de licenças e assegurando que o Estado tivesse um quinhão da bonança. Tornou-se no árbitro das disputas comerciais na cidade, trabalhando nos bastidores para resolver conflitos que frequentemente se tornavam violentos. Ainda assim, apesar dos esforços de Putin e dos sonhos de Sobtchak, Sampetersburgo começou a ficar atrás de Moscovo na maior parte dos indicadores económicos, incluindo na produção, no investimento estrangeiro e no desemprego ([38]). A cidade tornou-se notória pelo seu nível de criminalidade — pelos assassínios por encomenda levados a cabo por quadrilhas e interesses comerciais concorrentes, frequentemente com motivos políticos, e por pequenos furtos a estrangeiros que se tornaram tão endémicos, que o turismo minguou após a afluência inicial inspirada pela desintegração da União Soviética.

A promiscuidade entre o mundo dos negócios e o crime organizado em Sampetersburgo, tal como noutros lados na Rússia, levou Putin para a proximidade de alguns dos bandidos mais notórios da cidade. A Golden Gates, uma empresa que registara em 1992 para Guenadi Timchenko, para construir um terminal petroleiro, ficou envolvida num confronto perigoso com uma quadrilha, a ponto de Putin enviar as suas filhas, Macha e Kátia, para a Alemanha a fim de ficarem em segurança até que as coisas se acalmassem ([39]). As ligações de Putin, por meio do comité de assuntos económicos estrangeiros e, segundo alguns diziam, a título pessoal, também o envolveram em acusações de criminalidade. Uma empresa que ele registou com Vladimir Smirnov em 1992, a Empresa de Propriedades Imobiliárias e Participações de Sampetersburgo, seria investigada por lavagem de dinheiro; um dos membros do seu conselho de administração, Mikhaíl Manevitch, seria mais tarde assassinado por um atirador furtivo, durante o dia, na Avenida Névski. A empresa, conhecida pelo seu acrónimo alemão como SPAG, atraiu mais tarde a atenção de investigadores na Alemanha e no Listenstaina que desconfiavam de que a empresa estava envolvida em operações de lavagem de dinheiro, incluindo lucros ligados ao cartel de estupefacientes de Cali, na Colômbia. Putin foi membro do conselho de administração da empresa ao longo de anos ([40]). Licenciou ainda outra empresa, a Empresa de Combustíveis de Sampetersburgo, que também envolvia Smirnov e o alegado chefe da família do crime Tambov, Vladimir Kumarin, cujas atividades foram tão notórias nos anos noventa, que lhe deram a alcunha de «governador da noite». Esta empresa receberia a licença exclusiva de fornecimento de gasolina à cidade ([41]).

Apesar da sua proximidade ao poder e do controlo que exercia sobre transações do governo no valor de milhões de dólares — montantes inimagináveis para um modesto antigo oficial dos serviços de informações —, Putin continuava a viver de forma modesta, ou no mínimo não tão ostentosa como Sobtchak e a geração de «novos» homens de negócios da Rússia, que estavam a acumular rapidamente fortunas e a vestir-se a condizer. Como vice-presidente da câmara, recebeu uma casa de férias do Estado em Zelenogorsk — antes tinha pertencido ao consulado da Alemanha de Leste — e, embora ficasse a mais de cinquenta quilómetros do centro da cidade, transferiu a sua família para lá em vez de continuar a viver perto do Smolni com os seus pais. Mais tarde, Putin adquiriu um apartamento na cidade, na ilha Vassílievski — alegadamente de Sobtchak, que foi acusado de passar centenas de propriedades para mãos privadas —, e pouco a pouco começou a renová-lo. Ludmila trabalhava na universidade, ensinando Alemão (embora o seu estivesse longe de ser perfeito) e levando as filhas à escola, à piscina, às lições de violino, que tinham começado a frequentar por insistência de Rolduguin. Era uma vida agitada, mas tão protegida quanto podia ser a vida de qualquer pessoa na Rússia dos turbulentos anos noventa, quando tudo parecia estar preso por um fio, mesmo para os Putins.

A euforia política que se seguiu ao desmoronamento da União Soviética nem um ano levou a desvanecer-se. A «terapia de choque» que o governo de Boris Ieltsine impôs para introduzir o capitalismo não deteve a implosão da economia; o produto interno bruto foi caindo na ordem dos dois dígitos em cada um dos primeiros anos da nova década. Ieltsine tentou arrancar o controlo político ao Congresso dos Deputados do Povo e ao Soviete Supremo, nessa altura alojados num edifício situado na margem do rio Moskva conhecido como a Casa Branca. Em março de 1993, Ieltsine impôs o governo presidencial e anunciou que iria dissolver o Congresso até que um referendo constitucional pudesse ser realizado em abril e um novo parlamento eleito. Os deputados responderam votando pela sua destituição. Ieltsine sobreviveu ao escrutínio, mas teve de se retirar. Ganhou por uma estreita margem um referendo nacional sobre a sua liderança, mas a votação nada fez para resolver as lutas de poder políticas e legais subjacentes. Em setembro, Ieltsine despediu o seu vice-presidente, Aleksandr Rutskói, que passara a encarar como um rival, mas os deputados recusaram aceitar a sua decisão. Depois, voltou a nomear Iegor Gaidar, o pai reformista das políticas económicas que tinham enfurecido e empobrecido tantos russos, com o único efeito de aquela nomeação ser igualmente ignorada. O insustentável equilíbrio de forças entre os ramos executivo e legislativo na nova Rússia — entre um sistema presidencialista e um sistema parlamentarista — tinha alcançado um momento de crise, e no dia 21 de setembro Ieltsine agiu finalmente, de forma decisiva, violenta e ilegal.

Aboliu o Soviete Supremo e o Congresso dos Deputados do Povo, do qual em tempos fora membro, e marcou um referendo sobre uma nova Constituição que iria criar um novo parlamento, a Duma Estatal, e uma nova câmara alta, o Conselho da Federação, representando as oitenta e nove províncias e repúblicas que a Rússia tinha naquela altura. As eleições seriam em dezembro. Mesmo Ieltsine lamentava que a sua presidência — ele foi o primeiro líder democraticamente eleito na história da Rússia — tivesse recorrido ao facto consumado ([42]). Uma maioria dos deputados atuais reuniu-se desafiando o decreto, proclamou Rutskói presidente e demitiu os ministros da Defesa, da Segurança e do Interior. Quando votaram a organização simultânea de eleições para a presidência e para o parlamento em março de 1994, Ieltsine mandou cortar a eletricidade, os telefones e a água quente à Casa Branca, enquanto os protestos públicos subiam de tom e os legisladores se preparavam para um cerco. Quatro dias mais tarde, fechou o edifício e mandou tropa do Ministério do Interior cercá-lo.

Em Sampetersburgo, Sobtchak apoiou Ieltsine com determinação, aparecendo na televisão para apelar aos residentes da cidade que se abstivessem de manifestações ou greves, mas o seu vice-presidente da câmara Viatcheslav Tcherbakov, apoiou os parlamentares sublevados, aparecendo na televisão a denunciar os decretos de Ieltsine como «antirrussos e inconstitucionais». Sobtchak demitiu-o imediatamente e mandou fechar o seu escritório no Smolni à chave. Alguns poucos manifestantes compareceram no exterior do Palácio Mariinski, mas não na quantidade nem com a raiva das multidões que se reuniam em torno da Casa Branca em Moscovo. O conselho municipal estava mergulhado no caos. O seu presidente, Aleksandr Beliáiev, apareceu ao lado de Sobtchak para pedir calma, mas os membros do conselho aprovaram dezasseis resoluções ou declarações que, com poucos efeitos, criticaram os decretos de Ieltsine. Um jornalista escarneceu do conselho devido ao seu «ímpeto para o *brainstorming*» numa altura de crise política profunda ([43]).

Os protestos em Moscovo tornaram-se violentos. Em 2 de outubro, apoiantes do parlamento romperam o cordão policial em torno da Casa Branca, e desta vez estavam armados. De uma varanda, Rutskói clamou por uma insurreição. Ieltsine declarou o estado de emergência. Na noite seguinte, grupos armados de espingardas, granadas e *cocktails molotov* apoderaram-se da câmara municipal e tomaram de assalto a torre de televisão de Ostankino, tirando a televisão estatal do ar por várias horas. Tiveram de se avir com batalhões de agentes da polícia do Ministério do Interior que os repeliram, embora com o custo de muitas vidas. A violência naquele lugar matou dezenas, muito mais do que o número daqueles que morreram durante o golpe de agosto de 1991. Não houvera

O NOVO CZAR

tanto sangue nas ruas de Moscovo desde a revolução de 1917. O exército russo passou algum tempo a tergiversar — com os seus comandantes a queixar-se, a certo ponto, de que os seus soldados estavam demasiado ocupados com a apanha da batata de outono para aparecerem em massa —, mas acabou por obedecer às ordens de Ieltsine depois de o ministro da Defesa, Pavel Gratchov, insistir em que Ieltsine as pusesse por escrito ([44]). Por altura do nascer do Sol, tanques russos tinham cercado a Casa Branca, esmagando as barricadas improvisadas. Às dez da manhã, diante das câmaras de televisão, quatro tanques estacionados na ponte Novoarbatski começaram a disparar obuses para os andares superiores do edifício, onde Ieltsine chefiara a resistência ao golpe escassos dois anos antes. Soldados ocuparam o edifício, andar após andar, prendendo Rutskói e Ruslan Khasbulatov, o presidente do Soviete Supremo, ambos antigos aliados de Ieltsine, juntamente com dúzias de outros. Pelo menos cem pessoas morreram na Casa Branca.

As lealdades de Putin nunca estiveram em causa ao longo da crise: seguiu Sobtchak. Na noite de 3 de outubro, foi receber o presidente da câmara no aeroporto acompanhado de um destacamento de guarda-costas, que se revelou desnecessário ([45]). No dia seguinte, enquanto os combates estavam no seu auge em Moscovo, poucas centenas de manifestantes chegaram ao centro televisivo de Sampetersburgo, mas não desafiaram o cordão de unidades especiais da polícia que rodeava o edifício. Setenta e dois membros do conselho municipal adotaram uma declaração que condenava aqueles que instigavam a violência em Moscovo, sem referirem explicitamente quem recriminavam mais pela mesma. Sobtchak conseguiu evitar a violência na cidade sem recurso a uma intervenção militar, em parte porque a rebelião estava circunscrita à capital, mas também porque o seu gabinete deixou pouco ao acaso no que tocava aos opositores de Ieltsine em Sampetersburgo. O Ministério da Segurança da cidade — o descendente do KGB que acabaria por se tornar no Serviço Federal de Segurança, ou FSB — «adotou uma série de medidas que preconizavam a detenção de extremistas que conspiravam para levar a cabo provocações, planeavam cometer atentados com explosivos ou tentavam desestabilizar a situação».

Foi assim que Putin descreveria posteriormente os acontecimentos de outubro de 1993. Talvez tivesse havido provocadores preparados para

OS ESPIÕES REGRESSAM DO FRIO

agir em Sampetersburgo, talvez não. O que importou a Putin foi que «não se verificou a mesma divisão entre as agências de segurança como aquela que existiu em 1991» [46]. O chefe do serviço de segurança em Sampetersburgo era Victor Cherkesov, o velho amigo de Putin que se declarou leal a Sobtchak logo no início da crise e que assegurou que, pelo menos na cidade deles, a autoridade presidencial continuasse incontestada. Sobtchak reconheceu mais tarde que tinha enviado «um esquadrão de forças especiais» para Moscovo para ajudar Ieltsine a esmagar a rebelião, quando a lealdade do Exército parecia duvidosa [47]. A tropa chegou no final de setembro e, embora não tivesse participado nos combates na Casa Branca, participou no esforço de desalojar os rebeldes da Câmara Municipal de Moscovo e do Hotel Mir [48]. Os acontecimentos confirmaram as decisões iniciais de Sobtchak de cultivar ligações com os serviços de segurança; e reforçaram a convicção de Putin de que, mesmo numa democracia, a lei e a ordem dependiam do trabalho silencioso e eficaz dos serviços secretos.

Capítulo 6

A democracia mal gerida

As turbulências de 1993 aprofundaram a dependência de Sobtchak relativamente a Putin, assim como a sua confiança nele. O jornal *Kommersant* decreveu Putin como «um homem que é tão próximo de Sobtchak como o príncipe Menchikov foi de Pedro, *o Grande*», referindo-se ao homem que foi o comandante e confidente do imperador no século XVIII e que acabou por ser exilado na Sibéria após a morte de Pedro ([1]). Na opinião de Sobtchak, Putin era «uma pessoa corajosa e decidida» ([2]), sem pretensões à autoridade de Sobtchak ou mesmo ao seu posto. Em resultado disso, Sobtchak aprofundou o envolvimento do seu vice-presidente na gestão da cidade, não só no âmbito do investimento estrangeiro, mas igualmente nas suas pelejas contra críticos e procuradores que lançavam inquéritos sobre as suas finanças. No outono de 1993, Sobtchak pediu a Putin que gerisse a campanha parlamentar do Escolha da Rússia, um partido criado por Iegor Gaidar, que, pela mão de Ieltsine, fora e deixara de ser primeiro-ministro várias vezes. Era uma ordem bizarra, uma vez que Sobtchak tinha criado o seu próprio bloco, o Movimento Russo para a Reforma Democrática — que obteve um falhanço estrondoso nas eleições de dezembro ao não ganhar um único assento parlamentar —, mas Putin nunca questionava ordens. Apoiava Sobtchak de forma resoluta, demonstrando a mesma lealdade para com o seu patrão que outrora tinha patenteado para com os seus superiores no KGB, mesmo que tal o tornasse cego relativamente aos seus desmandos. Putin trabalhava incansavelmente, com uma obsessão que por vezes parecia render-lhe a ele, e mesmo aos seus próximos, adversidades e tragédias.

Na manhã de 23 de outubro de 1993, Putin levou a sua filha Macha à escola de carro e depois seguiu para o Hotel Astoria, onde Sobtchak tinha uma missão especial para ele. Ludmila ficou em casa com Kátia, na altura com sete anos, que estava com uma febre ligeira. Kátia não largava a mãe dizendo que queria ir à escola mesmo assim, para ensaiar o seu papel numa peça de teatro. Ia representar Cinderela, e embora Ludmila tivesse as suas dúvidas, a rapariga insistiu ([3]). Ludmila conduzia um novo *Jiguli*, que, embora fosse um veículo modesto, era o segundo automóvel da família e um sinal de uma prosperidade crescente. Pouco antes do meio-dia, quando Ludmila se aproximava de uma ponte que atravessa o rio Neva, outro veículo desrespeitou um sinal vermelho a alta velocidade e abalroou o *Jiguli*. O impacto deixou Ludmila inconsciente; quando acordou, pensou que podia continuar a conduzir, mas chegou à conclusão de que não. Kátia, que tinha estado a dormir na parte de trás do carro, tinha alguns arranhões, mas nada de grave lhe tinha acontecido. Depois, muito tempo passou sem que nada sucedesse.

A polícia chegou e os transeuntes foram-se ajuntando, mas demorou quarenta e cinco minutos até uma ambulância aparecer. Era nesse estado de decrepitude que se encontravam os serviços fundamentais do Estado. Uma mulher, cujo nome e número de telefone Ludmila perdeu posteriormente, chamou a ambulância e marcou um número que Ludmila lhe ditou. A secretária de Putin, Marina Entaltseva, respondeu, mas não teve a certeza do que havia de fazer. O assessor de confiança de Putin, Igor Sechin, deslocou-se ao local do acidente e levou Kátia ao escritório em Smolni. Entaltseva foi à procura de Putin. Finalmente, a ambulância chegou e levou Ludmila ao Hospital 25 de Outubro, que ainda conservava esse nome em honra do primeiro dia (no calendário antigo) da revolução bolchevique. «O hospital era horrível», recordou ela posteriormente. «Estava pejado de gente moribunda. No corredor havia macas com cadáveres.» Pior ainda, os médicos que a trataram não notaram que tinha partido três vértebras da coluna e fraturado a base do crânio.

Os cirurgiões suturaram-lhe a orelha que estava rasgada e abandonaram-
-na «nua em cima da mesa de operações, em blocos operatórios gélidos,
num terrível estado de semiconsciência» ([4]).

Durante todo esse tempo, Putin estava no Astoria, reunido com
o diretor-executivo da CNN, Ted Turner, e Jane Fonda, na altura sua
mulher. Estavam em Sampetersburgo para os preparativos dos terceiros
Jogos da Boa Vontade, um evento de competição desportiva que
Turner idealizara, depois de os Jogos Olímpicos de 1980 em Moscovo
terem sido boicotados pelos EUA e outros países na sequência da invasão
soviética do Afeganistão e, em retaliação, os Jogos Olímpicos de
1984 terem sido boicotados pela União Soviética e pela maior parte dos
seus satélites. Os primeiros jogos tinham sido celebrados em Moscovo,
em 1986, e os segundos em Seattle, em 1990. Turner queria levá-los de
volta à nova Rússia em 1994, e Sobtchak estava ávido de pôr em destaque
a cidade, embora esta dificilmente pudesse dar-se ao luxo de custear os
investimentos necessários. Putin acompanhava o casal para uma série
de reuniões quando a sua secretária finalmente o encontrou no hotel.
Ele escapuliu-se de uma reunião para se deslocar ao serviço de urgências.

«Não se preocupe, ela não está em perigo», disse-lhe o cirurgião-
-chefe. «Só vamos pôr-lhe uma tala, e tudo ficará bem.»

«Tem a certeza?», perguntou.

«Absoluta», respondeu o cirurgião, e Putin voltou às suas reuniões
sem ver a sua mulher.

Entretanto, Entaltseva levou Kátia a um hospital e foi buscar Macha
à escola. Putin pediu a Entaltseva que passasse a noite com elas na
casa de campo da família. Também lhe pediu que telefonasse a Iuri
Chevchenko, um dos médicos mais conceituados da cidade que trabalhava
na Academia Médica Militar (e que mais tarde se tornaria ministro
da Saúde). Já tinha caído a noite quando finalmente apanhou Chevchenko,
e este mandou imediatamente um médico da clínica da academia.
Ludmila lembrar-se-ia de como acordou e sentiu o calor da mão dele que
segurava a sua. «Aqueceu-me, e eu soube que estava salva.» O médico
organizou a sua transferência para o hospital militar, onde a radiografia
pôs a descoberto ferimentos na coluna vertebral que requeriam uma
cirurgia de emergência. Naquela noite, entre uma reunião e a próxima,
Putin visitou-a pela primeira vez, encontrando-se com Entaltseva e as

suas filhas no parque de estacionamento. Disse-lhe que era pouco provável que chegasse a ir a casa, porque as suas conversações com Ted Turner iam prosseguir pela noite dentro. Ela levou as raparigas à casa de campo, e, como não conseguiu encontrar o interruptor do aquecimento, aconchegou as duas numa cama com alguns cobertores a mais. Acordou sobressaltada quando Putin chegou a casa às três horas da manhã. Às sete, já tinha partido de novo ([5]).

Entaltseva tinha-se tornado próxima da família, e ficou com as raparigas até que a mãe de Ludmila chegasse de Kalininegrado. Ela tinha ficado habituada ao comportamento austero e desapaixonado de Putin, à sua precisão reservada ao lidar com os assuntos da cidade e à sua reação sem qualquer mostra de emoção quando o seu cão foi morto, mas agora ele parecia abalado. «Não posso dizer que ele estivesse completamente à toa e sem saber a que se agarrar», disse ela. «Não foi esse o caso. Só senti que estava a tentar atamancar um plano na sua cabeça.» Ludmila passou um mês na Academia Médica Militar, onde acabaram por descobrir a fratura na base do seu crânio. Depois de receber alta, teve de usar um colar cervical durante meses.

A confiança de Putin repousava sobre aqueles que melhor conhecia, sendo muitos deles provenientes dos «órgãos de poder». Estes amigos tornar-se-iam conhecidos como *siloviki*, expressão derivada da palavra russa para «força», devido à sua origem nos serviços militares ou de segurança. Em momentos de crise, eram esses os homens que ele sabia que iriam servi-lo de uma forma desinteressada. Putin desconfiava de quase todos os outros. No caso dos ferimentos de Ludmila, Putin tinha confiado em Igor Sechin, depois em Chevchenko, e em seguida em Matthias Warnig. Foi o Dresdner Bank que facilitou que Ludmila recebesse, numa clínica em Bad Homburg, na Alemanha, os cuidados médicos necessários que o sistema russo de saúde, que se deteriorava de dia para dia, não podia assegurar ([6]). O facto de o próprio Putin não ter meios para custear o tratamento no estrangeiro parecia refutar as afirmações dos seus críticos de que também ele estava a enriquecer na administração de Sobtchak. Ainda assim, tinha uma ideia genuinamente russa de que o auxílio, na crise ou fora dela, vinha por intermédio de conexões, da troca de favores. Recordaria sempre atos de lealdade como o de Warnig, tal como nunca perdoaria traições.

A DEMOCRACIA MAL GERIDA

Depois de Ieltsine ter dissolvido o conselho municipal no rescaldo da crise de 1993, o poder de Sobtchak em Sampetersburgo parecia inexpugnável. Um decreto que ele redigiu — e Ieltsine assinou — operou uma deslocação dramática da autoridade do conselho rumo à câmara municipal, enquanto a cidade se preparava para ir a eleições em março de 1994. O decreto criou um novo e mais pequeno órgão legislativo; em vez de quatrocentos membros, uma nova assembleia legislativa teria apenas cinquenta. Em teoria, tratava-se de uma reestruturação democrática dos ramos do poder, mas, na realidade, Sobtchak consolidou o seu controlo sobre a quase totalidade dos assuntos da cidade. No dia 16 de março, quatro dias antes das eleições, reestruturou o governo da cidade, tornando-se no presidente do governo e eliminando comités que em tempos tinham respondido perante o vice-presidente da câmara, enquanto consolidava outros. Os presidentes dos três comités mais poderosos — os que controlavam as finanças, as relações internacionais e as operações — foram promovidos, e Putin tornou-se num dos três primeiros adjuntos do novo governo de Sobtchak, continuando incumbido dos assuntos económicos estrangeiros ([7]).

As eleições legislativas foram uma farsa. A câmara municipal de Sobtchak vertia as regras no papel sem nenhum contributo ou consentimento dos membros do conselho, que estava a ser alvo de reestruturação. Quando as mesas de voto abriram em 20 de março, uma esmagadora maioria de pessoas simplesmente não ligou ao ato eleitoral, arriscando a invalidação dos resultados, uma vez que a lei exigia uma participação mínima de vinte e cinco por cento; apenas em metade dos cinquenta distritos, a participação eleitoral chegou a cumprir os requisitos mínimos de quórum eleitoral. Vinte e cinco novos deputados tomaram assento na assembleia, mas não tinham quórum e não tinham meios para funcionar legalmente. Com efeito, Sobtchak não parecia sobressaltado com tal reviravolta. Só marcou um novo ato eleitoral para preencher os assentos vagos para outubro; até lá, ele e os seus adjuntos governariam a seu bel-prazer, sem supervisão legislativa.

Nos cinco anos volvidos desde a formação do conselho municipal, a expressão eufórica da vontade popular por meio das urnas tinha dado lugar a um sentimento de desgosto em relação ao processo democrático. Na Rússia, a democracia tinha lançado raízes em terreno infértil, e o seu

127

O NOVO CZAR

crescimento já se encontrava comprometido. Muita da responsabilidade podia ser imputada ao estado catastrófico em que se encontrava a nova economia russa, com os reveses do processo de privatizações, com os corruptos a fazer fortuna e com o aumento exponencial da criminalidade, que tornou Sampetersburgo conhecida como um pântano de violência e crime organizado. A ironia era que o homem que tinha liderado a luta pela democracia em Sampetersburgo arcava com muita da responsabilidade. Tinha sido tão pertinaz em ridiculizar o trabalho do conselho, que os eleitores perderam o interesse em saber quem tinha assento no mesmo. Um brilhante orador e um gestor desprezível, Sobtchak, na sua preocupação com o poder e com o prestígio internacional, tinha ignorado os problemas concretos do quotidiano da cidade. O seu instinto de reforçar a democracia traduzia-se, na sua opinião, em reforçar o seu próprio papel inconstante. Não muito tempo após a sua eleição, usando como pretexto o aumento de criminalidade, forçou a demissão do chefe de polícia da cidade, Arkadi Kramarev, que tinha resistido aos líderes do golpe em 1991 e evitado a detenção de Sobtchak. Tendo consolidado o seu controlo sobre a estação de televisão local, Sobtchak fez tudo para que a sua cobertura fosse lisonjeira e a dos seus oponentes, inexistente. Depois de obter o direito de receber os Jogos da Boa Vontade, aproveitou um requisito de residência oriundo da era soviética, que tinha sido invalidado pelo Tribunal Constitucional, para expulsar trabalhadores migrantes indesejados da cidade dias antes da abertura dos jogos em 1994 ([8]).

Deste modo, os Jogos da Boa Vontade simbolizaram a forma como Sobtchak exerceu o seu cargo de presidente de câmara: um projeto improvável para potenciar o prestígio da cidade, prejudicado pelas agrestes realidades da instável transição do país. Não tendo conseguido fazer da cidade uma capital da banca mundial ou uma próspera zona económica franca, Sobtchak acreditava que ser anfitriã de um evento desportivo internacional iria, por si só, atrair os investidores que estavam a fazer-se cada vez mais rogados. No entanto, a cidade estava mal preparada, com falta de liquidez, hotéis e instalações desportivas. Depois de desviar fundos do orçamento da cidade destinado à reparação do metropolitano e de implorar por mais dinheiro vindo de Moscovo, a câmara municipal de Sobtchak despachou-se a renovar os locais do certame, a pavimentar ruas e a lavar a fachada de muitos dos palácios, igrejas e monumentos da cidade. Quando começaram, os jogos foram assombrados por um planeamento deficiente, problemas logísticos e trabalho feito às três pancadas. A arena coberta de patinagem no gelo — os jogos de Turner combinavam desportos de inverno com modalidades estivais — não chegou a formar uma camada de gelo contínua, e as competições de natação tiveram de ser adiadas um dia, porque a água na piscina tinha ficado salobra quando um filtro falhou. Mesmo após a resolução do incidente, uma coloração esverdeada da água levou a que alguns dos nadadores se retirassem da competição ([9]). Os preços dos bilhetes estavam fora da órbita do que os russos comuns podiam permitir-se, deixando muitos dos jogos quase sem assistência, mesmo com os bilhetes a ser oferecidos. A cidade e o Estado investiram setenta milhões de dólares nos jogos e, para a maior parte dos residentes, a despesa não lhes pagou muito mais do que uma aldeia de Potemkin, que talvez oferecesse uma paisagem espetacular, mas na realidade não passava de fogo de vista que disfarçava a lamentável decadência da cidade.

Ainda assim, as ambições de Sobtchak acabaram por não sair beliscadas. Ele considerava os jogos um ensaio geral para a aposta improvável da cidade de receber os Jogos Olímpicos de Verão de 2004. Na nova Rússia, tal como tinha sido o caso na União Soviética, o desejo de organizar os Jogos Olímpicos tornou-se numa obsessão diretamente proporcional à ânsia de reconhecimento internacional, de legitimidade dentro e fora do próprio país. O boicote dos Jogos de Verão de 1980 tinha deixado uma amargura duradoura que só poderia ser esquecida se um grande timoneiro da nação conseguisse trazer os Jogos Olímpicos de volta. Sobtchak não seria esse timoneiro. Já nem sequer era presidente da câmara quando, em 1997, o Comité Olímpico Internacional escolheu Atenas como a cidade anfitriã para 2004, tendo descartado a candidatura de Sampetersburgo, preparada à pressa com a ajuda de Putin, ainda antes de chegar à fase final. A loucura das grandezas de Sobtchak tinha-o deixado cego ante a característica mais fundamental da democracia que ele tinha promovido com tanta eloquência: as pessoas tinham direito de voto. Em 1996, Sobtchak candidatou-se à sua reeleição e, para Putin, os resultados equivaleram a uma traição profunda e pessoal.

Sobtchak pensou que a sua campanha de reeleição não teria nada que saber: recordaria os eleitores da sua liderança heroica durante as crises de 1991 e 1993, dos Jogos da Boa Vontade e da candidatura aos Jogos Olímpicos de 2004, das novas empresas, dos bancos, do investimento estrangeiro e dos seus próprios encontros com líderes estrangeiros, incluindo, na altura em que a campanha estava ao rubro, o presidente dos EUA Bill Clinton. Sobtchak apregoava-se a si próprio como um democrata e homem de Estado que barrava a via àqueles que queriam desforrar-se e que voltariam a transformar Sampetersburgo em Leninegrado. A bem dizer, os comunistas eram a menor das suas preocupações. A sua eleição não foi um teste de ideologias em competição, mas antes um referendo sobre o seu posto de presidente de câmara, e ele não se apercebeu de que a mais grave das ameaças vinha do interior.

Para coincidir com as eleições presidenciais nacionais, a Assembleia Legislativa da cidade marcou a data da eleição para 16 de junho, e mudou a designação do posto de presidente de câmara para governador, a mesma designação que estivera em vigor nos tempos em que o homem-forte da cidade cumpria à risca os caprichos dos imperadores. Os cartazes da campanha de Sobtchak mostravam-no sentado a uma secretária, acompanhado de uma simples palavra de ordem: «De presidente de câmara a governador», como se a transição fosse inevitável. Mesmo ele considerou o cartaz insípido. «Infelizmente, desta vez a condução da minha campanha foi muito menos eficiente e eficaz.» ([10]) Por essa altura, Sobtchak tinha menos fé na astúcia política do seu adjunto e deixou-o a gerir os assuntos da cidade, mas até Putin pressentiu que os instintos políticos e os dotes de oratória de Sobtchak já não chegariam para assegurar a vitória. Nas eleições parlamentares nacionais de dezembro de 1995, o partido apoiado por Sobtchak tivera fracos resultados até em Sampetersburgo. Sobtchak também subestimara a sua perda de apoio em Moscovo, onde as suas ambições políticas eram consideradas uma ameaça entre aqueles que conspiravam para manter Boris Ieltsine no poder enquanto as eleições presidenciais de 1996 se aproximavam. Com o apoio do influente chefe da segurança, o procurador-geral da Rússia, Iuri Skuratov, no final do ano de 1995 até tinha lançado uma investigação aos negócios de Sobtchak, que parecia querer gorar as suas aspirações políticas. Foi uma reviravolta da sua fortuna tão repentina e arbitrária como uma purga de Estaline, e conseguiu manchar a imagem de Sobtchak. Skuratov formou uma comissão de investigação que não tardou a originar fugas de pormenores comprometedores

— conhecidos em russo como *kompromat* — sobre a obscura privatização de apartamentos por uma empresa chamada Renascimento, incluindo os que foram adjudicados a Putin e a outros adjuntos. Putin encarou a investigação como uma utilização bruta dos poderes da procuradoria contra o homem que servia, e a experiência deixou-o sedento de vingança.

«O senhor sabe que está a jogar num terreno completamente diferente», Putin recordaria ter dito a Sobtchak. «Precisa de especialistas.» [11] Sobtchak concordou e recorreu a Aleksandr Iuriev, um especialista em Ciências Políticas da Universidade Estatal de Sampetersburgo, que o avisou de que os seus feitos políticos, por muito grandes que fossem, já não encontravam ressonância entre um eleitorado cansado, desiludido com o crime e o caos que deixavam a cidade sem descanso [12]. Em janeiro, poucos dias apenas depois de ter aceitado trabalhar para a campanha, Iuriev ouviu alguém bater à porta do seu apartamento e foi atender. Do outro lado da porta estava uma bela jovem e, partindo do princípio de que era uma estudante que vinha entregar um trabalho, abriu a porta. Foi só nessa altura que se apercebeu de um homem encapuzado que lhe atirou um frasco de ácido à cara. Enquanto Iuriev recuava às apalpadelas, o homem disparou uma pistola, mas não acertou. Quando Sobtchak o visitou no hospital, a cabeça de Iuriev estava envolta em ligaduras. A polícia nunca encontrou os perpetradores do ataque, nem estabeleceu um motivo, mas Sobtchak não tinha a menor dúvida de que o ataque fazia parte de uma vasta conspiração que estava em marcha para o impedir de manter o seu cargo [13]. A ofensiva elevou a tensão a ponto de Putin passar a andar armado de uma pistola de ar comprimido, em que o seu velho amigo Serguei Rolduguin reparou aquando de uma visita à sua casa de campo por volta do início da campanha.

«Pensas que uma pistola de ar comprimido vai salvar-te?», perguntou-lhe Rolduguin.

«Não vai salvar-me», respondeu Putin, «mas tranquiliza-me» [14].

Catorze candidatos conseguiram inscrever-se para desafiar Sobtchak, e entre eles encontravam-se alguns dos seus inimigos pessoais mais obstinados: o vice-presidente da câmara Viatcheslav Tcherbakov, cuja demissão após os acontecimentos de 1993 ainda estava a ser objeto de recursos em tribunal; Iuri Chutov, um antigo assessor convertido em

O NOVO CZAR

biógrafo não autorizado de Sobtchak; e Aleksandr Beliáiev, o antigo presidente do conselho municipal que Sobtchak tinha dissolvido. No entanto, o homem que dava mais insónias a Sobtchak era Iuri Boldirev, um liberal conceituado que fora o chefe da câmara de contas em Moscovo. Fora Boldirev quem tinha investigado as primeiras acusações de corrupção contra Putin em 1992, e quem tinha desenvolvido a reputação de um investigador razoavelmente honesto numa era em que a criminalidade se encontrava em expansão galopante ([15]).

Sobtchak já estava a ser investigado, e a eleição de Boldirev iria quase de certeza agravar as dificuldades de Sobtchak com a lei, e possivelmente também as de Putin. Sobtchak tentou recorrer a artimanhas jurídicas para manipular a corrida em seu benefício. Em março, alterou a lei eleitoral para lhe acrescentar requisitos de residência que teriam excluído Boldirev, um patrício da cidade, pelo facto de ter estado a viver e a trabalhar em Moscovo. Foi um estratagema claramente desesperado e antidemocrático, que Boldirev conseguiu ver anulado em tribunal. A próxima jogada de Sobtchak provou ter consequências mais sérias. Embora a data das eleições já estivesse marcada para junho, Sobtchak alterou-a. Afirmou tê-lo feito por insistência de Ieltsine, que tinha decretado que nenhum outro ato eleitoral, tirando o escrutínio para a eleição do presidente da câmara de Moscovo, deveria ocorrer na data da eleição presidencial ([16]). Começou por sugerir um adiamento da eleição para dezembro, mas os seus opositores denunciaram esta iniciativa com veemência como uma tentativa descarada de prolongar a sua legislatura. Sobtchak, por seu lado, enviou Putin à Assembleia Legislativa em março para adular os deputados. Prometendo postos e ameaçando retaliações, Putin acabou por impor uma legislação que permitia marcar o ato eleitoral para 19 de maio, mas mediante o preço de reunir um quórum altamente duvidoso ([17]). Os concorrentes de Sobtchak uivaram em protesto. Não só era um desperdício dos recursos da cidade organizar dois atos eleitorais separados, como a jogada encurtava o tempo que tinham à disposição para comunicar as suas mensagens aos eleitores. As estações de televisão controladas pelos serviços de Sobtchak também não ajudaram, destinando toda a atenção a Sobtchak e limitando os seus oponentes a um programa de quinze minutos cada. O risco que Sobtchak e Putin subestimaram foi que celebrar o ato eleitoral antes das eleições presidenciais iria certamente reduzir a participação eleitoral prejudicando as suas hipóteses de vitória, tal como Iuriev o tinha prevenido.

Sobtchak começou a ficar apreensivo. Desconfiava de que os seus inimigos em Moscovo conspiravam contra ele. Até apanhou um avião para Moscovo em março para apelar ao apoio de Ieltsine, mas o que veio a descobrir foi que a amizade entre ambos se tinha dissipado. As perspetivas do próprio Ieltsine de ser reeleito nesse ano eram aterradoras, e ele e os seus assessores temiam desafios vindos de todos os lados, reais e imaginários. Parece que um dos vice-primeiros-ministros de Ieltsine, Oleg Soskovets, lhe tinha dito que, numa reunião com o chanceler alemão, Helmut Kohl, Sobtchak tinha dado a entender que preferia substituir Ieltsine por Victor Chernomirdin ([18]). A paranoia de Sobtchak tinha a sua razão de ser. Poucos dias após a reunião de Sobtchak no Kremlin, tornou-se evidente a extensão da intriga política urdida contra ele. Com efeito, Soskovets e o poderoso chefe da segurança de Ieltsine, o tenente-general Aleksandr Korjakov, tinham na manga o seu próprio candidato para desafiar Sobtchak em Sampetersburgo. Não era um dos muitos que já se tinham lançado na corrida, mas o próprio vice de Sobtchak, Vladimir Iakovlev. Tinham andado a prepará-lo em segredo ao longo de meses, enquanto a procuradoria aprofundava as suas investigações contra Sobtchak e os seus colaboradores. Em 27 de março, Iakovlev anunciou inesperadamente que se lançava na campanha contra o seu próprio superior.

Iakovlev, que, com os seus cinquenta e dois anos, era sete anos mais jovem do que Sobtchak, era um engenheiro da construção civil, um antigo *apparatchik* do partido que tinha conseguido transitar para a nova democracia, tal como Putin, sob a tutela de Sobtchak. Tinha permanecido leal ao Partido Comunista até à sua proibição em 1991, embora em 1982 tivesse sido expulso de um comité executivo regional por se ter aproveitado do seu posto para comprar um carro para uso pessoal ([19]). Estava a trabalhar como engenheiro-chefe de uma empresa de construção civil especializada em imobiliário destinado à habitação quando Sobtchak recorreu aos seus serviços em outubro de 1993. Um ano mais tarde, juntar-se-ia a Putin e Alexei Kudrin enquanto vice-presidente da câmara. O perfil público de Iakovlev não era mais vincado do que o de Putin, mas ele era mais ambicioso e menos leal, e acabou por aceitar o apoio que Korjakov e Soskovets lhe prometeram para derrubar o seu próprio superior.

O NOVO CZAR

O anúncio chocou Sobtchak, que despediu Iakovlev no momento. Disse que se Iakovlev fosse um homem com agá (*h*) grande, tinha-se demitido antes de anunciar a sua candidatura. A candidatura de Iakovlev também deixou Putin furioso. Este apodou Iakovlev publicamente de Judas ([20]) e distribuiu uma carta para ser assinada por todos os funcionários de Sobtchak, declarando que se demitiriam em protesto se Sobtchak não fosse reeleito. Com a amargura da retrospetiva, Sobtchak descreveu os feitos de Iakovlev como modestos. Não era tão inteligente como as «pessoas mais educadas, cultas e competentes» na sua equipa, tais como Putin. A equipa brindava-o com a alcunha de «Canalizador» ([21]), um contraste eloquente com a de Putin, «Stasi».

Sobtchak optou por ignorar Iakovlev juntamente com os restantes candidatos e dedicou-se a cumprir os seus deveres oficiais, como se essa fosse a única maneira de se apresentar como a escolha eleitoral acertada. Também deu mais atenção à sua campanha por Ieltsine, à medida que as eleições presidenciais se aproximavam, na esperança de provar a sua lealdade e renovar a aliança política que outrora existira entre ambos. Em 19 de abril, Bill Clinton chegou a Sampetersburgo a caminho de reuniões que também os estado-unidenses esperavam que pudessem ajudar Ieltsine a repelir o desafio proveniente de um Partido Comunista que estava a voltar a ganhar força. Sobtchak recebeu-o no aeroporto e acompanhou-o na sua limusina a caminho de Tsarskoie Selo, a herdade imperial a sul da cidade. Talvez recordado de que as suas conversações tidas em privado eram bem capazes de chegar aos ouvidos de Ieltsine, Sobtchak evitou qualquer azar explicando como Ieltsine iria vencer o seu concorrente principal, o comunista Guenadi Ziuganov. Sobtchak seguiu Clinton para todo o lado, deleitando-se com o aparecer na televisão como um estadista na companhia de um líder mundial. Clinton, no entanto, queixou-se de ter sido «mantido num maldito casulo» ao longo da sua viagem. Um encontro com estudantes no Hermitage tinha sido cancelado, os seus pedidos de mandar parar o cortejo de limusinas para apertar algumas mãos foram descartados. O assessor de Clinton, Strobe Talbott, culpou o excesso de zelo do funcionário que se ocupou dos pormenores da visita, Vladimir Putin, embora acrescentasse que, naquela altura, o seu nome «não dizia nada a qualquer um de nós» ([22]).

A DEMOCRACIA MAL GERIDA

* * *

Iakovlev não era um animal político como Sobtchak, mas tinha a sua própria maneira de ser carismático e estava muito mais sintonizado com os desejos dos eleitores. Alto e magro, tinha uma cara de querubim com maçãs do rosto altas e sempre prontas a pontuar um sorriso brincalhão. Não oferecia nenhuma alternativa ideológica real — por exemplo, não tinha nenhuma intenção de reverter a privatização de apartamentos ou fábricas —, mas prometeu tentar resolver a miríade de problemas com que a cidade se defrontava: a água da torneira imprópria para consumo humano, as ruas esburacadas, os metropolitanos a cair de podres. Prometeu emprego, não os Jogos Olímpicos. Sobtchak desvalorizou as suas promessas eleitorais considerando-as «fantasias encantadoras para um público crédulo», mas subestimou o carisma do seu assessor. Numa cidade onde as pessoas ainda viviam em apartamentos comunitários, onde os serviços básicos como as ambulâncias eram escassos, a água estava infestada de giardia e as águas residuais eram escoadas para o mar Báltico sem nenhum tratamento, onde, em setembro de 1995, a cidade nem sequer foi capaz de aquecer os seus hospitais durante um mês, [23] talvez um «canalizador» fosse exatamente o que os eleitores queriam.

Com uma infusão de dinheiro vivo dos seus apoiantes em Moscovo, Iakovlev contratou consultores de campanha profissionais que o ajudaram a levar adiante uma campanha muito mais organizada e eficaz que encheu as caixas de correio de cartas, as ondas hertzianas de anúncios, tudo com a promessa fundamental de renovar a governação e os serviços de base [24]. Iakovlev também recebia apoio político de um poderoso novo aliado, Iuri Lujkov, o presidente populista, careca e entroncado da câmara de Moscovo. Iakovlev apresentou-se como um Lujkov para Sampetersburgo, e Lujkov sugeriu publicamente novos projetos que fariam prosperar ambas as cidades. A campanha de Sobtchak, pelo contrário, ficou à míngua. Tendo até à data pouco intervindo na campanha, agora Putin entrou na refrega, pedindo donativos aos homens de negócios com os quais estivera a trabalhar nos últimos cinco anos, não disfarçando o seu desgosto em relação ao facto [25]. Quando convidou um grupo deles para uma campanha de angariação de fundos, porém, recusaram ajudá-lo — os mesmos que, na sua perspetiva, tinham lucrado com as privatizações e os investimentos que ele e Sobtchak tinham tornado possíveis.

135

O NOVO CZAR

Um mafioso local teve mais sorte, encaixando dois mil dólares de cada um dos pequenos homens de negócios que preferiram não recusar um donativo à «Fundação de Apoio ao Presidente da Câmara» [26].

A posição dominante de Sobtchak na política da cidade desde 1989, o seu carisma e prestígio, já não o mantinham ao abrigo de devastadores ataques pessoais. Aleksandr Beliáiev, o antigo presidente do conselho, disse numa conferência de imprensa que Sobtchak — e Putin — tinham propriedades na costa atlântica francesa. Referiu que Sobtchak tinha sido detido no Aeroporto de Heathrow em Londres com uma mala contendo um milhão de dólares em dinheiro; prometeu que quando ele fosse presidente da câmara «Sobtchak haveria de estar na prisão» [27]. Putin respondeu às acusações proferidas contra ele apresentando queixa contra Beliáiev por difamação, mas fê-lo na comarca errada e, por isso, viu-se exposto ao escárnio implacável da imprensa: «Um agente dos serviços de informações deveria saber onde mora o seu acusado», dizia uma parangona de jornal. Putin tentou defender-se, afirmando que nem sequer sabia onde ficava a costa atlântica de França, o que só intensificou a chacota pública [28].

A campanha foi agreste, e suja também. Também foi mais ou menos livre e justa. As eleições na Rússia podiam ser tumultuosas, naquela época, mas eram democráticas. Quando os votos foram contados na noite de 19 de maio, Sobtchak tinha recebido mais votos do que qualquer um dos outros treze candidatos, mas tinha chegado apenas a vinte e oito por cento dos votos, contra vinte e um por cento para Iakovlev. Como nenhum dos dois tinha alcançado os cinquenta por cento, uma segunda volta foi agendada para dia 2 de junho. Sobtchak ainda tinha esperança de ganhar, mas o pânico apoderou-se de ora em diante da equipa da sua campanha e dos seus colaboradores. Putin «ficou notoriamente mais nervoso» e empenhou-se ainda mais diretamente na campanha, «mas nessa altura a situação já estava desesperada» [29]. Os oponentes vencidos de Sobtchak apoiaram todos Iakovlev. E, o que foi pior, a investigação em torno das finanças de Sobtchak e dos apartamentos que ele tinha distribuído tornou--se pública, sendo confirmada por um dos investigadores locais, Leonid Prochkin. A notícia das acusações foi impressa em folhetos e distribuída por toda a cidade pela campanha de Iakovlev — num dos casos, foram lançados de um helicóptero. Putin, indignado, escreveu uma carta a Ieltsine,

Chernomirdin e ao procurador-geral, Iuri Skuratov, a quem acusou diretamente de se empenhar numa campanha de «perseguição e calúnias». Prochkin, fulminou, deu uma entrevista «em violação de todas as normas processuais» a jornais pró-comunistas e, assim, divulgou «material vazio de substância». Putin exigiu uma «intervenção decisiva para acabar com a utilização das autoridades policiais para fins políticos» [30].

As últimas duas semanas antes do ato eleitoral estiveram carregadas de tensão, com ambas as campanhas a denigrarem-se mutuamente [31]. Iakovlev, preocupado com a sua segurança, fazia-se conduzir pela cidade acompanhado de dois SUV cheios de guardas de espingardas em punho, vestidos de negro. Confrontou Putin com boatos segundo os quais Sobtchak tinha dado ordens para o assassinar. «Que é que se passa consigo, está maluco?», respondeu Putin. «Vá mas é ver-se ao espelho.» [32] A última esperança de Sobtchak era um debate televisivo na última semana antes da eleição, mas aí a sua eloquência traiu-o. Iakovlev parecia estar à vontade. Tirou o casaco e falou com clareza e determinação. Sobtchak, sentado, encolhido no seu fato, gaguejava e andava à procura das palavras. Tivera uma febre antes do debate, contaria mais tarde, e sentira a sua língua a inchar no seu início. Espasmos apertavam-lhe a garganta. Quando lhe perguntaram pela proveniência duvidosa de uma casa de campo, Sobtchak foi incapaz de responder. Disse que só mais tarde soube da verdade: a campanha de Iakovlev tinha levado um médium para a plateia! «Consultei peritos, e estes confirmaram-me que um forte efeito hipnótico acarreta frequentemente espasmos na garganta, uma língua pesada, dores de cabeça e um forte aumento da temperatura do corpo devido à resistência deste à influência de uma energia alheia.» [33] Sobtchak não estava apenas a perder a eleição. Parecia também estar a perder o juízo.

Por fim, Iakovlev ganhou arrecadando 47,5 por cento dos votos; Sobtchak recebeu 45,8 por cento. Não aceitou a derrota propriamente de mão beijada. Nunca conhecido pela modéstia, comparou o seu destino ao de Winston Churchill, o «salvador do país, o símbolo da vitória», que foi expulso nas urnas em 1945 [34]. Recusou-se petulantemente a assistir à tomada de posse de Iakovlev, que teria lugar em Smolni dez dias mais tarde, mas, ainda assim, Sobtchak, apesar das suas tendências autoritárias, fez o que nenhum funcionário eleito de tal importância fizera anteriormente na Rússia. Não contestou os resultados, nem tentou de alguma outra maneira bloquear a vitória de Iakovlev; aceitou a derrota e retirou-se.

«Eu não estava viciado no poder como Lenine ou Ieltsine, e se tivesse perdido a eleição em favor de um adversário digno, a derrota teria sido mais fácil de aceitar», escreveu num livro autobiográfico, significativamente intitulado *Uma Dúzia de Facas nas Costas*. «Mas, neste caso, preocupou-me ter sido capaz de perder em favor deste homem obviamente cinzento e primitivo, Iakovlev. Amaldiçoei-me a mim próprio por não o ter visto — estarem a roubar o governo em benefício de gabinetes privados de engenharia —, mas o que doeu mais foi a apostasia ou a traição descarada da parte de muitos daqueles que me rodearam.» ([35]) Realçou uma exceção: Vladimir Putin.

A derrota inesperada de Sobtchak deixou Putin sem emprego, sem protetor e sem objetivo. Foi como se o seu regresso da Alemanha de Leste se repetisse. Apesar da carta que ele e outros tinham assinado, não se demitiu imediatamente, embora agora servisse um novo governador a quem tinha chamado de Judas. Iakovlev convenceu outros assessores de Sobtchak a ficarem, incluindo Dmitri Kozak, um antigo procurador e amigo, e Mikhaíl Manevitch, um jovem economista que iria tornar-se vice-governador. Kozak permaneceria próximo de Putin ao longo de anos, mas Manevitch foi assassinado um ano depois por um atirador furtivo que cravou oito balas no seu carro quando este virou para a Avenida Névski. Putin permaneceu no seu gabinete em Smolni devido à inesperada reeleição de Ieltsine no verão de 1996, mas depois pediram--lhe «de uma forma bastante indelicada» que saísse até ao fim do mês de junho ([36]). O novo governador não tinha esquecido a frieza de Putin e os seus comentários durante a campanha. Quando um assessor lhe disse que Putin ainda esperava para saber qual era o destino que lhe tinha sido acordado, Iakovlev corou. «Não quero ouvir mais nada sobre esse pulha», disse ([37]).

Sobtchak tentou ajudar o seu adjunto leal a arranjar um novo emprego, recorrendo até a Evgueni Primakov, um velho mestre da espionagem que tinha chefiado a organização sucessora do departamento de informações externas do KGB, até ser nomeado ministro dos Negócios Estrangeiros

A DEMOCRACIA MAL GERIDA

de Ieltsine em janeiro de 1996. «Vais ser embaixador», o seu antigo superior disse a Putin. Tal hipótese era demasiado ridícula para ser considerada, e Putin sabia-o, mas não foi capaz de o dizer a Sobtchak. Outros prometiam-lhe que iria ser necessário em qualquer lugar, mas nada se concretizava imediatamente. Em julho, transferiu a sua família para uma casa de campo construída à beira do lago Komsomolskoie, cento e dez quilómetros a norte da cidade, no istmo da Carélia, que fizera parte da Finlândia até a União Soviética a ter anexado após a Grande Guerra Patriótica. Nas redondezas havia uma pequena aldeia. Ali, Putin juntou-se a uma mão-cheia de homens de negócios de quem era amigo desde 1991, criando os contornos daquilo que se iria transformar num condomínio fechado junto da costa do lago, e que mais tarde nesse mesmo ano se tornaria numa sociedade anónima com o nome de Ozero, ou seja, Lago. Entre os acionistas incluíam-se Vladimir Iankunin, Iuri Kovaltchuk, assim como os irmãos Fursenko, Andrei e Serguei. Todos eles se tinham encontrado por intermédio do seu trabalho no muito conceituado Instituto Físico-Técnico Ioffee em Sampetersburgo. Fundaram uma empresa para converter o seu trabalho científico em produtos comercialmente viáveis, com a ajuda do comité de assuntos económicos estrangeiros de Putin. Iankunin e Kovaltchuk tornaram-se acionistas de uma instituição financeira, o Banco Rossia, que tinha sido fundado em 1990 para gerir as contas do Partido Comunista e, segundo boatos amplamente divulgados, do KGB. O banco tinha-se tornado numa casca vazia na altura em que Kovaltchuk e os seus colegas tomaram conta dele, e apenas sobrevivera porque Putin tinha encaminhado para lá as contas do governo. Outro dos acionistas e executivos do Banco Rossia, Victor Miachin, também se juntou à comunidade de casas de campo, tal como Nikolai Chamalov, que tinha sido um dos assessores de Putin no comité de assuntos económicos estrangeiros, antes de se tornar no representante para o nordeste da Rússia do gigante industrial alemão Siemens. Putin era o único funcionário governamental entre esses novos homens de negócios, e nunca foi bem claro como o seu magro salário cobria os custos, embora mais tarde aparecessem provas de que o dinheiro vinha do Twentieth Trust, uma organização que o comité de Putin tinha registado em 1992 [38]. As atividades do comité, incluindo numerosos contratos do município que traziam a assinatura de Putin, estiveram entre aquelas que tinham atraído a atenção dos investigadores enviados de Moscovo para investigar a administração de Sobtchak.

A casa de Putin na propriedade era feita de tijolo vermelho e revestida de madeira no interior. Tinha dois andares e uma ampla vista sobre o lago. O seu tamanho de apenas cento e cinquenta metros quadrados era relativamente modesto, mas a casa encontrava-se à beira do lago, isolada pelo arvoredo, um lugar onde Putin podia meditar sobre o seu futuro repentinamente tornado incerto. Se Sobtchak tivesse ganho a eleição, Putin certamente teria ficado a seu lado, mas ele não tinha cultivado nenhuns laços com outros políticos. Considerou tornar-se advogado. Falou com um antigo colega do judo, Vassili Chestakov, sobre trabalhar como treinador no seu clube. Chestakov disse-lhe que tal posição já estava abaixo do seu nível, mas que podia vir se nada mais se concretizasse ([39]). Foi uma dura aterragem. Ele mantinha-se pensativo e taciturno, recusando-se a debater o seu futuro incerto com Ludmila. De cada vez que ele ficava ensimesmado, ela sabia que o melhor era deixá-lo quieto. O seu marido era um daqueles «que não gostam de perder», e a campanha tinha-lhe dado um gosto amargo do risco inerente à democracia verdadeira. «É verdade que ele nunca falou do assunto ou mesmo o deixou transparecer», disse Ludmila, «mas eu compreendia tudo, sentia-o, via-o» ([40]).

Agosto é um mês tranquilo na Rússia, uma época de langor de fim de verão, em que a maior parte do país se retira para as respetivas casas de campo. Não tendo conseguido encontrar logo um novo emprego, Putin teria de aguardar até que os assuntos oficiais retomassem no final do mês para poder voltar a procurar seriamente. Em 12 de agosto, os Putins convidaram a sua antiga secretária, Marina Entaltseva, o seu marido e a sua filha para os visitarem na casa de campo. À noitinha, os homens retiraram-se para a *banya* que se encontrava no piso térreo, logo a seguir à porta de entrada. Putin chamou-lhe um «velório pelo meu antigo emprego» ([41]). Ele acabava de voltar de um mergulho refrescante no lago quando viu fumo. Um aquecedor no interior da *banya* tinha causado um incêndio que não tardou a alastrar a toda a casa. Kátia saiu da cozinha a correr. Putin encontrou a sua filha mais velha, Macha, e Marina no andar de cima, e como as chamas estavam a subir a escadaria, desceu-as de uma varanda utilizando lençóis como uma corda. De repente, lembrou-se de que tinha no quarto de dormir uma pasta com o seu dinheiro — cerca de cinco mil dólares. Com as luzes apagadas e o fumo a asfixiar a casa, procurou a sua pasta às apalpadelas. Envolto apenas num lençol fino, desceu da varanda e, com a sua família e os vizinhos, ficou a ver a casa a arder «como uma vela». Os bombeiros chegaram, mas nada puderam fazer porque o camião estava sem água. «Está aqui um lago inteiro», berrou Putin. Lá isso era verdade, disse-lhe um dos bombeiros, mas eles tão-pouco tinham uma mangueira [42].

Vassili Chestakov maravilhou-se quando soube da notícia do incêndio e do salvamento do dinheiro de Putin. Não só Putin não tinha construído nenhuma opulenta «mansão de pedra» como, em cinco anos enquanto o «segundo homem» na cidade, não tinha acumulado uma fortuna maior do que cinco mil dólares. Tal era a presunção de corrupção entre os *apparatchiks* russos, que Putin poderia ter «roubado despreocupadamente» sem temer muito que fosse descoberto [43].

Os inspetores de incêndios determinaram que os construtores tinham instalado indevidamente o aquecedor da *banya*, e Putin obrigou-os a reconstruir a casa exatamente como dantes — mas sem a *banya*. Quando os trabalhadores limparam os escombros, encontraram nas cinzas o crucifixo de alumínio que a sua mãe lhe tinha dado quando, três anos antes, tinha ido a Jerusalém com Sobtchak. Tinha-o tirado quando estiveram no vapor da *banya* e, na confusão causada pelo incêndio, tinha-se esquecido dele. Considerou o facto uma revelação, e mais tarde, por vezes, afirmou nunca o ter tirado [44].

Capítulo 7

Um caminho inesperado rumo ao poder

A salvação de Putin não demorou muito a chegar, e veio de uma fonte inesperada: o antigo aliado tornado inimigo do seu superior, Boris Ieltsine. Ieltsine tivera um melhor destino com os eleitores do que Sobtchak: a sua vitória na eleição para o seu segundo mandato presidencial, no verão de 1996, não pareceu menos milagrosa do que a descoberta do crucifixo de Putin nas cinzas da sua casa de campo. No final de 1995, a taxa de aprovação de Ieltsine entre os eleitores tinha descido aos três por cento. A guerra que tinha lançado na Chechénia, em 1994, a fim de derrotar o movimento independentista local, que tinha prometido que seria breve e gloriosa, tinha-se tornado num impasse sangrento e humilhante. A economia tinha prosseguido na sua implacável queda, e a saúde de Ieltsine não tinha evoluído muito mais favoravelmente. No final do ano de 1995, tivera o primeiro do que viria a ser uma série de ataques cardíacos, cuja severidade foi mantida escondida do público. Os colaboradores mais próximos de Ieltsine — aqueles que tinham orquestrado a vitória de Iakovlev sobre Sobtchak — conspiraram ou para cancelar a eleição em 1996 ou para apoiar alguém que representasse uma alternativa relativamente a Ieltsine: o vice-primeiro-ministro Oleg Soskovets. Até a mulher de Ieltsine, Naina, instava-o a não se candidatar. «Como os lobos, que a pouco e pouco se vão orientando para um novo líder da matilha, os meus

O NOVO CZAR

amigos mais próximos já tinham encontrado alguém para me substituir»,
refletiu Ieltsine posteriormente. «Até aqueles em quem sempre tinha
confiado, que foram o meu último recurso, a minha inspiração, os líderes
espirituais da nação, até esses me tinham abandonado.» ([1])

No entanto, não era o caso de todos. Demasiadas fortunas dependiam de Ieltsine. Entre elas se encontravam as dos homens mais ricos
da Rússia, banqueiros e magnatas dos meios de comunicação social que,
no ano anterior, tinham comprado as maiorias de bloqueio do Estado
em ramos importantes da indústria em troca de empréstimos destinados a manter à tona o orçamento do Estado: Boris Berezovski, Mikhaíl
Fridman, Vladimir Gusinski, Mikhaíl Khodorkovski e Vladimir Potanin.
Foram os pioneiros da corrida ao ouro do período pós-soviético, que,
com recurso ao génio, à perfídia e à garra, tinham amealhado vastos e
heterogéneos conglomerados que quase de certeza estariam em causa
se Ieltsine não tivesse continuado no seu posto. Embora fossem rivais
nos negócios, viram-se unidos pela sua oposição ao principal adversário de Ieltsine, o líder comunista Guenadi Ziuganov. Tosco, pesadão e
a fazer lembrar um barril, Ziuganov já era apenas comunista de nome,
mas ele e o seu partido representavam o enorme ressentimento que a
desintegração da União Soviética tinha causado. Com o forte resultado
do partido nas eleições parlamentares de 1995 — ganharam uma maioria
muito confortável de assentos na Duma —, já não era inconcebível que
Ziuganov pudesse ganhar, simplesmente devido à impopularidade da
oligarquia que se tornara no sinónimo da caótica presidência de Ieltsine.
Meditando sobre o seu destino e o dos seus apoiantes, Ieltsine pensou:
«Os comunistas vão enforcar-nos nos candeeiros.» ([2])

Quando Ziuganov se apresentou no Fórum Económico Mundial em
Davos, na Suíça, em fevereiro de 1996, foi recebido como um presidente
designado. Algo tinha de ser feito. Berezovski, Gusinski e Khodorkovski
encontraram-se, por isso, para jantar com outro banqueiro, Vladimir
Vinogradvov, e forjaram o «pacto de Davos» para assegurar a reeleição
de Ieltsine em junho ([3]). Ofereceram à campanha de Ieltsine milhões em
dinheiro vivo — e aproveitaram para ditar as suas condições. Insistiram
que Anatoli Tchubais, o antigo colega de Putin entre os próximos de
Sobtchak e o autor dos programas de privatização que estiveram na origem dos seus milhares de milhões, voltasse à equipa de Ieltsine enquanto

seu diretor de campanha. (Tchubais tinha sido despedido do seu posto de vice-primeiro-ministro no mês de janeiro daquele ano, enquanto Ieltsine tropeçava de escândalo em escândalo.) Juntamente com a filha de Ieltsine, Tatiana Diachenko, Tchubais orquestrou uma versão genuinamente russa de uma campanha política moderna, almofadada financeiramente por esquemas financeiros tão ingénuos e retorcidos, que os investigadores nunca conseguiram encontrar o rasto de todo o dinheiro dispendido, que, segundo algumas estimativas, chegou aos dois mil milhões de dólares [4]. A saúde de Ieltsine e o seu comportamento eram escondidos dos eleitores, sendo as suas atividades programadas com tanto cuidado, que pouco faltava para parecerem normais. Berezovski e Gusinski controlavam dois dos canais televisivos mais populares do país, ORT e NTV, e produziram documentários que retratavam Ieltsine enquanto o líder genial e saudável que em tempos tinha sido.

No dia da eleição, em 16 de junho, Ieltsine ganhou por pouco uma maioria relativa, com dois milhões de votos a mais que Ziuganov, mas estes não foram suficientes para evitar uma segunda volta. Aleksandr Lébed, um general condecorado na reforma que se tinha demitido da sua comissão de serviço no ano anterior para se lançar na política, e que se opunha à guerra na Chechénia dizendo que era um grosseiramente mal gerido desperdício de vidas, acabou num surpreendente terceiro lugar com quinze por cento dos votos. Os estrategos de Ieltsine tinham reforçado a campanha de Lébed nas últimas semanas antes da eleição com um incentivo de dinheiro e atenção televisiva num bem-sucedido esforço por drenar votos a Ziuganov, e agora Ieltsine cortejava-o a ele e aos que nele tinham votado. Ieltsine via em Lébed muita coisa digna de admiração. Era um «tipo duro de roer e imbatível» que passava a vida «a correr de um lado para outro, à procura da certeza, da precisão e da clareza a que o tinham habituado e que não conseguia encontrar na nossa nova vida». Ieltsine tinha ficado desiludido com os generais pós-soviéticos do país, aos quais faltava, na sua opinião, «uma certa nobreza, sofisticação ou algum tipo de firmeza interior» [5]. Afirmou ter fantasiado, já em 1993, com o advento na cena política de um novo general que guiasse o país com uma mão firme e profissional, não como um tirano, mas como um líder democrático. Inicialmente, Lébed parecia ser esse homem, e Ieltsine considerou-o um potencial sucessor enquanto presidente. Dois dias após a primeira volta do escrutínio, nomeou Lébed secretário do Conselho de Segurança do Kremlin, na esperança de atrair os votos que este tinha recebido, mas, desde o início, Lébed revelou-se uma desilusão. Era grosseiro e dado a atritos, com a sua impetuosidade a fazê-lo entrar constantemente em conflito com outros oficiais superiores. Apenas dois dias após a sua nomeação, repreendou um cossaco que lhe tinha feito uma pergunta. «Diz que é um cossaco», interrompeu Lébed. «Porque fala então como um judeu?» ([6])

Ainda assim, Ieltsine manteve-se agarrado à ideia de um militar enquanto o salvador político que ele próprio parecia compreender que não seria. «Estava à espera de que um novo general aparecesse, que fosse diferente de todos os outros», refletiu Ieltsine. «Ou antes, um general que fosse como aqueles dos livros que lia quando era novo.» Continuaria à procura, e encontraria o seu «general», embora não fosse no Exército, mas noutro serviço de segurança ([7]).

As ações de Ieltsine antes da segunda volta das presidenciais deixaram à vista as divergências entre os seus conselheiros liberais — as suas «forças saudáveis» — e a fação conservadora, que incluía Soskovets e os «generais» de Ieltsine, Aleksandr Korjakov e o diretor do Serviço Federal de Segurança. Ieltsine finalmente compreendeu aquilo de que Sobtchak tinha tentado avisá-lo meses antes: os falcões no seu campo «estavam a preparar-se para uma luta para descobrir quem assumiria o poder na campanha» ([8]). Os guardas presidenciais de Korjakov prenderam dois colaboradores da campanha, associados próximos de Tchubais e Berezovski, ao deixarem a Casa Branca com uma caixa de cartão cheia de notas de cem dólares — num total de quinhentos mil dólares. As prisões arriscavam-se a pôr a nu o financiamento secreto da campanha. Ieltsine despediu prontamente os seus conselheiros, e uma semana mais tarde teve outro ataque cardíaco.

Passou a última semana numa cama de hospital instalada na sala da sua casa de campo. A sua campanha cancelou os eventos agendados e fez de conta que nada tinha acontecido, com os seus colaboradores a dissimular furiosamente quando alguém lhes fazia perguntas sobre a ausência do candidato. No dia da segunda volta, em 2 de julho, Ieltsine só a muito custo foi capaz de depositar o seu boletim de voto na urna,

UM CAMINHO INESPERADO RUMO AO PODER

escolhendo para tal uma mesa de voto próxima da sua casa de campo em vez daquela em Moscovo em que normalmente teria votado. Conseguiu falar a um pequeno grupo de jornalistas, mas apenas por um minuto, após o que os seus guarda-costas o despacharam de volta à sua cama.

Apesar de tudo, no final, Ieltsine venceu Ziuganov de forma convincente, ganhando cinquenta e quatro por cento dos votos, por comparação aos quarenta por cento arrecadados pelo seu contendedor comunista. Mais de três milhões de russos, quase cinco por cento, votaram «contra tudo». Ieltsine tinha triunfado, mas com um enorme custo para os valores democráticos, devido aos truques sujos, às mentiras e ao poder corruptor do dinheiro. O resultado talvez tivesse refletido a vontade do eleitorado, mas a campanha deixou os russos com uma perspetiva tão cínica da democracia do país como aquela que tinham do seu capitalismo. Talvez não favorecessem um retorno à governação soviética, mas, de acordo com uma sondagem à boca das urnas, só sete por cento dos eleitores aprovavam a democracia que a Rússia tinha na altura ([9]). Entretanto, a maioria dos russos associava a sua democracia à desonestidade, à criminalidade e à injustiça, que durante muito tempo tinham sido condicionados a temer pela propaganda soviética. Na formulação de um historiador, a Rússia tinha-se tornado numa «versão de pesadelo do Ocidente» ([10]).

Ao que parece, Vladimir Putin partilhava desta perspetiva. Ele tinha ajudado a fazer a campanha de Ieltsine em Sampetersburgo, embora tivesse desempenhado um papel demasiado reduzido para atrair muita atenção de Moscovo. A feroz luta pelo poder que se seguiu à vitória de Ieltsine, porém, abriu-lhe um caminho inesperado rumo à capital. Pouco depois do desfecho da segunda volta em julho, o resoluto chefe de gabinete de Ieltsine, Nikolai Iegorov, convidou Putin a Moscovo e ofereceu-lhe um posto de adjunto. Dois dias mais tarde, contudo, Ieltsine despediu Iegorov e substitui-o por Tchubais, uma remodelação destinada a reforçar a influência dos reformadores económicos no Kremlin — e a recompensar os oligarcas por financiarem a sua reeleição. Tchubais representava o clã de Sampetersburgo na nova administração de Ieltsine, e ele precisava de aliados dotados de experiência a lidarem com funcionários públicos e homens de negócios ([11]). Virou-se para outro homem deixado órfão pela derrota de Sobtchak — não Putin, mas antes o outro adjunto, Alexei Kudrin.

O NOVO CZAR

Kudrin, que estivera incumbido das finanças e do orçamento da cidade, estava muito mais próximo de Tchubais em temperamento e experiência do que Putin, que Tchubais tratava com um frio distanciamento. Tchubais nomeou Kudrin chefe do Diretório Principal de Controlo, que preenchia o papel da autoridade de auditorias do Kremlin, com poderes para investigar as finanças de agências governamentais e das empresas privadas com as quais estas estavam cada vez mais interligadas. Quanto a Putin, Tchubais eliminou o posto na administração que Putin tinha aceitado de Iegorov escassos dias antes. Esta rejeição alimentou a animosidade entre os dois homens que tinham começado as suas vidas públicas sob a tutela de Sobtchak. «Tem a cabeça dura como um bolchevique», diria Putin posteriormente sobre Tchubais ([12]). Naquele verão, Putin voltou para o seu limbo em Sampetersburgo.

Em 18 de agosto, três dias depois de a sua casa de campo ter ardido até aos alicerces, a sorte de Putin mudou. O primeiro-ministro de Ieltsine, Victor Chernomirdin, anunciou uma nova equipa governativa, nomeando Alexei Bolchakov, um antigo legislador de Sampetersburgo que tinha estado incumbido das relações com as antigas repúblicas soviéticas, para o posto de primeiro vice-primeiro-ministro. Bolchakov tinha sido membro do conselho municipal da cidade, mas tinha sido obrigado a demitir-se após o golpe de agosto de 1991, e «foi por pouco que não acabou na rua» ([13]). Tinha sido um candidato duas vezes derrotado ao Congresso dos Deputados do Povo e posteriormente à Duma, mas depois foi tomar conta de uma empresa obscura que tinha planos para construir um comboio de alta velocidade para Moscovo que nunca se materializou, embora tivesse obtido empréstimos no valor de milhões de dólares ([14]). Após o seu inesperado reaparecimento na cena pública na administração de Ieltsine, Putin tratou-o com uma formalidade obsequiosa sempre que fazia uma visita de trabalho a Sampetersburgo. «Nunca o fiz esperar na área de receção», disse Putin. «Invariavelmente, parava o que estava a fazer, punha toda a gente na rua, deslocava-me pessoalmente à área de receção e dizia, "Alexei Alexeievich, vamos por aqui". Nunca fomos próximos um do outro, mas talvez ele se lembrasse de mim.» ([15])

Na intriga palaciana espoletada pela enfermidade de Ieltsine, cada um competia para alargar a sua influência trazendo gente de confiança para ser nomeada para este ou aquele posto. Foi Kudrin quem convenceu

UM CAMINHO INESPERADO RUMO AO PODER

Bolchakov a considerar Putin para um emprego. Primeiramente, Bolchakov concordou com a nomeação de Putin para o Diretório de Relações Públicas — fazendo dele, com efeito, um porta-voz. Embora Putin não adorasse a ideia de trabalhar com o público, aceitou. Tinha viajado até Moscovo no final do mês de agosto e dormiu no sofá de Kudrin ([16]). Quando, no dia seguinte, os dois homens estavam no carro a caminho do aeroporto, Kudrin voltou a fazer uma chamada para Bolchakov, mas desta feita tinha mudado de opinião. Bolchakov pediu a Putin que ficasse em Moscovo por mais tempo e arranjou-lhe um encontro com um burocrata extravagante chamado Pavel Borodine, que seria o homem que lhe ensinaria o funcionamento interno do Kremlin ([17]).

Borodine era um político jovial proveniente da Sibéria que geria o Diretório de Gestão do Património da Presidência. Daquele posto, supervisionava centenas de edifícios e terrenos, palácios, casas de campo, frotas de aviões e iates, hospitais, estâncias termais e hotéis, obras de arte e antiguidades, assim como um sem-número de fábricas e empresas do Estado, entre as quais havia um pouco de tudo, de agências funerárias uma mina de diamantes no Ártico. Segundo a estimativa de Borodine da altura — que não podia ser mais do que um palpite —, o valor do património do Kremlin excedia os seiscentos mil milhões de dólares ([18]). Borodine demonstrou ter um pendor para o capitalismo criativo, diversificando os bens a cargo do diretório em setores emergentes como a banca e o imobiliário comercial. Também aproveitou a sua posição para engrossar a clientela de Ieltsine, dispensando doações de apartamentos e casas de campo, assim como cupões para viagens e férias. A imprensa divertia-se chamando o seu gabinete de Ministério dos Privilégios ([19]).

O orgulho — e a loucura — de Borodine consistia numa renovação extensiva do próprio Kremlin, a que Ieltsine deu início numa altura em que ninguém acreditava que o país pudesse arcar com a despesa ([20]). Em agosto de 1996, Borodine firmou um contrato com uma empresa suíça, a Mercata, para a renovação do grande palácio do Kremlin, a antiga residência dos imperadores que o Partido Comunista tinha dotado de todo o charme de um auditório de fábrica. O projeto conseguiu recriar o esplendor da época imperialista, mas os contratos com a Mercata e uma empresa-irmã, a Mabetex, também envolveriam Ieltsine e a sua família num escândalo internacional com acusações de subornos e de contas bancárias situadas em paraísos fiscais.

Putin tinha encontrado Borodine anteriormente quando este, certo dia, foi visitar Sampetersburgo em busca de uma casa de campo setentrional para Ieltsine. Também tinha ajudado numa vez em que a filha de Borodine, uma estudante universitária em Sampetersburgo, adoeceu [21]. A troca deste tipo de favores — conhecidos como *blat* — tinha sido uma tradição dos sistemas imperialista e soviético, em que ligações e redes informais atalhavam obstáculos burocráticos. Até numa Rússia livre, onde o dinheiro desempenhava um papel mais importante, o *blat* mantinha-se como moeda de troca na política do Kremlin [22]. Também ajudou Putin a obter o seu primeiro emprego em Moscovo.

Este ficou «um tanto ou quanto surpreendido» com o facto de um burocrata de tão elevada estirpe, com laços estreitos com a família de Ieltsine, se interessar por ele [23]. De facto, Borodine receava instalar Putin na sua instituição, como também era o caso de outros que trabalhavam no diretório «que desconfiavam de que Putin tivesse lealdades para com outras pessoas e organizações» [24]. Putin, por seu lado, estava fora do seu elemento na estufa das conspirações e das lutas intestinas que consumiam Moscovo, depois da reeleição de Ieltsine e dos seus preparativos (ainda secretos) para se submeter a uma cirurgia ao coração no outono. Mesmo a sua experiência no governo de Sobtchak não o tinha preparado para tanto; ele era um forasteiro em Moscovo, e até tinha algo de ingénuo. Tal como fizera quando entrou para a vida pública em 1991, arranjou uma entrevista televisiva que o mostrava a mudar-se para Moscovo. «De que homem é o senhor?», foi a primeira pergunta cínica que o entrevistador dirigiu a Putin, enquanto este aguardava pelo embarque numa sala de espera no Aeroporto de Pulkovo. Afinal, na Rússia, ninguém ascendia a posições de poder sem um patrono, e os patronos na «Família» de Ieltsine, tal como os de todas as famílias infelizes, estavam praticamente em guerra uns contra os outros. Putin, envergando um fato mal amanhado num sinistro tom de azul, insurgiu-se. Era o filho do seu pai e da sua mãe, respondeu com um leve excesso de seriedade, e não era homem de ninguém. Insistiu em nem sequer pertencer ao «clã de Sampetersburgo», que estava a dar um segundo fôlego à sua carreira política. «Para mim, até é difícil imaginar que algum tipo de grupo ou fação exista», disse.

UM CAMINHO INESPERADO RUMO AO PODER

«Não tenho nenhuma intenção de me preocupar com coisas desse tipo. Chamaram-me para trabalhar.» ([25])

Ludmila não quis mudar-se. Finalmente, tinha a sensação de terem uma vida familiar própria em Sampetersburgo, fora da sufocante órbita dos pais de Putin. No entanto, não tinha voto na matéria. «Parecia sempre ser o caso de que o trabalho vinha primeiro para Vladimir Vladimirovitch», disse a um biógrafo com uma formalidade gélida, «e a família, em segundo lugar» ([26]). Até Putin dava mostras de relutância no que dizia respeito à ideia de abandonar a familiaridade da sua cidade natal, mas tinha a impressão de que um emprego com Borodine «era a melhor saída da minha situação» ([27]). Como o departamento de Borodine tinha poderes para dispensar favores, arranjou maneira de os Putins irem ocupar uma casa de campo do Estado em Arkhangelskoie, um subúrbio arborizado a oeste de Moscovo. A casa estava velha, mas tinha dois andares e seis quartos, o que dava espaço mais do que suficiente para as duas filhas. Ludmila não demorou muito a apaixonar-se pela capital com a sua agitação, a «sensação de que a vida está em plena ebulição» ([28]). Em setembro de 1996, Putin já fazia parte da vasta administração presidencial, instalando--se num escritório num edifício pré-revolucionário na Staraia Plochchad, ou seja, na Praça Velha, próximo do Kremlin. Com ele, chegaram dois dos seus assessores mais próximos de Sampetersburgo: Serguei Chemezov, que fizera serviço com ele em Dresden, e Igor Sechin, que estivera com ele desde o início no quadro de pessoal de Sobtchak.

Borodine incumbiu o seu adjunto do departamento jurídico e das vastas possessões do Kremlin em setenta e oito países: embaixadas, escolas, assim como outras propriedades que outrora tinham pertencido ao Partido Comunista da União Soviética. A chegada de Putin coincidiu com um decreto de Ieltsine que transferia o controlo das propriedades dos antigos ministérios que as tinham administrado nos tempos soviéticos, como o Ministério dos Negócios Estrangeiros e o Ministério das Relações Económicas Estrangeiras, para o diretório de Borodine. Muitas delas encontravam-se em antigos países satélites da União Soviética ou mesmo em antigas repúblicas da mesma, como a Ucrânia, que reivindicava as propriedades soviéticas nos seus territórios recém-independentes. Calhou a Putin a tarefa de extrair algum sentido da barafunda jurídica,

O NOVO CZAR

desfazendo-se de propriedades que já não valia a pena ter e reafirmando a soberania russa sobre as outras. O inventário de Putin apenas sublinhava a desintegração da União Soviética e o esgaravatar da sua carcaça em busca de lucro fácil. «Às vezes vinham à luz coisas de pôr o cabelo em pé», disse o colega de Putin Serguei Chemezov ([29]). Dúzias de obscuros «conglomerados, empresas fictícias e sociedades anónimas» que, naquela altura, tinham sido criadas por obra e graça do Espírito Santo começaram a comprar muitas propriedades soviéticas no estrangeiro, de acordo com um jovem cobrador de dívidas, Filipe Turover, ([30]) que tinha detetado algumas delas e, para desgraça de Borodine, tinha decidido partilhar as provas recolhidas com procuradores em Moscovo e na Suíça.

Putin era um subalterno, como um jornal de Moscovo escreveu na altura num perfil sobre a mais recente aquisição do aparelho do Kremlin. Ele era «absolutamente um homem dos bastidores», cuja maior qualidade profissional consistia precisamente na sua inconspicuidade ([31]). Foi provavelmente isso que o salvou quando as lutas pelo poder em torno de Ieltsine explodiram em público no preciso momento em que se apresentou ao seu novo emprego. Aleksandr Lébed, o conselheiro de segurança nacional de Ieltsine, negociou um fim da guerra na Chechénia em agosto de 1996 com um tratado de paz que adiava, mas não resolvia, o desejo de independência dessa república. De seguida, Lébed envolveu-se numa polémica pública relativamente aos termos do acordo com Chernomirdin e Tchubais, que se distanciaram de um acordo que parecia dar demasiadas coisas de mão beijada aos chechenos. Até outubro, as quezílias públicas já tinham subido de tom a ponto de o ministro do Interior, Anatoli Kulikov, acusar Lébed de encenar um «golpe em câmara lenta» e pôr a polícia nacional em estado de alerta em todo o país. Chernomirdin chamou a Lébed «um pequeno Napoleão». No dia seguinte, Ieltsine despediu Lébed, que forjou então uma aliança política com o deposto chefe da segurança de Ieltsine, Aleksandr Korjakov, que, por seu lado, fez sair uma transcrição de Tchubais debatendo esforços para abafar uma investigação aos dois assessores de campanha que tinham sido apanhados com a caixa cheia de dinheiro.

Os confrontos foram-se avolumando enquanto Ieltsine se submetia a uma cirurgia ao coração em novembro, e Putin viu-se arrastado mais

UM CAMINHO INESPERADO RUMO AO PODER

profundamente para o âmago das maquinações bizantinas. Ainda nem sequer tinha terminado o seu inventário das propriedades do país no estrangeiro, e muito menos se tinha ocupado delas, quando foi transferido para um novo posto em março de 1997, após meros sete meses em Moscovo. Alexei Kudrin foi promovido e tornou-se vice-ministro das Finanças, e, por sua recomendação, Putin substituiu-o enquanto chefe do Diretório Principal de Controlo. A designação também fez dele um vice-chefe de gabinete na administração presidencial, trabalhando num magnífico novo escritório na Staraia Plochchad ([32]). Uma semana depois de chegar ao posto, um novo decreto presidencial concedeu ao diretório uma autoridade mais ampla para investigar abusos relativos às despesas do governo, numa altura em que governadores, empresas estatais e monopólios se aproveitavam do caos político e económico para drenar fundos dos cofres da nação.

A tarefa de Putin consistia em restabelecer a ordem, pondo fim aos esquemas mais flagrantes que estavam a deixar o governo e a economia numa situação cada vez mais precária. O trabalho expô-lo à corrupção que estava a carcomer o país, mas também aos riscos políticos de expor os titulares do poder. Putin depressa aprendeu que o trabalho no Kremlin requeria delicadeza e discrição na tarefa de interpretar quão longe havia de levar as suas investigações. Dias depois de assumir o cargo à frente do diretório, Putin absolveu publicamente Ieltsine e um antigo ministro da Defesa, o general Pavel Gratchov, de terem sido cúmplices num escândalo em que o comando militar no Cáucaso tinha transferido, entre 1993 e 1996, tanques e outro material bélico num valor de mil milhões de dólares para ajudar a Arménia na sua guerra contra o Azerbaijão, embora existisse uma lei russa que proibia as vendas de armamento a qualquer um dos lados. Para neutralizar o escândalo, Putin deu entrevistas ao jornal *Kommersant* e à estação de rádio Ecos de Moscovo. Confirmou que as transferências tinham ocorrido e que os investigadores tinham encontrado os responsáveis, embora recusasse terminantemente dar os seus nomes.

«Descobriu quem esteve pessoalmente implicado neste fornecimento?», perguntou o entrevistador do *Kommersant*.

«Sim, encontrámos os seus nomes», respondeu Putin.

«Pode referi-los?»

O NOVO CZAR

«Preferiria não o fazer enquanto não estiverem concluídas as investigações da Procuradoria-Geral e da Procuradoria Militar Principal.»

«São funcionários do Ministério russo da Defesa?», insistiu o jornalista.

«São.»

«O nome do antigo ministro da Defesa, Pavel Gratchov, consta dessa lista?»

«Não. No decurso da investigação que levámos a cabo, não encontrámos quaisquer documentos que indicassem que Gratchov tivesse dado quaisquer instruções ou diretrizes diretas nesta matéria.» [33]

Putin, enquanto o veterano dos serviços de informações que era, sabia como medir as suas respostas, falando relutantemente enquanto desbobinava precisamente a informação que queria tornar pública, e nada mais. Gratchov, cuja corrupção era tão notória, que lhe chamavam «Pacha Mercedes» por adquirir automóveis de luxo em circunstâncias que careciam de explicação, certamente sabia de mais para que o Kremlin o indispusesse por completo, embora dispensasse os seus serviços. Um funcionário da procuradoria militar, que já tinha interrogado Gratchov, queixou-se, sob anonimato, de que era cedo de mais para que Putin exonerasse fosse quem fosse [34].

A chefia do diretório levou Putin aos quatro cantos do país e aproximou-o da procuradoria-geral e das agências de segurança, incluindo do Serviço Federal de Segurança, ou FSB, o sucessor doméstico do KGB, responsável pela segurança interna, contraespionagem e contraterrorismo, e que continuava a ter a sua sede no famigerado edifício do KGB na Praça Lubianka. Descobriu em que medida o governo russo estava a falhar em quase todos os domínios, vendo a sua autoridade ignorada, os seus recursos desperdiçados por governadores e outros altos funcionários que estavam a conspirar com novos empresários para surripiar o máximo possível. Embora não tivesse os poderes de um procurador, tinha a autoridade do Kremlin para esquadrinhar orçamentos e contratos, para conduzir investigações e para compilar volumosos dossiês de provas incriminatórias que seriam utilizadas em caso de necessidade. A informação dotava-o de poder e influência. Tornou-se num *revizor* dos tempos modernos, o inspetor governamental da peça satírica de Gógol, cuja chegada inesperada à aldeia instilava tanto medo a funcionários locais desonestos, que, numa situação de confusão de identidades, cobriram de tributos um peralta desprevenido. No fim do primeiro mês no seu posto, Putin já tinha declarado um vice-ministro dos Transportes, Anatoli Nasonov, incompetente, depois de «verificações seletivas» em dezoito regiões terem chegado à conclusão de que milhares de milhões de dólares tinham sido desapropriados do Fundo Rodoviário Federal. Em maio de 1997, já tinha alargado as suas investigações a um terço das oitenta e nove regiões ou repúblicas do país, tendo acusado duzentos e sessenta funcionários de prevaricação. Em setembro, já tinha anunciado procedimentos disciplinares contra quatrocentos e cinquenta funcionários e chamou particular atenção para as «provas flagrantes» de abuso orçamental nas regiões de Stavropol e Tver ([35]). Putin impressionou os seus superiores pela sua diligência em procurar reafirmar a autoridade do Kremlin, embora seletivamente, e ao mesmo tempo em voltar a encher os cofres do governo ([36]). Também chegou a enervá-los uma vez ou outra. Boris Nemtsov, um jovem assessor do primeiro-ministro que tinha sido nomeado por Ieltsine no mesmo mês em que Putin tinha tomado as rédeas do diretório, recordou um relatório que Putin entregou sobre situações de roubo e corrupção que o seu departamento tinha desvendado numa fundação criada por Anatoli Tchubais, que, em 1996, tinha trocado as voltas a Putin, deixando-o sem emprego. O relatório terminava com uma saudação que Nemtsov, um democrata reformista, percebeu ser a linguagem de um operacional dos serviços secretos: «Informações à vossa discrição». Nemtsov chamou-o para explicações, dizendo que, se ele estava convencido de que algum crime tinha sido cometido, só tinha de informar a procuradoria em vez de escrever coisas desse tipo. «Que é que isso significa?», perguntou ao seu subordinado. Putin não se fez rogado com a resposta: «O senhor é o chefe, e é o senhor quem decide.» ([37])

Putin já tinha passado um bom bocado a refletir sobre os problemas económicos do país. Em maio de 1996, quando ainda estava em Sampetersburgo, Putin tinha-se inscrito oficialmente numa universidade para obter o grau académico no qual tinha pensado primeiro ao voltar de Dresden. Os graus académicos avançados sempre causaram boa impressão na União Soviética e na Rússia, e a decisão de Putin de arranjar um refletia um desejo de dourar as suas credenciais, uma necessidade que se tornou ainda mais aguda após a derrota de Sobtchak. Tal como quando se matriculou na Universidade Estatal de Leninegrado com o objectivo de se juntar ao KGB, Putin encarava a educação como um meio para atingir fins, não como um fim em si mesmo ([38]). No entanto, não voltou ao departamento de Direito da sua universidade para obter um grau superior. Ao invés, escolheu o prestigiado Instituto de Mineração nomeado em honra de Gueorgui Plekhanov, um teórico pré-revolucionário considerado o pai do marxismo russo. E não escolheu assuntos jurídicos, mas um assunto que sabia ser vital para o futuro da Rússia: recursos naturais. Não estava só. Victor Zubkov e Igor Sechin, ambos companheiros de percurso chegados no governo de Sobtchak, também se inscreveram no instituto, elaborando teses dedicadas aos recursos naturais da Rússia; os seus interesses prendiam-se com os numerosos investimentos da cidade em companhias petroleiras, oleodutos e portos ([39]). Em 1995, quando era o adjunto de Sobtchak, Putin elaborou um relatório para o governo federal sobre a necessidade de melhorar as exportações dos recursos naturais da região através da reestruturação dos portos de Sampetersburgo, e este serviu de base à tese que Putin resolveu redigir ([40]).

O produto do seu labor — duzentas e dezoito páginas no original russo, com gráficos e anexos — era seco no tom e denso em factos e números concernentes aos recursos naturais dos arredores de Sampetersburgo: não petróleo ou gás, mas bauxite, fosfatos, argila, areia, gravilha, cimento e turfa. Estes recursos tinham permanecido subdesenvolvidos após o desmoronamento da União Soviética e precisavam de investimentos estratégicos do governo para poderem prosperar. A tese antecipava uma política económica centrada nos enormes recursos naturais da Rússia, baseada no mercado livre emergente. Advogava «recomendações normativas e processuais adequadas», mas não uma reafirmação do controlo estatal sobre o desenvolvimento económico ([41]).

Putin parece nem ter assistido a aulas na universidade, nem ter tido tempo para escrever uma tese complicada, dadas as exigências da campanha de reeleição de Sobtchak, a sua procura de um novo emprego, assim como a subsequente transferência para Moscovo. Parece ter feito o que muitos russos fizeram naquela altura, com especial relevo para funcionários públicos fortemente ocupados: pagou a alguém para a escrever

UM CAMINHO INESPERADO RUMO AO PODER

por ele. A filha do reitor do instituto, Vladimir Litvinenko, que estava de relações cortadas com o pai, mais tarde reivindicaria que tinha sido ele quem tinha escrito a tese para Putin ([42]). Litvinenko, que era um perito em mineralogia, foi juntar-se ao conselho de administração da PhosAgro, uma das maiores produtoras do mundo de adubos baseados em fosfatos, que se encontravam em abundância na região de Sampetersburgo, como a tese frisava. Tornou-se num homem muito rico, mas isso só se saberia muitos anos depois, uma vez que, na altura, os proprietários da empresa permaneceram secretos ([43]).

Quem quer que fosse ou fossem o autor ou os autores, a tese de Putin retomava quase à letra mais de dezasseis páginas de texto e seis diagramas de um manual estado-unidense, escrito por dois professores da Universidade de Pittsburgh, que tinha sido traduzido para o russo em 1982 — quase de certeza a mando ou com a aprovação do KGB, que, sob a direção de Andropov, estava ansioso por encontrar uma saída da estagnação económica da União Soviética. A bibliografia da tese inclui o manual — *Strategic Planning and Policy*, de William R. King e David I. Cleland — como uma de quarenta e sete fontes, que incluíam trabalhos académicos e palestras de Putin apresentados no instituto, mas no próprio corpo do texto o livro nem é citado expressamente, nem as longas passagens pedidas emprestadas à sua tradução russa são identificadas como tais. Em vez disso, o número 23, o seu lugar na bibliografia, aparece simplesmente disposto entre parênteses em duas instâncias. O evidente plágio seria um bilhete só de ida para o insucesso em universidades estado-unidenses ou europeias, mas era uma prática aceite pela academia soviética e russa cortar e colar texto recorrendo minimalmente à citação assumida. Em todo o caso, ao longo de anos, ninguém deu por nada ([44]).

Putin parecia indiferente ao empreendimento académico. Raramente o mencionou durante a redação ou depois, embora o referisse nos seus currículos, o que provavelmente teria sido a ideia desde o início. É possível que se sentisse constrangido pela sua falta de escrúpulos académicos ou pelo seu improvável à-vontade com a Matemática Avançada ([45]), que nunca tinha revelado enquanto estudante. Ainda assim, a tese pôs a descoberto um interesse na economia de recursos naturais que era uma obsessão para o círculo de amigos que tinha reunido em Sampetersburgo

O NOVO CZAR

(e, mais tarde, na cooperativa de casas de campo Ozero, fundada em 1996). Putin defendeu a tese no Instituto de Mineração no mês de junho de 1997, e um dos que estiveram incumbidos de criticar a sua apresentação caracterizou a sua defesa como «brilhante» ([46]).

Agora, em Moscovo, ele tinha influência sobre a distribuição desses recursos no plano nacional, e não meramente regional. Uma disputa comercial internacional em torno de uma jazida de ouro na Sibéria, por exemplo, motivou Putin a escrever um relatório, em 1997, que sugeria a exoneração do primeiro vice-ministro dos Recursos Naturais, Boris Iatskevitch. Iatskevitch trabalhava no ministério que atribuía as autorizações de extração mineira, ocupando ao mesmo tempo o posto de presidente do conselho de administração da empresa Lenzoloto, que detinha a licença respeitante à jazida. Putin considerou a situação uma violação flagrante da lei ([47]). Como era típico no governo de Ieltsine, nada aconteceu; a bem dizer, Iatskevitch foi promovido a ministro dos Recursos Naturais. Putin, por seu lado, começou a formular opiniões vincadas sobre a necessidade de reafirmar a autoridade do Estado para pôr fim à depredação do património mais precioso do país. Num ensaio publicado no periódico anual do Instituto de Mineração dois anos mais tarde, afirmou que os recursos naturais iriam servir de apoio à economia russa durante «pelo menos» a primeira metade do século XXI, mas que seria necessário investimento estrangeiro e a forte mão diretora do Estado no licenciamento e na regulação da exploração das riquezas que jazem debaixo das vastas extensões da Eurásia ([48]). Poucos académicos alguma vez tiveram a oportunidade de pôr as suas ideias em prática, mas Putin tê-la-ia brevemente. Antes disso, porém, ainda tinha outro assunto a encerrar em Sampetersburgo.

O exílio do poder de Anatoli Sobtchak pouco teve de tranquilo. As investigações que tinham começado durante a sua campanha de reeleição não tinham terminado, nem mesmo depois de Ieltsine demitir aqueles que tinham urdido a sua trama contra Sobtchak. Podiam ter abandonado as suas funções, observou Sobtchak, mas não tinham saído «do abismo em que voavam» ([49]). E tinham aliados no parlamento, que, em abril de 1997, aprovou uma resolução que apelava ao procurador que levasse até ao fim as várias investigações dos «odiosos crimes» de Sobtchak

UM CAMINHO INESPERADO RUMO AO PODER

e de vários dos seus adjuntos ([50]). Entretanto, os comentários públicos de Sobtchak sobre assuntos políticos não lhe tinham rendido nenhum aliado no interior do Kremlin. Em janeiro de 1997, criticou a liderança de Ieltsine, dizendo que o seu estado de saúde deteriorado tinha levado «praticamente à anarquia» e à «criminalização da autoridade» ([51]). Em julho, uma das suas conselheiras, Larisa Kharchenko, foi presa e acusada de ter negociado subornos pelo chefe da empresa de construção civil Renaissance, e Sobtchak foi citado como testemunha. Seguiu-se a prisão do seu chefe de gabinete, Victor Kruchinin. Durante todo o verão, fugas de informação enchiam os jornais com os pormenores do caso e especulações de que a prisão do próprio Sobtchak estava iminente. Ele queixou-se de que tinha o telefone sob escuta e de que era seguido para todo o lado por agentes do FSB, ignorando ao mesmo tempo uma dúzia de intimações para depor como testemunha e negando ter cometido alguma ilegalidade na privatização do património da cidade ([52]).

Tinha razões para ser paranoico: ficou enredado na campanha altamente publicitada, se bem que não muito séria, de Ieltsine contra a corrupção, na qual o próprio Putin estava a desempenhar um papel preeminente. No dia 3 de outubro, investigadores acompanhados de dez elementos armados até aos dentes de uma unidade especial de polícia chegaram ao escritório de Sobtchak, que entretanto se encontrava na sede da Unesco, e prenderam-no como testemunha material. Enquanto estava a ser interrogado nos serviços da procuradoria, queixou-se de dores no peito e foi levado ao hospital. A sua mulher disse que tinha sofrido um ataque cardíaco, embora ninguém acreditasse nisso, e os médicos do hospital não o confirmassem. Fosse como fosse, no dia seguinte estava suficientemente restabelecido para se insurgir na agência noticiosa Itar-Tass, dizendo que o trabalho dos investigadores recordava o Grande Terror de 1937. «Com a única diferença de que em 1937 me teriam matado», disse ele ([53]).

Sobtchak passou um mês no hospital, com o seu destino a depender do boletim clínico. Até Ieltsine, cuja antipatia por Sobtchak se tinha consolidado, tinha a impressão de que a procuradoria estava a ir longe de mais. Enviou uma mensagem ao procurador-geral, Iuri Skuratov: «Os senhores não podem importunar um homem doente.» ([54]) Mas os procuradores não desistiram. Duvidavam das afirmações de Sobtchak

O NOVO CZAR

sobre o seu estado de saúde e fizeram vir médicos de Moscovo para o examinar. No entanto, antes de estes terem sido capazes de chegar, Putin interveio. Visitou Sobtchak no hospital e organizou a sua transferência para a Academia Médica Militar e os cuidados de Iuri Chevchenko, que tinha tratado Ludmila após o seu acidente de automóvel e tinha permanecido um amigo próximo e digno de confiança. Depois, orquestrou a fuga de Sobtchak.

No dia 7 de novembro, um feriado, embora já não se celebrasse oficialmente a revolução bolchevique, Putin levantou a documentação médica de Sobtchak e fretou um avião da Finlândia pela módica quantia de trinta mil dólares — de acordo com a mulher de Sobtchak, o voo foi custeado por «amigos», embora alguns relatos tivessem afirmado que a fonte do financiamento foi o violoncelista Mstislav Rostropovitch [55]. Putin recorreu aos seus velhos contactos na polícia e nos serviços de informações locais para escoltar uma ambulância que transferiu Sobtchak, no maior sigilo, da enfermaria do hospital para um avião que o esperava no Aeroporto de Pulkovo. Apesar dos mandados de captura emitidos contra ele, apesar do alarme público em relação ao seu caso, e apesar das suas próprias promessas de que iria ficar na Rússia para se defender das acusações, ele e a mulher, Ludmila Narusova, passaram o controlo aduaneiro do aeroporto, viram os passaportes carimbados e descolaram rumo a Paris.

O envolvimento de Putin foi certamente audacioso e muito provavelmente ilegal, mesmo que os documentos de Sobtchak estivessem em ordem. Tal como tinha feito em 1991, arriscou o seu próprio futuro por lealdade ao líder carismático e falível que lhe tinha sido «um amigo e mentor» [56]. Só num país em que o sistema judiciário estava de rastos, ele poderia ter conseguido exfiltrar Sobtchak para a segurança no estrangeiro. Só num sistema político disfuncional, este descarado desrespeito pela lei poderia ter-lhe rendido admiração — e não só num círculo restrito de amigos.

O voo de Sobtchak causou sensação, e o papel desempenhado por Putin no assunto não permaneceu em segredo por muito tempo. «Putin compreendeu a injustiça do que estava a acontecer ao seu antigo chefe e mentor político melhor do que qualquer outro», escreveu mais tarde um admirador. Putin «farejou o perigo mais depressa e com mais acuidade do que outros» e agiu por lealdade e nada mais do que isso. «Quando soube de que Putin tinha ajudado a mandar Sobtchak para o estrangeiro, não soube o que pensar. Putin tinha corrido um grande risco. Mas admirei profundamente a forma como agiu.» O admirador era Boris Ieltsine, e quando pensava nas lutas intestinas e traições dos funcionários que tinha nomeado, sentia profunda admiração por uma tal mostra de lealdade ([57]).

Capítulo 8

Nadar duas vezes no mesmo rio

Após um ano a chefiar o Diretório Principal de Controlo, Putin fartou-
-se de levar a cabo investigações que produziam resultados contraditórios.
Tinha desmascarado situações de corrupção apenas para ver os casos
empatados num sistema judiciário que, como se apercebia, era fácil de
manipular. Tinha poucos poderes para desafiar os interesses instalados
de funcionários, mas também mostrava pouco zelo de se meter numa
cruzada para mudar o sistema. «Não foi um trabalho muito criativo»,
recordou. Mais tarde, afirmou que tinha ponderado abandonar o governo
errático de Ieltsine para trabalhar no setor privado no inverno de 1997/98.
Pensou em abrir um escritório de advogados, embora duvidasse de que
pudesse fazer disso vida. O que o deteve, de um modo indireto, foi a
ameaça de desmoronamento da nova economia russa e, *pari passu*, do
Estado ([1]). No início de 1998, Putin foi levado na onda daquilo que foi
descrito como a «revolução dos quadros médios de gestão desconhecidos» ([2]). Ieltsine voltou-se para estes jovens *apparatchiks* sem cara para
evitar a calamidade nacional e o seu próprio fim.

No ano que se seguiu à reeleição de Ieltsine e à sua convalescença
depois de se submeter a uma operação ao coração, o país parecia ter-se
estabilizado após a deriva através das crises pós-soviéticas. A inflação
abrandou, e a economia crescia pela primeira vez desde 1989, embora

o aumento do produto interno bruto não chegasse a meio por cento. Ninguém estava propriamente a transbordar de otimismo, mas o pior parecia ter passado. «Toda a gente estava cheia de esperança, eu próprio incluído», escreveu Ieltsine nas suas memórias. «Esperava que por volta da segunda metade do ano de 1997 e no início de 1998 sentíssemos que alguma coisa estava a mudar no nosso país.» ([3]) E estava, mas não no sentido em que ele ou qualquer outro imaginavam. A crise económica que varreu a Ásia no outono de 1997 arrastou consigo a economia mundial e, o que foi mais crítico para a Rússia, também conduziu à diminuição do preço do petróleo. No final de 1997, um barril de petróleo vendia-se por menos do que custava às empresas petrolíferas russas extraí-lo; nos primeiros três meses de 1998, a indústria que fornecia a maior parte dos recursos da Rússia *perdeu* mais de 1,5 mil milhões de dólares ([4]). As receitas do governo, já reduzidas pela fuga ao fisco generalizada e pela fuga de capitais rumo a contas *offshore*, caíram a pique, e o governo de Ieltsine não tardou a secar as suas reservas na tentativa de aguentar.

No dia 21 de março de 1998, Ieltsine mandou vir o seu primeiro--ministro, Victor Chernomirdin, à sua casa de campo, onde então passava mais tempo do que no Kremlin. Chernomirdin tinha desempenhado o seu cargo durante mais de cinco anos, provando ser um baluarte no governo nos piores anos de confusão política e económica. Com Ieltsine cada vez mais enfraquecido e novas eleições já no horizonte, alguns pensavam que poderia vir a ser o sucessor do presidente, uma ideia que atormentava Ieltsine, que queria alguém «absolutamente livre da influência de qualquer grupo político ou financeiro» ([5]). Por isso, despediu Chernomirdin e, de seguida, apresentou justificações vagas e contraditórias para o seu ato. Afirmou que o país precisava de um tecnocrata, mas em boa verdade queria um subalterno como primeiro-ministro, não um futuro rival. O escolhido de Ieltsine para a sua substituição era Serguei Kirienko, um antigo banqueiro de Níjni Novgorod. Tinha trinta e cinco anos, quase um quarto de século mais novo do que Chernomirdin, e só tinha chegado a Moscovo no ano anterior para tomar posse enquanto ministro da Energia. Só soube aquilo que o esperava nessa mesma manhã e, de acordo com Ieltsine, «teve de se recompor e tentar compreender tudo o que estava a acontecer» ([6]).

NADAR DUAS VEZES NO MESMO RIO

A Duma rejeitou duas vezes a indigitação de Kirienko, tornando óbvia a influência cada vez menor de Ieltsine e intensificando uma atmosfera de crise política. Chernomirdin anunciou prontamente que iria candidatar-se à presidência em 2000, confirmando o receio de Ieltsine relativamente às suas ambições. Até alguns dos oligarcas que tinham apoiado Ieltsine dois anos antes passaram a apoiar Chernomirdin, sendo o mais importante entre eles Boris Berezovski. Um antigo matemático, baixo e a ficar careca, Berezovski tinha construído um império financeiro que incluía fábricas de automóveis, bancos, petróleo, assim como uma participação de controlo numa estação televisiva do Estado, a ORT, da qual fizera um instrumento de poder político e de vingança. Ieltsine tinha-o nomeado para o seu Conselho de Segurança após a sua reeleição em 1996 e logo o tinha despedido. Berezovski era inconstante e desleal; para ele, um aliado era um «fenómeno temporário», como certa vez disse um funcionário das forças de segurança. «Para Berezovski, as pessoas dividem-se em duas categorias: um preservativo na sua embalagem e um preservativo usado.» [7]

Berezovski encarou Kirienko enquanto um reformador no estilo de Anatoli Tchubais ou Boris Nemtsov, os jovens liberais que tinham sido chamados para reestruturar a economia russa. Por outras palavras, Kirienko ia contra os seus interesses comerciais [8]. Desencadeou toda a força do seu canal televisivo contra o indigitado, aliando-se aos comunistas no parlamento, que o desprezavam como o magnata que era. Ieltsine apenas conseguiu impor a nomeação de Kirienko ameaçando dissolver o parlamento, conforme lho permitia a Constituição, se não aprovasse a nomeação ao fim de três votações. Kirienko foi confirmado por uma unha negra aquando da terceira votação. Os opositores de Ieltsine no parlamento consolaram-se redigindo artigos concernentes à sua destituição.

A remodelação no governo de Ieltsine criou mais uma oportunidade para Putin. Em maio de 1998, apresentou-se ao seu terceiro novo emprego no Kremlin em menos de dois anos. Nunca tinha sido próximo de Ieltsine nem, na altura, dispunha de poder suficiente para desempenhar algum papel nas suas intrigas. Ainda assim, a sua competência e lealdade tinham-lhe permitido subir na burocracia, mais de uma vez para surpresa de gente como Tchubais. Desta feita, Ieltsine nomeou-o para primeiro

O NOVO CZAR

vice-diretor da administração presidencial, tornando-o no responsável pelas relações com as oitenta e nove regiões do país. O posto era uma extensão natural do seu trabalho no Diretório Principal de Controlo, em que tinha acumulado atas sobre corrupção e má conduta de funcionários regionais. A Rússia é nominalmente uma federação das suas regiões, e, embora a Constituição de 1993 investisse o presidente de uma autoridade ampla e centralizada, muitas funcionavam como feudos independentes. Em virtude das suas eleições locais, os líderes regionais também dispunham de autoridade política independente e, deste modo, constituíam potenciais ameaças à preeminência de Ieltsine. A desconfiança de Ieltsine só aumentou quando Aleksandr Lébed, o seu concorrente tornado aliado e convertido em inimigo, ganhou a eleição para governador na região siberiana de Krasnoiarsk, em maio, e deixou bem claro que as suas ambições presidenciais não tinham diminuído nem um pouco.

Putin encarava o sistema político fraturado como um sintoma da dissolução progressiva do país. A luta da Chechénia pela independência era apenas o exemplo mais extremo de como o país estava a apodrecer desde o seu interior. A *vertikal*, a cadeia da autoridade governamental, tinha sido destruída, como recordaria, e «tinha de ser reconstituída» ([9]). Disse aos jornalistas que agora a sua tarefa principal era assegurar que os decretos de Ieltsine seriam aplicados no plano regional, mas sublinhou que não pretendia um «apertar dos parafusos» ([10]). Nunca teve tempo para o fazer. Permaneceria naquele posto meros sessenta e um dias — tempo suficiente para instalar um colega do KGB de Sampetersburgo, o tenente-general Nikolai Patrutchev, no seu antigo posto no Diretório Principal de Controlo, mas não para conseguir fazer muito mais.

Dois dias após a mais recente nomeação de Putin, a bolsa de valores russa entrou em queda. As ações tinham perdido metade do seu valor desde o início do ano, varrendo fortunas de milhões de dólares, embora fosse apenas entre o escol que podia dar-se ao luxo de investir. Os pobres nada tinham. Os salários em atraso iam-se acumulando, e as greves não se fizeram esperar. Os investidores estrangeiros começaram a retirar o seu capital, enquanto os russos abastados encafuaram o seu em paraísos fiscais. A privatização da Rosneft, a última companhia petrolífera que ainda permanecia no setor estatal, foi cancelada porque ninguém apareceu para apresentar uma oferta. Um crédito de quatro mil milhões de dólares do Fundo Monetário Internacional deteve a derrocada da Rússia, mas apenas por pouco tempo. O governo de Ieltsine fez das tripas coração para manter estável a cotação do rublo, mas foi um combate inglório. O governo «parecia uma grande corporação de bombeiros que tinha de resolver à pressa a declaração de cada vez mais novos focos de incêndio» ([11]).

Um dos focos que mais preocuparam Ieltsine prendia-se com a lealdade do FSB. Ao mesmo tempo que a economia do país implodia, Ieltsine afligia-se com o poder da agência. Ieltsine, que tinha feito mais do que qualquer outro para livrar o país do punho de ferro do Partido Comunista da União Soviética, nunca se tinha decidido a purgar as agências de informações com o zelo com que os alemães o tinham feito após 1989. Tinha-se fiado em excesso nos funcionários dos serviços secretos e nos seus superiores, esperando cercear a sua influência pondo-os a competir uns com os outros ([12]). Para os veteranos do KGB, as mudanças que ocorreram nos anos noventa do século XX foram desorientadoras e humilhantes. Muitos abandonaram as fileiras da agência para se fazerem empregar como chefes de empresas de segurança privada que não tardaram a atolar-se em lutas violentas por ativos; outros passaram-se para o mundo do crime, explorando as fraquezas do governo. Não raramente era difícil discernir quem era quem.

Pouco tempo após a sua reeleição em 1996, Ieltsine tinha nomeado um veterano do KGB, o general Nikolai Kovaliov, diretor do FSB acabado de criar. Foi o sexto chefe dos serviços de segurança nacionais desde o desmoronamento da União Soviética. Ieltsine considerou-o um administrador competente, mas, uma vez em funções, desenvolveu «uma enorme antipatia pessoal relativamente ao mundo dos negócios e a todos os seus representantes». «Simplesmente desprezava pessoas com grandes quantidades de dinheiro», escreveu Ieltsine ([13]). Não estava só entre os funcionários dos serviços de segurança que continuavam a receber os seus irrisórios salários governamentais e, como muitos russos, ficavam a ver enquanto fortunas inconcebíveis iam parar às mãos de uma mão--cheia de privilegiados (que, na sua opinião, não o mereciam). Dado o antissemitismo histórico do serviço de informações, não surpreende que muita da sua raiva se canalizasse contra os oligarcas que eram judeus.

O NOVO CZAR

Acreditavam que os Judeus tinham «vendido a Rússia ao desbarato», manipulando o presidente e dando origem à crise económica que então alastrava ([14]). O que mais alarmou Ieltsine foi que, sob a direção de Kovaliov, o FSB tinha começado a andar atrás desses novos «inimigos do povo», recolhendo material comprometedor, *kompromat*, contra os executivos de bancos e outras empresas, tal como os seus investigadores tinham procedido no caso de Sobtchak. Agora, o FSB andava no encalço de pessoas dentro da «Família» de Ieltsine — e até do próprio Ieltsine. Este chegou à conclusão de que precisava de tomar as rédeas da agência. Precisava de ter o seu próprio homem no FSB.

Boris Berezovski, cujo controlo da Aeroflot tinha atraído sobre ele a atenção ameaçadora do procurador-geral, andava com um pé dentro e outro fora do círculo de Ieltsine. Cultivava o seu acesso aos conselheiros presidenciais, embora fossem cada vez mais raras as vezes em que se reunia com o próprio presidente. Valentin Iumachev, um colaborador próximo de Ieltsine, disse que o presidente já não confiava nos generais do FSB e no seu «clã restrito». No início do mês de julho, Ieltsine tinha anunciado planos para reorganizar o FSB, o que incluía uma forte redução do número de funcionários na Lubianka, mas Kovaliov não parecia muito disposto a cumprir a ordem. Ieltsine queria arrumar a casa, explicou Iumachev, inquirindo se o nome de Vladimir Putin dizia alguma coisa a Berezovski.

Este recordou-se de um acordo que tinham firmado anos antes em Sampetersburgo. Quisera abrir uma representação de uma marca de automóveis e tinha ficado surpreendido com o facto de Putin ter recusado até pensar num suborno, que presumivelmente estava preparado para oferecer ([15]). «Foi o primeiro burocrata que não aceitou *luvas*», disse Berezovski. «A sério, o facto causou-me uma enorme impressão.» ([16]) Quer a recordação de Berezovski tenha sido um factor ou não, Putin tinha adquirido uma reputação de competência e disciplina que ia a ponto de abstémia, embora outros salientassem a sua capacidade de discrição. Ieltsine tinha reparado nele pela primeira vez quando ele trabalhava no Diretório Principal de Controlo. Na sua opinião, os seus relatórios eram «um modelo de clareza». Contrariamente ao eterno vaivém de mexericos e intrigas dos seus colaboradores, Putin não tentava impor nenhuma agenda ao seu chefe — ou mesmo o incomodar com conversa de circunstância. Com efeito, tentava «eliminar qualquer tipo de contacto pessoal» com Ieltsine. «E era precisamente isso», disse Ieltsine, «que me dava vontade de falar com ele mais amiúde». Inicialmente, desconfiou do «sangue frio» de Putin, mas acabou por compreender que estava «embutido no seu caráter» ([17]).

Depois da reunião no retiro presidencial de Ieltsine na Carélia, destinada à tomada da decisão final de exonerar Kovaliov, o jovem novo primeiro-ministro, Serguei Kirienko, voltou para Moscovo de avião e mandou Putin esperá-lo no aeroporto quando aterrasse. Nem ele nem Ieltsine tinham sondado Putin relativamente ao posto; na altura, ele não passava de um peão na partida de xadrez político que o presidente tinha em mente, com o fim da sua presidência a aproximar-se. Ao conduzir para o aeroporto, Putin estava à espera de más notícias e, de certo modo, na sua perspetiva, foi o que recebeu.

«Olá, Volodia», foi como Kirienko o saudou com um toque de familiaridade. Por muito jovem que Putin fosse, o primeiro-ministro era uma década mais novo. «E parabéns, hem!»

«A que propósito?», perguntou este.

«O decreto está assinado», disse Kirienko. «Foste nomeado diretor do FSB.» ([18])

Putin afirmou ter ficado surpreendido, embora o boato da possibilidade da sua nomeação tivesse passado pelos meios de comunicação social quase um ano antes ([19]). Até tinha discutido essa possibilidade com Ludmila três meses antes, durante um passeio que fizeram na casa de campo em Arkhangelskoie, num dos momentos cada vez mais raros em que lhe tinha reservado um pouco de tempo. Disse-lhe que não queria voltar à «vida fechada» do mundo dos serviços de informações, que pensava ter deixado para trás em 1991. «Não sentia nenhum desejo de entrar no mesmo rio duas vezes», disse ([20]).

Nem Ludmila estava entusiasmada com a perspetiva. Como a mulher de um funcionário de nomeação política em Moscovo, vivia uma vida, de longe, mais aberta e interessante, viajando com frequência à Alemanha e a outros lugares, embora não fossem raras as vezes em que o fazia apenas com as filhas, não enquanto família. Deleitando-se com a sua nova liberdade, recordou-se da estrutura opressiva da esposa de um agente do KGB: «Não vás aí, não digas aquilo. Fala a essa pessoa, e não àquela.»

No entanto, com a diligência do costume, Putin não recusou o convite. Telefonou a Ludmila para lhe dar a notícia, enquanto ela estava a passar umas férias com as filhas de ambos na costa báltica.

«Toma cuidado aí onde estás, porque me devolveram ao lugar onde comecei.»

Ludmila estava confusa. Pensava que tinha voltado para o gabinete de Borodine — que, de algum modo, ele tinha sido despromovido no meio do alvoroço político que na altura grassava no país.

«Voltei ao lugar onde comecei», repetiu ele.

Teve de o dizer uma terceira vez para que ela compreendesse. Ela teve de esperar pelo seu regresso a Moscovo para saber ao certo o que tinha acontecido para que ele fosse reencaminhado para a agência sucessora do KGB. «Nomearam-me, e pronto», foi o que Putin lhe disse, e ela não fez mais perguntas [21].

Kirienko apresentou Putin aos altos quadros do FSB na Lubianka na segunda-feira seguinte, 27 de julho de 1998, e esforçou-se por acalmar Kovaliov, que soubera da sua exoneração pelos noticiários televisivos. Kirienko disse que ele tinha feito um trabalho admirável, mas «mudam as condições, mudam as pessoas» [22]. Na sua apresentação, Putin expressou o seu agrado pela confiança do presidente e comprometeu-se não só a levar a cabo a reestruturação que Ieltsine tinha mandado fazer, mas igualmente a centrar o seu trabalho na estratégia do governo para aliviar a crise económica: abrir a caça ao crime económico e à evasão fiscal. Disse que tinha «chegado a casa».

Kovaliov, embora estivesse furioso devido à sua exoneração, manejou a transição com profissionalismo. Mostrou os cantos à casa ao seu sucessor e abriu o cofre-forte do seu escritório. «Aqui está o meu livro de apontamentos secreto», disse-lhe. «E aqui estão as minhas munições.» [23] Dois dias mais tarde, Putin deu uma entrevista ao jornal *Kommersant*, em que delineou as suas prioridades, alargando o trabalho tradicional da agência no plano interno para incluir a luta contra o extremismo político e o nacionalismo, contra espiões estrangeiros e contra a Internet, que acabava de chegar e cuja utilização estava a expandir-se lentamente. «Evidentemente, o FSB não vai tomar o controlo da Internet», disse ele, expressando já uma preocupação com a importância crescente do novo meio de comunicação, «mas está ciente de que as ferramentas de comunicação modernas podem ser utilizadas em detrimento do país» [24]. A nomeação de Putin causou algum mal-estar entre os veteranos do FSB — que também eram veteranos do KGB —, que o encaravam como um paraquedista e um intruso. Era de Sampetersburgo e toda a vida tinha trabalhado em postos de província. Nunca tinha chegado acima da patente de tenente-coronel. Foi uma oportunidade extraordinária e imprevista para Putin — e um salto enorme numa ascensão inesperada. Tinha passado por cima de generais muito mais experientes e qualificados, que passaram a encará-lo como um arrivista mandado para impor o controlo do Kremlin sobre a agência — que foi precisamente o que ele passou a fazer.

No dia 1 de agosto, depois de voltar precipitadamente das suas férias na Carélia para se ocupar da crise económica que estava a esboçar-se, Ieltsine mandou o seu novo diretor do FSB ir à sua casa de campo em Gorki, nos arredores de Moscovo, para discutir sobre o cargo. Ieltsine queria que Putin «tornasse o serviço menos politizado» e que restaurasse o seu prestígio e autoridade, algo que daria calafrios aos dissidentes, a quem a Lubianka continuava a meter medo. Ieltsine propôs que Putin voltasse ao serviço ativo de agente, sendo promovido a general. No entanto, Putin recusou, recordando a sua demissão nos dias do golpe de agosto de 1991. Também revelou a Ieltsine que, nos sete anos entretanto transatos, tinha permanecido adscrito à reserva territorial, enquanto o KGB se convertia em FSB. «Sou um civil», disse Putin a Ieltsine. «É importante que um ministério poderoso como este seja chefiado por um civil.» [25] E foi assim que se tornou no primeiro civil a chefiar o FSB — e também no último [26].

Putin instalou-se num escritório parcamente mobilado no terceiro andar da Lubianka. Não ocupou o velho escritório executivo perto do seu que tinha sido ocupado pelos chefes dos serviços secretos soviéticos, de Lavrenti Béria a Iuri Andropov. Esse, converteu-o num museu que alguns consideravam um relicário. Na sua secretária, dispôs uma estátua de bronze de «Félix de Ferro» Dzerjinski, que fundou a polícia secreta soviética em 1917 [27].

Sendo o servidor leal que sempre tinha sido, Putin cumpriu as instruções de Ieltsine para reorganizar a agência e reunir o pessoal na sede central — tarefa essa que se tornou mais urgente à medida que os problemas económicos e orçamentais do país pioravam. Acabou por reduzir um terço do pessoal na Lubianka, de seis mil para quatro mil, pagando o preço do descontentamento daqueles nas fileiras que eram da opinião de que as reduções operadas por Putin não passavam de uma purga motivada pela política de Ieltsine. Também aboliu departamentos que considerou antiquados e criou outros novos para se ocuparem das ameaças à segurança mais urgentes. Estes reuniam informações sobre as regiões, com um foco particular nas áreas muçulmanas em ebulição, como a Chechénia; sobre a segurança cibernética e as telecomunicações; e, sinal dos tempos, sobre a defesa da Constituição, uma tarefa que fazia eco do Quinto Diretório Principal, a agência do KGB que fizera caça aos dissidentes nos tempos soviéticos. Tal como tinha andado a fazer desde que tinha chegado a Moscovo dois anos antes, Putin recorreu a assessores em quem podia confiar, os homens que conhecia desde os seus tempos no KGB em Sampetersburgo. Aleksandr Grigoriev, Victor Cherkesov e Serguei Ivanov, todos eles generais no ativo, assumiram posições na liderança do FSB. Ieltsine admirou a determinação ferrenha de Putin. «Não se deixou manipular por jogatinas políticas», escreveu. «No antro de boatos que o governo era naquela altura, mesmo uma pessoa experiente estava bem avisada de que não devia envolver-se em confusões.» (^{28})

Mais uma vez, Putin mergulhou fundo na vida de agente de um serviço de informações, em que tudo é secreto e todos são suspeitos[*]. «Se uma pessoa era um funcionário dos serviços de segurança, estava permanentemente sujeito a verificações», recordou. «Estavam constantemente a investigar os colaboradores. Podia não acontecer com muita frequência, mas não era muito agradável.» Mesmo na pele de diretor, sentia «o permanente estado de tensão». Também partilhou da paranoia da agência. Eles «nem sequer podiam sair para ir a um restaurante», disse ele dos seus acólitos. «Pensavam que só prostitutas e traficantes

---

[*] Numa anedota dos tempos soviéticos, um homem é preso pelo KGB e levado a interrogatório num escritório meio subterrâneo, de cujas janelas, junto do teto, só vê as pernas dos transeuntes que passam, atarefados, cerce aos muros da Lubianka para (por enquanto?) irem às suas vidas. Pergunta ao interrogador: «De que sou suspeito?» Este responde: «Se você está cá, é porque fez alguma coisa. Suspeitos são todos aqueles que ainda andam lá fora.» [N. do T.]

do mercado negro frequentavam restaurantes. Que estaria um funcionário das agências de segurança que se prezasse a fazer em semelhante companhia?» ([29])

O resultado era uma discrição extraordinária. Certo dia, quando ele convidou uma jovem e bela repórter acreditada no Kremlin para almoçar no Izumi, um dos novos restaurantes de *sushi* da capital, à sua chegada, ela deparou-se com o novo diretor do FSB, que a esperava sozinho, tendo providenciado que o estabelecimento fosse esvaziado de outros clientes. A repórter, Elena Tregubova, encontrou-o numa disposição namoradeira, chamando-lhe Lenochka e encorajando-a a acompanhá-lo num saqué. O facto de ela não ter correspondido à sua discrição, preferindo incluir a cena num livro, endureceu a sua opinião sobre os meios de comunicação social e os repórteres, que, na sua perspetiva, pouco passavam de abutres que procuravam explorar ou embaraçar altos representantes do Estado para seu proveito pessoal ([30]).

No serão de dia 20 de agosto, menos de um mês após a nomeação de Putin para a chefia do FSB, um jornalista em Sampetersburgo, Anatoli Levin-Utkin, deixou as instalações de um jornal recém-criado chamado *Sampetersburgo Legal Hoje*. Transportava consigo mil rublos, que na altura correspondiam a cerca de cento e quarenta dólares, e uma pasta repleta de documentos e fotografias para artigos do próximo número do jornal, que era apenas o terceiro. Levin-Utkin era o chefe de redação adjunto do jornal, que já tinha atraído atenção com artigos que espiolhavam os bancos locais e as esferas de influência em competição mútua. Um dos investidores tratados com relevo foi Boris Berezovski, que no ano anterior tinha entrado publicamente em conflito com outros oligarcas devido à privatização da Sviazinvest, a maior empresa de telecomunicações do país. Outro artigo dizia respeito à fuga de Anatoli Sobtchak da Rússia e às atividades do seu adjunto responsável pelos investimentos estrangeiros, que era agora o diretor do FSB. A parangona dizia «Vladimir Putin tornou-se chefe do FSB de forma ilegal». Levin-Utkin não tinha escrito nenhum destes artigos, mas tinha contribuído com a recolha de material de reportagem para os mesmos. O chefe de redação, Alexei Domnin, disse que os dois artigos tinham levado a que se fizessem ouvir alto e bom som as queixas dos visados. «A gente de Putin» tinha-se reunido com ele para se queixar, disse, embora não revelasse quem teria sido. A reunião era de «uma natureza obviamente política» que não especificou ([31]). As queixas respeitantes à cobertura mediática eram algo que era tudo menos pouco habitual — e muitas vezes corroborado —, e as ondas levantadas pelos artigos teriam sido rapidamente esquecidas, não fosse aquilo que aconteceu a seguir.

Levin-Utkin entrou no átrio do seu prédio de apartamentos na Rua Rednova, e estava ocupado a verificar a caixa de correio, quando dois homens se aproximaram pelas suas costas e lhe deram uma tareia tão violenta, que lhe fraturaram o crânio em vários lugares. Os agressores levaram a pasta e tudo o que ele trazia nos bolsos, incluindo o seu cartão de identificação do jornal. O vizinho encontrou-o inconsciente no átrio e providenciou que fosse levado ao hospital. Os cirurgiões operaram-no duas vezes, mas ele morreu nessa manhã de 24 de agosto, sem nunca ter recuperado a consciência. Os assassínios por encomenda tinham-se banalizado de tal modo em Sampetersburgo — tendo ocorrido a uma média de um por dia durante algum tempo —, que o assassínio de Levin-Utkin não teria recebido muita atenção se as organizações de jornalistas não tivessem abraçado a sua causa, apelando que as Nações Unidas pressionassem as autoridades russas para abrirem uma investigação ([32]). Nunca houve quaisquer provas que ligassem quer Putin quer Berezovski a este espancamento mortal; os procuradores duvidaram da existência de outro motivo por trás do assassínio que não fosse o simples roubo, embora nunca se tivesse percebido bem se tinham investigado o crime devidamente. No entanto, foi a primeira vez que o nome de Putin e o de Berezovski apareceram juntos nos relatos dos meios de comunicação social em relação à mesma morte, e não seria a última. Desta vez, aconteceu o caso ter sido abafado por acontecimentos muito mais demolidores nesse mesmo mês de agosto.

Três dias antes de Levin-Utkin ter sido assassinado, a Rússia tinha entrado em incumprimento da maioria das suas dívidas e tinha desvalorizado o rublo, arrasando as poupanças de milhões de investidores e de cidadãos comuns. A Rússia estava à beira da derrocada económica total. A crise potenciou a barafunda política em torno de Ieltsine, parecendo anunciar o fim da sua carreira política. Em 21 de agosto, a Duma pediu a sua demissão. Em vez de aceder, dois dias depois, Ieltsine demitiu Kirienko. Tinha durado escassos cinco meses. De seguida, Ieltsine nomeou primeiro-ministro o homem que tinha exonerado cinco meses antes, Victor Chernomirdin. Ieltsine, a grande esperança democrática da Rússia, estava claramente desorientado. Quatro dias mais tarde, apareceu no pequeno ecrã declarando que já não iria recandidatar-se em 2000 e, a seguir, quase desapareceu de vista por duas semanas, fazendo apenas seis breves visitas ao Kremlin, numa altura em que o pânico financeiro e político do país chegava ao rubro. Tal como fizera na altura da nomeação de Kirienko, a Duma votou duas vezes contra o regresso de Chernomirdin, mas desta vez Ieltsine já não tinha poder suficiente para fazer *bluff*, uma vez que o parlamento tinha iniciado procedimentos para a sua destituição e, de acordo com a Constituição, o presidente não podia dissolver o parlamento se estivesse em curso um processo de destituição [33].

Pairava no ar um novo confronto, assim como boatos de um golpe de Estado, alimentados por relatos de que unidades militares nos arredores de Moscovo tinham sido postas em alerta máximo. Os comunistas na Duma ansiavam por uma repetição do cerco de 1993; de facto, pareciam estar a desafiar Ieltsine a dar as ordens nesse sentido. Depois, no dia 1 de setembro, Putin apareceu na televisão nacional a desmentir que o Kremlin estivesse apostado em fazer uso da força para resolver um conflito político. Nos seus comentários televisivos, declarou, com um ar grave, que o FSB iria acautelar os interesses do povo. «Aqueles que violam a Constituição e tentam minar o ordenamento do Estado russo com recurso a métodos inconstitucionais e ao uso da força irão deparar-se com a resistência adequada», disse. «Disso podem ter a certeza.» [34]

Mais tarde, quando um membro comunista do parlamento, Albert Makachov, denunciou os Judeus como uma praga que deveria ser erradicada do país, Putin anunciou que tinha sido aberto um inquérito relativamente às suas declarações, enquanto a procuradoria-geral e a própria Duma tergiversavam [35]. A controvérsia fez furor em Moscovo, com gente a sair às ruas, durante as celebrações comunistas da revolução, em defesa de Makachov e das suas bravatas antissemíticas. Putin fez as suas declarações com a Lubianka como pano de fundo, enviando uma mensagem, não só aos manifestantes como igualmente ao serviço secreto, ainda infestado de intolerância, de que expressões de ódio não seriam

O NOVO CZAR

toleradas. Após apenas algumas semanas no seu cargo, já não parecia o assessor inconspícuo que sempre tinha sido, cuja figura se diluía no papel de parede. Emanava a plena autoridade do serviço secreto do país e uma determinação inquebrantável de não permitir que distúrbios políticos ou populares minassem a autoridade do Estado. Como escreveria um Ieltsine agradecido: «Penso que a sua expressão gélida e a precisão quase militar das suas formulações desencorajaram muita gente de causar problemas.» [36]

O apoio público de Putin pouco fez para ajudar Ieltsine, que teve de desistir da nomeação de Chernomirdin. Os seus assessores, a trabalhar com deputados da Duma, chegaram a acordo sobre um candidato que a todos suscitasse um mínimo de objeções: Evgueni Primakov, que tinha sido o ministro dos Negócios Estrangeiros de Ieltsine desde 1996. Primakov era um académico soviético que tinha tanto de velho como de genial, um especialista em Estudos Árabes de formação, que tinha passado catorze anos no Médio Oriente enquanto jornalista, trabalhando em estreita coordenação com o KGB. Após o desmoronamento da União Soviética, tomou conta do serviço de informações estrangeiras que emergiu dos escombros do KGB, no qual quase desapareceu do olhar público entre 1992 e 1996, esforçando-se por instilar uma nova vida à agência, muito à semelhança do que Putin fez na sua homóloga voltada para o interior [37]. Cada um desconfiava do outro. Primakov tinha muito mais experiência no mundo dos serviços secretos, tendo-lhe sido atribuídas missões secretas não só no Médio Oriente, mas também nos EUA [38]. Desejoso de submeter o FSB à sua influência, ele era um dos que desconfiavam de que Putin estava a encher as fileiras do serviço com colegas de Sampetersburgo. Putin levou «a liderança completa do FSB» a um encontro com ele para provar que não tinha levado a cabo uma purga [39].

No dia 11 de setembro, o parlamento aprovou Primakov enquanto primeiro-ministro com uma maioria esmagadora, e a crise política atenuou-se na sua expressão mais aguda. As decisões desesperadas do governo de Ieltsine de entrar em incumprimento relativamente às obrigações de Estado e de desvalorizar o rublo tinham enviado ondas de choque através da sociedade, mas acabaram por se revelar «um tónico revitalizante» que permitiu à economia retomar o crescimento, com a ajuda de uma recuperação da produção nacional e do início de um *boom* do petróleo [40].

176

NADAR DUAS VEZES NO MESMO RIO

No entanto, a fortuna e a saúde de Ieltsine prosseguiram no seu declínio. Foi hospitalizado repetidamente no outono e inverno, e os procedimentos com vista à sua destituição não tinham terminado com a nomeação de Primakov. Entretanto, emergia outra ameaça muito mais perigosa para Ieltsine, e a lealdade de Putin iria revelar-se decisiva para a sua defesa.

Ainda não havia muito tempo que Putin estava na Lubianka quando deu consigo no centro de um escândalo público maior do que todos aqueles que alguma vez tinha enfrentado. Em 17 de novembro de 1998, seis homens deram uma estranha e sensacional conferência de imprensa em Moscovo. Quatro deles traziam máscaras e óculos escuros. Os outros dois, sem máscaras, eram Aleksandr Litvinenko e Mikhaíl Trepachkin. Todos eles eram veteranos do FSB e, ante uma plateia de jornalistas nacionais e internacionais, delinearam um relato alarmante de corrupção e conspirações. Segundo as suas palavras, a unidade de combate ao crime organizado para a qual trabalhavam tinha-se transformado ela própria num empreendimento criminoso que tinha negócios escuros com mafiosos russos e com combatentes independentistas chechenos, extorquindo fundos a empresas que devia proteger e pondo os seus serviços a soldo, frequentemente com efeitos letais. Disseram que os seus superiores estavam a planear o rapto do irmão de um homem de negócios preeminente, Umar Djebrailov. Teriam ordenado o espancamento de Trepachkin depois de ele ter sido exonerado das suas funções por investigar irregularidades. O mais sensacional foi explicarem como tinham sido mandados pelos funcionários superiores da agência, agora encabeçada por Putin, assassinar Boris Berezovski.

Berezovski, cuja influência no interior do Kremlin nunca foi tão grande como fazia crer, tinha falado com alguns funcionários sobre a alegada conspiração em curso contra si. Até acreditava que esta teria sido um fator decisivo na exoneração de Kovaliov. Um dos primeiros atos oficiais de Putin enquanto diretor do FSB tinha sido a dissolução da unidade de combate ao crime organizado que esses homens agora estavam a acusar de ter resvalado para o crime. Tinha despedido ou transferido a maior parte dos funcionários da unidade, mas uma investigação interna não tinha conduzido a nenhuma acusação contra os membros do comando da unidade. (Um dos procuradores disse a Berezovski que a ordem para o

O NOVO CZAR

matar tinha sido uma piada.) O encerramento do caso fez que Berezovski expusesse o caso ao público. Numa carta aberta ao jornal *Kommersant,* publicada em 13 de novembro, apelou diretamente a Putin.

«Vladimir Vladimirovitch», escreveu, «o senhor herdou um legado difícil dos seus predecessores. Elementos criminosos e funcionários a vários níveis, corrompidos pelos mesmos, incluindo alguns da sua agência, estão a orquestrar uma investida contra pessoas que não estão dispostas a voltar a ser gado. O terror criminoso está a intensificar-se na Rússia» ([41]). Berezovski nunca explicou aquilo que o tinha levado a fazer este apelo direto; alguns funcionários e jornais desconfiaram de que agora ele estivesse a tentar desacreditar Putin ou outros inquilinos do Kremlin — ou, pelo contrário, a recuperar alguma da influência que outrora tivera no interior das suas muralhas.

Quando ficou patente que a carta não tinha obtido grande resultado, os agentes envolvidos apresentaram-se publicamente quatro dias mais tarde. Aleksandr Litvinenko, que tinha organizado a conferência de imprensa, tinha trabalhado para o diretório de contraespionagem militar do KGB no final dos anos oitenta do século XX, e depois para o FSB nos anos noventa, focando-se no terrorismo e no crime organizado. Nunca fora um espião ou um operacional sob disfarce, mas antes um investigador e especialista. Tal como Putin, tinha sido apto, patriótico e leal aos serviços de segurança, chegando à patente de tenente-coronel, mas, por essa altura, Litvinenko já estava desiludido. Chegou a encarar o FSB como uma agência sem rei nem roque, especialmente a unidade criada em 1996 para combater o crime organizado, que era notória pela sua brutalidade e corrupção desenfreadas ([42]). A linha entre o serviço ao Estado, aos oligarcas e à máfia estava a ficar cada vez mais esbatida, e o próprio Litvinenko tinha-a transposto. Em 1994, tinha recebido ordens para investigar uma tentativa de assassínio contra Berezovski, que tinha acabado de sair da sua representação de automóveis num *Mercedes* com motorista quando uma bomba comandada a distância explodiu, crivando o carro de estilhaços. O condutor foi decapitado, mas de alguma forma Berezovski sobreviveu. Ao recolher provas, Litvinenko ficou fascinado com o magnata ambicioso e não tardou a ingressar na folha de salários de Berezovski como seu guarda-costas e conselheiro pessoal, embora continuasse a trabalhar para o FSB. Muitos dos funcionários deste, com os

NADAR DUAS VEZES NO MESMO RIO

seus parcos salários frequentemente em atraso, faziam biscates para os homens endinheirados; era um sintoma da decomposição do aparelho dos serviços secretos. Quando, de acordo com o seu relato, recebeu ordens para matar Berezovski, no inverno de 1997, recusou e procurou Berezovski para lhe comunicar pormenores do plano.

Litvinenko abriu a conferência de imprensa com a leitura de uma declaração, para depois deixar bem claro que a corrupção que estavam a denunciar tinha ocorrido antes de Putin ter chegado ao FSB no final do mês de julho, e fez um apelo a Putin para que este limpasse a agência. «Não procuramos comprometer o Serviço Federal de Segurança», disse Litvinenko, «mas purificá-lo e fortalecê-lo» ([43]). Não tinham nenhuma prova além do seu próprio testemunho, embora afirmassem outra coisa. «Empreendi várias tentativas de chegar até Vladimir Vladimirovitch e apresentar-lhe todos estes factos, mas não tivemos essa oportunidade. Simplesmente nos negaram o acesso a ele», prosseguiu. E então apelou diretamente a Putin. «Vou aproveitar esta oportunidade. Penso que ele vai ver o registo desta conferência e gostaria de lhe dizer o seguinte: tenho provas de que os seus adjuntos andam a levá-lo ao engano. Posso apresentar provas documentais. Se ele me chamar ao seu escritório, mostrar-lhe-ei esses materiais.»

As ondas levantadas por este acontecimento deixaram Putin em apuros. Não podia simplesmente repudiar Berezovski, que continuava a afirmar ter influência no Kremlin; concomitantemente, as acusações eram escandalosas e deixaram-no furioso. Putin respondeu à carta de Berezovski com uma das suas, enviada ao *Kommersant* no dia da conferência de imprensa. «Não temos medo de lavar a nossa roupa suja publicamente», foi dizendo, afirmando que todas as acusações iriam ser objeto de investigações internas. De forma indireta, porém, avisou Berezovski, «cuja devoção aos valores democráticos é notória», de que estava a correr um risco ao interferir nos assuntos do FSB. E avisou de que, se as alegações se revelassem falsas, o FSB não teria alternativa senão apresentar queixa-crime por difamação — não só contra Berezovski, mas igualmente contra a redação do jornal por ter publicado a sua carta ([44]). Putin deu mostras de ser excessivamente intolerante com quem criticasse a sua agência — e com as vozes discordantes no seu interior.

179

O NOVO CZAR

No final do mês, Putin solicitou calmamente a Litvinenko que se apresentasse no seu escritório, tal como este lho tinha pedido. Litvinenko chegou com uma braçada de documentos, entre os quais se incluía um diagrama que, na sua opinião, estabelecia as ligações entre todos os nomes e crimes de que ele e os colegas tinham tido conhecimento. Litvinenko teve a presunção de tomar Putin por outro tenente-coronel como ele, «um *operativnik* de médio escalão repentinamente posto a chefiar algumas centenas de generais inveterados com todos os seus direitos adquiridos, cunhas e segredos» [45]. Não tinha a certeza de como haveria de se dirigir ao homem que agora comandava a sua agência — «camarada coronel?» —, mas Putin antecipou-se levantando-se da sua secretária para lhe apertar a mão. «Parecia ainda mais pequeno do que na televisão», Litvinenko recordaria ter pensado com os seus botões. A reunião foi breve e, segundo a impressão de Litvinenko, gélida. Putin insistiu em falar com ele a sós, sem os dois colegas que tinham vindo acompanhá--lo. Recusou educadamente aceitar a pasta que Litvinenko tinha trazido consigo. Litvinenko descreveu a reunião à sua mulher, Marina, como um desastre. «Conseguia ver nos seus olhos que me odiava.» [46]

Putin tinha compilado a seu própria pasta contra Litvinenko e os outros. Na noite de 19 de novembro, apareceu no canal televisivo estatal Rossia e, embora prometesse uma investigação, insistiu em dizer que não existiam provas de que quaisquer das alegações proferidas contra o FSB fossem verdadeiras. Ridiculizou a conferência de imprensa referindo-se--lhe como um espetáculo com «personagens de um conto para crianças», envergando máscaras embora anunciassem os seus nomes. A ex-mulher de um deles — não disse quem, mas aparentemente não se referia a Litvinenko — tinha-lhe telefonado depois, disse ele, como se fosse provável, para se queixar de que ele estava em atraso com o pagamento da pensão de alimentos. «Talvez tivesse sido essa a razão por que traziam óculos escuros.» Depois, virou o bico ao prego, dizendo que os próprios agentes tinham conduzido operações ilegais [47].

Ieltsine mandou Putin ir à sua casa de campo no dia seguinte e exigiu que resolvesse esse escândalo embaraçoso que estava a avolumar-se. «Todos sabemos o que acontece a gente que é encostada à parede desta forma por um Ieltsine furibundo», escreveu um jornal sobre a reunião [48]. Putin, contudo, não deu o braço a torcer; mesmo que algumas das acusações dos agentes fossem verdadeiras, eles estavam tão implicados quanto os seus superiores. Considerava que, dando uma conferência de imprensa, os agentes tinham traído o juramento que tinham feito enquanto agentes de espionagem. Em vez de investigar as suas afirmações, apresentou ao presidente as provas que tinha recolhido sobre as irregularidades por eles cometidas. Em seguida, despediu Litvinenko e os seus correligionários. «Gente desta laia não pode trabalhar no FSB», disse.

A forma como Putin resolveu o assunto não lhe mereceu um apoio unânime no Kremlin. Corriam rumores de que Ieltsine iria metê-lo na rua por incompetência — apenas quatro meses decorridos desde que estava em funções. Os cortes de pessoal na Lubianka não eram politicamente populares na Duma, que continuava a aproveitar todas as ocasiões para atacar a presidência de Ieltsine. De repente, a posição de Putin parecia precária — muito mais ainda depois de uma popular deputada de Sampetersburgo, Galina Starovoitova, ter sido assassinada apenas três dias após a conferência de imprensa de Litvinenko.

Starovoitova era uma etnógrafa que se tinha tornado conhecida durante a *perestroika* como defensora dos direitos dos inúmeros grupos étnicos da Rússia. Ela e Putin nunca tinham sido próximos, mas os seus caminhos foram-se cruzando em Sampetersburgo ao longo dos anos noventa, e ela conhecia bem Sobtchak e a sua mulher. Em setembro de 1998, apareceu num programa televisivo com um nome apropriado para a época, *Os Escândalos da Semana*, sugerindo que as novas fugas de informação sobre acusações criminais contra Sobtchak pareciam ser uma tentativa de desacreditar o novo diretor do FSB — isto é, Putin. Chamou a atenção para o facto de Sobtchak continuar a figurar numa investigação como mera testemunha, e não como arguido. Considerava que apenas uma conspiração profundamente dissimulada poderia de alguma forma queimar Putin. «No mínimo, não o excluo, embora evidentemente seja ridículo.» [49]

Na noite de 20 de novembro, Starovoitova regressava ao seu apartamento junto do canal Griboiédov acompanhada por um assessor, Ruslan Linkov. Os atacantes dispararam cinco balas no mínimo. Três atingiram Starovoitova na cabeça, causando-lhe morte imediata. Duas atingiram Linkov, que sobreviveu [50]. Os atiradores largaram as suas pistolas no local do crime e partiram num carro que os esperava. O ataque, de características idênticas às de outro assassínio por encomenda, mereceu condenação internacional. «Matar uma mulher — uma mulher politicamente ativa — era coisa que não se via acontecer na Rússia desde os tempos de Estaline», disse um dos seus apoiantes, Serguei Kozirev ([51]). Ieltsine condenou o assassínio, designando-o «um desafio categórico» a «toda a nossa sociedade». Ficou tão transtornado com a notícia, de acordo com um assessor, que no dia seguinte foi hospitalizado ([52]). Ele e Primakov deram ordens a Putin, ao ministro do Interior, Serguei Stepachin, e ao procurador-geral, Iuri Skuratov, de se «ocuparem pessoalmente» das investigações e exigiram que produzissem resultados. Pouco tempo antes, Starovoitova tinha anunciado a sua candidatura ao cargo de governadora da região de Leninegrado (que, contrariamente à cidade, não tinha mudado o seu nome soviético). Tinha denunciado o fel nacionalista que corria nos debates parlamentares e reunido provas da existência de corrupção no governo de Sampetersburgo. Não havia falta de motivos e suspeitos potenciais — com efeito, a polícia prendeu mais de trezentas pessoas nas semanas subsequentes à sua morte ([53]) —, mas o motivo do seu assassínio nunca ficaria plenamente estabelecido.

Ieltsine, doente e frustrado, passou ao ataque. Atirou as culpas pelo avolumar dos problemas de que o país padecia ao «surto de histeria comunista», que passava não só por denúncias repetidas dirigidas contra os Judeus, mas igualmente por uma iniciativa de se devolver a estátua de Félix Dzerjinski ao seu pedestal no exterior da antiga central do KGB, onde trabalhava Putin. Ieltsine estava furioso com a falta de ação da «nossa Procuradoria-Geral habitualmente tão temida» perante o que perspetivava como incitações criminosas ao derrube da democracia russa ([54]). O assassínio de Starovoitova parecia um outro golpe funesto desferido contra o país e contra ele próprio.

Na perspetiva de Ieltsine, Putin, enquanto diretor da agência de inteligência nacional, arcava pelo menos com alguma da culpa. Como tal, o destino político de Putin parecia agora estar dependente dos caprichos imprevisíveis de Ieltsine. Este voltou a chamá-lo à sua presença no dia 15 de dezembro, desta feita ao Kremlin, num dos raros dias passados no seu gabinete presidencial. Quis debater o caso Starovoitova, a multiplicação de declarações racistas no parlamento, a conspiração contra

Berezovski e os progressos de Putin na reestruturação do FSB. Putin voltou da reunião enfatizando que não tinha perdido a confiança do presidente, embora soasse a alguém que temia que acontecesse o contrário. Acusou aqueles que lançavam os boatos, aparentemente do interior do quartel-general de Ieltsine, de quererem «plantar as sementes da incerteza entre o pessoal administrativo e executivo do serviço, ou então enfraquecer o controlo do mesmo». O que estava na base dos boatos era «o medo», disse, «o medo do serviço de segurança». Parecia que Putin estava a agarrar-se ao seu posto a algum custo. Anunciou que, quando Ieltsine terminasse o seu mandato — na altura faltava escasso ano e meio —, demitir-se-ia para abrir caminho a um novo chefe do serviço de informações sob a tutela de um novo presidente. «Está claro que terei de partir.» ([55])

Capítulo 9

Kompromat

Na próxima primavera, no fim do serão de 17 de março de 1999, o noticiário noturno na televisão do Estado emitiu uma reportagem precedida do aviso de que o seu conteúdo poderia ser impróprio para ser visualizado por telespectadores abaixo dos dezoito anos. Apareceram excertos de um registo de vídeo em preto-e-branco. Eram claramente provenientes de uma câmara de vigilância secretamente instalada acima de uma cama de casal, naquele que veio a descobrir-se ser o apartamento de Moscovo que pertencia a um banqueiro bastante conhecido. Duas jovens mulheres, apresentadas como prostitutas, aparecem na imagem e desaparecem da mesma em diversos estádios de nudez. Brevemente, torna-se visível um homem que, segundo o apresentador, «tem fortes parecenças com o procurador-geral» Iuri Skuratov. A contenda do Kremlin contra o procurador tinha-se intensificado, e o seu contra-ataque acabara de adquirir um desenvolvimento extravagante.

Nessa semana, alguns dias mais cedo, todas as grandes estações televisivas tinham recebido cópias do vídeo em cassete de uma fonte anónima. A sua duração total era de quinze minutos. Só o canal televisivo do Estado, RTR, resolveu utilizá-la — pelo menos numa primeira fase ([1]). A decisão de o fazer foi tomada, contra as objeções de alguns dos correspondentes da estação, pelo seu diretor-geral, Mikhaíl Chvidkoi,

O NOVO CZAR

que posteriormente iria tornar-se no ministro da Cultura da Rússia ([2]). A fonte e a autenticidade do vídeo continuavam envoltas em mistério, e a qualidade era má a ponto de não conseguir determinar-se com certeza se era Skuratov quem estava ali às voltas com as duas mulheres, embora no momento em que uma delas lhe pergunta pelo nome, depois de recusar dizer o seu, ele tivesse respondido «Iura», o diminutivo de Iuri. O vídeo tinha todas as características das «rasteiras de mel» do KGB de outrora, utilizadas para embaraçar ou chantagear homens de negócios ou políticos. Não tardou a circular uma piada dizendo que a fonte do vídeo era um homem que «tem fortes parecenças com o diretor do FSB», Vladimir Putin.

De acordo com Ieltsine, foi o chefe da sua administração, Nikolai Bordiuja, o primeiro a obter a cassete. Chocado, Bordiuja confrontou Skuratov de forma privada, no Kremlin, no dia 1 de fevereiro, muito tempo antes de o escândalo se tornar público ([3]). Skuratov redigiu prontamente uma carta de demissão, fazendo referência à deterioração do seu estado de saúde, e no dia seguinte fez-se hospitalizar. O próprio Ieltsine acabava de receber alta do hospital, onde desta vez se tinha submetido a um tratamento devido a uma úlcera hemorrágica. Mesmo Bordiuja deu entrada num hospital um mês mais tarde. Era como se uma praga estivesse a varrer a nata política do país. No dia 2 de fevereiro, Ieltsine voltou ao seu gabinete no Kremlin, pela primeira vez desde 1998. Apenas ficou por uma hora e meia, mas o tempo foi suficiente para exonerar quatro assessores e aceitar a demissão de Skuratov. O motivo referido na comunicação da sua renúncia ao cargo era a doença de Skuratov, o que não convenceu ninguém, visto que as «doenças» repentinas dos líderes soviéticos tinham sido sempre um eufemismo para intrigas mais profundas.

Boatos sobre outras exonerações, incluindo a de Putin, não tardaram a circular. Ninguém sabia o que estava a passar-se nos bastidores. A câmara alta do parlamento, o Conselho da Federação, controlado pelos governadores do país, era a única instância dotada de poderes para confirmar a resignação de Skuratov; já de olhos postos no vácuo de poder que se iria seguir ao fim iminente do mandato de Ieltsine, o conselho recusou debruçar-se sobre o destino de Skuratov enquanto este se encontrasse no hospital, incapaz de se justificar.

KOMPROMAT

Na altura, Ieltsine afirmou que nem Bordiuja nem outros entre os seus assessores o tinham informado da cassete antes de esta se tornar pública. Simplesmente, estava feliz com a demissão de Skuratov, e para tal tinha motivos mais do que suficientes. Skuratov tinha sido procurador-geral ao longo de mais de três anos, mas apenas se tinha distinguido por um fracasso estrondoso no que tocava à resolução dos crimes mais notórios do país, incluindo o assassínio de Galina Starovoitova dois meses mais cedo. «A monótona e infindável ladainha das desculpas de Skuratov estava a começar a fatigar-me», escreveu Ieltsine ([4]). Ainda assim, Skuratov não tinha sido completamente ocioso. Tinha mostrado mais zelo a investigar os escândalos em torno do presidente do que os outros crimes infames, e nos meses que precederam a sua exoneração, algumas das suas investigações tinham ganho um repentino novo fôlego. No dia de fevereiro em que Bordiuja o confrontou com a videocassete, Skuratov tinha apresentado à Duma um relatório que acusava o Banco Central da Rússia de canalizar secretamente reservas em moeda estrangeira no valor de cinquenta mil milhões de dólares, fazendo uso de uma empresa obscura chamada Financial Management Co. Ltd. Esta fora registada nas ilhas do Canal da Mancha em 1990, aparentemente pelo KGB e pelo Partido Comunista, e utilizada como uma conta *offshore*, embora muitos dos pormenores permanecessem pouco claros, incluindo saber quem poderia ter sido o beneficiário dessas transferências claramente ilegais ([5]). No dia seguinte, investigadores do gabinete de Skuratov, acompanhados por elementos mascarados de unidades especiais da polícia, tomaram de assalto a sede moscovita da Sibneft, uma empresa petrolífera que fazia parte do império de Boris Berezovski; no dia seguinte, apresentaram-se numa empresa de segurança privada de Berezovski, chamada Atoll, onde os investigadores encontraram equipamento eletrónico para escutas e fitas magnéticas rotuladas com as palavras «família», em referência ao círculo restrito dos conselheiros de Ieltsine, e «Tânia», a filha mais nova e conselheira política de Ieltsine, Tatiana Diachenko.

Apesar da sua demissão, ou talvez por causa dela, os atos oficiais de Skuratov redirecionaram repentinamente a atenção pública — e a indignação com a corrupção — para aqueles que habitavam o âmago do poder no Kremlin. Depois dos flagrantes abusos ocorridos nas privatizações no início dos anos noventa do século xx, os apelos à justiça subiam de tom, e farejando o ambiente político, o novo primeiro-ministro, Evgueni Primakov, anunciou, numa reunião do conselho de ministros em 28 de janeiro, que o governo se preparava para amnistiar noventa e quatro mil presos não violentos para libertar espaço «para aqueles que serão presos — gente que comete crimes económicos» ([6]). O anúncio soava bastante a um aviso de que mesmo os oligarcas agrupados em torno do Kremlin não podiam mais contar com a imunidade que lhes era conferida pela presidência de Ieltsine. Berezovski, cuja antipatia intensa por Primakov contava com a reciprocidade deste, respondeu declarando que a ameaça de Primakov parecia um regresso ao tempo do Grande Terror. As buscas às suas empresas não tardaram a seguir-se.

As observações de Primakov tinham o timbre retórico de um político com ambições de se tornar no próximo presidente da Rússia. Nos seus poucos meses enquanto primeiro-ministro, já tinha construído uma base de apoio no parlamento e tinha ganho como aliado o poderoso presidente da câmara de Moscovo, Iuri Lujkov, que em tempos tinha sido um amigo de Ieltsine, mas agora parecia rondar à espera do fim do mandato do presidente. Cada vez mais, Ieltsine encarava as permanentes tramoias políticas — e as investigações de Skuratov — como uma ameaça existencial ao seu poder e até ao seu bem-estar pessoal. Refletiu na conspiração interna ao Partido Comunista que tinha derrubado Nikita Krutchov em 1964, e agora tinha a certeza de que Primakov e Lujkov estavam a tramar algum esquema com o procurador-geral para o destituir. Tinha de fazer algo para deter esse jogo ([7]).

No dia em que o Conselho da Federação finalmente se dispôs a debruçar-se sobre a questão da sua demissão, no dia 17 de março, Skuratov parecia estar bem de saúde e agora pedia que se mantivesse no seu posto — «se me derem o vosso apoio e a vossa confiança» ([8]). Explicou aos legisladores que apenas se tinha demitido sob coação e deitou as culpas sobre dois antigos primeiros-ministros e «oligarcas sobejamente conhecidos». Não mencionou Berezovski, mas falou das buscas que os investigadores tinham feito nas suas empresas. «Essa gente sabia da minha demissão com, pelo menos, duas semanas de antecedência», disse. Referiu-se por alto a gente que estava a recolher informações sobre a sua vida, mas agora parecia determinado a agarrar-se ao seu lugar.

Foi aí que o Kremlin enviou a cassete vídeo que mostrava Skuratov com as mulheres a membros do Conselho da Federação que estavam a aprestar-se para sufragarem o destino de Skuratov. O tiro saiu pela culatra: os membros do conselho ficaram chocados e enojados, não com o conteúdo da própria cassete vídeo, mas com o recurso a um truque tão tosco para influenciar o resultado das suas deliberações. Foram cento e quarenta e dois votos contra seis a determinar a rejeição da demissão de Skuratov e a sua manutenção no cargo. A gravação foi emitida na televisão escassas horas após a votação do conselho. No escândalo público que se seguiu, foi impossível determinar o que era mais comprometedor do ponto de vista moral: o comportamento na cama ou a decisão de o tornar público.

Na manhã seguinte, Ieltsine convocou Skuratov para o quarto de hospital onde estava, uma vez mais, a recuperar de uma úlcera hemorrágica. Por essa altura, o próprio Ieltsine tinha uma cópia, assim como fotografias de algumas cenas. Quando Skuratov chegou, deparou com Primakov e Putin, que também o esperavam no quarto. Não ficou surpreendido com a presença de Putin. Putin tinha-o visitado enquanto esteve hospitalizado, comunicou-lhe que a «Família» tinha ficado satisfeita com a sua saída discreta em fevereiro e ofereceu-lhe o posto de embaixador na Finlândia — um «exílio honroso». Skuratov tinha recusado.

«Então, que gostava de ser?», perguntou-lhe Putin.

Skuratov disse-lhe que queria prosseguir com «precisamente o trabalho que tenho estado a fazer» ([9]).

Depois de Skuratov ter recebido alta do hospital em fevereiro, Putin experimentou outra tática para o persuadir a demitir-se. Certa vez, telefonou-lhe e disse ao procurador que tinha empatia com o seu dilema; confidenciou-lhe que «dizem» que havia uma gravação vídeo similar do próprio Putin! Talvez o melhor fosse evitar o escândalo saindo de cena ([10]). Putin voltou a fazer uma visita a Skuratov na sua casa governamental em Arkhangelskoie — eram vizinhos — e, enquanto passeavam pelas imediações arborizadas, trabalhou-o como uma fonte ou um recruta, alternando confidências com ameaças. «Iuri Ilitch», começou respeitosamente, «fico admirado como conseguiu trabalhar três anos e meio neste ninho de víboras». Disse que não imaginava sobreviver no seu posto até ao fim do mandato de Ieltsine. Depois, o tom de Putin mudou abruptamente. Puxou de uma resma de papéis e disse que havia irregularidades na renovação do apartamento de Skuratov em Moscovo. Insinuou que Skuratov estava agora debaixo de fogo por causa da sua investigação ao antigo superior de Putin, Pavel Borodine ([11]).

Ao longo de toda a conversação, pensou Skuratov, Putin tinha sido irrepreensivelmente educado, mas a alusão a Borodine confirmou, na sua ideia, que as suas investigações tinham mesmo incomodado Ieltsine e a «Família». Os contactos de Borodine com a Mercata, a empresa que tinha renovado o Kremlin em 1994, e com a sua empresa-irmã Mabetex também tinham ficado sob o escrutínio de investigadores estrangeiros. Havia transações suspeitas que sugeriam a existência de branqueamento de fundos. Em janeiro, escassas semanas antes de a cassete vídeo aparecer, investigadores na Suíça tinham feito buscas aos escritórios da Mabetex em Lugano e tinham confiscado registos que pareciam demonstrar que a empresa não só tinha desembolsado *luvas* a funcionários superiores russos para lhe serem adjudicados projetos de construção civil, mas também tinha pago as faturas de cartões de crédito pertencentes às filhas de Ieltsine. A procuradora-geral da Suíça, Carla Del Ponte, tinha lançado uma campanha da procuradoria contra o branqueamento de lucros de origem criminosa na Suíça, lamentando que o país estivesse ameaçado por «dinheiro sujo proveniente da Rússia» ([12]), e as provas contra a Mabetex emergiram como resultado. Em março, ao mesmo tempo que o escândalo Skuratov se avolumava, Carla Del Ponte deslocou-se a Moscovo para prosseguir na sua investigação, prontificando-se a partilhar as provas reunidas pela Suíça em troca da cooperação russa. Em dois dias de reuniões particulares, ela e Skuratov debateram as investigações, incluindo, segundo ele afirmou, dados referentes a contas bancárias de vários altos funcionários do Kremlin. Numa altura em que o Kremlin estava a tentar forçar a sua demissão, Skuratov ficou com a influência necessária para reagir à investida, confiante de que o Conselho da Federação haveria de o apoiar na luta pelo poder que estava a desenrolar-se na penumbra política de Ieltsine.

Quando Ieltsine se confrontou com Skuratov no hospital, na manhã após a primeira votação do Conselho da Federação — que era a manhã após a emissão da gravação —, tamborilava numa cópia da cassete vídeo. «Sabe, Iuri Ilitch», disse-lhe Ieltsine, reclinando-se na sua cadeira e respirando fundo. «Eu cá nunca enganei a minha mulher...» Em seguida,

Ieltsine prometeu acabar com a sua exibição na televisão se Skuratov redigisse uma segunda carta de demissão. Aquilo era «chantagem elementar», pensou Skuratov consigo, mas também sabia que de nada servia debater a questão da sua autenticidade naquele momento. Skuratov replicou que tinha lançado uma investigação à Mabetex, o que Ieltsine, por seu lado, interpretou como uma forma de chantagem ([13]). «Agora estamos a falar de outra coisa, Iuri Ilitch», disse-lhe Ieltsine. «Depois de tudo o que lhe aconteceu, não me parece que deva continuar no posto de procurador-geral. Não vou lutar contra si. Não vou tentar persuadi-lo. Simplesmente escreva a sua carta de demissão. Não vou trabalhar mais consigo.»

Ieltsine empurrou na sua direção uma caneta e papel. Skuratov voltou-se para Primakov, esperando apoio do primeiro-ministro que tinha jurado que iria lutar contra a corrupção entre os oligarcas do país. Não o recebeu ([14]). Putin entrou quieto e saiu calado. Ainda assim, Skuratov sentiu como ele o observava ininterruptamente. Skuratov assinou a carta, pedindo a sua demissão pela segunda vez em menos de sete semanas, embora Ieltsine acedesse ao seu pedido de pós-datar a carta para abril para coincidir com a próxima reunião regular do Conselho da Federação. Depois de abandonar o hospital e regressar ao seu escritório, Skuratov meditou sobre a sua próxima jogada. Encarava o seu confronto com o Kremlin como um jogo de xadrez: a sua posição era frágil, mas tinha acabado de evitar o xeque-mate ([15]). Agora tinha de passar ao contra-ataque. Enquanto conduzia, ligou a um repórter televisivo e tornou pública a investigação à Mabetex ([16]).

De todas as controvérsias políticas que rodeavam a presidência de Ieltsine, a investigação que Skuratov e os suíços tinham lançado sobre a Mercata e a Mabetex constituía a ameaça mais grave até à data ao presidente e à sua «Família». O próprio Ieltsine reconheceu que esse era o único escândalo que tinha «pernas para andar» e que podia até levar a sua presidência a um fim prematuro. No dia depois da sua confrontação com Skuratov, Ieltsine recebeu alta do hospital e, por pouco tempo, voltou ao Kremlin. Despediu o seu chefe de gabinete, Nikolai Bordiuja, sem nenhuma explicação pública, embora muitos presumissem mais tarde que tinha sido devido a ele não conseguir afastar Skuratov sem levantar ondas. Bordiuja, um antigo oficial do Exército, recebeu um «exílio honroso» como aquele que Putin tinha oferecido a Skuratov, tornando-se o embaixador russo na Dinamarca. Ieltsine substituiu-o por Aleksandr Volochine, um antigo parceiro de negócios de Boris Berezovski. Dez dias mais tarde, promoveu Putin a secretário do Conselho de Segurança.

Foi nessa altura que Putin interveio de uma forma que iria aprofundar a confiança de Ieltsine nele. Embora Putin negasse que a sua agência tivesse gravado a escapadela de Skuratov, deixou claro que o FSB tinha um conhecimento íntimo da sua procedência. No dia 2 de abril, anunciou que a videocassete era autêntica — em primeiro lugar, ao Conselho da Federação, «de olhos baixos», segundo a descrição de Skuratov, e depois novamente em declarações aos jornalistas que o esperavam. Por muito embaraçoso que fosse, esse facto em si não foi suficiente para forçar Skuratov à demissão, mas Putin tinha encontrado uma artimanha jurídica que permitiu ultrapassar a obstinação do conselho. Anunciou que tinha havido outras «festarolas», como a da cassete de vídeo, e que tinham sido pagas por criminosos na tentativa de influenciar as investigações de Skuratov. Se isso fosse comprovado, seria um crime grave, e uma vez que qualquer funcionário público sob investigação criminal tinha de abandonar o seu posto enquanto as acusações não estivessem terminadas, o anúncio de Putin conseguiu o que ninguém tinha conseguido até à data. A meio da noite, o Kremlin chamou um vice-procurador de Moscovo, apresentou-lhe as provas do FSB e mandou-o abrir uma investigação. Agora, Skuratov não tinha outra escolha senão afastar-se até que este novo caso levantado contra si fosse resolvido.

Em seguida, Ieltsine tornou público que tinha suspendido Skuratov. Tirou-lhe a sua segurança pessoal, desligou as linhas telefónicas do seu escritório e mandou selá-lo. «Termos uma Rússia sem procurador-geral era o menor de dois males», escreveria Ieltsine ([17]). Em termos técnicos, o estratagema de Putin era legal — desde que as acusações de tráfico de influências tivessem alguma sustentação real —, mas também primava pela falta de escrúpulos. Um Ieltsine grato, mais uma vez, tomou nota. Uma semana mais tarde, declarou que Putin continuaria a ser o diretor do FSB, embora presidisse ao Conselho de Segurança. Tinha comprovado a sua lealdade ao presidente, impressionando-o com a sua eficácia tranquila; outros podiam fazer promessas, mas Putin cumpria-as. Após meros dois anos e meio em Moscovo, Putin já fazia parte do núcleo duro da administração de Ieltsine, já não sendo um simples adjunto de qualquer coisa, mas sim um dos funcionários mais poderosos no Kremlin.

Putin fez uma ascensão meteórica enquanto a era Ieltsine parecia estar nos estertores da morte. O escândalo Skuratov que se avolumava ajudou os esforços dos comunistas visando a deposição de Ieltsine, um passo que faria que Primakov se tornasse presidente em exercício até à realização de novas eleições. O presidente, doente e receoso, já não tinha muito controlo sobre os acontecimentos, apenas reagindo aos mesmos, frequentemente de uma forma errática.

No dia 5 de março de 1999, o enviado especial do Ministério do Interior à Chechénia, o general Guenadi Chpigun, foi raptado ao embarcar num avião na capital da região, Grozni. Os raptos tinham-se tornado na principal indústria do pós-guerra na Chechénia, com centenas de pessoas sequestradas para a obtenção de um resgate, entre 1996 e 1999, mas o rapto de um enviado de alto nível era um ato demasiado descarado para que o Kremlin pudesse ignorá-lo. As conversações de paz em 1996 tinham conferido à Chechénia uma larga medida de soberania, mas os quase dois anos de combates tinham devastado a região, deixando a sua economia de rastos. A guerra tinha chegado a matar cem mil chechenos, além de quase cinco mil soldados russos, isto de acordo com os registos oficiais, que inspiravam dúvidas a alguns quanto à sua completude. Tendo sobrevivido ao contra-assalto russo, depois da guerra a Chechénia afundou-se num ambiente de caos e criminalidade minando os esforços do presidente eleito da região, Aslan Maskhadov, de renovar a ordem e de obter apoio internacional para a sua separação da Rússia. A desordem não tardou a extravasar das fronteiras da Chechénia. No dia 19 de março, um dia após a segunda demissão de Skuratov, uma bomba enorme explodiu num mercado na cidade meridional de Vladikavkaz, a capital da Ossétia do Norte, outra das repúblicas dispostas ao longo do Cáucaso, não longe de Grozni. A explosão matou mais de sessenta pessoas. Ieltsine mandou Putin e o ministro do Interior, Serguei Stepachin, deslocarem-se a Vladikavkaz para coordenarem a investigação.

Dois dias mais tarde, Maskhadov sobreviveu por uma unha negra a uma tentativa de assassínio. Um antigo oficial de artilharia da era soviética, Maskhadov era um nacionalista e separatista convicto, mas era um dos poucos líderes chechenos com quem o Kremlin podia negociar. Durante uma boa parte do ano, tinha sido preparada uma reunião entre Maskhadov e Primakov, ou mesmo o próprio Ieltsine, para finalizar a transição da Chechénia para a independência, como o permitiam os acordos de paz de 1996. Agora, Maskhadov insinuava que «determinadas forças» em Moscovo tinham conspirado para o matar, com o objetivo de obter um pretexto para declarar o estado de emergência e evitar uma resolução do destino da Chechénia. Putin rejeitou a acusação furiosamente ([18]). Os acordos de paz que tinham levado à suspensão da primeira guerra tinham sido uma humilhação para a Rússia. Agora já não davam muita esperança de resolver o impulso da república para a obtenção da independência. Como prevenção, os homens que no Kremlin se dedicavam às questões de segurança, incluindo Putin, começaram a preparar os planos para uma nova guerra.

A renovada agitação na Chechénia foi-se avolumando enquanto a Rússia enfrentava uma guerra conduzida pelo arqui-inimigo da União Soviética, a OTAN, contra os irmãos eslavos do país na Sérvia. Depois da divisão da Jugoslávia nos anos noventa, a Sérvia voltou a sua raiva nativista contra a região muçulmana, em tempos autónoma, dentro das suas próprias fronteiras, o Kosovo. No final de 1998, o presidente da Sérvia, Slobodan Milošević, lançou uma campanha para esmagar as milícias separatistas na região; no fim de alguns meses, a campanha assemelhava-se cada vez mais às limpezas étnicas que tinham ocorrido na Bósnia poucos anos antes. A Europa e os EUA, envergonhados com as suas tergiversações aquando das chacinas anteriores, responderam de forma agressiva.

A possibilidade de uma intervenção militar da OTAN para proteger o Kosovo enfureceu a Rússia, por motivos que os líderes estado-unidenses e europeus não tiveram em devida conta. A Sérvia e a Rússia tinham raízes eslavas, religião e cultura comuns, mas as preocupações da Rússia iam mais fundo. O conflito na Sérvia trouxe à flor da pele o orgulho ferido da Rússia em relação ao seu estatuto deflacionado desde o desmoronamento da União Soviética. A nova Rússia não tinha a capacidade de moldar o curso dos acontecimentos no mundo, o que tornava as ações lideradas pelos estado-unidenses ainda mais difíceis de engolir. Ieltsine censurou o presidente Clinton, insistindo em transmitir a ideia de que uma intervenção era proibida pela lei internacional, e o melhor que conseguiu foi ser ignorado. A Rússia ressentia-se com o facto de os EUA e a sua aliança em expansão, a OTAN, agirem como se pudessem impor a sua vontade relativamente à nova ordem mundial sem olharem aos interesses da Rússia. O que era pior era que o conflito do Kosovo apresentava surpreendentes paralelismos com o que estava a decorrer na Chechénia, e mesmo russos pouco dados à paranoia eram capazes de imaginar uma campanha da OTAN em prol do movimento independentista da Chechénia ([19]).

A guerra aérea da OTAN teve início no dia 24 de março de 1999, prolongou-se por setenta e oito dias, e cada bomba ou míssil que caiu sobre a Sérvia foi considerado um ataque à própria Rússia. O sentimento popular estava em alvoroço, com manifestações violentas à porta da embaixada dos EUA e acusações virulentas a serem levantadas na Duma. A guerra estava a atiçar o sentimento nacionalista que Ieltsine se tinha esforçado incansavelmente por conter no interesse da sua própria sobrevivência política. Enviou o seu antigo primeiro-ministro, Victor Chernomirdin, para intervir enquanto mediador com os EUA e a OTAN. Assim fez por sugestão de Putin, que considerou o facto «a sua pequena contribuição» para a resolução da guerra ([20]). Após semanas de bombardeamentos implacáveis, Milošević acabou por ceder às exigências da OTAN e acordou com a retirada das forças da Sérvia do Kosovo para abrir caminho a uma força internacional de manutenção da paz. Nessa altura, a Rússia exigiu fazer parte dessa força, mas recusou ficar de algum modo submetida ao comando dos generais da OTAN. Putin, que tinha acabado de ser nomeado para chefe do Conselho de Segurança, participou nas negociações destinadas a resolver o impasse em torno da missão de manutenção da paz. «Fiquei pasmado com a sua capacidade de transmitir uma impressão de autocontrolo e confiança em modos despretensiosos e bem-falantes», escreveu Strobe Talbott, na altura vice-secretário de Estado, sobre a sua primeira reunião com Putin, em 11 de junho, o dia antes de as forças de manutenção da paz da OTAN deverem entrar no Kosovo a partir da Albânia e da Macedónia. «No que toca à sua estatura, era o mais pequeno entre os homens de topo — baixo, magro e em boa

O NOVO CZAR

condição física, ao passo que todos os outros eram mais altos, e a maior parte deles era pesadona e balofa.» ([21]) Putin tinha-se preparado para a sua reunião com o estado-unidense, aludindo a pormenores dos poetas que Talbott tinha estudado na universidade, Fiódor Tiútchev e Vladimir Maiakovski. Era óbvio que tinha lido o seu perfil elaborado pelos serviços de informações.

Durante a reunião, os estado-unidenses receberam uma nota a dizer que a Rússia estava a ameaçar enviar as suas forças de manutenção da paz para o Kosovo dispensando a coordenação da OTAN. Putin tranquilizou Talbott dizendo que nada se tinha alterado quanto aos acordos a que tinham chegado e que «nada impróprio» iria acontecer. Ainda assim, algo aconteceu, e Talbott acabou por se convencer de que Putin sempre tinha sabido de que haveria de acontecer ([22]). Nesse serão, uma unidade de paraquedistas russos estacionada na Bósnia — como parte de um sinal anterior, entretanto aparentemente ingénuo, de cooperação pós-soviética com a OTAN — carregou o seu material nos camiões, saiu da sua base e dirigiu-se ao aeroporto de Pristina, capital do Kosovo. Quando a tropa britânica chegou ao aeroporto na manhã de 12 de junho, a meio de uma forte chuvada, cerca de duzentos russos já lá estavam com os seus veículos de transporte blindados. Quando o general Michael Jackson, o recém-nomeado comandante britânico do esforço de manutenção da paz, lá aterrou e se aprestava a anunciar que a missão tinha sido lançada com êxito, um dos veículos russos rolou com grande estardalhaço pelo meio da sua conferência de imprensa improvisada na pista do aeroporto. Um comandante de esquadra russo estava postado na torre, com meio corpo de fora e um sorriso malicioso bem visível na sua face ([23]). O comandante supremo da OTAN, o general Wesley Clark, implorou a Jackson que encontrasse alguma maneira de bloquear o posicionamento das forças russas, mas Jackson recusou. «Senhor», disse Jackson a Clark, «não vou espoletar a Terceira Guerra Mundial em sua honra» ([24]).

Na Rússia, a reação ao destacamento da tropa russa foi fervorosa, mas, ainda assim, a intervenção no aeroporto tornou visível a desorientação dos comandos civis e militares do país. Putin, que um dia antes tinha dito que nada iria acontecer, agiu como se nada tivesse sucedido quando Talbott voltou a reunir-se com ele no dia seguinte. Afirmou nada saber da intempestiva entrada preventiva dos militares russos em Pristina, mas explicou, «lenta e calmamente, numa voz que por vezes mal se ouvia» que o «combate pré-eleitoral» em curso no país tinha posto os pró-guerra e os pacifistas uns contra os outros. Putin deu a entender que tinha sido um erro, mas ainda assim a operação fez subir a popularidade do presidente no próprio país. «Ninguém na Rússia», disse Putin a Talbott, «deve poder chamar ao presidente Ieltsine uma marioneta da OTAN» ([25]).

As observações de Putin sobre o «combate pré-eleitoral» realçaram a extensão do final da presidência de Ieltsin, que se tinha tornado numa obsessão primordial do escol da Rússia. Em séculos de governação imperialista e logo comunista, o país nunca tinha transferido o poder democraticamente de um líder para outro. A personificação do poder estava tão arraigada na cultura russa, que tal coisa parecia inconcebível. Mesmo nesta fase crepuscular, Ieltsine ainda alimentava a ideia de se candidatar à reeleição. Embora já tivesse sido eleito duas vezes, a nova Constituição do país, que limitava a legislatura do presidente a dois mandatos consecutivos, só tinha entrado em vigor em 1993. Podia alegar que, em termos legais, a sua reeleição de 1996 tinha marcado o início do seu primeiro mandato, o que lhe permitiria que voltasse a apresentar-se em 2000, mas tudo isso não passava de quimeras. Ieltsine já tinha sessenta e oito anos, uma saúde fragilizada e encontrava-se debilitado também em termos políticos. Ainda não se tinha resignado à ideia de abandonar o Kremlin, mas sabia que era inevitável. Refletiu profundamente sobre como assegurar uma passagem que tanto salvaguardasse a transição política para algo que já não se assemelhasse à governação soviética, como o protegesse a ele próprio das purgas vingativas que se tinham seguido ao afastamento de todos os líderes desde os Romanoves. Os líderes do país nunca tinham gozado de uma reforma tranquila.

Enquanto o conflito do Kosovo ia no auge, Ieltsine tomara medidas decisivas para lançar as bases da sua vida após a presidência. Em maio, despediu o seu quarto primeiro-ministro. Nos oito meses durante os quais ocupou o cargo, Primakov tinha provado ser uma força estabilizadora, amansando o pânico quando a Rússia entrou em incumprimento em agosto de 1998 e sabendo navegar os procedimentos parlamentares visando a destituição de Ieltsine. Como este último admitiu, tinha sido honesto, digno e leal. O seu maior fracasso enquanto primeiro-

O NOVO CZAR

-ministro tinha sido ter-se tornado mais popular do que Ieltsine. Naquele momento, a um ano das eleições presidenciais de 2000, Primakov e o presidente da câmara de Moscovo, Iuri Lujkov, eram considerados os candidatos mais bem colocados para tomar conta do país, e essa situação era algo que Ieltsine não podia aceitar. Estava preocupado com as observações de Primakov sobre a libertação de espaço nas prisões para «criminosos económicos», e com o facto de a Duma ter completado cinco artigos que visavam à sua destituição e agendado um debate para maio. Se qualquer um desses artigos passasse, Ieltsine perderia a sua autoridade de dissolver o parlamento enquanto os procedimentos de destituição decorressem; mesmo se conseguisse procrastinar ou evitar a destituição, perderia a alavancagem que lhe tinha permitido impor Kirienko enquanto primeiro-ministro no ano anterior. Primakov poderia permanecer no posto de primeiro-ministro e continuar a reunir aliados políticos. Estando em busca de um herdeiro, Ieltsine considerava que Primakov não tinha o temperamento adequado para ser presidente. A Rússia precisava «de uma pessoa com uma atitude completamente diferente, de outra geração, uma nova mentalidade». Na sua opinião, Primakov «tinha demasiado vermelho na sua paleta política» ([26]).

Sem nenhuma dúvida, os procedimentos de destituição estavam politicamente motivados, sendo promovidos pelos comunistas e pelos seus aliados, naquilo que terá sido a última grande batalha política em torno da queda da União Soviética. De acordo com esses artigos, o primeiro dos crimes de Ieltsine foi o acordo que dissolveu a União Soviética em 1991. Em seguida, incluíam a confrontação violenta com o parlamento em 1993, a guerra na Chechénia, a erosão da instituição militar e o «genocídio do povo russo» causado pelas crises económicas dos anos noventa. Em termos constitucionais, eram dúbios, mas encontravam profunda ressonância entre um público frustrado, para o qual o fim da União Soviética tinha trazido pouca coisa, senão sofrimento e vergonha. A destituição de Ieltsine estava a tornar-se num referendo sobre a transição da Rússia para a democracia. E cada um dos artigos contava com o apoio de uma maioria de legisladores.

No dia 12 de maio, o dia antes do início do debate sobre a sua destituição, Ieltsine demitiu Primakov e nomeou Serguei Stepachin, um comandante de polícia leal, se bem que apagado, que tinha ocupado postos em vários ministérios sob a governação de Ieltsine desde 1990, mais recentemente como ministro do Interior. Tinha sido nomeado para vice-primeiro-ministro apenas duas semanas antes, sendo esse posto o pré-requisito para alguém ser nomeado primeiro-ministro em exercício, e, durante uma reunião do governo, Ieltsine deu um espetáculo embaraçoso ao mandar Stepachin chegar a sua cadeira mais perto da sua para, segundo a sua expressão, «aguçar o sentimento de expectativa» ([27]). Ieltsine tratava essas remodelações como táticas num jogo, e, na realidade, eram todo o poder que lhe restava para influenciar a política. «Uma jogada brusca, inesperada e agressiva, desequilibra invariavelmente o inimigo e desarma-o, especialmente se for imprevisível e parecer absolutamente destituída de lógica», escreveu Ieltsine ([28]). Esperava que esta mais recente remodelação pudesse, de alguma forma, fazer descarrilar a votação sobre a sua destituição, mas ela não parece ter conseguido mais do que ser «absolutamente destituída de lógica».

O debate sobre a destituição de Ieltsine prolongou-se por dois dias, ao longo dos quais os assessores andaram num frenesi a tentar contar — e comprar — votos. Aquando das votações, 94 dos 450 deputados não se apresentaram, tornando mais difícil reunir os 300 votos necessários para adotar cada um dos artigos visando a destituição de Ieltsine. Ainda assim, 283 dos presentes votaram por destituir Ieltsine pela guerra na Chechénia, à qual os liberais se tinham oposto com quase tanta paixão como os opositores conservadores de Ieltsine; 263 votaram pelo artigo que se referia aos acontecimentos de outubro de 1993. Os outros artigos receberam menos apoio, mas todos foram aprovados por uma maioria esmagadora dos presentes, e ficaram apenas a uma escassa margem de determinar a sua destituição.

A jogada de Ieltsine com Stepachin não tinha afetado o resultado do debate tanto como tinha esperado, mas quando a poeira assentou, no dia 19 de maio, a Duma aprovou, de forma surpreendente e esmagadora, a nomeação de Stepachin para primeiro-ministro. Os deputados calcularam que este não passaria de um primeiro-ministro em exercício sob a tutela de um presidente ferido de morte, até que as eleições parlamentares decorressem no mês de dezembro. E se o posto de primeiro-ministro era uma rampa de lançamento para a presidência em 2000, eles pouco teriam a temer deste administrador humilde e apolítico. De qualquer

O NOVO CZAR

modo, o apoio de Ieltsine correspondia a um beijo de morte, e Ieltsine parecia sabê-lo. Mais tarde, disse terem sido baixas as suas expectativas relativamente a Stepachin — e ele tinha guardada na manga uma jogada derradeira. Queria esperar até que chegasse o momento certo.

No dia da nomeação de Stepachin, Putin reuniu-se com Ieltsine no Kremlin e apresentou-lhe um plano para reforçar a autoridade do FSB em todo o norte do Cáucaso. O plano pretendia melhorar «a coordenação e os meios à disposição dos órgãos do governo federal» — em suma, preparar--se para uma guerra numa região que estava a ficar fora de controlo, não só na Chechénia, onde Moscovo não tinha nenhum poder efetivo, mas também nas repúblicas vizinhas como a Carachai-Cherquéssia, onde eleições locais em maio ameaçavam causar um banho de sangue entre grupos étnicos rivais. Putin não tinha nenhuma experiência em lidar com o Cáucaso antes de se mudar para Moscovo, mas ocupou-se dos proble- mas da região, primeiro como inspetor do Diretório Principal de Controlo e depois enquanto diretor do FSB. Desde as conquistas de Catarina, *a Grande*, as terras maioritariamente muçulmanas que se estendem do mar Negro ao mar Cáspio tinham sido súbditos irrequietos do impé- rio russo e, mais tarde, soviético. Durante a Grande Guerra Patriótica, Estaline expulsara populações inteiras do Cáucaso para a Sibéria, com medo de que recebessem os invasores nazis de braços abertos. A desin- tegração da União Soviética reavivou ressentimentos antigos, que cul- minaram na declaração de independência da Chechénia e na desastrosa guerra de 1994 a 1996. Para Putin, tudo isso redundava no desmembra- mento da própria Rússia, coadjuvado e instigado por nefastas influências estrangeiras. Aparentemente, referia-se aos vencedores da Guerra Fria, com especial destaque para os EUA ([29]).

O fiasco do Kosovo, e o que pouco faltou para ser uma conflagração no aeroporto, fez que Ieltsin mandasse o Conselho de Segurança reunir-se semanalmente para melhor coordenar a estratégia nacional de segurança. As reuniões ainda deram mais projeção pública a Putin. Este começou a dar entrevistas regulares a jornais e canais de televisão, respondendo às perguntas do dia — de uma nova doutrina nuclear a queixas dos EUA sobre a espionagem russa, da proposta de reunificação da Rússia com a Bielorrússia à campanha política que se avizinhava. O contínuo estado adoentado de Ieltsine alimentava boatos de instabilidade e mesmo de um golpe encabeçado por defensores da linha dura. Numa entrevista ao *Komsomolskaia Pravda*, Putin esquivou-se à pergunta sobre a possibilidade de um golpe de Estado levado a cabo pelas forças de segurança com uma sardónica observação à margem: «Porque haveríamos de fazer um golpe se já estamos no poder de qualquer forma?», inquiriu ([30]). O seu comentário deu arrepios aos liberais do país e aos opositores de Ieltsine, que não encaixaram a ameaça de ânimo leve.

No final de julho, Ieltsine interrompeu uma temporada de férias e regressou ao Kremlin. Queixou-se de que uma onda de calor tinha tornado impossível o gozo de férias, mas tinha outro assunto mais urgente que o inquietava e de que, para já, só ele sabia. A causa que tudo precipitou foi uma aliança eleitoral que tinha sido revelada na véspera entre o seu primeiro-ministro banido, Evgueni Primakov, e o presidente da câmara de Moscovo, Lujkov. Já não próximo de Ieltsine, agora Lujkov lançava ataques virulentos contra a administração do presidente e as suas ligações aos oligarcas. Os meios de comunicação social, incluindo jornais e uma estação de televisão financiada pelo governo de Lujkov, publicavam reportagens e mais reportagens sobre a «Família» de Ieltsine e a corrupção que a rodeava. Ieltsine queixou-se de que as histórias mais caluniosas tinham sido compradas, ou disponibilizadas através de supostas fugas de informação, pelos mesmos jornais que o KGB tinha utilizado para os seus fins nos tempos soviéticos (embora Putin, o seu homem, estivesse à frente da agência sua sucessora). A NTV, que em tempos apoiara Ieltsine contra a ameaça comunista, voltou-se contra ele numa atitude de vingança depois de o seu chefe de gabinete, Aleksandr Volochin, ter tentado impedir que empréstimos do governo fossem atribuídos à Media-Most, uma *holding* de Vladimir Gusinski, um dos oligarcas que tinham financiado a campanha de reeleição de Ieltsine em 1996.

Ieltsine convenceu-se de que a aliança de pesos-pesados entre Primakov e Lujkov era uma conspiração não simplesmente para ganhar as eleições parlamentares, mas para abolir a própria presidência. Em várias reuniões ao longo do verão, insistiu com Stepachin que este fizesse alguma coisa, *qualquer coisa*, para impedir que governador após governador declarasse o seu apoio ao partido de Lujkov, chamado a Pátria, que agora estava aliado ao bloco Toda a Rússia de Primakov. Ieltsine dedicava-se às suas elucubrações, cada vez mais isolado de tudo o que não fosse o seu círculo interno, a «Família», que agora se encontrava na situação mais precária de sempre. «Ele simplesmente não conseguia perceber o que estava a passar-se na Rússia», escreveu um historiador russo, Roi Medvedev, «e não estava tanto a pensar em se manter no poder como em garantir a sua própria segurança pessoal» ([31]). Oito anos volvidos sobre a sua resistência heroica ao golpe de Estado, Ieltsine tinha perdido a admiração de uma nação que estava a libertar-se, após décadas sob o jugo da ideologia soviética. As suas memórias nada fizeram para ocultar o estado de autocomiseração a que tinha chegado. Sentia-se abandonado, desconfiado e quase de certeza com medo. «Torturei-me com preocupações. Quem me apoiaria? Quem estava verdadeiramente comigo?» ([32])

Ieltsine afirmou posteriormente que tinha decidido a sua próxima atuação meses antes, embora, dado o caráter reativo e improvisado da sua liderança, esta versão pareça duvidosa. Mesmo que ele tivesse pensado nisso antes, ninguém sabia aquilo que tinha decidido fazer, nem mesmo os seus conselheiros mais chegados, até aos momentos que antecederam o anúncio ([33]). Certamente, o ato parecia ser fruto de um ímpeto, não de algum plano previamente concebido. No dia 5 de agosto, chamou Putin à sua casa de campo nos arredores de Moscovo para uma reunião secreta.

«Tomei uma decisão, Vladimir Vladimirovitch,» disse-lhe Ieltsine, «e gostaria de o convidar para o posto de primeiro-ministro».

Putin começou por não dizer nada; ficou simplesmente a fitar Ieltsine com atenção enquanto digeria a notícia. Ieltsine explicou o «estado das coisas», a confusão que estava a adensar-se no Cáucaso, a economia e a inflação, e a coisa que mais o obcecava: a necessidade de o Kremlin fabricar uma maioria numas eleições que já distavam de escassos quatro meses. Acreditava que Putin iria agir naquilo que Stepachin tinha vacilado relativamente ao assunto mais existencial para o Kremlin: o destino de Ieltsine caso Lujkov ou Primakov viesse a ser o próximo presidente. Putin já tinha dado provas de que agiria. Enquanto Lujkov ganhava balanço político na primavera, Putin lançou uma investigação sobre a empresa controlada pela sua mulher, Elena Baturina. A sua empresa, a Inteko, tinha conseguido arrebatar contrato após contrato, tornando-a na primeira multimilionária da Rússia, a história de um enriquecimento milagroso que ajudou a deixar os milhões de russos empobrecidos pelo desmembramento da União Soviética profundamente amargurados com este novo capitalismo e democracia — e com mais do que um pouco de inveja. Lujkov protestou alto e bom som quando os investigadores começaram a passar a pente fino as finanças de Baturina; já não tinha medo de desafiar Ieltsine e o seu principal conselheiro de segurança. O FSB, protestou Lujkov, «infelizmente trabalha hoje para o Kremlin, e não para o país» ([34]).

Agora, Ieltsine estava a pedir a Putin que assumisse um papel muito mais importante. Estava a pedir-lhe que constituísse e liderasse um partido político que fosse capaz de derrotar aqueles que tinham abandonado o presidente quase por completo. Quando finalmente falou, Putin fez a pergunta óbvia: Como é que uma pessoa pode construir uma maioria sem apoiantes no parlamento?

«Não sei», respondeu Ieltsine ([35]).

Putin refletiu em silêncio durante um momento inusitadamente longo. A sua tranquilidade tinha atraído Ieltsine, mas agora tinha mais ar de hesitação.

«Eu não gosto de campanhas eleitorais», disse finalmente. «Nada mesmo. Não sei como as organizar, e não gosto delas.»

Ieltsine assegurou-lhe que não teria de ser ele próprio a ocupar-se da campanha. As táticas de campanha eram a menor das suas preocupações. Para tomar boa conta das tecnologias políticas estavam cá os peritos. Ele simplesmente tinha de emanar aquilo que agora faltava a Ieltsine: confiança, autoridade, a postura militar pela qual, na sua opinião, o país ansiava. No seu desespero, Ieltsine tinha andado a matutar muito sobre este último ponto. Putin respondeu com «concisão militar», recordaria Ieltsine.

«Trabalharei onde o senhor me mandar.»

Ainda assim, a observação seguinte de Ieltsine deixou-o perplexo. «E se for para o mais alto cargo político?»

Pela primeira vez, Putin parecia apreciar o plano de Ieltsine em toda a sua extensão. Este não estava a propor-lhe um posto para se fazer sacrificar, como tinha sido o caso dos três primeiros-ministros anteriores, que apenas tinham durado uma mão-cheia de meses no seu cargo. Ieltsine estava a sugerir-lhe que se tornasse seu herdeiro enquanto presidente, um alto patrocínio que tantos colaboradores mais próximos não tinham conseguido obter.

Fez-se silêncio entre os dois homens. Ieltsine sentia o tiquetaque do relógio do seu escritório. Deu consigo a contemplar os olhos azuis de Putin. «Eles parecem falar mais do que as suas palavras», pensou para si ([36]).

Pediu-lhe que refletisse no assunto, e depois mandou vir Stepachin, que levou a nova da sua dispensa da função de primeiro-ministro a peito, suplicando a Ieltsine que reconsiderasse a sua decisão. Ieltsine, que preferia uma execução rápida das suas decisões, por uma vez sem exemplo simpatizou com o seu primeiro-ministro, que tinha sido leal para com ele ao longo de toda a sua presidência. Ieltsine acordou em refletir no assunto, uma indulgência de que não tardaria a arrepender-se. Anatoli Tchubais, que tinha trabalhado com Putin pela primeira vez em 1991, tentou convencer Ieltsine a mudar de ideias relativamente à nomeação de Putin para primeiro-ministro, apelando para tal ao chefe de gabinete, Aleksandr Volochine, e à filha de Ieltsine. Tchubais sempre tinha sido frio com Putin, considerando-o um homem da segurança com pouca tarimba política e, com justeza, sem nenhuma experiência política. Tchubais tinha deixado a administração de Ieltsine de forma derradeira e, naquela altura, presidia ao monopólio estatal de eletricidade, mas era ele quem tinha sido o cérebro por trás do renascimento das cinzas de Ieltsine em 1996 e, naquele momento, os seus instintos políticos estavam mais afinados do que os de Ieltsine. Havia pouca vantagem óbvia em substituir Stepachin por Putin. Nenhum dos dois nunca tinha sido eleito para coisa alguma. Eram os dois da mesma idade. Ambos vinham de Sampetersburgo, e nenhum dispunha de uma base política independente que pudesse dar uma mão a Ieltsine. Tchubais avisou-o de que mais uma remodelação do seu governo seria vista como mais um ato de loucura que acabaria por dar mais força aos comunistas e à aliança emergente entre Lujkov e Primakov.

Contudo, ao mesmo tempo que Tchubais estava a tentar convencê--lo, o curso dos acontecimentos no Cáucaso reforçou a determinação de Ieltsine. No dia 7 de agosto, um grande destacamento de combatentes chechenos atravessou a fronteira da república e cercou três povoações na república vizinha do Daguestão. O aparelho militar e da polícia do Ministério do Interior tinha estado a preparar-se para uma incursão ao longo de meses, mas as forças chechenas voltaram a atuar com impunidade no acidentado território adjacente à fronteira. Eram comandados por dois guerrilheiros: Chamil Bassaiev, um feroz comandante rebelde, e uma figura misteriosa com o nome de guerra de Khattab. Khattab, um cidadão da Arábia Saudita, era um veterano de sublevações islâmicas desde a guerra contra a União Soviética no Afeganistão. Era um canal para essa tal influência estrangeira da qual Putin tinha avisado. Stepachin, cuja forma de lidar com uma incursão semelhante em 1995 tinha levado à sua destituição enquanto chefe do FSB, apanhou um avião para o Daguestão no dia seguinte, acompanhado do chefe do Estado-Maior das Forças Armadas, o general Anatoli Kvachnin, para comandar o que iria degenerar numa batalha de larga envergadura entre os combatentes chechenos e a tropa russa. Stepachin declarou que não iriam repetir-se os erros da guerra da Chechénia, e a artilharia e os obuses russos começaram a martelar as aldeias ocupadas pelas forças chechenas. Quando Stepachin apanhou o seu avião de volta a Moscovo, no dia seguinte, Ieltsine pôs os seus planos em execução e despediu-o, nomeando Putin próximo primeiro-ministro.

«Decidi hoje nomear uma pessoa que, na minha opinião, é capaz de unir a sociedade», disse Ieltsine num discurso televisivo no dia 9 de agosto. «Apoiado nos poderes políticos mais amplos, vai assegurar a continuidade das reformas na Rússia.» Ieltsine não mencionou Putin explicitamente como seu herdeiro designado, mas não deixou de mencionar as eleições marcadas para junho de 2000, dando voz à esperança de que também os eleitores aprendessem a confiar nesse diminuto líder, ainda pouco rodado. «Penso que tem tempo de sobra para mostrar o que vale.»

«Isto é o beijo da morte», anunciou na altura Leonid Dobrokhotov, um preeminente estratego comunista, referindo-se à manifestação de apoio de Ieltsine. «Dado o ódio que todos no país lhe têm, vinda dele, qualquer recomendação de qualquer político, mesmo que seja o melhor, indica o rumo para a sepultura.» ([37]) O presidente da Duma, Guenadi Selezniov, também declarou que Ieltsine tinha posto fim à carreira política de Putin, dizendo que os deputados «não [deveriam] perder semanas» a debater a nomeação, uma vez que «ele bem pode ser posto no olho da rua nos próximos três meses». Até o próprio Putin tinha as suas dúvidas quanto ao seu futuro como líder político, um futuro que não tinha equacionado para si próprio, como todos aqueles que o conheciam bem sabiam perfeitamente.

Esse verão já tinha sido difícil para Putin. A saúde do pai tinha-se deteriorado gravemente, e apesar das suas responsabilidades que cresciam de dia para dia, Putin viajava até Sampetersburgo pelo menos uma vez por semana para o ver. A mãe, Maria, tinha falecido no ano anterior. Ambos tinham vivido o tempo suficiente para ver a sua ascensão meteórica às hierarquias dos governos municipal e federal que emergiram dos escombros da União Soviética. A relação de Putin com o pai nunca tinha sido de grande proximidade, mas o orgulho do velho veterano taciturno era palpável. No leito da morte, exclamou: «O meu filho é como um imperador!» ([38]) Morreu no dia 2 de agosto, e Putin tinha acabado de regressar do funeral em Sampetersburgo quando Ieltsine lhe ofereceu o posto de primeiro-ministro.

Putin sabia, não obstante o que Ieltsine afirmaria posteriormente, que o presidente poderia descartá-lo com a mesma facilidade com que tinha obliterado Stepachin, Primakov e Kirienko. Calculava que faltavam dois, três, talvez quatro meses para que também ele fosse dispensado. Agora, aos quarenta e seis anos, sentia que tinha recebido a sua «missão histórica» e que tinha pouco tempo para a cumprir. A violência na fronteira da Chechénia com o Daguestão parecia um prolongamento da dissolução que se tinha iniciado em 1991, quando a União Soviética se desmoronou. A guerra na Chechénia tinha sido uma humilhação. Os líderes da Rússia tinham reagido com timidez a algo que era uma ameaça existencial à sobrevivência da nação. Putin sentia que o país estava a desfazer-se da mesma forma que a Jugoslávia e a Alemanha de Leste se tinham desfeito. «Se não pusermos imediatamente um fim a isto, a Rússia deixará de existir», recordaria ter pensado. A guerra na Chechénia tinha sido extremamente impopular, demolindo a reputação de Ieltsine e dando origem a uma votação pela sua destituição. Sabia que um novo conflito também seria arriscado. «Apercebi-me de que só podia fazer isto arriscando a minha carreira política», disse. «Era um custo mínimo, e eu estava preparado para pagar a fatura.» Recordou-se de como tinha sido um rapaz franzino no pátio do prédio, de quem os rufias tinham a certeza de que «haveria de levar uns valentes pontapés nesse traseiro». Desta vez, não. No Cáucaso, haveria de «dar uma tareia infernal a esses bandidos» ([39]).

Capítulo 10

Na latrina

O Daguestão é a parte mais a sul da Rússia, uma terra que prima por uma grande diversidade étnica, que confina com o mar Cáspio e vai até aos cumes das serranias do Cáucaso Oriental junto da sua fronteira com a Chechénia. Tal como a Chechénia, é predominantemente muçulmano, mas é também um dos lugares mais heterogéneos do mundo, com dúzias de etnias e línguas. Foi dominado pela Rússia, pela primeira vez, no início do século XIX e tinha-se juntado com as outras repúblicas do Cáucaso para formar um Estado que, por pouco tempo, chegou a ser independente depois da revolução bolchevique. Com a desintegração da União Soviética, porém, não secundou a Chechénia quando esta declarou a sua independência da Rússia. A secessão contava com pouco apoio público entre os seus diversos povos, embora a ideia de se unificar com a Chechénia tivesse sido debatida ao longo de grande parte dos anos noventa.

O comandante que liderou a incursão a partir da Chechénia no dia 7 de agosto, Chamil Bassaiev, declarou que tinha a intenção de criar um Estado islâmico do Daguestão, na esperança de expandir a sua campanha política e ideológica de violência e terror para reforçar o seu próprio poder na Chechénia. Juntamente com o combatente árabe-saudita Khattab, liderou uma força de dois mil combatentes que tomou de assalto as pequenas aldeias ao longo da fronteira perdida na montanha. O objetivo exato

O NOVO CZAR

do ataque permanecia pouco claro, mas graças às tensões que tinham estado a aumentar desde o rapto do general Chpigun (o seu cadáver seria encontrado posteriormente), as Forças Armadas russas estavam mais bem preparadas. Na sua função de ministro do Interior e, a partir de maio, como primeiro-ministro, Serguei Stepachin tinha elaborado planos para uma operação policial e militar que restabelecesse a ordem federal na Chechénia; Putin, enquanto diretor do FSB e chefe do Conselho de Segurança de Ieltsine, esteve envolvido na definição dos contornos desses planos. Stepachin afirmaria mais tarde que tinham chegado a um acordo sobre a altura em que a operação devia ser lançada — agosto ou setembro —, muito tempo antes da incursão de Bassaiev ([1]). O plano de Stepachin tinha objetivos militares limitados: tomar as planícies no terço norte da Chechénia, as terras baixas até ao rio Terek, criando um cordão sanitário que contivesse o radicalismo e a criminalidade nas zonas montanhosas da república.

Após a incursão de Bassaiev no Daguestão, Putin tinha agora em mente algo muito mais ambicioso. Pediu a Ieltsine «poder absoluto» para coordenar todos os ministérios ligados à segurança e conduzir operações militares — uma autoridade que oficialmente pertencia ao presidente enquanto comandante supremo. Ieltsine concordou, e era a primeira vez que delegava tantas prerrogativas presidenciais a um primeiro-ministro ([2]). No dia depois da sua nomeação, em agosto, Putin declarou que os comandantes russos iriam restabelecer o controlo no Daguestão, e deu-lhes para tal um prazo de duas semanas. A sua nomeação ainda nem sequer tinha sido confirmada. Em 13 de agosto, bombardeiros e helicópteros russos bombardearam as aldeias ocupadas pelos combatentes chechenos, e Putin ameaçou levar a guerra aérea para o interior da própria Chechénia. No dia seguinte, os russos fizeram isso mesmo, bombardeando aldeias que as forças envolvidas na incursão estavam a utilizar como bases.

No dia 16 de agosto, a Duma debruçou-se sobre a nomeação de Putin e, após um debate mais centrado na campanha eleitoral do que nas suas qualificações para o posto ou na violência que alastrava no sul, confirmou-o por apenas uma margem estreita. Recebeu 233 votos, apenas mais sete do que o mínimo necessário, e muito menos do que Stepachin, Primakov ou Kirienko tinham obtido ([3]). Putin parecia ser, no melhor dos casos, uma figura de transição que brevemente haveria de ser posta de lado. Nas suas observações breves e concisas perante o parlamento, Putin comprometeu-se a repor a ordem no governo e recordou aos generais russos o prazo para repelirem os invasores no Daguestão. «Resta-lhes uma semana.»

E uma semana mais tarde, os combatentes de Bassaiev retiraram-se, tendo subestimado a ferocidade das represálias russas e a escassez de apoio local no Daguestão para uma sublevação islâmica. Embora no Daguestão existissem partidários de uma ala radical do Islão, as miríades de grupos étnicos da república permaneciam muito mais leais ao Estado russo do que os chechenos ([4]). A polícia e forças paramilitares locais juntaram-se à tropa federal na resistência aos invasores, e no dia 26 de agosto tinham içado a bandeira tricolor da Rússia sobre as aldeias que tinham sido ocupadas e logo destruídas em duas semanas de ataques aéreos. No dia seguinte, Putin apanhou um avião para o Daguestão, acompanhado de jornalistas da imprensa escrita e televisiva, aos quais ninguém disse o seu destino final até aterrarem na capital local, Makhachkala. Acompanhada de pesadas medidas de segurança e do segredo mais absoluto, a comitiva embarcou em seguida num helicóptero e voou até Botlikh, uma aldeia de montanha que tinha estado no centro da invasão, a apenas oito quilómetros da fronteira chechena. Putin, vestido de modo informal, de calças e casaco, dirigiu algumas palavras a um grupo de combatentes russos e do Daguestão, e distribuiu cinquenta medalhas. Anunciou que três medalhas Herói da Rússia, a condecoração militar suprema da nação, seriam atribuídas posteriormente em cerimónias no Kremlin. Uma quarta seria atribuída a título póstumo. Pelas contas oficiais, quase sessenta soldados russos tinham morrido nos combates — ninguém anunciou as baixas rebeldes ou civis —, mas Putin estava lá para proclamar a sua causa como justa, as perdas como justificadas. Começou por fazer um brinde àqueles que tinham morrido, mas interrompeu-se a meio da frase.

«Esperem um bocadinho, por favor», disse. «Gostaria de brindar à saúde dos feridos e desejar felicidades a todos os presentes, mas temos uma série de problemas e grandes responsabilidades que nos esperam. Os senhores sabem isso muito bem. Conhecem os planos do inimigo. Nós também os conhecemos. Sabemos dos atos provocatórios que podem ser esperados no futuro próximo. Sabemos das áreas em que os podemos esperar e por aí fora. Não temos o direito de nos permitirmos um segundo de fraqueza que seja. Nem um único segundo. Pois, se baixarmos a guarda, aqueles que morreram parecerão ter morrido de forma vã. Por isso, sugiro que voltemos a pousar os copos na mesa. Com certeza vamos beber a eles, mas fá-lo-emos mais tarde.» ([5])

A visita-relâmpago de Putin foi uma representação de teatro político encenada por um noviço político, mas o contraste com Ieltsine era profundo: juventude e vigor por oposição à velhice e à doença. Uma nação abatida e dividida podia agora deleitar-se com uma vitória militar, obtida sob os auspícios de um primeiro-ministro que a maioria considerava um pouco incolor, se é que sabiam grande coisa dele. Mas as palavras de Putin também continham as sementes da precaução — e, segundo alguns acreditaram, da premonição — de que o conflito não tinha terminado com a retirada de Bassaiev de volta à Chechénia.

Menos de uma semana mais tarde, no dia 4 de setembro, uma enorme explosão nivelou um edifício de cinco andares em Buinaksk, uma cidade cerca de sessenta e cinco quilómetros a sul da capital do Daguestão. O edifício servia de alojamento a soldados russos e respetivas famílias, muitas das quais se tinham instalado em frente dos seus televisores para assistir a um jogo de futebol entre a Ucrânia e a França. A explosão, porventura causada por um carro armadilhado, matou sessenta e quatro pessoas. No dia seguinte, militantes chechenos voltaram a atravessar a fronteira para o Daguestão, desta feita próximo de Khasaviurt, a cidade onde os acordos de paz que tinham posto fim à primeira guerra tinham sido assinados três anos mais cedo. Um Ieltsine enfurecido atirou-se ao ar numa reunião do Conselho de Segurança no dia 6 de setembro. «Como perdemos um distrito inteiro no Daguestão?», tonitruou o presidente. «Isto apenas pode ser explicado pelo desleixo dos militares.» ([6]) Ieltsine tinha conferido poderes abrangentes ao seu novo primeiro-ministro, e depois de um sucesso inicial, sempre tinha acabado por acontecer uma desgraça. As previsões de uma passagem meteórica de Putin pelo cargo de primeiro-ministro pareciam proféticas.

Depois, no dia 9 de setembro, a carnificina do Cáucaso abateu-se sobre Moscovo. Pouco após a meia-noite, uma explosão deflagrou no centro de um complexo de apartamentos de nove andares no número 19 da Rua Gurianova, não longe de uma curva prolongada do rio Moskva.

A força da explosão, equivalente a centenas de quilogramas de TNT, partiu em dois o largo edifício retangular, como se tivesse sido rachado por um machado gigante. Os que estavam a dormir no seu interior foram esmagados numa pilha de destroços em chamas. Primeiro, os investigadores pensaram que uma fuga de gás poderia ter estado na origem da explosão, mas, no dia seguinte, os agentes começaram a desconfiar de um ato de terrorismo, por sinal o pior de sempre ocorrido na capital russa. Um anónimo ligou para a agência noticiosa Interfax e disse que as explosões em Moscovo e Buinaksk tinham sido atos de retaliação deliberados pelos ataques aéreos russos na Chechénia e no Daguestão. A mesma ou então outra pessoa, «com um sotaque proveniente do Cáucaso Norte», tinha avisado a delegação da Deutsche Welle em Moscovo, dias *antes* da explosão, de que iria haver três atentados à bomba na cidade para castigar a Rússia. «Se ficar confirmado que se trata de um ato terrorista, e tudo o indica, vamos ter de reconhecer que o eco da guerra se faz ouvir em Moscovo», declarou o presidente da câmara Lujkov, prometendo que iria reforçar a segurança ([7]). Noventa e quatro pessoas morreram devido ao atentado, e centenas mais foram feridas.

No dia 11 de setembro, enquanto trabalhadores dos serviços de emergência ainda estavam a recolher os destroços na Rua Gurianova, Putin apanhou um avião para a Nova Zelândia para participar no fórum anual da Cooperação Económica Ásia-Pacífico em vez do adoentado Ieltsine. O fórum reúne os líderes de vinte e uma nações, e a participação de Putin equivalia à sua estreia na cena internacional. Os líderes tinham curiosidade de conhecer o quinto primeiro-ministro de Ieltsine nos últimos dezoito meses, embora poucos esperassem que ele durasse mais tempo do que os outros. A violência em torno da Chechénia já tinha feito soar os alarmes no Ocidente, e o presidente Clinton aproveitou a sua reunião com Putin para, delicadamente, assinalar preocupações em relação à tragédia humana que estava a desenrolar-se na região e reclamar uma solução política que poderia passar pela autorização de observadores internacionais em terras russas. Putin começou a falar educadamente, expressando confiança de que as tensões em torno do Kosovo, mais cedo naquele ano, estavam ultrapassadas e a esperança de uma compreensão mútua no que dizia respeito à ameaça partilhada do terrorismo internacional. Quando Clinton insistiu relativamente à Chechénia, porém, «a boca de

O NOVO CZAR

Putin cerrou-se, a sua postura ficou mais hirta e a sua cara assumiu um ar duro» ([8]). Desenhou um mapa num guardanapo e explicou a Clinton os planos que já tinham sido gizados para a incursão limitada, que devia travar-se no rio Terek. Sublinhou que os combates no Daguestão não eram um ataque isolado, mas o início de uma invasão da Rússia apoiada por terroristas internacionais, incluindo Ussama bin Laden. Disse a Clinton que Bin Laden, cuja rede Alcaida tinha orquestrado ataques às embaixadas dos EUA no Quénia e na Tanzânia no ano anterior, tinha financiado os combatentes islâmicos da Chechénia e até visitado a mesma (embora os estado-unidenses nunca tivessem sido capazes de confirmar essa informação) ([9]). Putin confidenciou ao presidente estado-unidense o que ainda não tinha dito aos seus próprios compatriotas: a Rússia estava em vésperas de uma nova intervenção na Chechénia.

Putin ainda estava na Nova Zelândia no dia 13 de setembro, quando outro edifício de apartamentos foi destruído por uma explosão, desta vez na estrada de Kachirskoie no sul de Moscovo, não muito longe da Rua Gurianova. O número de mortes chegou aos cento e dezoito, e o medo no país cedeu lugar à histeria. Aquilo que se dizia sobre os possíveis motivos era confuso e contraditório. O próprio Putin tinha hesitado após o primeiro ataque, evitando ainda chamar à explosão um ataque terrorista. Agora reagiu com raiva, dizendo que era impossível imaginar-se que as duas explosões pudessem ter sido meros acidentes. «Aqueles que fizeram isto não podem ser humanos», disse. «Nem sequer podemos chamar-lhes bestas.» ([10]) Interrompeu a sua primeira visita internacional enquanto primeiro-ministro e voltou a Moscovo. No entanto, quem eram ao certo as bestas referidas era tudo menos claro. Extremistas do Daguestão aparentemente tinham reivindicado a responsabilidade pela explosão ocorrida em Buinaksk, mas líderes chechenos, incluindo Chamil Bassaiev, cujos combatentes ainda se encontravam no Daguestão, negaram qualquer envolvimento nas explosões ocorridas em Moscovo, embora Bassaiev aproveitasse para reiterar a sua promessa de talhar um Estado islâmico do sul da alcatra da Rússia ([11]). Um líder comunista de linha dura, Victor Iliukin, disse à Itar-Tass que o primeiro ataque não estava ligado ao Cáucaso, mas antes às escaramuças políticas entre apoiantes de Ieltsine e do presidente da câmara Lujkov. Os atentados à bomba, disse, eram um pretexto para cancelar as eleições parlamentares previstas para dezembro. «A histeria política está a ser atiçada artificialmente», comentou ([12]). Aleksandr Lébed, o novo governador de Krasnoiarsk, disse ao jornal francês *Le Figaro* que os chechenos tinham pouco a ganhar com tais atentados, mas que Ieltsine e a sua «Família» não. «Certamente estabeleceram um objetivo — fabricar o terror de massas, uma desestabilização que lhes permita no momento que lhes pareça indicado dizer: não têm de se deslocar às mesas de voto, senão vão arriscar-se a ser dinamitados juntamente com as urnas», disse Lébed ([13]).

O pânico em Moscovo levou à instalação de postos de controlo da polícia e a rusgas que se saldaram na prisão de centenas de pessoas, por razões tão simples como parecer ser proveniente do Cáucaso. Os cidadãos formaram as suas próprias patrulhas. A polícia descobriu setenta e seis sacos de explosivos escondidos num barracão numas obras de construção civil no distrito de Kapotnia. Os sacos, marcados como açúcar vindo de uma fábrica na Carachai-Cherquéssia, no Cáucaso, continham material explosivo suficiente para destruir mais alguns edifícios de apartamentos ([14]). A descoberta pôs fim à série de atentados à bomba em Moscovo, mas, no dia 16 de setembro, a quarta explosão de um edifício de apartamentos ocorreu, desta vez na cidade de Volgodonsk, no sul do país, a centenas de quilómetros tanto de Moscovo como da Chechénia. O atentado diferiu dos outros apenas relativamente aos pormenores. Aconteceu de madrugada, quando a maioria das pessoas estava em casa a dormir. Os explosivos foram carregados num camião estacionado no exterior do edifício, em vez de terem sido escondidos no interior, o que pode ter minimizado os danos. O sopro arrancou a fachada do edifício, mas não causou a sua queda. Desta feita morreram dezassete pessoas. O número de mortos causado pela onda de terror já estava a chegar aos trezentos.

Os ataques aéreos limitados da Rússia na Chechénia prosseguiram, mas agora Putin intensificou o conflito. No dia 23 de setembro, aparelhos da aviação russa efetuaram pela primeira vez bombardeamentos bem no interior da república, atingindo o Aeroporto de Grozni e uma refinaria de petróleo, que ardeu até aos alicerces porque as autoridades locais tinham pouco equipamento de sobra para combater incêndios. Os ataques foram de caráter mais punitivo do que estratégico. O ataque ao aeroporto destruiu um dos dois aviões funcionais da Chechénia: um velho biplano sem nenhuma importância militar. Aquando de uma visita oficial ao Cazaquistão, Putin garantiu que a Rússia iria defender-se de «bandos de mercenários estrangeiros e terroristas», mas insistiu em dizer que não estava a planear uma nova guerra na Chechénia. Quando lhe perguntaram qual era o objetivo dos ataques aéreos, o seu temperamento inflamou-se. A maneira de estar lacónica que os russos tinham testemunhado no seu novo primeiro-ministro austero e ascético desapareceu. Assumiu o tom de um arruaceiro. A sua resposta foi brusca, a sua linguagem apimentada pelo calão do submundo. «Estou farto de responder a estas perguntas», respondeu enfurecido. «Os aviões russos estão apenas a bombardear campos de treino terroristas. Vamos persegui-los em qualquer lugar onde se encontrem. Se, com a vossa licença, os encontrarmos na casa de banho, vamos enviá-los pela latrina.» ([15])

Foi um atentado à bomba que não chegou a realizar-se que pôs em causa a versão oficial dos acontecimentos daquele verão. No serão de 22 de setembro, a noite antes da observação de Putin sobre a latrina, que logo seria famosa, um condutor de autocarro que vivia em Riazan, a sudeste de Moscovo, reparou num *Lada* branco estacionado no exterior do seu prédio. Uma jovem mulher, claramente de etnia russa, que estava à porta do prédio, na Rua Novosielovaia, dava mostras claras de nervosismo. Um homem esperava no carro. Outro homem não tardaria a sair do prédio, e os três arrancaram juntos. Enervado por causa dos atentados à bomba anteriores, o condutor de autocarro chamou a polícia. Inicialmente, a polícia parecia pouco interessada, mas quando finalmente os agentes chegaram, irrompeu o pânico. Na cave, um cabo da polícia, Andrei Chernichev, descobriu três sacos identificados como sendo de açúcar, tal como os do lote encontrado no esconderijo em Moscovo, assim como um dispositivo que parecia ser um detonador. O temporizador tinha sido programado para as cinco horas e meia da manhã. No meio de uma enorme azáfama, a polícia evacuou o prédio de doze andares enquanto um perito local em explosivos, Iuri Tkachenko, foi convocado para desativar o temporizador. Verificou a substância nos sacos com um analisador de gases. Não se tratava de açúcar, mas sim de um explosivo militar, hexogénio, igual àquele utilizado em pelo menos um dos atentados à bomba de Moscovo ([16]). Na manhã seguinte, os noticiários anunciaram que outro catastrófico atentado à bomba tinha sido — milagrosamente — evitado.

O ambiente em Riazan não era de festa, mas os seus habitantes e a polícia local foram alvo de elogios. «Quero agradecer à população pela sua vigilância», disse Putin num comentário televisivo. Enquanto os habitantes da cidade matutavam, abalados, sobre o que poderia ter acontecido, a investigação da polícia parecia estar a apertar o cerco aos autores do atentado frustrado. Encontraram o *Lada* branco abandonado num parque de estacionamento e detiveram, por alguns instantes, dois homens que eram parecidos com aqueles que tinham sido vistos no exterior do prédio de habitação, mas estes apresentaram cartões de identificação do FSB e foram soltos. No fim do mesmo dia, uma operadora local de central telefónica ouviu uma pessoa a dizer numa chamada que não havia maneira de sair da cidade sem ser detetado. A voz na outra ponta da linha disse que deviam separar-se e fazer o melhor para se safarem. A operadora informou a polícia, e esta chegou à conclusão de que a chamada tivera origem em Moscovo. Para seu espanto, o número pertencia ao FSB.

No serão do mesmo dia, um porta-voz do FSB punha em causa tudo o que tinha aparentemente acontecido em Riazan, afirmando que um exame preliminar não tinha detetado vestígios de explosivos nos materiais, que o FSB entretanto tinha apreendido e levado para Moscovo. Disse que também não tinha sido encontrado nenhum detonador, mas apenas peças de um. No dia seguinte, o diretor do FSB, Nikolai Patrutchev, falou com jornalistas depois de assistir a uma reunião governamental convocada de emergência para debater os atentados à bomba. Patrutchev, um colega de Putin do KGB de Sampetersburgo, tinha seguido o seu amigo para Moscovo e tinha subido a pulso na hierarquia da organização, paralelamente a ele. Assumiu o cargo de diretor do FSB quando Putin se tornou primeiro-ministro, em 1999, e continuou a ser um dos seus lugares-tenentes de maior confiança. Declarou que todo o episódio de Riazan não tinha sido mais do que um exercício destinado a verificar o estado dos preparativos para um atentado à bomba, tal qual aqueles que estavam a assolar cidades russas. Disse que os exercícios tinham sido levados a cabo em várias cidades — onde obviamente não tinham funcionado, visto que nada como Riazan tinha acontecido noutro lado — e felicitou os habitantes da cidade e a sua polícia «pela vigilância que revelaram ao encontrar esses supostos explosivos».

«E ao mesmo tempo, quero apresentar-lhes as minhas desculpas.» ([17])

O depoimento de Patrutchev foi relatado fielmente pelos jornais em Moscovo e além, mas deixou as gentes em Riazan estupefactas e confusas. Talvez os habitantes e a polícia local não fossem advertidos de um exercício visando testar a sua vigilância, mas mesmo o departamento local do FSB dizia que não tinha conhecimento de exercício nenhum; também era esse o caso do presidente da câmara, do governador ou de qualquer outra entidade ou pessoa. A demora de um dia e meio para informar os aterrorizados habitantes da cidade parecia inexplicável, especialmente tendo em conta o facto de o Ministério do Interior ter mobilizado mil e duzentos agentes numa caça ao homem para apanhar os presumíveis autores do crime e procurar por quaisquer outras bombas. E os agentes que participaram na neutralização da bomba sabiam o que tinham visto. Ou o exercício do FSB tinha sido um teste de preparação, assim tão convincente, frente ao terror, ou fora, ele próprio, uma patranha. Naquela noite, um ouvinte telefonou para a rádio Ecos de Moscovo, que, na altura como hoje, era uma emissora que encorajava um debate político razoavelmente aberto. Identificando-se como um agente das forças da ordem, embora não desse o seu nome, declarou-se perplexo com a explicação dada pelo FSB. Era tão improvável, disse ele, que as pessoas poderiam pôr-se a pensar que o FSB estaria de algum modo envolvido em todos aqueles atentados à bomba ([18]).

Em 29 de setembro, Putin declarou-se disposto a negociar com Aslan Maskhadov, o presidente da Chechénia, mas apenas sob a condição de que este condenasse todos os tipos de terrorismo, expulsasse da república as milícias armadas, e mandasse prender e extraditar os criminosos mais procurados, com Bassaiev, Khattab e outros comandantes provavelmente a encimar a lista. Aquilo era um ultimato, não uma proposta. Maskhadov tinha condenado a incursão no Daguestão e os atentados à bomba ocorridos na Rússia, mas a sua autoridade enquanto presidente era demasiado fraca para exercer controlo sobre Bassaiev ou Khattab, e muito menos para os prender e entregar aos russos. «Não posso mandar prender Bassaiev assim sem mais nem menos», disse a um jornalista dois dias antes do ultimato de Putin. «As pessoas aqui não o compreenderiam. Afinal, lutámos juntos pela independência do nosso país.» ([19]) No dia da proposta de Putin, Maskhadov tinha previsto uma viagem ao Daguestão para se encontrar com o seu presidente e explorar a possibilidade de entabular conversações com Moscovo, mas teve de cancelar a viagem, porque manifestantes no Daguestão tinham bloqueado a estrada ([20]). De qualquer forma, era tarde de mais.

No dia seguinte, o exército russo e unidades do Ministério do Interior infiltraram-se na Chechénia. Apesar das afirmações em contrário de Putin, a invasão em grande escala tinha começado. Cerca de quarenta mil soldados tinham participado na primeira guerra da Chechénia, muitos deles recrutas inexperientes, mas desta vez Putin mandou para lá mais de noventa e três mil, aproximadamente o correspondente às forças soviéticas que invadiram o Afeganistão, um país quase quarenta vezes maior ([21]). No dia 1 de outubro, declarou que a Rússia não continuaria a reconhecer o governo de Maskhadov; em compensação, reconheceu um parlamento regional que tinha sido eleito em 1996, durante a ocupação militar russa. Entretanto, a maior parte dos seus membros encontrava-se em Moscovo ou noutro lado, tendo fugido quando os russos se retiraram depois da primeira guerra. A declaração acabou com quaisquer magras hipóteses que pudessem ter existido de um acordo negociado. De qualquer forma, Putin não estava realmente interessado. Maskhadov juntou-se a Bassaiev e aos outros comandantes mais radicais numa sangrenta defesa da pátria chechena. No dia 5 de outubro, a tropa russa ocupava o terço norte da Chechénia, até ao rio Terek, tal como o pretendera o planeamento secreto que tinha começado na primavera. Uma semana mais tarde, transpuseram o rio e puseram-se a caminho de Grozni.

Putin tinha jurado não repetir os erros da primeira guerra, o que muitos entenderam com o sentido de que não iria lançar uma ofensiva terrestre de plena escala para tomar o controlo da república inteira. Mas era precisamente isso que tinha em mente — com a diferença de que, desta vez, mobilizou todo o poder da força aérea russa para minimizar as perdas de vidas do lado da tropa russa, sem olhar a perdas no interior da Chechénia. «A diferença é que desta vez não vamos mandar os nossos rapazes desmioladamente para atraírem sobre si o fogo inimigo», disse ao jornal *Vremia*. «Vamos agir com a ajuda de forças e meios modernos e destruir os terroristas a distância. Vamos destruir a infraestrutura. E vamos recorrer a tropa especial para limpar os territórios. Não haverá mais assaltos frontais. Vamos proteger os nossos homens. Evidentemente, isso vai requerer tempo e paciência. Aproveitando esta oportunidade, insto os vossos leitores e os outros que compreendam isto e tomem consciência de que ou, tal como no passado, vamos precipitarmo-nos ao ataque com gritos de "Em frente, comunistas!" sem nos preocuparmos com as nossas perdas, ou os destruímos paciente e metodicamente do ar.» E se os ataques aéreos se revelassem ineficazes? «Vamos prevalecer», disse ao entrevistador. «Não vai haver nenhum "se".» [22]

No dia 20 de outubro, enquanto os combates estavam no auge, Putin viajou no mais absoluto sigilo de Moscovo à Chechénia, numa deslocação que incluiu um curto voo num bombardeiro Sukhoi-25. Tal como tinha feito no Daguestão, distribuiu medalhas a pilotos numa base aérea e reuniu-se com os anciãos de Znamenskoie, uma aldeia logo a seguir à fronteira da Chechénia, entretanto libertada pelos russos. Lamentou a incapacidade do governo checheno de pagar salários e pensões e de manter os hospitais e as escolas de portas abertas, apesar de fundos de apoio orçamental vindos de Moscovo, que nunca tinham deixado de ser desembolsados. Disse que o objetivo da Rússia era o de restabelecer a ordem livrando o território «desses bandidos que estão cobertos de sangue, não até aos cotovelos, mas até aos ombros». «Um dos objetivos da visita que vos faço hoje é mostrar que nós e vós somos um todo único, para evitar que sentimentos antichechenos e anticaucasianos sejam instigados na Rússia, para que todo o país saiba e possa ver que aqui não há nenhum sentimento sanguinolento que se compare.» [23] No dia seguinte, um míssil russo aterrou no mercado central de Grozni, matando um mar de gente, sobretudo mulheres e crianças em busca de víveres, que estavam a ficar escassos.

Apesar do sobressalto com os atentados à bomba aos prédios de apartamentos, e de uma erupção dos ressentimentos antichechenos em Moscovo e um pouco por toda a Rússia, até essa altura, a guerra não gozava de um apoio político universal, especialmente entre os políticos que disputavam o poder na era pós-Ieltsine que se avizinhava. A memória da primeira guerra permanecia fresca. Em meados de setembro, mais de duzentos soldados russos já tinham morrido em confrontos ao longo da fronteira da Chechénia; o número de baixas no interior era muito mais elevado, provavelmente na ordem dos milhares. Evgueni Primakov, que, juntamente com Lujkov, era um dos favoritos na corrida ao lugar de

Ieltsine, fez-se ouvir em apoio de ataques «localizados» contra campos terroristas, mas não de uma nova invasão. «Oponho-me terminantemente a operações de grande escala que podem dar azo a acontecimentos como aqueles que vimos no passado», disse. «Não deveríamos voltar a isso.» [24] Lujkov respondeu aos ataques com mostras de um racismo mal disfarçado e com a reintrodução dos requisitos de residência da era soviética. A sua proposta para resolver o conflito era construir um Muro de Berlim ao longo da fronteira da Chechénia, e não reconquistar o território. Vários dos apoiantes liberais de Ieltsine levantaram dúvidas publicamente sobre a eficácia e o estatuto moral de uma campanha militar que estava a matar civis que, pelo menos por enquanto, eram cidadãos da Rússia. No fim de setembro, já havia mais de cem mil chechenos — sobretudo velhos, mulheres e crianças — que tinham fugido para a Inguchétia vizinha em busca de condições de segurança, criando uma crise de refugiados que a Rússia estava mal preparada para resolver.

Mais uma vez, o país fervilhava de boatos de que Ieltsine iria demitir-se, que iria despedir Putin e a sua nova equipa governativa, que as eleições parlamentares previstas para dezembro haveriam de ser canceladas. Putin viu-se forçado a desmenti-los um a um. Uma parte esmagadora da nata política da Rússia presumia que Putin estava a cometer o seu suicídio político ao lançar uma nova guerra terrestre na Chechénia. «Putin comportou-se como um *kamikaze* político ao apostar todo o seu capital político na guerra, fazendo tábua rasa do mesmo», escreveu Ieltsine, que nunca se decidira a projetar todo o poderio do aparelho militar russo para a primeira guerra [25]. Putin agiu como se estivesse indiferente à política de guerra, talvez porque não tinha experiência com a primeira guerra na Chechénia, talvez porque simplesmente não tinha nenhuma dúvida acerca da sua «missão histórica». Não reagia à opinião pública ou a vantagens políticas de curto prazo; como Ieltsine assinalou, «não esperava que a sua carreira sobrevivesse aos acontecimentos na Chechénia». As suas ações pareciam obstinadamente apolíticas, e até profundamente pessoais, como se a incursão no Daguestão fosse uma afronta de que tinha de se desforrar.

Ainda assim, para surpresa de Ieltsine e de muitos outros, a forma como Putin geriu a guerra provou ser extremamente popular. A primeira guerra pouco popular tinha sido, mas, dada a resposta do público à segunda, a razão era porque a primeira guerra tinha sido feita pela metade; porque o exército russo, o resíduo do grandioso Exército Vermelho, tinha sido mal preparado e mal equipado; porque os russos tinham sido derrotados por uma mão-cheia de chechenos sem lei vindos das montanhas. Esta guerra, sob o comando deste primeiro-ministro, parecia diferente. De olhos postos nas eleições que se avizinhavam, a nata política temia as consequências de uma guerra, mas agora parecia que o povo comum queria, tal como Putin, «dar uma tareia infernal a esses bandidos».

Vladimir Putin ainda era largamente desconhecido entre a população russa quando Ieltsine o nomeou primeiro-ministro. Agora, apesar de ainda não ter tido tempo de articular quaisquer políticas ou programas, as suas ações na Chechénia começaram a elevar inesperadamente as suas taxas de aprovação nas sondagens de opinião pública. Em agosto, quando foi nomeado primeiro-ministro, apenas dois por cento dos inquiridos lhe tinham dado a sua preferência enquanto possível candidato presidencial; em outubro, já eram vinte e sete por cento, a apenas um ponto de distância de Primakov. Ieltsine cumpriu o que tinha prometido a Putin relativamente às eleições parlamentares que se avizinhavam: ele não tinha de se preocupar com as mesmas. Os estrategos políticos de Ieltsine criaram um novo partido chamado União. Tal como o próprio Putin, o partido não tinha nenhuma plataforma ou ideologia discernível, antes se perfilando como uma frente patriótica que adotou o urso como símbolo, uma ideia que Boris Berezovski afirmou ter recebido num sonho febril quando esteve hospitalizado com hepatite ([26]).

O União parecia ter poucas hipóteses de ganhar. No final de outubro, era por pouco que o seu nome figurava nas sondagens, muito aquém dos liberais do Iabloko, dos comunistas e dos favoritos, a aliança Pátria-Toda a Rússia de Lujkov e Primakov. O que o União tinha, apesar de tudo, eram os plenos recursos do Kremlin e os oligarcas que financiavam a campanha eleitoral. Até Berezovski, que se sentia cada vez mais afastado de Ieltsine, aproveitou a sua estação televisiva para lançar ataques ferozes contra Lujkov e Primakov, que detestava visceralmente, e para enaltecer o papel de Putin enquanto supremo comandante de facto. Berezovski deu um programa televisivo emitido nas horas nobres a um comentador extravagante chamado Sergüei Dorenko, que, semana após

NA LATRINA

semana, acusava Lujkov de corrupção, hipocrisia e mesmo assassínio ([27]). As acusações rasavam a barra da difamação, mas foram extraordinariamente eficazes.

Dada a paranoia de Ieltsine no que concernia a quem politicamente lhe fizesse sombra, a crescente popularidade de Putin causou uma nova onda de boatos que vaticinava o seu despedimento iminente. Estes boatos aumentaram de intensidade no mês de novembro, quando Putin anunciou a sua intenção de se candidatar à presidência em 2000. As pessoas partiram do princípio de que Ieltsine haveria de o demitir, como tinha demitido Primakov antes, mas não sabiam que o presidente que estava a envelhecer tinha apostado as suas esperanças de preservação do seu legado — e da sua segurança pessoal — nesse jovem primeiro-ministro. No final de 1999, os problemas físicos e legais de Ieltsine tinham-no deixado mais enfraquecido do que nunca. Iuri Skuratov, que continuava a contestar em tribunal a sua suspensão como procurador-geral, continuava a largar, a conta-gotas, acusações em torno das investigações referentes à Mabetex e às respetivas ligações à «Família» de Ieltsine. Os seus esforços foram coadjuvados por uma decisão tomada na Suíça de congelar cinquenta e nove contas bancárias ligadas a funcionários russos. Em outubro, o Conselho da Federação recusou uma terceira vez despedir Skuratov, que estava com ideias de ficar com o seu posto de procurador-geral sob a governação de um novo parlamento e do próximo presidente. «Evidentemente, a "Família" está assustada», disse ele, numa entrevista dada na sua casa de campo nos arredores de Moscovo. «Neste momento controlam a situação, mas podem perder esse controlo.» ([28])

A crescente popularidade de Putin também começou a atrair a atenção dos adversários de Ieltsine. Em 20 de novembro, Primakov e Lujkov, rivais inveterados de Ieltsine, reuniram-se com ele a sós na esperança de negociar um arranjo político. Ambos começaram a sugerir publicamente que a sua aliança poderia apoiar a sua nomeação para a presidência, abandonando para todos os efeitos as suas próprias ambições. A ascensão de Putin foi tão espantosa como inesperada. Ele parecia representar uma nova e independente força política. E não era unicamente por causa da Chechénia. Na lama da política russa, só ele parecia impoluto no que dizia respeito às intrigas de políticos e oligarcas que tinham andado a consumir a Rússia durante os oito anos anteriores. Embora devesse a sua

O NOVO CZAR

carreira a Ieltsine e à «Família», o facto de, desde 1996, ter trabalhado na maior parte do tempo à margem do escrutínio público significava que não estava associado aos múltiplos erros e escândalos do Kremlin. Os seus lacónicos depoimentos públicos, mesmo os mais apimentados, pareciam uma lufada de ar fresco depois das confusões e dissimulações da administração de Ieltsine. O jornal *Nezavisimaia Gazeta* escreveu, em novembro, que em algumas preciosas semanas «um funcionário completamente desconhecido e bastante incolor» se tinha tornado num líder disposto, «contrariamente aos seus predecessores», a dizer às pessoas o que tencionava fazer. Chegou a ponto de lhe chamar «um dos raros casos na nossa história política» [29].

Entretanto, a taxa de aprovação de Putin passava dos quarenta por cento, e agora ele tinha peso político para influenciar as eleições parlamentares de dezembro. Não se tinha filiado no novo partido do Kremlin, o União, que, apesar dos recursos do governo, da cobertura favorável na televisão do Estado e das doações dos oligarcas, andava tão por baixo nas sondagens de intenção de voto, que se arriscava a não alcançar o limite para arrebatar alguns assentos na Duma [30]. No dia 24 de novembro, o seu centésimo dia no cargo de primeiro-ministro, Putin salvou o União do esquecimento político com uma saída em seu apoio — ou uma espécie disso. «Enquanto primeiro-ministro, não gostaria de falar das minhas simpatias políticas», disse, «mas como eleitor comum vou votar no União» [31]. A maioria dos analistas políticos opinou que Putin estava a arriscar não só o seu próprio futuro político, como igualmente o do partido por o associar demasiado ao Kremlin. O que não entenderam foi o apelo essencial do partido enquanto uma nova força que pôs de parte a estafada ideologia de direita *versus* esquerda e abraçou o patriotismo da união, e não da divisão, especialmente num tempo de guerra.

Ieltsine, hospitalizado duas vezes ao longo do outono, continuava a agonizar com o seu destino. «Na Rússia, a autoridade sempre tinha sido transferida por morte natural, conspiração ou revolução», escreveu sobre os pensamentos que lhe passavam pela cabeça naquele período. «O imperador apenas deixava de governar depois de morrer ou na sequência de um golpe. Era exatamente o mesmo que se passava com o secretário-geral do Partido Comunista. Suponho que o regime comunista

222

NA LATRINA

tenha herdado a incapacidade de transferir o poder de forma indolor.» Refletiu sobre o afastamento de Krutchov em 1964 e lamentou que a sua morte, em setembro de 1971, tivesse sido anunciada «num minúsculo e obscuro comunicado de jornal» ([32]). Em 14 de dezembro, cinco dias antes do ato eleitoral, Ieltsine fez Putin ir à sua residência em Gorki-9 para uma reunião secreta. Reuniram-se a sós.

«Quero demitir-me neste ano, Vladimir Vladimirovitch», Ieltsine referiu ter-lhe dito. «Neste ano. Isso é muito importante. O novo século tem de começar com uma nova era política, a era de Putin. Percebeu?»

Putin não tinha percebido. A sua reação deixou o coração de Ieltsine apertado. Durante todo aquele outono, tinham corrido rumores de que Ieltsine poderia demitir-se e, de acordo com a Constituição, passar o poder ao primeiro-ministro em funções. Ainda em setembro, Putin tinha excluído a ideia considerando-a disparatada. «Se há alguma coisa de que tenho a certeza, é de que o presidente não tem nenhuma intenção de pôr o lugar à disposição», disse. «Não há demissões de coisíssima nenhuma.» ([33]) E no entanto, lá estava Ieltsine a explicar-lhe qual era a sua intenção, jogando a última «carta que tinha na manga» ([34]).

A nova Constituição, que ainda não tinha dado quaisquer provas, munia Ieltsine de um controlo considerável sobre o momento da sua partida. Se o presidente se demitisse, o primeiro-ministro tornar-se-ia presidente em exercício até que, noventa dias mais tarde, pudessem ser celebradas novas eleições. Embora isso deixasse pouco tempo de sobra para uma campanha eleitoral, daria ao «titular» uma vantagem enorme sobre os seus rivais.

Os dois homens estavam sentados em silêncio, enquanto Ieltsine, lentamente, se apercebia de que Putin não se sentia preparado para a presidência. «Não estou pronto para esta decisão, Boris Nikolaievtch», Putin acabou por responder. «É um destino bastante difícil.» ([35]) Ieltsine, tentando persuadi-lo, explicou que tinha chegado a Moscovo para traba-lhar já depois de ter cinquenta anos — quando já estava mais velho do que Putin naquela altura —, mas «uma pessoa que respirava energia e saúde». Agora, tinha-se dado conta de que o prazo da sua vida política estava esgotado. «Em dada altura, também eu quis viver a minha vida de uma forma diferente», confidenciou a Putin. «Não sabia que as coisas haveriam de acabar desta forma.» Ieltsine afirmou coisas bastante improváveis, como que voltaria para a construção civil ou para Sverdlovsk, onde tinha começado a sua carreira. Olhou pela janela para a paisagem cinzenta e coberta de neve, perdido em pensamentos. Após algum tempo, voltou ao assunto.

«Não me respondeu», disse a Putin, olhando-o nos olhos.

Finalmente, Putin concordou. Segundo Ieltsine, ninguém soube da sua conversação ou da decisão transcendental que tinham tomado.

Aquando da contagem dos votos, na noite de 19 de dezembro, depois de uma eleição que foi extremamente disputada e considerada mais ou menos justa, o União tinha conseguido uma espantosa reviravolta. O Partido Comunista tinha obtido uma maioria relativa de vinte e quatro por cento, consolidando a sua base eleitoral, mas o União aparecia em segundo lugar com vinte e três por cento. A aliança Lujkov-Primakov, que tinha parecido destinada a ocupar o poder escassos meses antes, seguia a grande distância com meros treze por cento dos votos, com os seus líderes desgastados pela cobertura televisiva negativa — e pesadamente derrotados. O Iabloko e uma nova coligação liberal que se aliou a Ieltsine, a União das Forças de Direita, que Putin também tinha «apoiado» com algumas palavras simpáticas, ganharam juntos quase outro tanto. Ieltsine bebeu champanhe na noite das eleições em antecipação de uma vitória, mas foi para a cama preocupado com os resultados não oficiais a chegarem aos poucos. Ao acordar, sentiu que a sua confiança em Putin tinha sido justificada ([36]). Ieltsine gabou-se dizendo que tinha conduzido Putin «da obscuridade à presidência, contra a resistência feroz» do escol político, dentro e fora do Kremlin. «Foi realmente muito difícil fazermos que Putin ficasse com o posto — uma das coisas mais difíceis que alguma vez conseguimos», disse mais tarde a filha de Ieltsine, Tatiana ([37]).

Para Ieltsine, seria este o legado que deixaria na hora da despedida, legado esse que mudaria a face do país que ele tinha conseguido criar a partir das ruínas da União Soviética. Pela primeira vez na sua atribulada presidência, Ieltsine contava com uma maioria pró-governamental na nova Duma, o que acabou com as paralisantes disputas políticas em torno da transição da Rússia. Poderia ter cimentado as suas políticas e mesmo introduzido outras novas. Em vez disso, demitiu-se.

NA LATRINA

No dia 28 de dezembro, Ieltsine estava sentado em frente de uma árvore decorada, na sala de receção do Kremlin, a gravar o tradicional discurso de Ano Novo do presidente. Quando finalizou, queixou-se de que a sua voz estava rouca e de que não estava completamente satisfeito com aquilo que tinha dito. Pediu à equipa televisiva que voltasse dentro de três dias e, não obstantes os protestos desta, que gravasse uma nova alocução. Foi um estratagema, embora aparentemente apenas ele o soubesse na altura. Regressou à sua residência e convocou para esse serão os seus chefes de gabinete atual e anterior, dois dos seus conselheiros mais próximos. Aquilo que disse deixou-os perplexos; ia demitir-se na véspera de Ano Novo. Ieltsine tinha uma última, grandiosa e impetuosa surpresa a soltar sobre o país. Daria por finda a sua presidência juntamente com o velho milénio e deixaria a inauguração do novo a cargo de Vladimir Putin. Na manhã seguinte, mandou Putin ir ter ao Kremlin e informou-o da calendarização daquilo que tinham discutido havia quinze dias. «Tive imediatamente a impressão de que ele estava um homem diferente», pensou Ieltsine quando o primeiro-ministro chegou ([38]). O debate que se seguiu foi prático, pormenorizado e nada emocional. Discutiram os decretos que Ieltsine e, posteriormente, Putin iriam emitir, a gravação do discurso de Ano Novo, a notificação do aparelho militar e das agências de segurança, a transferência da «mala» que traz os códigos para o lançamento do arsenal de armas nucleares da Rússia. Quando finalizaram a reunião, saíram do escritório de Ieltsine constrangidos pelo cenário público que os rodeava. Não disseram nada, embora Ieltsine sentisse uma forte necessidade de dizer mais. Em vez disso, deram um aperto de mão, e, de seguida, Ieltsine deu um abraço forte a Putin e disse adeus. A próxima reunião dos dois seria na véspera de Ano Novo ([39]).

No dia 30 de dezembro, Putin substituiu Ieltsine numa receção no Kremlin. A ausência do presidente, que estava a envelhecer a olhos vistos, foi notada, mas, dados os seus frequentes problemas de saúde, não lhe foi atribuída nenhuma importância. Apesar da ocasião festiva, Putin centrou as suas observações na guerra na Chechénia, que estava a tornar-se um horrível banho de sangue com tropa russa a cercar Grozni. A cidade tinha sido transformada em ruínas de um género que não tinha sido visto na Rússia — ou noutro lado qualquer — desde a Grande Guerra Patriótica. Milhares de civis continuavam encurralados no seu interior, escondidos em caves sem eletricidade, aquecimento ou água canalizada. Os rebeldes chechenos continuavam a controlar uma parte considerável de Grozni, matando centenas dos soldados russos que estavam a tentar tomá-la pela força. Aslan Maskhadov renovava os seus apelos em prol de um cessar-fogo negociado, embora jurasse que iria prosseguir a luta. «Mesmo que a guerra dure dez anos, a Rússia não vai conseguir submeter a Chechénia e o seu povo», declarou ([40]). À medida que os combates pioravam, as críticas vindas da Europa e dos EUA relativamente à crise humana que a Rússia enfrentava estavam a subir de tom; tais críticas incluíam provas de que soldados russos estavam a proceder a execuções sumárias em operações de «limpeza» conduzidas em zonas libertadas. «Soldados em áreas da Chechénia sob controlo russo parecem ter carta branca para saquear e pilhar; muita gente voltou às suas casas por pouco tempo para verificar que as mesmas tinham sido espoliadas de bens domésticos e outros valores», escreveu a Human Rights Watch numa carta ao Conselho de Segurança das Nações Unidas que reclamava uma investigação internacional sobre os crimes de guerra alegadamente cometidos ([41]). No Kremlin, Putin pôs de lado quaisquer reservas acerca da brutalidade da guerra, dizendo que era a obrigação do país esmagar os «insolentes e desavergonhados» rebeldes custasse o que custasse. «Infelizmente», disse à plateia de convidados antes de fazer um brinde ao Ano Novo, «nem todos nas nações ocidentais compreenderam isto, mas nós não toleraremos qualquer humilhação do orgulho nacional dos russos ou qualquer ameaça à integridade do país» ([42]).

Ieltsine acordou cedo na manhã seguinte e, antes de partir para o Kremlin, informou a sua mulher, Naina, da sua decisão de se demitir. «Que maravilha!», exclamou ela. «Finalmente!» Ainda naquele momento, apenas seis pessoas estavam ao corrente, enquanto ele se fazia conduzir ao Kremlin pela última vez enquanto presidente, nem mesmo a sua guarda presidencial ou os seus assessores, que deixaram o seu correio, a sua agenda, assim como os seus outros documentos em cima da sua secretária. Volochine, o seu chefe de gabinete, chegou com o decreto que estabelecia que a demissão teria efeito à meia-noite. Ieltsine convocou Putin, que chegou, pontual, às nove horas e trinta minutos, e em seguida leu o decreto em voz alta. Olhou para Putin, que «esboçou um sorriso um tanto ou quanto amarelo» e depois deu um

NA LATRINA

aperto de mão a Ieltsine. A seguir, Ieltsine gravou o seu novo discurso, e Iumachev levou a gravação num carro blindado até à torre de televisão de Ostankino com ordens de a emitir ao meio-dia. Enquanto o novo milénio nascia no Pacífico e prosseguia a sua marcha, hora após hora, através dos fusos horários, Ieltsine dirigia-se aos «meus caros amigos» uma última vez.

«Ouvi as pessoas dizerem, mais de uma vez, que Ieltsine haveria de se agarrar ao poder até mais não, que nunca o largaria», disse. «Isso é mentira.» Disse que queria estabelecer «um precedente vital da transmissão voluntária do poder para um novo presidente eleito», mas que não esperaria até às eleições presidenciais marcadas para o mês de junho. «A Rússia deve entrar no novo milénio com novos políticos, novas caras, novas pessoas que são inteligentes, fortes e enérgicas, ao passo que nós, que estivemos no poder anos a fio, temos de partir.»

Ieltsine esfregou a vista para tirar uma remela e finalizou com um apelo surpreendentemente pessoal ao país que liderara ao longo de oito anos. «Quero pedir-vos perdão — pelos sonhos que não se realizaram, e pelas coisas que pareceram fáceis [mas] demonstraram ser tão penosamente difíceis. Peço-vos perdão por não ter conseguido fazer jus às esperanças daqueles que acreditaram em mim, quando disse que iríamos dar um salto do passado totalitário cinzento e estagnado para um futuro luminoso, próspero e civilizado. Acreditei nesse sonho. Acreditei que conseguiríamos cobrir essa distância num salto. Não foi o caso.» [43]

Ludmila não tinha visto o discurso de Ieltsine na televisão, mas cinco minutos após o seu termo recebeu a chamada de uma amiga. «Parabéns, Liuda», disse ela. «Para ti também», respondeu Ludmila, pensando que estavam a trocar votos de Ano Novo [44]. A sua amiga teve de lhe explicar que o seu marido se tinha tornado no presidente em exercício do país. Putin não tinha revelado o segredo de Ieltsine depois da primeira reunião dos dois em 14 de dezembro, ou o calendário após a segunda no dia 29 de dezembro. Ludmila ficou a saber da notícia como todos os restantes cidadãos da Rússia. A ascensão do seu marido em Moscovo tinha-a deixado maravilhada, de tempos a tempos, com o facto de estar casada com «um homem que ontem realmente tinha sido um mero desconhecido vice-presidente da câmara de Sampetersburgo» [45].

Tal como tinha temido quando ele voltou ao FSB, a vida da sua família tornou-se objeto de restrições. As raparigas, agora com quinze e treze anos, viram-se obrigadas a deixar de frequentar a escola alemã como tinham feito desde a sua chegada a Moscovo; passaram a ter aulas em casa. Seguranças acompanhavam-nas nas suas raras excursões ao teatro ou ao cinema. Quando lhe perguntaram, Ludmila disse que só tinha três amigas próximas. Quando Putin voltou ao FSB, ela tivera de dar por terminada uma amizade que tinha criado com a mulher de um banqueiro alemão, Irene Pietsch, aquando da sua estada em Sampetersburgo. «Ela não estava de todo feliz», disse Pietsch, que haveria de escrever o livro *Delicate Friendships* [Amizades Frágeis], um excitante relato sobre os Putins, que dava conta de um casamento tempestuoso [46]. Nesse livro, Ludmila queixava-se de que o seu marido não a deixava usar um cartão de crédito — sem dúvida por estar preocupado com o escândalo que rodeava as filhas de Ieltsine — e disse, a brincar, que o estilo de vida do seu marido se assemelhava ao de um vampiro. «Este isolamento é medonho», disse Ludmila a Pietsch quando pôs fim à amizade que as tinha unido. «Nada mais de viajarmos para onde nos dá na gana. Não há mais como dizer o que queremos. Tinha acabado de começar a viver.» Para não facilitar as coisas, o seu marido sabia ser sarcástico e desdenhoso das suas opiniões. Certa vez, disse a Pietsch, numa visita de uma semana à casa de campo dos Putins em Arkhangelskoie, que qualquer um que conseguisse passar três semanas com Ludmila merecia um monumento [47]. Agora, Ludmila estava em vésperas de se tornar primeira-dama, um papel moderno e ocidental que os russos encaravam de forma ambivalente. Chorou quando soube do novo posto do seu marido, disse ela, porque se «apercebeu de que a nossa vida privada tinha acabado durante pelo menos três meses, até às eleições presidenciais, ou talvez mesmo durante quatro anos» [48].

Depois da comunicação de Ieltsine, Putin presidiu a uma reunião do Conselho de Segurança, que tinha encabeçado até se tornar primeiro-ministro, escassos quatro meses antes. Entre os seus membros incluíam-se os chefes da Duma e do Conselho da Federação, assim como os ministros da Defesa e do Interior e os chefes dos serviços de informações. Os presentes na sala estavam em Moscovo há mais tempo do que ele e tinham muito mais experiência em governação e política. Agora, escutavam enquanto ele esboçava as suas prioridades. Jurou que não haveria de introduzir nenhuma alteração na política externa da Rússia, mas anunciou uma nova era no que tocava aos assuntos militares: a Rússia tinha de melhorar os seus armamentos e ocupar-se dos problemas sociais dos membros do aparelho militar de baixa patente que estavam a cumprir serviço obrigatório, um «aspeto que tem vindo a ser negligenciado no passado recente». Reparou na ausência conspícua do procurador-geral, Iuri Skuratov, cujas investigações tinham contribuído mais do que outra coisa qualquer para o impulsionar no seu posto, mas logo a seguir acrescentou, com alguma maldade, que o procurador-geral em funções, Vladimir Ustinov, parecia «estar a fazer um bom trabalho». As suas observações foram breves, quase mesmo telegráficas, tendo em conta a ocasião. Pediu vigilância para o Ano Novo, dado o receio de surgirem potenciais disfunções nos computadores devidas à falha do milénio, que tinham sido a maior notícia do dia no mundo inteiro — até aparecer a da demissão de Ieltsine.

Em seguida, Putin gravou o seu próprio discurso de Ano Novo, aquele que Ieltsine normalmente teria proferido, para ser emitido à meia-noite de Moscovo. Começou por se apresentar de forma humilde, dizendo que ele e a sua família tinham previsto, para aquela noite, reunirem-se à volta do televisor e escutarem o discurso de Ieltsine, «mas os acontecimentos trocaram-nos as voltas». Assegurou à sua plateia que não iria haver nenhum vácuo de poder — «nem por um minuto» — e asseverou que iria prosseguir com os seus esforços de restabelecer a lei e a ordem. «Prometo-vos que quaisquer tentativas de agir contrariamente à lei e à Constituição russa serão esmagadas.» Acabou dando a sua gratidão ao primeiro presidente da nação. «Apenas no fim de algum tempo», disse, «veremos a verdadeira importância daquilo que Boris Ieltsine fez pela Rússia».

Enquanto Ieltsine se preparava para abandonar o Kremlin, deteve-se no vestíbulo do seu escritório — que agora era o de Putin — e tirou do bolso a caneta que tinha utilizado para assinar o seu último decreto. Entregou-a a Putin enquanto saíam rumo à entrada do Kremlin, dois homens tão diferentes em temperamento e estatura. Segundo Putin referiu posteriormente, a relação entre os dois não tinha sido «particularmente próxima». Nunca tinha sido calorosa da forma que recordava os seus sentimentos relativamente a Sobtchak. «Posso dizer que foi só quando ele começou a discutir comigo a questão da sua demissão que senti um certo calor da sua parte», recordou Putin mais tarde ([49]). Agora, Ieltsine quis dizer «qualquer coisa importante» sobre o fardo que daí em diante teria de suportar. «Tenha cuidado», disse-lhe, «tome conta da Rússia». Uma queda de neve macia e suave rodeava os terrenos do Kremlin, enquanto Ieltsine contorcia o seu corpo grande e frágil para entrar no carro blindado que o levaria a casa. Bill Clinton telefonou durante o trajeto de volta à sua casa de campo, mas Ieltsine pediu a um assessor que lhe dissesse que ligasse mais tarde. Ao chegar a casa, foi fazer uma sesta ([50]).

Nessa mesma noite, Putin assinou o seu primeiro decreto. Era de sete páginas, tendo sido preparado pelos assessores de Ieltsine ao longo dos dois dias anteriores, embora ele afirmasse que não tivera conhecimento do mesmo até estar pronto ([51]). Garantia a Ieltsine toda uma panóplia de regalias e privilégios enquanto antigo presidente, incluindo um salário, uma equipa de pessoal, assim como o usufruto da casa de campo onde tinha passado boa parte do seu segundo mandato em convalescença. Também tornava Ieltsine imune à ação penal, protegendo os seus ativos e documentos de buscas e apreensões. Assinando com a caneta que Ieltsine lhe tinha passado, Putin pôs fim à ameaça que Skuratov tinha posto a descoberto e que só por muito pouco não tinha selado o destino de Ieltsine.

Mais tarde, Putin ocupou-se em realizar a sua própria surpresa de Ano Novo. Ele e o seu sucessor à frente do FSB, Nikolai Patrutchev, juntamente com as mulheres e uma cantora popular, embarcaram em segredo para o Daguestão. O casal Putin disse às filhas que iriam sair naquela noite, mas não onde iam. Já tinham dado as prendas às raparigas — os seus primeiros computadores — e, posto isto, deixaram-nas em Moscovo com a irmã de Ludmila e uma das amigas de Macha. Chegados ao Daguestão, Putin e os outros embarcaram em três helicópteros militares e voaram em direção à segunda maior cidade da Chechénia, Gudermes, recém-libertada das mãos dos rebeldes chechenos. O tempo esteve tão desfavorável, com a visibilidade tão limitada, que os helicópteros tiveram de dar meia-volta. Quando o Ano Novo e o novo milénio chegaram, ainda estavam no ar, mas abriram duas garrafas de champanhe e passaram-nas de mão em mão, bebendo das garrafas, uma vez que não tinham copos. Quando aterraram na capital do Daguestão, Makhachkala,

NA LATRINA

subiram a bordo de veículos militares e, sob uma escolta musculada, fizeram-se à estrada durante duas horas e meia para regressarem à Chechénia. Estava quase a cair a noite quando Putin saudou a tropa russa ali estacionada. «Estavam com um ar um pouco atrapalhado — como se quisessem beliscar-se para verem que era verdade», recordou Ludmila. «Estariam eles a sonhar?» ([52]) A noite tinha sido sossegada em Gudermes, mas a escassos trinta e sete quilómetros daí, Grozni estava a sofrer um dos bombardeamentos noturnos mais violentos até à época. Putin, envergando uma camisola de gola alta, estava mais uma vez a distribuir medalhas e facas cerimoniais. «Quero que saibam que a Rússia aprecia muito o que estão a fazer», disse Putin aos soldados reunidos no lugar. «O que está em causa não é só a restauração da honra e dignidade da Rússia. Trata-se de pôr fim ao desmembramento da Federação Russa.» A era Ieltsine terminara. A era Putin tinha começado.

TERCEIRA PARTE

Capítulo 11

Chegar a Portugal

Vladimir Putin, que nunca antes tinha sido eleito para qualquer cargo político, fez pouca campanha antes do ato eleitoral, que, devido à demissão de Ieltsine, foi adiado para o dia 26 de março de 2000. Enquanto primeiro-ministro, apenas tinha esboçado a sua visão para a Rússia de uma forma muito sumária. A sua única verdadeira plataforma ou agenda de campanha ficou patente sob a forma de um manifesto publicado no sítio de Internet oficial do governo, em 28 de dezembro, a véspera da reunião convocada de surpresa por Ieltsine. O documento tinha sido preparado pelo Centro de Desenvolvimento Estratégico, um grupo de reflexão fundado por Guerman Gref, um economista que tinha sido outro dos colegas de Putin na administração de Anatoli Sobtchak ([1]). Neste manifesto de cinco mil páginas, chamado «A Rússia na Viragem do Milénio», Putin reconheceu, com franqueza, a degradação do estatuto social e económico do país no mundo. O produto interno bruto da Rússia tinha diminuído cinquenta por cento ao longo dos anos noventa do século xx, e correspondia então a um décimo do dos EUA e a um quinto do da China. Seriam necessários quinze anos de um crescimento económico substancial só para chegar ao nível de Portugal ou Espanha.

«A Rússia está a atravessar um dos períodos mais difíceis da sua história», dizia o documento. «Pela primcira vez nos últimos duzentos

[a] trezentos anos, depara-se com a ameaça real de resvalar para a segunda, ou mesmo terceira, categoria dos Estados no mundo. Estamos a ficar sem tempo de o evitar.» (²) A receita consistia na renovação da unidade nacional, no patriotismo e num forte governo central — e não na «renovação de uma ideologia de Estado oficial na Rússia, qualquer que seja o pretexto», mas um pacto social voluntário que colocasse a autoridade do Estado acima das aspirações confusas e fraturantes dos seus súbditos. O seu tom parecia quase religioso, como se Putin estivesse a partilhar uma «revelação pessoal» do caminho do meio que a Rússia tomaria entre a sua história autoritária e o seu futuro democrático (³). «A Rússia precisa de um poder de Estado forte e tem de o ter. Não estou a advogar o totalitarismo. A história prova que todas as ditaduras, todas as formas autoritárias de governação, são transitórias. Só os sistemas democráticos são duradouros.»

Já incumbido dos deveres presidenciais, Putin evitou abertamente os acontecimentos políticos ao longo da breve campanha. Não fez comícios nem discursos, e recusou a participação em debates com os seus adversários. Através do seu caráter austero e do seu desdém pelas campanhas porta-a-porta, estava a redefinir a campanha moderna na Rússia à sua própria imagem e de uma forma que asfixiaria o futuro democrático que a queda da União Soviética pareceu inaugurar. Dias depois de se tornar presidente em exercício, na véspera de Ano Novo, Putin tinha cooptado os seus rivais potenciais mais importantes, inclinando o terreno político drasticamente a seu favor. No final do ano 2000, a fação do União na Duma já tinha forjado uma aliança não com os democratas ou os liberais, mas antes com os comunistas. O União e o Partido Comunista dividiram entre si as presidências das comissões parlamentares, deixando de fora tanto Evgueni Primakov como Serguei Kirienko, que tinha ganho um assento depois de ser dispensado de primeiro-ministro, assim como Grigori Iavlinski, o liberal mais preeminente na política russa. Os seus apoiantes não tardaram a boicotar a Duma, e, em resultado disso, uma maioria leal ao Kremlin passou a formar coligações sem olhar a diferenças ideológicas. O país aprendeu que a ideologia era menos importante para Putin do que uma maioria legislativa disciplinada e dócil.

Uma semana mais tarde, Lujkov, que tinha sido reeleito enquanto presidente da câmara de Moscovo, anunciou que não iria candidatar-se

CHEGAR A PORTUGAL

à presidência contra Putin. Primakov, que tinha anunciado a sua candidatura na véspera das eleições parlamentares, também desistiu, abandonando a corrida à presidência duas semanas mais tarde com amarga resignação. «Tenho uma pequena ideia de quão longe a Rússia anda de uma verdadeira democracia», disse Primakov ([4]). No início de fevereiro, os rivais mais sérios de Putin — aqueles que tinham tirado a tranquilidade a Ieltsine nos dias finais da sua presidência — simplesmente tinham desaparecido do mapa antes do início da campanha oficial. Em seguida, os governadores regionais deram, um por um, o seu apoio a Putin, incluindo até o homem que ele tinha denunciado como Judas quatro anos antes, Vladimir Iakovlev de Sampetersburgo. A eleição, que tinha consumido os meses finais do mandato de Ieltsine, acabou por não constituir um grande drama. Não foi tanto uma eleição democrática como um referendo sobre o homem que já se encontrava em funções. Apenas um governador, Vassili Starodubtsev, o comunista de Tula, declarou o seu apoio a um dos rivais de Putin, o também comunista Guenadi Ziuganov. «Se não houver concorrentes, não há democracia, e se não houver democracia, para que serviu demolir o país?», perguntou ([5]).

Putin tinha dito a Ieltsine que não gostava de campanhas eleitorais, e agora desvalorizava as promessas de campanha considerando-as mentiras impossíveis de cumprir pregadas pelos políticos e denigria os anúncios televisivos chamando-lhes uma manipulação indecente de consumidores crédulos. Ao visitar a cidade dos têxteis de Ivanovo, anunciou que recusaria o tempo de antena atribuído a todos os candidatos para poderem apresentar as suas biografias e plataformas eleitorais. «Esses vídeos são uma forma de publicidade», disse, escondendo o seu reconhecimento da importância da televisão na formação da sua imagem pública. «Durante a minha eleição, não vou tentar saber o que é mais importante, *Tampax* ou *Snickers*.» Nos bastidores, os assessores de Putin recrutaram ainda assim um pessoal de campanha, liderado pelo jovem assessor que ele tinha trazido consigo de Sampetersburgo, Dmitri Medvedev. Levaram a cabo uma operação sofisticada para moldar a imagem pessoal e política de Putin, aplicando todas as técnicas de eficácia comprovada da política moderna, mas ostentando pouca paixão pela verdadeira democracia. O resultado foi uma imagem não de um político, mas de um homem acima da política; os estrategos de Putin foram mais bem-sucedidos do que esperaram. A televisão do Estado fez uma longa entrevista biográfica com Putin — que, na sua mente, talvez não tivesse correspondido a um anúncio publicitário, embora na realidade não fosse outra coisa —, e a sua campanha publicou uma série de entrevistas conduzidas ao longo de seis dias por três jornalistas.

Em forma de livro, as entrevistas receberam o título *Ot Pervovo Litsa*, literalmente «Da Primeira Pessoa», uma frase que, também em russo, sugere «O Primeiro», isto é, o líder ou o chefe. Boris Berezovski, que continuava a controlar o primeiro canal da televisão do Estado, pagou a impressão do livro, desejoso de cair nas boas graças de Putin depois de a sua influência no Kremlin ter caído dramaticamente. (Ele e Ieltsine não se viam desde 1998.) Quando a Comissão Nacional de Eleições proibiu a venda comercial do livro considerando-a uma infração às leis que regulam as campanhas eleitorais, o quartel-general de Putin simplesmente adquiriu a primeira tiragem por atacado e distribuiu os exemplares aos eleitores a custo zero ([6]).

Putin, acompanhado de Ludmila e outros que o conheciam havia anos, relatou a sua biografia de uma maneira simples, ocasionalmente franca, que formou a sua imagem de um homem comum, mas igualmente do regente indisputado, quase incontestável, de uma vasta nação que já fora grande e que estava a emergir do seu mais recente «período de dificuldades». Putin conseguiu a proeza de se declarar orgulhoso da sua educação soviética e da sua carreira no KGB, enquanto, concomitantemente, se distanciava dos fracassos da União Soviética. Ofereceu a qualquer um algo a que se agarrar, uma fórmula comprometida tanto com o passado como com a nova democracia, tanto um patriota como um crente religioso. E ninguém sabia ao certo aquilo que ele representava, visto que parecia representar tudo e mais alguma coisa. Nos seus breves meses em funções preeminentes, a questão «quem é Putin?» tornou-se no refrão de jornalistas, académicos, investidores, governos estrangeiros e respetivos serviços de informações, incluindo a CIA, que pôs os seus analistas apressadamente a elaborar um perfil, entrevistando aqueles que tiveram oportunidade de conhecer Putin ao longo dos anos em que fora um obscuro funcionário subalterno ([7]).

A estratégia da equipa de campanha de Medvedev consistiu simplesmente em deixar Putin continuar a cumprir as suas obrigações oficiais

CHEGAR A PORTUGAL

enquanto primeiro-ministro e presidente em exercício. Evidentemente, não era nenhuma coincidência que as ditas obrigações o levassem a dar uma volta pelo país inteiro para reuniões (transmitidas pela televisão) que apelassem a todo o espectro da sociedade russa. Visitou o centro espacial russo nos arredores de Moscovo num dia, e uma plataforma petrolífera em Surgut no seguinte. Presidiu a reuniões dos seus conselheiros de segurança e a uma visita oficial do primeiro-ministro britânico, Tony Blair. Prometeu pagar todos os salários em atraso até ao final da primavera. Aumentou as pensões de reforma primeiro doze por cento, e logo novamente vinte por cento, ações que fizeram subir as suas taxas de aprovação, pelo menos tanto como a guerra na Chechénia ([8]). Putin não se dignava a debater com os seus adversários, mas as suas observações sobre o trabalho do governo receberam de longe mais tempo de antena do que qualquer coisa que estes alguma vez disseram. Ele não *prometia* coisa nenhuma; estava a cumprir.

Mal a campanha de um mês abriu oficialmente, Putin publicou uma carta aos eleitores que não era menos do que uma rutura pública com a Rússia de Ieltsine. «O aparelho de Estado está a desfazer-se», escreveu. «O seu motor — o ramo executivo — anda aos solavancos e aos soluços mal tentamos pô-lo a andar.» ([9]) Prometeu combater o crime e declarou que a guerra na Chechénia era uma luta contra «o mundo criminal», não contra um movimento independentista com reivindicações históricas de independência. Numa referência pouco velada à ameaça de Primakov de esvaziar as prisões para libertar espaço para os acusados de «crimes económicos», deixou claro que não tinha nenhuma intenção de reverter as privatizações caóticas e iníquas da década anterior, mas antes de reforçar o controlo do Estado sobre o mercado, para pôr fim a «um círculo vicioso» de empresários corruptos a pagarem *luvas* a empregados do governo e a sonegarem recursos ao orçamento do Estado que seriam necessários para tirar os pobres da sua indigência. «Milhões de pessoas em todo o país vivem com grandes dificuldades; poupam em tudo, mesmo na alimentação», escreveu. «Os idosos que ganharam a Grande Guerra Patriótica e fizeram da Rússia uma potência mundial gloriosa mantêm-se a muito custo, ou pior, andam a pedir nas ruas.» Putin criou uma palavra de ordem para a sua visão de uma nova Rússia que vivesse de acordo com as regras e que fosse segura e próspera. Esta traduzia as

O NOVO CZAR

contradições internas da sua ideologia, do seu passado como jurista e oficial dos serviços de informações, e do seu temperamento. Sentiu tudo isso tão profundamente, que a utilizou duas vezes numa carta. A Rússia, declarou, iria ser «uma ditadura da lei».

Ironicamente, a maior ameaça à popularidade de Putin antes das eleições parecia ser a guerra que o tinha catapultado para o cargo supremo do Kremlin. O avanço rápido até ao rio Terek no outono de 1999, aplaudido pelo público, estava agora a atolar-se, ao longo do inverno, em horríveis combates de rua pelo controlo da capital da Chechénia, quarteirão após quarteirão reduzido a escombros. No final de janeiro de 2000, quando a tropa russa entrou em Grozni, o Exército tinha reconhecido a morte de 1173 soldados, embora fossem muitos os que acusavam o governo de subnotificar as baixas dos combates não incluindo russos não pertencentes nem às Forças Armadas nem ao Ministério do Interior, incluindo os do FSB ou aqueles que morreram posteriormente devido aos seus ferimentos ([10]). A tropa russa sofria de falta de equipamento, fardas, alimentos, e mesmo munições — e nunca podia fiar-se em não ser morta pelas suas próprias bombas ([11]). A inebriante erupção de fervor patriótico que saudou o ataque inicial enfrentava agora a realidade de um conflito que seria mais longo e sangrento do que a maioria dos russos tinha esperado.

A reação de Putin não foi mudar de tática, mas assegurar-se de que a maioria dos russos não soubesse a verdade sobre o que estava a acontecer. Enquanto os combates se arrastavam, o Kremlin restringiu drasticamente o acesso dos jornalistas ao terreno, obrigando os jornais e a televisão russa a cobrirem a «operação antiterrorista» quase exclusivamente da perspetiva dos russos. Uma cobertura romantizada dos combatentes chechenos na primeira guerra tinha fortalecido a sua causa e minado o moral na Rússia, e Putin não ia permitir que isso se repetisse.

Notícias dos ferozes combates, do assassínio indiscriminado de civis, assim como o adensar das provas de crimes de guerra cometidos pela tropa russa continuavam a sair a conta-gotas, especialmente em jornais oposicionistas e noticiários estrangeiros, mas o controlo do Kremlin sobre a televisão do Estado manteve as notícias mais perturbadoras fora do ar. Jornalistas que ousassem relatar o ponto de vista checheno do conflito — ou trabalhar sem dispor de uma acreditação oficial emitida pelas Forças Armadas russas — estavam sujeitos a ser presos, ou então a coisas ainda piores. Quando Andrei Babitski, um repórter da Rádio Liberdade, financiada pelos EUA*, foi capturado por tropa russa no mês de janeiro, os militares não se limitaram a acusá-lo de violar as regras sobre a transmissão de notícias a partir da Chechénia, expulsando-o imediatamente. Entregaram-no a rebeldes chechenos encapuzados em troca de cinco prisioneiros de guerra russos, como se ele próprio fosse um combatente inimigo. O destino de Babitski causou grande escândalo tanto na Rússia como no estrangeiro, levando à publicação de relatos acutilantemente críticos sobre Putin e as suas ligações ao KGB.

Nos seus depoimentos públicos, Putin nunca pareceu defensivo; optou antes por uma atitude de desafio, cega nalguns casos. Rejeitava qualquer crítica da guerra como se de um ataque à própria Rússia se tratasse. «O que Babitski fez é mais perigoso do que disparar uma metralhadora», disse quando os jornalistas do *Da Primeira Pessoa* levantaram a voz dizendo que os repórteres que se encontram numa zona de guerra não são combatentes ([12]). Dada a sua insistência, respondeu com desassombro: «Interpretamos a liberdade de expressão de formas diferentes.»

A secretária de Estado dos EUA, Madeleine Albright, trouxe o caso de Babitski à colação quando visitou Moscovo e se reuniu com Putin no mês de fevereiro, mas, não obstante, após uma reunião de três horas, parecia rendida aos encantos do novo líder da Rússia. Não seria a última vez que um homólogo estrangeiro de Putin sairia de um encontro com uma opinião que mais tarde lamentaria. «Fiquei com a impressão de que é uma pessoa muito bem informada, um bom interlocutor e, evidentemente, um patriota russo que procura um relacionamento normal com o Ocidente», disse Albright ([13]). Em privado, advertiu Putin de que, na Chechénia, estava «a cavalgar um tigre» e voltou a insistir em que procurasse uma resolução negociada para o conflito, algo que nunca interessara

---

* A RFE/RL, com sede em Munique, é uma estação de rádio que emite para quase todos os países que se encontram a leste da Europa «ocidental» na extensão respetivamente atual. A Rádio Europa Livre congrega as emissões para os países situados no subcontinente europeu. A Rádio Liberdade ocupa-se dos países a leste dos Urais, do Afeganistão à Mongólia. Originalmente eram financiadas pela CIA. Posteriormente, passaram a ser financiadas pelo Congresso dos EUA. Tal como a CIA, aliás. [N. do T.]

equacionar a Putin. «Não me parece que tenhamos chegado mais perto de uma solução política para a Chechénia», declarou Albright. Naquela altura, ela tinha razão, mas os resultados comprovariam que, no final, quem estava certo era ele.

No final de janeiro, os comandantes dos rebeldes chechenos, fustigados pelos ataques aéreos levados a cabo sobre os seus redutos em Grozni, abandonaram a cidade e iniciaram uma retirada traiçoeira rumo a uma emboscada. Um oficial dos serviços de contraespionagem russos que já tinha mediado a troca de prisioneiros aceitou um suborno de cem mil dólares para ajudar um grande contingente de combatentes a escapar através de uma povoação próxima de Alkhan-Kala. Na madrugada de dia 1 de fevereiro, o contingente principal encontrou a rota que lhe fora indicada fortemente minada. Enquanto abriam caminho a custo e com pesadas baixas, viram-se apanhados numa chuvada de obuses russos. Centenas de chechenos morreram. Entre os feridos graves encontrava-se Chamil Bassaiev, que, desde a incursão no Daguestão, era vilipendiado na Rússia como o inimigo público número um. Na fuga, uma mina desfez o seu pé direito. Os chechenos publicaram um vídeo horrendo mostrando um cirurgião a amputar o pé, aparentemente para demonstrar aos rebeldes e a outros que, embora ferido, Bassaiev continuava vivo ([14]).

No dia 6 de fevereiro, as forças russas capturaram a cidade de Grozni — pelo menos aquilo que restava dela. Nenhum edifício tinha permanecido intacto; a maior parte estava destruída e imprópria para habitação. Os comandantes militares russos içaram uma bandeira russa sobre o edifício do serviço administrativo da cidade, mas, no meio da devastação, não conseguiram encontrar um edifício suficientemente sólido para servir de quartel-general das Forças Armadas. As autoridades russas enviaram víveres e equipamentos médicos para socorrer habitantes que tinham passado o inverno enfiados nas suas caves. «O povo deve ter a noção de que não é um povo derrotado», declarou Putin. «É um povo libertado.» ([15])

No entanto, a guerra não tinha acabado. Milhares de combatentes chechenos retiraram-se para as montanhas para se juntar a outros, constituindo em conjunto uma força de sete mil guerrilheiros. Maskhadov ainda continuava a monte, tal como outros comandantes. Bassaiev jurou continuar a levar a guerra «à totalidade do território russo», e cumpriria a sua promessa.

CHEGAR A PORTUGAL

* * *

No dia 20 de março, apenas seis dias antes das eleições presidenciais, Putin visitou Grozni pela primeira vez. Com a tropa russa a continuar a sofrer perdas em ataques de guerrilheiros fora da capital, preparou o eleitorado do país para uma guerra que seria mais longa do que qualquer um no Kremlin tinha ousado admitir. A guerra tinha interrompido a espantosa curva ascendente da sua popularidade ao longo do inverno, mas, com a cobertura mediática abafada, tinha amplamente desaparecido enquanto assunto de campanha. Embora as forças russas tivessem destruído «a maioria dos grandes grupos armados ilegais», muitas ameaças se mantinham, disse Putin. «É por essa razão que não devemos tirar toda a nossa tropa da Chechénia, mas, em vez disso, deixar por aqui um contingente suficiente das nossas Forças Armadas para lidar com problemas correntes.» A maioria dos russos não sabia do lado obscuro da guerra total de Putin e não parecia ralar-se muito, mesmo que soubesse. Putin tinha chegado a Grozni a bordo de um caça de ataque fabricado nos tempos soviéticos. Surgiu no aeródromo militar vestido como uma personagem tirada de um filme de guerra, pavoneando-se no fato de voo de um piloto. Golpes publicitários como este não tardariam a tornar-se uma referência da política de Putin, a cultivação cuidada da imagem televisiva do líder que um autor iria batizar de «videocracia» ([16]). A cobertura televisiva da sua visita a Grozni foi tão aduladora, que muitos ficaram convencidos de que tinha sido o próprio Putin a pilotar o aparelho a jato.

No dia do ato eleitoral, o resultado era um dado adquirido. A única coisa que não estava adquirida era a participação eleitoral, uma vez que um valor abaixo dos cinquenta por cento invalidaria os resultados. Putin enfrentava dez outros candidatos, mas a maioria eram líderes ou políticos regionais pouco conhecidos como Iuri Skuratov, que ainda continuava a impugnar a sua exoneração do posto de procurador-geral, sem nunca ter vindo a público revelar toda a informação incriminadora que dizia ter contra o círculo restrito de Ieltsine. Os adversários mais preeminentes continuavam a ser os mesmos que tinham enfrentado Ieltsine havia quatro anos: Guenadi Ziuganov pelos comunistas e Grigori Iavlinski pelo Iabloko. Foram quase totalmente ignorados pelo Kremlin e pelos canais televisivos a eles ligados, até ao momento em que Iavlinski se viu confrontado com uma barragem de anúncios de campanha e relatos

O NOVO CZAR

noticiosos que o atacavam como sendo um candidato apoiado por judeus, homossexuais e estrangeiros. O ataque, que apelava ao menor denominador comum do sentimento popular russo, era o reflexo de um receio de que Iavlinski pudesse roubar os liberais suficientes às hostes de Putin para obrigar este a disputar uma segunda volta. Ou esse receio não tinha fundamento, ou a tática funcionou. Putin ganhou cinquenta e três por cento dos votos na primeira volta, esmagando Ziuganov, que recebeu apenas vinte e nove por cento, e Iavlinski, que recebeu menos de seis por cento. Houve indícios de que a votação de Putin — assim como a participação eleitoral — tinha sido facilitada por um processo de enchimento das urnas com votos falsos ([17]), mas não houve quem realmente se importasse muito. Putin foi indubitavelmente a escolha do povo naquelas que provavelmente poderiam ser designadas as últimas eleições democráticas na Rússia.

A ascensão de Putin ao pináculo do poder foi tão rápida, tão inesperada, tão assombrosa, que um preeminente historiador russo a descreveu, em termos sobrenaturais, como um ato de um poder superior concedido a uma nação maltratada e reconhecida. Segundo escreveu o historiador Roi Medvedev, Ieltsine tinha largado o poder, a que tão agarrado estivera, «sem revolução ou derramamento de sangue, sem um golpe palaciano ou uma conspiração de qualquer espécie. A Rússia entrou no novo século com um novo líder, o Presidente em Exercício Vladimir Putin, e quase toda a população encarou a nova não como motivo para alarme, mas como uma dádiva de Ano Novo da Divina Providência» ([18]).

Apenas alguns dias antes do ato eleitoral, o enigma dos atentados à bomba aos blocos de apartamentos e dos acontecimentos de Riazan — agora coloridos pela brutalidade dos combates na Chechénia — começou a inspirar dúvidas aos oponentes de Putin. Estavam convencidos de que tinha de haver uma conspiração a decorrer nos bastidores, com esse homem pequeno e desenxabido a não passar de uma marioneta de forças de maior envergadura. O jornal independente *Novaia Gazeta* publicou uma série de artigos que adensou o mistério sobre o «exercício de treino» de Riazan. Os artigos citavam o cabo da polícia que tinha entrado no prédio de apartamentos em primeiro lugar e o agente que verificou os sacos de «açúcar» e desativou o detonador. O jornal também encontrou

CHEGAR A PORTUGAL

um paraquedista do 137.º Regimento que estava estacionado numa base perto de Riazan e que tinha recebido ordens para montar guarda a um armazém. No seu interior, ele e outro soldado encontraram mais algumas dúzias de sacos rotulados como açúcar. «Chá feito com esse "açúcar" revelou-se fétido e nada doce», escreveu o jornal. O soldado informou o comandante do seu pelotão, que mandou um perito seu conhecido verificar a substância. Era um explosivo chamado hexogénio*. O paraquedista foi apenas identificado como Alexei P. ([19]), e as provas eram puramente circunstanciais, mas o jornal sugeriu que os acontecimentos de Riazan e os atentados à bomba de Moscovo e Volgodonsk poderiam não ter sido atos de terroristas, mas sim atos terroristas perpetrados pelo Estado.

«Porque é que hexogénio era armazenado numa base dos serviços especiais, e por que razão estava acondicionado em sacos de açúcar?», perguntou o jornal. «De acordo com fontes dos sapadores, explosivos em tais quantidades não se transportam ou armazenam dessa forma, visto ser demasiado perigoso. Meio quilo é quanto basta para mandar pelos ares um pequeno edifício.» ([20]) A ascensão de Putin, insinuava o jornal, afinal, poderia não ter sido uma dádiva providencial, mas antes o resultado de um pecado inefável. No dia 16 de março, um ataque cibernético destruiu a edição do dia seguinte do jornal.

No mesmo dia, o FSB, que tinha permanecido maioritariamente em silêncio sobre os atentados à bomba, deu uma conferência de imprensa para anunciar que a sua investigação tinha identificado a vasta rede de rebeldes que tinha estado envolvida nos ataques, que, segundo insistiu um porta-voz, tinham sido organizados no interior da Chechénia ([21]). Na sua nova narrativa, o FSB também alterou pormenores significativos, especialmente aqueles que diziam respeito aos explosivos. Em vez de hexogénio, que é produzido e rigorosamente vigiado pelas Forças Armadas, o FSB disse que os terroristas tinham utilizado uma mistura mais comum de adubos que estavam facilmente disponíveis. As narrativas confusas e variáveis do FSB desafiavam a inteligência mesmo daqueles que

---

* O explosivo militar mais potente abaixo da bomba nuclear, conhecido por muitos nomes, entre os quais ciclonite, que, segundo a versão oficial dos acontecimentos, não esteve envolvido na alegada implosão das Torres Gémeas do World Trade Center, embora tivessem sido encontrados vestígios e indícios materiais da sua presença no local do crime. [N. do T.]

estavam inclinados a acreditar que os responsáveis eram os terroristas. Nas entrevistas de campanha reunidas no livro *Da Primeira Pessoa*, Putin desvalorizou as suspeitas considerando-as uma loucura. «Ninguém nos serviços especiais russos seria capaz de um crime desta ordem contra o seu próprio povo», disse. «A mera suposição já é amoral. Não é mais do que uma parte da guerra de informações contra a Rússia.» [22] Quem exatamente estava a conduzir essa guerra? Putin não explicou.

Ziuganov e Iavlinski, nas suas deslocações de campanha, levantaram as questões que pairavam no ar. A NTV, a parte independente do conglomerado Media-Most pertencente ao oligarca Vladimir Gusinski, também fez eco das acusações. Organizou uma sessão de debate pública na câmara municipal em que residentes de Riazan questionaram um porta-voz do FSB e se fartaram de gozar com as respostas pouco convincentes do homem. Num dado momento, o porta-voz apresentou uma caixa selada que, segundo insistiu, continha todas as provas, embora evidentemente não pudesse abri-la. Foi um espetáculo absurdo. Apesar dos desmentidos oficiais, os meios de comunicação social e alguns membros da oposição começaram a relacionar incidentes e relatos bizarros até tomarem a forma de uma conspiração destinada a empurrar Putin para a presidência. Artigos de jornais locais e estrangeiros do verão *antes* dos atentados à bomba — amplamente ignorados na altura — agora pareciam prevê-los de uma forma assustadora, embora o motivo conjeturado na altura fosse declarar o estado de emergência e desmarcar as eleições parlamentares, não começar uma nova guerra na Chechénia ou empurrar o diretor do Conselho de Segurança de Ieltsine e chefe do FSB para o cargo supremo no Kremlin. Em julho de 1977, por exemplo, um coronel do exército na reforma convertido em jornalista, Aleksandr Jilin, tinha publicado no jornal *Moskovskaia Pravda* um artigo intitulado «Tempestade em Moscovo», que previa ataques terroristas contra edifícios governamentais, com o suposto objetivo de desacreditar o presidente da câmara Lujkov [23].

Os estreitos contactos de Berezovski com chechenos e rebeldes de outras etnias no Cáucaso — que tinha cultivado durante e após a primeira guerra da Chechénia — sugeriam aos seus inúmeros inimigos que ele poderia ter estado envolvido em ações inspiradas na esperança de bloquear a aliança entre Lujkov e Primakov. Berezovski, que, da república vizinha da Carachai-Cherquéssia, se candidatou a um assento parlamentar, reconheceu ter-se encontrado com combatentes chechenos e ter-lhes pago grandes somas de dinheiro, incluindo a Bassaiev, para libertarem reféns que estes tinham raptado. Uma transcrição que se dizia ser das conversações telefónicas de Berezovski com um líder checheno, Movladi Udugov, sugeria que os dois tinham regateado a incursão no Daguestão, presumivelmente como uma forma de afronta que justificasse a invasão. Berezovski disse que as fitas tinham sido editadas, mas não negou que as conversações tivessem ocorrido. Os críticos de Berezovski acreditavam que ele tinha mais em jogo com a transição para a era pós--Ieltsine do que qualquer outra pessoa e não iria deter-se diante de nada para salvaguardar a sua fortuna e influência. «Berezovski via o mundo por meio do prisma dos seus interesses pessoais», escreveu o magnata financeiro George Soros. Soros tinha trabalhado de perto com Berezovski até se desentenderem por causa do leilão de uma empresa de telecomunicações, e ele encarava o homem como um vigarista, tal como muitos dos seus antigos parceiros de negócios. «Ele não tem problema nenhum em subordinar o destino da Rússia ao seu próprio destino.» [24]

Havia contra-argumentos que apoiavam a versão do FSB dos atentados à bomba. Afinal, não era coisa que não passasse pela cabeça dos extremistas chechenos — e dos seus congéneres nas outras repúblicas muçulmanas —, cometer atos de terror. A lógica política da conspiração também ignorava o facto de a nata política se ter oposto firmemente a uma nova guerra pelas razões que agora pareciam proféticas. Lançar uma guerra no verão de 1999 era encarado como uma responsabilidade, não como um ativo. E agora, depois de todos os êxitos iniciais e toda a conversa dura de Putin, a guerra tinha-se convertido num empecilho no que concernia ao aumento da popularidade de Putin, em vez da base que tinha sido no início. Um inquérito de opinião feito aos eleitores russos revelou que a guerra na Chechénia era avaliada como a pior decisão que Putin tinha tomado nos seus primeiros oito meses no poder. (Uma percentagem quase igual avaliava as iniciativas de Putin de subir as reformas e os salários como as melhores.) [25] Ademais, qualquer conspiração deveria ter sido posta em marcha antes de que alguém, incluindo o próprio Putin, soubesse que se tornaria primeiro-ministro, e muito menos no sucessor ungido de Ieltsine.

O NOVO CZAR

As provas que apoiassem qualquer uma destas versões acabaram por nunca ser decisivas, principalmente porque, sob a governação de Putin, o FSB voltou a uma cultura de segredo à soviética e quase de certeza abafou aspetos dos atentados à bomba e dos acontecimentos de Riazan. Escassos dias antes do ato eleitoral, os comunistas e o Iabloko com assento na Duma redigiram uma resolução que exigia uma investigação oficial ao que tinha acontecido em Riazan, mas apenas 197 deputados votaram a favor, ou seja, menos do que os 226 necessários. Todos os apoiantes de Putin votaram contra. O facto de terem cortado as pernas a um inquérito parlamentar destinado a esclarecer as teorias contraditórias apenas semeou dúvidas mais profundas e sombrias. Sobre o início da presidência pesava um mistério persistente que ensombraria a Rússia ao longo de anos, mistério esse que não pararia de ceifar vidas. Legisladores independentes e jornalistas que se dedicaram à questão morreram com uma tal regularidade perturbadora, que foi difícil considerar as suas mortes meras coincidências.

Mesmo algumas pessoas próximas de Putin tiveram dificuldades em compreender os factos dos horrendos atentados à bomba. «Não sei», disse Mikhaíl Kasianov, um alto funcionário do Ministério das Finanças durante os anos finais da era Ieltsine, mais de uma década depois. No dia 3 de janeiro, dois dias depois de se tornar presidente em exercício, Putin tinha oferecido a Kasianov o lugar de primeiro-ministro, embora a proposta apenas fosse tornada oficial após a sua eleição. Putin deixou muito claras as regras de base: Kasianov ocupar-se-ia do governo, do orçamento e da economia, mas os serviços de segurança ficariam sob a alçada de Putin. A ideia de que atentados à bomba que tinham matado cerca de trezentos civis poderiam ter sido obra do governo em que tinha entrado pela mão do novo presidente, ou mesmo de elementos transviados no seu interior, era simplesmente um mal inconcebível para Kasianov. «Não sei, e não quero acreditar que pudesse ser verdade.» ([26])

Putin construiu uma equipa política de gente em quem podia confiar — ou seja, os seus amigos, que ele admitia serem poucos. «Evidentemente, tenho amigos. Infelizmente, ou talvez por sorte, não são assim tantos», disse ao jornalista Mikhaíl Leontiev durante uma entrevista para o documentário biográfico que a televisão do Estado emitiu antes do ato eleitoral. «Porque, num caso destes, uma pessoa dá mais valor aos amigos que tem. Trata-se de pessoas que são minhas amigas há anos, alguns desde os tempos de escola e outros mais dos dias que passei na universidade. O caráter das nossas relações não se altera. Não tenho podido vê-los muito recentemente, mas os encontros continuam a realizar-se com regularidade.»

Foi durante a campanha eleitoral que Putin perdeu um desses poucos. Após o seu exílio em França, Anatoli Sobtchak tinha voltado a Sampetersburgo no verão de 1999; foi recebido como um filho pródigo. Agora que Putin tinha alcançado os píncaros do poder, os processos-crimes que tinham obrigado Sobtchak a ir para o estrangeiro evaporaram-se de um dia para outro. Sobtchak tentou recuperar a glória de 1991 candidatando-se a um assento na Duma em dezembro, mas a sua estrela política tinha perdido o brilho e ele não ganhou. Ainda assim, empenhou-se a fundo na campanha presidencial de Putin, fazendo campanha ativa pelo seu antigo assessor. Estava em Kalininegrado quando morreu subitamente no seu quarto de hotel, na noite de 18 de fevereiro, aparentemente de um ataque cardíaco, embora houvesse boatos insistentes sobre outras causas, que até incluíam a possibilidade de um envenenamento ([27]). O próprio Putin alimentou a especulação com a sua raiva e desgosto em relação à morte de Sobtchak. «Anatoli Sobtchak não morreu simplesmente», disse Putin à Rádio Baltika em Sampetersburgo. «Pereceu porque foi alvo de perseguição.» A severidade de Putin a assegurar a demissão de Iuri Skuratov parecia agora compreensível, uma vez que tinha sido Skuratov quem tinha lançado as primeiras investigações sobre a atuação de Sobtchak. O papel de Putin na queda do procurador poderia ter tido uma finalidade política, mas foi também uma atitude profundamente pessoal. No funeral de Sobtchak, Putin fez o discurso fúnebre. Chamou-lhe «o nosso mestre» e «um dos últimos românticos». Pela primeira vez, a Rússia viu o seu novo líder verter lágrimas.

Em maio de 2000, os chefes de protocolo do Kremlin viram-se confrontados com um problema logístico ao preparar a tomada de posse de um novo presidente da Rússia. Desde os anos sessenta do século xx, os novos secretários-gerais da União Soviética tinham feito o seu juramento no moderno Palácio dos Congressos, feito de vidro e betão,

O NOVO CZAR

um anacronismo arquitetónico que perturbava a integridade histórica do Kremlin. Os imperadores tinham sido coroados na Catedral da Anunciação construída no século XV. Quando Boris Ieltsine foi eleito para o segundo mandato, considerou dispensar as duas alternativas e erigir um palco no exterior, mas acabou por ter de deslocar a cerimónia para o interior do vetusto palácio soviético devido à fragilidade da sua saúde. Ieltsine estava tão combalido, hirto no andar e de voz trémula, que não foi capaz de fazer um discurso de investidura e leu o seu juramento de um teleponto ([28]). Putin decidiu fazer a sua investidura no Salão de Santo André no Grande Palácio do Kremlin, a antiga residência imperial construída às ordens de Nicolau I. Os planeadores do Kremlin sabiam exatamente quantos espectadores cabiam no Palácio dos Congressos, mas não faziam a mínima ideia de quantos podiam meter no Grande Palácio. Para o descobrir, mandaram vir cargas de camioneta de soldados que foram alinhados em formatura e a fazer continência e contaram-nos ([29]). Não podiam dar-se ao luxo de descurar qualquer pormenor.

No dia 7 de maio, mil e quinhentas pessoas viram um novo presidente prestar o seu juramento no meio do esplendor neo-imperial abundantemente dourado que o primeiro superior de Putin em Moscovo, Pavel Borodine, tinha renovado nos anos noventa, deixando Ieltsine e o seu círculo restrito arcar com o escândalo. Borodine dificilmente poderia ter imaginado que o adjunto desconfiado e austero que tinha sido mandado para o seu escritório havia menos de quatro anos haveria um dia de ser o homem que pousaria a sua mão sobre a nova Constituição naquele salão. A cada momento, o contraste entre Ieltsine e Putin era gravado no consciente de milhões que estavam a assistir ou no próprio salão ou na televisão do Estado. Putin continuava a ser um noviço na política; tinha o ar de um ator na sua estreia de palco. Chegou à entrada lateral do Grande Palácio num *Mercedes* azul-noturno, saiu sozinho da viatura, saudou um membro da guarda presidencial em traje de cerimónia e, em seguida, subiu a passos largos os cinquenta e sete degraus da escadaria monumental do palácio. Avançou com um ar determinado, mas não apressado, ao longo de um tapete vermelho que atravessava os sumptuosos corredores do palácio. As câmaras seguiam-no *pari passu* num cortejo cuidadosamente posto em cena, que passava por convidados a aplaudir apertados atrás de cordas vermelhas, tal como os soldados. Putin parecia minúsculo nos enormes salões. Trazia vestido um fato escuro com uma gravata cinzenta. O seu braço esquerdo baloiçava confiantemente, mas o direito — talvez devido à fratura que tinha sofrido no combate de 1984, que lançou alguma sombra sobre a sua carreira no KGB — pendia do seu lado sem se mexer. A circunstância dava ao seu modo de andar um distinto ar janota enquanto percorria centenas de metros, algo que Ieltsine, mesmo nos seus dias de maior vigor, não teria ousado tentar sob o escrutínio de câmaras de televisão a transmitir ao vivo.

Entre os convidados oficiais encontravam-se membros do parlamento, governadores, altos magistrados, assim como o clero das quatro religiões oficiais da Rússia — o cristianismo ortodoxo, o islamismo, o budismo e o judaísmo. Mikhaíl Gorbatchov, que Ieltsine tinha preterido ostensivamente aquando do envio dos convites para a sua tomada de posse em 1996, esteve presente, parecendo uma aparição vinda de outra era. Foi também esse o caso de Vladimir Kriuchkov, o diretor do KGB que tinha liderado o golpe fracassado contra Gorbatchov. O simbolismo da sua presença, à mesma hora, no mesmo lugar, visava assinalar o desejo de Putin de projetar a unidade depois da barafunda da década anterior. Ieltsine, que parecia pálido e inchado, apareceu a seu lado no estrado para testemunhar o juramento, que foi feito ao meio-dia em ponto. Durante a breve alocução do mais velho, as luzes do seu teleponto falharam por momentos, obrigando-o a interromper-se pelo tempo suficiente para que a assistência aplaudisse, pensando que tinha acabado ([30]). Putin, mais novo duas décadas, falou de forma vigorosa e abrangente, centrando-se no aspeto histórico do momento, a que ele chamou de a primeira transferência pacífica e democrática do poder da autoridade última nos mil e cem anos de história do seu país (nem sequer fazendo uma insinuação sobre a orquestração que Ieltsine tinha concebido).

A cerimónia operou a fusão da conflituosa história de um país que se encontrava dividido relativamente ao sentido do seu passado e, por conseguinte, do seu futuro. Nas suas observações, Putin glosou sobre «capítulos ora trágicos ora grandiosos», deixando com quem o ouvia a destrinça de quais eram quais. No final da cerimónia, canhões na margem do rio Moskva dispararam uma salva em sua honra. No interior, um coro cantava o final da ópera *Uma Vida para o Imperador* de Mikhaíl Glinka, escrita em 1836 para celebrar a morte de um soldado na guerra contra a Polónia e reescrita como *Ivan Susanin* nos tempos soviéticos para fazer desaparecer a homenagem ao imperador. Para Putin, o coro recitou os versos soviéticos.

Depois de abandonar o Grande Palácio, Putin assistiu a uma parada militar nos recintos interiores do Kremlin. Reuniu-se com Aleixo II, o Patriarca de Moscovo e de toda a Rússia, a figura suprema da Igreja Ortodoxa Russa. Em seguida, depositou uma coroa de flores no Túmulo do Soldado Desconhecido, situado junto da muralha do Kremlin. A cerimónia teve tanto de uma coroação como de uma transferência democrática de poder. A Rússia tinha um novo líder, consagrado nas urnas, embora não fizesse grande ideia da direção em que este a pretendia conduzir.

A ascensão de Putin ao poder impôs limitações à sua vida familiar. Permitiu às suas filhas, Macha e Kátia, na altura com dezasseis e quinze anos, darem entrevistas para a biografia de campanha, mas depois elas desapareceram da vida pública, não olhando o Kremlin a meios para proteger a sua privacidade. Fotografias das duas apareciam raramente, nem mesmo ao lado dos pais; um retrato oficial da nova primeira família da Rússia nunca chegou a existir. As raparigas estudavam em casa com precetores, não aprendendo apenas o alemão, mas igualmente o francês e o inglês. Nas entrevistas, davam a impressão de ser adolescentes iguais aos outros, que gostavam de filmes estrangeiros como *Matrix*, mas apenas se aventuravam a sair de casa na companhia de guarda-costas. Os pais compraram-lhes um *poodle* miniatura, chamado *Toska*, que foi o primeiro cão da família depois do acidente de automóvel que matou o cão pastor caucasiano em Sampetersburgo. Ludmila disse que o seu marido mimava as filhas carinhosamente, mas admitiu que «o veem mais vezes na televisão do que em casa». Tinham serviçais e um cozinheiro, circunstância que poupou Ludmila à frustração que sentira nas primeiras vezes que cozinhara para ele pouco tempo depois de se terem casado. No entanto, já não tinha nenhuma espécie de controlo sobre a sua vida de casal. «Já não faço planos», disse ela. «Tinha esse hábito, e quando os planos iam por água abaixo, costumava ficar extremamente irritada e melindrada. Mas agora sei que é mais fácil não fazer planos para férias, feriados ou tempos livres a dois, porque assim já não fico desiludida.» [31]

A Rússia, tal como a União Soviética, tinha pouca experiência com a mulher do líder a assumir um papel público como primeira-dama.

CHEGAR A PORTUGAL

A elegante mulher de Gorbatchov, Raisa, acompanhou-o frequentemente nas suas viagens e empenhou-se em causas de interesse público, mas essa ainda era uma novidade que nem todos saudaram como algo positivo. A mulher de Ieltsine desdenhava da vida pública e fez os possíveis para ficar longe dos holofotes, e Ludmila tinha a mesma atitude. Em 1998, trabalhara durante pouco tempo enquanto representante em Moscovo de uma empresa de telecomunicações, a Telekominvest, que tinha raízes em Sampetersburgo e ligações a um amigo da família, Leonid Reiman, que se tornaria no ministro das Telecomunicações de Putin. Ganhava o equivalente a mil e quinhentos dólares por mês, mas desistiu do emprego quando o seu marido se tornou primeiro-ministro, embora alguns afirmassem que continuou envolvida em negócios empresariais ([32]). Agora, no papel de primeira-dama, acompanhava o seu marido em acontecimentos oficiais, especialmente nos que incluíam altos dignitários estrangeiros em visita à Rússia, como Tony Blair, o primeiro líder ocidental que se reuniu com Putin após a sua ascensão inesperada. Os Putins levaram o casal Blair ao Teatro Mariinski em Sampetersburgo para assistirem a uma representação da ópera *Guerra e Paz* de Serguei Prokofiev. De início, parecia que iria desempenhar um papel mais público. Depois da tomada de posse, abraçou a causa da literacia e fundou o Centro para o Desenvolvimento da Língua Russa, que organizava projetos com o intento de «reforçar o prestígio» da cultura russa em todo o mundo ([33]). Tirando as entrevistas humanizadoras, porém, Ludmila não teve nenhuma intervenção na campanha do marido, e menos ainda na sua governação. O próprio Putin eriçava-se ante a mais inocente pergunta sobre a sua vida de casal. Quando Mikhaíl Leontiev inquiriu delicadamente se tinha tempo para ver a família, Putin respondeu secamente «Vejo-os», e à observação seguiu-se um corte bem percetível na entrevista. Na altura, Leontiev ficou impressionado com o estado da casa de Putin, que tinha sido utilizada pelos primeiros-ministros russos ao longo da última década. Após seis meses no cargo, ainda havia caixas por desempacotar, e ele fez a observação de que a casa tinha o ar de uma residência temporária. «Temos andado a viver em abrigos temporários desde 1985», respondeu Putin. «E assim, andamos constantemente de um lugar para outro e encaramos as habitações que ocupamos como se fossem camaratas — reconhecidamente, muito belas camaratas. Pode viver-se aqui com bastante conforto, mas é algo temporário. Um abrigo temporário. Vivemos como se estivéssemos sentados em cima das nossas malas feitas.»

Na sua declaração de interesses financeiros, obrigatória por lei, Putin indicou que possuía três propriedades, incluindo a casa de campo nos arredores de Sampetersburgo, que tinha sido reconstruída depois do incêndio e incorporada na cooperativa com os outros homens de negócios da cidade, incluindo os dois que estiveram envolvidos no escândalo dos primeiros tempos da era pós-soviética, Vladimir Iakunin e Iuri Kovaltchuk. A cooperativa viu-se confrontada com ações em tribunal interpostas por habitantes de aldeias situadas na área, [34] mas os oito conseguiram segurar os direitos sobre o terreno à beira-lago e transformaram-no num condomínio fechado — alegadamente com uma conta bancária partilhada que qualquer um dos proprietários podia utilizar para depositar e levantar dinheiro vivo [35].

Putin declarou um pouco mais de treze mil dólares depositados em várias contas de poupança, o que, em termos russos, fazia dele um homem razoavelmente abastado, mas certamente não um magnata. (Tal como as poupanças da maior parte dos russos, também as suas tinham perdido boa parte do seu valor aquando da desvalorização do rublo operada em 1998.) Pode ter omitido alguns ativos como era prática corrente entre os políticos russos, uma vez que muita da riqueza da Rússia permanecia nas sombras da economia paralela e pouco oficial, mas, pelo menos antes da sua passagem pela presidência, os Putins tinham aparentemente vivido uma vida modesta. Até então, aparentemente, não tinham tido mais garantias quanto ao futuro do que a maioria dos russos, que temiam que, qualquer dia, tudo pudesse simplesmente voltar a ficar sem nenhum valor. Putin via espelhado na sua experiência pessoal o destino de toda a Rússia. «Ao longo dos últimos dez anos, o país inteiro tem vivido desta forma», disse Putin na entrevista televisiva com Leontiev. «E isso traz-nos de volta ao problema que referimos no início, o problema da estabilidade.» [36] Era estabilidade que ele prometia e que agora tinha encontrado para si próprio. Com efeito, naquele ponto, as circunstâncias de vida da família mudaram de forma irreversível. No mês de maio, os Putins mudaram-se para uma nova residência num complexo arborizado nas margens de um rio sinuoso chamado Novo-Ogariovo. A propriedade, construída nos anos cinquenta do século xx, tinha sido utilizada como

CHEGAR A PORTUGAL

uma casa para os convidados do governo até se tornar na residência oficial de Putin. A área à sua volta chamava-se Rubliovka, e outras mansões não tardaram a ser construídas nos arredores. Com os compradores atraídos pela proximidade do poder, tornou-se num dos locais do mundo mais caros para se viver. Os Putins ficaram lá durante muitos anos.

Os homens com quem Putin trabalhara em Sampetersburgo às ordens de Sobtchak juntaram-se agora a ele nas esferas superiores do Kremlin. Entre eles encontrava-se Dmitri Medvedev, que se tornou vice-chefe de gabinete, e Alexei Kudrin, que repetidamente o tinha ajudado a orientar-se em Moscovo e que se tornou ministro das Finanças. Os seus antigos amigos do KGB — Victor Cherkesov, Victor Ivanov e Serguei Ivanov — assumiram todos altos postos no aparelho de segurança. Putin instalou tantos amigos da sua cidade natal, que o seu governo se tornou conhecido como o «Clã de Sampetersburgo», sendo encarado com suspeição pelo escol de Moscovo, que estava habituado ao seu monopólio do poder e às correspondentes mordomias. Muitos até especularam, sem nenhum sustento na realidade, que Putin iria voltar a transferir a capital para Sampetersburgo, tal como Pedro, *o Grande*, tinha feito. Para se proteger das bizantinas intrigas políticas de Moscovo, Putin recorreu àqueles em quem sabia poder confiar. O resultado foi uma espantosa personalização do poder no Kremlin que refletia a sua profunda desconfiança do escol político do país. «Tenho muitos amigos, mas só algumas poucas pessoas estão realmente próximas de mim», reconheceu. «Nunca se foram embora. Nunca me traíram, nem eu os traí.» ([37])

Manteve na sua equipa alguns aliados preeminentes de Ieltsine, incluindo o seu chefe de gabinete, Aleksandr Volochine, assim como Anatoli Tchubais, o detestado pai da «terapia de choque» que permaneceu no leme do monopólio estatal da eletricidade, mas o caráter da hierarquia do Kremlin não tardaria a alterar-se de forma dramática. No dia da sua tomada de posse, nomeou oficialmente Mikhaíl Kasianov seu primeiro-ministro. Este tinha subido na hierarquia dos ministérios soviéticos e pós-soviéticos da área da economia e das finanças e era conhecido como um negociador pragmático e respeitado pelos seus interlocutores ocidentais. Os meios de comunicação social sensacionalistas deram-lhe a alcunha «Micha Dois por Cento», devido a boatos segundo

O NOVO CZAR

os quais extraía um quinhão para si dos acordos financeiros que negociava com banqueiros — o que ele negava fervorosamente —, mas as suas credenciais enquanto perito em economia de mercado estavam acima de qualquer suspeita, e a sua nomeação foi sinal do cuidadoso mas contínuo enquadramento por parte de Putin das privatizações dos anos noventa. Após o tumulto político que tinha visto passar seis primeiros-ministros desde 1998, o mais importante foi a nomeação de Kasianov não ter causado uma nova crise constitucional com o parlamento.

As primeiras escolhas políticas de Putin eram o reflexo de reformas liberalizantes que recebiam os vivos aplausos dos grandes interesses económicos na Rússia e no estrangeiro. Ele impôs um imposto único sobre os rendimentos das pessoas singulares à taxa de treze por cento e reduziu o imposto sobre os lucros das empresas de trinta e cinco para vinte e quatro por cento, entrando em vigor em janeiro de 2002. Insistiu em afirmar que a Rússia iria ter impostos inferiores, mas também iria esperar das pessoas — e empresas — que os pagassem efetivamente, após uma década em que quase todos os russos os evitaram recorrendo a todos os meios ao seu alcance. O novo governo de Putin adotou códigos fundiários que possibilitaram a compra e venda de propriedades privadas, e institucionalizou regras laborais que regulavam o emprego no setor privado, acabando com algumas incertezas que tinham paralisado o investimento e favorecido a corrupção e a ilegalidade. Com a alta dos preços do petróleo e ajudada por uma lenta recuperação da inadimplência de 1998, a Rússia equilibrou o seu orçamento pela primeira vez. Começou a reembolsar o FMI e outros das suas dívidas — antes do vencimento dos prazos previstos. A presidência de Ieltsine tinha sido errática, mas também tinha lançado as bases para um *boom* económico. O produto interno bruto, que cresceu cinco por cento em 1999, dobrou a passada no primeiro ano do mandato de Putin e depois aumentou uma média acima dos seis por cento ao longo dos sete anos seguintes ([38]). O capitalismo de faroeste dos anos noventa do século XX tinha criado uma classe superior decadente e uma quantidade industrial de lojas, restaurantes e clubes que respondiam a gostos ridiculamente exclusivos, mas agora os frutos de uma economia de mercado começaram a chegar às camadas médias da sociedade, especialmente em Moscovo e noutras cidades. Putin parecia ser o gestor competente e eficiente

CHEGAR A PORTUGAL

que tinha sido enquanto subordinado em Sampetersburgo e depois em Moscovo.

Encarnava as contradições do progresso da Rússia, que a posicionava algures entre uma democracia moderna e as tradições soviéticas que ainda não tinha sacudido. Os passos iniciais dados por Putin refletiam ambas as coisas, e as opiniões sobre a sua liderança dividiam-se de acordo com o lado de Putin que cada um abraçava. O próprio Putin parecia por vezes estar sem saber de que lado estava. Fosse como fosse, num espaço de poucos meses, libertou os russos do caos crónico dos anos Ieltsine. O seu objetivo não era acelerar a transição da Rússia em direção ao capitalismo e à democracia, mas antes avançar com precaução, dar acesso ao mínimo daquilo que a maioria das pessoas queria, como não se cansaria de repetir: estabilidade. E mesmo enquanto a fúria da guerra continuava a fazer estragos no Cáucaso distante, foi amplamente bem-sucedido.

No dia 11 de maio, quatro dias após a tomada de posse de Putin, várias dúzias de funcionários do FSB tomaram de assalto a sede da maior empresa privada de meios de comunicação social, a Media-Most, de que fazia parte o popular canal de televisão NTV. Chegaram de madrugada, mandaram o pessoal reunir-se no refeitório e, durante horas, passaram a pente fino os escritórios, apreendendo documentos, computadores e, entre outras coisas bizarras, uma pistola decorativa que pertencia ao proprietário da empresa, Vladimir Gusinski ([39]). A primeira fase da vida de Gusinski apresentava notáveis paralelismos com a fase correspondente da de Putin. Nasceu um ano mais cedo, em 6 de outubro de 1952, e vivia num apartamento de uma assoalhada com os seus pais incultos, mas amorosos; também o seu pai era um veterano da Grande Guerra Patriótica e operário de fábrica. Como Putin, considerava-se um «produto da rua»; aprendeu a lutar para se defender de bêbedos e rufias nos pátios interiores de um desolador bloco de apartamentos na pior tradição soviética.

Os paralelismos acabavam aí. O avô de Gusinski morreu nas purgas de Estaline, e, embora Gusinski tivesse prestado serviço militar no Exército, metia-se em negociatas de mercado negro e acabou por estudar Artes Dramáticas ([40]). Tudo isso — a sua educação, a experiência como judeu numa hipócrita burocracia soviética — fez dele um rebelde contra o mesmo sistema em relação ao qual Putin se tornou tão leal. Também ficou espetacularmente rico após ter aberto uma empresa de consultoria, no final dos anos oitenta do século xx, e se ter tornado amigo de um burocrata da administração municipal que supervisionava os mercados de frutas e vegetais da cidade, Iuri Lujkov. As suas atividades económicas não tardaram a expandir-se para a banca, a reconstrução imobiliária e os meios de comunicação social. A sua Media-Most, que deve o seu nome ao sistema automatizado de transações bancárias que tinha visto aquando de uma visita aos EUA, criou um jornal chamado *Sevodnia* e, posteriormente, o canal NTV, que acabaria por estar na origem da raiva de Putin.

A NTV tornar-se-ia no primeiro canal privado moderno da Rússia, dotado de um departamento de notícias aguerrido, que irritou o Kremlin de Ieltsine com as suas reportagens críticas, frequentemente a derivar para o sensacionalismo. Tal como Berezovski utilizara o canal do Estado, a ORT, para atacar os adversários de Ieltsine antes das eleições de 1999, Gusinski usava a NTV como arma de arremesso contra a «Família» de Ieltsine. A rivalidade entre os dois magnatas dos meios de comunicação social era tão pessoal e intensa, que o antigo chefe da segurança de Ieltsine, Aleksandr Korjakov, afirmou que Berezovski lhe tinha pedido que assassinasse Gusinski ([41]). A NTV prosseguiu com a sua cobertura crítica durante a campanha de Putin e emitiu um documentário sobre os atentados à bomba aos blocos de apartamentos, que insinuava que existia um envolvimento do governo. E pior, da perspetiva do Kremlin, a cobertura da guerra na Chechénia não se abstinha de relatar a escala de brutalidade e de sofrimento, da mesma forma que os canais estatais tinham aprendido a fazer. O proprietário da NTV e os seus jornalistas tarde repararam que a tolerância do Kremlin em relação à crítica tinha diminuído com a chegada do seu novo líder. Putin tinha uma especial aversão à forma como era retratado no programa satírico semanal de marionetas, *Kukli*, cujo criador, Victor Chenderovitch, tinha andado a espicaçar os políticos do país desde 1994. A caricatura de Putin — com grandes orelhas e olhos esbugalhados, retratado à vez como tímido ou malévolo — não parecia nada engraçada ao novo presidente. Num episódio a seguir à eleição de Putin em março, a marioneta era retratada como um imperador, assoberbado por uma noiva babada mais alta do que ele e algo balofa, representando toda a Rússia. «Mas ela é tão grande», sussurrou aos seus cortesãos. «Não tenho experiência com nada

CHEGAR A PORTUGAL

a esta escala.» Uma marioneta que representava o seu chefe de gabinete, Aleksandr Volochine, respondeu: «Faça simplesmente o que todos nós fizemos com ela.» [42] Assessores do Kremlin logo deixaram claro aos produtores do programa que a marioneta presidencial já não devia aparecer nas suas sátiras semanais.

Os motivos por trás da rusga policial na Media-Most não ficaram claros imediatamente, baralhadas como estavam as informações veiculadas pelos comunicados contraditórios da polícia fiscal, da procuradoria e de outros funcionários superiores. Putin, contudo, defendeu a ação com veemência no dia seguinte, dizendo que ninguém haveria de estar acima da lei. Foi claramente um sinal, e esse sinal estabeleceu um padrão que se tornaria familiar. «Não vai haver nada que se assemelhe aos oligarcas enquanto classe», Putin tinha declarado na véspera da eleição [43]. O ataque não afetou imediatamente as participações de Gusinski em meios de comunicação social, que cobriram os acontecimentos com uma indignação zelosamente encenada. Putin insistiu em dizer que não iriam existir limitações à liberdade de expressão, mas ninguém do lado de Gusinski acreditou nas suas palavras.

O assalto da procuradoria à Media-Most coincidiu com a primeira visita oficial do presidente Clinton a Moscovo no mandato do novo presidente da Rússia. Putin não fizera da política estrangeira a primeira prioridade da sua presidência, embora em abril tenha conseguido convencer a Duma a ratificar o acordo START II, negociado por Ieltsine havia quase uma década, que visava reduzir os arsenais nucleares dos EUA e da Rússia. Agora, Clinton estava desejoso de convencer o novo líder russo a aceitar planos para construir um sistema de defesa antimíssil, apesar dos limites impostos pelo Tratado ABM sobre a interdição de sistemas balísticos antimísseis, um pacto crucial dos tempos da Guerra Fria considerado responsável pela prevenção de uma corrida às armas nucleares. Clinton esperava fazer das defesas antimísseis uma das últimas realizações da sua presidência antes de acabar o mandato, mas, desde a primeira vez que Ronald Reagan propôs a sua visão «Guerra das Estrelas» de um escudo antimíssil, os líderes soviéticos, e depois russos, tinham-se oposto furiosamente a quaisquer propostas que o permitissem. A atitude de Putin em nada seria diferente, pois temia que mesmo o sistema defensivo rudimentar que Clinton tinha em mente pudesse acabar por subverter

a última influência que a Rússia ainda tinha enquanto superpotência. Embora Clinton quisesse chegar a um acordo, Putin calculou que ficaria numa posição negocial mais vantajosa com o próximo presidente estado-
-unidense. A sua cautela com os estado-unidenses tinha sido reforçada pelas advertências de Clinton relativamente à guerra na Chechénia. Desta vez, Clinton também levantou objeções ao assalto à Media-Most — em conversação pessoal com Putin e, de forma provocatória, numa entrevista dada a uma estação de rádio, Ecos de Moscovo, que era propriedade de uma das empresas de Gusinski. Mais tarde, Clinton fez uma visita a Boris Ieltsine, que, após oito anos em funções, considerava um amigo. «Boris, vós tendes a democracia no coração», disse-lhe Clinton. «Tendes a confiança das pessoas entranhada nos ossos. Tendes na barriga o fogo de um verdadeiro democrata e de um verdadeiro reformador. Não tenho a certeza de que Putin tenha essas qualidades.» [44]

A visita de Clinton terminou de forma inconclusiva. Não ganhou o apoio de Putin no que dizia respeito a alterações que permitissem a instalação de sistemas de defesa antimíssil. Nem Putin deu ouvidos ao seu encorajamento de respeitar a liberdade dos meios de comunicação social. Nove dias depois da sua partida, o novo procurador-geral, Vladimir Ustinov, convocou Gusinski, à primeira vista para o questionar sobre as balas para a pistola decorativa que tinham sido encontradas na sua sede. Gusinski chegou tarde e foi imediatamente preso.

No dia 12 de agosto, durante o pacato mês de férias de verão, Putin terminou uma última série de reuniões com os seus conselheiros de segurança nacional no Kremlin e, em seguida, partiu com a sua família rumo a Sochi, a estância de veraneio junto do mar Negro amada pelos líderes soviéticos ao longo de décadas. Ficaram na casa de campo presidencial que ele e Ludmila tinham admirado a distância nos tempos idos do reinado de Brejnev. Mal teria tempo para descansar. Na manhã seguinte, recebeu uma chamada telefónica do ministro da Defesa, o marechal Igor Sergueiev. A hora temporã apenas podia ser sinal de más notícias, e estas demonstraram ser a prova mais grave até à altura com que a sua jovem presidência se viu confrontada.

O submarino mais recente da Rússia, o *Kursk*, tinha perdido o contacto com a Frota do Norte durante exercícios navais no mar de Barents.

CHEGAR A PORTUGAL

A construção do *Kursk* tinha começado nos tempos soviéticos e foi completada em 1994, altura em que as Forças Armadas, em tempos poderosas, do país chegaram ao nadir da sua decadência pós-soviética. Era o orgulho da Marinha russa, um navio de guerra gigante concebido para combater porta-aviões dos EUA. Agora, tinha desaparecido em águas territoriais russas ao largo de Murmansk e ninguém sabia o que tinha acontecido. Ao que parece, Sergueiev tinha induzido Putin em erro relativamente à gravidade da crise, talvez por ele próprio ter sido induzido em erro pela Marinha. O comandante da Frota do Norte, o almirante Viatcheslav Popov, emitiu um comunicado que declarava que os exercícios tinham sido um êxito retumbante, mas não fazia nenhuma referência à catástrofe, que era óbvia não só para os comandantes russos, mas igualmente para as Forças Armadas dos EUA e de outros países estrangeiros que tinham estado a monitorar os exercícios de perto.

Poucos instantes antes da partida de Putin de Moscovo, uma explosão tinha devastado a proa do *Kursk*, tendo sido espoletada por um torpedo que teria explodido de forma indevida. A explosão causou um incêndio nos compartimentos dianteiros, ao qual se seguiu, dois minutos e quinze segundos mais tarde, uma explosão muito maior, que foi detetada por dois submarinos estado-unidenses que se encontravam próximos e mesmo por sismógrafos a grande distância, como foi o caso no Alasca ([45]). As explosões causaram a descida do *Kursk* até ao fundo do mar, cento e oito metros abaixo da superfície encrespada. O submarino tinha uma tripulação de cento e treze oficiais e marinheiros, acompanhados por cinco oficiais superiores da frota que estavam a monitorar os exercícios, a maior no mar de Barents desde a queda da União Soviética. A maioria teve morte instantânea, mas um grupo de vinte e três marinheiros conseguiu fechar-se num compartimento situado na popa, onde esperou, na escuridão e no frio, por um salvamento que não havia maneira de chegar. Um jovem oficial, o capitão-tenente Dmitri Kolesnikov, reuniu os sobreviventes, identificou-os, e redigiu notas para os seus comandantes e para a sua mulher. Esta última, escrita num papel listado proveniente de um livro de registos, trazia a data de 12 de agosto, três horas e quinze minutos da tarde, ou seja, quase oito horas após a primeira explosão. Dobrou-o envolvido em plástico e pô-lo no interior da sua farda.

O NOVO CZAR

Aqui está escuro de mais para escrever, mas vou tentar fazê-lo às cegas.
Parece que não há hipótese, 10–20 %.
Vamos esperar
que alguém encontre isto
Aqui vai uma lista — daqueles provenientes das secções que estão aqui
na nona e vão tentar sair.
Cumprimentos a todos, não desesperem ([46]).

O submarino malogrado já estava no fundo do oceano quando Putin soube de que apenas não se sabia do seu paradeiro. Continuou com as suas férias à beira-mar, divertindo-se a fazer *jet ski* na tarde de domingo, nas águas calmas e quentes do mar Negro. Ninguém fora da cadeia de comando militar sabia de que alguma coisa estava errada, uma vez que a Marinha apenas admitiu publicamente o destino do *Kursk* na segunda--feira, após o que os representantes do poder passaram a subterfugir e, em seguida, limitaram-se a mentir dia após dia.

Depois de finalmente admitirem que uma explosão tinha posto o *Kursk* fora de combate, representantes oficiais insistiram falsamente que a causa tinha sido uma colisão com um submarino estrangeiro — quase de certeza dos EUA ou da OTAN. Os líderes militares russos refugiaram-se no instinto soviético do secretismo, e o Kremlin acompanhou-os. Em 14 de agosto, o gabinete de imprensa fez saber secamente que o comandante da Marinha tinha informado Putin da operação de salvamento, mas o próprio Putin nada disse até ao dia 16 de agosto quando deixou Sochi — não para regressar a Moscovo, mas para participar numa reunião de antigos Estados soviéticos na Crimeia.

No sexto dia da crise, o *Komsomolskaia Pravda* publicou uma lista dos cento e dezoito oficiais e marinheiros a bordo, tendo pago um suborno no valor de seiscentos dólares para a obter. Para as famílias, o relato do jornal era a primeira confirmação de que os seus filhos e maridos estavam a bordo — e, por essa altura, quase de certeza mortos. Outra parangona no jornal desafiou Putin diretamente: «Ontem, os marinheiros do *Kursk* ficaram em silêncio. Por que razão o presidente tem estado em silêncio?» Putin viu-se trucidado nos meios de comunicação social. Outro jornal publicou uma série de fotografias que mostravam um Putin bronzeado, juntamente com o marechal Sergueiev, a jogarem bilhar, e

CHEGAR A PORTUGAL

o comandante da Marinha, Vladimir Koraiedov. A legenda dizia: «Eles não se afundam.» ([47])

A determinação de Putin na Chechénia, as suas arrojadas promessas de devolver a estabilidade à nação — foi tudo isso que lhe falhou nesta nova crise. Parecia incapaz de controlar as Forças Armadas ou uma população cada vez mais angustiada e enraivecida, incitada pela cobertura televisiva e da imprensa escrita, que manifestavam a simpatia e o desgosto de que nem Putin nem os seus comandantes militares pareciam ser capazes de dar mostras. Boris Berezovski, que ainda nutria ilusões de influência apesar de disputas públicas com Putin sobre as suas ações iniciais enquanto presidente, telefonou a Putin, em Sochi, em 16 de agosto, da sua vivenda em Cap d'Antibes.

«Volodia, porque é que está em Sochi?», perguntou. «Deveria interromper as suas férias e ir fazer uma visita a essa base de submarinos, ou pelo menos a Moscovo.» Avisou-o de que estava a prejudicar a sua presidência.

«E porque é que você está em França?», inquiriu Putin sarcasticamente.

Berezovski ressalvou que não era o líder da nação. «Ninguém quer saber onde é que eu ando», disse ([48]).

Inicialmente, a Rússia recusou ofertas de assistência internacional da Noruega, da Suécia, da Grã-Bretanha e dos EUA. Putin apenas aceitou depois de o presidente Clinton lhe ter telefonado para Sochi insistindo na oferta. Ao aceitar assistência, Putin tinha de passar por cima de Sergueiev e dos almirantes, cuja preocupação principal não era a tripulação, mas a possibilidade de os inimigos da Rússia saberem os segredos da sua frota de submarinos nucleares. Quando mergulhadores britânicos e noruegueses — mas não estado-unidenses — finalmente chegaram com um veículo de salvamento, no dia 21 de agosto, conseguiram abrir a escotilha exterior de fuga em seis horas, algo que os russos não tinham conseguido em nove dias. Nessa altura, todos os que estavam a bordo estavam mortos. As famílias que esperavam, ainda se agarrando à esperança, explodiram de indignação preenchendo os noticiários não só da NTV de Gusinski, mas também do canal controlado por Berezovski.

Putin tinha voltado discretamente a Moscovo na manhã de 19 de agosto, mas continuou a dizer pouco sobre a crise, deixando os meios de comunicação social declararem que o país estava sem líder naquele momento de tragédia. Naquela manhã, Berezovski descobriu as consequências de uma cobertura crítica. O chefe de gabinete de Putin, Aleksandr Volochine, disse-lhe laconicamente que o seu canal estava «a trabalhar contra o presidente». Volochine, que em tempos fora um parceiro de negócios de Berezovski, disse-lhe agora que deveria desistir do controlo do canal ou então fazer como Gusinski. Berezovski insistiu numa reunião pessoal com Putin, e quando os dois se encontraram no Kremlin, em 20 de agosto, na presença de Volochine, a raiva de Putin estourou. Afirmou ter relatórios a dizer que os repórteres de Berezovski tinham pago a prostitutas para aparecerem em peças noticiosas dizendo que eram as mulheres e irmãs dos marinheiros. «Não são putas, são as verdadeiras esposas e irmãs», insistiu Berezovski. «Os seus idiotas do KGB estão a contar-lhe balelas.» [49]

Dito isto, o destino de Berezovski estava traçado. Putin tinha chegado preparado. Abriu uma pasta e começou a ler sobre a gestão ruinosa das finanças no canal estatal de televisão [50]. Berezovski protestou até se engasgar, mas nada pôde fazer. Putin cortou-lhe toda a influência que Berezovski esperara ter no Kremlin. Esta seria a última reunião entre ambos, um que se apresentava enquanto um Rasputine moderno, e outro contente de se ver livre de um odioso oligarca que se valia do poder da televisão.

Em 22 de agosto, dez dias depois da explosão do *Kursk*, Putin apanhou um avião para Vidiaievo, uma cidade militar fechada acima do Círculo Polar Ártico. O porto de armamento do *Kursk* ficava nesta decrépita cidade-guarnição, desgastada pelo clima impiedoso. Era para ali que os pais, as mães, as mulheres e os filhos da tripulação do submarino tinham convergido, de todo o país, para esperar enquanto a tragédia se ia desenrolando, oscilando entre esperança e agonia, desgosto e raiva. Um dos vice-primeiros-ministros de Putin, Ilia Klebanov, tinha tentado acalmar as famílias quatro dias antes, apenas para se ver confrontado com mostras de cólera incontida na messe de oficiais da cidade. Klebanov, que estava incumbido da supervisão das caducas indústrias militares do país, parecia abalado quando uma mãe, Nadejda Tilik, saltou do seu lugar berrando «Seus porcos!». Uma enfermeira aproximou-se por trás dela e espetou-lhe uma agulha através da manga do seu casaco para a sedar [51].

Desta vez, os familiares voltaram uma vez mais a reunir-se na messe às cinco horas da tarde, desta feita para se encontrarem com o presidente em pessoa. E esperaram quatro horas até que Putin finalmente aparecesse. Envergando um fato negro em cima de uma camisa preta sem gravata, Putin viu-se confrontado com a realidade do sofrimento — não as «prostitutas» pagas por jornalistas sem escrúpulos, como lhe tinham dito, mas pessoas genuinamente enlutadas. O que encontrou foi uma turba enfurecida. Ainda não tinha acabado a sua primeira frase quando foi interrompido por gritos. Quando apresentou as suas condolências pela «tragédia deplorável», uma mulher clamou que deveria desmarcar o dia de luto que tinha anunciado na véspera. Putin parecia atrapalhado. Reconheceu o estado lamentável em que se encontravam as Forças Armadas da Rússia, mas parecia estar na defensiva. «Sempre houve tragédias», disse. «Certamente, sabe que o nosso país está numa situação difícil e que as nossas Forças Armadas não estão melhores, mas eu próprio nunca imaginei que estivessem em tão mau estado.» ([52]) Quando um homem perguntou porque a Frota do Norte não dispunha de um submersível de salvamento, Putin desabafou dizendo: «Não há uma maldita coisa que reste no seu lugar neste país!»

A multidão corrigiu-o enraivecidamente quando ele referiu os salários dos marinheiros e oficiais, calando as suas respostas com os seus gritos e obrigando-o a suplicar à plateia que o deixasse acabar. Enganou-se na hora da explosão e repetiu o que a Marinha tinha divulgado para obnubilar a causa. «Poderá ter sido uma colisão, ou uma mina, ou possivelmente uma explosão a bordo, embora os peritos julguem que isso seja altamente improvável.» A reunião prolongou-se por quase duas horas e quarenta minutos, e nunca houve nenhuma intenção de a tornar pública. Uma câmara de televisão de um dos canais do Estado — não de Berezovski — filmou de uma galeria, mas o Kremlin apenas deixou sair as imagens sem som, para os espectadores nunca chegarem a ouvir as suas afirmações erróneas ou os protestos enfurecidos da multidão. Um jornalista, porém, conseguiu gravar o acontecimento sem que reparassem nele. Era Andrei Kolesnikov, um dos três jornalistas que tinham entrevistado o presidente em exercício para *Da Primeira Pessoa*. Fazendo fé no seu relato, Putin acabou por aplacar a raiva, especialmente com as suas promessas de indemnizar os familiares — dez anos de salário e apartamentos em Moscovo e

O NOVO CZAR

Sampetersburgo —, ocupando os pormenores dessas indemnizações quase uma hora da reunião. «Putin abandonou-a», escreveu sobre a reunião, «como o presidente de pessoas que pouco tempo antes estiveram prestes a desfazê-lo em pedaços.» ([53])

Foi uma experiência dura. Alguém na turba exclamou que não queriam o seu dinheiro, queriam os seus bem-amados. A lua de mel política de Putin tinha acabado. A aura de invencibilidade — a ascensão milagrosa do neófito político que iria devolver a grandeza à Rússia — tinha-se dissipado. Putin pensava saber porquê; não era o estado negligenciado das Forças Armadas, ou a obstinação à moda soviética dos comandantes da Marinha, que continuavam a culpar os estado-unidenses. Recusou aceitar a demissão do marechal Sergueiev ou punir os comandantes que tinham mentido tão descaradamente sobre a tragédia ([54]). Não, a causa do infortúnio político de Putin eram os meios de comunicação social. «A televisão?», insurgiu-se na messe de oficiais quando lhe perguntaram porque tinham inicialmente recusado qualquer assistência estrangeira na operação de salvamento, como tinha sido amplamente relatado. «Estão a mentir! A mentir! A mentir! Há gente na televisão que fala mais alto do que qualquer outra pessoa hoje em dia e que, ao longo dos últimos dez anos, se dedicou a destruir esses mesmos Exército e Marinha em que hoje há gente a morrer.»

Para o caso de alguém ter alguma dúvida sobre quem ele estava a culpar, no dia seguinte apareceu na televisão do Estado em Moscovo para dirigir a palavra à nação pela primeira vez. Depois de afirmar «um total sentido de responsabilidade e sentido de culpa por esta tragédia», denunciou furiosamente aqueles que iriam «aproveitar-se desta calamidade sem escrúpulos». Sem aludir aos seus nomes, referiu-se à promessa de Berezovski de angariar um milhão de dólares para as famílias da tripulação e mencionou as vivendas que ele e Gusinski possuíam no estrangeiro. As alusões não passaram despercebidas. «Permitam-me que vá direito ao assunto: há tentativas que estão a ser empreendidas para empolar politicamente a situação, com o fito de adquirir algum tipo de capital político ou promover determinados interesses de grupos particulares. E estão certos aqueles que dizem que, nas primeiras fileiras dos defensores dos marinheiros, se perfila gente que durante muito tempo andou a contribuir para a derrocada do Exército, da Marinha e do Estado. Alguns deles até

CHEGAR A PORTUGAL

conseguiram juntar um milhão. Um único fio de cada um, e já há uma camisa para um homem nu. Fariam melhor se vendessem as suas vivendas junto da costa mediterrânica dc França ou Espanha. Só que nessa altura teriam de explicar porque todas essas propriedades estão registadas em nome de testas de ferro e de empresas jurídicas. Nessa altura, iríamos perguntar-lhes de onde veio o dinheiro.»

Evidentemente, Putin já sabia. Já tinha os ficheiros compilados. No mundo obscuro dos negócios russos, alguns poucos oligarcas conseguiam resistir ao escrutínio das suas transações, das suas aquisições dúbias, dos seus esquemas de fuga aos impostos, das suas contas secretas em paraísos fiscais. Como diretor do FSB, tinha estabelecido um monopólio da informação financeira, ([55]) e enquanto primeiro-ministro e agora presidente sabia onde os esqueletos podiam ser encontrados. Não por acaso, em tempos idos, este método tinha sido o do KGB. De repente, a investigação suspensa sobre as participações de Berezovski na Aeroflot foi retomada no mês seguinte. Quando foi chamado a depor na qualidade de testemunha, em novembro, Berezovski ignorou a convocatória e fugiu do país. Em fevereiro, vendeu as ações que detinha no canal de televisão ao seu antigo sócio, Roman Abramovitch, que as entregou ao Estado. Gusinski, que tinha sido libertado sob caução depois da sua detenção em junho, fugiu para a sua vivenda em Espanha. Em abril de 2001, a Gazprom, o gigante energético, assumiu o controlo da NTV num golpe do conselho de administração, depois de cobrar um empréstimo de 281 milhões de dólares que tinha concedido a Gusinski para resistir à crise financeira de 1998. Os jornalistas do canal ocuparam o estúdio em sinal de protesto, mas desistiram no fim de onze dias, e uma nova administração tomou as rédeas. Muitos na Rússia e no estrangeiro tornaram visível o seu protesto, mas de nada serviu. Desde o início, Putin compreendia a importância da televisão para a autoridade do Kremlin — a sua capacidade de moldar não só a sua imagem, mas a própria realidade da Rússia. Serguei Pugachev, um banqueiro e amigo que na altura trabalhava de perto com ele no Kremlin, ficou admirado com o facto de Putin seguir obsessivamente os relatos dos noticiários televisivos, chegando a telefonar aos administradores dos canais a meio de um programa para contestar aspetos dos relatos. Considerou as estações televisivas do Estado um «recurso natural» tão precioso como o petróleo ou o gás. «Ele compreende que a base do poder na Rússia não é o Exército, nem a polícia, é a televisão», disse Pugachev. «É esta a sua mais profunda convicção.» [56] Agora, com Putin instalado na presidência há menos de um ano, as três principais estações televisivas da Rússia estavam firmemente sob o controlo do Kremlin.

Capítulo 12

A alma de Putin

Na tarde de 11 de setembro de 2001, Putin reuniu quarenta e oito jornalistas no Kremlin para lhes conceder as honras de Estado, uma tradição dos tempos soviéticos. Nos seus breves comentários perante as câmaras de televisão, realçou o papel dos correspondentes de guerra em reportagem na Chechénia, que, portanto, eram confrontados com a «bem organizada e generosamente paga propaganda de guerra» dos rebeldes. «O processo de paz está a ganhar impulso na região, largamente graças ao vosso trabalho», disse-lhes. O homem que castrara a única rede privada de televisão e a única rede pública que revelava independência declarou depois que os meios de comunicação social eram um importante pilar da nova Rússia. «As vastas mudanças políticas e económicas na Rússia seriam impossíveis sem os seus meios de comunicação social livres», disse. A cerimónia mal terminara quando os seus ajudantes de segurança pediram a sua comparência numa sala de conferências onde assistiram às últimas notícias sobre os aviões comerciais de passageiros que tinham colidido com o World Trade Center e o Pentágono, um ataque realizado pela Alcaida, a organização que os russos há muito afirmavam providenciar assistência aos rebeldes da Chechénia. Putin voltou-se para Serguei Ivanov, seu velho amigo e colega do KGB. «Que podemos fazer para os ajudar?», perguntou ([1]).

Mais tarde, muitos encararam a reação de Putin como cínica, mas, nas horas que se sucederam ao ataque, ele agiu com prontidão para ajudar um país que via com crónica suspeição. Tentou telefonar ao presidente George W. Bush, mas não conseguiu contactá-lo, uma vez que o Air Force One se encontrava a sobrevoar, estado a estado, todo o território dos EUA. Quando Condoleezza Rice, conselheira nacional de segurança de Bush, tentou ligar para Ivanov, Putin arrebatou imediatamente o auscultador e assegurou-lhe que não iria aumentar o alerta militar da Rússia em resposta à declaração do estado de guerra estado-unidense; de facto, reduziu o alerta e cancelou um exercício militar no oceano Pacífico que começara no dia anterior — e que simulava um conflito nuclear com os EUA. «Haverá algo mais que possamos fazer?», perguntou a Rice. Um pensamento rápido cruzou a mente da conselheira: *A Guerra Fria chegou realmente ao fim* ([2]).

Putin foi o primeiro líder mundial a entrar em contacto com a Casa Branca, mesmo antes de estar clarificada toda a extensão do ataque. Mais tarde, telefonou ao primeiro-ministro britânico Tony Blair e ao chanceler alemão Gerhard Schröder, reafirmando que o mundo estava unido contra o flagelo do terrorismo. Em contraste com o seu cauteloso silêncio após o desastre do *Kursk* e outros acontecimentos de grande importância, Putin apareceu na televisão e expressou o seu pesar pelas vítimas daquilo que chamou de «um ato de agressão sem precedentes por parte do terrorismo internacional». «O que hoje sucedeu nos EUA ultrapassa as fronteiras nacionais. É um impudente desafio a toda a humanidade, no mínimo à humanidade civilizada», afirmou. Deixou bem claro que a tragédia era uma oportunidade para reformular as relações internacionais com vista a combater «a praga do século XXI». «A Rússia sabe em primeira mão o que é o terrorismo», disse. «Portanto, compreendemos perfeitamente os sentimentos do povo estado-unidense. Ao dirigir-me ao povo dos EUA em nome da Rússia, gostaria de dizer que estamos convosco, partilhamos e sentimos total e inteiramente a vossa dor.» ([3])

Quando Bush lhe devolveu o telefonema em 12 de setembro, Putin tinha decretado um momento de silêncio em solidariedade, estabelecendo um tom a partir do topo que durante algum tempo moderou o virulento sentimento anti-EUA que inspirava a política russa. Apenas dois anos após os protestos anti-EUA contra a guerra da OTAN na Sérvia, muitos

A ALMA DE PUTIN

russos — ainda que certamente não todos — seguiram o exemplo de Putin. Acumularam flores no exterior da embaixada dos EUA, e o tom da televisão estatal, em que o estado de espírito do Kremlin crescentemente se manifestava, mudou radicalmente. «A boa vontade triunfará sobre o mal», disse Putin a Bush. «Quero assegurar-lhe que, nesta luta, estaremos juntos.» ([4])

A resposta de Putin parecia validar a impressão inicial de Bush sobre ele, a qual ninguém antecipou quando se iniciou a nova administração. Durante a sua campanha contra Al Gore em 2000, Bush denunciara a guerra na Chechénia com muito mais veemência do que Clinton, vendo isso como uma forma de mostrar como os democratas haviam sido brandos com a Rússia. Desde os primeiros dias de Bush em funções, as relações com a Rússia de Putin pareciam tensas. Em janeiro de 2001, agentes da autoridade de fronteira estado-unidense, executando um mandado de captura internacional, detiveram Pavel Borodine, braço-direito de Putin em Moscovo, quando aterrou em Nova Iorque. Depois de assumir funções, Putin transferiu discretamente Borodine do seu posto de supervisão das propriedades do Kremlin e conferiu-lhe uma missão marcadamente cerimonial enquanto enviado à Bielorrússia. Entretanto, o novo procurador da república da Rússia, Vladimir Ustinov, encerrou silenciosamente a investigação às atividades de Borodine. Contudo, os suíços ainda não tinham fechado as investigações. Carla Del Ponte emitiu o mandado que envolvia Borodine, acusando-o de ter aceitado subornos de aproximadamente trinta milhões de dólares nos contratos que emitira para renovar o Grande Palácio no Kremlin e a Câmara do Tesouro. O escândalo que maculara a presidência de Ieltsine lançava agora uma tal sombra sobre as relações com o novo presidente estado-unidense, que foi o assunto do primeiro telefonema de Putin para Bush em 31 de janeiro de 2001.

Em poucas semanas, as relações pareciam estar condenadas a um agravamento. Em fevereiro, o FBI descobriu por fim nas suas fileiras um agente duplo, há muito suspeito: Robert Hanssen, um supervisor sénior de contraespionagem que espiara para a União Soviética e depois para a Rússia até à noite em que foi detido. A sua revelação levou à expulsão de cinquenta diplomatas russos dos EUA, seguida da expulsão, olho por olho, de cinquenta estado-unidenses de Moscovo.

O NOVO CZAR

A Guerra Fria parecia ter ganho vida nova, mas, quando Bush e Putin se encontraram pela primeira vez em junho de 2001 no Castelo de Brdo, uma residência senhorial do século XVI próxima de Liubliana, capital da Eslovénia, ambos pareciam desejosos de aliviar as crescentes tensões. E ambos se socorreram dos seus brífingues de espionagem na esperança de, assim, quebrar o gelo. Putin felicitou Bush ao mencionar o râguebi, que Bush praticara durante um ano na faculdade. «De facto joguei râguebi», disse-lhe Bush. «Excelente brífingue.» ([5]) Depois, quando Putin começou a abordar os assuntos da reunião, lendo a sua agenda a partir de uma pilha de notas, Bush interrompeu Putin e perguntou-lhe acerca da cruz que a mãe lhe dera para ser benzida em Jerusalém. Bush viu a surpresa no rosto de Putin, que, no entanto, rapidamente se desvaneceu quando Bush explicou que tinha lido acerca da história, sem mencionar que estava contida no seu próprio brífingue, preparado pela CIA. Putin contou-lhe a história do incêndio na sua casa de campo, recordando o momento em que um trabalhador encontrou a cruz nas cinzas e lha apresentou «como se a isso estivesse destinada». Bush, um crente, prosseguiu, «Vladimir, essa é a história da Cruz» ([6]).

Quando surgiram para se encontrarem com a imprensa após duas horas de reuniões, os dois líderes tinham solucionado algumas das suas divergências, especialmente no que concernia à oposição da Rússia às defesas antimísseis — que Bush perseguiu de forma muito mais aguerrida do que o seu antecessor democrata —, mas revelavam uma cordialidade mútua que parecia improvável dados os recentes acontecimentos. Bush classificou-o como «um líder notável», e, em contraste com aquilo que os russos viam como a impertinência de Clinton, só fez uma breve menção à Chechénia e à liberdade de expressão na Rússia. Quando lhe perguntaram se os Estado-unidenses podiam confiar em Putin, dadas as apreensões relativamente a uma profusão de assuntos, Bush respondeu que não o teria convidado para visitar o seu rancho no Texas, em novembro próximo, se não pensasse assim. «Eu olhei o homem nos olhos», disse Bush. «Achei-o muito direto e digno de confiança. Tivemos um diálogo excelente. Consegui captar o sentido da sua alma: um homem profundamente dedicado ao seu país e aos seus maiores interesses.» ([7])

Nem Bush nem Putin mencionaram a história da cruz ou o facto de Putin não a usar naquele dia, apesar de ter dito aos seus biógrafos que

A ALMA DE PUTIN

a usava sempre. (No entanto, levou-a consigo quando ele e Bush voltaram a encontrar-se na cimeira do Grupo dos Oito (G8) em Génova, no mês seguinte.) Nem todos ficaram convencidos desta parceria emplumada. «Posso compreender a estratégia quanto à comunicação, mas foi longe de mais», disse a um jornal Michael McFaul, um professor universitário estado-unidense que encontrou Putin pela primeira vez em Sampetersburgo antes da queda da União Soviética. «Penso que há muitas e boas razões para não confiar no presidente Putin. Este é um homem que foi treinado para mentir.» ([8])

Putin viajou para dezoito países no seu primeiro ano de mandato, frequentemente com Ludmila, projetando a imagem de uma nova Rússia desejosa de cativar o mundo e apagar alguns dos vestígios da Guerra Fria. Após a sua atenção inicial às políticas internas, reviu a política externa da Rússia de formas que a Ieltsine nunca foi possível, enfraquecido como estava pelos comunistas e nacionalistas, ainda nostálgicos da superpotência perdida que fora a União Soviética. O que Putin procurou foi nada menos do que uma reconciliação com o Ocidente — especialmente com a Europa, mas até com o «principal adversário» que fora treinado para combater enquanto oficial de espionagem. Em 2001, encerrou os postos militares avançados da era soviética no estrangeiro, incluindo um enorme posto de escuta em Lurdes, Cuba, e uma base naval e de espionagem no Vietname, prometendo que a nova Rússia iria concentrar-se nos seus recursos em vez de reforçar o seu poderio militar, para contrariar a progressiva pressão da ameaça do extremismo islâmico no norte do Cáucaso. Após os ataques de 11 de setembro, Putin suavizou a sua oposição pública ao alargamento da OTAN, cuja próxima ronda aceitaria como novos membros a Lituânia, a Letónia e a Estónia, as três repúblicas bálticas que outrora tinham integrado a União Soviética e ainda possuíam populações russas consideráveis. (Enquanto candidato a presidente em março de 2000, Putin tinha até sugerido que a Rússia pudesse integrar a OTAN.) ([9]) Quando em outubro os EUA entraram em guerra com os talibãs e a Alcaida no Afeganistão, Putin disponibilizou não só informação secreta mas também dinheiro e armas à Aliança do Norte, os afegãos que tinham continuado a resistir aos talibãs depois de o movimento ter arrebatado o poder em 1996 e de antes ter combatido a invasão soviética. Putin também aquiesceu ao estabelecimento de bases militares estado-unidenses no Usbequistão e no Quirguistão, o primeiro destacamento de soldados dos EUA em qualquer região da antiga União Soviética desde a Grande Guerra Patriótica.

As manobras de Putin enfrentaram a resistência dos militares russos, uma burocracia tradicionalista que mais do que grande parte da sociedade não se tinha libertado da sua herança soviética. Era também uma força decrépita — amplamente reduzida de 2,8 milhões de elementos, no final da era soviética, a quase um milhão — e, após os anos noventa do século xx, profundamente corrupta. A maioria era composta por conscritos sujeitos a uma forma brutal de praxe pelos soldados mais velhos conhecida como *dedovchina*, da palavra russa «avô». As condições na instituição militar eram tão más, que a vasta maioria das famílias russas fazia o que podia, de subornos a doenças forjadas e emigração, para manter os seus filhos fora do recrutamento. O crime e a corrupção minavam a hierarquia do topo à base, com comandantes a alugar recrutas como criados e a vender o combustível, as peças sobresselentes e até os veículos das suas unidades ([10]). Embora Putin privilegiasse a força naval e os caças a jato enquanto adereços para construir a sua imagem popular, não era um militar. Nos tempos soviéticos, os soldados e oficiais do Exército Vermelho desdenhavam dos agentes de topo do KGB, e esse sentimento era frequentemente recíproco. Contudo, os militares ocupavam parte importante no coração da missão de Putin para restaurar a nação, e ele compreendia o estado lamentável em que se encontrava a instituição militar. Embora aspirasse a introduzir uma nova doutrina militar e transformar as Forças Armadas numa força profissional moderna e mais reduzida, Putin agiu lenta e cautelosamente para impor a sua visão na única instituição que ainda possuía um padrão de independência e um estatuto político próprios, embora diminuídos.

Nos seus primeiros meses de governo, Putin quase não falou de política militar, além da estratégia para vencer a guerra na Chechénia. Alguns analistas militares na Rússia classificaram Putin como fraco ou distante; outros identificaram uma estratégia maquiavélica para deixar que comandantes rivais se batessem entre si até se encontrarem num estado de tal forma enfraquecido, que teriam de se submeter a Putin. «Putin prefere lidar com pessoas que foram politicamente paralisadas, se sentem

A ALMA DE PUTIN

constrangidas e, portanto, têm de se manter fiéis ao presidente», escrevia um preeminente analista militar ([11]). Após o desastre do *Kursk*, Putin resistiu à estratégia fácil de exonerar os comandantes cuja incompetência e mentiras tinham abalado fortemente a sua fulgurante popularidade. Deu mostras de ser bastante mais calculista, construindo o apoio popular e impulsionando o moral com o aumento dos salários dos soldados e prometendo mais dinheiro para as Forças Armadas, mesmo enquanto ordenava a reestruturação das mesmas, que teriam de reduzir ainda mais o número de elementos. Putin restaurou o Estandarte Vermelho como bandeira do Exército, agora com a águia dupla imperialista, e a música do hino nacional soviético, embora com nova letra. (O hino adotado após o desmoronamento da União Soviética não tinha letra, e os atletas nas Olimpíadas de Sídnei em 2000 queixaram-se a Putin de que não podiam cantar quando subiam ao pódio para receber as suas medalhas.)

Estas decisões provaram-se hábeis. Apelavam ao patriotismo nostálgico dos militares e de vastas camadas da sociedade, sem restaurar a ideologia soviética que muitos russos estavam felizes por ter deixado para trás. Putin pode ter sido um novato político, mas encontrou um equilíbrio entre o passado conflituoso e o futuro incerto — um equilíbrio que surgiu naturalmente, porque era reflexo das suas opiniões. Não contestou com veemência o sistema soviético, como fizera Ieltsine, mas, em vez disso, cooptou as partes da sua história que serviam à ideia da nova Rússia. Durante um breve encontro com eleitores em fevereiro de 2000, usou um aforismo que lhe tem sido largamente atribuído, mas que de facto não era de sua autoria. «Quem não lamenta o desmembramento da União Soviética não tem coração», disse. «E quem a quer ver recriada na sua forma anterior não tem cérebro.» ([12]) Putin parecia suspenso entre os seus próprios impulsos. Manteve o busto de Félix Dzerjinski sobre a sua secretária no FSB, mas opunha-se agora aos apelos públicos para a reposição do monumento de bronze do antigo político na rotunda onde anteriormente se encontrava, diante da Lubianka. Glorificou a vitória soviética na Grande Guerra Patriótica, mas, quando lho solicitavam, recusava restaurar o nome de Volgogrado, do tempo da guerra, o local do terrível cerco, mais conhecido como Estalinegrado ([13]).

Apesar do criticismo de Putin aos erros do passado soviético, a adoção que fez de alguns dos seus símbolos causou alarme entre intelectuais

O NOVO CZAR

e liberais. Um grupo de preeminentes artistas e escritores publicou uma carta aberta a Putin, avisando-o dos perigos de restaurar o hino soviético. «O chefe de Estado deve ter clara consciência de que milhões de concidadãos (incluindo os que nele votaram) nunca respeitarão um hino que troça das suas convicções e insulta a memória das vítimas das repressões políticas soviéticas», escreveram ([14]). Boris Ieltsine, criticando o seu sucessor pela primeira vez desde que deixara de exercer funções, disse que, na sua mente, a música estava associada a burocratas soviéticos que participavam nos congressos do Partido Comunista. «O presidente de um país não devia seguir cegamente o estado de espírito do povo», disse Ieltsine ao *Komsomolskaia Pravda* ([15]). «Pelo contrário, compete-lhe ativamente influenciá-lo.» Putin influenciava de facto o estado de espírito, colhendo amostras do passado como de um bufete, escolhendo e adotando uma história que apresentava a uma sociedade profundamente dividida sobre aquilo que representava.

Putin já estava em funções há um ano antes de decidir, abrupta e cirurgicamente, pôr o recalcitrante comando militar sob seu controlo. O ministro da Defesa, o marechal Igor Sergueiev, já ultrapassara a idade da aposentação, mas foi prolongando o seu mandato ano após ano, apelando primeiro a Ieltsine e depois a Putin em 2000. Sergueiev, então com sessenta e três anos, assumiu que a sua renomeação no início de 2001 seria de novo uma mera formalidade ([16]). Tal como Ieltsine antes dele, Putin acautelava o secretismo e a surpresa no cálculo do momento oportuno das suas comunicações. Apenas os seus conselheiros de confiança conheciam o seu plano, e Sergueiev não estava entre eles, caso contrário não teria errado ao calcular o nível de apoio que realmente tinha no Kremlin. Em 28 de março, Putin reuniu a sua equipa de segurança nacional no Kremlin e anunciou que Serguei Ivanov iria assumir o Ministério da Defesa. Ivanov era tão próximo de Putin, que por vezes era descrito como o seu *alter ego*. Magro e pálido, com o cabelo rigorosamente separado por uma risca do lado esquerdo, de rosto perpetuamente anguloso, associou-se ao KGB depois de estudar Inglês e Sueco na Universidade Estatal de Leninegrado. Ele e Putin conheceram-se em 1977 na Casa Grande, onde trabalharam juntos durante dois anos antes de a carreira de Ivanov ter ganho um novo impulso ([17]). Integrou o Instituto Estandarte

Vermelho nos arredores de Moscovo e, em 1981, destacou-se enquanto operacional de informação externa, servindo sob cobertura diplomática nas embaixadas soviéticas na Finlândia, Suécia e Quénia, e talvez na Grã-Bretanha. O facto de o seu *curriculum vitae* ter permanecido tão opaco sublinhava o tipo de espião que era — e que Putin não era. Ao contrário de Putin, nunca se demitiu, ascendendo nas fileiras dos serviços de espionagem pós-soviéticos para se tornar no mais jovem general na nova Rússia. Quando Putin foi nomeado diretor do FSB, indicou Ivanov como seu adjunto; Ivanov segui-lo-ia mais tarde para o Kremlin, onde se juntou ao círculo restrito de ajudantes de Putin, participando nas reuniões de segurança nacional que se realizavam às segundas-feiras, mas também nas menos formais reuniões de sábado e nos encontros meramente sociais que ocorriam na residência presidencial de Putin sempre que o estado de espírito era favorável, frequentemente até altas horas da noite ([18]). Ivanov era muitas vezes retratado como conservador, um *silovik*, que refletia a própria experiência e as perspetivas conservadoras de Putin. Também partilhava o objetivo de Putin de reformular as Forças Armadas dilatadas e ineficientes. Depois de ter resignado a sua patente militar no FSB, Ivanov tornou-se no primeiro civil a dirigir o ministério na história soviética ou russa. «Como podem ver, os civis começam a assumir posições-chaves nas agências militares», disse Putin ao anunciar a nomeação. «Este é um passo deliberado rumo à desmilitarização da vida social russa.» ([19])

As nomeações de Putin assinalaram uma rutura com Ieltsine, embora relativamente modesta. Nomeou a primeira mulher para uma posição sénior no Ministério da Defesa, Liubov Kudelina, encarregando-a da supervisão do orçamento militar. Substituiu o ministro do Interior por Boris Grizlov, também natural de Sampetersburgo, que chefiava a bancada parlamentar pró-Putin na Duma, mas não despromoveu ninguém, exceto o ministro dos Assuntos Nucleares, Evgueni Adamov, que mais tarde foi acusado num tribunal estado-unidense de desviar nove milhões de dólares de fundos destinados a reforçar a segurança em instalações nucleares ([20]). O jornal *Izvestia* declarou, «A sua equipa está agora coesa como um "punho"» ([21]).

Enquanto ministro da Defesa, Ivanov considerava, com alarme, a perspetiva de uma intervenção estado-unidense na periferia russa. Três dias após os ataques de 11 de setembro, Ivanov excluiu «até a possibilidade hipotética de operações militares da OTAN no território de países da Ásia Central» ([22]). No entanto, Putin sentiu que os EUA compreendiam agora a ameaça do terrorismo islâmico e sentia-se satisfeito. Duas semanas mais tarde, viajou para a Alemanha e proferiu um discurso no Bundestag, iniciando os seus comentários em russo e mudando depois para «a língua de Goethe, de Schiller e de Kant». «Hoje devemos declarar firme e finalmente», disse num alemão impecável, «que a Guerra Fria terminou!». O chanceler alemão, Gerhard Schröder, reciprocou declarando que o mundo devia moderar as suas críticas às operações militares russas na Chechénia (mesmo enquanto pressionava Putin em privado para intervir no mais importante julgamento militar que envolvia crimes de guerra perpetrados por soldados russos) ([23]). Quando Putin regressou a Moscovo em 24 de setembro, foi ao Ministério da Defesa, um gigantesco edifício branco no Anel das Alamedas no centro da cidade, e ordenou aos comandantes militares que trabalhassem com os estado-unidenses. Desautorizou Ivanov, que, silenciosamente, deixou cair a sua oposição pública às operações estado-unidenses na Ásia Central.

Putin esperava algo pela sua aquiescência. Investiu fortemente em desenvolver uma relação pessoal com Bush. Sendo já o primeiro líder russo ou soviético desde Lenine a falar uma língua estrangeira, recebeu lições de inglês uma hora por dia, aprendendo a linguagem do comércio e da diplomacia estado-unidense, e usou o seu conhecimento rudimentar para falar em privado com Bush e quebrar o gelo. Na Eslovénia, ao passear no jardim, comentou os aspetos comuns entre ambos. «Vejo que deu às suas filhas os nomes da sua mãe e da sua sogra.» Quando Bush respondeu «Sou ou não sou um bom diplomata?», Putin riu-se e confessou, «Eu fiz a mesma coisa!» ([24]). Em privado, sentiu que podia ser sincero com Bush acerca das suas divergências, procurando fazer que ele compreendesse as dificuldades que a Rússia — que ele — enfrentava na transição das ruínas soviéticas. Procurava algum tipo de reconciliação com os EUA, mesmo com a OTAN.

Quando se voltou a encontrar com Bush em Xangai, à margem da cimeira da Cooperação Económica Ásia-Pacífico em outubro, Putin propôs mudanças no Tratado ABM que permitiriam alguns testes do sistema estado-unidense de defesa antimísseis, mas deixou intocadas as cláusulas principais por mais um ano ou dois. Considerava o tratado crítico no que dizia respeito à estratégia de defesa da Rússia, e um adiamento daria tempo aos seus cientistas para desenvolverem novas armas que contrabalançassem o sistema estado-unidense. Também pressionou Bush para que concordasse com a redução do número de armas nucleares que cada país possuía, um passo essencial para Putin reduzir os custos da manutenção do aparelho militar da Rússia. Considerava a sua proposta um compromisso sensato, e Bush prometeu pensar nela, mas a sua administração sentia-se inebriada após a invasão do Afeganistão e o rápido derrube do governo talibã. O Pentágono resistiu obstinadamente, recusando a proposta de Putin de que a Rússia fosse antecipadamente notificada de todos e cada um dos testes e lhe fosse permitido monitorar o progresso de um sistema de defesa que, em última análise, podia negar o prestígio da Rússia enquanto superpotência militar. Quando Putin chegou a Washington em novembro para a sua primeira visita aos EUA enquanto presidente, ainda imaginava ser possível um grande pacto, mas a esperança em relação a qualquer acordo evaporou-se quando se encontrou com Bush na Casa Branca.

«Meu Deus», exclamou Putin quando entrou na Sala Oval na manhã de 13 de novembro, com a luz a entrar pelas janelas voltadas para sul. «Isto é lindo.» Bush, tal como os seus assessores, nunca deixou de se sentir confundido pelas aparentes contradições manifestadas pelo «ex-agente do KGB da ateísta União Soviética» ([25]) e, aparentemente, nunca imaginou que talvez um agente as usaria para sua vantagem. Bush tinha a certeza de que iriam ultrapassar as divergências do passado. A causa comum que tinham forjado após os ataques de 11 de setembro gerou frutos mesmo durante o seu encontro: na noite anterior, os talibãs tinham abandonado Cabul, a capital do Afeganistão, e fugido de forma desordenada. «Isto pode muito bem assentar como um fato barato»,* disse-lhe Bush. Condoleezza Rice, que falava russo, não tinha a certeza da

---

* Tradução literal de «This thing just might unravel like a cheap suit», frase que significa que «as coisas podem resolver-se facilmente» e que, de seguida, Condoleezza Rice teve de traduzir para russo. [N. do T.]

exata tradução da frase, mas afirmou que Putin soltou uma gargalhada de aprovação ([26]).

No dia seguinte, o casal Putin voou para o rancho de Bush em Crawford, Texas, para uma cimeira pessoal. O casal Bush deu-lhes as boas-vindas sob chuva torrencial, com Ludmila a oferecer a Laura Bush uma rosa amarela, um símbolo tradicional do Texas. Instalaram-se na casa de convidados do rancho, mesmo ao lado da residência principal dos Bushes, e chegaram uma hora antes do jantar, esquecidos da diferença horária com Washington. Quando finalmente o jantar começou, comeram grelhados e ouviram o pianista Van Cliburn e uma banda de música *country* a interpretar canções como «Cotton-Eyed Joe». Ludmila usava um vestido com lentejoulas vermelhas, brancas e azuis, e, quando Putin propôs um brinde, a sua voz deixou transparecer que estaria pessoalmente emocionado. «Nunca estive em casa de outro líder mundial», disse, acrescentando que os EUA eram «afortunados por, em tempos tão críticos na sua história, terem um homem de tal caráter a manejar o leme» ([27]). O convívio são e informal continuou quando se encontraram com estudantes da Escola Secundária de Crawford no dia seguinte, após o que Putin voou para Nova Iorque e visitou as ruínas do World Trade Center, ainda fumegantes dois meses depois do ataque.

Então, três semanas mais tarde, Bush telefonou a Putin, em Moscovo, e informou-o de que iria recuar no Tratado ABM apesar das objeções de Putin. A única concessão que Putin conseguiu arrancar-lhe no fim de seis meses de conversações — e quatro encontros entre os dois líderes — foi a cortesia de uma notificação com uma semana de avanço, antes de Bush anunciar publicamente a decisão em meados de dezembro.

Ao longo de todo o debate acerca do Afeganistão e da defesa anti-míssil, Putin conseguiu evitar qualquer erupção de fervor nacionalista durante o seu acolhimento silencioso das ações e políticas de Bush. Ieltsine criticara os EUA e o Ocidente, em parte para proteger os seus flancos políticos. Putin, pelo contrário, cooptou aqueles que na Rússia eram mais críticos relativamente aos EUA, cimentando o seu domínio no parlamento da mesma maneira lenta, sub-reptícia e metódica que fizera com os militares. Uma das primeiras iniciativas legislativas de Putin em 2000 fora a reestruturação do Conselho da Federação, então composto pelos governadores das oitenta e nove regiões do país e os seus representantes, que, como se revelou no caso Skuratov, agiam independentemente do Kremlin. A decisão, conjuntamente com a criação de sete representantes regionais, inicialmente enfrentou oposição, mas acabou por conseguir impor o governo dos líderes regionais ao controlo de Putin. Com o tempo, a câmara alta que atormentara Ieltsine passou a ser um veículo de aprovação composto por membros leais a Putin. Nos primeiros anos de Putin no poder, o Kremlin também controlava uma vasta maioria na Duma; algumas das suas primeiras reformas — especialmente um esforço para permitir a privatização dos terrenos agrícolas — ainda enfrentaram oposição. Putin menosprezava os partidos políticos e o enredo legislativo, enquanto delegado de Anatoli Sobtchak enfrentando o Conselho Municipal de Sampetersburgo. Para ele, os grupos parlamentares políticos do poder legislativo não deviam ser representantes eleitos da sociedade, mas instrumentos executivos do Kremlin. Disse que não tinha nenhum desejo de recriar um partido único dominante para governar a Rússia como sucedera com o Partido Comunista da União Soviética; tencionava criar diversos partidos, todos efetivamente dependentes do Kremlin. Em julho de 2001, Putin assinou uma nova lei eleitoral para reduzir o número de partidos por meio da exigência de mais de cinquenta mil membros, dispersos pelo menos por metade do país. Ostensivamente, a ideia era criar um sistema de dois ou três partidos à semelhança dos europeus, com a única diferença de que todos os partidos seriam leais ou, pelo menos, dóceis. Embora professasse o seu empenho na democracia, tinha pouca paciência para debates com desfechos imprevisíveis. O União já partilhava o controlo das comissões do parlamento com os comunistas, mas, para consolidar o seu poder, os assessores de Putin orquestraram uma fusão com o partido de Primakov e Lujkov, anunciando-a num novo congresso em 1 de dezembro de 2001. O novo partido chamar-se--ia Rússia Unida, uma organização preenchida com os funcionários e burocratas do «partido do poder» de Putin.

O cérebro da estratégia política do Kremlin foi Vladislav Surkov, um génio da publicidade nascido na Chechénia, com currículo na inteligência militar, que nos anos noventa trabalhara para os bancos de três oligarcas russos, incluindo Mikhaíl Khodorkovski. Integrou a equipa de trabalho de Aleksandr Volochine quando Ieltsine era ainda presidente, e mais do que nenhum outro fabricara a imagem pública de Putin e concebera as suas estratégias políticas. Era jovem e profundamente cínico, um fã da música *rap* estado-unidense — mantinha um retrato de Tupac Shakur ao lado do de Putin — e de Shakespeare, cuja obra considerava uma fonte de inspiração política. Como disse Eduardo Limonov, romancista e ativista russo, Surkov «transformou a Rússia num maravilhoso teatro pós-modernista, onde faz experiências com novos e antigos modelos políticos» ([28]).

Em abril de 2002, Surkov derrubou a liderança da Duma no que ficou conhecido como o «portefólio *putsch*». Os aliados do Kremlin expulsaram os comunistas dos lugares da comissão que Putin lhes oferecera pouco depois das eleições de 1999, ao mesmo tempo que o dirigente comunista, Guenadi Selezniov, retirava o seu apoio ao Kremlin e abandonava os seus colegas de partido. Putin, tão distante como um imperador das querelas triviais dos duques e boiardos, decapitara efetivamente a liderança comunista. Guenadi Ziuganov, presidente do partido, que outrora parecera uma séria ameaça ao Kremlin de Ieltsine, nada mais podia do que balbuciar em protesto. «Mesmo quando ébrio, Ieltsine tinha a coragem de juntar os líderes das diferentes fações em momentos críticos e procurar uma solução conjunta, em vez de começar uma nova guerra», disse ([29]).

O motivo para o rearranjo da liderança legislativa de Putin tornou--se claro duas semanas mais tarde, quando proferiu a sua comunicação anual perante a Assembleia Federal, que compreendia as câmaras alta e baixa do parlamento. No Átrio de Mármore do Presidium do Kremlin, Putin vangloriou-se das suas realizações — descida do desemprego, aumento do rendimento, um orçamento equilibrado, regresso da Rússia à sua posição de segundo maior produtor mundial de petróleo —, mas lamentou a «grande e pesada» burocracia do governo, os ministérios por reformar que ainda agiam como «ramos de uma economia centralizada». Precisava de uma maioria parlamentar, não para debater os assuntos mas para aprovar a legislação de que o Kremlin precisava para impor soluções. E durante uma hora, enumerou um conjunto de reformas liberais para transformar o poder judicial, para criar um sistema de crédito à habitação que expandisse o mercado imobiliário, para pôr fim ao recrutamento e instituir o voluntariado militar profissional, e para redigir as regulamentações que iriam acelerar a entrada da Rússia como membro

A ALMA DE PUTIN

de pleno direito na Organização Mundial do Comércio. Era uma agenda ambiciosa, e agora tinha poucos obstáculos para a impor.

No seu discurso, Putin não chegou a dedicar um minuto à guerra que travara para alcançar o poder, em parte porque já não era o triunfo que tinha prometido. Em 2001, Putin anunciou que a retirada dos militares russos da Chechénia iria começar brevemente, mas a guerra estava longe de ter terminado. As forças federais controlavam as fronteiras da república e a maior parte das suas cidades e aldeias, mas exclusivamente durante o dia. Prosseguiam os ataques dos rebeldes para matar militares russos, que retaliavam com o varrimento de aldeias, resultando em prisões, tortura e morte ([30]). Embora o Kremlin tivesse instalado um antigo comandante rebelde e imã, Akhmad Kadirov, como líder leal à república, os militares e o FSB não conseguiam esmagar a revolta. Os seus líderes permaneceram à solta, escondidos nas montanhas ao longo da fronteira ou em aldeias que continuavam empenhadas na independência da Chechénia.

A popularidade inicial da guerra desvanecera-se; sondagens mostravam que muitos russos já não acreditavam que fosse possível vencê-la. A Chechénia ameaçava transformar-se num pântano que muitos sentiam que devia ser solucionado por meio de conversações de paz. As crescentes baixas ameaçavam não só a estratégia de Putin mas a sua presidência. Para Putin, a guerra continuava a ser uma cruzada pessoal, e a propaganda oficial tinha tanto sucesso, que ele «começou a acreditar nas versões esterilizadas dos acontecimentos, acabando por ser vítima da sua própria mentira» ([31]). Só quando o desastre surgiu em dimensões enormes é que a propaganda do Kremlin não pôde ocultar a devastação, e Putin teve um vislumbre dos erros da estratégia que lançara e das burocracias de segurança que reunira para levar a cabo.

Em 19 de agosto, um helicóptero Mi-26 aproximou-se da principal base militar russa na Chechénia, o distante aeródromo em Khankala, nos arredores de Grozni. O helicóptero era o maior do mundo. Fora concebido para transportar toneladas de equipamento e oitenta passageiros e tripulação, mas, em 1997, o Ministério da Defesa proibira o seu uso para transporte de passageiros, restringindo-o ao transporte de carga. Neste dia, havia 147 pessoas a bordo, soldados e civis, incluindo as mulheres

283

de diversos oficiais e pelo menos um jovem, filho de uma enfermeira do Exército que pedira boleia. Quando o helicóptero descia, um míssil atingiu o motor de estibordo. O helicóptero aterrou de emergência a trezentos metros de distância da plataforma de aterragem — exatamente no meio de um campo de minas criado para proteger o perímetro da base. Carregado com combustível para a sua viagem de regresso, incendiou--se. A maioria dos passageiros que sobrevivera à aterragem forçada ficou encarcerada na cabina em chamas; os que conseguiram sair tropeçaram em minas quando fugiam. Os militares, defensivamente, mentiram quanto à causa e às baixas, que totalizaram 127 vítimas, incluindo o jovem e a sua mãe. Foi o pior desastre da história ocorrido com helicópteros, e a maior perda de vidas num único acontecimento durante a guerra, uma catástrofe militar mais mortífera do que o *Kursk*.

Putin, depois do que aprendera com a dura lição política do *Kursk*, reconheceu imediatamente o desastre e prometeu uma investigação com Serguei Ivanov como responsável pela mesma. Ivanov voou no dia seguinte para Khankala e exonerou o comandante da divisão aérea do Exército, o coronel-general Vitali Pavlov, que protestou publicamente por estar a ser o bode expiatório. Queixou-se relativamente à manutenção da frota de helicópteros e disse que a ordem de proibição de transporte de passageiros se aplicava a tempos de paz, embora o país estivesse em guerra. «Se não há combates, porque está a nossa tropa a morrer às mãos dos ativistas?» ([32])

A frustração de Putin em relação aos seus comandantes inflamou--se. Dois dias após o acidente, encontrou-se em frente das câmaras de televisão com Serguei Ivanov no salão VIP de um aeroporto próximo de Moscovo. Além das suas alocuções mais importantes e conferências de imprensa, os frente a frente televisivos tornaram-se no meio de comunicação típico de Putin, um ambiente encenado no qual ele era o líder incontestado que elogiava, encorajava ou intimidava os seus subordinados, mesmo um amigo tão próximo como Ivanov. «Como foi possível que, apesar de uma ordem do ministro das Finanças a proibir helicópteros deste tipo de transportarem civis, estes continuassem a ser transportados?» ([33]) Putin exigia saber.

«Não há nenhuma justificação, Vladimir Vladimirovitch», Ivanov respondeu humildemente, desempenhando o seu papel ante a censura pública. Duas semanas depois, obrigou o general Pavlov a apresentar a sua demissão e repreendeu dezanove outros comandantes, incluindo doze generais. A única coisa que Putin nunca considerava no rescaldo de um desastre era qualquer alteração na estratégia de guerra.

Embora os mediadores tenham apresentado propostas para a paz naquele mesmo ano, Putin continuou a descartá-las. A única coisa que Putin estava disposto a aceitar dos rebeldes da Chechénia era uma rendição incondicional. A resposta dos rebeldes chegou pouco depois numa gravação em vídeo que mostrava um míssil Igla portátil a abater o helicóptero. Apesar dos rumores acerca da sua morte, o narrador era Aslan Maskhadov, rodeado de homens barbudos a quem se referia como «os nossos mujahidin». Encontrava-se sentado diante da bandeira verde da Chechénia, que já não apresentava um lobo, o símbolo da luta pela independência durante mais de uma década. Fora substituído por um sabre e por um verso alcorânico ([34]).

«Viemos à capital da Rússia para pôr fim à guerra», disse um jovem, falando grave e lentamente para a câmara enquanto se encontrava sentado de pernas cruzadas diante de um computador portátil, «ou para morrer aqui por Alá» ([35]). O homem que falava era Movsar Baraiev, um guerrilheiro rebelde, sobrinho de um dos mais ferozes comandantes da Chechénia, Arbi Baraiev. O comando militar da Rússia no norte do Cáucaso tinha anunciado triunfalmente, duas semanas antes, que Movsar Baraiev fora morto em 10 de outubro de 2002, ignorando o facto de a sua morte já ter sido anunciada um ano antes ([36]). Agora, Baraiev estava em Moscovo, a quase seis quilómetros do Kremlin, onde Putin, como era seu hábito, se encontrava a trabalhar até tarde no seu escritório. Dele não sairia nos três dias seguintes ([37]).

Baraiev, dez dias antes do seu vigésimo terceiro aniversário, foi o rosto público de um «destacamento especial» de guerrilheiros, vinte e dois homens e dezanove mulheres, que tinham chegado a Moscovo havia um mês, viajando individualmente ou aos pares, em comboios e autocarros partindo do Daguestão, para evitar o escrutínio da polícia desconfiada de viajantes vindos do Cáucaso. Tinham vindo com ordens, disse ele, do «emir supremo militar» da Chechénia, Chamil Bassaiev, embora professassem relutantemente lealdade ao seu putativo presidente, Aslan Maskhadov. Passaram semanas em Moscovo a preparar-se para um atentado que traria a guerra brutal e sangrenta à capital. Queriam um lugar público que assegurasse uma maciça detenção de reféns constituída por russos comuns. Consideraram o parlamento, mas decidiram instalar-se num teatro.

Aquele que escolheram situava-se na Rua Dubrovka no sudoeste de Moscovo, um auditório ainda conhecido pelo seu nome soviético, o Palácio da Cultura da Fábrica de Rolamentos n.º 1 do Estado. Uma parte do edifício acolhia um clube homossexual — «frequentado por membros do parlamento, importantes homens de negócios e políticos», dizia-se —, que estava a sofrer uma renovação. Os guerrilheiros do grupo de Baraiev disfarçaram-se de operários da construção e planearam invadir a sala de espetáculos ([38]). O teatro tinha em cena o primeiro musical russo ao estilo da Broadway: *Nord-Ost*, baseado num popular romance soviético, *Os Dois Capitães*, de Veniamin Kaverin. A história era um melodrama romântico, passado na primeira metade do século XX, em torno da exploração do Ártico e do Cerco de Leninegrado na Grande Guerra Patriótica. O criador do musical, Gueorgui Vassiliev, investiu quatro milhões para o produzir e promover nos painéis publicitários omnipresentes em toda a cidade. Tinha calculado que a nova classe média da Rússia — os beneficiados pelo súbito crescimento económico que Putin liderava — ganhava o suficiente para poder pagar o preço de quinze dólares por cada bilhete. Na noite da 323.ª sessão, em 23 de outubro de 2002, os chechenos entraram exatamente no início do segundo ato. Os atores, vestidos de pilotos com uniformes antigos da Força Aérea do Exército Vermelho, dançavam sapateado quando um homem encapuzado em traje camuflado entrou pela esquerda do palco. O ator mais próximo sobressaltou-se em choque, mas grande parte da audiência pensou que fazia parte do espetáculo — até o atirador ter disparado a sua AK-47 para o teto e mais homens camuflados terem-se-lhe juntado no palco ([39]). Os guerrilheiros de Baraiev isolaram o átrio principal e montaram explosivos nas colunas que suportavam o balcão do teatro. As mulheres, envergando hijabes negros com inscrições árabes, assumiram posições entre a audiência. Transportavam pistolas e usavam cinturões que aparentavam ser de explosivos, os quais ameaçavam detonar se alguém resistisse ou se as autoridades se atrevessem a assaltar o edifício. As mulheres, jovens em torno dos dezanove anos, ficaram conhecidas como «viúvas negras», as mulheres, filhas e irmãs de guerrilheiros chechenos mortos na guerra. Durante todos os anos de combate na Chechénia, os bombistas suicidas tinham sido raros, e as mulheres provaram ser um terrível presságio da transformação que a guerra na Chechénia estava a sofrer. «Nós estamos na senda de Alá», declarou uma delas. «Se morrermos aqui, isso não será o fim. Somos muitas, e tudo vai continuar.» ([40]) Estavam 912 pessoas no interior do teatro, incluindo atores, técnicos e estrangeiros oriundos da Europa e dos EUA. O sequestro desenvolveu-se durante os dois dias seguintes num espetáculo surreal transmitido pela televisão. Baraiev disse aos reféns que podiam usar os seus telemóveis para ligar aos seus familiares ou amigos e afirmou-lhes que iriam morrer se as autoridades não pusessem fim à guerra na Chechénia.

Putin também era agora vítima do sequestro. Tinha jurado eliminar os bandidos chechenos, mas a guerra durava há três anos, devorando soldados russos e milhares de chechenos inocentes. Perdera o apoio popular para a guerra que tinha cultivado no início. Os militares não tinham conseguido dominar a revolta. E agora o FSB tinha falhado espetacularmente por não ter conseguido impedir um ataque terrorista no coração de Moscovo. Putin cancelou os seus planos de viagem à Alemanha, Portugal e depois ao México, onde iria encontrar-se de novo com George Bush. Passou os três dias seguintes no interior do seu escritório no Kremlin. Na reunião com o diretor do FSB, Nikolai Patrutchev, ordenou os preparativos para um assalto ao teatro, mantendo negociações apenas se isso concedesse mais tempo. O FSB enviou três equipas de comandos para o local. Apenas o seu primeiro-ministro, Mikhaíl Kasianov, protestou que uma libertação poderia resultar em centenas de mortos. Putin enviou-o no seu lugar à reunião internacional no México, aparentemente para o afastar do seu caminho ([41]).

Diversos políticos, jornalistas e autoridades preeminentes, incluindo o representante checheno na Duma, Aslambek Aslakhanov, telefonaram aos sequestradores no interior do teatro e terão possivelmente sido autorizados a negociar com eles. Brevemente, trinta e nove reféns seriam libertados, a maioria deles crianças. Grigori Iavlinski, cujo partido, Iabloko, era frontalmente crítico relativamente à guerra, entrou no teatro naquela noite depois de receber autorização do Kremlin, que parecia incapaz de controlar os mediadores a entrar e a sair ou os telefonemas e, mais tarde, o vídeo das exigências dos terroristas. Ficou surpreendido por os guerrilheiros serem «muito, muito jovens»; pouco mais seriam do que crianças quando se deu a desintegração da União Soviética e a Chechénia declarou a independência em 1991 ([42]). Duvidava de que eles tivessem sequer chegado a frequentar a escola. Tinham aprendido tudo o que sabiam nos campos de batalha do Cáucaso. Mal conseguiam articular as suas exigências, muito menos negociar. Quando exigiram o fim da guerra, Iavlinski perguntou, «Que quer isso dizer?». Saiu frustrado, mas com esperança em novos passos, incluindo a libertação de mais reféns, para assim, pelo menos, minimizar as baixas. Iavlinski regressou ao escritório de Putin no Kremlin e participou numa série de reuniões com ele sobre o progresso das negociações. E, no entanto, ficou claro para ele que Putin também presidiu a um conjunto separado de outras reuniões, com Patrutchev e outras autoridades de segurança, e pessoas como ele não foram convidadas a participar.

No segundo dia do sequestro, as condições no átrio tornaram-se terríveis, com os reféns a sucumbir à fome, desidratação, exaustão e ao medo. Os terroristas abateram diversas pessoas, incluindo uma mulher que, inexplicavelmente, correu para o interior do edifício e um comando do FSB que se aproximara a partir de um pátio exterior. Mesmo assim, os mediadores continuaram a entrar no teatro, incluindo Anna Politkovskaia, uma jornalista cujas mordazes reportagens na Chechénia tinham enfurecido os militares e o Kremlin. Ela e um notável médico, Leonid Rochal, conseguiram persuadir um guerrilheiro que se intitulava Abu Bakar a deixá-la voltar com caixas de sumo para os reféns. Politkovskaia, nascida em Nova Iorque e filha de diplomatas soviéticos colocados nas Nações Unidas, foi uma das mais corajosas jornalistas russas que cobriram a guerra, e tinha-se transformado numa eloquente e fervorosa crítica do conflito. As suas reportagens solidarizavam-se com todos os que sofriam — mobilizados russos, rebeldes e civis apanhados no meio de ambos —, mas ela abominava a inépcia dos militares e os comandantes desumanos, e, acima de todos, o comandante supremo, que, quanto a ela, orquestrara toda a catástrofe no Cáucaso. O seu encontro com Abu Bakar transformou as suas pernas «em gelatina», mas conseguiu persuadi-lo a deixá-la encontrar-se com dois dos reféns. Um, a jornalista Anna Adrianova, falou de desespero. «Somos um segundo *Kursk*.» ([43])

Pareciam iminentes mais libertações. Uma refém estado-unidense, Sandy Booker, autorizada a telefonar para a embaixada dos EUA, disse a um diplomata presente que Baraiev tinha concordado com a libertação dos estrangeiros na manhã seguinte ([44]). O Kremlin anunciou que tinha convocado o enviado especial de Putin na região sul, Victor Kazantsev. Os rebeldes acreditavam que ele chegaria às dez horas da manhã do dia seguinte, mas ele nunca chegou a embarcar num avião para Moscovo.

O assalto para a recuperação do teatro começou, com ordens de Putin, pouco depois das cinco horas da manhã. Os terroristas aparentavam estar menos tensos, prevendo mais negociações para o dia seguinte. Os comandos russos tinham-se já infiltrado no edifício através do clube homossexual e instalado aparelhos de escuta para conhecer as posições dos terroristas. Por recearem explosões que podiam destruir o edifício, iam liquidar os terroristas e não capturá-los ([45]). Um gás inodoro começou a infiltrar-se no átrio principal, a partir do sistema de ventilação do edifício. Tratava-se de um derivado aerossol de um poderoso anestésico, fentanil, desenvolvido por um laboratório do FSB. A libertação do gás causou um breve momento de pânico entre sequestradores e reféns. Anna Adrianova, a refém com quem Politkovskaia se encontrara, telefonou para a emissora de rádio Ecos de Moscovo e disse que os terroristas pareciam confusos, mas não dispostos a executar os reféns. «Estão a ouvir-nos?», perguntou depois de se ouvirem disparos. «Vão matar-nos.» ([46]) Estranhamente, não foram mortos. O gás adormeceu a maioria dos reféns, enquanto os comandos travavam tiroteio com os terroristas que usavam máscaras antigás ou que não estavam no átrio principal. O tiroteio durou mais de uma hora antes de Baraiev ficar cercado num patamar do segundo andar atrás do balcão. Todos os quarenta e um sequestradores morreram, a maioria vítima de disparos na cabeça.

O salvamento parecia ter sido uma vitória absoluta — excetuando o facto de os homens que plancaram o assalto não terem pensado no efeito que o gás teria sobre os reféns enfraquecidos. A vitória transformou-se num desastre. As primeiras vítimas inconscientes foram tiradas às sete da manhã e deitadas em filas nas escadarias da frente do teatro; seguiram-se mais, muito mais. Algumas estavam já mortas, mas muitas estavam apenas inconscientes, depositadas no meio das crescentes pilhas de cadáveres. As equipas de resgate no local estavam assombradas. Estavam preparadas para tratar de feridas causadas por balas ou fragmentos de bombas, não de pessoas a sufocarem com as gargantas inchadas. As autoridades prescreveram um antídoto para neutralizar o efeito do gás, mas não havia doses suficientes. E nem os paramédicos no local nem os médicos nos hospitais sabiam que doses deviam ser administradas. No final, cento e trinta reféns morreram durante o sequestro, apenas cinco deles devido a feridas provocadas por disparos. Destes últimos, apenas dois estavam reféns no interior do teatro. Os outros três eram a mulher que tinha entrado repentinamente no teatro no primeiro dia e dois homens que foram atingidos quando se aproximaram ou entraram no edifício durante o sequestro ([47]). Um médico que participou nas operações de salvamento descreveu a confusão e o caos. «Não era um plano maligno», disse, «era apenas uma trapalhada soviética».

Naquela noite, Putin proferiu uma declaração televisiva. Durante o sequestro, as suas aparições tinham sido fugazes, em pequenos apontamentos filmados das suas reuniões com consultores de segurança, membros do parlamento e líderes muçulmanos. Apresentava um ar grave, de olhar penetrante e feroz, e referiu-se aos terroristas como «escumalha armada». Disse que tinha esperança de que os reféns fossem libertados, mas que se tinha preparado para o pior. «Uma coisa praticamente impossível foi conseguida», prosseguiu, «as vidas de centenas e centenas de pessoas foram salvas. Provámos que ninguém faz ajoelhar a Rússia». No espírito de Putin, o resgate fora uma vitória, embora reconhecesse que tinha sido dolorosa.

«Não fomos capazes de salvar todos», disse antes de as autoridades terem divulgado o elevado custo. «Por favor, perdoem-nos.»

O horrível sequestro endureceu as perspetivas de Putin de que a Rússia enfrentava uma ameaça à sua existência. Os rebeldes que combatiam no flanco do país iriam, com apoio internacional, arrasar a Rússia, e a única resposta era destruí-los. Aslan Maskhadov, por intermédio de um representante numa reunião de chechenos em Copenhaga, denunciou o ataque e ofereceu-se para participar em conversações de paz sem quaisquer condições, mas o Kremlin recusou. Em vez disso, os procuradores da Rússia emitiram um mandado internacional para o representante de Maskhadov, um ator que se tornara ativista, Akhmed Zakaiev, que

A ALMA DE PUTIN

estivera presente na conferência. A Dinamarca procedeu à sua detenção, mas recusou extraditá-lo um mês mais tarde, alegando que os russos tinham fabricado a prova que o implicava no sequestro. Na mente de Putin, o Ocidente acolhia agora os inimigos confessos da Rússia.

Uma semana depois de o sequestro ter terminado, Chamil Bassaiev assumiu a responsabilidade pelo mesmo, afirmando que queria dar aos Russos «uma ideia em primeira mão de todos os encantos da guerra desencadeada» pelo Kremlin. Em vez de procurar explorar a aparente rutura entre Bassaiev e Maskhadov, Putin recusou inclusivamente considerar a possibilidade de conversações de paz. Alguns acreditavam que esse fora o objetivo do sequestro desde o início. Uma nova ronda de teorias da conspiração sustentava que o séquito de Putin ou tinha orquestrado o sequestro ou nada fizera para o evitar, explorando-o como tinha feito com os bombardeamentos de apartamentos havia três anos, para assim enfraquecer os que pediam a negociação de tréguas. A opacidade do FSB aprofundou as suspeitas. Os altos funcionários recusaram discutir como fora possível quarenta e um guerrilheiros com armas e explosivos terem conseguido entrar na capital sem serem detetados. Recusaram divulgar a fórmula do gás usado para anestesiar quem se encontrava no interior do teatro. A Duma, sob pressão de Putin, recusou autorizar uma investigação, deixando por resolver para sempre muitos dos mistérios. Quando os sobreviventes do sequestro procuraram ser indemnizados recorrendo aos tribunais, enfrentaram a hostilidade das autoridades e derrota após derrota até conseguirem justiça, mais de nove anos depois ([48]).

As dúvidas — até as perguntas — enfureciam Putin. No mês seguinte, depois de um encontro em Bruxelas com a União Europeia, um repórter do Le Monde perguntou-lhe se o uso de minas terrestres na Chechénia não vitimaria civis inocentes além dos terroristas que estavam destinadas a matar. Putin ficou visivelmente irritado, argumentando que os radicais islâmicos queriam conquistar a Chechénia como parte de uma jiade mundial que tinha como alvo a Rússia, os EUA e os seus aliados. «Se for um cristão, você está em perigo», respondeu, com ira crescente. «Se decidir tornar-se muçulmano, isso tão-pouco irá salvá-lo, porque eles pensam que o Islão tradicional também é hostil aos seus objetivos», prosseguiu, com uma linguagem tão vulgar, que os intérpretes nem se deram ao trabalho de traduzir. «Se estiver determinado a tornar-se num radical islâmico completo e estiver pronto para se submeter à circuncisão, então convido-o para Moscovo. Somos uma nação ecuménica. Também temos especialistas nesta área. Recomendarei que a operação seja conduzida de maneira que nada em si volte a crescer.» [49]

Capítulo 13

Os deuses dormiam nas suas cabeças

Em 19 de fevereiro de 2003, Putin organizou outro dos seus encontros periódicos no Kremlin com banqueiros, industriais e empresários do petróleo russos: os oligarcas que tinham dominado a era pós-soviética. No seu primeiro encontro em 2000, Putin chegara a acordo com muitos deles — Gusinski e Berezovski, entre outros — num pacto informal: podiam conservar as suas riquezas desde que se mantivessem fora dos assuntos do Estado. Ele não reverteria as controversas privatizações dos anos noventa, deixando aos oligarcas os seus prémios, desde que estes pusessem fim às suas implacáveis e, por vezes, sangrentas batalhas por ainda maiores riquezas, em consideração pelo Kremlin. «Qual deveria ser então a relação com os chamados oligarcas? A mesma que era com todas as outras pessoas. A mesma que seria com o proprietário de uma pequena padaria ou de uma pequena loja de arranjos de sapatos.» [1] Esta foi a pergunta que fez retoricamente na sua carta aberta aos eleitores no *Izvestia* durante a sua campanha. Quando Putin chegou ao poder, os jornalistas e comentadores políticos acostumados à Kremlinologia dos anos noventa procuraram vestígios da influência dos oligarcas, sem compreenderem que aqueles já não iriam puxar os cordéis. Nessa altura, Vladimir Gusinski já tinha fugido do país. O mesmo fizera Boris Berezovski, que se autoproclamou líder da oposição no exílio. Os outros adaptaram-se à era Putin.

O acordo de 2000 foi durante algum tempo uma trégua negociada; de uma maneira geral, ambos os lados perseveraram nos seus termos. Contrariamente à perceção popular, Putin não insistiu em que os oligarcas se mantivessem totalmente fora da política — alguns, como Roman Abramovitch, detinham cargos públicos —, mas antes que não fizessem nada em oposição ao Kremlin. Em contrapartida, os magnatas concordaram com o pagamento de impostos e com a evitação de disputas públicas com Putin sobre políticas que pudessem afetar as suas fortunas. Também aderiram diligentemente à União Russa de Industriais e Empresários, que se tornou no fórum institucionalizado para a discussão de assuntos relativos à economia russa. Os seus encontros subsequentes foram discretos, dedicados a reformas fiscais e legislativas, perspetivas sobre a adesão à Organização Mundial do Comércio e sobre o destino da periclitante indústria automóvel.

Entretanto, em 2003, duas dezenas dos homens mais ricos do país — com um valor conjunto superior ao das economias de muitos países — reuniram-se de novo para discutir algo muito mais sensível, a interseção de negócios e governo, esse elo sombrio em que a corrupção prosperava. No Salão de Santa Catarina do Kremlin, uma sala oval de cor azul-pálido e ouro, decorada com esculturas alegóricas chamadas «Rússia» e «Justiça», Putin abriu a reunião com um sublinhado às suas propostas para reformas administrativas, que havia prometido durante o encontro do ano anterior. «Falámos acerca da interpretação aleatória da lei por algumas agências, das ações arbitrárias dos burocratas, etc.», disse-lhes Putin no tom executivo seco que usava nas suas aparições televisivas. «Nestes contactos, a questão da corrupção e a sua persistência no país foi repetidamente levantada», disse, no tom do reformador que prometera ser quando tomou posse. «É óbvio que a corrupção não pode ser erradicada apenas por medidas punitivas. Pode conseguir-se muito mais se criarmos condições no mercado com as quais seja mais fácil obedecer às regras do que as quebrar.»

Os magnatas tinham concordado antecipadamente com uma agenda para apresentar a Putin, e esperavam que o encontro fosse agitado. Alexei Mordachov da Severstal, uma empresa mineira e do aço, falou primeiro, referindo os obstáculos administrativos ao desenvolvimento de pequenas e médias empresas. O segundo orador foi Mikhaíl Khodorkovski. Com apenas trinta e nove anos, dirigia um império bancário e petrolífero que incluía a Iukos Oil, que adquirira através de um processo de privatização tão obscuro como muitos dos que ocorreram nos anos noventa. Enquanto estudante nos tempos soviéticos, fora membro do Komsomol, mas era muito jovem para ter experimentado o que era trabalhar no sistema soviético e «nunca aprendera a receá-lo» ([2]). Khodorkovski era um homem intenso com cabelo curto e já grisalho. Era menos extravagante do que outros oligarcas dos anos noventa que desprezavam as regras e ostentavam a sua influência, mas não era menos poderoso. Depois de abandonar o estilo desgrenhado e o bigode que preferiu enquanto jovem, vestia-se agora como um asceta corporativo, um Bill Gates russo. Usava óculos sem aros e preferia as camisolas de gola alta com fatos. Recorreu a estrangeiros, especialmente estado-unidenses, para lhe fornecerem conhecimento especializado em extração de petróleo e para fazer da Iukos um modelo de grande empresa internacional moderna e transparente. Como homem de negócios era ambicioso — e, pensavam muitos, também implacável —, mas, com a ascensão de Putin, as suas ambições tinham extravasado a mera acumulação de riqueza. Tal como os barões do crime nos EUA da Era Dourada, dedicou-se à filantropia para embelezar a sua imagem, doando dinheiro para bolsas de estudo e assistência a vítimas de desastres. Em 2001, criou uma organização chamada Rússia Aberta, inspirada no Open Society Institute de George Soros, para apoiar o desenvolvimento da comunidade, da assistência social e da saúde, e as pequenas empresas. Embora muitos o encarassem como cínico, ele imaginou que poderia criar o tipo de sociedade que o Komsomol nunca criou nos tempos soviéticos: aberta, instruída, a operar livremente num mercado livre e progressivamente ligada a todo o mundo.

Khodorkovski não conhecia bem Putin — tinham-se encontrado apenas depois de este ter passado a ser primeiro-ministro — e tivera algumas dúvidas acerca dele enquanto substituto de Ieltsine. Contudo, queria ajudar Putin a reforçar as bases legais para um capitalismo moderno. Acreditava nos instintos democráticos de Putin, embora a sua impressão inicial dele fosse a de «uma pessoa normal, comum» cuja educação no tribunal em Leninegrado e no KGB gravara nele uma impressão indelével: não acreditava em mais ninguém a não ser em «si próprio», ou seja, nos seus ([3]). Por altura do encontro em 2003, Khodorkovski passara a

O NOVO CZAR

ser o homem mais rico da Rússia, e Putin, o mais poderoso. Um choque era provavelmente inevitável, mas, naquele dia de inverno, ninguém o previa.

Sob a abóbada do Salão de Santa Catarina, iluminado pela luz pálida do inverno, Khodorkovski fez um discurso em nome da união dos industriais, que um outro magnata, Mikhaíl Fridman, supostamente devia proferir, mas recusou. Seguiu uma apresentação em Powerpoint com um título escaldante, «A Corrupção na Rússia: Uma Rutura no Crescimento Económico». Khodorkovski não aparentava estar excessivamente confiante. Parecia «extremamente nervoso, pálido», e a sua voz por vezes falhou, como se a importância das palavras lhe prendesse a garganta ([4]). Citou sondagens de opinião e estatísticas governamentais que mostravam que a corrupção trespassava o país, significando algo como trinta mil milhões de dólares por ano, quase um quarto do Orçamento do Estado. Os russos temiam recorrer aos tribunais devido ao montante de subornos exigido, afirmou, enquanto os jovens estudantes acorriam aos institutos que formavam inspetores das finanças e autoridades públicas — e pagavam subornos para ser admitidos —, porque uma carreira no Estado era a maneira mais segura de também enriquecer. Putin interpôs que esta condenação das autoridades públicas era excessivamente drástica, mas Khodorkovski prosseguiu, desta vez voltando-se para a empresa estatal de petróleo em dificuldades, a Rosneft, cujos presidente não executivo e presidente do conselho de administração se encontravam na sala. Questionou a compra da Northern Oil, uma pequena produtora de petróleo na margem do Ártico, pela espantosa soma de seiscentos milhões de dólares, muito mais do que o valor que os analistas e outras companhias, incluindo a sua, tinham estimado. Insinuou que esse pagamento em excesso significava pouco mais do que o valor do suborno aos executivos da Rosneft — ou seja, aos funcionários do governo de Putin.

Khodorkovski fora longe de mais. O temperamento de Putin disparou. «Putin não estava preparado para esta observação e simplesmente explodiu», recordou mais tarde o seu primeiro-ministro, Mikhaíl Kasianov. «E tudo o que disse não foi uma resposta preparada, mas uma pura reação emocional.» ([5]) Num tom acrimonioso, Putin replicou que a Rosneft precisava de novas reservas como qualquer outra empresa. De qualquer forma, a Iukos tinha «reservas excessivas».

296

«Como as obteve?», perguntou vincadamente. Também salientou que a Iukos tivera problemas com o fisco no seu passado dúbio e trabalhara com o governo para os resolver, «mas como surgiram eles antes de mais?».

«Talvez seja por isso que há cinco inscrições para cada vaga na Academia Fiscal», disse. Um sorriso contorceu a face de Putin, num reflexo de satisfação e confiança por ter envergonhado Khodorkovski e o ter posto de volta no seu lugar.

«Devolvo-lhe o disco de hóquei.»

Os que assistiam ficaram surpreendidos com a emoção pessoal e visceral que irrompeu de um negócio relativamente pequeno, sem reais consequências para uma empresa da dimensão da Iukos ou do próprio governo. Um dos consultores económicos de Putin presentes no encontro, Andrei Illarionov, nunca vira Putin tão furioso. O próprio Illarionov surpreendeu-se com a acusação de Khodorkovski. Tinha assumido que o preço inflacionado da Northern Oil fora um erro ou um mau investimento. Talvez tivesse envolvido subornos e *luvas*, mas qual era o grande contrato na Rússia que não os envolvia? [6]

A feroz defesa da Rosneft por Putin deixava claro o que muitos na sala ainda não tinham discernido. A Rosneft tinha mais do que a bênção de Putin. Tinha com ele uma ligação pessoal. Khodorkovski fez aquilo que ninguém se tinha ainda atrevido a fazer; certamente, não em comentários durante um encontro no Kremlin transmitido pela televisão. «Ele não sabia», disse Illarionov de Khodorkovski. «Essa é a única razão por que ele começou a falar sobre o assunto. Não pensou que Putin estivesse envolvido. De outro modo, nunca teria dito nada.» [7] Khodorkovski errou na avaliação do risco que corria ao criticar a compra obscura, mas as consequências logo se tornariam evidentes para todos. «Para mim, estava claro que tínhamos assinado as nossas sentenças de morte», disse mais tarde Alexei Kondaurov, um dos executivos da Iukos Oil [8]. O próprio Khodorkovski foi aconselhado a abandonar o país, tal como Gusinski e Berezovski tinham feito, mas recusou, acreditando que o seu poder, o seu dinheiro, a sua influência e, em última análise, a verdade o protegeriam.

«Que disse eu de errado?», perguntou [9].

O que ele fez foi expor a estratégia de Putin, cujas raízes se estendiam a Sampetersburgo, mais de uma década antes, quando Putin forjou os seus laços com um quadro de assessores e homens de negócios concentrados em torno do Instituto de Mineração, onde defendeu a sua tese. Em meados dos anos noventa, Putin realizou encontros regulares para discussões informais sobre os recursos naturais do país sob a égide do diretor do instituto, Vladimir Litvinenko, presidente do júri na dissertação de Putin ([10]). As ideias que Putin e os seus amigos, Igor Sechin e Victor Zubkov, formulavam nas suas discussões e trabalhos académicos transformaram-se na base da estratégia para restaurar o controlo do Estado sobre os vastos recursos de petróleo e gás. Litvinenko, um respeitado geólogo, advogava um maior controlo por parte do Estado, não como meio para fazer reviver a sua assediada economia mas para restaurar o estatuto da Rússia enquanto superpotência. «São o principal instrumento nas nossas mãos — especialmente nas de Putin — e o nosso mais poderoso argumento geopolítico», declarou ([11]).

A estratégia de Putin para alargar o controlo do Estado sobre os recursos naturais foi judiciosa e progressiva, mantendo cuidadosamente um equilíbrio entre os liberais e os conservadores no seu próprio círculo restrito. Em 2001, nomeou outro assessor de Sampetersburgo, Alexei Miller, diretor executivo da Gazprom, a empresa estatal que nunca fora oficialmente privatizada, embora as suas ações tivessem sido progressivamente adquiridas pelos seus executivos seniores, deixando ao Estado uma participação de apenas trinta e oito por cento. Conferiu a Miller, de apenas trinta e nove anos, «um mandato absoluto para a mudança», que, durante os dois anos seguintes, significava trazer a vasta empresa — e as suas ações — de volta às mãos do Kremlin ([12]). Também confirmou o controlo do Estado sobre a Rosneft, a empresa que Khodorkovski acusava agora de corrupção. Criada como empresa estatal em 1992, a Rosneft quase não sobreviveu aos anos noventa, quando os seus melhores ativos foram assaltados pelos rivais, especuladores e bandidos ([13]). A sua venda em hasta pública falhou em 1998, quando a Rússia de Ieltsine desesperava por dinheiro, porque já tinha sido completamente espoliada. Quando Putin chegou ao Kremlin, concedeu o seu apoio à empresa e preparou-se para a reconstruir. A força motriz por trás do esforço — então ainda não público — foi Igor Sechin, o homem que costumava carregar as malas de Putin e saudar os seus visitantes no gabinete do presidente da câmara municipal de Sampetersburgo.

OS DEUSES DORMIAM NAS SUAS CABEÇAS

Desde o início da sua ascensão ao poder, Putin parecia balançar entre o liberalismo e o estatismo, entre os reformadores de um lado e os conservadores do outro. A equipa em quem confiava — quase todos os que eram de Sampetersburgo — continha ambos. Incluía economistas e académicos que insistiam numa ainda maior abertura dos mercados, e os *siloviki*, que, como Sechin, provinham dos serviços de segurança ou judiciários e favoreciam o reforço do domínio sobre a sociedade, os negócios e a política. Ao longo da sua presidência, jornalistas e analistas examinaram pormenorizadamente as decisões de Putin para avaliar o aumento ou a diminuição da influência de ambas as fações. Na prática, as fronteiras nunca tinham sido tão rígidas, ([14]) e embora por vezes se evidenciassem as rivalidades em desentendimentos públicos, estes eram raros. No fim de três anos da sua presidência, o círculo restrito de Putin permanecia assinalavelmente unido em seu redor e em redor de um objetivo unificador de ressuscitar um maior grau de controlo político sobre a economia. Porém, nos bastidores, os consultores tinham começado a lutar por poder e por ganhos, exigindo a constante intervenção e mediação de Putin.

Os homens que Putin trouxera consigo para os píncaros do poder tinham estado na periferia da produção de lucro da era Ieltsine. Alguns foram bem-sucedidos, mas nenhum chegou a multimilionário, e poucos eram sequer milionários. Tinham ressentimentos perante aqueles que não só tinham acumulado fortunas mas também ditado a política como uma verdadeira oligarquia. Ieltsine tinha tolerado — até encorajado e explorado — a corrida precipitada em direção ao capitalismo como um remédio necessário para livrar o corpo da doença do comunismo. Os assessores de Putin concordavam mais ou menos com a estratégia do chefe para trazer ordem ao mercado, mesmo com o aumento do controlo estatal sobre os recursos naturais estratégicos, como o petróleo e o gás. O confronto com Khodorkovski, contudo, revelou outro motivo que os movia. Sechin e outros no círculo de Putin «tinham deixado passar, nos anos noventa, a primeira divisão de ativos da era pós-soviética e estavam determinados a não deixar passar uma segunda» ([15]).

A reunião no Salão de Santa Catarina foi ensombrada por acontecimentos mundiais, especialmente pela iminente invasão do Iraque.

O NOVO CZAR

Putin opôs-se a uma guerra liderada pelos estado-unidenses, apesar dos esforços do presidente Bush para persuadir o seu novo amigo a apoiar o derrube do ditador Saddam Hussein (o qual, não casualmente, Khodorkovski apoiava). Os laços profundos da Rússia no Iraque datavam do tempo da União Soviética e da sua cultura do mundo árabe, e sobreviveram ao desmoronamento soviético e à primeira Guerra do Golfo em 1991. A Rússia continuava a comprar grande parte das exportações de petróleo do Iraque, conforme era permitido ao abrigo do programa das Nações Unidas «petróleo por alimentos», desenvolvido nos anos noventa para minimizar o sofrimento dos cidadãos iraquianos comuns — com lucros e subornos que ascenderam a milhões a passarem para as mãos de empresários e políticos russos, incluindo Vladimir Jirinóvski; o diretor de pessoal de Putin, Aleksandr Volochine; e uma pouco conhecida empresa de comércio de petróleo, Gunvor, cujo proprietário Putin conhecia desde os primeiros contratos que autorizara no inverno de 1991 ([16]). Charles Duelfer, um dos inspetores das Nações Unidas, estava convencido de que os negócios implicavam os mais altos níveis do governo de Putin, embora os estado-unidenses decidissem contra a acusação direta de Putin por razões diplomáticas ([17]). As empresas petrolíferas da Rússia, tanto privadas como estatais, também tinham interesses nos campos de petróleo por desenvolver no Iraque, incluindo um acordo no valor de vinte mil milhões de dólares por um vasto campo no deserto austral. Os acordos permaneceram congelados enquanto as sanções se mantiveram, mas o derrube do governo de Saddam Hussein ameaçou torná-los inválidos. «Vladimir Putin não considerava Saddam uma ameaça», escreveu Bush mais tarde. «Pareceu-me que parte da razão era por Putin não querer pôr em risco os lucrativos contratos de petróleo da Rússia.» ([18])

Putin procurou mediar, enviando Evgueni Primakov numa missão secreta para persuadir Saddam Hussein a demitir-se. Primakov, o diplomata veterano e espião que fora o enviado de Gorbatchov ao Iraque durante a guerra de 1991, entregou o pedido pessoal de Putin durante um encontro, a horas tardias, num dos palácios do ditador em Bagdade. Hussein escutou calmamente no início, mas depois convocou os seus adjuntos seniores e, à sua frente, denunciou o entendimento de Putin com Bush. «A Rússia tornou-se numa sombra dos EUA», disse a Primakov ([19]).

OS DEUSES DORMIAM NAS SUAS CABEÇAS

Com a tropa americana já a concentrar-se no Kuwait, Putin concluiu que nada mais podia fazer para impedir a guerra, mas, apesar das tentativas de Bush para o persuadir do contrário, também nada faria para a apoiar. Apenas alguns dias antes do seu encontro com os magnatas, voou para Paris e juntou-se ao presidente Jacques Chirac e, mais tarde, ao chanceler Gerhard Schröder num apelo público para as Nações Unidas intervirem e deterem a invasão por parte dos EUA. «Há uma alternativa à guerra», dizia a declaração conjunta. «O uso da força só pode ser considerado enquanto último recurso.»

Durante dois anos, Putin tinha procurado uma nova relação com os EUA através da sua amizade com Bush, mas a Rússia tinha recebido escasso retorno do investimento. Chirac, que fora recebê-lo pessoalmente ao aeroporto em Paris, tinha muito que oferecer à Rússia e tendia a não toldar as relações cordiais com críticas aos abusos sobre os direitos na Chechénia ou em qualquer outro lugar. Putin não rompeu com Bush imediatamente, mas o Iraque foi um ponto de viragem. Para ele, a guerra revelava as verdadeiras ambições dos EUA. Na sua perspetiva, queriam ditar as suas condições ao resto do mundo, para defender a «liberdade» e usar meios unilaterais para a impor, com o objetivo de interferir nos assuntos internos dos outros países. Quando a Rússia quis construir reatores nucleares para uso civil no Irão — um negócio no valor de milhares de milhões para a indústria nuclear da Rússia —, os EUA lutaram furiosamente para o impedir. Bush prometia amizade e cooperação, mas Putin também ouvia as vozes de outros em Washington, liberais e conservadores, que criticavam a Rússia e pareciam determinados em a manter no seu enfraquecido estado pós-soviético. No quarto dia da guerra, os dois homens falaram. Putin insistiu numa aproximação pessoal. Não reiterou a sua oposição ou sequer a mencionou. Putin, pensou Bush, estava apenas e simplesmente preocupado com os custos pessoais que envolveriam o ordenar uma guerra.

«Isto vai ser tremendamente difícil para si», disse Putin a Bush. «Sinto muito por si. Sinto-me mal.»

«Porquê?», replicou Bush.

«Porque vai haver um sofrimento humano enorme», disse-lhe [20].

Bush apreciou as observações de Putin, muito mais porque nunca mantivera uma conversa semelhante com qualquer outro líder. Aproveitou

O NOVO CZAR

então a oportunidade para criticar Putin, avisando-o de que as empresas russas continuavam a fornecer armamento às forças de Saddam Hussein, incluindo óculos de visão noturna, mísseis antitanque, e aparelhos para interferirem com os sistemas de navegação dos mísseis e bombas estado--unidenses que estavam a ser lançados sobre o Iraque ([21]).

Após a queda de Saddam Hussein, Putin esforçou-se por ultrapassar as suas divergências com os EUA relativamente ao Iraque, mas também começou a parecer crescentemente desconfiado relativamente àquilo que considerava a hegemonia estado-unidense. Se o poder militar dos EUA não era explicitamente dirigido aos interesses da Rússia, o seu poder brando (*soft power*) era — o dinheiro e a influência que os EUA gasta-vam em assistência no interior da Rússia, milhões de dólares que tinham fluído após o desmoronamento da União Soviética para apoiar organi-zações cívicas envolvidas em tudo, de cuidados de saúde ao ambiente. À medida que o armamento para a guerra se intensificava, a Rússia pôs fim ao trabalho do Corpo de Paz e tirou a licença à Rádio Europa Livre, classificando-os como relíquias da Guerra Fria. Expulsou um organizador sindical da AFL-CIO e pôs fim ao mandato da missão de observação dos combates na Chechénia da Organização para a Segurança e Cooperação na Europa ([22]). Cada passo sucedeu isoladamente, com longas explicações legalistas, mas uma estratégia emergiu do incongruente padrão. Putin começou a ver conspirações estado-unidenses para isolar ou enfraquecer a Rússia, com a ajuda interna de uma quinta coluna que era crescente-mente, na sua cabeça, a maior ameaça ao Estado que ele estava a criar.

Quando Khodorkovski iniciou negociações com dois gigantes estado--unidenses do petróleo, Chevron e Exxon, para a cedência de uma par-ticipação na Iukos ou até uma fusão, Putin, no início, acolheu bem as conversações, considerando-as uma validação do crescente potencial de investimento da Rússia, mas, quando Khodorkovski viajou para os EUA e se pronunciou sobre as políticas económica e externa da Rússia, Putin começou a recear que os estado-unidenses estivessem a procurar dominar também o tesouro nacional do país. E Khodorkovski, pensou, parecia uma parte interessada na transferência da operação.

A confrontação no Kremlin em fevereiro não tinha moderado as ambições económicas e políticas de Khodorkovski. Em abril, a Iukos

OS DEUSES DORMIAM NAS SUAS CABEÇAS

negociou uma fusão com a quinta maior produtora de petróleo da Rússia, a Sibneft, criando uma das maiores empresas petrolíferas do mundo, com uma produção superior à do Kuwait. O presidente da Sibneft era o leal governador da remota região ártica de Chukotka, Roman Abramovitch, o anterior sócio de um acrimonioso Boris Berezovski, que, no mesmo ano, usara grande parte da sua fortuna para comprar o clube de futebol de Chelsea, em Inglaterra. A fusão fez de Khodorkovski uma celebridade internacional, liderando o fluxo das novas riquezas da Rússia que começavam a inundar as capitais do Ocidente. O momento foi descrito como «a chegada da maioridade para o capitalismo russo», ([23]) assinalando a integração da Rússia numa economia mundial globalizada. Uma semana mais tarde, Khodorkovski e outros executivos encontraram-se com Putin na sua residência em Novo-Ogariovo, exatamente quando ele prosseguia nas negociações com as companhias estado-unidenses para uma expansão ainda maior. Putin apoiou a fusão e pediu que fosse informado à medida que os pormenores ganhassem forma durante os meses seguintes. Putin tinha outros assuntos que queria discutir com Khodorkovski, mas pediu que tal fosse feito em privado, depois de o encontro público terminar.

A reeleição de Putin estava a um ano de distância, e, embora ela estivesse quase certa, preocupavam-no as eleições parlamentares que teriam lugar em dezembro de 2003. Khodorkovski, como muitos magnatas, tinha inundado de dinheiro os partidos da Duma sem se preocupar com a ideologia política nem com a aprovação do Kremlin; financiou os liberais, o Iabloko e a União das Forças de Direita, mas também o partido de Putin, Rússia Unida, e os comunistas. A proximidade entre negócios e política era tal, que os próprios gestores e executivos de Khodorkovski tinham assento na Duma, nomeadamente Vladimir Dubov, que era simultaneamente um executivo do banco que enriquecera Khodorkovski, o Menatep, e presidente da subcomissão de impostos da Duma. Khodorkovski usou a sua influência para exercer pressão contra legislação que afetaria a Iukos, por vezes descaradamente. Agora, Putin queria mandar em Khodorkovski.

«Pare de financiar os comunistas», disse-lhe quando se encontraram sozinhos. Khodorkovski ficou surpreendido; havia apenas alguns meses, o mentor político de Putin, Vladislav Surkov, aprovara aquele contributo em dinheiro da Iukos. No entanto, não discutiu. Fez o que

O NOVO CZAR

Putin lhe pediu, mas alguns dos candidatos que a Iukos tinha financiado eram também seus executivos. O presidente da subsidiária da empresa em Moscovo, Alexei Kondaurov, ainda se candidatava como comunista. («O Partido Comunista atual não rejeita a propriedade privada», dissera certa vez.) Khodorkovski procurou explicar a Putin que não podia impedir outros executivos de se candidatarem ou apoiarem partidos políticos, mas Putin não via a diferença.

As apreensões de Putin acerca dos comunistas denunciavam uma preocupação mais profunda no interior do Kremlin. Apesar da sua popularidade, o seu programa político tinha perdido impulso quando as eleições parlamentares de 2003 se aproximavam. A guerra na Chechénia, agora praticamente com quatro anos de duração, transformara-se num pântano, apesar de um referendo e de uma eleição presidencial que instalou no poder um funcionário leal, Akhmad Kadirov, enquanto líder do que voltava a ser parte integrante da Federação Russa. A repressão violenta que se seguiu ao sequestro do *Nord-Ost* não acabou com os ataques terroristas, mas alimentou uma radicalização niilista do movimento independentista da Chechénia, que as autoridades pareciam incapazes de deter. Os bombistas suicidas, praticamente desconhecidos na primeira década dos combates na Chechénia, tornaram-se horrivelmente comuns. Em 12 de maio de 2003, um camião carregado com explosivos foi conduzido até ao portão de segurança de um posto governamental na cidade de Znamenskoie na Chechénia, provocando mais de quarenta mortos, muitos deles civis que viviam nas casas próximas, arrasadas pelo impacto da explosão. Dois dias mais tarde, duas mulheres aproximaram-se do próprio Kadirov durante festividades religiosas em honra do profeta Maomé, numa aldeia a leste de Grozni, e detonaram os seus cinturões de explosivos. Kadirov escapou ileso, mas quatro dos seus guarda-costas estavam entre os quinze mortos pela explosão. Outra «viúva negra» detonou os seus explosivos enquanto subia para um autocarro em Mozdok, em junho, causando dezoito mortos. Em julho, duas mulheres fizeram o mesmo durante um festival anual de *rock* em Moscovo, com um público de trinta mil pessoas.

Até o Iraque mergulhar numa guerra sectária em 2006, nenhum outro país no mundo, nem mesmo Israel, tinha enfrentado uma campanha de

304

OS DEUSES DORMIAM NAS SUAS CABEÇAS

terror de tal escala e regularidade. Putin pouco mais podia fazer do que reiterar o seu voto de destruir os bandidos que prometera «enviar pela latrina» em 1999. A determinação de Putin em pôr fim ao sequestro do teatro, apesar das mortes evitáveis de tantos reféns, tinha-lhe granjeado apoio, mas progressivamente parecia fraco e sem rumo. Os maiores êxitos da sua presidência tinham ocorrido nos primeiros dois anos, mas agora ele parecia ter perdido energia. A economia da Rússia continuava a melhorar, expandindo as oportunidades de milhões, mas muitos trabalhadores permaneciam atolados nas indústrias da era soviética — minas, fábricas, explorações agrícolas —, que resistiam à modernização. A Rússia ainda não se tinha transformado em Portugal. A reforma militar que prometera avançava lentamente contra a inércia institucional. O sistema de cuidados de saúde funcionava com base em subornos, enquanto a esperança de vida dos homens continuava em declínio, tal como a de toda a população, que perdeu cerca de um milhão de pessoas num ano. A prosperidade de Putin beneficiava muitos, principalmente aqueles que já estavam no topo ou aglomerados nas principais cidades. Mikhaíl Kasianov, o seu primeiro-ministro, cumpria escrupulosamente os deveres internos e económicos que Putin prometera, mas sentia que o Kremlin não tinha iniciativas para oferecer, e isso estava a fazê-lo recuar em algumas medidas que tinham sido lançadas ([24]).

Mesmo o líder do partido de Putin, Boris Grizlov, que desempenhava as funções de ministro do Interior, disse que o governo que integrava tinha «largamente perdido a capacidade de resolver enérgica e definitivamente os problemas mais candentes e dolorosos que o país enfrentava» ([25]). Despojada de novas ideias, a equipa de Putin fixou-se no risco político apresentado pelas eleições parlamentares em dezembro de 2003, tal como seguramente sucedera com Ieltsine nos anos de declínio da sua presidência. A maioria do Rússia Unida na Duma já não era certa, e o Kremlin tinha de assegurar que uma nova maioria não desafiasse a primazia de Putin. Acima de tudo, o Kremlin não podia deixar surgir uma nova figura, um novo líder ou uma nova força política preparados para oferecer ao país uma alternativa.

Nos últimos dias de maio de 2003, um documento que circulava em Moscovo gerou alvoroço público. Fora escrito por um grupo fundado um ano antes, o Conselho para a Estratégia Nacional. Este conselho incluía vinte e três especialistas de todo o espectro político que pareciam discordar de quase tudo, incluindo do próprio documento. Os seus progenitores ideológicos foram Iosif Diskin, que era próximo do Kremlin, e Stanislav Belkovski, um estratego político outrora enredado na teia de intriga de Boris Berezovski. O trabalho de um grupo de reflexão podia ter definhado na obscuridade, mas este foi levado a Putin por dois dos seus adjuntos da linha dura, Sechin e Victor Ivanov, como prova da ameaça que o Kremlin estava a enfrentar ([26]). O tratado, intitulado «O Estado e os Oligarcas», afirmava que alguns dos magnatas mais importantes do país estavam a conspirar para usurpar o governo da Rússia enquanto procuravam legitimação internacional para as suas riquezas. O seu caminho para o poder não passava pelo desafio direto a Putin, mas pelo reforço do poder do parlamento e pelo estabelecimento de uma nova forma de governo, um sistema parlamentar que seria liderado pelo primeiro-ministro e não pelo poderoso presidente instalado no Kremlin. «O líder de um tal governo, estabelecido sob uma nova Constituição, considera-se ser Mikhaíl Khodorkovski», avisava ([27]). O documento ignorava as realidades políticas da Rússia, que não faziam parecer plausível a simples ideia de que uma maioria parlamentar pudesse arrebatar o poder a Putin. Se o plano era real, mesmo parcialmente, era irrelevante. Putin, crescentemente desconfiado, acreditava nele.

Em junho, realizou a sua conferência de imprensa anual no Kremlin com repórteres locais e estrangeiros, e o acontecimento organizado começou com uma pergunta acerca do tratado e do seu aviso quanto à preparação de uma «certa revolução oligárquica». Como se estivesse preparado, Putin respondeu longa e pormenorizadamente. Disse que não acreditava que um sistema parlamentar pudesse governar um país tão grande e etnicamente tão diverso como a Rússia. «Qualquer sistema estatal que não seja uma república presidencialista», disse, «seria inaceitável e até perigoso». Tal como para as grandes empresas, explicou pacientemente, este sistema tinha uma influência natural na vida do país, como seria de esperar com uma crescente economia de mercado. Os novos magnatas da Rússia tinham criado emprego e lucro, desenvolvido novas tecnologias e providenciado exemplos de uma gestão moderna e eficiente. «Isto não quer dizer, evidentemente, que devemos deixar certos representantes das

OS DEUSES DORMIAM NAS SUAS CABEÇAS

empresas influenciar a vida política do país com o objetivo de perseguir os interesses do seu próprio grupo.» Terminou citando um verso de *Evgueni Oneguin*, de Púchkine, sobre os dezembristas que se revoltaram contra Nicolau I, em 1825, e acabaram nos patíbulos ou no exílio siberiano. «Quanto aos que discordam deste princípio, é como se costuma dizer: "Alguns foram-se para sempre, outros estão muito longe".» [28] Soou muito como um aviso.

O assalto legal à Iukos começou inesperadamente — nem contra Khodorkovski, nem diretamente contra a empresa. Em junho de 2003, as autoridades detiveram o chefe de segurança da empresa, Alexei Pichuguin, com base em acusações de homicídio, alegando que ele organizara assassínios de rivais da empresa. Em 2 de julho, menos de duas semanas depois dos comentários públicos de Putin acerca do «golpe oligárquico», uma unidade da polícia especial chegou a um hospital em Moscovo onde o sócio de Khodorkovski, Platon Lébedev, convalescia após um tratamento a problemas cardíacos. Embora a lei proibisse detenções de doentes hospitalizados, a polícia levou-o algemado. Lébedev era presidente do Menatep, o banco que controlava sessenta e um por cento das ações da Iukos, mas os procuradores acusavam-no de fraude envolvendo um negócio obscuro em 1994 na compra de uma empresa de fertilizantes chamada Apatit. Khodorkovski foi convocado dois dias depois como testemunha e, uma semana depois disso, a polícia efetuou buscas nos escritórios da Iukos. O procurador-geral, Vladimir Ustinov, não avançou com nenhuma medida relativamente ao próprio Khodorkovski, mas a pressão aumentou. Ustinov, anteriormente um procurador mediano de Sochi, não fazia parte do círculo de Sampetersburgo de Putin, mas dera mostras da sua natureza ao organizar as buscas que conduziram Gusinski e Berezovski ao exílio. E começou a aproximar-se cada vez mais da corte de Putin no interior do Kremlin, especialmente de Igor Sechin, cuja filha se casara com o filho de Ustinov naquele mesmo ano.

Khodorkovski e os seus sócios acreditavam que Putin e Sechin tinham ordenado as investigações aos negócios da Iukos, [29] mas não esperavam mais do que o assédio da justiça que conseguiriam vencer. Khodorkovski acreditava que a sua riqueza, os seus contactos na Rússia e no estrangeiro, e a importância da Iukos para a economia iriam protegê-lo e à empresa.

O NOVO CZAR

Numa reunião de diretores de departamentos da Iukos, avisou de que a empresa enfrentava uma investigação da procuradoria e disse que aqueles que se sentissem despreparados deviam demitir-se, mas fez votos para que ficassem e lutassem ([30]).

O «processo Iukos», como rapidamente ficou conhecido, gerou confusão e alarme. Putin foi de tal forma ofuscante, que ninguém sabia se a investigação seguia as pistas da primeira torrente de renacionalização das indústrias leiloadas nos anos noventa, ou algo mais. As autoridades e os empresários esperavam o pior. O volátil mercado acionista da Rússia — um investimento lucrativo mas jamais estável — afundou-se quinze por cento nas primeiras duas semanas após a detenção de Lébedev, engolindo sete mil milhões de dólares do valor da Iukos, ou seja, cerca de um quinto. No dia das buscas na Iukos, Putin reuniu-se no Kremlin com os líderes parlamentares e os diretores de conselhos das uniões comerciais e de magnatas, representados por Arkadi Volski, que avisou de que a espiral de investigação iria afetar a economia. Putin não se referiu diretamente à Iukos, mas alertou de que o Kremlin não iria tolerar organizações públicas que não pusessem o bem público «acima do seu grupo, corporação ou interesses pessoais». Em comentários televisivos, falou enigmaticamente: «Oponho-me, evidentemente, ao braço de ferro e acredito que não é maneira de resolver a questão dos crimes económicos. Não podemos basear as nossas ações nos aplausos furiosos perante alguém que é detido numa cela.» Passadas poucas semanas, um orfanato apoiado por Khodorkovski foi revistado pelas autoridades.

O diretor de pessoal de Putin, Aleksandr Volochine, nem sequer conhecia o nome de Lébedev quando este foi detido, e acreditava que com Putin se passava o mesmo ([31]). O presidente manteve-se fora da investigação, insistindo em não se imiscuir na autorização de detenções ou buscas — apenas para se contradizer mais tarde, quando reconheceu numa entrevista com jornalistas estado-unidenses que tinha discutido a prisão de Lébedev com o procurador-geral ([32]). O envolvimento de Putin cresceu à medida que o processo se desenvolvia atabalhoadamente, durante um verão recheado de especulação que fazia recordar a Kremlinologia dos tempos soviéticos. «O processo Iukos não foi uma operação de tipo estalinista planeada antecipadamente e posta em prática metodicamente», como escreveu um historiador ([33]). Pelo contrário, Putin

OS DEUSES DORMIAM NAS SUAS CABEÇAS

reagiu à medida que se verificavam desenvolvimentos e praticamente não disse nada publicamente, o que só aprofundou a sensação de intriga. Já em setembro, insistiu que a investigação era um assunto criminal isolado, e, no seu espírito, talvez fosse.

Khodorkovski continuou em choque com o Kremlin, não só acerca da legislação fiscal mas também sobre os planos para a construção de um oleoduto para a China, uma decisão que Putin acreditava ser uma prerrogativa do Estado, não de uma empresa privada. Mesmo à medida que a investigação se alargava, Khodorkovski pressionava a fusão com a Sibneft e continuava a cortejar os gigantes estado-unidenses do petróleo nas conversações que Putin apoiara. Se a prisão de Lébedev era um aviso, Khodorkovski não o levou em consideração. Continuou a viajar, a conduzir os negócios e a desafiar frontalmente o gabinete do procurador ([34]). Acreditava que os problemas legais da empresa eram parte de um combate no seio da administração de Putin, mas pensava que a pressão pública poria um fim à cruzada. «A probabilidade de eu ser preso é agora de noventa por cento», disse ao seu advogado, «mas não é de cem por cento. Para ser de cem por cento, tinha de ser sancionada» ([35]). Putin deu-lhe certamente algumas sugestões. Após a prisão de Lébedev, Khodorkovski tentou arranjar uma reunião com ele por intermédio do diretor do FSB, Nikolai Patrutchev. Contudo, Patrutchev convidou-o em vez disso a encontrar-se com Ustinov, mas Khodorkovski pensou duas vezes.

Em agosto de 2003, a Iukos tinha recuperado grande parte das suas perdas no mercado acionista, e a agência antimonopólios da Rússia aprovou a fusão com a Sibneft, acalmando a especulação entre investidores e analistas de que a investigação precipitaria a criação de um novo gigante do petróleo. Naquele mesmo mês, o Kremlin aprovou uma parceria entre a BP e a TNK, uma empresa russa de menor dimensão, aparentemente indicando a sua abertura ao investimento externo. Em setembro, Khodorkovski participou numa cimeira sobre energia em Sampetersburgo com empresários da indústria petrolífera de companhias estado-unidenses e russas, e tentou fechar um acordo para fundir a Iukos-Sibneft com a Chevron. Quando esta tentativa se frustrou, retomou negociações com a Exxon-Mobil, cujo presidente notificou Mikhaíl Kasianov sobre as conversações ([36]). A especulação acerca do negócio fez que as cotações do mercado bolsista atingissem novos máximos.

309

O NOVO CZAR

A fusão Iukos-Sibneft, avaliada em quarenta e cinco mil milhões de dólares depois de concretizada, foi oficializada em 2 de outubro. Khodorkovski continuou a viajar e a proferir conferências para estudantes, jornalistas e ativistas, acerca da sua visão para uma transformação moderna das empresas e da sociedade que libertaria o potencial humano do país, quebrando os últimos grilhões da mentalidade soviética. Numa entrevista na resplandecente sede da empresa em Moscovo, afirmou sombriamente que a Rússia se encontrava numa encruzilhada, a sua sina não era a escolha entre capitalismo e comunismo, mas antes entre uma sociedade democrática ou autoritária. «Não é uma questão de escolha entre o modelo sul-coreano e o modelo norte-coreano», disse, rejeitando as velhas divisões ideológicas. «É mais como uma escolha entre Canadá e Guatemala», um governo moderno, transparente e responsável *versus* uma república das bananas ([37]). Tais reflexões públicas enfureceram Putin, que se queixou a John Browne, presidente da BP, quando se encontraram em Moscovo para ultimar o investimento da empresa na Rússia. «Já engoli mais obscenidades daquele homem do que devia», disse ([38]).

A ira de Putin relativamente a Khodorkovski combinava-se com os seus receios acerca da próxima eleição parlamentar, marcada para dezembro de 2003, e com a aversão que ele e os seus assessores mais próximos sentiam relativamente a este pretenso político, este homem que explorara o caos dos anos noventa para enriquecer e que se sentia agora como se pudesse usar a sua riqueza para ditar o caminho da Rússia. «Temos um tipo de pessoa que fica multimilionária, como dizemos, da noite para o dia», disse Putin numa entrevista ao *The New York Times* quando as investigações culminaram em outubro. Parecia uma resposta discordante; a questão fora sobre o criticismo ocidental quanto à hesitante adoção da democracia pela Rússia, não sobre a Iukos ou Khodorkovski. «O Estado nomeou-os multimilionários», disse, «ofereceu-lhes simplesmente uma enorme parcela de propriedade, praticamente grátis. Eles próprios o disseram: "Fui nomeado multimilionário." Depois, à medida que o enredo se desenvolveu, ficaram com a impressão de que os próprios deuses dormiam nas suas cabeças — que tudo lhes era permitido» ([39]). Um funcionário sénior do Kremlin disse que Putin via como sua «missão histórica» impedir as ambições de Khodorkovski, não só de comprar

OS DEUSES DORMIAM NAS SUAS CABEÇAS

ou influenciar políticos mas de se apoderar do próprio país. Putin usaria todos os meios ao seu alcance para travar Khodorkovski, disse o funcionário. «Lamentavelmente, isso não consegue fazer-se de uma maneira que pareça bonita.» [40]

Em 23 de outubro, chegou um faxe à sede da Iukos em Moscovo, assinado por Vladimir Ustinov, intimando Khodorkovski a responder a questões relativas ao pagamento de impostos pela Iukos envolvendo a empresa de fertilizantes Apatit. Khodorkovski não viu a intimação, afirmou o seu advogado, [41] e voou para a Sibéria para prosseguir com as suas palestras políticas pelo vasto país antes das futuras eleições. Quando o seu jato privado aterrou para reabastecimento de combustível em Novosibirsk, pouco antes da madrugada de 25 de outubro, surgiram comandos do FSB que cercaram o avião. O homem mais rico da Rússia foi forçado a deitar-se no chão da cabina e, algemado e encapuzado, foi levado num avião militar de volta a Moscovo.

A prisão de Khodorkovski agitou os mercados bolsistas da Rússia, fazendo oscilar as cotações de títulos durante toda a semana, enquanto os investidores, e outros líderes políticos, procuravam sentido naquilo que estava a acontecer. Em quase três anos no governo, Putin sempre se apresentara como um reformador, um defensor do mercado livre que estava a trazer a prosperidade ao país, bem como a ordem. Agora, parecia ter caído decisivamente para o lado dos homens da linha dura no seu governo, os *siloviki*. «Capitalismo de rosto estalinista», gritava uma manchete no *Nezavisimaia Gazeta*, na segunda-feira seguinte à prisão de Khodorkovski. Outro jornal, o *Novaia Gazeta*, declarava que as autoridades judiciárias e policiais tinham tomado o poder e «o presidente nada fizera para deter esse golpe» [42]. A corporação de empresários, que até ao fim de semana interior incluíra Khodorkovski, emitiu um comunicado condenando a prisão e afirmando que a mesma «fizera o país retroceder».

Putin reuniu o seu gabinete dois dias depois da prisão de Khodorkovski. Ante a profunda queda das ações, obrigações e moeda, apelou ao fim da «histeria e da especulação». Rejeitou um apelo da corporação de empresários para discutir o caso, declarando glacialmente que não haveria «negociações sobre assuntos relacionados com as atividades das autoridades responsáveis pela aplicação da lei» e avisando os ministros do governo à volta da mesa de que não deviam envolver-se na questão. Prosseguiu, dizendo que assumia que «o tribunal teve boas razões para tomar a sua decisão», embora a aprovação final para a prisão de Khodorkovski tenha vindo do próprio Putin ([43]).

Os «liberais» no campo de Putin, incluindo Mikhaíl Kasianov e os seus antigos colegas de Sampetersburgo Guerman Gref e Alexei Kudrin, ficaram chocados com a investigação, vendo-a como um sinal do fim da sua missão reformadora ([44]). Kasianov mantivera-se fiel ao seu acordo com Putin desde 2000: supervisionar as políticas económicas do governo e deixar os assuntos de segurança para Putin. Agora, Putin estava extremamente envolvido nas questões económicas, apesar dos protestos de Kasianov. Cinco dia após a prisão, o procurador-geral determinou o congelamento das ações de Khodorkovski e do seu sócio na Iukos. Ou seja, quase metade da empresa, cerca de catorze mil milhões de dólares antes do seu valor ter caído com o resto do mercado. Um porta-voz do procurador-geral insistiu que o congelamento não era uma «confiscação ou uma nacionalização», mas viria a revelar-se exatamente isso. Kasianov rompeu o silêncio no dia seguinte, dizendo que a apreensão de ativos era um «fenómeno novo» cujas consequências eram imprevisíveis ([45]). Estava «profundamente apreensivo», mas já não tinha nenhuma influência nos acontecimentos.

Apenas um entre o círculo de conselheiros de Putin manifestou um verdadeiro protesto. Aleksandr Volochine, o chefe de pessoal que já vinha da administração de Ieltsine e mantinha laços estreitos com a nata empresarial, demitiu-se no dia da prisão de Khodorkovski. Putin procurou dissuadi-lo durante uma série de encontros realizados na semana seguinte no Kremlin, mas Volochine sentia que a administração que se iniciara com tanta esperança se tinha esgotado e se debatia agora em busca de inimigos. Quando a sua demissão foi anunciada, o Kremlin nada disse sobre as razões que a determinavam. Putin simplesmente substituiu--o por Dmitri Medvedev, o seu protegido, e promoveu outro aliado de Sampetersburgo, Dmitri Kozak, a adjunto de Medvedev. Portanto, a saída de Volochine só veio reforçar a equipa de Putin. Quando Volochine e os seus colegas se reuniram para uma bebida de despedida no Kremlin, Putin compareceu tardiamente. Sentou-se na última cadeira vazia junto de uma longa mesa e propôs um brinde, dizendo que julgava ser um erro

OS DEUSES DORMIAM NAS SUAS CABEÇAS

Volochine sair. A presença de Putin causou longos e estranhos silêncios até que pediu licença para sair, dizendo que se sentia como se tivesse interrompido alguma coisa ([46]).

Kasianov perguntou três vezes porque fora Khodorkovski detido, antes de Putin finalmente lhe responder que o magnata tinha ultrapassado a linha ao financiar os seus opositores políticos. Putin não estava, como alguns receavam, a renacionalizar a indústria nacional ou até a atacar os oligarcas. Estava a atacar um homem que via como uma ameaça política ao poder que ele estava a acumular. Vários dias depois da prisão de Khodorkovski, Putin disse ao seu conselheiro económico, Andrei Illarionov, que há já algum tempo andava a proteger o magnata daqueles que, no seu círculo, queriam puni-lo. Em vez de o reconhecer, Khodorkovski ignorara os seus repetidos avisos e «optara por combater» o Kremlin. Putin contou a Illarionov que tinha então decidido afastar-se e deixar Khodorkovski «resolver, ele mesmo, os seus problemas com os rapazes».[47] Foi um ataque menos violento do que aquele que vitimara Trótski na Cidade do México por ordem de Estaline, mas foi igualmente intencional e teve igual eficácia. Khodorkovski foi detido apenas seis semanas antes das eleições parlamentares de dezembro, e, apesar da total condenação nacional e internacional, do golpe na confiança dos investidores e das perdas nos mercados, o assalto a um dos oligarcas da Rússia revelou-se extremamente popular entre os russos, a vasta maioria dos quais pouco ou nada tinha, de facto, investido em ações.

Quando as eleições se realizaram, a bancada parlamentar de Putin na Duma, agora com a nova insígnia de Rússia Unida, conseguiu uma vitória esmagadora. Fê-lo apesar de ter apenas a mais vaga plataforma de apoio a Putin. Vladislav Surkov, o estratego do Kremlin, iniciara a sua carreira trabalhando com Khodorkovski, mas agora explorava o sentimento populista contra os oligarcas associando-os cinicamente ao Partido Comunista. Também orquestrou a criação de um novo partido, Rodina, ou Pátria, quatro meses antes da votação, com o único objetivo de desviar os votos dos comunistas apelando aos temas nacionalistas e socialistas, como fez Vladimir Jirinóvski, o líder do tumultuoso e erroneamente chamado Partido Liberal Democrático da Rússia, que era conhecido pelas suas atitudes ridículas e arengas xenófobas.

313

O NOVO CZAR

Foi uma campanha sem brilho, marcada por uma crescente apatia. O que se debateu nela foi a reedição do declínio económico da Rússia nos anos noventa, como se o eleitorado quisesse exercer a sua vingança sobre a corrupção e o caos que a democracia trouxera consigo. Toda a era Ieltsine, o sofrimento económico e os oligarcas, incluindo Khodorkovski, sofreram o ataque empolado da televisão estatal, que distribuía repetidamente a mensagem a todos os lares: Putin tinha posto fim ao declínio. «Se por democracia se entende a dissolução do Estado, então não precisamos dessa democracia», disse Putin a um grupo de jornalistas estrangeiros antes da eleição, quando o questionaram quanto a acusações de que as liberdades democráticas estavam a ser diminuídas. «Porque é necessária a democracia? Para melhorar as vidas das pessoas, para as libertar. Não penso que haja pessoas no mundo que queiram uma democracia que possa levar ao caos.» O caos que continuava a afligir a Rússia — incluindo o bombista suicida que se fez explodir num comboio de passageiros não longe da Chechénia e que matou quarenta e duas pessoas dois dias antes das eleições — foi simplesmente apagado. A Organização para a Segurança e Cooperação na Europa criticou os meios de comunicação estatais russos por revelarem uma clara tendenciosidade na cobertura das eleições e citou provas de abusos administrativos na campanha que favoreceram o Rússia Unida ou penalizaram as outras forças políticas. O líder comunista, ainda o envelhecido Guenadi Ziuganov, apresentou uma queixa formal quando apareceram oitocentos mil boletins de voto na República de Baquíria já assinalados para o Rússia Unida ([48]).

Putin não dormiu na noite anterior às eleições. Ludmila explicou porquê quando ambos apareceram cedo para votar na sua secção de voto ([49]). A sua adorada labrador negra, *Koni*, tinha parido oito cachorros. Putin tinha recebido a cadela como um presente em dezembro de 2000, depois de ter visitado um canil onde ela fora treinada para busca e salvamento. Dizia-se que descendia de um labrador que outrora fora de Leonid Brejnev. *Koni* juntou-se à caniche que Putin oferecera às suas filhas, *Toska*, ([50]) e rapidamente se tornou na sua favorita, acompanhando-o até em reuniões oficiais na sua residência, servindo de suporte humanizante ou intimidante ([51]). Quando Bush visitou Novo-Ogariovo, Putin comparou *Koni* ao *terrier* escocês de Bush, *Barney*. «Maior, mais rápida, mais forte», disse ([52]).

314

OS DEUSES DORMIAM NAS SUAS CABEÇAS

As notícias dos cachorros foram alvo de muito maior cobertura do que os partidos da oposição, que no final do dia tinham sido derrotados. O Rússia Unida, apesar de não ter identidade política independente, venceu confortavelmente com trinta e seis por cento dos votos, o suficiente, com o sistema vigente, para garantir uma maioria clara dos lugares na Duma. O Partido Comunista recebeu menos de treze por cento dos votos, metade do que tinha conseguido há quatro anos, quando a carreira de Putin tinha apenas começado. Ieltsine tinha batido por escassa margem uma ressurreição comunista em 1996, apenas cinco anos após o desmembramento da União Soviética; Putin conseguira sepultar a ameaça de vez.

Os Liberais Democratas e o recém-surgido Rodina conquistaram quase os mesmos votos, deixando Guenadi Ziuganov furibundo. «Esta vergonhosa farsa que agora nos está a ser revelada nada tem que ver com democracia», disse ([53]). O Iabloko, o pilar da política liberal desde os tempos da *perestroika*, e a União das Forças de Direita, dominada pelos liberais reformadores do liberalismo económico que mais tinham protestado contra a prisão de Khodorkovski, não conseguiram sequer alcançar o limiar dos cinco por cento exigido para formar uma bancada parlamentar. Tinham mirrado sob a pressão do Kremlin e sucumbido às suas lutas internas. À exceção de um punhado de liberais que tinha conquistado mandatos individuais, pela primeira vez desde a queda da União Soviética a Duma não teria uma bancada parlamentar de democratas. Quando os últimos boletins de votos foram contados e os lugares distribuídos, Putin podia contar com uma maioria parlamentar de mais de trezentos dos quatrocentos e cinquenta lugares — por outras palavras, o suficiente para adotar qualquer legislação que o Kremlin considerasse adequada ou até para alterar a Constituição, que as pessoas tinham já começado a notar que limitava um presidente ao exercício de dois mandatos. «Temos agora, mais uma vez, um parlamento de um só partido», disse sombriamente o líder do Iabloko, Grigori Iavlinski, na manhã seguinte à votação, sentado no Hotel Kempinski, elegantemente reconstruído, com vista sobre a Praça Vermelha, ela mesma um símbolo da prosperidade que começara a surgir na era de Putin. Mesmo no fim da era soviética tinha havido uma espécie de debate legislativo. «A Rússia não tinha um parlamento assim desde Brejnev.»

O Kremlin de Putin desfrutava do triunfo eleitoral. Vladislav Surkov regozijou-se pelo facto de os partidos liberais não terem conseguido ganhar assento no parlamento e afirmou que deviam agora «reconhecer que a sua missão histórica estava completa». Putin representava o fim do «velho sistema político», disse. «Aproxima-se uma nova era política.» ([54])

Capítulo 14

Annus horribilis

No dia 1 de setembro de 2004, Putin encontrava-se em Sochi no mar Negro, procurando, não com grande sucesso, passar os já escassos dias das tradicionais férias de agosto no clima subtropical que adorava. Passava então mais tempo em Bocharov Ruchei, no complexo presidencial, do que em qualquer das outras residências oficiais fora de Moscovo. Era aqui que frequentemente mantinha encontros com líderes estrangeiros, incluindo um no dia anterior com Jacques Chirac, de França, e Gerhard Schröder, da Alemanha, a «troica» que publicamente se opusera à guerra estado-unidense no Iraque. Sem propriamente se regozijarem, sentiam que os seus avisos antecipados de um desastre se tinham confirmado, à medida que o rápido derrube do governo de Saddam Hussein pelos estado-unidenses chegava a um beco sem saída com uma insurgência mortífera. Putin aproximara-se tanto de Schröder, que acelerou a adoção de um órfão russo pelo chanceler alemão e a sua mulher. Cada líder, ao encontrar uma causa comum com Putin contra a orgulhosa política de George W. Bush, emudeceu o criticismo do seu país à Rússia, incluindo em relação à guerra na Chechénia.

As férias de agosto de Putin tinham já sido interrompidas por uma ominosa sucessão de tragédias. Em 21 de agosto, um audacioso ataque de revoltosos na Chechénia matara pelo menos cinquenta pessoas. Seguia-se

O NOVO CZAR

a um assalto semelhante na vizinha Inguchétia em junho, que provocara quase cem mortos e ocorrera apenas alguns dias antes de novas eleições na Chechénia, as quais Chirac e Schröder evidenciaram como prova de que Putin queria uma solução política para o conflito na Chechénia, então no seu quinto ano. Posteriormente, na noite de 24 de agosto, dois aviões de passageiros descolaram do Aeroporto de Domodedovo em Moscovo, sensivelmente com uma hora de intervalo. Quase simultaneamente, cerca das onze horas, ambos explodiram no ar, destruídos por duas mulheres bombistas suicidas. Uma pagara um suborno de mil rublos para entrar num dos aviões depois de o embarque estar já encerrado. Um dos aviões dirigia-se a Volgogrado, via Sochi. Oitenta e nove pessoas morreram.

Pressentindo a gravidade dos ataques, Putin regressou a Moscovo e ordenou a criação de uma força-tarefa para investigar, mas ao chegar o fim de semana voltou para Sochi sem nada mais dizer, até aparecer com Chirac e Schröder, culpando a Alcaida pelos atentados à bomba — o pior ato terrorista perpetrado no espaço aéreo russo. Apenas algumas horas depois da sua comunicação, uma mulher fez-se explodir na entrada da estação de metropolitano de Rijskaia, cerca de cinco quilómetros a norte do Kremlin. Este ataque causou a morte da bombista e de mais nove pessoas, ferindo mais de cinquenta. As autoridades acorreram ao local, incluindo o presidente da câmara municipal de Moscovo, Iuri Lujkov, destacando o significado do pânico que se desenrolava, semelhante ao pânico que se seguira às explosões nos apartamentos em 1999. A polícia de Moscovo anunciou que a bombista era Rosa Nagaieva, embora mais tarde se provasse que esta informação era falsa ([1]). A sua irmã, Amanat, era suspeita da destruição de um dos aviões de passageiros; a companheira de quarto de ambas, Satsita Djbirkhanova, destruíra o outro. As três partilhavam um apartamento soturno entre as ruínas de Grozni com outra mulher, chamada Mariam Taburova. Viviam muito perto do fétido e sujo mercado central da cidade, onde vendiam roupas despachadas do Azerbaijão ([2]). Em 22 de agosto, dois dias antes do ataque aos aviões, as quatro tinham deixado Grozni e apanhado um autocarro para Baku, a capital do Azerbaijão. Estavam agora envolvidas numa nova onda de terror. As autoridades rapidamente conseguiram encontrar o seu rasto, mas não sabiam para onde tinha ido Taburova e, como se soube depois, Rosa Nagaieva ([3]).

Putin tinha começado 2004 aparentemente no pico do poder político. As eleições parlamentares tinham cimentado o seu controlo da legislatura, e embora a prisão de Khodorkovski tivesse perturbado o mercado bolsista, não afetara minimamente os seus índices de popularidade, que se situavam acima dos setenta por cento. Até os investidores pareciam aliviados por o ataque à Iukos aparentar ser uma luta pessoal e política, e não o resultado de uma vontade de renacionalizar a indústria. «Em seis meses, as pessoas esquecerão que Khodorkovski ainda está preso», declarou William Browder, diretor do Hermitage Capital, um dos fundos que acompanharam o florescimento de Putin ([4]). Os efeitos de uma economia em crescimento pareciam proliferar dia após dia em novos espaços comerciais, restaurantes e edifícios de apartamentos, especialmente em Moscovo e noutras cidades. Os preços do petróleo tinham triplicado desde a crise financeira de 1998, e o novo regime fiscal que Putin impusera sobre as empresas petrolíferas — ironicamente, baseado nas propostas esboçadas pela Iukos — fazia correr dinheiro para os cofres do Estado. A quota-parte dos lucros do petróleo que o governo recebia tinha praticamente duplicado, e as receitas de pouco menos de seis mil milhões de dólares quando Putin se tornou primeiro-ministro ascendiam agora a mais de oitenta mil milhões de dólares ([5]). Os russos falavam agora da possibilidade de passarem a ser o maior produtor mundial de petróleo, ultrapassando a Arábia Saudita. A recuperação económica não era um sucesso exclusivo de Putin, e os seus críticos escarneciam raivosamente da sua sorte, mas enquanto líder inegável do país colheu os seus benefícios políticos.

No início de janeiro, o Kremlin acentuou a pressão do seu caso contra a Iukos, anunciando que, só relativamente ao ano 2000, a empresa devia 3,4 mil milhões de dólares em impostos retroativos. O primeiro-ministro Mikhaíl Kasianov deu voz ao protesto solitário do público. Numa entrevista concedida ao jornal *Vedomosti*, afirmou que Khodorkovski e os seus sócios não tinham fugido aos impostos, mas simplesmente usado escapatórias até então disponíveis a todos mas que agora tinham sido retroativamente declaradas ilegais ([6]). Putin registou o desafio do seu primeiro-ministro, por muito suave que possa ter parecido. Kasianov teve o cuidado de nunca falar diretamente contra o seu chefe, mas, no sábado seguinte, numa reunião de rotina do seu Conselho de Segurança,

O NOVO CZAR

Putin pediu aos presentes que não saíssem depois de a agenda do dia terminar. O conselho incorporava as mais importantes autoridades do país, incluindo os ministros da Defesa, dos Negócios Estrangeiros e, obviamente, Kasianov como primeiro-ministro. Putin deu instruções ao procurador-geral, Vladimir Ustinov, para ler em voz alta as acusações contra Khodorkovski, todas elas, convicto de que a divulgação dos «crimes» de Khodorkovski dissiparia todas as dúvidas e refutaria a perigosa linha de interrogatório de Kasianov, antes de que alguém se começasse a interessar por ela. Ustinov leu monotonamente as acusações, página após página, durante mais de uma hora. «Os membros do Conselho de Segurança, sem entenderem realmente as razões de tal procedimento, mantiveram-se sentados com os rostos impenetráveis, sem se mexerem», relembrou Kasianov. Não conseguiu evitar sorrir perante «todas as incongruências e óbvias invenções». Putin, na cabeceira da longa mesa oval, perscrutou os rostos dos seus assessores, registando as suas reações: os olhares vazios e impassíveis de muitos e o sorriso aberto de Kasianov. Quando Ustinov terminou, não se ouviu nenhuma pergunta ou palavra em resposta, «e todos abandonaram a sala silenciosamente» [7].

O domínio político de Putin era tal, que parecia não haver a mínima razão para o desafiar nas eleições presidenciais marcadas para março. Os titãs políticos da era Ieltsine — Guenadi Ziuganov e Vladimir Jirinóvski, homens que outrora pareciam ter estado perto de governar toda a Rússia — afastaram-se antes sequer de a campanha oficial ter começado. Pelo contrário, designaram funcionários do partido para fazerem campanhas-fantasmas; no caso de Jirinóvski, o seu guarda-costas, um ex-pugilista chamado Oleg Malichkin, empunhou a bandeira do partido. Grigori Iavlinski, tão amargurado pela derrota do Iabloko em dezembro, recusou apelos do próprio Kremlin para montar uma terceira campanha para a presidência, com o fito de criar a ideia de uma escolha democrática. Quando gozaram férias de inverno juntos, Boris Nemtsov, outro reformista que servira com Ieltsine, tentou persuadir Kasianov a concorrer enquanto candidato representante do liberalismo económico do país, mas Kasianov não se atreveu a considerar seriamente desafiar o seu chefe. Nas semanas que antecederam a campanha, uma sondagem apurou que cinquenta e cinco por cento dos inquiridos pensavam que seria melhor cancelar a eleição e poupar o dinheiro que custaria a sua realização [8].

ANNUS HORRIBILIS

A reeleição de Putin, a afirmação do rumo que ele escolhera para a Rússia, parecia à beira da ruína, mas de uma forma que ele e os seus assessores não esperavam. A «democracia dirigida» que Surkov tinha orquestrado alcançara tal sucesso, que ameaçava subverter a própria imagem de Putin enquanto o democrata que conseguira reerguer a Rússia com a aprovação do povo. Uma das primeiras iniciativas legislativas na nova Duma solicitava uma alteração à Constituição para ampliar o mandato presidencial para sete anos, permitindo a Putin concorrer a duas novas eleições. Mantê-lo-ia em funções até 2018, mas ele objetou, insistindo que não deveria haver tais alterações constitucionais. Ainda procurava uma aprovação democrática, embora numa corrida em que não enfrentava, por desígnio próprio do Kremlin, nenhuma concorrência significativa. O Kremlin pôde assim recrutar os seus próprios candidatos para se lhe oporem, incluindo Iavlinski e um antigo legislador de Sampetersburgo, Serguei Mironov, que aceitou a nomeação de um pequeno partido com um fervoroso apelo ao voto pelos incumbentes. «Quando um líder digno de confiança avança para a batalha», disse acerca de Putin, «não deve ser deixado sozinho» ([9]). Os liberais não podiam agora concordar com um candidato único, não depois de terem conseguido unir-se como um bloco para as eleições parlamentares. Irina Khakamada, uma russa descendente de japoneses e uma das mais preeminentes mulheres na política, acabou por conduzir uma candidatura solitária. O seu próprio partido, a União das Forças de Direita, recusou apoiá-la.

Exilado em Londres, Boris Berezovski financiou outro candidato, Ivan Ribkin, um anterior membro da Duma e aliado de Ieltsine. Ele acabaria por desistir, mas não antes de injetar o maior drama na campanha ao desaparecer durante quatro dias em fevereiro, durante os quais as autoridades anunciaram uma investigação ao seu suposto assassínio. Quando reapareceu, prometeu continuar com a sua campanha. Depois, voou rapidamente para Londres, onde se encontrou com os assessores de Berezovski, incluindo Aleksandr Litvinenko, o anterior oficial do FSB que tornara públicas as suas acusações contra a agência. Litvinenko saíra da Rússia em outubro de 2000 e estabelecera-se em Londres com o patrocínio financeiro de Berezovski. Ribkin afirmava agora que fora raptado e drogado em Kiev, para onde fora convidado para se encontrar com o líder dos separatistas chechenos, Aslan Maskhadov, o anterior presidente e agora um dos criminosos mais procurados da Rússia. A improbabilidade de Maskhadov arriscar viajar para a Ucrânia, onde os serviços de segurança russos estavam profundamente infiltrados, parecia não ter ocorrido a Ribkin.

Ribkin afirmou ter ficado inconsciente durante quatro dias depois de comer sanduíches e beber chá num apartamento de Kiev. Quando lá chegou, dois homens russos armados mostraram-lhe um vídeo que recusou descrever em pormenor, dizendo apenas que fora feito por «pervertidos» e tinha como fim humilhá-lo e silenciá-lo ([10]). Litvinenko afirmou que a droga ingerida por Ribkin fora o SP-117, um soro da verdade usado pelos serviços de espionagem da Rússia. «Quando se ingere SP-117, podem fazer connosco o que quiserem, transportar-nos, pôr-nos na cama com raparigas ou rapazes, fazer gravações, etc.», disse. «Depois, tomamos uma pílula de um antídoto e voltamos a ficar normais sem nos lembrarmos do que sucedeu.» ([11]) Ninguém levou as acusações de Ribkin a sério, nem mesmo a sua mulher, que sentia «pena pela Rússia se pessoas como estas querem governá-la» ([12]). A sua carreira política jamais recuperou. Contudo, Berezovski nunca se cansou, na sua campanha, de desacreditar Putin, denunciando-o regularmente com veemência e um desrespeito crescente pela verdade. Não seria a última vez que ele e Litvinenko estariam envolvidos numa história extraordinária envolvendo espiões e veneno.

Putin não só ignorou os seus opositores; ignorou a sua própria campanha, como tinha feito quatro anos antes. Não teve de fazer campanha abertamente, porque o controlo do Kremlin sobre a televisão assegurava que os seus deveres enquanto presidente seriam diligente e inquestionavelmente cobertos em grande escala nos noticiários da noite. Os opositores de Putin, se porventura chegavam a ser mencionados nos telejornais oficiais, eram infantilizados ou estigmatizados. Quando o primeiro debate entre candidatos presidenciais ocorreu, em 12 de fevereiro — às oito horas da manhã, o período matinal que assegurava a menor audiência possível —, Putin recusou participar. Contudo, o seu discurso de vinte e nove minutos que inaugurou oficialmente a campanha naquele dia foi repetidamente transmitido durante a tarde e a noite. Tal como em 2000, não teve anúncios de campanha, não realizou comícios e não apresentou

ANNUS HORRIBILIS

propostas claras para um segundo mandato, exceto continuar a ser a expressão viva da estabilidade da Rússia.

O paradoxo era que, no final de quatro anos de presidência de Putin, a Rússia parecia estar longe da estabilidade. Na véspera da votação, explodiu uma bomba à porta de Elena Tregubova, a jornalista que Putin tratara como *sushi* quando era diretor do FSB. Em 2003, ela publicara um livro acerca das suas experiências no crescentemente circunscrito grupo de imprensa do Kremlin, *Histórias de uma Jornalista do Kremlin*. Foi um campeão de vendas, descrevendo com pormenores e mexericos os esforços do Kremlin para controlar os comunicados do grupo de imprensa, incluindo um incidente em que Putin admoestara um rapaz que fora atingido por um automóvel. «A partir de agora», dissera ao rapaz, «nunca mais voltas a violar as regras de trânsito». Tregubova assumiu que a explosão da bomba estaria de algum modo ligada à proximidade das eleições. Não sofreu ferimentos, mas ficou perturbada a ponto de sair da Rússia. «Está a tornar-se desconfortável viver nesta cidade», disse ([13]). Quatro dias mais tarde, um bombista suicida fez-se explodir numa carruagem de metropolitano no centro de Moscovo, matando quarenta e uma pessoas e ferindo mais de duzentas. Um dos acusados de organizar o atentado esteve, seis meses mais tarde, envolvido no ataque à bomba à estação de metropolitano de Rijskaia ([14]). Em 14 de fevereiro, dois dias depois do início oficial da campanha, a cobertura de um popular parque aquático no sul de Moscovo ruiu. O Transvaal Park simbolizava as comodidades que o súbito crescimento económico proporcionado por Putin estava a trazer à emergente classe consumidora do país: um paraíso tropical num parque coberto no Norte gelado. Morreram vinte e oito pessoas no desastre, cuja responsabilidade os construtores do edifício atribuíram a um ataque terrorista, mas que foi de facto causado por um erro de construção. Era impossível responsabilizar Putin diretamente por qualquer um dos acontecimentos, mas, no seu conjunto, eram certamente uma medida do seu governo, tanto como era o súbito crescimento económico do qual orgulhosamente reclamava os créditos. Ivan Ribkin produziu um rápido e pungente anúncio de ataque ao estilo estado-unidense que mostrava os desastres do metropolitano e do parque aquático, conjuntamente com o lamentável estado da educação e dos cuidados de saúde, mas as estações de televisão públicas recusaram a sua transmissão ([15]).

O NOVO CZAR

A equipa política de Surkov não deixava nada ao acaso. O Kremlin emitiu comunicados para as regiões distantes, especificando o total de votos em Putin e a participação eleitoral. As autoridades em Khabarovsk, no Extremo Oriente, ameaçaram despejar doentes internados em hospitais se não conseguissem provar que as abstenções eram suficientes para cobrir os seus votos. Um alto funcionário do setor da habitação de Sampetersburgo enviou uma carta aos responsáveis pela manutenção de edifícios, ordenando-lhes que assegurassem setenta por cento de partipação ([16]). Antecipando os desejos do Kremlin, os burocratas locais ergueram obstáculos para impedir totalmente os candidatos da oposição de montarem as suas campanhas. A polícia interrompeu um comício em Ecaterimburgo com o pretexto de que havia uma ameaça de bomba; a eletricidade foi cortada num outro em Níjni Novgorod dois dias depois. A campanha foi tão destituída de qualquer interesse eleitoral, que a maior preocupação do Kremlin era que a participação eleitoral fosse inferior ao limiar de cinquenta por cento exigido para tornar válida a eleição. Um resultado abaixo disso obrigaria a novas eleições, o que seria bastante embaraçoso, mas os conselheiros mais próximos de Putin também começaram a vislumbrar as sementes de uma conspiração para o afastar do poder. Por lei, se fosse exigida uma nova eleição, o primeiro-ministro teria de intervir para servir temporariamente enquanto presidente interino. Ou seja, Mikhaíl Kasianov. Ele criticara a acusação de Khodorkovski, que Putin acreditava querer conseguir o controlo do Estado. Passara férias com Boris Nemtsov, que levantara a questão de ele se candidatar à presidência, como Putin certamente teria conhecimento. As hipóteses de Kasianov manobrar para obter o poder, mesmo que fossem exigidas novas eleições, eram infinitesimamente remotas, mas Putin e os seus assessores acreditavam nisso e não iriam tolerar qualquer risco ([17]).

Durante um concerto no Kremlin em 23 de fevereiro, o próprio Kasianov sentiu a frieza de Putin. Reparou nele durante um intervalo, a segredar com o diretor do FSB, Nikolai Patrutchev, para assim o evitar ([18]). No dia seguinte, Putin convocou Kasianov para comparecer sozinho no seu escritório no Kremlin e demitiu-o. Não se limitou a não explicar publicamente porquê; recusou fazê-lo a Kasianov, que ficou tão assombrado com a novidade, que inicialmente não compreendeu que Putin o demitia imediatamente, e não depois da sua reeleição em março, quando seria de esperar a nomeação de um novo primeiro-ministro ([19]). Foi a mais importante reestruturação de Putin no seu governo, cuja continuidade tinha sido mantida como medida de estabilidade política, e tal como Ieltsine antes dele, recorreu à surpresa para maximizar o impacto e manter a atenção da comunicação social sobre si mesmo. Nem mesmo os principais funcionários sabiam que a decisão ia ser tomada. Putin disse apenas que os eleitores mereciam saber qual era a composição do novo governo antes da eleição, o que só enfatizou quão previsível era o resultado. Porém, Putin não anunciou imediatamente a substituição de Kasianov, e a demora fez disparar a especulação descontrolada — não acerca da eleição dentro de três semanas, mas acerca de quem iria Putin escolher em 2008 como seu sucessor depois de completar o seu segundo mandato presidencial. Muitos políticos e analistas assumiram que a substituição de Kasianov significava que seria ele o eleito por Putin como seu herdeiro político, tal como ele próprio o acabara por ser de Ieltsine, mas entenderam mal as intenções de Putin: ele não queria nomear um possível herdeiro que poderia afirmar-se como figura política por direito próprio. Criaria a ideia de uma Rússia sem Putin, e era ainda extremamente cedo para pensar nisso.

Putin esperou uma semana para deixar aprofundar o mistério e o *suspense*. A especulação centrou-se nas fações de Putin no Kremlin: os liberais e os *siloviki*, liderados respetivamente por Alexei Kudrin e Serguei Ivanov, que tinham as suas próprias aspirações de apanhar a boleia de Putin para o poder. Em vez disso, anunciou um nomeado que ninguém previa, nem mesmo aqueles que faziam parte de fações rivais. «A gema política andava agitada», escreveu a jornalista Anna Politkovskaia. «O jogo de adivinhação sobre quem Putin nomearia tomou conta dos canais de televisão. Aos especialistas políticos foi dado algo para discutir, e a imprensa tinha finalmente algo sobre o qual podia escrever no que dizia respeito à campanha eleitoral.» ([20])

Menos de duas semanas antes do dia das eleições, ao encontrar-se com os líderes parlamentares para criar a aparência de uma consulta, tal como era literalmente exigido pela Constituição, Putin proclamou que o novo primeiro-ministro seria Mikhaíl Fradkov. «Fez-se silêncio», disse um dos participantes no encontro ao jornal *Vedomosti*, «porque alguns de nós não conseguíamos lembrar-nos de quem era Fradkov» ([21]). Fradkov, um burocrata calvo, de maxilares proeminentes, tinha uma carreira longa, obscura e discreta que se iniciara no Ministério soviético dos Assuntos Económicos Estrangeiros; não tinha patrono, eleitorado político ou propostas políticas que alguém conseguisse discernir. Para uma escolha tão insípida para primeiro-ministro quanto o fora Putin em 1999, até Fradkov parecia surpreendido. Putin tinha-o chamado pela primeira vez durante o fim de semana, e ele ainda estava em Bruxelas, como enviado da Rússia na União Europeia, quando Putin fez o anúncio. Ao chegar a Moscovo no dia seguinte, admitiu que tinha poucas qualificações ou visão para o cargo. Não precisava de o fazer.

Se Putin realmente queria que a nomeação clarificasse o rumo do próximo governo, não deu nenhum sinal, exceto que um conselho de ministros sob a direção de Fradkov seria tão dócil como a Duma e o Conselho da Federação tinham passado a ser. Fradkov não tinha ambições pessoais, mas pertencia ao antigo quadro de funcionários do serviço de informações que Putin reunira em Moscovo durante a sua presidência. A formação académica de Fradkov no Instituto de Design de Máquinas e Equipamentos de Moscovo, um intervalo misterioso no seu currículo, a sua fluência em inglês e espanhol, e uma missão nos anos setenta enquanto consultor económico na embaixada da União Soviética na Índia sugeriam fortemente laços ao KGB. O facto de nunca o ter reconhecido ou negado só sugeria que operava enquanto agente secreto, como o fizeram tantos funcionários de comércio soviéticos ([22]). No seu anúncio, Putin disse simplesmente que Fradkov era um bom administrador com experiência nos serviços de segurança. Durante todo o seu primeiro mandato, favorecera os homens da segurança nas suas nomeações, de acordo com algumas estimativas preenchendo até setenta por cento das principais posições governamentais com antigos militares, polícias ou oficiais de informações, muitos dos quais tinham os mesmos antecedentes no KGB. Fradkov encaixava no padrão. O que poucos perceberam foi que Putin já conhecia Fradkov, o insípido e desinteressante *apparatchik*, havia anos. Ele servira como representante de Sampetersburgo no Ministério do Comércio Externo no início dos anos noventa e, com o seu chefe, Piotr Avon, agora um dos banqueiros mais ricos da Rússia, aprovara os contratos de permuta que Putin assinara no escandaloso esquema de fornecimento de alimentos à cidade no primeiro inverno da nova Rússia ([23]).

ANNUS HORRIBILIS

Kasianov e, antes dele, Volochine tinham representado um legado dos anos Ieltsine. Os funcionários com as suas ambições, interesses e eleitorados próprios, estavam agora afastados. Ainda havia rivalidades e divisões no interior do Kremlin, mas, com a nomeação de Fradkov, Putin consolidou a sua supremacia política edificando uma completa rede de subordinados que, acima de tudo, lhe permaneceria fiel. Uns meros cinco dias depois da nomeação, a Duma confirmou Fradkov após um debate superficial que incluiu apenas nove perguntas. Fradkov revelou apenas as mais vagas trivialidades acerca das suas políticas. Ele estava ali por proposta de Putin, e todos compreendiam isso. A votação foi de 352 para 58, com 24 abstenções.

A reeleição de Putin seguiu o guião que a equipa política de Surkov escrevera para o efeito. Conquistou mais de 71 por cento dos votos. O pouco conhecido candidato comunista, Nikolai Kharitonov, surgiu num distante segundo lugar com 13 por cento. Houve amplas evidências de fraude eleitoral e contagem de votos suspeita, mas o Kremlin bloqueou qualquer investigação relativamente às acusações. Em diversas regiões, a participação eleitoral e o total de votos em Putin foram incríveis. Na devastada Chechénia, 92 por cento do eleitorado votou em Putin. «Creio que só não votaram Maskhadov e Bassaiev», ironizou Kharitonov após as eleições, queixando-se amargamente das irregularidades eleitorais, incluindo casos de votos seus que tinham sido contados para Putin ([24]). Em todo o Cáucaso Norte, as regiões conquistadas pela Rússia imperial nos séculos XVIII e XIX, resultados semelhantes foram enviados para Moscovo como tributos a um imperador. No Daguestão, 94 por cento dos eleitores votaram em Putin; no Cabardino-Balcária, 96; na Inguchétia, 98. Em alguns distritos por todo o país, a participação e a totalidade de votos em Putin excederam 99,9 por cento, e, no entanto, ninguém no Kremlin — ou fora dele — pareceu ficar especialmente embaraçado por isso.

O único drama da noite nada teve que ver com a eleição. Poucos minutos depois do encerramento das assembleias de voto em Moscovo, começou um incêndio no Manege, um edifício que era um marco neo-clássico, em frente do parque Jardins de Alexandre, que se estende ao longo do Kremlin. As chamas propagaram-se rapidamente por meio das

327

O NOVO CZAR

traves de madeira do telhado e de pronto consumiram todo o edifício. As primeiras imagens transmitidas pela televisão faziam parecer que o próprio Kremlin estava em chamas, «algo que as autoridades não gostariam de que os russos vissem no dia da reeleição de Vladimir Putin», como escrevia um jornal ([25]). Putin assistiu a tudo da cobertura do Senado, o edifício presidencial no interior do Kremlin. Teve de adiar o seu discurso de vitória, mas mesmo assim os canais públicos não conseguiram evitar mostrar o fogo como pano de fundo de qualquer uma das suas reportagens em direto do centro da cidade. Quando o telhado do edifício ruiu numa explosão de destroços, projetando cinzas no céu como um fogo de artifício não desejado, a multidão na rua, inexplicavelmente, irrompeu em aplausos. Dois bombeiros morreram quando duas traves em chamas caíram sobre eles. As autoridades atribuíram as causas do incêndio a um curto-circuito ou talvez a uma faísca de maçarico, mas, como não havia ninguém a trabalhar no local durante uma noite de domingo, as suspeitas de fogo posto nunca foram completamente dissipadas. Numa cultura profundamente supersticiosa, o incêndio parecia um augúrio sombrio.

«Prometo que as realizações democráticas do nosso povo serão incondicionalmente defendidas e garantidas», disse Putin quando finalmente fez uma aparição breve no quartel-general da sua campanha durante a noite eleitoral, envergando uma camisola preta de gola alta. Não houve festa ou celebração de vitória. Ninguém parecia especialmente entusiasmado. Na manhã seguinte à sua reeleição, Putin recebeu telefonemas de felicitações de George Bush, Tony Blair, Jacques Chirac, Gerhard Schröder e Junichiro Koizumi, ao mesmo tempo que os observadores internacionais da Organização para a Segurança e Cooperação na Europa se reuniam para, na agora ritual conferência de imprensa pós-eleitoral, declararem que a eleição «refletia falta de cultura democrática, credibilidade e responsabilidade».

A reeleição de Putin desmoralizou os democratas do país. A queda dos partidos liberais que tinha começado com as eleições parlamentares motivou a introspeção sobre o que tinha corrido mal. Um dos poucos liberais independentes eleitos para a Duma em 2003, Vladimir Rijkov, que representava Barnaul na Sibéria, chamou-lhe o «malogro liberal». Os democratas do país, defendeu, passaram a estar associados às consequências negativas da desintegração soviética, a caótica e criminosa transição para o pseu-docapitalismo, que deixou milhões na pobreza ansiando pela estabilidade do Estado soviético, se porventura não sufocados pela sua estagnação ideológica e económica. E Putin, que tinha trabalhado para um dos pri-meiros democratas do país e era o herdeiro do homem que conduzira a Rússia nos anos noventa, de algum modo recebeu todos os créditos pela recuperação económica e pelas liberdades individuais que ainda restavam. Rijkov prosseguiu lamentando que a maioria dos apoiantes dos partidos liberais, o Iabloko e a União das Forças de Direita, tivesse votado não nos seus líderes partidários, mas antes em Putin, que os líderes partidários responsabilizavam por ter despojado as eleições — e o próprio sistema — de qualquer caráter realmente democrático. «Aos olhos da maioria dos russos, o democrata número um do país não é nenhum outro senão o próprio Vladimir Putin.» [26]

Contudo, a mais surpreendente objeção veio de um quadrante ines-perado: a exígua cela de prisão de Mikhaíl Khodorkovski. Já estava encarcerado havia mais de cinco meses, reunindo-se com os seus advoga-dos e examinando minuciosamente as centenas de páginas de documentos que os procuradores tinham reunido para o seu já próximo julgamento. Durante as suas audições intermitentes em tribunal fizera apenas algumas observações, mas tinha passado horas na sua cela a observar a evolu-ção da política e dos negócios na Rússia. Tinha investido a sua fortuna pessoal no financiamento de políticos que tinham agora sido derrota-dos nas eleições parlamentares e presidenciais pelo homem que tentara — audaciosamente, percebia-o agora — desafiar. A partir das notas coli-gidas conjuntamente com os seus advogados, publicou um documento extenso no jornal *Vedomosti* após a reeleição de Putin. Era parte receita e parte confissão, uma análise pungente dos pecados dos liberais russos, incluindo os dele próprio [27]. As grandes empresas tinham perseguido o lucro em detrimento do bem-estar social, tinham pervertido a polí-tica por meio da bajulação do poder político e mentido acerca disso ao povo; os campeões liberais da democracia tinham prestado atenção a dez por cento da população e negligenciado aqueles que sofriam. «Hoje, estamos a testemunhar a capitulação virtual dos liberais. E a capitula-ção, na verdade, não é só culpa dos liberais, é também o seu problema. É também o seu medo diante de uma história de mil anos, misturado com o forte vínculo aos confortos do lar que desenvolveram nos anos noventa. É o seu servilismo entranhado na genética, a sua prontidão para ignorar a Constituição em favor de mais uma dose de esturjão.» Redimia-se do seu próprio papel de financiador da reeleição de Ieltsine em 1996 e do «monstruoso efeito que ela tomara para fazer que o povo russo "escolhesse com o seu coração"».

A carta de Khodorkovski soava como um ato de contrição no cárcere, uma súplica por lenimento ou clemência. Era também uma análise apurada da política e da sociedade russa. Putin, escreveu ele, «provavelmente não é liberal nem democrata, mas ainda assim é mais liberal e democrata do que setenta por cento da população do nosso país». O homem que o pusera na prisão era o homem que iria preservar o país até a sociedade desenvolver um maior sentido de unidade, comunidade e igualdade. Khodorkovski destacou a candidata da oposição Irina Khakamada por ter sugerido, num anúncio de página inteira de jornal, que Putin tinha sido responsável pelo sequestro do *Nord-Ost*. «Temos de desistir das tentativas inúteis de pôr a legitimidade do presidente em questão. Independentemente de gostarmos ou não de Vladimir Putin, é tempo de reconhecermos que o chefe de Estado não é uma simples pessoa privada. O presidente é uma instituição que garante a estabilidade e a integridade da nação. E que Deus não permita que chegue o dia em que esta instituição possa ruir — a Rússia não sobreviverá a outro fevereiro de 1917. A nossa história diz-nos que um mau governo é melhor do que nenhum governo.»

1 de setembro é, por tradição, o primeiro dia de aulas em toda a Rússia, uma ocasião cerimonial chamada de o Dia do Conhecimento. Os pais e avós juntam-se aos filhos e netos à medida que eles se reúnem nas suas escolas, todos envergando as suas melhores roupas e trazendo flores ou outras ofertas para os seus novos professores. Nos finais do verão de 2004, as festividades realizaram-se mais uma vez em todo o país, incluindo na Escola n.º 1 em Beslan, uma pequena cidade na Ossétia do Norte, uma região predominantemente ortodoxa no centro do Cáucaso. Mais de mil e duzentas pessoas se encontravam reunidas no pátio da escola, pelas nove horas da manhã, quando surgiu um camião militar e homens uniformizados saltaram por baixo da cobertura de lona que

ANNUS HORRIBILIS

cobria a caixa de carga. Dispararam tiros para o ar e gritaram «Allahu Akhbar». Os atiradores conduziram todas as pessoas a um pátio e depois ao ginásio da escola, onde montaram bombas por cima dos reféns ([28]). Entre os homens de camuflado havia duas mulheres, as companheiras de quarto de Grozni que tinham estado ligadas aos anteriores ataques aos aviões e ao metropolitano de Moscovo: Mariam Taburova e Rosa Nagaieva. Agora, faziam parte de um ataque terrorista tão bárbaro quanto o sequestro do *Nord-Ost* quase dois anos antes.

A estratégia do Kremlin na Chechénia tinha sofrido revés atrás de revés. Em 9 de maio de 2004, dois dias depois da apagada segunda tomada de posse de Putin, uma bomba secretamente colada num pilar do recentemente reconstruído estádio de futebol de Grozni explodiu enquanto a nata política da república se reunia para uma parada do Dia da Vitória, comemorativa do quinquagésimo nono aniversário da derrota nazi. A explosão matou treze pessoas, incluindo o recém-empossado presidente Akhmad Kadirov ([29]). Kadirov, de cinquenta e dois anos, tinha combatido contra os russos na primeira guerra na Chechénia, mas rompeu com o presidente da república Aslan Maskhadov durante o breve período de quase independência, opondo-se à forma radicalizada do Islão que estava a enraizar-se. Kadirov, ele mesmo um mufti e um comandante respeitado, reunira o suficiente respeito para aplicar a política de Putin. Agora, estava morto. Numa sociedade fechada, de clãs, como a Chechénia, o seu único sucessor óbvio era o seu filho, Ramzan, mas ele era um combatente violento que outrora servira como motorista do pai e depois chefe de segurança, responsável por um grupo de guerrilheiros que se tornou conhecido pelas suas táticas brutais contra militantes suspeitos. Quando Putin chamou Ramzan ao Kremlin no dia do assassínio do seu pai, ele apresentou-se com uma aparência descuidada e usando calças de treino. Tinha apenas vinte e sete anos, de acordo com a nova Constituição da Chechénia demasiado novo para se tornar presidente, mas Putin promoveu-o ao lugar de primeiro-ministro adjunto e estabeleceu as bases para que ele sucedesse ao pai quando atingisse os trinta anos. Os rebeldes juraram matá-lo também. «Não é preciso ser Nostradamus para adivinhar o destino de Ramzan Kadirov», clamaram no seu sítio na Internet. Dois dias após o ataque em maio, Putin voou secretamente para a Chechénia para estar presente no funeral de Kadirov, e a sua própria desilusão acerca do progresso que tinha sido conseguido tornou-se clara. Sobrevoou de helicóptero as ruínas de Grozni — a prova física da devastação que fora retocada nos relatórios oficiais da guerra. Quando regressou a Moscovo, dirigiu-se aos seus ministros e declarou que tinha de se fazer mais para reconstruir a destroçada república. Afirmou aquilo que era óbvio para qualquer pessoa que vivesse em Grozni. «Apesar de tudo o que lá se está a fazer», disse, «é horrível visto de um helicóptero» ([30]). Parecia surpreendido.

Em Beslan, as autoridades locais estavam impressionadas. Os comandantes da polícia reportaram inicialmente que tinham problemas em contactar os terroristas no interior do edifício, apesar de um deles ter atendido o telefone da escola e dito a Nikolai Khalip, do *The New York Times*, que os guerrilheiros eram uma unidade sob o comando de Chamil Bassaiev, o terrorista mais procurado da Rússia. «Limpem os vossos narizes», disse a Khalip ([31]). Após algum tempo, uma mulher aterrorizada saiu da escola com uma nota que exigia negociações com os líderes da Ossétia do Norte e da vizinha Inguchétia, e com o médico que servira como mediador durante o sequestro do *Nord-Ost*, Leonid Rochal. A nota também avisava de que os sequestradores abateriam cinquenta reféns se algum dos seus homens fosse liquidado. De qualquer forma, no princípio da noite, escoltaram os homens até uma sala de aulas no segundo piso e começaram a executá-los um a um, lançando os seus corpos pela janela.

Na manhã em que começou o sequestro, Putin acordou e conseguiu dar umas braçadas matinais no mar, mas a crise que se desenrolava tornou impossível a sua permanência em Sochi. Voou de regresso a Moscovo, onde um assessor principal com quem se cruzou o descreveu como «terrivelmente perturbado», queixando-se da total falha na segurança que tornara possível a um grupo de guerrilheiros fortemente armado ocupar uma escola inteira ([32]).

Putin permaneceu no Kremlin durante os dias seguintes, retirando-se periodicamente para a capela do seu escritório — como foi divulgado — para rezar, mas queixando-se também de não poder fazer a sua rotina diária de exercício ([33]). Apareceu apenas brevemente em público, no dia 2 de setembro, durante uma receção ao rei Abdullah da Jordânia, prometendo proteger as vidas dos reféns acima de tudo. Falou mesmo enquanto ordenava ao FSB que enviasse dez grupos de «objetivo especial» para Beslan, cada um com cinco oficiais treinados para crises extraordinárias ([34]). Putin desejava transmitir uma sensação de autoridade calma, mas o reflexo dos funcionários russos para mentir ante a tragédia agravou a crise. As autoridades em Beslan e em Moscovo informaram de que havia apenas 354 reféns, embora todos na cidade soubessem que eram mais. Alguns dos que se encontravam no exterior da escola recorreram ao uso de cartazes que erguiam diante das câmaras de televisão, nos quais se podia ler que havia 800 reféns e que imploravam a Putin que interviesse pacificamente ([35]). Os terroristas no interior da escola ficaram furiosos quando viram a televisão pública a propagar a mentira acerca do número de reféns; ameaçaram abatê-los até só restarem 354. Mesmo alguns funcionários se sentiram incomodados com as mentiras que tinham de repetir ([36]).

As autoridades — a polícia, o Ministro do Interior e o FSB, todos reforçados por Putin durante o seu primeiro mandato — pareciam paralisadas. Preocupavam-se mais com a proteção do regime que Putin criara do que com a proteção das crianças e dos pais sequestrados no interior da escola. Anna Politkovskaia, que negociara com os terroristas no *Nord-Ost*, tentou contactar com os líderes da oposição chechena no exílio, mas quando voou para um aeroporto suficientemente próximo para poder prosseguir de automóvel até Beslan, enjoou durante o voo; ficou convencida de que o chá que lhe fora dado estava envenenado. Andrei Babitski, o repórter cuja captura durante os primeiros anos da guerra causara um escândalo, também foi detido no aeroporto de Moscovo ([37]). As autoridades que tinham falhado na proteção da escola de Beslan estavam determinadas a proteger a cidade de repórteres indesejáveis.

Os funcionários em Beslan pareciam inseguros e hesitantes à medida que o sequestro entrava no seu segundo dia. A tensão aumentou com as explosões intermitentes e o fogo de metralhadoras, cujas causas continuavam a ser incertas para os que se encontravam no exterior. Putin assumira-se como a autoridade suprema na Rússia, mas a sua «vertical de poder» gerava paralisia em momentos de crise: Ninguém arriscava tomar uma iniciativa que pudesse suscitar a sua desaprovação ([38]). Putin tinha jurado nunca negociar com terroristas, mas, pela primeira vez, autorizou os seus assessores a explorarem a possibilidade de um fim negociado para o sequestro, apesar de o Kremlin o distanciar do esforço ([39]). Deu instruções ao governador da região, Aleksandr Dzasokhov, para contactar com Akhmed Zakaiev, o representante-chefe no exílio de Aslan Maskhadov. Ele assim fez, por intermédio de Ruslan Auchev, o ex-presidente da vizinha Inguchétia. Auchev, um herói da guerra soviética no Afeganistão, fora solidário com a luta da Chechénia pela independência, mas também deixara claro que manteria a sua região fora do conflito. Auchev chegou a Beslan no segundo dia do sequestro e encarregou-se do contacto com os terroristas. Após quinze minutos, foi-lhe dito que estava autorizado a entrar na escola.

O que viu dentro da escola foi desesperante. Os terroristas não tinham dado água nem comida aos reféns. O comandante do grupo, que se autointitulava coronel, entregou-lhe uma lista manuscrita com exigências: a tropa russa devia retirar da Chechénia e garantir a sua independência; a nova Chechénia juntar-se-ia à Rússia na Comunidade de Estados Independentes, manteria o rublo como sua divisa e trabalharia com a tropa russa para restaurar a ordem na região. A nota, rabiscada na folha de um bloco de notas, era dirigida a «Sua Excelência, Presidente da Federação Russa» e escrita em nome do «servidor de Alá, Chamil Bassaiev». Nenhuma das exigências seria aceitável aos olhos de Putin, mas Auchev prometeu transmiti-las se os terroristas libertassem as mulheres com filhos bebés. Um dos terroristas disse-lhe que havia mil e vinte reféns no interior da escola abafada e fétida. Auchev conseguiu persuadi-los a deixarem sair com ele vinte e seis reféns — onze mulheres e quinze bebés.

Quando Auchev regressou ao centro de comando, chamou Zakaiev, então em Londres. Zakaiev disse-lhe que ele e Maskhadov estavam preparados para ajudar, mas que se Maskhadov tivesse de se deslocar a Beslan para falar com os terroristas, a Rússia teria de garantir a sua passagem em segurança ([40]). Auchev sabia que tinha sido preparado um plano para tomar a escola de assalto; de facto, duas das unidades especiais que Putin enviara para Beslan estavam já em treinos para o assalto, numa escola semelhante não muito longe ([41]). Contudo, esperava conseguir entretanto a libertação de mais reféns. Na manhã do terceiro dia, 3 de setembro, alcançou um acordo com os terroristas para remover os cadáveres dos homens que tinham sido executados e lançados pela janela da sala de aulas; nessa altura, os corpos tinham já entrado em decomposição.

ANNUS HORRIBILIS

Uma equipa de quatro homens do Ministério das Situações de Emergência fez entrar uma ambulância à uma hora da tarde e tinha começado a recolher os corpos quando uma potente explosão abalou o ginásio da escola. Vinte e dois segundos depois fez-se ouvir uma segunda explosão. O rebentamento levou pelos ares parte do telhado e do vigamento da escola, arrancou janelas e abriu um buraco na parede do ginásio.

Dezenas morreram imediatamente, mas os sobreviventes ator-doados começaram a fugir, aos tropeções, pelos destroços da escola. Os soldados no exterior e os terroristas no interior — ambos incertos sobre o que sucedera — começaram um tiroteio feroz que duraria dez horas. O telhado incendiou-se, e as vigas em chamas caíram sobre os que ainda se encontravam no interior. Surgiu depois uma teoria da conspiração de que os russos tinham começado os combates com o incêndio da escola, mas, de facto, ninguém no exterior parecia preparado para lançar um assalto ao edifício quando este começou. Muitos não tinham coletes à prova de balas. Nem sequer tinham estabelecido um perímetro de segurança em torno do edifício. Não havia ambulâncias nem carros de bombeiros por perto. Habitantes locais com armas de caça juntaram-se ao combate, disparando ao acaso e correndo entre o fogo cruzado para tentar pôr as crianças em segurança ([42]).

O pandemónio terrível foi transmitido em direto nas televisões inter-nacionais — embora não nas redes russas, que interrompiam as suas programações regulares apenas para atualizações breves que continua-vam a subestimar a carnificina à medida que esta se agravava. Nem Putin nem quaisquer outros funcionários superiores surgiram para falar da crise. O primeiro-ministro Fradkov realizou uma reunião do governo que estava marcada para discutir os planos de privatização no país, mesmo enquanto as explosões e as rajadas de tiros devastavam a escola. O clímax do combate chegou naquela noite pelas onze horas e quinze minutos, quando um tanque russo disparou um projétil contra a escola, matando três rebeldes que permaneciam na cave. Horas antes, as redes estatais de televisão tinham declarado que a situação estava controlada.

Quando tudo terminou, tinham morrido 334 reféns, 186 deles, crian-ças. Dez comandos russos foram mortos enquanto tentavam libertar os sequestrados no interior. Trinta terroristas morreram, incluindo as duas mulheres, Mariam Taburova e Rosa Nagaieva, cujas colegas de quarto

O NOVO CZAR

tinham lançado a onda de terror ao destruírem os dois aviões. Um terrorista foi capturado e mais tarde julgado em tribunal, mas acredita-se que outros conseguiram escapar no meio do caos. Uma vez que o número de mortes quase igualava o número de reféns que fora repetido durante mais de dois dias na televisão estatal, a mentira não podia continuar a ser oculta. A desconfiança pública em relação às declarações oficiais era tal, que muitos acreditavam que o governo continuava a mentir acerca do número de mortes, do destino dos terroristas e da causa das duas explosões que tinham posto um fim trágico ao sequestro.

Putin deixou o Kremlin de manhã cedo no dia 4 de setembro e voou para Beslan. Chegou antes do amanhecer e visitou os feridos num hospital antes de fazer uma declaração breve com o presidente da região, Aleksandr Dzasokhov. «Hoje, toda a Rússia sofre por vós», disse-lhe [43]. Não proferiu outras palavras de conforto além da sua promessa de perseguir e punir os responsáveis pelo sequestro. Não estava ali para confortar, mas para dar a imagem de que tinha confortado. Não realizou nenhum encontro com o povo de Beslan — mesmo que encenado para as câmaras. Os grupos angustiados e traumatizados que tinham montado vigilância no exterior da escola exigiram depois que o governo agisse e deixasse de mentir. Em vez disso, Putin regressou a Moscovo e fez uma comunicação ao país pela televisão.

Quando Putin apareceu nas salas de estar do país naquela noite, parecia invulgarmente abalado. Permaneceu sozinho, de pé, diante de uma parede de madeira e de uma bandeira russa. «Para mim, falar é agora uma tarefa difícil e amarga», começou. «Uma tragédia horrível ocorreu na nossa terra.» [44] Pediu a toda a Rússia que recordasse aqueles «que tinham perdido os seus entes queridos», baixando ligeiramente a cabeça, mas não apresentou desculpas nem aceitou responsabilidades. Não usou a ocasião para se defender, justificar ou explicar as suas políticas na Chechénia. Nem avançou com nenhuma nova abordagem, nem sequer pronunciou o nome da Chechénia. Em vez disso, Putin apresentou um solilóquio sobre a história do país, com uma profunda nostalgia pelo propósito unificador e a segurança da União Soviética, desaparecida havia já treze anos. Aconselhou apenas, como tantas outras vezes antes, o cuidado de honrar a história do passado soviético sem abarcar os seus erros e crimes, mas agora parecia querer culpar pelo sequestro em Beslan a incapacidade da Rússia de conseguir preservar a força que tornara a União Soviética, que ele recordava de quando era jovem, tão forte e respeitada. «Houve muitas páginas trágicas e provações difíceis na história da Rússia», prosseguiu, lendo pacientemente tal qual um professor. «Hoje, vivemos em condições que se formaram após a desintegração de um país grande, imenso, o país que lamentavelmente se inviabilizou nas condições de um mundo em transformação rápida. Hoje, contudo, apesar de todas as dificuldades, conseguimos preservar o núcleo desse gigante, a União Soviética. Chamámos ao novo país a Federação Russa. Todos esperávamos mudanças, mudanças para melhor, mas verificámos que estávamos completamente despreparados para o muito que mudou nas nossas vidas. A questão é porquê. Vivemos em condições de uma economia de transição e de um sistema político que não corresponde ao desenvolvimento da sociedade. Vivemos em condições de conflitos internos agravados e conflitos étnicos que antes eram duramente reprimidos pela ideologia governante. Deixámos de prestar atenção aos assuntos da defesa e da segurança. Deixámos que a corrupção afetasse os sistemas judicial e de aplicação da lei. Além disso, o nosso país, que outrora teve o mais poderoso sistema de proteção das suas fronteiras, viu-se subitamente desprotegido, tanto do Ocidente como do Oriente.»

Os comentários de Putin assemelhavam-se quase a um sumário de culpas dos seus primeiros anos de governo, um reconhecimento de que não conseguira cumprir as promessas que sucessivamente fizera. A referência às fronteiras «desprotegidas» da Rússia revelava uma compreensão estreita da ameaça que ainda emanava da Chechénia. Há muito que Putin procurava ligar a guerra à ascensão global da Alcaida, mas, apesar de uma ideologia partilhada do Islão radical, o terrorismo que a Rússia enfrentava tinha largamente crescido no seu território. As suas raízes estendiam-se à conquista imperial do Cáucaso no século XIX. No entanto, ele acreditava que aqueles que tinham atacado a escola tinham recebido ajuda de países determinados a castigar a Rússia, para a manter fraca e complacente. O seu tom era apocalíptico e desafiante; disse que o país tinha de se unir para preservar a sua própria existência. «Alguns querem partir-nos como uma fatia de empadão», disse. «Outros ajudam-nos a

O NOVO CZAR

fazê-lo. Ajudam porque pensam que a Rússia, como uma das grandes potências nucleares do mundo, ainda é uma ameaça, e esta ameaça tem de ser eliminada. E o terrorismo é apenas um instrumento para atingir estes objetivos.»

Putin falou como se tivesse passado por uma grande revelação, porém, a guerra ao terrorismo fora a única coisa comum que encontrara em relação aos líderes mundiais. Apesar de admoestações ocasionais sobre a brutalidade das táticas russas na Chechénia, nenhum líder jamais expressou simpatia pelas táticas terroristas de Bassaiev e dos seus seguidores. O único governo a reconhecer a declaração de independência da Chechénia após a primeira guerra foi o dos talibãs no Afeganistão, o qual os EUA, com o consentimento e apoio da Rússia, tinham ajudado a derrubar depois dos ataques de 11 de setembro de 2001. Mas agora Putin culpava inimigos invisíveis de incitarem a um dos mais hediondos atos terroristas da história. O país tornara-se desleixado e indolente ante esta ameaça externa, disse, e ele prometia tomar toda e qualquer medida possível para reforçar o Estado.

«Demonstrámos fraqueza», disse, «e os fracos são derrotados».

As reformas que Putin tinha prometido na sua comunicação ao país após a tragédia de Beslan não iriam tardar. Não reestruturou o serviço de informações que tinha falhado tão espetacularmente. Não demitiu os militares ou comandantes da polícia que tinham arruinado a tentativa de negociação e o derradeiro resgate dos reféns. Em vez disso, anunciou que iria apertar o controlo político do Kremlin desmantelando ainda mais os vestígios de governação democrática.

No dia 13 de setembro, dez dias depois do terrível fim do sequestro, Putin aboliu as eleições de governadores, presidentes de câmaras municipais, e presidentes das muitas regiões e repúblicas da Rússia, os quais, desde o desmembramento da União Soviética, tinham mantido os seus eleitorados e bases de poder fora do controlo direto de Moscovo. A partir de agora, seria ele a nomeá-los e a submetê-los aos parlamentos regionais para ratificação. Se estes rejeitassem os seus candidatos, ele poderia então dispensá-los. Também aboliu as eleições dos representantes distritais para o parlamento, que significavam metade dos quatrocentos e cinquenta lugares da Duma. Com os partidos da oposição progressivamente circunscritos, estas eleições proporcionavam os únicos membros independentes e liberais que restavam no poder após as eleições de 2003.

As propostas chocaram aqueles que sentiam que, apesar dos instintos autoritários de Putin, o país estava a conseguir traçar um rumo estável, por vezes hesitante, em direção à democracia. O *Izvestia* chamou-lhe a «Revolução de Setembro», enquanto os críticos de Putin denunciavam as decisões apelidando-as de inconstitucionais, muito embora elas estivessem confinadas à futilidade de qualquer desafio legal. As principais críticas vieram de Boris Ieltsine. Numa entrevista ao *Moskovski Novosti*, relembrou a sua promessa de se manter fora dos debates políticos da nação, em retiro, mas disse que Beslan tinha sido um ponto de viragem que tornara a Rússia num «país diferente». «Não nos permitiremos renunciar à letra e, mais importante, ao espírito da Constituição que o país adotou num referendo nacional em 1993 — talvez pela única razão de o estrangulamento das liberdades e a redução dos direitos democráticos marcar, entre outras coisas, a vitória dos terroristas.» [45] Em privado, Ieltsine desesperou perante o líder que ele mesmo tinha feito subir ao poder, ao observar as suas decisões contra os meios de comunicação, contra os partidos da oposição e agora contra os governadores como uma erosão do seu próprio legado, [46] mas a entrevista foi a única ocasião em que Ieltsine exprimiu tão acutilantemente as suas apreensões em público. Naquele momento, porém, a autoridade moral e política de Ieltsine tinha pouca força na Rússia de Putin. O seu tempo já passara e o seu herdeiro estava a levar o país por um outro rumo. De facto, a era Ieltsine — o cambaleio errático através do caos dos anos noventa — tinha-se transformado na recorrente justificação de Putin para as suas decisões. Passo a passo, Putin apagara o legado do seu antecessor, tal como Estaline fizera ao de Lenine, Krutchov ao de Estaline, Brejnev ao de Krutchov e Ieltsine ao de Gorbatchov.

Mesmo os que foram mais afetados pelo novo decreto de Putin — os governadores e os presidentes de câmaras municipais que deviam a sua legitimidade eleitoral e autoridade à urna dos votos, por mais comprometidos que estivessem —, um por um deram um passo em frente para exaltar a proposta de Putin. As propostas tinham sido discutidas anteriormente na sua administração, mas ele usou a tragédia de Beslan como pretexto para as pôr em prática. A vontade popular, na perspetiva de Putin, era o caminho para o caos. Não podia dar-se às pessoas o poder de escolherem os seus próprios líderes, exceto por meio de um processo cuidadosamente controlado. «O povo russo está atrasado», diria mais tarde a um grupo de jornalistas e académicos convidados de um retiro que se tornaria num acontecimento anual conhecido como o Valdai Club, nome da estância de lazer onde se realizou pela primeira vez. «Não pode adaptar-se à democracia ao contrário do que sucedeu com os povos dos vossos países. Precisa de tempo.» [47] As suas observações refletiam uma condescendência que roçava o desdém, mas poucos na Rússia falaram para desafiar a autoridade que Putin agora assumia sobre si mesmo. Em poucas semanas, a Duma e o Conselho da Federação aprovaram todas as suas propostas, concedendo de bom grado mais e mais poderes ao Kremlin. «A única coisa que resta é a absoluta prostração», disse em resposta Leonid Dobrokhotov, um conselheiro dos comunistas [48]. E a maioria da nata russa, fosse por lealdade ou por medo, ficou satisfeita por fazer o favor.

Capítulo 15

O contágio laranja

Em 5 de setembro de 2004, na noite que se seguiu ao discurso de Putin em Beslan, Victor Iuschenko viajou sub-repticiamente de automóvel até uma casa de campo exclusiva, guardada por portões, nas imediações da capital ucraniana. Ia concorrer à presidência da Ucrânia, e tinha a certeza de que havia alguém a tentar assassiná-lo. Acompanhado pelo seu diretor de campanha, mas não pelos seus guarda-costas, encontrou-se com o general Igor Smechko, responsável pelo Serviço de Segurança da Ucrânia, ou SBU, o sucessor do KGB no país. Smechko não queria mais ninguém por perto. O anfitrião era o adjunto de Smechko, Volodimir Satsiuk, cujo cozinheiro preparara uma ceia tardia de lagostim cozido e salada, regados com cerveja, mais tarde seguidos por uma sobremesa de frutas com copos de vodca e conhaque (¹). Tudo parecia perfeito. Iuschenko posou para uma fotografia com os dois funcionários da segurança, e saiu pelas duas horas da madrugada. Mais tarde nesse dia, começou a sentir-se enjoado. Sentiu dores na cabeça, e depois também na coluna vertebral. Os sintomas agravaram-se nos dias seguintes, e o seu rosto bem-parecido logo ficou sem cores e desfigurado pela erupção de quistos. Cheio de dores, viajou para a Áustria em 10 de setembro para procurar tratamento, receoso dos hospitais ucranianos. Depois de procurarem desvendar os seus sintomas durante semanas, os médicos acabaram por concluir que Iuschenko tinha ingerido, provavelmente durante a ceia tardia, uma das maiores doses já registadas num ser humano de um composto altamente tóxico conhecido como 2,3,7,8-tetraclorodibenzo--p-dioxina, ou TCDD.

As eleições presidenciais ucranianas estavam marcadas para 31 de outubro de 2004. O vencedor substituiria o presidente da última década, Leonid Kutchma, um *apparatchik* que fora eleito como reformador em 1994, apenas para se tornar crescentemente mais autoritário e corrupto enquanto a Ucrânia avançava aos tropeções na sua transição para a democracia e o capitalismo. O país sofria do mesmo caos e corrupção, pobreza e criminalidade de que a Rússia, mas havia uma diferença crucial. Para muitos ucranianos, o fim da União Soviética não fora uma catástrofe mas uma libertação — o renascer da independência de Moscovo que experimentara apenas por um brevíssimo período, nos anos caóticos que se seguiram à revolução bolchevique em 1917.

Com uma população de quase quarenta e oito milhões em 2004, a Ucrânia era a segunda maior e mais importante das antigas repúblicas soviéticas, com um território agrícola e industrial que fora devastado pela guerra civil; pelas políticas de coletivização de Estaline, que deram origem às grandes fomes; e posteriormente pela Grande Guerra Patriótica, quando foi ocupada e saqueada pelos nazis e depois reconquistada pelos exércitos soviéticos libertadores. A Ucrânia perdeu mais de três milhões de homens durante a guerra, mais de um sexto da sua população na altura, e as cicatrizes eram profundas. O sentimento nacional da Ucrânia — a sua identidade nacional — permanecia ténue. Estava profundamente dividido geográfica e etnicamente entre ucranianos e russos, além de outros; entre os que tinham acolhido a libertação que veio com o desmoronamento da União Soviética e os que lamentavam o seu desaparecimento. Os Ucranianos estavam muito próximos da Rússia, histórica e culturalmente, mas o espírito nacionalista que emergiu nos primeiros anos de independência do país assemelhava-se ao das antigas repúblicas como a Lituânia, Letónia e Estónia, que tinham sofrido cinco décadas de ocupação soviética e faziam agora parte da OTAN e da União Europeia. Foram adotados símbolos ucranianos e nomes ucranianos para as cidades, incluindo a capital, que durante séculos se tinha escrito em russo, Kiev, mas que com a independência passou a escrever-se em ucraniano, Kyiv.

O CONTÁGIO LARANJA

Ao longo da sua presidência, Kutchma procurou o equilíbrio entre a Rússia, por um lado, e a União Europeia, e até a OTAN, por outro. O seu governo manteve estreitos laços económicos e diplomáticos com a Rússia, mas também enviou tropa ucraniana para o Iraque integrada na coligação liderada pelos EUA, que estava então a lutar por restabelecer a ordem após o derrube de Saddam Hussein. Tal como o próprio país, Kutchma parecia estar em conflito. Para os seus muitos críticos, simplesmente faltava-lhe convicção; era um cleptocrata movido pela ganância e pelo poder, grato aos oligarcas do país. Porém, nunca teve o poder de sufocar a política, ao contrário de Putin, porque as divisões na Ucrânia asseguravam centros de poder concorrentes. Os próprios oligarcas do país tinham lealdades e ambições divididas, portanto nunca foram inteiramente subservientes. Putin tinha subjugado os oligarcas da Rússia, enquanto na Ucrânia eles ainda mantinham o seu apoio — e dinheiro — atrás de diferentes fações políticas, conforme os seus interesses financeiros.

A democracia na Ucrânia era imatura, indisciplinada e, por vezes, perversa, mas ninguém dominava a política do país. Os opositores de Kutchma gozavam do apoio de uma rede de televisão, o Canal 5, que permanecera livre do controlo estatal, permitindo uma diversidade de notícias e opiniões que, por sua vez, incentivava ao debate político. Quando Kutchma foi implicado no assassínio de um famoso jornalista, Gueorgui Gongadze, não conseguiu suprimir facilmente os protestos antigoverno que surgiram, nem pôde impedir que os membros da oposição no parlamento exigissem uma investigação. No ano 2000, o corpo decapitado de Gongadze foi encontrado numa floresta nas imediações de Kiev, apenas alguns meses depois de ter fundado um jornal de investigação na Internet que enfureceu o círculo íntimo de Kutchma com as suas vivas reportagens sobre corrupção. Conversações gravadas secretamente no seu escritório revelaram Kutchma a caluniar as reportagens de Gongadze e a recomendar aos seus assessores que negociassem com ele ([2]). Kutchma negou ter ordenado o assassínio, mas a sua carreira política ficou arruinada. Muitos chegaram a recear que o seu segundo mandato terminasse em 2004, e ele tentou rever a Constituição para prolongar o seu governo, mas, no fim, Kutchma não teve alternativa senão se afastar. Ao contrário da indiferença da Rússia ante as eleições parlamentares e presidenciais em 2003 e 2004, a Ucrânia permaneceu apaixonada e ferozmente em contestação, e os desfechos eram incertos.

Putin acompanhava de perto a política ucraniana e considerava-a inquietante. A cada vez menor credibilidade de Kutchma levantava a possibilidade muito concreta de a oposição poder ganhar. Putin tinha já visto uma outra antiga república soviética, a Geórgia, a sucumbir a um levantamento popular democrático após as muito disputadas eleições de 2003. Era um pequeno país com cinco milhões de habitantes na fronteira sul da nova Rússia, a espinha dorsal do Cáucaso. O presidente do país, Eduard Chevardnadze, fora o antigo ministro dos Negócios Estrangeiros da União Soviética, um conselheiro próximo de Mikhaíl Gorbatchov, e um homem que muitos russos responsabilizavam pela derrocada que se seguiu à *perestroika*. Chevardnadze regressou à sua república natal e cruzou-se com o poder após o violento nascimento da Geórgia enquanto Estado independente, fraturado por guerras instigadas por guerrilheiros russos, que estabeleceram as regiões dissidentes da Abcásia e da Ossétia do Sul no interior das fronteiras do país internacionalmente reconhecidas.

Depois da manipulação das eleições parlamentares na Geórgia em novembro de 2003, milhares de pessoas saíram às ruas em protesto. Tinham a preparação e o apoio financeiro de organizações internacionais fundadas por George Soros e pelo Congresso dos EUA, entre outros. Quando Chevardnadze tentou instalar o novo parlamento em 22 de novembro, os populares em protesto entraram no edifício, comandados pelo líder da oposição, Mikheil Saakachvili. Chevardnadze foi forçado a pedir ajuda ao Kremlin. Naquela noite telefonou a Putin, enquanto este jantava com os seus principais conselheiros num dos mais famosos restaurantes georgianos de Moscovo ([3]). Putin ordenou ao seu ministro dos Negócios Estrangeiros, Igor Ivanov, que voasse para Tblisi, a capital da Geórgia, como mediador, embora com instruções claras de não deixar uma multidão derrubar um chefe de Estado eleito. No fim, Ivanov falhou, e Chevardnadze, por ter interpretado erradamente o nível de apoio que tinha de Moscovo, demitiu-se. A «Revolução das Rosas», como ficou conhecida, catapultou Saakachvili para o poder. As eleições parlamentares foram seguidas pela sua eleição enquanto presidente em janeiro de 2004. Saakachvili considerava-se o Putin da Geórgia, um líder forte e determinado em restaurar a estabilidade no país. Num dos seus primeiros atos oficiais, voou para Moscovo para se encontrar com Putin, adulando-o como sua inspiração política. Contudo, Putin estava alarmado com a expulsão de Chevardnadze e com os instintos ocidentalizantes de Saakachvili. Putin respondeu à adulação com uma diatribe acerca dos antigos países do Pacto de Varsóvia que se tinham transformado em «escravos da América» ([4]). A partir deste momento, as relações da Geórgia com a Rússia deterioraram-se.

Para Putin, os interesses na Ucrânia eram muito maiores. A Geórgia era um estado-fantoche que não apresentava ameaças importantes à influência de Moscovo. A Ucrânia, pelo contrário, possuía profundos laços étnicos, culturais e económicos com a Rússia — e com Putin. Era a própria raiz histórica da Rússia: Rus' de Kiev, o feudo medieval cujo governante, Vladimir, *o Grande*, adotou o cristianismo em 988, e a fronteira dos impérios que se seguiram — a tradução literal do seu nome era Ucrânia, ou a «fronteira». As suas fronteiras sofreram alterações com o tempo: Partes do seu território ocidental pertenceram à Polónia e ao Império Austro-Húngaro; Estaline apropriou-se de parte do mesmo com o seu pacto secreto com Hitler em 1939 e do restante após o fim da Grande Guerra Patriótica. A moderna Ucrânia ganhou forma, mas parecia efémera, sujeita às forças maiores da geopolítica, tal como o foram muitos territórios fronteiriços ao longo da história. Em 1954, Nikita Krutchov decretou que a Crimeia, conquistada por Catarina, *a Grande*, no século XVIII, e heroicamente defendida contra os nazis, seria governada pela República Socialista Soviética Ucraniana a partir de Kiev, e não de Moscovo. Ninguém nessa época — e tão-pouco Putin quando aí passou a lua de mel duas décadas mais tarde — podia prever que um dia a Ucrânia e a Crimeia viriam a fazer parte de uma outra nação independente. Mesmo em 2004, parecia um acaso histórico que Putin, como muitos russos, só iria tolerar enquanto a nova Ucrânia permanecesse firmemente aninhada no abraço geopolítico da Rússia.

Em julho de 2004, três meses antes das eleições presidenciais na Ucrânia, Putin voou para a Crimeia para se encontrar com Kutchma e Victor Ianukovitch, que era primeiro-ministro de Kutchma desde 2002, quando este substituíra o homem que agora concorria como principal candidato da oposição, Victor Iuschenko. Apesar das reservas de Putin, que não o considerava o melhor candidato, (⁵) Kutchma tinha escolhido Ianukovitch como seu herdeiro político. O seu encontro com Putin naquele mês de julho ocorreu em Ialta — no mesmo edifício, o Palácio Livadia, onde os vencedores da Grande Guerra Patriótica tinham dividido o espólio de uma Europa que brevemente seria libertada. Também Putin tinha «esferas de influência» em mente naquele verão, e do seu ponto de vista, a Ucrânia estava firmemente com a Rússia.

Putin pressionou Kutchma para que pusesse fim ao seu namoro com a União Europeia e a OTAN. Este era especialmente insultado na Rússia à medida que furtiva e progressivamente se deslocava para o Ocidente. Apenas alguns meses antes, em março, a OTAN ampliara os seus países-membros de dezanove para vinte e seis, admitindo não só Bulgária, Eslováquia, Eslovénia e Roménia na Europa Oriental, mas também as três antigas repúblicas soviéticas, Lituânia, Letónia e Estónia, cada uma das quais acolhia uma apreciável população de russos. Muitos funcionários estado-unidenses e europeus aceitaram convictamente que a expansão da OTAN viria reforçar a segurança do continente forjando um coletivo defensivo de democracias, tal como a União Europeia apaziguara muitos dos impulsos nacionalistas que tantos conflitos tinham causado nos séculos passados. Putin aceitara relutantemente a expansão da OTAN em 2004, mas esta nova expansão era mais difícil de engolir. Tal como muitos na organização de segurança da Rússia, ele fora treinado para resistir, sabotar e, se necessário, combater a OTAN, e persistia um sentido de inimizade. Os funcionários citavam frequentemente as garantias que Mikhaíl Gorbatchov afirmava que lhe tinham sido dadas, durante a reunificação da Alemanha depois de 1989, de que a OTAN não se expandiria para leste (embora dirigentes dos EUA e da Europa insistissem que jamais tinham sido dadas tais garantias). Já era suficientemente humilhante que os países bálticos tivessem aderido à OTAN, mas influentes dirigentes estado-unidenses e europeus advogavam agora abertamente a inclusão de ainda mais ex-repúblicas soviéticas, incluindo a Geórgia e, agora, a Ucrânia. «A presença de soldados estado-unidenses na nossa fronteira gerou uma espécie de paranoia na Rússia», reconhecia, em abril de 2004, Serguei Lavrov, o novo ministro dos Negócios Estrangeiros de Putin, aquando da cerimónia do hastear das bandeiras dos novos estados-membros, que se realizou no exterior do quartel-general da aliança em

O CONTÁGIO LARANJA

Bruxelas. De facto, não havia estado-unidenses instalados nos estados bálticos, apenas uma esquadrilha rotativa de caças a jato europeus para patrulhar os céus sobre os novos territórios, mas a Putin parecia que o inimigo se encontrava aos seus portões. Tinham de ser detidos, e Putin traçou a linha na Ucrânia.

Em Ialta, ele e Kutchma discutiram a integração de um proposto Espaço Económico Comum, uma aliança económica informal entre a Rússia e a Ucrânia, conjuntamente com a Bielorrússia e o Cazaquistão, que, com o decorrer dos anos, se assumiria mais formalmente como uma união aduaneira e, por fim, como um bloco económico e político com o fim de rivalizar com a União Europeia. Putin tinha lançado a ideia no ano anterior, mas agora queria o apoio público explícito de Kutchma para a mesma. Isto significava inverter a estratégia formal que o governo de Kutchma divulgara um mês antes de apelar para que a Ucrânia procurasse ser membro da União Europeia e da OTAN. Por necessitar do apoio da Rússia no que se anunciava como a próxima eleição dos seus sucessores, que podia providenciar garantidamente um presidente da sua cor política depois de cessar as suas funções, Kutchma cedeu à pressão de Putin. Depois da reunião, anunciou que abandonara a estratégia que tinha acabado de anunciar e que iria apenas procurar estabelecer relações cordiais com as alianças que dominavam a Europa — uma inversão abrupta que deixou a oposição ucraniana assombrada.

Em privado, Putin e Kutchma também acertaram um acordo adicional: criaram uma nova empresa de comercialização de energia ([6]). Recebeu o desajeitado acrónimo de RosUkrEnergo, e a sua propriedade permaneceu deliberadamente vaga. Metade era detida por uma subsidiária da Gazprom, a empresa monopolista de gás na Rússia que progressivamente passara a integrar a visão de Putin de uma Rússia maior, controlada pelo Kremlin e gerida pelos seus aliados mais próximos de Sampetersburgo. A outra metade era detida por uma empresa nebulosa cujos sócios eram mantidos em segredo, e cujas participações eram geridas por um banco austríaco, Raiffeisen International. A nova empresa não foi registada nem na Rússia nem na Ucrânia, mas sim na Suíça ([7]). Este negócio obscuro sublinhou de que forma o interesse de Putin relativamente às eleições que se avizinhavam na Ucrânia se estendia muito além da política, e quanto os interesses financeiros apareciam na maior parte dos seus cálculos.

O gás natural, ainda mais do que o petróleo, tinha-se transformado na mais poderosa ferramenta da Rússia na sua política externa. As transações de petróleo fazem-se livremente, jorrando por toda a economia mundial; o gás exige gasodutos fixos, ligando os países da Europa à Rússia. A rede de gasodutos, que vinha da era soviética, deu influência à Rússia, e, com a subida dos preços da energia, a perspetiva de riqueza que Putin, quase uma década antes, defendera na sua dissertação, era o núcleo do poder estatal. A Ucrânia, através da qual passava a maior parte do gás da Rússia, representava uma chave de braço às ambições de Putin. Putin tinha a certeza de que enfrentava agora um esforço concertado para frustrar os seus planos. Quando apareceu no Palácio Livadia a seguir às suas conversações com Kutchma e Ianukovitch, Putin usou mesmo um termo do KGB para redes de agentes e informadores que traíam o Estado a favor de países que tentavam destruí-lo: *agentura*. «Os *agentura*, tanto no interior como no exterior dos nossos países, estão a tentar tudo o que lhes é possível para comprometer a associação entre a Rússia e a Ucrânia», disse ([8]).

«Olhem para a minha cara», declarou Victor Iuschenko quando regressou a Kiev, em 21 de setembro, depois de ter sido tratado no hospital austríaco. A origem do seu envenenamento, e mesmo o facto em si, não era claro, mas dirigiu-se diretamente ao parlamento ucraniano, a Rada Suprema, para acusar inimigos sem nome de tentarem impedir a sua candidatura. A sua aparência era sensacional. Iuschenko, um banqueiro central que ajudara a criar a nova moeda do país, a grívnia, servira enquanto primeiro-ministro de Kutchma durante dois anos, antes de ser afastado por aqueles que se opunham à sua visão ocidentalizante para o futuro da Ucrânia. Era um forte apoiante da União Europeia e da OTAN. O facto de a sua mulher ser ucraniano-estado-unidense da diáspora de Chicago só confirmava o pior para os seus críticos, incluindo Kutchma, que fora ouvido nas gravações secretas a clamar grosseiramente que ela era uma agente da CIA ([9]). (Também tinha mandado seguir ambos.) Agora, Iuschenko encontrava-se de pé no pódio da Rada e acusava os aliados de Kutchma de terem conspirado assassiná-lo. «O que me aconteceu não foi causado por alimentos ou pela minha dieta, mas sim pelo regime político deste país. Amigos, não estamos hoje a falar literalmente

O CONTÁGIO LARANJA

de comida, falamos da cozinha política ucraniana em que os assassínios estão na ementa.» ([10]) Oculto sob o seu fato, tinha um cateter na coluna, injetando sedativos para minimizar as dores que sentia. Quatro dias depois, voou de regresso a Viena para prosseguir com o tratamento.

Iuschenko não era um político carismático, mas a sua campanha foi bem financiada e astuta. Tinha escolhido uma mensagem simples — *Tak*, ou Sim — e adotou a cor laranja, cobrindo a cidade de bandeiras, faixas e anúncios. Também fez uma aliança com Iúlia Timochenko, uma corajosa nacionalista e magnata da energia que tinha manipulado o sistema soviético em queda para conseguir a sua própria riqueza, tal como fizera Mikhaíl Khodorkovski na Rússia. A sua ambição era espantosa e, enquanto mulher num meio político dominado por homens, usou descaradamente os seus atrativos como suporte político, entrelaçando o seu cabelo numa trança de camponesa que seria a sua marca registada. Com Iuschenko fora de campo para tratamento, assumiu a campanha por ele, proferindo denúncias cáusticas sobre a ação de Kutchma e a perspetiva de que Ianukovitch se limitaria simplesmente a aproximar o país ainda mais da Rússia.

À medida que as eleições se aproximavam, a campanha de Iuschenko ganhou impulso. Os relatórios de espionagem que chegaram a Putin naquela manhã devem ter confirmado os seus piores receios da perversidade ocidental, pormenorizando um elaborado plano para isolar a Rússia. O que estava a acontecer na Ucrânia devia ser apenas um prelúdio para um empurrão final à própria Rússia. Este enredo devia muito à imaginação febril do serviço de informações do país, mas os EUA, a Alemanha e outros países europeus alimentaram a febre doando dinheiro a organizações na Ucrânia que promoviam a democracia, a sociedade civil, a reforma das leis e o ambientalismo. Desde a queda da União Soviética, estas ONG (organizações não governamentais) operavam em toda a Europa de Leste, mesmo na Rússia, com o objetivo de apoiar os países recentemente independentes na transição dos sistemas de partido único para democracias abertas e pluripartidárias. Na Sérvia em 2000, depois na Geórgia em 2003, tinham apoiado os protestos políticos pacíficos que acabaram por fazer cair os seus governos esclerosados. Embora o seu financiamento fosse modesto, raramente mais do que alguns milhões de dólares ou euros por cada, representavam a *agentura* que Putin temia.

O NOVO CZAR

Os negócios russos, sob pressão do Kremlin, foram confrontados com pedidos de dinheiro para Ianukovitch na própria reunião em Ialta. Cerca de metade dos seiscentos milhões de dólares que se acreditava que a equipa de Ianukovitch tinha gasto — o equivalente a um por cento do PIB do país — veio da Rússia ([11]). Revelando a profundidade do seu envolvimento, Putin encarregou o seu diretor de pessoal, Dmitri Medvedev, da operação política do Kremlin na Ucrânia. Medvedev, que fora diretor das campanhas de Sobtchak e de Putin no passado, enviou consultores da sua confiança, incluindo Gleb Pavlovski e Serguei Markov, para a Ucrânia. Em agosto, os agentes políticos do Kremlin abriram um espaço chamado «Casa da Rússia» num hotel central de Kiev, ostensivamente para promover a boa vontade entre a Rússia e a Ucrânia, mas na realidade para conduzir a campanha do Kremlin por conta de Ianukovitch. Orquestraram o mesmo tipo de operação que caracterizara as eleições russas: cobertura acrítica na televisão estatal de comícios encenados para Ianukovitch e ataques ferozes a Iuschenko como agente do Ocidente. Uma reserva de cartazes produzidos pelos conselheiros de Ianukovitch mostrava o lema laranja de Iuschenko sob uma imagem do presidente Bush a montar a Ucrânia como um vaqueiro. A mulher de Ianukovitch, Ludmila, insinuou num comício em Donetsk que os estado-unidenses tinham fornecido aos apoiantes de Iuschenko botas de feltro e laranjas envenenadas com narcóticos — comentários que foram imediatamente alvo de uma mixagem sonora para uma canção *pop* que seria a banda sonora da insurreição iminente.

Putin, por seu lado, envolveu-se diretamente na campanha, encontrando-se repetidamente com Kutchma e Ianukovitch. Na véspera da primeira volta da votação, no dia 31 de outubro, viajou para Kiev para uma visita de Estado que ostensivamente celebrava o sexagésimo aniversário da libertação da Ucrânia dos nazis pela União Soviética em 1944. Na noite antes da parada, chegou mesmo a aparecer durante o horário nobre nos três canais estatais de televisão para uma entrevista com perguntas feitas telefonicamente pelo público, na qual fingiu magnanimidade e preocupação no que dizia respeito às questões que os Ucranianos enfrentavam. Inclinou-se perante a independência e soberania da Ucrânia, mas também deixou claro que um erro histórico tinha separado as duas nações-irmãs da sua aliança histórica natural ([12]).

350

O CONTÁGIO LARANJA

Várias das perguntas, que eram enviadas por correio eletrónico, faxe ou através de telefone em direto, lamentavam o desaparecimento da União Soviética. Um espectador pediu a Putin que se candidatasse a presidente da Ucrânia. Putin objetou. Era impossível reconstruir a União Soviética, disse, mas o futuro da Ucrânia residia no reforço dos laços económicos com a Rússia. Nunca mencionou Iuschenko, mas, por cinco vezes, elogiou a administração de Ianukovitch enquanto primeiro-ministro. Putin, agora já habituado a este formato de programas, exalava encanto e humildade. O apresentador anunciou efusivamente que havia seiscentos telefonemas por minuto a chegar às linhas telefónicas. Putin recitou — em ucraniano — um fragmento de um poema de Taras Chevchenko, poeta nacional ucraniano, embora tivesse de admitir que, apesar de compreender alguma coisa de ucraniano, não sabia falar o idioma. Um pequeno estudante chamado Andrei quis saber se podia ser fotografado com ele — «Vladimir Vladimirovitch, acreditas em sonhos?», começou —, e no dia seguinte, Putin, agradecido, apareceu com o pequeno Andrei no escritório de Kutchma e ofereceu-lhe um computador portátil. Durante a parada militar, Putin ficou ao lado de Kutchma e Ianukovitch no palanque oficial, enquanto milhares de soldados em passo de ganso desfilavam com uniformes clássicos, empunhando estandartes do Exército Vermelho. (Em dado momento, Ianukovitch tentou oferecer a Putin uma pastilha elástica, dando origem a um olhar atónito de repugnância pelos seus modos grosseiros.) ([13])

Por muito evidentes que fossem as suas encenações, as aparições de Putin ecoavam em alguns ucranianos; naqueles que invejavam o crescente nível de vida da Rússia ou que acalentavam a mesma saudade da era soviética que muitos russos. Contudo, a Ucrânia era mais pluralista do que a Rússia, e a sua democracia era menos «dirigida». A televisão estatal servia o poder e atacava diariamente Iuschenko, insinuando que a sua doença fora causada por *sushi* ou por sífilis, mas o controlo de Kutchma sobre os meios de comunicação não era absoluto. O Canal 5, propriedade de um magnata do chocolate, Petro Porochenko, lançou-se desassombradamente no apoio a Iuschenko. Tornou-se na voz da campanha da oposição, desafiando o governo a tentar, sem sucesso, tirar-lhe a licença de emissão. A intervenção sem precedentes de Putin numa campanha eleitoral de outro país também teve um papel no principal argumento da oposição: que um voto em Ianukovitch iria simplesmente devolver o país ao império do qual tinha conquistado a sua independência. Que alguém tivesse pedido seriamente a Putin que se tornasse dirigente da Ucrânia era de mais. Os *apparatchiks* políticos do Kremlin nunca apreciaram isso, porque Putin também não apreciou. Os estrategos de Putin também calcularam mal o grau com que o grosseiro sentimento anti-EUA, que funcionava na política russa, iria ecoar na Ucrânia.

Quando a primeira volta das eleições se realizou em 31 de outubro, Iuschenko recebeu 39,87 por cento dos votos, ultrapassando os 39,32 por cento de Ianukovitch, com os outros vinte candidatos a dividirem o resto. As sondagens à boca das urnas pagas pela *agentura* ocidental mostravam Iuschenko à frente por uma margem ainda maior, e, com notícias generalizadas de fraudes na contagem de votos e outras irregularidades, alguns membros da oposição, incluindo Iúlia Timochenko, queriam protestar nas ruas, como se tinham preparado durante todo o verão para fazer. Todavia, Iuschenko estava satisfeito por celebrar o seu inesperadamente forte desempenho e prometeu que iria vencer na segunda volta marcada para três semanas depois, em 21 de novembro.

Após o desempenho apagado de Ianukovitch, Putin redobrou os seus esforços. Com ambos os candidatos a cortejar os derrotados da primeira volta, Putin pressionou o dirigente comunista russo, Guenadi Ziuganov, para usar a sua influência com Petro Simonenko, o candidato comunista ucraniano, que recebera cinco por cento dos votos. Ziuganov concordou, mas tinha um preço: o Kremlin tinha de assegurar financiamento ao Partido Comunista da Rússia e pôr fim à cobertura negativa do mesmo na televisão estatal. O Kremlin assim fez, durante algum tempo, mas a tática falhou, uma vez que também Simonenko estava furioso com a votação, acreditando que mais de cinquenta mil votos comunistas lhe tinham sido subtraídos na primeira volta. Assim, apelou aos membros do seu partido que votassem contra ambos os candidatos na segunda volta ([14]).

Putin viajou então para a Ucrânia, para mais uma visita de trabalho, encontrando-se mais uma vez com Kutchma e Ianukovitch na Crimeia para inaugurar o serviço regular de barcos entre a península e o continente russo, e juntos viajaram ao longo da costa da Crimeia até ao Centro Infantil Internacional Artek, um famoso retiro da era soviética que acolhia então

O CONTÁGIO LARANJA

centenas de crianças que tinham sobrevivido ao atentado terrorista de Beslan. Os agentes do Kremlin, incluindo Medvedev, continuavam confiantes na vitória de Ianukovitch, em parte porque Kutchma e Ianukovitch também estavam. Ainda assim, Putin pressionou Ianukovitch para fazer mais com os recursos do governo disponíveis com vista a incentivar a participação eleitoral, uma prática que tivera bons resultados na Rússia ([15]).

Para preparar a segunda volta, os funcionários eleitorais encheram as listas de eleitores com «almas mortas», inflacionando artificialmente a base eleitoral nas zonas orientais que apoiavam Ianukovitch. Em Donetsk, a participação eleitoral na segunda volta aumentou quase vinte pontos percentuais, para uns inacreditáveis 96,7 por cento. No dia da segunda volta, os eleitores foram transportados de autocarro para votar em Kiev depois de terem votado nos seus próprios distritos; centenas deles foram detetados de forma flagrante ([16]). A campanha de Iuschenko tinha antecipado a fraude, mas a sua flagrância provocou o escândalo. Quando as assembleias de voto fecharam naquela noite, os apoiantes de Iuschenko, com roupas cor de laranja e agitando bandeiras laranja, encheram as ruas em torno da praça central de Kiev, Maidan Nezalejnosti, ou Praça da Independência. Na manhã seguinte, a multidão tinha atingido dezenas de milhares de manifestantes, quando a comissão eleitoral anunciou os resultados preliminares que revelavam Ianukovitch como vencedor com 49 por cento dos votos, contra 46 por cento de Iuschenko, mesmo com as sondagens à boca das urnas pagas por ONG dos EUA e da Europa a darem o último como vencedor com onze pontos de diferença. Os observadores internacionais das eleições ergueram imediatamente dúvidas quanto ao procedimento e à contagem de votos, mas Putin, que tinha passado os últimos três dias na América Latina numa cimeira de países da Cooperação Económica Ásia-Pacífico, telefonou prontamente do Brasil a felicitar Ianukovitch.

Os apoiantes de Iuschenko rapidamente ergueram uma tenda na Maidan, jurando permanecer no local até o resultado eleitoral ser revogado. Apesar do escândalo em torno da fraude, o estado de espírito da multidão era festivo. Músicos *pop* atuavam entre os discursos de Iuschenko e dos seus apoiantes. Os conselheiros de Kutchma estavam transtornados, divididos sobre o que fazer. Os jornalistas começaram a

O NOVO CZAR

revoltar-se contra as redes de televisão estatais, incluindo um intérprete de linguagem gestual, que ignorou o guião oficial do apresentador no principal canal estatal e começou a divulgar a verdade em linguagem gestual. «Os resultados anunciados pela Comissão Eleitoral Central são uma fraude», gesticulou, «não acreditem neles». Como o governo de Kutchma não tomou nenhuma decisão imediata para afastar os manifestantes, mais pessoas inundaram a praça — não só ativistas políticos, mas pessoas comuns, inclusivamente pais que levavam consigo os filhos para testemunharem aquilo que sentiam como um momento marcante na jovem história da Ucrânia. Subitamente, era mais do que um apoio transbordante a Iuschenko. Apesar de todos os problemas do país, das suas paralisantes heranças soviéticas, os Ucranianos, ao contrário dos russos, estavam dispostos a ocupar as ruas para exigir justiça e responsabilidade aos seus líderes. Em 23 de novembro, Iuschenko pronunciou um juramento simbólico de posse, proclamando-se o vencedor numa sessão do parlamento sem quórum, apenas para depois ouvir no dia seguinte a comissão eleitoral declarar Ianukovitch o vencedor oficial após o escrutínio final. Putin enviou de novo as suas felicitações, desta vez numa carta dirigida a Ianukovitch, afirmando que os Ucranianos tinham «optado pela estabilidade», mas as multidões não paravam de aumentar, montando cerco ao parlamento e ao edifício presidencial num mar cor de laranja. Era o pior pesadelo de Putin.

Putin voou da América do Sul para Bruxelas para um encontro com os líderes da União Europeia, a maioria dos quais tinha recusado reconhecer os resultados eleitorais na Ucrânia e exigia uma investigação à fraude. A parceria amigável que Putin esperava desenvolver com os Europeus — com a promessa de estender a cooperação à energia, segurança, comércio e circulação de pessoas — ganhara progressivamente tensão, e a Ucrânia praticamente a quebrou. «Estou convencido de que não temos mais o direito de incitar a distúrbios em massa num Estado europeu supremo», disse Putin depois de um tenso encontro privado com os líderes. Não estava mais do que a acusá-los de encorajarem as pessoas a concentrarem-se nas ruas de Kiev. «Não devemos transformar numa prática internacional a resolução de disputas deste tipo por meio de tumultos nas ruas.»

A insistência de Putin em que o resultado era «absolutamente claro» deixou a Rússia sem estratégia alternativa, e o Kremlin teve de lutar para acompanhar o ritmo dos acontecimentos. O parlamento da Ucrânia, ao sentir que a maré política era favorável a Iuschenko, votou e declarou inválidos os resultados das eleições. Os membros das forças de segurança da Ucrânia, incluindo o discreto sucessor do KGB, começaram a dividir-se e a pôr-se ao lado dos manifestantes. Igor Smechko, o general que havia dois meses participara na ceia tardia antes do envenenamento que desfigurara Iuschenko, agora também pendia para o campo deste último, avisando de que a tropa no interior do país resistiria a qualquer ordem de endurecimento. Putin pressionara Kutchma a resistir ao impulso para um compromisso, sugerindo fortemente que ele negociasse com firmeza com a massa dos protestantes. «Putin é um homem duro», diria Kutchma mais tarde. «Ele não disse diretamente "Põe os tanques na rua". Foi comedido nos seus comentários, mas foram feitas algumas sugestões.» ([17])

Ianukovitch retirou-se para Donetsk, a sua terra natal, para participar num congresso de líderes políticos das regiões orientais que lhe permaneciam profundamente fiéis, bem como à Rússia: Donetsk, Lugansk e Carcóvia. Reunido num recinto de patinagem em Severodonetsk, o congresso votou unanimemente pela declaração da autonomia das suas regiões se o caos de Kiev persistisse. A assembleia regional prontamente votou o agendamento de uma votação sobre a autonomia para a semana seguinte. Iuri Lujkov, o presidente da câmara de Moscovo, esteve presente e pareceu ceder à aprovação do Kremlin aos apelos de separatismo. Denunciou os líderes da oposição chamando-lhes «sabá de bruxos» que fingia «representar toda a nação». A Donbas, bacia do rio Donets e região industrial da Ucrânia, separar-se-ia antes de acordar qualquer compromisso que pudesse instalar Iuschenko.

Na noite de 2 de dezembro, Putin chamou Kutchma a Moscovo; encontraram-se no salão VIP do Aeroporto de Vnukovo enquanto Putin se preparava para partir numa visita de Estado à Índia. Na Ucrânia, o parlamento continuava a debater a mecânica para a realização de novas eleições, enquanto o supremo tribunal do país escutava os argumentos de Iuschenko para a anulação dos resultados das anteriores. Putin acolheu então o apelo de Kutchma para uma votação inteiramente nova como melhor hipótese de prevenir a vitória de Iuschenko. «Uma repetição da

O NOVO CZAR

segunda volta pode também não resultar em nada», declarou Putin. «Que acontece então? Haverá uma terceira, quarta, vigésima quinta até um dos lados obter o resultado necessário?» ([18])

No dia seguinte, após uma semana de audições que foram transmitidas para todo o país, o Supremo Tribunal da Ucrânia interveio para ordenar uma nova votação, afirmando que a segunda volta fora tão «desfigurada por violações maciças e sistemáticas», que era impossível determinar quem tinha genuinamente ganho. Foi uma vitória absoluta para Iuschenko, e o centro de Kiev irrompeu em celebração. Para Putin, era uma derrota absoluta.

Três semanas mais tarde, realizou-se a repetição da segunda volta das eleições. Entre a decisão do tribunal e a votação, os médicos de Iuschenko na Áustria tinham finalmente determinado que ele fora envenenado por dioxina. As acusações de que a enfermidade de Iuschenko fora uma encenação, usando uma qualquer outra doença para conquistar a simpatia dos eleitores, pareciam agora uma cobertura cínica de uma conspiração obscura, por parte de um sistema profundamente corrupto disposto a recorrer ao envenenamento para afastar um candidato. Quando se realizou a segunda volta, sob um escrutínio internacional ainda maior, Iuschenko venceu com quase cinquenta e dois por cento dos votos; Ianukovitch recebeu quarenta e quatro por cento. Apesar da investigação, a questão de quem o tinha envenenado nunca teve resposta. O próprio Iuschenko revelou uma estranha falta de interesse pela investigação, apesar do desfiguramento horrível que lhe fora provocado ([19]). Mais tarde, diria que suspeitava do seu anfitrião, Volodimir Satsiuk. Quando Iuschenko assumiu funções, Satsiuk foi interrogado por investigadores e a sua casa de campo foi revistada em busca de vestígios de dioxina, mas nunca foi declarado suspeito ([20]). Contudo, em junho de 2005, Satsiuk deixou a Ucrânia e partiu para a Rússia, onde recebeu a cidadania. Iuschenko começou a acreditar que Putin estava a abrigar o seu potencial assassino.

A Revolução Laranja, como ficou conhecida, foi tratada na Rússia como uma derrota humilhante, e no Kremlin, como um aviso ominoso. Putin, o tático, fora ludibriado num combate geopolítico, e guardou a experiência como um ressentimento. O Kremlin respondeu intensificando a pressão sobre as ONG russas, redobrando a caça a espiões estrangeiros

O CONTÁGIO LARANJA

e criando o seu próprio movimento de juventude para conter qualquer manifestação de dissidência juvenil. Recebeu o nome de Nashi, e as suas ideologia e práticas possuíam mais do que uma mera semelhança com as do Komsomol da União Soviética, ou até, para os críticos, com as da Juventude Hitleriana. Putin passou progressivamente a agir de forma defensiva e cada vez mais desconfiado das censuras internacionais acerca do registo russo sobre os direitos democráticos básicos. Considerava-as hipócritas, especialmente vindas dos EUA, os quais, com a presidência de Bush, seguiam uma política externa hiperagressiva que derrubara governos no Afeganistão, Iraque, e agora, acreditava, na Ucrânia. As suas relações inicialmente calorosas com Bush tinham esfriado, e estavam prestes a gelar.

Pouco depois da cerimónia de posse para um segundo mandato, em janeiro de 2005, os dois homens encontraram-se em Bratislava, a capital da Eslováquia. Bush proferira um discurso nessa manhã na Praça Hviezdoslav, poucas horas antes de o voo de Putin ter chegado à cidade. Tinha feito da promoção da democracia — a «agenda da liberdade», conforme lhe chamara — o tema central do seu segundo mandato, e agora aclamava os levantamentos populares na Geórgia e na Ucrânia. As recentes eleições no Iraque, dissera, eram parte da inevitável marcha da democracia que tinha começado com a Revolução de Veludo na então unificada Checoslováquia em 1989. Não fizera menção à Rússia, mas declarou que «no fim, o grito da liberdade chegará a todos os espíritos e a todas as almas. E um dia, a promessa da liberdade alcançará todos os povos em todas as nações».

Na Eslováquia, os dois presidentes estavam acompanhados pelas suas mulheres, que apareceram com eles para a fotografia oficial, com a neve a cair sobre a entrada do Castelo de Bratislava. Depois do chá, Ludmila, cujas atividades públicas tinham diminuído de forma evidente após a reeleição de Putin no ano anterior, juntou-se a Laura Bush numa visita para apreciarem as tapeçarias do Palácio dos Primados no coração do antigo centro da cidade; juntas escutaram um coro de rapazes a cantar em russo e em inglês ([21]). Contudo, quando os dois homens se encontraram no interior do castelo, Putin abandonou qualquer pretensão de amizade afável. Quando Bush manifestou as suas apreensões quanto à prisão de Mikhaíl Khodorkovski, ao estrangulamento dos meios de comunicação

357

social e à «falta de progresso» no que dizia respeito à democracia, Putin contra-atacou. Comparou a sua decisão de acabar com as eleições dos governadores regionais, anunciada após os acontecimentos de Beslan, com o uso do Colégio Eleitoral nas eleições presidenciais estado-unidenses. A acusação de Khodorkovski não era diferente da acusação da Enron, a empresa energética sediada no Texas que entrou em falência em 2001. A reunião durou quase duas horas. O tom de Putin era trocista e sarcástico, tendo irritado Bush a ponto de quase querer esbofetear o intérprete ([22]). «Não me venha dar lições sobre liberdade de imprensa», troçou Putin a determinada altura, «não depois de ter despedido aquele repórter». Bush ficou momentaneamente desconcertado. Depois percebeu que Putin se referia ao escândalo que surgira após a reportagem de Dan Rather para a CBS sobre o serviço militar de Bush na Guarda Nacional Aérea, que era baseada em documentos que não podiam ser autenticados. Rather teve de apresentar desculpas e foi obrigado a demitir-se, e agora Putin mencionava-o para acusar Bush de suprimir a liberdade de imprensa. «Sugiro fortemente que não diga isso em público», disse-lhe Bush. «Os estado-unidenses irão pensar que não compreende o nosso sistema.» ([23]) Mais tarde, a conferência de imprensa conjunta revelou como as diferenças entre ambos já não podiam ser ocultadas, a bem da diplomacia. Putin repetiu a sua afirmação de que o Colégio Eleitoral era uma prática fundamentalmente antidemocrática. Um jornalista russo escolhido pelo Kremlin levantou então a questão que Putin tinha acabado de discutir em privado com Bush, interrogando por que razão Putin não tinha levantado publicamente a questão da violação de direitos nos EUA. («Que coincidência!», disse Bush ter pensado depois.) A parceria que Bush imaginara, quando fitou Putin nos olhos quatro anos antes, nunca foi realmente recuperada. «Talvez a devêssemos ter visto como próxima», escreveu mais tarde Condoleezza Rice, então secretária de Estado de Bush, «mas este Putin era diferente do homem com quem nos encontrámos pela primeira vez na Eslovénia» ([24]).

As eleições na Ucrânia, realizadas depois dos acontecimentos de Beslan, foram manifestamente um ponto de viragem para Putin e para a Rússia. O seu instinto inicial de aproximar a Rússia de uma cooperação mais estreita com o Ocidente, se não o de criar uma aliança, desvanecera-se tão firmemente como aumentara o seu poder político e económico.

Quando proferiu a sua comunicação anual à Duma e ao Conselho da Federação em abril, apelou a uma nova unidade nacional contra aqueles que ousassem desafiar o Estado, dentro ou fora da Rússia. Começou com um preâmbulo em que defendia que o país precisava de considerar «o aprofundamento do significado de valores como a liberdade e a democracia, a justiça e a legalidade», e prosseguiu expressando uma afirmação que, para muitos, confirmava o pior sobre os instintos de Putin: uma persistente nostalgia em relação à glória da União Soviética.

«Antes de mais», disse, «devemos reconhecer que o desmoronamento da União Soviética foi a maior catástrofe geopolítica do século. Para o povo russo, foi um verdadeiro drama. Dezenas de milhões dos nossos concidadãos e compatriotas viram-se fora do território russo. A epidemia de desintegração espalhou-se à própria Rússia». Putin não desejava restaurar o sistema soviético ou comunista — quem quer que o deseje, dissera, não tem cérebro —, mas, pela primeira vez, começou a enquadrar a sua liderança num contexto histórico mais amplo. Queria restaurar algo mais antigo, mais rico e mais profundo: a ideia de nação russa, o império da «terceira Roma», traçando o seu próprio curso, indiferente à imposição de valores externos. Era uma velha ideia russa, e ele encontrara o modelo para ela nos livros de História que dizia privilegiar.

Muito menos notada na altura do que o lamento pela «catástrofe» da desintegração soviética era a sua referência a Ivan Ilin, um filósofo, político e religioso, repetidamente preso pelos bolcheviques e finalmente expulso em 1922. As ideias de Ilin proporcionaram um fundamento intelectual à compreensão evolutiva de Putin da restauração da Rússia e tornar-se-iam mais evidentes em debates políticos ulteriores. Como um bielorrusso no exílio, Ilin abraçava uma visão de uma identidade ortodoxa russa que o sistema secular comunista estava empenhado em destruir. Nas suas obras, Putin encontrou muitos argumentos para sustentar o Estado que queria criar, inclusivamente a noção de «democracia soberana». Putin não lamentava o desaparecimento do sistema soviético, mas sim o desaparecimento da histórica ideia russa. Foi a primeira vez que Putin citou Ilin, cujos textos só começaram a circular livremente na Rússia após a *perestroika*: «Não nos esqueçamos disto», disse Putin. «A Rússia é um país que escolheu a democracia pela vontade do seu próprio povo. Escolheu este caminho de livre vontade e decidirá por si qual a melhor forma de assegurar que os princípios da liberdade e da democracia sejam aqui concretizados, considerando as nossas próprias particularidades históricas, geopolíticas e outras, e respeitando todas as regras democráticas fundamentais. Enquanto nação soberana, a Rússia pode e irá decidir por si mesma o calendário e as condições do seu progresso ao longo deste caminho.»

A referência de Putin a um filósofo pouco conhecido fora da Rússia, ou mesmo dentro dela, coincidiu com o repatriamento dos seus restos mortais, conjuntamente com os do general Anton Denikin, um comandante imperialista do lado derrotado na guerra civil. Ilin fora sepultado na Suíça; Denikin nos EUA, mas Putin apoiou a campanha para serem sepultados na sua pátria, no Mosteiro Donskoi em Moscovo ([25]). Dizia-se que tinha pago pessoalmente a nova lápide da sepultura de Ilin. Tudo isto levou a um reavivar do interesse nas obras do filósofo. A CIA (Central Intelligence Agency) movimentou-se para preparar uma análise sobre o papel das mesmas no pensamento de Putin e sobre o que poderiam pressagiar em relação ao futuro. Ilin antecipava a ortodoxia, o patriotismo, a lei e a propriedade privada como os alicerces do Estado. Escrevendo do exílio durante o domínio de Estaline e a Grande Guerra Patriótica, elogiou os heróis da guerra civil com uma reverência e um romantismo que encontraram eco na nova Rússia. Putin parecia encontrar muito de que gostar nas palavras de Ilin. «O herói carrega o fardo da sua nação, o fardo dos seus infortúnios, das suas lutas, da sua busca, e ao carregar esse fardo, vence — vence desde logo sozinho apenas por isto, indicando a todos o caminho para a salvação. E a sua vitória torna-se num protótipo e num farol, num feito e no chamamento, a origem da vitória e o início da vitória para todos aqueles ligados a ele num único e completo amor patriótico. É por isso que ele permanece para o seu povo como uma fonte viva de regozijo e alegria, e o seu próprio nome soa a vitória.» ([26])

Em 9 de maio de 2005, o Kremlin celebrou o sexagésimo aniversário da vitória na Grande Guerra Patriótica com uma cerimónia mais extravagante do que nunca. Os planos grandiosos incluíam dezenas de cerimónias e concertos e uma parada militar na Praça Vermelha, uma tradição que Putin recuperara depois dos anos em que Ieltsine abolira os feriados e tradições soviéticos. À parada, assistiram cinquenta e sete dignitários, incluindo os dirigentes das nações vencedoras e derrotadas na guerra — de George Bush a Gerhard Schröder, Silvio Berlusconi e Junichiro Koizumi. Para Putin, a guerra era a tónica do seu novo nacionalismo. A aproximação do aniversário fizera reviver os debates sobre o domínio soviético na Europa Central e Oriental após a guerra, mas Putin rejeitou os apelos para que a Rússia explicasse os aspetos mais obscuros do passado soviético, mais notoriamente o pacto Molotov-Ribbentrop com a Alemanha nazi em 1939, que conduziria à ocupação pela União Soviética de parte da Polónia naquele mesmo ano e dos Estados bálticos um ano mais tarde. Como consequência, os presidentes da Lituânia e da Estónia recusaram comparecer. A presença da presidente da Letónia, Vaira Vike-Freiberga, provocou ruidosos protestos dos ativistas Nashi diante da embaixada do país em Moscovo. Pelo seu papel enquanto intermediário nas conversações durante as eleições na Ucrânia, Aleksandr Kwasniewski da Polónia foi manifestamente afrontado, relegado para a fila de trás do palanque oficial que encobria o Mausoléu de Lenine ([27]).

Putin não reconheceria mais as faltas de Estaline durante a guerra — incluindo a cumplicidade com Hitler antes do conflito, a chacina desnecessária de soldados, a pilhagem durante a marcha para Berlim — do que os propagandistas soviéticos. A guerra da nova ideologia de Putin era a guerra da sua juventude: nobre, justa, sem mácula nem arrependimento. «As batalhas de Moscovo e Estalinegrado, a coragem dos sitiados de Leninegrado e as vitórias em Kursk e em Dnieper decidiram o desfecho da Grande Guerra Patriótica», disse. «Com a libertação da Europa e a batalha de Berlim, o Exército Vermelho conduziu a guerra ao seu fim vitorioso. Queridos amigos! Nunca dividimos a vitória como nossa e deles.» Observou que o «sacrifício comum» unira as quinze repúblicas da União Soviética, agora nações independentes que seguiam os seus próprios rumos, no caso dos países bálticos, da Geórgia e, para grande frustração de Putin, da Ucrânia. A reconciliação entre a Alemanha e a Rússia, disse, devia ser um modelo de relações internacionais para o século XXI. No entanto, não longe do Kremlin, o Museu Púchkine comemorava o sexagésimo aniversário com uma exposição de 552 obras de arte antigas, incluindo bronzes gregos, figuras etruscas e fragmentos de frescos romanos de que a União Soviética se tinha apoderado num búnquer em Berlim e que a Rússia recusava devolver ([28]).

Capítulo 16

Kremlin, Inc.

Uma semana antes da segunda volta das eleições presidenciais de dezembro de 2004 na Ucrânia, a Rússia desmantelou a Iukos Oil. Nos seus comentários públicos desde que o processo se iniciara, Putin tinha insistido que o Kremlin não tinha intenção de o fazer, e muita gente — os outros magnatas, investidores estrangeiros, russos comuns — tinha mais ou menos acreditado nele. Tinham assumido que mesmo que toda a acusação estivesse ligada a alguma animosidade contra Khodorkovski, Putin não destruiria a empresa mais rica do país. Contudo, à medida que o ataque acusatório continuava contra Khodorkovski e a própria Iukos, tornou-se mais difícil a Putin declarar a sua inocência ou negar aquilo que se estava a tornar óbvio. Ele podia não ter iniciado as acusações fiscais e criminais contra a Iukos, segundo um funcionário do Kremlin, mas «em algum momento deixou de ser observador para passar a ser participante, e depois líder» da demolição final da empresa e da redistribuição do seu ativo mais valioso, a joia da coroa do seu império do petróleo ([1]).

A Iuganskneftegaz era a principal unidade de produção da Iukos. Estava localizada num afluente do rio Ob na Sibéria ocidental. Os primeiros poços tinham sido perfurados nos anos sessenta do século xx durante a expansão petrolífera soviética, mas a produção tinha diminuído regularmente com o tempo, gritantemente mal gerida antes e depois do desmoronamento soviético. O banco de Khodorkovski adquirira o projeto como parte do famigerado negócio «ações por empréstimos» que protegeu a presidência de Ieltsine. Os investidores do banco pagaram uns meros cento e cinquenta milhões de dólares pela Iuganskneftegaz, e, após alguns anos de turbulência, trouxeram conhecimento especializado e tecnologia para a reestruturar ([2]). Quando Khodorkovski foi detido, a unidade produzia sessenta por cento do petróleo da empresa.

O ministro da Justiça anunciou que iria confiscar e leiloar a Iuganskneftegaz apenas cinco dias antes do julgamento de Mikhaíl Khodorkovski e do seu sócio, Platon Lébedev, que teve início em julho de 2004 num pequeno e fortemente policiado tribunal no norte de Moscovo. Os procuradores ainda não tinham terminado as suas alegações iniciais sobre as onze acusações de crimes que Khodorkovski enfrentava, quanto mais pedido a sua condenação por qualquer delito, mas a expropriação do ativo mais valioso da empresa não se fez esperar. Os apoiantes de Khodorkovski reuniram-se no exterior para um protesto no primeiro dia do seu julgamento e reapareceriam periodicamente durante os dez meses seguintes, mas o processo parecia já um desfecho passado. O julgamento foi tão crivado de violações processuais, incluindo o assédio aos acusados e às testemunhas, bem como aos seus advogados, que era bem uma reminiscência da farsa judicial soviética. E tal como os primeiros julgamentos dessa época, o espetáculo acusatório enviava um calafrio intencional à nata política e económica, silenciando até as poucas vozes dispostas a falar depois da prisão de Khodorkovski. Outras das principais empresas petrolíferas movimentaram-se rapidamente para repudiar o tipo de truques usados pela Iukos para reduzir os seus impostos e, pelo contrário, alardearam quanto estavam dispostas a pagar em impostos. À exceção dos apoiantes de Khodorkovski, os seus porta-vozes, investidores, advogados, amigos e família, cada vez menos pessoas se atreviam a enfrentar abertamente o Kremlin de Putin em qualquer assunto. «Estou muito assustado para citar nomes agora», referiu Arkadi Volski, o líder da associação de industriais, a um canal de televisão, dizendo que sabia quem estava por trás do caso Iukos. «Estou simplesmente apavorado. Afinal, tenho seis netos, e quero-os vivos.» ([3]) Por esta franqueza, foi rapidamente substituído enquanto líder da associação.

Publicamente, Putin mantinha um distanciamento estudado dos processos judiciais, como se não os aprovasse. No entanto, a decisão de confiscar e leiloar a subsidiária da Iukos deixou claro que afastar Khodorkovski da vida pública já não era o único objetivo: o desmembramento da própria Iukos parecia agora inevitável, e uma decisão desta magnitude podia apenas partir do topo. O valor da subsidiária excedia largamente os 3,4 mil milhões de dólares que a empresa alegadamente devia ao Estado por fuga aos impostos. A Iukos tinha já começado a pagar essa dívida na esperança de se salvar, mas as autoridades fiscais anunciaram novas auditorias e novas coimas por fuga aos impostos nos anos subsequentes, e rejeitaram os esforços dos gestores da Iukos para negociar qualquer plano de pagamentos. A dívida logo ascendeu a vinte e quatro mil milhões de dólares, mais do que o valor remanescente da empresa. Putin não tinha interesse em recuperar os impostos para encher os cofres do país (⁴); ele queria o próprio ativo. Em 18 de novembro, o fundo imobiliário da Rússia anunciou o preço inicial de 8,65 mil milhões de dólares para a licitação da Iuganskneftegaz, consideravelmente menos do que a avaliação de dezoito a vinte e um mil milhões de euros efetuada por uma empresa alemã, o Dresdner Bank, a pedido do governo. Marcou também a data mais breve possível para o leilão, de acordo com a lei, 19 de dezembro, e manteve-a, apesar de recair num domingo. A única questão era quem seria o comprador.

À medida que o leilão se aproximava, Putin teve de mediar um combate ganancioso entre o seu círculo de lealistas, os quais elevara aos mais altos cargos do Estado e da indústria. Já não enfrentava desafios políticos significativos fora do Kremlin, mas no seu interior as fações que lhe eram mais próximas manipulavam tal como os boiardos o tinham feito no tempo dos imperadores. Como em qualquer corte, os cortesãos estavam por vezes em desacordo, mas neste caso o conflito não era sobre ideologia ou perspetivas entre os «liberais» e os *siloviki*. Agora, tratava-se de poder e dinheiro. Os cortesãos cercavam a Iukos, ferida, como lobos, antecipando os lucros que chegariam com o maior ativo da empresa. Entre os cortesãos, encontravam-se alguns dos assessores de maior confiança de Putin: Dmitri Medvedev e um «politburo» de conservadores da linha dura — Igor Sechin, Victor Ivanov e Nikolai

Patrutchev —, que defendiam o reforço do controlo do Estado sobre os recursos naturais ([5]).

Medvedev fora presidente da Gazprom desde 2000, trabalhando para exercer um maior controlo governamental sobre uma empresa que era tecnicamente privada, embora o Estado detivesse trinta e oito por cento das suas ações. Putin queria o controlo absoluto deste gigante da energia, que, por sua vez, controlava quase um quinto das reservas mundiais de gás natural e milhares de quilómetros de gasodutos que mantinham a Europa aquecida, e o seu plano inicial para o conseguir era fazer que a Gazprom absorvesse a Rosneft, a depauperada empresa estatal que ele tinha regularmente favorecido com apoio político e licenças, especialmente na Chechénia, onde nenhuma outra empresa se atrevia a trabalhar depois de ter começado a segunda guerra ([6]). Uma vez que a Rosneft era totalmente detida pelo Estado, a fusão daria ao Kremlin uma posição de controlo num gigante da energia tão rico como a Exxon e tão flexível como a Aramco da Arábia Saudita. Esta ideia radica-se nos tempos de Putin em Sampetersburgo, quando ele e os seus amigos supervisionavam os acordos de negócios da província e transações de petróleo, e escreviam as suas teses académicas acerca da necessidade da mão firme do Estado. Agora, apenas alguns anos mais tarde, estavam na iminência de concretizar a sua visão à escala nacional.

Putin aprovou o negócio da fusão da Gazprom com a Rosneft em setembro de 2004, um dia depois de ter anunciado as extensas alterações políticas no rescaldo dos acontecimentos de Beslan. Encaixava-se no padrão de centralização do controlo, uma firme concentração de mais e mais poder nas mãos de Putin. No entanto, a proposta de fusão encantou os investidores e analistas, especialmente os estrangeiros, os mesmos que tinham ficado tão abalados com a agitação do mercado quando o caso Iukos surgiu. A razão não era difícil de perceber: havia dinheiro para ganhar. Como parte da fusão, Putin prometeu que logo que o Estado controlasse uma participação maioritária na Gazprom, levantaria as restrições à compra de participações minoritárias na empresa por investidores estrangeiros. Embora a Gazprom fosse encarada como um colosso desajeitado e ineficiente, o seu poder monopolista para vender gás natural e o patrocínio complacente do Kremlin geravam a perspetiva de retornos suficientemente volumosos para tentar até o mais passivo dos investidores. Já ninguém parecia apreensivo quanto ao destino da Iukos. Segundo algumas estimativas, os investimentos estrangeiros foram o dobro do valor de mercado da Gazprom. Um mês depois de a fusão ter sido anunciada, John Browne da BP acumulou elogios sobre a direção que Putin imprimira à Rússia, desprezando os receios que muitos no interior e no exterior do país tinham em relação às táticas do Kremlin. «Desde Gorbatchov muito aconteceu na Rússia», afirmou. «Nenhum país chegou tão longe em tão curto espaço de tempo.» Quanto à Iukos, considerou o ataque acusatório a Khodorkovski e aos seus sócios um assunto isolado, «relacionado com uma pessoa, um lugar e um tempo», não com o futuro económico de um país ([7]).

Putin anunciou que a fusão estaria completa no fim do ano, e ficou claro que queria que a nova empresa apresentasse uma licitação pela Iuganskneftegaz. Quando o leilão e a licitação de base foram anunciados em finais de 2004, contactou o chanceler alemão, Gerhard Schröder, para o ajudar a conseguir algo como dez mil milhões de dólares de financiamento necessário para a compra ([8]). O banco que liderou o consórcio foi o Dresdner, cujo diretor-geral na Rússia era Matthias Warnig, o antigo agente da Stasi que estabelecera amizade com Putin no início dos anos noventa e permanecera um contacto privilegiado nos muitos negócios discutidos entre empresas alemãs e russas.

A Gazprom, com outro assessor de Putin, Alexei Miller, enquanto diretor-geral executivo, não parecia tão entusiástica. A empresa permanecera cética quanto à absorção da Iuganskneftegaz depois da fusão com a Rosneft; lutava já com dívidas, e os custos crescentes precisavam de modernização ([9]). Igor Sechin, por outro lado, tinha as suas próprias ideias sobre a criação do gigante energético que Putin favorecia. Em julho, Putin nomeara-o presidente da Rosneft, então a quinta maior empresa petrolífera do país, e agora Sechin tinha grandes perspetivas para a transformar, não a Gazprom, numa empresa líder no setor energético. Isso significava impedir que fosse engolida pela Gazprom e adquirir sozinha os ativos cercados da Iukos. Assim que a fusão foi anunciada em setembro, Sechin e o diretor-geral executivo da Rosneft, Serguei Bogdanchikov, trabalharam nos bastidores para apressar o assunto, e foi exatamente isso que conseguiram fazer, embora não da maneira que todos esperavam ([10]).

Entretanto, os acionistas e gestores da Iukos, muitos dos quais estavam agora em segurança no estrangeiro, ainda não tinham desistido da sua luta para bloquear o leilão e, de alguma forma, preservar a empresa. Sabendo que tinham poucas esperanças nos tribunais russos, os seus advogados avançaram com um pedido de falência no longínquo Texas, seis dias antes do leilão da Iuganskneftegaz. Era um ato desesperado, com poucas bases legais para uma empresa russa com poucas ligações ao Texas, mas, no dia seguinte, uma juíza emitiu uma providência cautelar com o objetivo de bloquear o leilão até poder examinar os méritos do processo. A ordem não podia impedir o governo russo de prosseguir, mas afetou o alinhamento dos financiamentos para o leilão por parte dos bancos estrangeiros. Tal como o julgamento no Supremo Tribunal da Ucrânia apenas duas semanas antes, a providência cautelar perturbou os planos cuidadosamente calculados de Putin, e este reagiu com irritação, troçando da juíza («Não tenho a certeza se este tribunal sabe sequer onde fica a Rússia», disse) e enfurecido com a audácia de um tribunal estado-unidense interferir em assuntos internos do Estado russo. Para frisar a importância do seu ponto de vista, citou, em latim, o princípio nuclear da soberania do Estado de uma antiga lei romana: *par in parem non habet imperium*, um par não tem autoridade entre pares. A explosão de Putin denunciava um sentido de ressentimento e ira que sempre mantivera controlado em questões alheias à Chechénia; agora, esbravejava.

A juíza no Texas acabou por considerar improcedente o pedido em bases jurídicas, mas nessa altura a sua primeira decisão já tinha provocado os efeitos pretendidos. Receando a responsabilidade legal nos EUA, os bancos tiraram o financiamento que tinham alinhado para a Gazprom comprar os ativos da Iukos por intermédio de uma nova empresa criada em antecipação da fusão, chamada Gazprom Neft, que era então apenas uma estrutura vazia. Para se proteger, a Gazprom privou-se oficialmente da nova empresa, mas esta empresa-fantasma avançou, de qualquer forma, quando o leilão se realizou naquele domingo, mesmo que já não tivesse qualquer liquidez para usar na compra. No leilão, dois dirigentes da Gazprom Neft sentaram-se a uma mesa, enquanto diante de outra mesa se sentaram um homem e uma mulher que poucos conheciam. Não se identificaram, mas representavam uma empresa chamada Baikal Finance

KREMLIN, INC.

Group. A mulher, soube-se depois, era Valentina Davletgarieva, que tinha registado a empresa treze dias antes em Tver, uma cidade a sudeste de Moscovo. Deu como endereço o de um velho hotel que agora era uma loja de telefones móveis e declarou como capital o equivalente a 359 dólares. (Três dias antes do leilão, a empresa efetuou um depósito de 1,7 mil milhões de dólares.)

O leilão foi em si mesmo teatral. O leiloeiro envergava fraque e laço; empunhando um martelo de leiloeiro, fez o convite para a primeira licitação. O companheiro de Davletgarieva, Igor Minibaiev, ergueu a mão e ofereceu 9,37 mil milhões de dólares. O representante da Gazprom Neft pediu uma pausa e abandonou prontamente a sala para fazer um telefonema. Quando regressou, nada disse, e o leiloeiro bateu o martelo. Tudo isto demorou apenas dez minutos ([11]).

Ninguém fora do Kremlin de Putin sabia agora quem detinha a joia da coroa da Iukos, nem mesmo o diretor do fundo imobiliário que acabara de a vender. O leilão fazia recordar as obscuras privatizações dos anos noventa; apesar de todas as promessas de Putin em contrário, o Estado estava a recorrer às mesmas táticas para repartir a propriedade em saldo, desta vez depois de a recuperar por confisco às mãos de privados. Uma das mais fortes críticas ao leilão veio de Stanislav Belkovski, que apenas um ano antes tinha sido um dos estrategos políticos a avisar o Kremlin de um «golpe oligárquico». Agora, dizia que o leilão da Iuganskneftegaz era «apenas um negócio para a redistribuição da propriedade por um grupo criminoso com uma missão de ganhar o controlo dos principais fluxos financeiros do país, tal como nos anos noventa». Classificou Putin de «chefe deste grupo criminoso» ([12]).

Ainda mais surpreendente foi uma censura vinda da própria administração de Putin. Andrei Illarionov, o consultor económico do Kremlin, descreveu a venda como um ponto de viragem perturbador para a Rússia, embora tenha tido o cuidado de evitar criticar pessoalmente o presidente. «Durante os últimos treze anos, a Rússia procurou regressar ao Primeiro Mundo, ao qual pertenceu até à Revolução Bolchevique. Agora, vimos que preferiu o Terceiro Mundo», disse numa conferência de imprensa. «Já ultrapassámos as encruzilhadas — estamos num país diferente.» ([13]) Foi imediatamente demitido das suas funções de preparação do encontro do Grupo dos 8 que se realizaria na Escócia no mês de junho seguinte.

Durante alguns dos dias que se seguiram, o destino da Iuganskneftegaz tornou-se tema das conversas de sociedade em Moscovo. Muitos jornalistas assumiram, erradamente, que a Baikal Finance era uma fachada para ocultar o principal comprador, a Gazprom. Putin, numa visita de Estado à Alemanha com Gerard Schröder, falou timidamente dois dias depois do leilão, sem novidades, embora tenha reconhecido que a nova companhia tinha sido apressadamente criada para ajudar a evitar a potencial responsabilidade decorrente dos processos litigiosos em torno da Iukos ([14]). «Como é bem sabido, os acionistas desta empresa são todos indivíduos privados, mas são indivíduos que estiveram envolvidos em negócios na esfera da energia durante muitos anos», disse quando foi questionado sobre os misteriosos compradores. «Eles tencionam, de acordo com a informação que tenho, estabelecer relações com outras empresas da área energética na Rússia que também têm interesse na sua empresa», afirmou, falaciosamente. No dia anterior, a Rosneft tinha procurado e, com a bênção de Putin, recebido autorização da comissão antimonopólio da Rússia para comprar a Baikal Finance Group. A Rosneft, que apenas algumas semanas antes parecia destinada à absorção pela Gazprom, possuía agora uma subsidiária largamente subavaliada, capaz de extrair um milhão de barris de petróleo por dia.

Em 23 de dezembro, quatro dias depois do leilão, a Rosneft anunciou a sua compra. Seria preciso mais um ano para desenredar o complexo financiamento envolvido. A misteriosa Baikal Finance teve uma vida curta e recebeu o adiantamento para o leilão de uma outra petrolífera com relações próximas de Putin e do Kremlin, a Surgutneftegaz; seria reembolsada quando a Rosneft adquirisse o ativo leiloado, que mesmo com o seu preço de saldo valia mais do que a própria Rosneft. A Rosneft, em contrapartida, acertou um acordo com a empresa estatal chinesa de petróleo, a CNPC (Corporação Nacional de Petróleo da China), para avançar com o dinheiro como pré-pagamento pelo petróleo que a Rosneft se preparava para extrair dos ativos tomados à Iukos ([15]). A ironia era que Mikhaíl Khodorkovski havia muito tempo que propusera desenvolver uma parceria estratégica com a China, até a construção de um gasoduto para o país, para, no fim, ser impedido pelo Kremlin, que permanecia cauteloso quanto ao poder económico ascendente de Pequim. Agora, a Rosneft, com Igor Sechin na sua administração, tinha efetivamente adquirido o ativo confiscado da Iukos por nada, exceto a promessa de pagar os futuros lucros desse ativo à China. Foi, como Andrei Illarionov lhe chamou, «o embuste do ano».

Confrontado com uma nova tempestade de críticas internacionais, Putin defendeu o leilão com uma confiança arrogante, calculando que o furor inicial sobre a Iukos se dissiparia e que ninguém poderia, afinal, fazer nada sobre o assunto. Na sua conferência de imprensa anual em dezembro, desconsiderou presunçosamente perguntas com recatadas elisões e subterfúgios. «Agora quanto à aquisição pela Rosneft do conhecido ativo da empresa — não me lembro exatamente do seu nome — é Baikal Investment Company? Essencialmente, a Rosneft, uma empresa totalmente detida pelo Estado, comprou o bem conhecido ativo, a Iuganskneftegaz. É esta a história. Quanto a mim, tudo foi feito de acordo com as melhores regras de mercado. Como já disse — penso que foi numa conferência de imprensa na Alemanha —, uma empresa estatal, ou melhor, empresas com cem por cento de capital do Estado, tal como quaisquer outros operadores de mercado, têm o direito de o fazer e, quando é o caso, de o exercer.» Voltou a lamentar os anos noventa, quando os oligarcas, «recorrendo a todo o tipo de estratagemas», conseguiram acumular ativos do Estado «no valor de muitos milhares de milhões». Agora era diferente, prosseguiu. «Hoje, o Estado, recorrendo a mecanismos de mercado absolutamente legais, está a cuidar dos seus próprios interesses.» A última afirmação foi profusamente citada na comunicação social, mas o seu significado supremo foi pouco notado na altura. Por fim, acabaria por assombrar Putin e custar milhares de milhões à Rússia [16].

O julgamento de Mikhaíl Khodorkovski arrastou-se mais cinco meses, à medida que os procuradores liam copiosos relatórios financeiros e interrogavam testemunhas. As provas eram escassas e contraditórias, e em alguns casos claramente fabricadas. Não era importante; o desfecho estava então já predeterminado. O tribunal rejeitou repetidamente as moções da defesa, recusou o pedido de intimações e restringiu os seus interrogatórios. Em 11 de abril, Khodorkovski levantou-se perante o tribunal e fez uma declaração final [17]. Declarou a sua inocência e, durante trinta e nove minutos, falou justa e apaixonadamente em desafio.

O NOVO CZAR

Afirmou-se um patriota da Rússia que era acusado não por quaisquer delitos criminais reais, mas por ser o «tipo errado de oligarca». Ao contrário dos «modestos empresários» e funcionários governamentais por trás do caso Iukos, burocratas com estilos de vida incompatíveis com os seus vencimentos oficiais, disse, «Não tenho iates, palácios, carros desportivos ou clubes de futebol». A destruição da Iukos «foi organizada por certas pessoas influentes com o objetivo de se apropriarem da empresa petrolífera mais próspera da Rússia, ou mais exatamente, dos ganhos provenientes dos seus fluxos financeiros». Sugeriu que Putin não estava ao corrente da conspiração e tinha sido levado a acreditar que Khodorkovski representava uma ameaça política cuja remoção era necessária para proteger os interesses do Estado. «Aqueles que hoje estão ativamente a saquear os ativos da Iukos não têm na verdade nada que ver com o Estado russo e os seus interesses. São simplesmente burocratas sujos, interesseiros e nada mais. Todo o país sabe porque fui feito prisioneiro: para não interferir no saque da empresa.» A «justiça da história» vingá-lo-ia, afirmou. Terminou com um agradecimento aos que lhe tinham dado apoio, especialmente à sua mulher, que permaneceu corajosamente a seu lado, «como uma verdadeira esposa dezembrista».

Quando o veredicto final foi lido na sua totalidade ao longo de duas semanas, em maio, a alusão histórica parecia apropriada. Foi condenado e sentenciado a nove anos de prisão, com o seu sócio, Platon Lébedev, e tal como os oficiais militares que se rebelaram contra o imperador Nicolau I em 1825, foi desterrado para a Sibéria, para uma colónia penal em Chita, uma região fronteiriça com a China e a Mongólia, embora a lei determinasse que os prisioneiros cumprissem pena na região onde tinham cometido os seus crimes. Alguns dias depois de ter chegado, os seus parceiros de negócios pagaram um anúncio de página inteira no *The Financial Times* com uma desafiante carta de Khodorkovski. «Eles esperam que Khodorkovski seja brevemente esquecido», declarava. «Estão a tentar convencer-vos, meus amigos, de que o combate terminou, de que temos de nos resignar à supremacia de burocratas interesseiros. Isso não é verdade — o combate está apenas a começar.» ([18])

A aquisição final da Iuganskneftegaz pela Rosneft subverteu os planos de Putin de criar um único gigante da energia. A Gazprom perdera o financiamento que lhe permitiria assumir o controlo do ativo e preocupava-se com os riscos legais de o fazer. A Rosneft, contudo, não tinha ativos expostos fora da Rússia que pudessem estar em risco se violasse a decisão do tribunal do Texas. A Rosneft, agora por si só um gigante do petróleo, trabalhava de forma assídua para se manter independente — isto é, para evitar a fusão com a Gazprom. Putin acabou no meio de uma luta interna pelos mais importantes ativos do Estado, que opunha Medvedev e Miller na Gazprom, de um lado, a Igor Sechin e Rosneft, de outro. O conflito improvável estendeu-se aos olhos do público como só sucedera com alguns outros no interior do Kremlin, e só terminou na primavera de 2005, quando Putin se decidiu por um compromisso que permitia a cada fação manter o controlo da respetiva empresa.

O desmantelamento da Iukos talvez não tenha ocorrido exatamente conforme planeado, mas revelara-se extremamente bem-sucedido. Putin resistiu aos avisos de economistas estrangeiros, e até internos como Illarionov, de que a centralização de negócios do Kremlin afetaria a posição da Rússia como um lugar fiável para os negócios e o investimento estrangeiro. Limitou-se simplesmente a repetir que o país acolhia e encorajava o investimento, mesmo enquanto os órgãos do Estado se expandiam ainda mais profundamente na economia. O caso Iukos tinha afetado de facto a reputação da Rússia, semeando desconfiança e medo dos riscos de investir no país, mas, fosse como fosse, nos três anos depois de o ataque ter começado, o mercado bolsista mais do que triplicara em valor; a economia prosseguia no seu crescimento robusto, com o PIB a crescer seis a sete por cento ao ano em média. Com o tempo, a consternação em torno do destino de Khodorkovski — e da Iukos — foi-se desvanecendo. As potenciais riquezas que a Rússia tinha para oferecer revelaram-se demasiado irresistíveis para os gigantes mundiais da finança e da energia — e também para os colegas de Putin nas capitais estrangeiras. Apesar das suas objeções públicas quanto à situação da democracia ou ao Estado de direito, não podiam dar-se ao luxo de ignorar a Rússia. Porque haveria Putin de se preocupar se alguns questionavam os métodos do Estado?

«A Rússia é um mercado em crescimento dinâmico com larga capacidade», disse a um grupo de executivos estado-unidenses e de outros países no interior de uma sala de conferências revestida de mármore no resplandecente Palácio de Constantino em Sampetersburgo, em

O NOVO CZAR

junho de 2005, menos de um mês depois da pronúncia da sentença de Khodorkovski. «Estou certo de que podemos oferecer aos investidores, nomeadamente àqueles aqui presentes, condições de trabalho e ganhos significativos.» Putin soava como um vendedor ambulante da Rússia. Sanford Weill, o presidente do Citigroup, tinha organizado esta reunião depois de um encontro prévio com Putin em fevereiro. Entre os que estavam presentes, encontravam-se onze dos mais importantes diretores-executivos nos EUA, incluindo Craig Barrett da Intel, Alain Belda da Alcoa, Samuel Palmisano da IBM, James Mulva da ConocoPhilips e Rupert Murdoch da News Corporation. Todos tinham importantes investimentos na Rússia e queriam mais. Weill queria que Putin clarificasse o «código da estrada» para investidores, [19] mas, em vez disso, Putin criticou os presentes pelas várias restrições que os EUA impunham no comércio com a Rússia, incluindo controlos na exportação de tecnologia espacial, informática e militar, e uma revisão da lei pelo Congresso em 1974 como represália pela restrição soviética à emigração de judeus para Israel. A Rússia havia muito que derrubara as barreiras à emigração, mas os EUA nos anos noventa nunca tinham conseguido eliminar as sanções de comércio a que se tinham oposto três décadas antes, mesmo que os sucessivos presidentes tivessem renunciado ao seu uso. «Seria engraçado, se não fosse tão triste», disse-lhes Putin. Apelou a uma expansão do comércio, mas colocou sobre estes homens a tarefa de arrumarem primeiro as regras em casa.

Quando terminou a reunião, os executivos juntaram-se para saudar Putin e para a fotografia de grupo, todos com um sorriso. Em dada altura, Weill voltou-se para Robert Kraft, presidente do Kraft Group e proprietário dos New England Patriots, que tinham vencido a Super Bowl de futebol estado-unidense em fevereiro, e disse: «Porque não mostra o seu anel ao presidente?» Kraft não o usava frequentemente, mas trazia-o sempre no bolso do fato. O anel era um espalhafatoso «cachucho», guarnecido de 124 diamantes e com o seu nome gravado. Estendeu-o a Putin, que o enfiou num dedo. «Podia matar alguém com isto», disse Putin com admiração. Quando a sessão de fotografias terminou, Kraft estendeu a sua mão para receber o anel de volta, mas Putin, em vez de lho dar, meteu-o no bolso, voltou costas com os seus assessores e saiu. Aparentemente, Putin terá assumido que o anel seria uma oferta, e Kraft foi apanhado de surpresa pelo mal-entendido. Pediu a Weill, e mais tarde à Casa Branca, que o ajudasse a recuperar o anel, mas nessa altura tinham já aparecido artigos e fotografias nos jornais, e um assessor da Casa Branca, receoso das crescentes tensões com o Kremlin, explicou que seria melhor para as relações entre os dois países se Kraft o tivesse oferecido. «Na realidade não o fiz», explicou. «Eu estava emocionalmente ligado àquele anel. Tinha o meu nome gravado. Não quero vê-lo no eBay.» O assessor ficou em silêncio por um minuto e repetiu: «Seria *realmente* do maior interesse se quisesse dar aquele anel como presente.» ([20]) Kraft cedeu com uma declaração quatro dias depois do encontro, dizendo que o anel era um «símbolo do respeito e da admiração que tenho pelo povo russo e pela liderança do presidente Putin». Foi um custo de fazer negócios com a Rússia, mas o mal-entendido corroeu Kraft durante anos. («Claro, os seus antepassados foram provavelmente agredidos e despojados por aquelas pessoas», disse a sua mulher mais tarde, referindo-se à ascendência judaica de Kraft, «mas Robert tinha de o fazer parecer uma coisa boa».) ([21]) Kraft mandou fazer outro anel, e o original foi para a biblioteca do Kremlin, onde são guardados os presentes para o chefe de Estado.

O caso Iukos não pressagiava, como muitos receavam, a renacionalização de todas as indústrias recém-privatizadas da Rússia, especialmente das que estavam ligadas aos recursos naturais do país, mas foi um ponto de viragem — e um modelo para a intromissão do Estado nas indústrias importantes. Putin identificou grupos de empresas que, por lei, não podiam ser detidos por mãos privadas, e depois começou a supervisionar a criação de corporações estatais gigantes que consolidariam setores inteiros e, portanto, liderariam a economia do país. Encarregou da sua gestão os homens que trouxera consigo de Sampetersburgo, muitos dos quais continuaram enquanto ministros do seu governo ao mesmo tempo que desempenhavam as suas responsabilidades empresariais. As suas posições nas empresas facultavam o acesso a fluxos de tesouraria e a oportunidade de distribuição de favores e cargos. Além de Igor Sechin na Rosneft, de um momento para outro a segunda maior produtora de petróleo e no espaço de um ano a maior, Serguei Ivanov, então ministro da Defesa, ocupou a presidência da United Aircraft Corporation, criada

O NOVO CZAR

para consolidar os fabricantes de aeronáutica civil e militar. Vladimir Iakunin assumiu a direção das Vias-Férreas Russas, por vezes designadas o terceiro monopólio natural do país, depois do petróleo e do gás. Serguei Chemezov, que conhecia Putin desde que tinham trabalhado juntos em Dresden, assumiu o controlo da fábrica de armamento Rosoboronexport. Segundo uma estimativa, em 2006 as receitas das companhias estatais atingiam um quinto do PIB do país e um terço do valor das suas ações — e eram controladas pelos amigos e aliados de Putin [22].

A mais poderosa continuava a ser a Gazprom. Nem Dmitri Medvedev, o seu presidente, nem Alexei Miller, o seu diretor-executivo, estavam nos seus lugares por possuírem especial experiência ou conhecimento em gestão de gás natural; ambos foram escolhidos pela sua lealdade. Através deles, Putin puxava as rédeas da Gazprom, envolvendo-se minuciosamente nos orçamentos da empresa, na política de preços, nos trajetos de gasodutos e até na gestão de pessoal, que aprovava «até no que dizia respeito a adjuntos», por vezes sem informar Miller de nomeações importantes [23]. Tornou-se numa tal obsessão de Putin, que muitos se interrogavam se ele estaria a preparar-se para assumir o controlo da empresa quando terminasse o seu mandato presidencial. «Obrigado pela oferta de emprego», respondeu em janeiro de 2006 quando um jornalista lhe fez a pergunta diretamente. «Contudo, não é provável que dirija um negócio. Não sou um homem de negócios, nem por caráter nem por experiência prévia de vida.»

A Gazprom pode ter perdido a aptidão interna para tomar o principal ativo da Iukos, mas continuava a procurar a sua expansão, e fazia-o com táticas mais furtivas e subtis do que a expropriação da Iukos. Roman Abramovitch, tendo abandonado a fusão da Sibneft com a Iukos em 2003 depois de se encontrar com Putin (embora mantendo os três mil milhões de dólares que Khodorkovski lhe pagara), viu que a sua companhia também enfrentava novas reivindicações fiscais. Confrontado com uma conta de mil milhões, negociou silenciosamente um acordo em 2005 por trezentos milhões de dólares [24] e procurou rapidamente vender a sua participação de controlo da companhia. Considerou ofertas da Chevron-Texaco, Shell e Total, mas estava mais bem informado do que Khodorkovski, ou no mínimo era menos agressivo, e pressentiu que algo estava para acontecer [25]. Em julho de 2005, a Sibneft pagou um enorme dividendo de 2,29 mil milhões de dólares aos seus acionistas — mais do que o seu lucro total dois anos antes —, no que era claramente um sinal de que Abramovitch estava a apoderar-se de dinheiro e a preparar a venda da empresa. Dois dias mais tarde, no encontro de líderes do Grupo dos 8 na Escócia, Putin confirmou a especulação e reconheceu que a Gazprom era pretendente. Insistiu que era um assunto privado entre empresas, mas também divulgou que tinha estado pessoalmente envolvido em conversações com Abramovitch. A Gazprom não tinha os fundos para adquirir a Sibneft, mas Putin anunciou que o governo compraria ações suficientes da Gazprom para dar ao Estado o controlo maioritário, usando fundos dos cofres do Estado. A Gazprom usou então a injeção de capital para comprar a Sibneft por treze mil milhões de dólares, um preço tão inflacionado, que surgiu especulação sobre os subornos que deviam estar envolvidos [26]. O embaixador estado-unidense na altura, William J. Burns, escreveu num telegrama ao Departamento de Estado que constava que «apenas um quarto» tinha ido diretamente para as mãos do próprio Abramovitch [27]. Muitos outros, aparentemente, tinham também recebido o seu quinhão.

No segundo mandato de Putin, a Gazprom, outrora um mastodonte esclerosado, tinha-se afirmado como o gigante da energia com que ele sonhara. Tornou-se numa das maiores empresas do mundo por meio da capitalização bolsista, ultrapassando empresas robustas como a Toyota, o Walmart e o Citigroup de Sanford Weill. Não era agora mais eficiente ou mais bem gerida, mas Putin fizera dela a mais poderosa empresa do país — e um poderoso «braço» da política externa do país, da Ásia à Europa. Com o chanceler Gerhard Schröder, um líder e amigo que o classificara de um «democrata irrepreensível», Putin orquestrou um acordo para a construção da maior conduta submarina de gás natural em todo o mundo, ligando os terminais da Rússia aos da Alemanha. O projeto, que acabou por ficar conhecido como Nord Stream, ultrapassaria a velha rede soviética de gasodutos através da Ucrânia, Bielorrússia e Polónia, oferecendo poder ao Kremlin nas negociações sobre os direitos de passagem nesses países e aumentando a dependência da Europa em relação à Rússia. Era uma questão profundamente controversa. O ministro da Defesa da Polónia chamou-lhe a versão energética do Pacto Molotov-Ribbentrop, [28] enquanto os ambientalistas ao longo

O NOVO CZAR

do mar Báltico avisavam dos potenciais danos da passagem das condutas ao longo de um leito marítimo repleto de explosivos provenientes de ambas as guerras mundiais.

Quando Schröder saiu do governo depois das eleições daquele ano, Putin nomeou-o presidente da comissão de acionistas da nova subsidiária que iria construir a Nord Stream, apenas dias depois de a Alemanha ter aprovado o projeto com uma garantia de empréstimo secreta no valor de mil milhões de euros. A Gazprom detinha uma participação de controlo, conjuntamente com as duas mais importantes empresas energéticas da Alemanha, BASF e E.On, e Putin estava em posição de dispensar os pré--requisitos. O administrador principal do projeto do gasoduto, nomeado com a sua concordância, era o seu velho amigo da Stasi Matthias Warnig. Uma semana depois de ter contratado Schröder, Putin convocou Donald Evans, um homem do mundo do petróleo e confidente do presidente Bush que fora secretário de Estado do Comércio durante o primeiro mandato de Bush, para um encontro inesperado no Kremlin e ofereceu-lhe uma posição semelhante na Rosneft, esperando assim conferir legitimidade internacional à empresa que agora existia sobre os escombros da Iukos ([29]). Evans não aceitou, mas Putin acreditava que era sempre o dinheiro que guiava os homens e a política. Especialmente na Europa, muito provaram que ele tinha razão.

Apesar de afirmar não ter nenhuma astúcia para os negócios, Putin desfrutava dos pormenores dos maiores negócios do país, envolvendo-se diretamente nas negociações e mediando disputas. Em julho de 2005, a Royal Dutch Shell reconheceu uma espantosa sobrecarga de custos no projeto de petróleo e gás na ilha de Sacalina no Extremo Oriente — o produto do primeiro acordo de partilha de produção do país, assinado nos anos noventa —, apenas uma semana depois de assinar um memorando de entendimento com a Gazprom para incluir o gigante no projeto. Durante uma visita de Estado à Holanda em novembro, Putin criticou publicamente o diretor-executivo da empresa, Jeroen van der Veer, durante um encontro com empresários na residência do presidente da câmara municipal de Amesterdão ([30]). Van der Veer teve de suplicar na receção por tempo para se encontrar com Putin em privado, e os dois passaram vinte minutos na Alemanha a discutir por que razão um projeto de dez mil milhões de dólares tinha disparado para vinte mil milhões, retardando significativamente quaisquer lucros que o governo russo tivesse a receber. Van der Veer tentou explicar que o monumental projeto, que incluía plataformas ao largo e centenas de quilómetros de condutas, exigia conhecimentos e tecnologias para a produção de gás natural liquefeito que nem a Gazprom nem outras empresas russas possuíam. O projeto continuava a ser rendível, apesar do seu custo crescente, mas Putin exigiu que, de qualquer forma, o acordo com a Gazprom fosse renegociado. Quando as conversações sobre o assunto se arrastaram ao longo de meses, o Kremlin soltou o vigilante ambiental do Ministério dos Recursos Naturais, Oleg Mitvol, que desferiu um fortemente publicitado ataque ao projeto pelos danos que causaria ao meio ambiente. Que havia um impacto ambiental em Sacalina — para o salmão nos estuários e nas áreas de reprodução de baleias-cinzentas no mar de Okhotsk — era certamente verdade, mas a preservação da vida selvagem nunca antes fora uma prioridade. Mitvol ameaçava agora abrir um processo-crime por cada árvore que fosse derrubada, avançando com a estimativa bizarra de que a Shell podia vir a ser confrontada com cinquenta mil milhões de dólares em coimas e direitos ([31]).

A Shell, proprietária do projeto, conjuntamente com a Mitsu & Company e a Mitsubishi Corporation do Japão, compreendeu a mensagem. Não só cedeu a um novo acordo, como vendeu uma participação de controlo acionista de todo o projeto à Gazprom por 7,45 mil milhões de dólares, consideravelmente abaixo dos preços de mercado. Por insistência de Putin, ([32]) Van der Veer teve então de regressar ao Kremlin com os executivos da Mitsu e da Mitsubishi para validar o acordo perante as câmaras, uma cerimónia concebida para mostrar que a mestria de Putin se exercia além dos funcionários e homens de negócios russos. «As maiores empresas do mundo estão, todas elas, a tirar proveitos do seu trabalho na Rússia», disse Putin aos que se encontravam reunidos à volta da mesa numa sala de reuniões perto do seu escritório. Quanto aos enormes danos ambientais, Putin disse que a questão seria «considerada, em princípio, quase resolvida» ([33]). Os executivos estrangeiros tinham perdido o controlo do projeto, mas mantinham as reservas de petróleo e de gás, e milhões em lucros para as suas empresas. E assim, um por um, deram as boas-vindas à Gazprom como novo proprietário do projeto e agradeceram a Putin os seus esforços no apoio à parceria internacional, tal como Kraft fizera.

O NOVO CZAR

* * *

Cada nova aquisição estimulava Putin. No fim de 2005, a Gazprom aumentou o preço do gás que fornecia à Ucrânia de um preço altamente reduzido de cinquenta dólares por metro cúbico para duzentos e trinta dólares, em linha com os preços que praticava no resto da Europa. O aumento era uma clara retribuição pelo namoro de Iuschenko com o Ocidente depois de ter chegado ao poder. Putin tinha negociado o preço mais baixo antes das eleições, na esperança de dar um impulso às hipóteses de Ianukovitch, mas agora com o contrato prestes a ser renegociado e Iuschenko a orientar o país na direção da Europa, Putin faria a Ucrânia pagar mais. Não era política, insistiu Putin, apenas negócios, mas as suas palavras soavam maldosas. «Porque havemos de pagar por isso?», disse da aproximação da Ucrânia ao Ocidente.

Na noite de Ano Novo, Putin ofereceu uma moratória de três meses e um empréstimo para ajudar a Ucrânia, mas quando o país continuou a resistir, a Gazprom fechou o gás no dia de Ano Novo, com a bênção de Putin. Como tática de ataque revelou-se um desastre. Uma vez que a maior parte do gás natural que a Rússia fornecia à Europa fluía pelo gasoduto que atravessava a Ucrânia, a decisão repercutiu-se em todo o continente europeu no pico do inverno. Em vez de deixar que o resto do gás da Rússia continuasse a fluir para a Europa, a Ucrânia desviou aquele de que precisava, provocando falhas de pressão na Áustria, França, Itália, Moldávia, Polónia, Roménia, Eslováquia e Hungria. A Rússia tinha o fundamento do seu lado, mas as táticas de Putin agitaram até aqueles que defendiam que a Rússia merecia respeito. Também arruinou a sua própria estratégia de mostrar à Europa que a Rússia seria uma fonte de energia fiável e indispensável.

Putin teve de retroceder. Propôs um compromisso de que aumentaria os preços gerais do gás, mas instalaria como intermediária a RosUkrEnergo, a obscura empresa comercial que ele criara com Leonid Kutchma meses antes da Revolução Laranja. A Gazprom detinha metade do seu capital; os outros proprietários, que então permaneciam secretos, incluíam Dmitri Firtach, um empresário ucraniano com ligações conhecidas a um dos mundialmente mais notórios patrões da máfia, Semion Moguilevitch [34]. Moguilevitch, que se encontrava na lista dos Dez Mais Procurados do FBI devido a um caso de fraude, tinha contactos profundos no governo

380

da Ucrânia, incluindo Iuschenko, e dizia-se que conhecera Putin nos anos noventa. De acordo com uma das gravações das escutas a Kutchma, vivia em Moscovo sob falsa identidade e com a proteção de Putin por ter trabalhado como agente de espionagem para os russos ([35]). O acordo deu à Gazprom um controlo ainda maior sobre o fornecimento de gás à Ucrânia, que podia ter sido a origem da disputa, assegurando o controlo da Rússia no interior de um país inclinado a voltar-lhe as costas.

Os termos do acordo e as ligações pouco claras entre a empresa intermediária e Iuschenko e os seus aliados provocaram um frenesi político na Ucrânia que Putin explorou facilmente. Quando lhe perguntaram, sugeriu que era o líder ucraniano quem estava por trás dos obscuros proprietários da RosUkrEnergo. «Perguntem a Victor Iuschenko», disse. «Não sei mais do que vós, e a Gazprom também não, acreditem-me.» Putin tinha a faca e o queijo na mão e estava a comê-lo. A Gazprom recebia metade dos lucros da venda do seu gás natural à Ucrânia, enquanto Iuschenko era alvo de críticas pela implicação em ligações corruptas a um negócio que era tão controverso no país, que dividiu a coligação que liderara a Revolução Laranja. Quando a Ucrânia realizou eleições parlamentares em março de 2006, Iúlia Timochenko, a «princesa do gás» que tivera a sua própria experiência com o comércio de energia na Ucrânia, criticou asperamente o acordo e o presidente que ela própria tinha ajudado a conquistar o poder. Como consequência, o partido de Iuschenko teve um resultado sombrio, obrigando-o a procurar uma nova coligação com o homem que outrora vencera, Victor Ianukovitch, que agora dava início ao seu regresso político ([36]).

Era cada vez menos claro em que divergiam os assuntos de Estado e os negócios; as pessoas na Rússia começaram a chamar ao governo Kremlin Inc., com Putin como seu presidente. Não só presidia à Gazprom como a todas as principais empresas e acordos de negócios. Concedia privilégios aos «campeões nacionais» no país, incluindo proteção relativamente aos inspetores de finanças, que eram lançados contra outras empresas, pequenas e grandes. E defendia os seus interesses no estrangeiro com um zelo que seria inimaginável vindo de Ieltsine nos anos noventa ([37]). Em 2005, a extensão do seu controlo sobre os monopólios do Estado tornou-se evidente, e coincidiu com a eliminação dos últimos

O NOVO CZAR

controlos políticos contra o seu poder, tanto no parlamento como no poder judicial. Putin, que tinha prometido eliminar os prepotentes oligarcas como uma «classe», tinha-se transformado no patrão de uma parte crescente da economia russa. Não ditava todos os acordos de negócios na Rússia, mas para todos os mais importantes era, no mínimo, exigida a aprovação tácita do Kremlin. Os oligarcas dos anos noventa que sobreviveram à transição para a era Putin mostravam a sua cortesia com atos de fidelidade e caridade — como quando Victor Vekselberg comprou e repatriou nove dos famosos ovos de Fabergé ou os sinos do Mosteiro de Danilov que tinham tocado durante quase um século na Lowell House da Universidade de Harvard.

Havia certamente outros atos que poucos conheciam, trocas de favores silenciosas e ofertas de presentes para preservação de fortunas. Um que devia ter-se mantido secreto acabou por extravasar, proporcionando um vislumbre raro de como as fortunas foram feitas nos bastidores. No ano 2000, Nikolai Chamalov, um dos colegas de Putin na cooperativa para a construção de casas de campo Ozero no lago Komsomolskoie, fechou negócio com os proprietários de uma pequena empresa de equipamento médico que o comité de Putin em Sampetersburgo ajudara a criar em 1992. Chamava-se Petromed, e embora a cidade de Sampetersburgo tivesse acabado por vender a sua participação maioritária, a companhia tinha prosperado. Chamalov acordou com os seus proprietários aceitar doações dos oligarcas que estavam a «revelar disponibilidade» para oferecer ajuda ao novo presidente. Por exemplo, Roman Abramovitch garantiu duzentos e três milhões de dólares, enquanto Alexei Mordachov, o dono do conglomerado metalúrgico e mineiro Severstal, ofereceu quinze milhões de dólares. As doações seriam utilizadas para comprar equipamento médico, mas parte das receitas seria canalizada para contas bancárias *offshore* que eram depois usadas para adquirir outros ativos na Rússia, incluindo, alegadamente, ações no Banco Rossia. O acordo teve um início relativamente pequeno e inteiramente secreto, mas em 2005, Chamalov disse aos proprietários da Petromed que os proveitos das doações — estimados então em cerca de quinhentos milhões de dólares — seriam a partir daí canalizados das contas *offshore* para uma nova empresa de investimentos na Rússia chamada Rosinvest. O seu principal investimento foi a construção de um condomínio de luxo na costa do

KREMLIN, INC.

mar Negro, perto de Sochi, onde os dirigentes soviéticos tinham feito as suas férias de luxo no passado e Putin ocupava já o retiro presidencial. O condomínio seria um palácio «apropriado para um imperador», com um custo estimado de mil milhões de dólares ([38]). Nada disto se tornou público na época. Era conhecido apenas de alguns empresários e funcionários governamentais suficientemente discretos ou corruptos para não divulgarem o que estava a passar-se. Era aqui, no obscuro nexo em que Estado e negócios se cruzavam, que uma nova classe de oligarcas iria surgir da sombria periferia da economia — e do passado de Putin.

Iuri Kovaltchuk, o físico com quem Putin tinha trabalhado em algumas das primeiras experiências de capitalismo de Sampetersburgo, tinha continuado a operar no Banco Rossia, uma instituição fundada na era soviética. Na primeira parte da década, permaneceu como pouco mais do que pequena instituição provincial, gerindo os ativos dos seus acionistas sem tomar parte discernível no súbito crescimento económico que se seguiu à ascensão de Putin ao poder. Contudo, o banco ainda unia o círculo de homens com quem Putin fizera amizade nos anos noventa e com quem mantinha proximidade, mesmo depois de as suas sortes políticas o terem catapultado para muito mais alto do que alguém podia esperar, incluindo os seus sócios na cooperativa de casas de campo. Tal como as suas fortunas, a cooperativa crescera com a ascensão de Putin, expandindo-se à custa de vizinhos, alegadamente para instalar as necessárias medidas de segurança. Os proprietários enfrentaram processos judiciais dos vizinhos, que se queixavam de que o seu acesso ao lago fora expropriado. Uma delas queixava-se de que o líder da cooperativa, Vladimir Smirnov, que Putin nomeara presidente da agência de exportação nuclear, a tinha estrangulado quando tentara exercer o seu direito de passagem para a costa através de uma cerca ([39]). Porém, no final do seu segundo mandato, dizia-se que Putin tinha vendido a sua participação e que tinha planos muito mais ambiciosos para o seu próprio espaço pessoal.

Alguns dos proprietários de casas de campo, como Smirnov, tinham seguido Putin até Moscovo para assumir papéis públicos no governo. Andrei Fursenko, antes ministro-adjunto, depois ministro da Indústria, Ciência e Tecnologia, e finalmente, em 2004, ministro da Educação e Ciência. Vladimir Iakunin passou a controlar as Vias-Férreas Russas

383

O NOVO CZAR

em 2005. Outros, incluindo Kovaltchuk e Nikolai Chamalov, que tinha trabalhado como diretor da alemã Siemens, mantinham um perfil muito mais discreto. O seu banco tinha perdido o acesso privilegiado aos cofres do governo após a demissão de Sobtchak de governador quase uma década antes, mas com a entrada de Putin as coisas pareciam muito mais promissoras.

Durante o primeiro mandato de Putin enquanto presidente, homens como Kovaltchuk e Chamalov, conjuntamente com Guenadi Timchenko, permaneciam desconhecidos. O primeiro-ministro de Putin, Mikhaíl Kasianov, não conseguia sequer recordar-se do nome do banco ou dos seus proprietários nos muitos assuntos de governo que supervisionara ([40]). O nome de Kovaltchuk só surgiu relacionado com Putin em 2004, por coincidência no mês em que Kasianov foi despedido, quando o amaldiçoado concorrente do presidente, Ivan Ribkin, fez publicar um anúncio no *Kommersant* acusando Putin de fazer parte do negócio com ele, juntamente com Timchenko e Roman Abramovitch. O estranho desaparecimento de Ribkin dias mais tarde lançou ainda mais sombras sobre as suas afirmações, e ninguém prestou muita atenção a estes homens, porque, na escala dos grandes negócios na Rússia, eles eram estranhos inconsequentes, jogadores menores das províncias. O banco apresentou escassos lucros no ano em que Putin chegou ao poder, mas, tal como muitas outras coisas na Rússia de Putin, isso brevemente iria mudar.

Kovaltchuk assumiu a presidência do Banco Rossia em 2004, depois de um dos maiores oligarcas do país, Alexei Mordachov da Severstal, ter depositado dezanove milhões de dólares no banco e ter tirado uma parte de 8,8 por cento em troca. Era então o equivalente à totalidade do capital do banco ([41]). Muitos assumiram que Mordachov estava a comprar um favor com Putin no meio de uma luta com um rival de negócios, pois doara alegremente fundos para a Petromed comprar equipamento hospitalar. Com os seus recursos a aumentar, o banco comprou então calmamente quase metade do ramo de segurança da Gazprom, a Sogaz, na bolsa, em julho de 2004. A venda total foi de cinquenta e oito milhões de dólares, o que foi considerado mais tarde como significativamente inferior ao seu valor. Foi a primeira venda feita pela Gazprom de um dos seus ativos não nucleares. Funcionários e analistas há muito que defendiam que a empresa devia vendê-los, mas esta venda parecia intrigante, especialmente porque a oferta era fechada e os compradores permaneciam nos bastidores. Putin interveio diretamente no negócio, ordenando que as ações fossem depositadas no Banco Rossia. «Putin disse, "Banco Rossia", é tudo», recordou mais tarde Vladimir Milov, um antigo ministro-adjunto durante o primeiro mandato de Putin. Os liberais do seu gabinete pareciam chocados e confusos, ([42]) por o papel do Banco Rossia na aquisição não se tornar público até janeiro de 2005. Controlava agora a Sogaz por intermédio de uma série de empresas de cobertura, incluindo uma criada em Sampetersburgo em 2002 chamada Aksept, que era detida por Mikhaíl Chelomov, neto de um tio de Putin, Ivan Chelomov, que ajudara a resgatar a mãe do seu sobrinho durante a invasão nazi. Para os que o sabiam, o banco tinha um claro estatuto de privilégio, com as mais altas ligações.

Agora, Putin nem sequer tinha de orientar os negócios na sua direção; os negócios fluíam simplesmente para o banco. A Sogaz logo se tornou na seguradora preferencial para as maiores empresas estatais, como as Vias-Férreas Russas, dirigidas por Iakunin, e a crescente gigante do petróleo, Rosneft, agora controlada por Igor Sechin. Em contrapartida, isto potenciou uma expansão fenomenal, à medida que o Banco Rossia silenciosamente adquiria mais e mais ativos da Gazprom, incluindo as suas subsidiárias financeiras e, por fim, as suas *holdings* na comunicação social. A expansão do banco começou como uma operação dissimulada, executada paciente e secretamente, com a sua estrutura de proprietá-rios oculta em camadas de empresas *offshore* empilhadas como bonecas *matrioskas*, que escondiam, acusariam alguns, a participação pessoal de Putin.

No seu primeiro mandato, Putin agiu lentamente para pôr a economia a seus pés, beneficiando enormemente da inesperada subida do custo do barril de petróleo (que, por sua vez, afetou o preço do gás natu-ral), mas o seu segundo mandato representou uma viragem importante, que coincidiria com a partida de alguns dos seus conselheiros liberais e com a consolidação do controlo do Kremlin sobre o parlamento, sobre as ramificações do governo, e sobre os meios de comunicação social e as empresas. Agora, com o país progressivamente mais solvente, começou a redistribuir os rendimentos por uma nova geração de magnatas em espera, aqueles que não tinham usufruído de uma posição competitiva privilegiada para acumular fortunas nos anos noventa. Nenhum deles era então multimilionário, exibindo a sua riqueza de forma ostensiva. Constituíam uma nova geração de oligarcas, modelada por Putin: pertinaz, descolorida, reservada e intensamente leal ao homem que a tinha tirado da relativa obscuridade. Aqueles que não se tinham aliado a Putin nas fileiras da governação brevemente o fizeram nos negócios.

Depois de a Rosneft adquirir a maior fatia da Iukos, os contratos para transacionar a maior parte do seu petróleo desviaram-se para Guenadi Timchenko, o comerciante que fez os primeiros negócios com Putin nos anos noventa. Quando Arkadi Rotenberg, que conjuntamente com o seu irmão Boris aprendera judo ao lado de Putin quando eram adolescentes nos anos sessenta, criou um clube de judo em Sampetersburgo em 1998, chamou-lhe Yawara-Neva; Timchenko forneceu o patrocínio, e Putin foi nomeado o seu presidente honorário. O clube criou uma «judocracia» que iria moldar a liderança política de Putin, tanto como o fizera o KGB [43]. Vassili Chestakov, outro judoca e fundador do clube que prometera contratar Putin como treinador em 1996, entrou na política e publicou livros e vídeos sobre este desporto, incluindo um ostensivamente em coautoria com Putin.

Quando, na véspera da sua tomada de posse em 2000, Putin instituiu uma empresa para consolidar as dezenas de destilarias de vodca nas quais o governo ainda detinha interesses, voltou-se para a judocracia para a controlar. Colocou Arkadi Rotenberg à frente da que era chamada Rosspiritprom. Num país com gosto pela bebida forte, a empresa cresceria para se tornar num negócio de muitos milhões, controlando praticamente metade do mercado das bebidas alcoólicas do país e beneficiando de novas regulamentações governamentais e dos ataques às rivais privadas [44]. Rotenberg e o seu irmão Boris apostaram os lucros da bebida nacional da Rússia no seu próprio banco, o Banco SMP, o qual começou a investir na construção de gasodutos exatamente do mesmo tipo que Putin estava a negociar com outros, como Gerhard Schröder.

Ao contrário dos esquemas de enriquecimento fácil com as privatizações dos anos noventa, a acumulação de ativos por parte dos amigos de Putin era tão lenta e gradual, que a sua importância só ficou clara muito mais tarde. Putin tinha permitido que o seu círculo de amigos ascendesse às alturas da economia do país, enriquecendo-os ao mesmo tempo que lhes assegurava que iriam controlar os setores da economia — dos recursos naturais aos meios de comunicação social — que considerava vitais para a segurança da nação. «Ele não leva os rapazes de Sampetersburgo para trabalhar com ele pelos seus bonitos olhos, mas porque confia em pessoas que são experimentadas e verdadeiras», afirmou o primeiro treinador de judo de Putin, Anatoli Rakhlin, ao *Izvestia* em 2007.

No dia 26 de dezembro de 2005, Putin reuniu os seus consultores para um encontro especial no Kremlin no qual se iria discutir, entre outros assuntos, como dividir os rendimentos provenientes do extraordinário crescimento da Rosneft. Em torno da longa mesa oval estavam os homens que o tinham acompanhado desde Sampetersburgo: Aleksandr Medvedev, Alexei Kudrin, Guerman Gref, Igor Sechin. Era uma reunião invulgar, menor do que uma reunião de ministério, mas maior do que as reuniões regulares dedicadas a assuntos económicos. Andrei Illarionov, já despromovido uma vez, também estava presente, mas nessa altura sentia-se já progressivamente desconfortável com o rumo da política económica do Kremlin. Illarionov, com formação de economista, fora um pugnaz e temperamental consultor dos governos russos desde a queda da União Soviética. Libertário e defensor do mercado livre, nunca se privou de exprimir o seu pensamento. Na primeira vez que se encontrou com Putin, em fevereiro de 2000, quando este era ainda presidente interino, um assessor passou uma nota a informar Putin de que as forças russas na Chechénia tinham capturado a cidade de Shatoi, o último bastião ainda ocupado pelos rebeldes. Ele ficou eufórico, e quando Illarionov lhe respondeu dizendo que a guerra era ilegal e destrutiva para a Rússia, discutiram durante uma hora antes de Putin o mandar calar friamente. Desde esse momento, declarou, jamais poderiam voltar a discutir a Chechénia — apenas assuntos económicos ([45]). No primeiro mandato da presidência de Putin, Illarionov sentiu que o curso económico do país lhe estava a dar razão. Aprovou as decisões tomadas por Putin de adotar a taxa plana de treze por cento, a liquidação da dívida do país e a criação de um fundo de estabilidade de reservas, que tinham tido um crescimento inesperadamente opulento. O caso Iukos assinalava algo diferente, e não deixou de o afirmar. Descobriu que Putin já não ouvia os seus conselhos, primeiro despromovendo-o e depois reduzindo drasticamente o seu pessoal no Kremlin. Numa entrevista com o jornal da oposição russa *Os Novos Tempos*, Illarionov disse que Putin tinha dividido aqueles que o rodeavam em dois grupos distintos. A um chamava de o «grupo da economia», que envolvia os seus consultores em todos os assuntos relacionados com a economia. O outro grupo envolvia «pessoas dos negócios», do qual os consultores oficiais eram geralmente excluídos. Era com estas pessoas, disse, que Putin «estabelecia o controlo sobre a propriedade e os fluxos financeiros» ([46]). Tal como Putin declarara que não voltariam a discutir a Chechénia, também já não parecia interessado em discutir os planos para a Rosneft com Illarionov.

A reunião para discutir a oferta pública inicial da empresa — na Bolsa de Londres e nas duas bolsas da Rússia — era a primeira sobre o assunto para a qual Illarionov fora convidado, mas rapidamente se tornou claro para ele que os planos já estavam bem avançados. Nesta reunião, Igor Sechin apresentou a proposta de aumento de doze mil milhões de dólares de capital por meio da venda de treze por cento das ações da empresa, usando depois o produto da venda para pagar a dívida e investir em novos projetos. Um por um, os assessores de Putin aprovaram então a ideia. «Muito bem», disse Gref. Medvedev disse que tinha verificado a legalidade do negócio. Contudo, quando chegou a vez de Illarionov falar, este opôs-se. Se o Estado ia vender uma parte da sua maior empresa petrolífera, argumentou, não deviam os proveitos regressar ao orçamento do Estado? Putin empurrou a sua cadeira para trás, com o rosto ruborizado. Illarionov sabia que o tinha feito sentir-se desconfortável ao salientar o risco político envolvido. Uma coisa era processar Khodorkovski e confiscar os ativos da Iukos — os russos tinham aclamado isso —, mas outra coisa diferente era não partilhar os lucros com os acionistas finais, os mesmos russos. Illarionov compreendia agora que o assunto já fora decidido por todos na sala. Ninguém apoiou o seu argumento. Mantiveram-se sentados à mesa com o olhar estático. Ainda pior, disse-lhes, nem todos os proveitos se destinarão a sustentar ou expandir a Rosneft: segundo a proposta que ia ser ratificada naquele dia, 1,5 mil milhões de dólares da venda estavam reservados a bónus não especificados para a gestão da Rosneft, presumivelmente para o executivo da empresa e os membros da sua administração, incluindo

Igor Sechin. Isto pareceu surpreender Putin. Empalideceu e voltou a puxar a sua cadeira para junto da mesa.

«Igor Ivanovitch», disse Putin, voltando-se para Sechin, «que é isto?».

Sechin engoliu em seco, levantando-se como um soldado conscrito diante de um oficial irritado, gaguejando o nome de Putin, segundo Illarionov. Não explicou ou não conseguiu explicar os bónus, e Putin simplesmente agradeceu a Illarionov pelo seu contributo para a discussão. Illarionov, que acreditava que Putin nada sabia acerca dos bónus, demitiu-se nesse dia com críticas ao rumo para o qual o presidente conduzia o país. «O Estado transformou-se, essencialmente, numa grande empresa que os proprietários nominais já não controlam», escreveu num cáustico editorial no *Kommersant* ([47]). A oposição de Illarionov serviu para adiar a Oferta Pública Inicial (IPO), enquanto Sechin e Putin debatiam as condições e os termos, mas não por muito tempo.

Quando a proposta foi anunciada no início de 2006, a Rosneft disse que esperava conseguir vinte mil milhões de dólares, embora mais tarde reduzisse esse objetivo para dez mil milhões. O governo anunciou, com fanfarras, que iria pôr ações individuais para venda a retalho através do banco estatal, Sberbank, e outros, procurando retratar esta privatização como um benefício para os russos comuns, que também teriam a oportunidade de colher uma parcela do súbito crescimento energético do país. No entanto, o foco principal era dirigido às empresas energéticas internacionais, incluindo a BP, a Petronas e o gigante chinês CNPC, que eram atraídos pela perspetiva de marcar uma nova posição no mercado de energia da Rússia, no mínimo como acionistas minoritários. Quando os resultados da oferta se revelaram baixos, outros oligarcas russos, incluindo Roman Abramovitch, avançaram com ofertas de compra maiores, presumivelmente às ordens do Kremlin, para que a Rosneft pudesse atingir o seu objetivo ([48]).

A oferta foi tão controversa quanto o negócio da Iukos — e um risco pessoal para Putin, uma vez que era o equivalente a um teste ao capitalismo que ele estava a gerir. Fazer transacionar ações em Londres exigia a completa exposição dos riscos para os investidores. A exposição da Rosneft revelava, de facto, o crime e a corrupção na Rússia e a probabilidade de os processos judiciais relacionados com a Iukos poderem afetar a empresa num futuro distante. Também deixou claro que o Kremlin, Inc. permanecia como o supremo árbitro do destino da empresa. «O governo russo, cujos interesses podem não coincidir com os de outros acionistas, controla a Rosneft e pode fazer que esta se envolva em práticas de negócio que não maximizem o valor para o acionista», revelava o prospeto ([49]).

Se os bónus criticados por Illarionov foram ou não pagos, tal nunca foi tornado público, e os interesses dos investidores institucionais permaneceram mornos, mas a oferta foi a quinta maior da história. Ascendeu a 10,7 mil milhões de dólares, e ao preço de venda das ações, o valor da Rosneft atingia cerca de oitenta mil milhões de dólares. A oferta realizou-se, não por coincidência, na véspera da cimeira do Grupo dos 8, que pela primeira vez se realizou em Sampetersburgo com Putin como anfitrião. O Kremlin preparou uma agenda ambiciosa que incluía o lugar da Rússia como garantia da segurança energética, apesar do conflito com a Ucrânia e, mais tarde, com a Geórgia e a Bielorrússia sobre o gás natural. O crescimento da Rosneft provava que a Rússia voltara a endireitar-se, e no arranque da cimeira, Putin exsudava uma confiança, até mesmo uma altivez, que parecia ter sido revigorada pelos horrores de Beslan, o contágio dos levantamentos populares e o crescente criticismo do rumo da Rússia.

«O mercado», declararia Sechin no relatório anual da empresa, «falou» ([50]).

Capítulo 17

Veneno

Aleksandr Litvinenko já estava morto quando acusou publicamente Vladimir Putin de o ter matado. Um isótopo radioativo tinha, lenta mas inexoravelmente, destruído o seu corpo ao longo de três semanas. Foi como se «uma minúscula bomba nuclear» tivesse explodido dentro do seu corpo ([1]). Os seus médicos, que inicialmente suspeitaram de que tivesse comido *sushi* estragado, só conseguiram identificar a causa da sua misteriosa doença quando já era demasiado tarde: uma dose do elemento polónio-210. Tinha-a ingerido, quase de certeza, no bar apainelado em madeira do Mayfair Millennium Hotel, em Londres, no dia 1 de novembro de 2006, depois de um encontro breve com um grupo de visitantes russos que esperava aliciar para a sua nova empresa: troca de informações sobre o poder e negócios russos, que tinham assumido nova relevância agora que Putin comandava o seu centro. Quando chegou a casa nessa noite, começou a sentir-se doente. Três dias depois, estava no hospital, onde definhava em agonia. Morreu na noite de 23 de novembro; tinha apenas quarenta e três anos. Na manhã seguinte, um amigo e colega, Alex Goldfarb, leu perante um círculo de jornalistas e câmaras de televisão uma comunicação que Litvinenko lhe tinha ditado nos seus últimos dias.

«Consigo ouvir nitidamente o adejar das asas do anjo da morte», dizia, num improvavelmente elegante inglês, que Litvinenko mal tinha

O NOVO CZAR

aprendido a falar durante os seus anos no exílio. «Talvez consiga escapar-lhe, mas devo dizer que as minhas pernas não correm tão depressa quanto eu gostaria. Penso, portanto, que talvez esteja na hora de dizer uma ou duas coisas à pessoa responsável pela minha doença. Talvez consiga silenciar homens, mas esse silêncio tem um preço. Revelou-se tão bárbaro e implacável como alegaram os seus críticos mais hostis. Mostrou que não tem nenhum respeito pela vida, pela liberdade ou por qualquer valor civilizado. Mostrou-se indigno do seu cargo, indigno da confiança de homens e mulheres civilizados. Pode conseguir silenciar um homem, mas um uivo de protesto do mundo inteiro ressoará, Senhor Putin, nos seus ouvidos para o resto da sua vida.» ([2])

Litvinenko não se tinha instalado num exílio discreto depois da sua fuga furtiva da Rússia no ano 2000, perseguido pelo organismo que tinha traído ao vir a público com as suas acusações na surreal conferência de imprensa de 1998, antes do dealbar da era Putin. Nunca se tinha integrado totalmente na vida inglesa, mantendo-se no mundo insular de «Londongrado», habitado por exilados, emigrados e magnatas itinerantes. Não se socializou com os russos ricos que então inundavam Londres com a sua fortuna — os seus meios eram demasiado modestos —, mas, pelo contrário, com os círculos obscuros e conspiradores dos mais ferozes críticos de Putin. Entre eles, o mais importante era Boris Berezovski, que continuava a forjar esquemas para desacreditar o homem que responsabilizava pela sua perda de favorecimento político e riqueza. Com o financiamento e a inspiração de Berezovski, Litvinenko escreveu um livro com Iuri Felchtinski, um historiador emigrado a viver nos EUA, que argumentava que a agência FSB de Putin teria estado por trás dos bombardeamentos de 1999 que tinham lançado Putin para a popularidade e para o poder. Deram-lhe o título de *The FSB Blows Up Russia* [*Terror na Rússia, Revelações de um Ex-espião do KGB*, ed. portuguesa] e era tendencioso logo desde as linhas iniciais: «Ninguém, a não ser um louco completo poderia ter desejado arrastar a Rússia para qualquer tipo de guerra, e muito menos uma guerra na Ciscaucásia. Como se o Afeganistão nunca tivesse ocorrido.» ([3]) Seguiu-se-lhe uma versão cinematográfica, discretamente apresentada em Moscovo e amplamente no estrangeiro, numa campanha financiada por Berezovski como parte da sua missão vingativa de

392

derrubar Putin. Litvinenko prosseguiu com um segundo livro, *Lubyanka Criminal Group*, retratando a organização sucessora do KGB como pouco mais do que uma organização terrorista mafiosa envolvida em corrupção e crimes. Litvinenko queimava assim as pontes para o seu passado, para a sua própria carreira nos serviços de segurança, com uma temeridade que, por vezes, atingia os limites da loucura. Era consumido por Putin e pelo seu governo, trocando informações com outros veteranos do KGB e com agentes dos serviços secretos da Grã-Bretanha e de Espanha, e possivelmente de outros países. Ansiava por investigar qualquer pedaço de informação que ouvisse e estava disposto a acreditar em amplas conspirações, que construía com base em factos, rumores e uma imaginação desenfreada.

No fim da sua curta vida, o seu interesse foi despertado por rumores de que Putin poderia ser homossexual ou bissexual, em parte baseados numa historieta infundada inserida nas memórias de Iuri Skuratov, o ex-procurador, recordando que Putin lhe tinha dito que acreditava que existira uma cassete de vídeo mostrando-o num encontro sexual. A cassete transformou-se numa lenda entre os críticos de Putin, incluindo ex-oficiais expurgados quando Putin assumiu o controlo do FSB em 1998, que afirmam que várias cópias foram secretamente enviadas para o estrangeiro para ficarem em segurança. Na verdade, ninguém parece tê-la visto, e os relatos variam entre um encontro com um jovem em 1984, quando estava em formação para agente do KGB no estrangeiro, e um encontro posterior no mesmo apartamento em que Skuratov foi filmado ([4]). Mas, na cabeça de Litvinenko, uma mera probabilidade podia facilmente transformar-se numa verdade irrefutável. No dia 5 de julho, menos de quatro meses antes de ser envenenado, Litvinenko publicou a sua insinuação acerca da sexualidade de Putin depois de este ter desajeitadamente levantado a camisa de um rapazinho que visitava a Praça Vermelha e tê-lo beijado na barriga. O seu artigo apareceu na página de Internet do movimento rebelde da Chechénia, uma causa a que Litvinenko foi aderindo cada vez mais depois de estabelecer amizade com outro exilado em Londres, o ator transformado em porta-voz dos rebeldes Akhmed Zakaiev, que se tinha mudado para uma casa geminada na mesma rua em que vivia Litvinenko, em North London. Oleg Kaluguin, o espião exilado, avisou-o quando se encontraram, apenas poucos meses antes da sua morte, de que era perigoso espalhar insinuações não fundamentadas. «Sacha, isso é de mais», disse-lhe ele ([5]). Litvinenko, já traidor aos olhos do FSB, tinha perdido todo o sentido de prudência, naquilo que supunha ser a segurança do exílio. A sua própria filha pensava que ele era «um pouco louco». «Qualquer conversa acabava com ele a falar incansavelmente sobre o regime de Putin», disse ela. «Entusiasmava-se de tal maneira, que não conseguia parar, como se tivesse perdido o juízo.» ([6])

Litvinenko continuava a trabalhar para Berezovski, mas o seu relacionamento esfriou, e, em 2006, Berezovski tinha reduzido o ordenado que lhe dava para sustentar a família. Em busca de um rendimento estável, Litvinenko ofereceu depois os seus serviços enquanto investigador privado e pesquisador para firmas que aconselham empresas sobre a gestão de risco na Rússia. O seu conhecimento dos mecanismos internos do FSB, a sua recolha obsessiva de material e a sua disponibilidade para partilhar conduziram-no a um labirinto de investigações no cerne da Rússia de Putin. Em abril de 2006, deslocou-se a Israel para se encontrar com um dos ex-sócios de Khodorkovski na Iukos, Leonid Nevzlin, que mais tarde disse que Litvinenko tinha transmitido informações que «lançavam luz sobre os aspetos mais significativos do caso Iukos» ([7]), embora nunca tenha sido esclarecido em que tal consistia exatamente. Um mês depois estava em Espanha, onde teve encontros com agentes de segurança e com um procurador itinerante, José Grinda Gonzalez, com quem discutiu as atividades e as localizações de várias figuras da máfia russa. Apresentou uma tese, mais tarde endossada por Grinda, segundo a qual o governo russo, através do FSB e de ramos da espionagem no estrangeiro e militar, controlava quadrilhas de crime organizado e usava-as para contrabandear armas, lavar dinheiro, executar assassínios e, além disso, fazer tudo o que o governo «não pode, de forma aceitável, fazer como governo». Grinda estava na pista de criminosos russos em Espanha, incluindo um famoso patrão da máfia chamado Guenadi Petrov, que estava metido em negócios durante o tempo de Putin em Sampetersburgo e que, durante algum tempo, tinha sido acionista da instituição que reunia o círculo dos amigos mais próximos de Putin, o Banco Rossia ([8]). Litvinenko manteve segredo dessas visitas, viajando com o passaporte britânico que tinha recebido quando lhe tinha sido concedido asilo, mas depois lançou-se conscientemente nas atenções públicas depois do que foi, até à sua própria morte, um dos assassínios mais chocantes de um crítico de Putin.

Na noite de 7 de outubro de 2006, dia em que Putin fazia cinquenta e quatro anos, um assassino seguiu Anna Politkovskaia até ao átrio do edifício onde se situava o seu apartamento e disparou quatro vezes contra ela, que se encontrava no elevador. O assassino deixou ficar a pistola ao lado do corpo, a assinatura de um homicídio encomendado. O seu assassínio destinava-se a chocar, tal como sucedeu. Politkovskaia nunca tinha abrandado na sua cobertura da guerra da Chechénia, mesmo quando a maioria dos russos virava as costas àquilo que se tinha transformado numa destruidora operação de contrainsurreição, em grande medida levada a cabo por forças leais a Ramzan Kadirov, filho do líder venerado por Putin, Akhmad Kadirov, que tinha sido assassinado em Grozni em 2004. Dois dias antes do assassínio de Politkovskaia, o Kadirov mais novo tinha feito trinta anos, portanto, legalmente idade suficiente para assumir o cargo de presidente da república. Putin já tinha feito dele o primeiro-ministro, cargo que era uma mera formalidade, pois Kadirov e os seus combatentes detinham o controlo absoluto na Chechénia.

Na altura do seu assassínio, Politkovskaia preparava um artigo sobre a tortura de um migrante checheno vindo da Ucrânia, que tinha sido espancado e torturado com choques elétricos até confessar que tinha cometido assassínios — outro exemplo medonho, se bem que não excecional, da brutalidade da guerra da Rússia. (O seu jornal, *Novaia Gazeta*, publicou o artigo seis dias depois da sua morte.) Ela própria perguntava a si mesma se a veracidade destes relatos das atrocidades da guerra tinha algum impacto numa população que apoiava tacitamente as duras táticas do governo, limitando-se para isso a não prestar atenção. Outro artigo encontrado no seu computador intitulava-se «Nesse Caso, de Que Sou Culpada?». Equivalia a um lamento por aquilo em que se tinha transformado o jornalismo na Rússia. «Nunca procurei o meu atual estatuto de pária e isso faz-me sentir como um golfinho lançado à praia», escreveu.

No mesmo artigo, criticava, de forma significativa, o apoio decidido de Putin ao jovem Kadirov. Segundo escreveu, Putin nomeou-o primeiro-ministro da Chechénia «com indiferente desrespeito pelo facto de o homem ser um completo idiota, destituído de educação, miolos ou qualquer aparente talento para qualquer coisa que não seja pancadaria e assaltos violentos» ([9]).

E não obstante, a estratégia de Putin na Chechénia veio a revelar-se implacavelmente eficaz. Aslan Maskhadov, presidente eleito da república durante o breve período de independência entre 1996 e 1999, tinha sido encurralado e morto em março de 2005, numa cave apenas a vinte quilómetros de Grozni. O seu substituto enquanto líder político da rebelião, Abdul-Halim Sadulaiev, foi morto um ano depois — traído por um informador, troçava Kadirov, pelo preço de uma dose de heroína. Meses depois, em julho de 2006, uma explosão na Inguchétia, república vizinha da Chechénia, matou Chamil Bassaiev, o famoso comandante militar e terrorista confesso que tinha organizado os cercos de *Nord-Ost* e Beslan, entre dúzias de outros ataques. O FSB alegou que era uma operação especial, enquanto os insurrectos afirmavam que era um acidente, mas o impacto foi incontestável. A série de assassínios decapitou a liderança da rebelião que Putin tinha combatido desde que subiu ao poder, empurrando os seus aderentes para a clandestinidade. O custo em sangue e dinheiro foi extraordinário — com milhares de soldados russos mortos e milhares de chechenos deslocados ou «desaparecidos». A brutalidade, a violência, a impunidade — as táticas de repressão política e de segurança que caracterizaram toda a Rússia, mas que foram ampliadas nas montanhas da fronteira sul — criariam a privação de direitos e ressentimentos que degenerariam numa insurgência de cariz islâmico que as autoridades nunca conseguiram extinguir. E ainda assim, as táticas de Putin — e o seu apoio ao jovem Kadirov — tinham conseguido esmagar o movimento pró-independência da Chechénia. Três meses depois da morte de Politkovskaia, usando a autoridade que impôs depois de Beslan, Putin nomeou Kadirov novo presidente da Chechénia. Era pouco mais do que um sátrapa, mas Putin recompensou a sua lealdade ao Kremlin concedendo-lhe a soberania absoluta para gerir a Chechénia como seu feudo, o que ele fez com crueldade implacável contra inimigos e críticos — pessoas como Politkovskaia. A morte desta foi uma das últimas baixas da guerra vitoriosa de Putin. Em 2008, demasiado tarde para ela manejar o seu espírito acerbo contra o facto, Kadirov retribuiu a confiança de Putin rebatizando uma parte da rua principal da destruída capital, Grozni, que estava a ser progressivamente reconstruída com uma injeção maciça de dinheiro proveniente do orçamento federal. No centro de uma cidade que tinha sido arrasada por ordem de Putin, a Avenida da Vitória tornou-se na Avenida Putin.

Dada a preeminência de Politkovskaia, o seu assassínio despertou uma imensa atenção internacional — e um conspícuo silêncio do Kremlin. Como tinha um passaporte estado-unidense, por ter nascido em Nova Iorque, filha de diplomatas soviéticos nas Nações Unidas em 1958, o embaixador estado-unidense, William Burns, apresentou uma providência oficial exprimindo preocupação e exigindo uma investigação exaustiva da morte de uma cidadã estado-unidense. O ministro-adjunto dos Negócios Estrangeiros com quem se encontrou, Andrei Denisov, pareceu chocado com o assassínio e insistiu que «ninguém em posição de autoridade tinha nada que ver com o crime», acrescentando que «muitos indivíduos podiam ter beneficiado da morte de Politkovskaia» ([10]). Contudo, nem o Ministério dos Negócios Estrangeiros nem o Kremlin fizeram qualquer declaração. Eram poucos os que tinham qualquer autoridade para se pronunciar, especialmente sobre um caso tão sensível, antes de o próprio presidente ter indicado qual seria a orientação oficial. E Putin só disse alguma coisa passados três dias, no dia em que Politkovskaia foi a enterrar num dia de chuva pesada, com milhares de pessoas enlutadas a desfilar diante do seu caixão.

Putin tinha chegado nesse dia a Dresden, o seu antigo posto no KGB, para um encontro oficial com Angela Merkel, a nova chanceler que tinha substituído Schröder, bem como com executivos empresariais, para promover os produtos energéticos russos, em expansão plena. Quando apareceram juntos, Merkel aderiu à condenação internacional do assassínio de Politkovskaia, mas Putin nada disse nos seus comentários. Apenas se referiu ao assunto quando um repórter alemão fez uma pergunta. Putin chamou-lhe «um crime horrivelmente cruel», mas depois depreciou o trabalho da jornalista e sugeriu que o verdadeiro motivo da sua morte era denigrar a reputação da Rússia. «Esta jornalista era, de facto, uma crítica feroz das atuais autoridades da Rússia, mas, como os especialistas sabem e os jornalistas deviam compreender, penso eu, o impacto dela na vida política russa foi apenas muito ligeiro.» O seu assassínio, disse ele, desferiu sobre as autoridades um golpe maior do que qualquer coisa que ela tivesse escrito. Mais tarde, nessa mesma noite, dissertou sobre o tema quando disse aos funcionários russos e alemães reunidos no fórum semianual conhecido como Diálogo de Sampetersburgo que o assassínio de Politkovskaia tinha sido orquestrado por inimigos da Rússia. Este viria a ser um tema recorrente: os inimigos da Rússia, de Putin, andavam a conspirar para o desacreditar. «Temos informações fiáveis e coerentes de que muitas pessoas que se escondem da justiça russa têm acolhido a ideia de que usarão alguém como vítima para criar uma vaga de sentimento anti-Rússia no mundo», disse-lhes ele.

Era exatamente isto que Litvinenko procurava fazer. Considerava Politkovskaia uma amiga — sempre que ela visitava Londres, os dois trocavam informações acerca da Chechénia e dos serviços de segurança que lá trabalhavam (¹¹) —, e a morte dela enfureceu-o. No dia 19 de outubro, menos de duas semanas antes de adoecer, assistiu a um painel de debate em Londres sobre o assassínio de Politkovskaia e declarou que o próprio Putin era culpado. Ergueu-se no meio da multidão para se dirigir ao painel, começando num inglês hesitante e depois continuando em russo, que uma mulher sentada ao lado de Akhmed Zakaiev traduzia. Depois de salientar que não tinha nada a esconder e de repetir várias vezes que os jornalistas presentes deviam sentir-se livres de citar os seus comentários, disse que a própria Politkovskaia tinha recebido um aviso de que Putin a tinha posto numa lista negra. «Sei muito bem que só uma pessoa na Rússia podia matar uma jornalista com o estatuto de Anna Politkovskaia — e essa pessoa é Putin, mais ninguém.»

Treze dias depois, coligiu as «provas» que, tinha a certeza, o ajudariam a provar o caso. Um analista de segurança italiano, Mario Scaramella, que trocava os mesmos segredos que ele, partilhou mensagens de correio eletrónico que tinham sido enviadas por outro russo no exílio e que, supostamente, continham a lista de alvos de uma associação de veteranos do KGB chamada Dignidade e Honra. O nome de Politkovskaia estava na lista. E também os de Litvinenko e de Berezovski. E todavia, Litvinenko baixou a guarda quando saiu do seu encontro ao almoço com o italiano para se encontrar com os dois russos que seriam depois os principais suspeitos do seu assassínio: Andrei Lugovoi e Dmitri Kovtun.

398

Lugovoi, também um veterano do departamento do KGB que fornecia proteção aos funcionários do governo, tinha noutros tempos gerido a segurança da estação de televisão controlada por Berezovski. Era agora proprietário de uma empresa de segurança chamada Nona Vaga e continuava em contacto com Berezovski. Kovtun era um amigo de infância de Lugovoi, que tinha sido capitão no ramo de espionagem militar do Exército Vermelho soviético na Alemanha de Leste e tinha uma empresa de consultoria de negócios. Litvinenko conhecia Lugovoi através da sua ligação a Berezovski e estava ansioso por o trazer para a sua órbita de contactos, que incluía a Erinys, uma empresa de segurança onde Litvinenko trabalhava por vezes enquanto consultor. Lugovoi apresentou Kovtun durante essa visita em outubro, tendo-se reunido na Erinys e depois num restaurante chinês. Mais tarde, as autoridades da Grã-Bretanha revelaram que a primeira tentativa para matar Litvinenko tinha ocorrido na empresa de segurança, com recurso ao mesmo veneno radioativo ([12]). Ele sentiu-se doente mais tarde, vomitando nessa noite, mas recuperou.

Os três voltaram a encontrar-se em novembro, no dia em que ele ficou gravemente doente. Foi Litvinenko quem insistiu, com muita urgência, em se encontrar com eles dessa vez, antes de uma reunião já programada para a manhã seguinte. Estava ansioso por partilhar o que tinha sabido por intermédio das mensagens de correio eletrónico que Mario Scaramella tinha partilhado durante o almoço. A sua reunião no Pine Bar do Mayfair Millennium foi curta, pois Lugovoi, que viajava com a família, tinha bilhetes para um jogo de futebol entre o Arsenal e o CSKA de Moscovo nessa noite no Emirates Stadium. Quando o filho chegou ao bar, apresentou-o a Litvinenko e depois saiu para mudar de roupa para o jogo. Kovtun pensou que Litvinenko estava com um aspeto esquisito e agitado, e que talvez não estivesse bem. «Não fechou a boca», disse ([13]). Enquanto Kovtun esperava por Lugovoi no átrio, Litvinenko manteve-se desconfortavelmente próximo dele. «Eu estava demasiado perto dele,» disse Kovtun. «Esteve sempre, sempre a falar.»

Depois de as autoridades britânicas determinarem que veneno tinha matado Litvinenko, polónio-210, acabaram por encontrar vestígios residuais dele em todos os sítios onde os três homens tinham estado — não só no dia 1 de novembro, mas durante todos os seus encontros anteriores em 16 e 17 de outubro. Contaminou os seus quartos de hotel, a sala de conferências onde se encontraram na Erinys, o lugar no Emirates Stadium em que Lugovoi se sentou, as almofadas das cadeiras do clube de *striptease* Hey Jo e um narguilé no restaurante Dar Marrakesh, onde Lugovoi e Kovtun tinham estado. Irradiou por dois aviões a jato da British Airways que fizeram a viagem entre Moscovo e Londres e até pelo sofá da casa da ex-mulher de Kovtun em Hamburgo, Alemanha, que ele tinha visitado havia apenas alguns dias, antes de apanhar o avião de regresso a Londres para se encontrar com Litvinenko pela segunda vez, e onde, segundo o testemunho tornado público anos depois, perguntou a um amigo se podia recomendar um *chef* que conseguisse fornecer uma dose de veneno.

O polónio-210 ocorre naturalmente em quantidades mínimas na crosta terrestre, no ar e no fumo do tabaco, mas, quando é manufaturado, apresenta-se como um metal leve prateado. Em tempos, foi usado nos detonadores de armas nucleares e é produzido em pequenas quantidades para eliminar a eletricidade estática em maquinaria industrial e para retirar a poeira de filmes e lentes de câmaras. Degrada-se emitindo partículas alfa que se deslocam apenas algumas polegadas e que são facilmente detidas por uma folha de papel ou pela pele de uma pessoa. O único risco para a saúde decorre da sua ingestão. É manuseado de forma fácil e segura e é letalmente tóxico — é uma arma engenhosa. Noventa e sete por cento do seu fornecimento industrial provém de Avangard, uma instalação nuclear russa situada na fortemente protegida cidade de Sarov, onde a União Soviética construiu a sua primeira bomba atómica.

Tal como sucedeu com o homicídio de Politkovskaia, Putin estava a viajar quando a morte de Litvinenko explodiu num frenesi global dos meios de comunicação. Desta vez, estava em Helsínquia para uma cimeira com a União Europeia que já tinha corrido mal, e, quando se preparava para a ritual conferência de imprensa que encerrava essas reuniões, o porta-voz de Putin, Dmitri Peskov, transmitiu a notícia da acusação no leito de morte de Litvinenko, sabendo que lhe seria certamente pedido que reagisse. Putin estava furioso, incrédulo por estar a ser acusado de estar pessoalmente envolvido na morte de Litvinenko ([14]). Tanto ele como os seus assessores acreditavam que o momento não podia ser uma coincidência; só podia ser uma provocação.

VENENO

Quando apareceu com os primeiros-ministros da Finlândia, da Islândia e da Noruega, acompanhados por dois funcionários superiores da União Europeia, o desconforto de Putin era palpável. Fez uma careta, mudou de posição e olhou para o teto. Os seus adjuntos que estavam nas linhas laterais sugeriram aos repórteres que ele estava constipado, ([15]) mas ele pareceu estar a suprimir a fúria que Peskov disse que sentia. Nenhum dos líderes que falou do estrado fingiu que as reuniões tivessem sido um sucesso, embora diplomaticamente manifestassem esperança de que prosseguissem os esforços para criar laços económicos e sociais mais próximos. Depois de acabarem de falar, a primeira pergunta foi sobre Litvinenko: Reagiria Putin à acusação de que era responsável?

Putin, normalmente presunçoso e confiante nestas aparições perante a imprensa, pareceu estar muito pouco à vontade. «A morte de uma pessoa é sempre uma tragédia», começou por dizer, e depois apresentou as suas condolências à família de Litvinenko. Tal como tinha feito com o homicídio de Politkovskaia, tentou menosprezar a vítima e desvalorizar a questão. Os médicos britânicos, disse, não tinham dado indicações de que esta fosse «uma morte violenta». Sugeriu que as autoridades britânicas suportavam a responsabilidade de proteger os cidadãos do país. Ofereceu o apoio da Rússia *se* fosse requerida uma investigação e instou os britânicos a não «apoiarem nenhuma tendência para inflacionar quaisquer escândalos políticos que não têm fundamento». Quanto ao bilhete, perguntava por que razão não tinha sido tornado público enquanto Litvinenko estava vivo: se foi escrito depois da sua morte, disse Putin, não havia necessidade de fazer comentários. «As pessoas que fizeram isto não são Deus e o senhor Litvinenko não é, infelizmente, Lázaro», disse. «E é uma pena enorme que até acontecimentos trágicos como a morte de uma pessoa possam ser usados para provocações políticas.» Tal qual tinha feito no caso de Politkovskaia, Putin procurava desviar as culpas para outro lado, para os seus inimigos. E contudo, em ponto nenhum dos seus comentários, curtos e desajeitados, se apresentou a negar explicitamente que os russos eram responsáveis pelo sucedido.

Nunca surgiu nenhuma prova direta de que Putin estivesse envolvido na morte de Litvinenko, nem na de Politkovskaia, nem nos outros crimes misteriosos e não solucionados que exibiam as marcas características de assassínio político durante o seu governo. Mas naquele momento, contudo, a sua posição no Ocidente tinha descido tão baixo, que poucos duvidavam de que, no mínimo, tinha criado um clima que tornava o assassínio político sombriamente comum. Na esteira do envenenamento de Litvinenko, casos mais antigos assumiam subitamente um novo significado. Iuri Schekochikhin, membro do parlamento e jornalista que também trabalhava para o jornal de Politkovskaia, morreu em 2003 depois de uma doença súbita que sugeria envenenamento; tinha acabado de escrever um artigo sobre uma investigação bloqueada que agora, três anos depois, estava prestes a vir à superfície no meio de uma intriga renovada. Outro caso envolvia a estranha morte de um homem que supostamente agia como mediador no caso Iukos em 2004; a vítima, Roman Tsepov, morreu de uma forma que pressagiava sinistramente o caso de Litvinenko: sucumbiu a uma doença causada por radiações apenas poucos dias depois de supostamente ter sido convidado para tomar uma chávena de chá na sede do FSB em Sampetersburgo ([16]).

O envenenamento de Litvinenko tinha toda a complexidade e intriga de um romance de John Le Carré, faltando-lhe apenas um motivo coerente e um clímax de resolução. De regresso a Moscovo, Lugovoi e Kovtun não agiam como suspeitos. Lugovoi tinha telefonado duas vezes a Litvinenko depois de saber que ele estava doente, mas antes de que alguém conhecesse a causa. Este não parecia ser o modo de agir de um assassino. Como o seu nome veio à tona como um dos que se tinham encontrado com Litvinenko no dia 1 de novembro, apresentou-se na embaixada britânica, concordando em se encontrar com os diplomatas para esclarecer a situação e em ser entrevistado por investigadores britânicos. A cadeira em que ele se sentou estava tão irradiada com polónio-210, que a embaixada selou a sala ([17]). Um dia depois da morte de Litvinenko, ele e Kovtun deram uma entrevista à estação de rádio Ecos de Moscovo, exprimindo assombro a propósito de toda a questão, e depois disso continuaram a manifestar-se durante meses, negando qualquer cumplicidade. Mais tarde, insistiram que eram eles as vítimas planeadas — quer com, por ou em vez de Litvinenko. «Matá-lo, e ainda para mais, de uma forma tão extravagante, estava absolutamente além de qualquer entendimento», disse Kovtun. Se ele e Lugovoi fossem assassinos contratados enviados a Londres, insistiu Kovtun, teriam sido enviados em perseguição dos homens mais procurados da lista russa de inimigos, e não de um insignificante como Litvinenko. De facto, Lugovoi tinha-se encontrado com Berezovski na véspera do envenenamento de Litvinenko. «Lugovoi teve sempre a possibilidade de se encontrar com Berezovski, Zakaiev, com todos eles ao mesmo tempo. Dado que tinha a oportunidade de se encontrar com qualquer um deles, seria fácil matar o alvo mais importante.» ([18]) No mundo obscuro em que viviam, o argumento fazia algum sentido.

Putin fez o melhor que pôde para ignorar o drama, mas os funcionários russos tentaram energicamente desvalorizar a narrativa que tomava forma em todo o mundo. Fizeram-no com mais zelo do que o demonstrado ao investigar o próprio homicídio. Quando foram encontrados vestígios de polónio-210 em Kovtun, o gabinete do procurador-geral anunciou uma investigação à tentativa do *seu* assassínio. Um mês depois, anunciou, sem provas e sem sequer uma explicação, que a morte de Litvinenko estava, de algum modo, relacionada com processos de acusação em curso contra a Iukos. Quando Putin apareceu numa conferência de imprensa em fevereiro de 2007, descartou Litvinenko como um guarda irrelevante da tropa fronteiriça que tinha abusado do seu juramento de cargo e que depois tinha fugido do país. «Não havia necessidade de fugir para lado nenhum. Ele não tinha nenhuns segredos. Tudo de negativo que podia dizer a respeito do seu serviço e do seu emprego anterior já o tinha dito havia muito tempo, pelo que não podia haver nenhuma novidade naquilo que fizesse mais tarde.» Pelo contrário, afirmou, os inimigos que procuravam prejudicar a Rússia eram os «oligarcas em fuga que se escondiam na Europa Ocidental ou no Médio Oriente». Referia-se claramente a Nevzlin e Berezovski, sugerindo, com tão poucas provas como as dos que o acusavam, que, de alguma maneira, tinham alguma responsabilidade na morte de Litvinenko. «Mas não acredito verdadeiramente em teorias da conspiração.»

No entanto, a Rússia tinha-se tornado solo fértil para conspirações, reais e imaginárias, e as mortes de Litvinenko, Politkovskaia e dos outros, desafiavam a impressão, cuidadosamente cultivada, de que Putin presidia a uma era de progresso, estabilidade e renovado orgulho nacional que deixava para trás o caos violento da década de noventa. Muitas teorias centravam-se no fim do segundo mandato de Putin enquanto presidente, que, por lei, já estava no horizonte. Havia quem visse os assassínios como uma provocação para desencadear um levantamento popular antes da eleição de 2008, da mesma forma que o assassínio de Gueorgui Gongadze na Ucrânia apressou o fim do regime de Leonid Kutchma. Outros começavam a ver a mão negra daqueles que, dentro da Rússia, queriam que Putin se mantivesse no poder. Por esta lógica retorcida, o opróbrio que cairia sobre Putin por orquestrar o homicídio de um crítico em Londres obrigá--lo-ia a manter-se em funções para garantir a sua imunidade em relação a uma acusação criminal. Também isto fazia bastante sentido.

Putin tinha sido inquirido acerca da sua intenção de rever a Constituição e tentar um terceiro mandato enquanto presidente ainda antes de ter sequer tentado a reeleição para um segundo mandato ([19]). Insistiu repetidamente que não tinha a intenção de alterar a Constituição para anular os limites de mandatos da poderosa presidência, e várias vezes foram redigidos apelos para fazer precisamente isso. Os parlamentos regionais redigiram referendos sobre o assunto, de Primorie, no Extremo Oriental, à Chechénia. O porta-voz do parlamento da Chechénia, Dukavakha Abdurakhmanov, corroborou Ramzan Kadirov na sua lealdade ao declarar que Putin devia ter mais três ou quatro mandatos enquanto presidente — que devia governar durante toda a vida, se possível. «O número de mandatos não devia decidir o fim da sua presidência, mas sim a sua idade e a sua saúde», ([20]) disse ele. Com um simples sinal do Kremlin, qualquer uma das iniciativas para prolongar a governação de Putin teria sido facilmente aprovada, mas Putin adiava, rejeitando os apelos, embora também não os desencorajasse ativamente. Pela primeira vez desde sempre, o país tinha um mecanismo legal democrático para a transferência pacífica do poder, mas, por desígnio do próprio Putin, tinha-se tornado impossível imaginar qualquer outra pessoa no poder.

Putin disse, certa vez, que tinha andado a pensar no seu potencial substituto desde o momento em que assumiu o cargo, mas, no segundo mandato, a questão da sucessão tinha começado a preocupar Putin e a sua corte, tal como tinha preocupado Ieltsine, já doente — e o desacreditado Kutchma na Ucrânia. Revelou isso mesmo em dezembro de 2004 quando lhe perguntaram, numa conferência de imprensa, quais eram os seus planos depois de cessar funções e se consideraria o regresso à política na eleição seguinte, em 2012. Ele gracejou: «Porque não em 2016?» Os seus desvios evasivos nunca deixaram esquecer por completo a pergunta, mas reconhecia que, tal como Ieltsine antes de si, tinha começado a pensar na «etapa» seguinte, das eleições de 2008, à qual chamava cripticamente de «uma linha crucial» para o país.

A procura do herdeiro de Putin — «Operação Sucessor», como foi chamada — começou a sério em novembro de 2005, quando o Kremlin anunciou que Putin promoveria dois dos seus assessores mais próximos: Dmitri Medvedev, então o seu chefe de gabinete, e Serguei Ivanov, ministro da Defesa. Putin nomeou Medvedev para a recém-criada posição de primeiro primeiro-ministro adjunto, enquanto Ivanov passava a ser um primeiro-ministro adjunto, além de ministro da Defesa. Tal como Putin antes da sua nomeação por Ieltsine, nenhum dos homens tinha concorrido a um cargo eleito, mas, dos dois, Ivanov parecia ser o herdeiro mais provável. Tinha mais treze anos do que Medvedev e tinha atingido a patente de general no KGB. Em contrapartida, Medvedev era um advogado juvenil e estudioso que tinha sido coautor de um manual legal e tinha dado aulas na Faculdade de Direito da Universidade Estatal de Sampetersburgo antes de seguir Putin para Moscovo enquanto seu protegido de confiança. Putin não disse a nenhum dos homens qual escolheria e, nos meses seguintes, parecia que ambos estavam a ser preparados para o papel, atirados para as luzes da ribalta para polir as suas imagens, embora estivessem em «campanha» para conquistar o único voto que contava: o de Putin. Ambos assumiam agora papéis preeminentes nas iniciativas políticas do Kremlin. Medvedev supervisionou cinco mil milhões de dólares a serem gastos em «projetos nacionais» ligados à agricultura, habitação, educação e cuidados de saúde; Ivanov, a reestruturação das Forças Armadas e, em 2006, uma nova incumbência de supervisionar os concursos militares. Ambos começaram a aparecer com mais frequência nos noticiários da noite, sem dúvida mais do que o seu chefe nominal, o apagado primeiro--ministro que geria o governo, Mikhaíl Fradkov, que, no seu primeiro ano em funções, se tinha destacado pela sua notória falta de influência e relevância política. À medida que aumentava a especulação, tanto Medvedev como Ivanov eram confrontados com repetidas perguntas sobre as suas aspirações políticas, e tornaram-se hábeis a contornar a questão. Na corte de Putin, os cortesãos não ousavam fazer campanha abertamente, mesmo que albergassem ambições políticas próprias. Em vez disso, conspiravam.

O NOVO CZAR

A aparente solidez do controlo político de Putin contradizia uma luta subterrânea para influenciar a sua opção final. Era um prolongamento da luta pelo controlo da redistribuição de ativos que o Kremlin tinha orquestrado com grande determinação ao longo do segundo mandato de Putin ([21]). Tal como em qualquer corte, surgiam rivalidades. Igor Sechin, cujo poder tinha aumentado com a aquisição da Rosneft, não aprovava a perspetiva de algum dos assessores de Putin se tornar presidente. Era favorável ao procurador-geral, Vladimir Ustinov, que tinha desempenhado um papel importante no caso Iukos e cujo filho se tinha casado com a filha de Sechin. Infelizmente para os dois homens, dizia-se que uma transcrição de uma das suas conversas tinha «aterrado» na secretária de Putin na primavera de 2006 ([22]). Tinha sido gravada sub-repticiamente por um delegado da agência de controlo de drogas da Rússia, que na época era chefiada por Victor Cherkesov, colega de Putin no KGB proveniente de Sampetersburgo. Na conversa intercetada, dizia-se que Sechin teria sugerido, de forma improvável, que Putin era fraco e que Ustinov seria um substituto adequado. Se era ou não verdade, essa não era a questão: Ustinov era declaradamente ambicioso, presidindo a reuniões dos procuradores com «um ar presidencial», o que era uma ousadia perigosa na corte de Putin ([23]). Incentivado pela detenção de Khodorkovski e com a bênção de Sechin, comprometeu-se publicamente em maio de 2006 a deduzir acusação contra «casos criminais de grande envergadura» envolvendo funcionários governamentais, incluindo, diziam alguns, Dmitri Medvedev.

Putin demitiu Ustinov em 2 de junho. A decisão surpreendeu o Conselho da Federação, que ainda detinha a autoridade final para nomear ou demitir um procurador-geral, embora já não tivesse a independência que tinha no tempo de Ieltsine para debater a decisão. Numa indicação de até que ponto Putin tinha dominado os ramos alternativos do poder desde o escândalo provocado pelo afastamento de Iuri Skuratov por Ieltsine em 1999, o conselho votou no mesmo dia a confirmação da decisão de Putin. Não houve debate, e a votação foi praticamente unânime, apenas com duas abstenções. Serguei Ivanov sugeriu que havia «boas razões» para a saída de Ustinov, mas Putin não apresentou nenhuma explicação pública. Ninguém compreendeu na altura que a demissão era o primeiro resultado do torvelinho político abaixo da superfície.

406

Os assassínios de Politkovskaia e Litvinenko seguir-se-iam brevemente. Contudo, a batalha atrás dos bastidores em relação ao herdeiro de Putin só explodiria publicamente no ano seguinte, aquando de uma investigação aos armazéns de mobiliário Tri Kita, ou Três Baleias. Era o caso que Iuri Schekochikhin andava a cercar nos seus relatórios quando morreu misteriosamente.

No auge do furor em torno da investigação de Litvinenko, Putin enviou Medvedev a Davos, na Suíça, para o encontro anual da nata mundial na área dos negócios e da política, em janeiro de 2007. Um pouco desajeitado, com uma densa cabeleira castanha e um gosto musical pelo *heavy metal* estado-unidense e britânico inicial, Medvedev projetava uma imagem mais amável de um político russo do que a que Putin tinha deixado ultimamente. Então só com quarenta e um anos, era um filho da *intelligentsia* sem antecedentes conhecidos nos serviços de segurança. Atingiu a maioridade quando a *perestroika* ganhava raízes, representando uma geração nova, menos endurecida pelo comunismo e pela Guerra Fria. Até arranhava um pouco de inglês, aprendido por meio da sua inabalável paixão pela música dos Deep Purple. No seu discurso inaugural, garantiu à audiência que a Gazprom não era ameaçadora — apenas algumas semanas depois de ter suspendido os fornecimentos à Bielorrússia. Afirmou que a Rússia tinha todas as intenções de ser um parceiro fiável para o comércio e o investimento — apesar do papel do Kremlin na exclusão de investidores como a Royal Dutch Shell. Até contestou o lema que Vladislav Surkov, o estratego político de Putin, tinha popularizado: «democracia soberana». A democracia, disse Medvedev, não precisava de adjetivos e tinha a certeza de que a versão russa era bastante genuína. «Também não estamos a tentar pressionar ninguém a amar a Rússia, mas não permitiremos que ninguém lese a Rússia», disse. «Empenhar-nos-emos em conquistar respeito tanto pelos cidadãos da Rússia como pelo país como um todo. Além do mais, tal será alcançado não recorrendo à força, mas sim através do nosso comportamento e das nossas realizações.» A preeminência de Medvedev num fórum internacional — atendendo a que Davos é um ritual de passagem para aspirantes a líderes políticos — foi de modo geral bem recebida, e parecia confirmar a sua emergência enquanto legítimo herdeiro de Putin.

O NOVO CZAR

A defesa da Rússia por Medvedev não divergia substancialmente da de Putin, mas o tom acalmou os participantes de Davos e levou-os a acreditar que ele era um tipo diferente de líder. Todavia, menos de duas semanas depois, Putin deixou claro, noutro fórum internacional, que seguia uma linha muito mais dura contra os seus detratores no Ocidente e, acima de tudo, nos EUA. A exaltação por causa dos assassínios de Politkovskaia e de Litvinenko alimentava a fúria de Putin, mas o impulso que precipitou o discurso que estava prestes a fazer foi a decisão do presidente Bush de negociar a instalação de bases para o sistema de mísseis defensivos estado-unidenses na Polónia e na República Checa. Na sua mente, tudo fazia parte do mesmo esquema. Putin tinha-se oposto ferozmente à decisão de Bush de abandonar o tratado da Guerra Fria que proibia o desenvolvimento de defesas nacionais antimísseis, mas tinha cedido com calma, tranquilizado pelas promessas de construir uma amizade nova e mais construtiva entre os dois países. Em vez disso, tinham-se afastado ainda mais, cada um deles arrastado pela sua pró-pria desconfiança das ações do outro. Agora, os EUA queriam instalar estações de radar e mísseis de interceção no próprio flanco da Rússia. Na perspetiva de Putin e dos seus comandantes militares, essa instalação desafiava o núcleo do dissuasor nuclear do país, a única coisa que tinha sobrevivido ao desmoronamento da União Soviética e que preservava o estatuto da Rússia enquanto grande potência. «Já chega», disse ele, de cabeça perdida, aos seus assessores ([24]).

Para exprimir o seu vexame, Putin escolheu um fórum muitas vezes chamado de o Davos do mundo da segurança nacional: a Conferência de Segurança de Munique. Na reunião de fevereiro de 2007, a seguir a um discurso de abertura proferido pela chanceler alemã Angela Merkel, Putin avançou para o pódio do Hotel Bayerischer Hof e começou com um aviso do que estava para vir. «A estrutura desta conferência permite-me evitar a delicadeza excessiva e a necessidade de falar em termos diplo-máticos indiretos, agradáveis mas vazios. O formato desta conferência permitir-me-á dizer o que realmente penso dos problemas de segurança internacional. E se os meus comentários parecerem indevidamente polé-micos, agressivos ou inexatos aos nossos colegas, pedir-vos-ia que não se zangassem comigo. Afinal, isto é apenas uma conferência.» ([25]) Em tom jocoso, manifestou a esperança de que o moderador da conferência não

VENENO

acendesse a luz vermelha a avisar de que o seu tempo se tinha esgotado. Seguiram-se alguns risos discretos e desconfortáveis. Merkel, sentada na primeira fila, fez um sorriso forçado.

O fim da Guerra fria, continuou Putin, deixou o mundo «com munições vivas, falando em sentido figurativo». Queria dizer: «estereótipos ideológicos, padrões duplos e outros aspetos típicos do pensamento do bloco da Guerra Fria». A desintegração da União Soviética acabou com a divisão geopolítica do mundo, mas o poder «unipolar» daí resultante estava a criar novas divisões, novas ameaças, e a semear o caos em todo o mundo. «É um mundo em que há um senhor, um soberano», prosseguiu. Em vez de aliviar as tensões mundiais, «ações unilaterais e, com frequência, ilegítimas» têm resultado em mais guerra e mais mortes do que no mundo dividido. «Significativamente mais», repetiu, «Significativamente mais».

«Hoje, somos testemunhas de um quase incontido excesso de uso da força — força militar — nas relações internacionais, força que está a mergulhar o mundo num abismo de conflitos permanentes. Em consequência, não temos força suficiente para encontrar uma solução global para nenhum desses conflitos. A procura de uma solução política também se torna impossível. Estamos a ver um desprezo cada vez maior pelos princípios básicos da lei internacional. E as normas legais independentes estão, na realidade, a ficar cada vez mais próximas do sistema legal de um Estado.» Se alguém não percebeu, a seguir destacou os EUA, que tinham «ultrapassado as suas fronteiras nacionais de todas as formas. Isso é visível nas orientações económicas, políticas, culturais e educacionais que impõem a outras nações. Bem, quem é que gosta disto?».

Merkel observava, de cara fechada, tal como a delegação estado-unidense sentada na fila da frente, à sua esquerda, incluindo o secretário da Defesa dos EUA, Robert Gates, e dois senadores que eram presenças regulares na reunião, John McCain e Joe Lieberman ([26]). Victor Iuschenko da Ucrânia, cuja eleição ele tinha tão energicamente combatido, estava à direita de Merkel. O discurso de Putin continuou durante trinta e dois minutos, uma forte reprovação pública do Ocidente ao longo de uma lista de reclamações, de tratados de controlo de armas à expansão da OTAN, passando pelo desenvolvimento de defesas antimíssil até às armas no espaço — tudo, na mente dele, provocado pela arrogância

409

O NOVO CZAR

descontrolada de uma superpotência empenhada em dominar o mundo segundo as suas próprias condições. Outras organizações internacionais tinham sido forçadas a curvar-se às suas exigências. As negociações para a admissão da Rússia na OMC (Organização Mundial do Comércio) enredaram-se devido a exigências, que nada tinham que ver, de liberdade de expressão. A Organização para a Segurança e Cooperação na Europa, que tinha criticado as eleições durante a presidência de Putin, tinha-se transformado num «instrumento grosseiro» para interferir nos assuntos internos dos outros. As reações no hotel oscilaram entre a estupefação e a fúria. A resposta estado-unidense surgiu no dia seguinte. Gates defendeu as ações estado-unidenses e, ele próprio enquanto ex-agente secreto e diretor da CIA que dizia que Putin tinha evoluído ao longo das décadas desde 1989, fez uma ligeira repreensão ao homem que, aparentemente, não tinha evoluído. «Uma Guerra Fria foi suficiente», disse.

O discurso de Putin transformou-se numa referência nas relações da Rússia com o Ocidente, interpretado por muitos como um momento decisivo tão significativo como o discurso de Winston Churchill em 1946 que deu ao mundo a expressão «Cortina de Ferro». Tal como decerto tencionava fazer, Putin investiu na fúria global e ansiedade em relação aos EUA da era George Bush: a prisão em Guantánamo, a entrega de prisioneiros em centros de detenção secretos, a tortura de suspeitos de terrorismo, a guerra no Iraque. Putin podia ser criticado pelo seu controlo cada vez mais apertado no seu país, pelas atrocidades da própria Rússia na Chechénia e noutras regiões, e até pelo envenenamento de Litvinenko, mas muita gente em todo o mundo — incluindo até na Europa e nos EUA — concordou com a sua avaliação e saudou abertamente um país e um líder dispostos e aptos a contrariar o descontrolado poder estado-unidense. A Rússia não era a Venezuela, nem o Irão, nem nenhum outro inimigo cujo antiamericanismo pudesse ser facilmente empurrado para o lado como desvarios dos fracos e dos irrelevantes. O jornal alemão *Süddeutsche Zeitung* escreveu, depois do discurso de Putin, que era um aviso que merecia ser considerado: «A mãe de todos os fracassos tem sido a forma paternalista como o vencedor da Guerra Fria tem tratado o perdedor.» ([27])

Putin não tinha fechado por completo a porta a trabalhar com os estado-unidenses — faria uma última e ousada jogada para bloquear as defesas antimíssil —, mas, no sétimo e último ano da sua presidência, a Rússia tinha recuperado a sua arrogância internacional, encorajada por rendimentos cada vez mais elevados provenientes do petróleo e do gás. Medvedev tinha dito precisamente isso em Davos, mas como uma garantia tranquilizadora que agora, apenas duas semanas depois, parecia fraca. Putin estava a traçar uma nova política externa que seria muito mais provocadora, até mesmo hostil, contra os EUA em particular mas também, no rasto do assassínio de Litvinenko, contra a Grã-Bretanha. De Munique seguiu para a Arábia Saudita, outrora um agressivo inimigo da União Soviética, e depois para o Quatar, procurando expandir o poder da energia com a OPEP (Organização dos Países Exportadores de Petróleo) para o gás natural. Acompanhando-o na viagem seguia Serguei Ivanov, cujas visões agressivas se inclinavam muito mais para a retórica de Putin do que para a de Medvedev. A estreia de Medvedev em Davos tinha sido calorosamente recebida pelo mesmo escol internacional que Putin acabava de criticar. Tinha sido visto como favorito na corrida não oficial para a eleição presidencial seguinte, mas quando Putin regressou a Moscovo, uma semana depois, promoveu Ivanov. Havia agora dois vice-primeiros-ministros, e Ivanov era aquele que parecia muito mais sintonizado com o espírito de Putin.

A lamentação de Putin em Munique também ressoou pelas instituições militares e de segurança russas, conduzindo a uma escalada de ameaças e atos hostis não só contra os EUA mas também contra os europeus. O comandante das forças russas de mísseis estratégicos avisou de que redirecionaria as armas nucleares do país na Polónia e na República Checa se avançassem com a instalação de equipamento militar estado-unidense. Em abril, Putin anunciou que a Rússia suspenderia a observância do tratado sobre forças armadas convencionais na Europa, um pacto negociado no fim da Guerra Fria para limitar o número de veículos blindados, baterias de artilharia e aeronaves de ataque destacados por todo o continente. A reviravolta deliberada de Putin em Munique soava como um apito a uma nação que partilhava os seus sentimentos de traição e de bloqueio; desencadeou uma fúria reprimida para com os estrangeiros, até mesmo os diplomatas. Quando a Estónia transferiu um memorial de guerra de um parque na sua capital, Talim, em abril de 2007, a rede informática do país enfrentou uma onda paralisante de ciberataques que os funcionários estónios rastrearam até computadores situados na Rússia, incluindo um com um endereço de Protocolo de Internet no interior da administração presidencial de Putin ([28]). Foi descrita como uma ciberguerra, lançada furtivamente por uma Rússia cada vez mais belicosa que já não respeitava a soberania dos seus vizinhos — exatamente o que Putin acusava os EUA de fazerem.

Na Rússia, o Nashi, o grupo de juventude militante criado e alimentado pelo Kremlin, cercou a embaixada da Estónia. Os guarda-costas da embaixadora da Estónia, Marina Kalijurand, tiveram de usar gás-pimenta para escapar aos nashistas que se precipitaram sobre ela quando saía de uma conferência de imprensa em que tentou acalmar as tensões devidas ao monumento. O seu automóvel foi atacado quando saiu, tal como o do embaixador da Suécia quando tentou visitar a embaixada da Estónia. Estas quebras de protocolo diplomático foram toleradas pela polícia russa, habitualmente zelosa. Putin tampouco abrandava as suas críticas públicas à hegemonia estado-unidense; na comemoração anual do Dia da Vitória na Praça Vermelha, em 9 de maio, comparou os EUA com o Terceiro Reich, com o seu «igual desprezo pela vida humana» e com o seu igual desejo de reger o mundo por imposição do mais forte. A estabilidade das relações internacionais e a arquitetura da segurança construída depois da Guerra Fria — uma era que augurava uma nova paz para o continente — estavam a evoluir para uma convulsão de acusações mútuas.

Foi neste ponto que o Ministério Público da Coroa da Grã-Bretanha terminou a sua investigação ao envenenamento de Aleksandr Litvinenko. Em maio de 2007, anunciou que havia fundamentos suficientes para acusar Andrei Lugovoi do homicídio. Nessa altura, os procuradores não tornaram públicas as suas provas, mas os britânicos tinham concluído que só o Kremlin podia ter autorizado uma operação tão impudente e arriscada. Numa atitude desafiadora, a Rússia recusou-se a considerar o requerimento para a extradição de Lugovoi. A Rússia invocou a sua própria proibição constitucional de extradição dos seus cidadãos — e a hipocrisia das repetidas rejeições da Grã-Bretanha dos seus numerosos requerimentos para levar Boris Berezovski à presença da justiça na Rússia. Em abril, Berezovski tinha dito ao *The Guardian* que estava a financiar ativamente um esforço para fomentar uma nova revolução na

Rússia entre a gema política e empresarial, que, acreditava ele, era a única esperança de mudança, e não a próxima eleição para o sucessor de Putin. «Não é possível mudar este regime por meios democráticos», disse ele ao jornal. «Não pode haver nenhuma mudança sem força, pressão.» [29] O Kremlin declarou que a ameaça de Berezovski era uma violação da nova lei sobre extremismo e renovou a exigência da sua extradição. Lugovoi realizou a sua própria apresentação carnavalizada ante a imprensa, troçando do indiciamento e por sua vez acusando o MI6 (os serviços secretos para o estrangeiro, que tinham tentado recrutá-lo), o ramo espanhol da máfia russa (presumivelmente em retaliação pelo encontro de Litvinenko com as autoridades deste país) e o próprio Berezovski pelo assassínio do homem que antes tinha apoiado financeiramente. Ele próprio tinha sido contaminado com polónio-210, disse, «para futura utilização num escândalo político» [30].

O espetáculo reforçou a desconfiança, na Rússia, de que o assassínio de Litvinenko, tal como o de Politkovskaia e outros, fazia parte de uma conspiração complexa para determinar o resultado da transição política da Rússia. As únicas dúvidas que restavam eram se os conspiradores estavam dentro ou fora da Rússia e se estavam a conspirar para manter Putin no poder ou para o forçar a abandoná-lo. Em junho, dois dias depois de a Grã-Bretanha expulsar quatro diplomatas russos em retaliação pela recusa da Rússia em extraditar Lugovoi, a polícia britânica deteve um misterioso russo que tinha chegado a Londres com papéis falsos. Suspeitando de que ele tencionasse matar Berezovski, expulsaram-no do país [31]. Em julho, aviões de combate da Royal Air Force tiveram de ocupar posições de ataque para intercetar bombardeiros estratégicos russos TU-95, que testavam as defesas aéreas britânicas tal como a União Soviética tinha feito na Guerra Fria. Era como se o urso que era a União Soviética tivesse acordado depois de duas décadas de hibernação.

Capítulo 18

O problema de 2008

Em julho de 2007, Putin voou para a minúscula Guatemala numa missão pessoal, para corrigir um contratempo datado de 1980, quando a União Soviética acolheu em Moscovo os Jogos Olímpicos de Verão, que uma grande parte do mundo ocidental boicotou em protesto contra a invasão do Afeganistão. A outrora poderosa máquina desportiva soviética tinha entrado em decadência com o resto do país, despojada de controlo estatal e de financiamento, com os seus melhores atletas a partir em massa para contratos profissionais em ligas internacionais. Devolver os jogos à Rússia transformou-se numa missão obsessiva que Putin tinha empreendido desde o tempo em que Sobtchak fez uma proposta improvável para Sampetersburgo na década de noventa. Enquanto desportista assíduo e obcecado com a boa condição física, judoca, esquiador e nadador, Putin adorava os Jogos Olímpicos; enquanto líder, considerava que a circunstância de ser o seu anfitrião era uma afirmação internacional do regresso da Rússia ao seu lugar de direito no palco mundial. Em 2001, não muito tempo depois de ter assumido a presidência, fez uma viagem para esquiar a St. Anton am Arlberg, na Áustria, acompanhado por um oligarca da era de Ieltsine, Vladimir Potanine, e um político liberal que inicialmente tinha apoiado Putin, Boris Nemtsov. Ao ver a estância aninhada no cenário alpino, Putin lamentou que a nova Rússia não tivesse

O NOVO CZAR

nenhuma. «Quero ter uma estância de inverno ao estilo europeu», disse aos seus companheiros (¹).

Os oligarcas, velhos e novos, em dívida com Putin, fizeram-lhe a vontade. Em janeiro de 2006, o Banco Rossia, de Iuri Kovaltchuk, abriu uma estância de esqui chamada Igora, oitenta e quatro quilómetros a norte de Sampetersburgo, na autoestrada para a casa de campo de Ozero que Kovaltchuk partilhava com Putin, com sete pistas, mas uma descida vertical com menos de cento e trinta metros. Potanine, cuja *holding* Interros controlava o gigante dos metais Norilsk Nickel e o mantinha no cimo da lista dos multimilionários russos, fez plantas para um projeto muito mais ambicioso para uma cordilheira chamada Rosa Khutor, nas montanhas acima da estância de veraneio de Sochi, no mar Negro. Putin, que fazia regularmente férias no retiro presidencial de Sochi, visitou aquele local remoto acima da desolada aldeia montanhosa de Krasnaia Poliana, e assim nasceu uma lenda. «Ele veio ver esta estrada», disse Anatoli Pakhomov, que mais tarde viria a ser o presidente da câmara de Sochi, referindo-se à precária via esburacada que seguia ao lado do rio Mzimta. E Putin disse: «Esta beleza, estas riquezas de Krasnaia Poliana deviam pertencer a todo o povo.» (²)

Para Putin, os projetos não eram investimentos no sentido mais puro de negócios. De facto, economicamente eram duvidosos. Não obstante, eram a concretização do regresso da Rússia à grandeza dos empreendimentos patrióticos realizados para o bem público maior, que ele acreditava que compreendia melhor do que ninguém e que decidia exclusivamente. Logo, a Gazprom, sob o firme controlo de Putin, deu início a uma estância semelhante num vale adjacente próximo de Rosa Khutor. Os dois projetos eram os alicerces da proposta que justificava a deslocação de Putin à Guatemala, para a apresentar aos delegados do Comité Olímpico Internacional.

A proposta de Sochi foi apresentada pelo Comité Olímpico da Rússia em 2005, mas apesar da recordação hagiográfica de Pakhomov, a ideia da realização dos jogos naquele local não teve origem em Putin. Ele continuava com uma ambição que os líderes do país tinham albergado durante décadas. No dealbar dos Jogos Olímpicos de Moscovo, o geriátrico Politburo debatia secretamente no Kremlin uma proposta para os Jogos Olímpicos de Inverno, avaliando quatro localizações possíveis na

União Soviética. O sonho teve de ser abandonado, quando a liderança foi tomada pela rápida sucessão de secretários-gerais na década de oitenta e finalmente pela promessa e pela reviravolta da *perestroika* (³). Três das cidades que tinham avaliado — Almaty no Cazaquistão, Bakuriani na Geórgia e Tsaghkadzor na Arménia — já nem sequer faziam parte da Rússia. Só restava Sochi. Embora tivesse sido uma estância à beira--mar muito apreciada desde os tempos de Estaline, faltavam-lhe todos os recursos modernos necessários para os Jogos Olímpicos, a começar pela ausência de pistas de esqui em funcionamento. Em 1995, durante a errática presidência de Ieltsine, os russos tinham apresentado uma proposta relativa a Sochi para os Jogos Olímpicos de Inverno de 2002, que não conseguiu chegar à pré-seleção. Putin voltou a tentar em 2005, licitando para os Jogos Olímpicos de Verão, quando Moscovo competiu contra Nova Iorque, Madrid e Paris, e contra Londres para os Jogos de Verão de 2012, tendo terminado em último lugar no escrutínio final. As avaliações do Comité Olímpico Internacional questionaram claramente se a Rússia teria a capacidade de organizar os jogos na sua própria capi-tal. Como podia a Rússia argumentar dois anos depois que Sochi, uma estância decadente sem uma única instalação de padrão olímpico, estaria pronta para os Jogos Olímpicos de Inverno de 2014?

Sochi concorria contra Salzburgo, na Áustria, e Pyeongchang, na Coreia do Sul, e o favorito entraria na votação final, tendo perdido por pouco a licitação anterior. Poucos davam alguma possibilidade a Sochi.

A centésima décima nona sessão do Comité Olímpico Internacional realizou-se no Hotel Westin Camino Real, no coração da Cidade da Gua-temala. Putin tinha-se preparado intensamente, ensaiando o seu discurso num inglês formal e com forte sotaque, mas quase perfeito. Entre os res-ponsáveis que faziam as últimas licitações, foi ele o primeiro a falar de manhã. «O Centro Olímpico de Sochi será o primeiro centro desportivo de montanha de classe mundial na nova Rússia», começou por dizer, deixando claro que tinha interiorizado a revisão do Politburo da década de oitenta e as consequências da decomposição soviética. «Permitam--me que saliente que, depois da dissolução da União Soviética, a Rússia perdeu todos os seus locais para acontecimentos desportivos em mon-tanha. É possível acreditar em tal coisa?» Parecia incrédulo, ofendido até com esta cruel reviravolta histórica. Destacou o caráter inovador da localização de Sochi no mar Negro, confinando com os picos do Cáucaso. «À beira-mar, é possível desfrutar de um belo dia de primavera, mas, no alto das montanhas, é inverno.» Comprometeu-se a gastar doze mil milhões de dólares para construir os locais dos acontecimentos desportivos — um montante assombroso que excedia o que Vancôver projetava gastar em 2010. Prometeu «uma experiência segura, aprazível e memorável» e brincou até, ao dizer que reduziria os engarrafamentos crónicos da cidade. Acabou com um floreio em francês pomposo, agradecendo ao comité a sua consideração.

E depois saiu do hotel. Tinha arriscado tanto do seu prestígio — e do da Rússia — na votação, mas recusou-se a ficar à espera dela, como se previsse um resultado infeliz e temesse o embaraço de ter de testemunhar a celebração das delegações de Salzburgo ou de Pyeonchang. Embarcou no seu jato presidencial e iniciou o longo voo de regresso a Moscovo.

Putin foi vilipendiado em grande parte do Ocidente, e, não obstante, os seus protestos contra as intimidações dos estado-unidenses — e o facto de não estar em erro acerca do derramamento de sangue no Iraque — valeram-lhe uma admiração relutante de alguns quadrantes, e havia quem pensasse que tal desempenhou um papel na votação, que teve início quando Putin sobrevoava o Atlântico ([4]). Na primeira ronda da votação, Sochi ficou em segundo lugar, recebendo trinta e quatro votos, em comparação com os trinta e seis para Pyeongchang; Salzburgo só obteve vinte e cinco e foi eliminada. Mas quanto terminou a segunda ronda, Sochi atraiu mais votos provenientes de Salzburgo, ultrapassando Pyeongchang por quatro votos. «Ele foi simpático», explicou Jean-Claude Killy, o campeão francês de esqui e membro do Comité Olímpico Internacional, depois da votação. «Falou em francês — ele nunca fala em francês. Falou em inglês — ele nunca fala em inglês. O carisma de Putin pode explicar quatro votos.» ([5])

O primeiro-ministro adjunto que tinha ficado na Guatemala, Aleksandr Jukov, telefonou a Putin, para o avião presidencial, para o informar da escolha do comité. Putin, por sua vez, telefonou ao presidente do Comité Olímpico Internacional, Jacques Rogge, e agradeceu-lhe aquela a que chamou uma «decisão imparcial». Putin já tinha atingido o auge dos seus poderes políticos, e agora a sua popularidade chegava ainda mais alto. Quando regressou, em triunfo, a Moscovo, saiu do seu jato e teve um encontro com os repórteres reunidos na sala VIP do Aeroporto de Vnukovo. «É, sem margem para qualquer dúvida, uma avaliação do nosso país», declarou. Só num país desesperado por afirmação podia a escolha de uns Jogos Olímpicos atingir um nível tão desproporcionadamente elevado. «A Rússia deixou de estar de joelhos!», declarou Guerman Gref na Cidade da Guatemala.

E apesar disso, ao longo do verão e do outono, aqueles que estavam dentro das paredes do Kremlin eram consumidos pelo medo dominante de que, sem Putin, a Rússia voltasse a cair de joelhos. A incerteza dominava a gema política e económica, porque, no auge dos seus poderes políticos, o fim da presidência de Putin aproximava-se. As repetidas declarações de que não alteraria a Constituição para poder cumprir um terceiro mandato tinham sido finalmente interiorizadas. A nata política tinha chegado à infeliz aceitação de que não se tratava de simples desvios ardilosos. Putin tinha criado o seu próprio problema: queria seguir rigorosamente a letra da lei e assegurar uma transição sem problemas, mas estava igualmente decidido a que seria uma transição que só ele controlaria. A sua estratégia era indiscutivelmente autoritária, mas desejava a pátina da legitimidade, temendo que uma repetição de uma revolução colorida — fomentada pelos seus inimigos no estrangeiro — destruísse o sistema que ele tinha passado quase oito anos a construir.

Ao longo de 2007, Serguei Ivanov continuou a ser o presuntivo candidato mais bem colocado na campanha não declarada para substituir Putin, seguido de perto por Dmitri Medvedev, embora periodicamente Putin deixasse cair sugestões provocadoras de que outros poderiam ser considerados: talvez o seu velho amigo Vladimir Iakunin, das Vias-Férreas Russas, ou até, por uma questão de diversidade, a governadora de Sampetersburgo, Valentina Matvienko. Ninguém ousava declarar pretensão ao posto, o que usurparia a prerrogativa de Putin, mas Ivanov tinha discretamente reunido um conselho consultivo para preparar posições políticas, ([6]) enquanto o trabalho de Medvedev nos «projetos nacionais» lhe garantia um papel conspícuo no debate público. Ambos reuniram apoiantes informais, e também opositores, nas deliberações que rodopiavam pelo governo, mas, no fim do verão, Putin não parecia ter feito nenhuma escolha. Não tinha pressa; um herdeiro designado poderia roubar-lhe as atenções, fazendo dele pouco mais do que um «patinho feio». Como resultado da sua indecisão, os postos burocráticos ficaram paralisados, relutantes em tomar decisões que se estendessem além do fim da presidência de Putin ou que afetassem os seus lugares na administração vindoura, fosse ela qual fosse ([7]). A sua indecisão também criou tensões perigosas que se espalharam, de forma indecorosa, entre o público.

Putin alimentou ainda mais as especulações quando, em 12 de setembro, revelou o ato mais recente no teatro da democracia dirigida. Mikhaíl Fradkov, o leal primeiro-ministro em funções desde 2004, entrou no escritório de Putin no Kremlin e, com as câmaras a gravar, demitiu-se. «Compreendo o processo político que decorre neste momento e gostaria de o ver com uma mão tão livre quanto possível para tomar decisões», disse Fradkov. Não parecia ser um homem que estivesse a pedir a demissão por uma questão de princípio, mas antes um ator que não tinha ensaiado devidamente o seu papel. Parecia desolado e perturbado. Putin, ao menos, fez um esforço para parecer ponderado e atencioso. «Talvez tenha razão», respondeu, agradecendo-lhe os serviços prestados, embora salientando que tinham sido cometidos alguns erros. Disse que era importante refletir sobre como o novo nomeado afetaria a situação política antes das eleições parlamentares de dezembro e da eleição presidencial em março. Poucas horas depois, anunciou uma escolha absolutamente inesperada para substituir Fradkov: Victor Zubkov.

Ninguém fora do Kremlin e poucos no seu interior compreenderam a decisão de Putin. Nem sequer Serguei Ivanov sabia o que estava para vir ([8]). Se Putin estava a seguir o modelo de Ieltsine para designar o seu sucessor, exibindo um novo primeiro-ministro na véspera da campanha presidencial, tinha optado por um homem que tinha mantido deliberadamente um perfil discreto. Zubkov, nascido nos primeiros meses da Grande Guerra Patriótica, fazia parte do grupo de homens cujas ligações a Putin tinham sido forjadas em Sampetersburgo na década de noventa. Depois dos negócios iniciais de trocas por comida terem dado origem a um escândalo no inverno de 1991, Zubkov, ex-líder de uma quinta coletiva, tinha ajudado Putin, usando a sua influência entre os agricultores regionais para retomarem os abastecimentos de produtos à cidade esfomeada ([9]). Veio a ser um dos associados de Putin de mais confiança, assumindo a

O PROBLEMA DE 2008

aplicação da fiscalidade sobre a cidade e, mais tarde, associando-se a ele e a Igor Sechin na produção de dissertações no Instituto de Mineração, na década de noventa. Seguiu Putin para Moscovo, onde, durante sete anos, tinha discretamente chefiado a nova Agência de Monitoração Financeira Russa, departamento este que lhe deu — e a Putin — um conhecimento exclusivo do fluxo de dinheiro que entrava nos negócios do país e saía, informação esta que tinha um valor inestimável para reforçar a lealdade e, assim, manter uma espécie de equilíbrio entre os impérios financeiros rivais que se formavam, muitos deles com ligações ao próprio Estado. «Nem numa única vez, gostaria de salientar, Victor Zubkov abusou desta confiança», explicou Putin mais tarde ([10]). Depois da sua comunicação, Putin foi de avião para as regiões da Chuváchia e Belgorod, para verificar como os «projetos nacionais» de Medvedev estavam a relançar a agricultura da nação, deixando a nata política a refletir sobre o significado da sua imprevista jogada. Teria Putin decidido afinal contra Medvedev ou Ivanov? Ele queria sem dúvida assinalar que a decisão ainda não estava tomada. No dia 14 de setembro, disse que havia pelo menos cinco candidatos sérios à presidência, mas não revelou quem eram ([11]).

A nomeação de Zubkov, rapidamente assinada de cruz pela Duma dois dias depois, pouco fez para acalmar a luta pelo poder que se desenrolou nos bastidores ao longo de todo o ano de incerteza de Putin. Esta luta, que já era conhecida como «guerra dos clãs», explodiu inesperadamente em 2 de outubro, quando um destacamento especial do FSB deteve ostensivamente um oficial superior da agência antinarcóticos do país, o tenente-general Aleksandr Bulbov, quando este chegou ao Aeroporto de Domodedovo. Como Bulbov viajava com o seu próprio destacamento de segurança, a detenção quase resultou em tiroteio no terminal. Bulbov, um veterano condecorado da guerra soviética no Afeganistão, era um alto adjunto de Victor Cherkesov, um dos homens do KGB que Putin conhecia desde os anos setenta. Por ordem de Putin, Bulbov tinha sido nomeado para prosseguir com a investigação há muito parada de contrabando no armazém de mobiliário Tri Kita, bem como num segundo chamado Grand. O caso tinha começado no ano 2000, quando funcionários da alfândega confiscaram um carregamento de

O NOVO CZAR

mobiliário proveniente da China e descobriram que os proprietários do Tri Kita tinham sonegado direitos alfandegários e taxas com a cumplicidade de funcionários superiores do FSB. Vladimir Ustinov, na sua qualidade de procurador-geral, tinha suspendido a investigação, mas a controvérsia manteve-se, deixando, aparentemente, um rasto de vítimas, incluindo Iuri Schekochikhin, o delegado parlamentar que tinha escrito acerca do caso para o *Novaia Gazeta*. Depois de demitir Ustinov, Putin tinha ordenado uma acusação mais enérgica, mas agora o homem que a chefiava tinha sido detido pelo FSB, acusado de autorizar uma série de gravações de escutas telefónicas a homens de negócios, jornalistas e, aparentemente, aos rivais de Cherkesov dentro da corte de Putin: os *siloviki* aliados de Igor Sechin.

Desde o princípio, os cortesãos de Putin tinham procurado alianças e ambições voláteis, mas Putin tinha garantido, pelo menos, a aparência pública de unidade. Agora, com o fim do mandato presidencial à vista, as tensões ameaçavam transformar-se em conflitos declarados. Os alicerces do poder de Putin, os homens que ele tinha instalado em toda a hierarquia governamental, já não pareciam tão sólidos como tinham sido. A prisão de um delegado e de quatro outros funcionários da sua agência forçou Cherkesov a pronunciar-se, talvez porque já não podia chegar ao presidente, cujo acesso era controlado por um rival aliado de Sechin. Funcionário dedicado, romântico mesmo, que não tinha remorsos do seu passado ligado ao KGB, Cherkesov escreveu uma extraordinária carta aberta que apareceu na primeira página do *Kommersant*, descrevendo em pormenor o que tinha até então sido apenas tema de especulação e rumores acerca dos meandros do Kremlin de Putin. Escreveu que tinha estalado uma guerra nas fileiras dos serviços especiais que tinham sido a salvação da nação, mas que agora procuravam cinicamente o comércio e o lucro. Só lhe faltou acusar o FSB de prender o seu delegado para encobrir a sua cumplicidade nos esquemas do Tri Kita. «Não tentes ser mercador e guerreiro ao mesmo tempo», escreveu, parecendo dirigir-se a todos os agentes dos serviços secretos na corte de Putin. «Tal não pode acontecer. É um ou outro.» ([12]) A luta nas fileiras de Putin não podia ser ganha, prosseguia; era uma guerra que terminaria na total dissolução do que Putin tinha construído. Mas curiosamente, não lhe chamou «o Estado». Chamou-lhe «a corporação».

O PROBLEMA DE 2008

A luta mortífera continuou durante todo o outono, e nem Putin nem Zubkov pareciam capazes de a controlar. Em novembro, o há muito esquecido — ou possivelmente suprimido — relatório sobre a prevaricação de Putin no escândalo das exportações em Sampetersburgo, havia dezasseis anos, voltou a emergir. Agora, a «guerra dos clãs» parecia ter como objetivo desacreditar o próprio Putin, que não tardou a enfrentar as primeiras acusações públicas de que ele próprio tinha acumulado uma fortuna, usando como testas de ferro os seus amigos mais próximos de Sampetersburgo, Iuri Kovaltchuk e Guenadi Timchenko. Em Moscovo, corriam rumores de um golpe de Estado, tal como tinham corrido no último verão da presidência de Ieltsine, embora, neste caso, nunca tenha ficado claro se a intenção era depor Putin ou destruir a Constituição e mantê-lo em funções. Um apelo à calma apareceu no jornal nacionalista *Zavtra*, na forma de uma carta dos cinco anteriores diretores ou diretores regionais do KGB soviético, incluindo Vladimir Kriuchkov, o homem que tinha chefiado a tentativa de golpe de Estado em 1991. «Confiem na nossa experiência», escreveram eles. «Podia acontecer um grande desastre.» ([13])

Putin pouco disse acerca da luta, procurando manter um certo equilíbrio entre as fações em competição, embora houvesse quem suspeitasse de que ele a tinha orquestrado, para preservar a sua autoridade suprema enquanto árbitro ([14]). Puniu Cherkesov por dar a conhecer «esses tipos de problema», mas continuou a alargar a autoridade da agência de combate às drogas supervisionada por Cherkesov ([15]). Também manteve os seus planos finais para a sucessão a si mesmo, esperando pelos resultados das eleições parlamentares no início de dezembro.

As eleições na Rússia tinham-se tornado assuntos sem propósito, tão exaustivamente controlados pelas autoridades centrais, que lhes faltava uma autêntica competição e, portanto, expectativa. O partido do poder, Rússia Unida, tinha todas as vantagens dos recursos do Kremlin, deixando à oposição tolerada — os comunistas, os liberais-democratas nacionalistas e um novo partido chefiado por um dos aliados políticos de Putin de Sampetersburgo, Rússia Justa — pouco oxigénio para respirar. Os críticos liberais e democráticos de Putin, conduzidos pelo seu ex-primeiro-ministro, Mikhaíl Kasianov, e pelo ex-campeão mundial de xadrez, Garry Kasparov, organizaram protestos determinados mas

O NOVO CZAR

quixotescos, porém tanto eles como outros potenciais candidatos foram simplesmente desqualificados com pretextos burocráticos. Quem não enfrentou barreiras burocráticas foi Andrei Lugovoi, que, desfrutando das luzes da ribalta da sua notoriedade enquanto suspeito de homicídio, se juntou à lista de candidatos dos liberais-democratas, assegurando um lugar na Duma e, assim, imunidade judicial (embora dificilmente isso fosse necessário dada a recusa da Rússia em o extraditar).

Para Putin, os líderes incontroláveis da oposição representavam uma conspiração para voltar a pôr a Rússia de joelhos. Kasparov, que se tinha retirado do xadrez em 2005 para se dedicar a afrouxar o controlo do poder por Putin, revelou ser o derrotado perfeito. Foi preso por organizar manifestações de protesto em Moscovo, Sampetersburgo e noutras cidades, na semana anterior à votação para o parlamento, e sentenciado a cinco dias de detenção. Quando Kasparov, um poliglota, gritou qualquer coisa em inglês ao ser atirado para um autocarro da polícia, Putin, que outrora tinha admirado a impetuosa vitória do jovem campeão em 1985, reagiu depreciativamente. «Porque é que o senhor Kasparov, quando foi detido, gritou qualquer coisa em inglês e não em russo?», perguntou à revista *Time*, que, apesar do seu aviltamento no Ocidente, acabava de o nomear Personalidade do Ano. «Pensem nisso. Todo o impulso desta coisa foi orientado para outros países e não para o povo russo e, quando um político trabalha a multidão de outras nações e não a da nação russa, isso diz-nos alguma coisa. Quem aspira a ser um líder do seu próprio país tem de falar a sua própria língua, pelo amor de Deus.» ([16])

Putin ainda não tinha aderido ao partido do poder, Rússia Unida, mas, ao avançar para a eleição parlamentar, colocou-se no topo da sua lista de candidatos, abrindo o caminho para se manter enquanto líder do partido, ou mesmo presidente. Houve quem acreditasse que ele renunciaria à presidência, mas usaria a chefia do partido para se manter enquanto suprema autoridade política. Não fez mais campanha pelo partido do que tinha feito nas suas eleições, limitou-se apenas a presidir ao Estado, retratado nos noticiários televisivos dessa noite como o seu salvador. Na véspera da eleição, fez um discurso transmitido nacionalmente pela televisão que se assemelhava muito a uma alocução de despedida. «Juntos, fizemos muito trabalho» — disse ele, no seu estilo firme e seco. «A economia está a crescer constantemente. A pobreza está a recuar, se

O PROBLEMA DE 2008

bem que lentamente. Vamos intensificar a luta contra o crime e a corrupção.» Reconheceu — o que era raro — que nem tudo tinha corrido bem, mas avançou para a fundamentação da sua presidência. «Recordemos aquilo com que começámos há oito anos, o tipo de buraco do qual tivemos de arrancar o país.» A Rússia ainda tinha um longo caminho a percorrer, sem dúvida, mas não podia sucumbir «àqueles que já tentaram sem sucesso governar o país».

A formulação era discordante. A quem se referia? Ieltsine, que o tinha elevado ao Kremlin? Os comunistas da era soviética? A plataforma dos comunistas apelava a uma maior justiça social para os pensionistas, mas não — o que era significativo — a uma rutura radical com a expansão económica a que Putin tinha presidido. O inimigo de Putin era o misterioso «outro», os bárbaros frenéticos junto dos portões, prestes a atacar as muralhas com a exclusiva intenção de destruir a Rússia. «Hoje, tal gente gostaria de reformar os planos para o desenvolvimento da Rússia, alterar o rumo que o povo russo apoia e regressar aos tempos de humilhação, dependência e dissolução.»

Quando os votos foram lançados nas urnas no dia 2 de dezembro, o Rússia Unida ganhou oficialmente sessenta e quatro por cento da votação, embora poucos acreditassem na validade da contagem ou na — suspeita — elevada afluência às urnas nalgumas regiões. E, contudo, ninguém desceu às ruas, como tinham feito na Ucrânia, para exigir uma recontagem ou uma nova votação. Naquele momento, tal como Kasparov tinha avisado na sua campanha, era impossível desafiar os mecanismos legais que garantiam uma vitória predeterminada. Os outros partidos, a começar pelos comunistas, seguiam-se com fracos resultados, embora aos liberais-democratas a votação tivesse corrido tão bem, que Andrei Lugovoi conquistou um lugar. No dia a seguir à votação, Putin declarou que o resultado significava a maturidade da democracia do país.

Agora, com a eleição presidencial apenas a três meses de distância, o futuro de Putin continuava pouco claro, mesmo para os mais próximos dele. Enfrentava uma opção definidora da sua carreira política. O seu principal legado — depois da conquista da Chechénia, do crescimento económico, da vitória da proposta para os Jogos Olímpicos — seria uma transição do poder sem sobressaltos. Na longa história da Rússia, só um enfraquecido Boris Ieltsine tinha renunciado voluntariamente, e agora Putin estava na mesma encruzilhada. Com uma maioria constitucional submissa, podia facilmente, mesmo numa fase já tão adiantada, impor uma revisão da Constituição e manter-se no poder. Teriam sido poucos os protestos na Rússia, onde a sua popularidade se mantinha espantosamente elevada, e a censura que decerto viria da comunidade internacional só reiteraria a sua argumentação de que os inimigos do país se recusavam a aceitar o destino da Rússia enquanto uma potência restabelecida. Ou podia entregar o poder a um novo líder e retirar-se, pois a mesma inesperada missão que Ieltsine lhe tinha confiado havia oito anos — «Cuida da Rússia» — tinha sido indiscutivelmente cumprida, muito além das expectativas de todos à época.

Tinham passado oito dias desde a votação para o parlamento, e faltavam menos de três meses para a eleição presidencial, quando Putin, finalmente, deixou clara a sua opção numa última cena do teatro político antes das prolongadas férias de inverno. No dia 10 de dezembro, o líder do Rússia Unida, Boris Grizlov, juntou-se aos líderes de três outros partidos no escritório de Putin no Kremlin. *Tinham* deliberado acerca dos possíveis candidatos para o cargo mais elevado da nação, disse Grizlov a Putin, e queriam discutir com ele, em pormenor, a recomendação que traziam. A reunião decorreu como se fosse uma conferência, e não uma decisão que Putin já tivesse tomado. Era política como arte de representar, com atores que nem eram muito bons. Grizlov explicou a Putin que ele e os outros líderes partidários eram unânimes na sua escolha: nem Ivanov nem Zubkov, nem nenhum dos outros candidatos não identificados que tinham sido elogiados pelo próprio Putin, mas sim aquele cuja estrela tinha parecido esmorecer ao longo do último ano: Dmitri Medvedev, o protegido apagado que tinha trabalhado com toda a lealdade ao lado de Putin durante dezassete anos ([17]). Aconteceu que Medvedev esteve presente, mas não Serguei Ivanov, como subitamente revelaram as câmaras de televisão, desempenhando o seu papel tão respeitosamente como os outros. Putin virou-se para ele, fingindo ignorância:

«Dmitri Anatolievitch, foi consultado sobre isto?»

«Sim», respondeu ele, desempenhando o seu papel tão zelosamente quanto os outros. «Houve consultas preliminares, que foram positivas. Continuaremos estas discussões hoje e amanhã.»

O PROBLEMA DE 2008

Depois, Putin queixou-se de que havia «muitos acontecimentos políticos amontoados num período bastante curto» antes do Ano Novo, «mas a vida tem de continuar e a lei requer que demos início à campanha presidencial». Parecia desconcertado. Em vez de anunciar explicitamente o seu herdeiro, como tinha feito Ieltsine, Putin quis criar a impressão de que a sua própria escolha tinha sido feita para ele, com o consentimento de um «largo espectro da sociedade russa», representado pelos líderes partidários presentes na sala. Putin, com as rédeas do poder nas mãos, queria preservar a aparência de uma escolha pluralista, uma democracia «gerida», não uma intimação autoritária. Apesar de toda a sua fanfarronice e sombria ridicularização do Ocidente, continuava a procurar a validação deste, algo que uma usurpação constitucional do poder teria impedido. Putin, com a sua mente de orientação legalista, procurava uma forma de assegurar a sua sucessão nos estritos limites da letra, quando não do espírito, da lei.

Entre os clãs do Kremlin, Medvedev parecia ser a escolha menos fraturante, aceitável pelas várias fações organizadas abaixo de Putin, talvez com a exceção de Serguei Ivanov e Igor Sechin, ([18]) em grande medida porque não era visto como uma ameaça séria a nenhum deles, e menos ainda ao próprio Putin. Medvedev tinha os seus aliados no governo — os outros «liberais» e reformadores —, mas não tinha nenhuma base política própria. No fim da sua presidência, Putin tinha orquestrado uma transferência de poder escassamente plausível num superpoder ressurgente, mas mesmo nessa altura nunca revelou o seu destino. O ato final do seu teatro político chegou um dia depois. Medvedev, dirigindo-se à nação enquanto provável futuro presidente, declarou que, por uma questão de estabilidade, *se fosse eleito*, nomearia como seu primeiro-ministro... Vladimir Putin. Esta solução viria a ser conhecida como o «tandem» e tranquilizou aqueles que estavam mais preocupados com a saída de Putin do Kremlin. Depois de oito anos no leme do Estado, Putin não se iria embora.

No dia 11 de abril de 2008, poucas semanas antes da tomada de posse de Dmitri Medvedev como presidente, um tabloide relativamente novo, o *Moskovski Korrespondent*, publicou um artigo curto que ousava testar os limites da nova era política, que muitos esperavam que o novo presidente iniciasse. O artigo, escrito por um repórter veterano chamado Serguei Topol, só tinha 641 palavras, e o seu tom não era nem particularmente impudico nem difamador. Pelo contrário, era bastante compreensivo quando chegou à delicada questão da vida privada de Putin. Não era inteiramente verdade, mas levantava o véu do secretismo que tinha envolvido o Kremlin durante os oito anos de Putin no poder. Subitamente, parecia suficientemente seguro avançar com este tipo de artigo quando Putin se preparava para transferir o poder. «A Síndrome de Sarkozy», declarava o cabeçalho, referindo-se ao divórcio recente do presidente francês e do seu casamento com a sua terceira esposa, a modelo e cantora *pop* Carla Bruni. A vida pessoal de Putin, escrevia Topol, era inversa. Tinha-se mantido casado durante os seus dois primeiros mandatos enquanto presidente, mas agora que descia do posto mais elevado, «é pouco o que liga o primeiro casal». A «desmobilização», como Topol lhe chamou, libertava-o agora para «ter tempo para resolver os seus assuntos pessoais».

E depois, quatro parágrafos abaixo, surgia a suposta bomba. Os Putins tinham-se divorciado secretamente em fevereiro, e segundo o «nosso informador», ele planeava voltar a casar-se em junho. A noiva seria Alina Kabaeva, campeã mundial de ginástica rítmica, que tinha ganho a medalha de bronze nos Jogos Olímpicos de Sídnei em 2000 e a medalha de ouro em Atenas quatro anos depois. Kabaeva, na altura ainda com menos de vinte e cinco anos e tendo saído da universidade apenas há um, era uma das celebridades mais deslumbrantes da Rússia. Em 2001, quando a sua carreira desportiva se iniciava, tinha-se tornado no rosto público do partido político que viria a ser o Rússia Unida; nas eleições de dezembro de 2007, apresentou-se como candidata do partido, recrutada enquanto parte de um esforço para o tornar mais atraente, e alcançou, adequadamente, um lugar na Duma, quando conquistou o voto.

Apesar de ter vivido durante oito anos sob os olhares do público, Putin ocultou zelosamente os pormenores da sua vida privada. As suas filhas, especialmente, desapareceram num mundo resguardado de segurança omnipresente, moldado pelos medos e pela paranoia do pai. «Levei a minha esposa e as minhas filhas para longe e escondi-as», disse ele, certa vez, ao seu velho amigo Serguei Rolduguin, padrinho de Macha ([19]). No princípio, numa época em que a guerra da Chechénia atingia o próprio coração de Moscovo, Putin temeu pela segurança delas, e poucos

O PROBLEMA DE 2008

questionaram os seus motivos. Ao contrário dos filhos de outros políticos e de homens de negócios russos, as filhas de Putin não recorreram às vantagens do seu nascimento para impulsionar as suas carreiras ou a sua fama, aceitando as vidas de anonímia confortável, ainda que condicionadas. Excetuando as entrevistas iniciais que deram — destinadas a apurar a sua imagem de pai dedicado, embora severo —, nunca mais as usou da maneira que outros políticos usam os filhos como adereços. Quando chegaram à idade adulta, ninguém fora do círculo familiar conhecia sequer o seu aspeto. Terminaram os estudos no isolamento de preceptores, atrás de uma segurança máxima. Ambas aprenderam a tocar piano e violino, incentivadas por Rolduguin e pelo próprio interesse de Putin pela música. Rolduguin acreditava que podiam ter sido instrumentistas profissionais «se tivessem um destino diferente». Em vez disso, frequentaram a universidade do pai, mas com nomes falsos; as próprias pessoas suas conhecidas não tinham consciência da sua relação com o líder do país. Com o passar do tempo, a relação de Putin com elas tornou-se mais distante, consumido como ele era pelos assuntos do poder. Juntas, gravaram um CD para o pai com as músicas que interpretavam e que incluía o Concerto em Si Menor de Bach. Depois de entrarem para a universidade, Putin ouvia-o de noite, impondo silêncio a quem quer que tentasse interromper quando escutava as jovens a tocarem Bach.

Ludmila nunca se tinha inserido confortavelmente na vida pública de esposa de um político. No início da presidência do marido, tinha concedido algumas entrevistas ocasionais e acompanhava-o lealmente nas suas visitas de Estado, aparecendo ao lado das primeiras-damas dos EUA e da Grã-Bretanha, entre outras, mas só de acordo com as imposições do protocolo. Patrocinou uma organização chamada Centro para o Desenvolvimento da Língua Russa, dedicando-se à promoção da leitura e da educação e aos laços unificadores da língua no *russki mir*, isto é, o «mundo russo», incluindo aqueles que, como Putin salientava com frequência, se viam abandonados além das fronteiras da Rússia, quando a União Soviética entrou em derrocada ([20]). Putin adotou o tema de forma mais explícita depois da humilhação da Revolução Laranja na Ucrânia e criou uma organização governamental, a Fundação Mundo Russo, para defender os direitos da diáspora e mantê-los, pelo menos culturalmente, aceites pela mãe-pátria. Contudo, a influência de Ludmila nas políticas

O NOVO CZAR

do marido era irrelevante, mesmo em privado. «Ela nunca se imiscuía na política de Putin», disse Rolduguin, e Putin nunca lhe pedia que o fizesse. Raramente eram vistos em atitudes afetuosas, ou sequer cordiais, publicamente. As suas aparições públicas juntos atingiam os limites do desconforto e, no segundo mandato de Putin, tinham-se tornado cada vez menos frequentes. Em privado, viviam juntos, jantavam juntos com as filhas quando estas ainda estavam em casa e raramente discutiam abertamente, segundo Rolduguin, mas deixaram de ser íntimos.

O controlo do Kremlin sobre os meios de informação permitiu a Putin evitar até mesmo o mais benigno escrutínio da sua vida privada. Não era diferente dos anteriores líderes russos e soviéticos, que eram tradicionalmente retratados como figuras distantes e eminentes. Era o pai da nação tanto quanto o pai da sua própria família, uma imagem que o Kremlin manipulava incansavelmente. Um filme que apareceu em fevereiro foi visto como mais um esforço para retratar Putin como um marido dedicado, numa altura em que os rumores do contrário se tornavam mais persistentes. O seu título, *Um Beijo Extraoficial*, provinha de uma cena em que um político influente muito parecido com Putin beija uma mulher muito parecida com Ludmila diante de uma falange de fotógrafos e, em tom de brincadeira, adverte os jornalistas de que não devem publicitar o encontro. A produtora-realizadora, Olga Zhulina, insistiu que o filme era uma ficção, mas os pormenores vieram diretamente da vida de Putin: as suas funções no KGB em Dresden, o acidente de automóvel de Ludmila, a sua inesperada ascensão ao poder. O próprio herói do filme até se chamava Plátov, o nome de código de Putin nos seus dias na academia do KGB, uma alusão à inspiração principal do projeto. Só se desviava da vida de Putin na descrição do papel de Ludmila: no clímax dramático, ela ocupa o lugar de Plátov quando ele está atrasado para uma importante conferência de imprensa no estrangeiro, revelando um equilíbrio e uma inteligência tais, que conquista uma ovação de pé da imprensa. Uma interpretação do filme — que se destinava a «alimentar as fantasias das admiradoras de Putin» — sugere que a mensagem subjacente era de que o destino político do país repousava na estabilidade do casamento dos Plátovs [21].

Os verdadeiros repórteres do grupo de imprensa do Kremlin sabiam que não deviam fazer perguntas, e muito menos escrever, sobre a família de Putin. Contudo, no fim da sua presidência, era impossível não notar aquilo a que Topol chamou de os rumores extensamente discutidos de que «nem tudo estava bem com a segunda metade» do primeiro casal. «O facto de Vladimir Putin, tal como qualquer homem saudável, não ser indiferente a belas mulheres ativas é bem conhecido no seu círculo mais próximo», escreveu Topol, e depois continuou, mencionando os «mexericos» que o ligavam a outras mulheres, incluindo a famosa apresentadora do noticiário da televisão estatal no Canal Um, Ekaterina Andreeva, ex-estrela de basquetebol. Aludiu mesmo à jornalista Elena Tregubova e à sua história de Putin a ter levado a um restaurante, despejado para comerem *sushi*. O artigo referia-se às relações pessoais e aos «escândalos» de outros líderes mundiais — de Sarkozy a Bill Clinton, passando por Václav Klaus, da República Checa — e sugeria que talvez o público russo também estivesse preparado para as aceitar como um normal estado das coisas, em vez da mitologia estilizada que o Kremlin tinha criado acerca do alegado domicílio.

Por muito especiosas que fossem as fontes do artigo — a porta-voz de Kabaeva negou-o, e o casamento em junho, de facto, não se realizou —, o texto causou sensação, fascinando a imprensa estrangeira e aterrorizando os jornalistas russos, que sabiam que tinha ido mais longe do que alguém tinha ousado até então. O artigo espalhou-se na Internet, que, na época, ainda estava fora do controlo dos seguranças do Kremlin, pondo à prova o tabu dos meios de comunicação russos e até a rígida proteção erguida em torno da vida pessoal de Putin. A campanha de Dmitri Medvedev para a eleição presidencial tinha prometido uma Rússia mais aberta, uma terra mais livre, e talvez agora fosse possível falar de questões que tinham sido proibidas ao longo dos oito anos anteriores.

No fim de uma semana de grande agitação provocada pelos rumores, tornou-se impossível a Putin continuar a evitar o assunto. Enfrentou-o durante uma conferência de imprensa em Itália, com Silvio Berlusconi, cujas próprias tendências pessoais proporcionavam assunto inesgotável à liberal imprensa italiana. Berlusconi, que acabava de ganhar as mais recentes eleições, tinha uma profunda admiração por Putin e pelo seu estilo político, e o sentimento era mútuo. Putin tinha passado a usar fatos feitos pelo alfaiate de Berlusconi, e tornaram-se próximos no trabalho e em privado, negociando acordos e trocando visitas e presentes sumptuosos, incluindo uma cama de quatro colunas com cortinados que viria a ser assunto na muito badalada escapadela de Berlusconi com uma prostituta ressentida, Patrizia D'Addario. O líder italiano chamava-lhe a «cama de Putin» ([22]).

A pergunta veio de uma repórter russa, Natália Melikova, do *Nezavisimaia Gazeta*. Teve o cuidado de registar que os rumores tinham chegado à imprensa italiana, mas, de toda a maneira, parecia excitada. Acrescentou uma pergunta acerca do objetivo da visita, mas fez perguntas sobre os rumores de divórcio e se a filha mais velha de Putin, Macha, tinha de facto ido para a Alemanha e se se tinha casado. Depois de uma pequena observação, Putin salientou que não tencionava esquivar-se à pergunta mais incendiária. «A primeira coisa que quero dizer é isto: não há uma palavra de verdade no que disse», respondeu. Era evidente que tinha conhecimento do artigo, porque continuou, mencionando também Andreeva e rumores de outras relações, embora a repórter não os tivesse referido. Depois, tentou desvalorizar todo o assunto. «Penso que ninguém ficará surpreendido se eu disser que gosto delas todas, tal como gosto de todas as mulheres russas. Penso que ninguém ficará ofendido se eu disser que, pessoalmente, acredito que as nossas mulheres russas são as mais talentosas e as mais belas. As únicas mulheres que podem comparar-se com elas neste aspeto são as mulheres italianas.» Depois da tradução, os italianos soltaram risadas de aprovação, ao mesmo tempo que Berlusconi sorria e acenava em concordância. Então, Putin tornou-se glacial. «Como é evidente, tenho consciência do lugar-comum de que os políticos vivem em casas de vidro, e as pessoas têm, claro, o direito de saber como vivem os que estão envolvidos em atividades públicas, mas, mesmo neste caso, tem de haver alguns limites.»

«Há uma coisa chamada vida privada de cada um, em que ninguém devia ter o direito de interferir», resmungou. «Tenho reagido sempre de forma negativa àqueles que, com os seus narizes arrogantes e as suas fantasias eróticas, metem o nariz nas vidas das pessoas.» Depois mudou de assunto, citando o crescimento da economia durante a sua presidência. A Rússia tinha reduzido duplamente o número dos que viviam na pobreza; os rendimentos reais estavam a aumentar; e, pelo menos, «já ninguém anda a fazer perguntas sobre a Chechénia». A resposta mostrou--se reveladora: os seus sucessos públicos eram o que interessava, não a sua vida pessoal. Berlusconi abanou a cabeça afirmativamente enquanto Putin falava: ele, mais do que ninguém, podia compreender. Quando o seu amigo terminou, uniu as duas mãos imitando o disparar de uma metralhadora, apontando diretamente para a jovem jornalista que tinha feito a pergunta.

No mesmo dia, de regresso a Moscovo, o proprietário do jornal anunciou que ia encerrá-lo. Referiu a reduzida circulação, mas ninguém acreditou nisso.

A profundidade da relação de Putin com Kabaeva, ou com quaisquer outras mulheres, manter-se-ia envolvida em secretismo, desconhecida de todos exceto dos seus amigos mais próximos. E todavia, aquilo que existia entre eles era mais do que um conhecimento político passageiro. Ela tinha-se juntado ao círculo de amigos provenientes de Sampetersburgo que se tinha formado durante o segundo mandato de Putin. Apenas um mês antes de o seu nome ter vindo a lume ligado ao de Putin, tinha aderido ao conselho consultivo do recém-formado National Media Group, uma *holding* controlada por Iuri Kovaltchuk, cujo império bancário se tinha expandido, passando a incluir algumas das estações televisivas e dos jornais mais importantes do país. Serguei Fursenko, o irmão do ministro da Educação de Putin, Andrei, e como ele membro fundador da cooperativa de casas de campo Ozero, assumiu as funções de diretor da companhia, que continuaria a expandir as suas participações nos meios de informação, formando um instrumento ainda mais potente da propaganda que fortalecia o poder de Putin. A inclusão de Kabaeva transmitia uma mensagem de intimidade com o grupo — se não pessoalmente com Putin —, que se tinha enriquecido discretamente durante a presidência deste. Só no fim da sua presidência, quando enfrentou o problema de 2008, é que o véu se levantou um pouco. Houve quem pensasse que os rumores da sua relação podiam ter sido um sintoma da luta que se aproximava.

Em fevereiro de 2008, na véspera da eleição de Medvedev, dois dos críticos mais preeminentes de Putin, Boris Nemtsov e Vladimir Milov, tinham publicado um panfleto de setenta e seis páginas que, pela primeira vez, apresentava pormenores das ligações empresariais que uniam o círculo de Putin, incluindo o impressionante crescimento das fortunas de Iuri

Kovaltchuk ([23]). As aquisições que constituíam o National Media Group, incluíam, segundo eles, os ativos dos meios de informação da Gazprom, comprada em 2005 por 166 milhões de dólares, que o próprio Medvedev avaliou dois anos depois em 7,5 mil milhões de dólares. Enquanto ex-ministros, Nemtsov e Milov não provinham da franja radical da oposição da Rússia, mas lutavam para ter impacto. Tinham a esperança de que o panfleto encorajasse ao menos um debate político antes da eleição de Medvedev; talvez Medvedev desse até ouvidos à litania de problemas que tencionavam destacar. Nemtsov, com um doutoramento em Matemática, tinha sido governador em Níjni Novgorod e primeiro-ministro adjunto de Ieltsine. Inicialmente, tinha sido apoiante de Putin, esquiando até com ele nos Alpes austríacos quando ganhou raízes o sonho dos Jogos Olímpicos de Sochi. Milov tinha sido ministro-adjunto da Energia de Putin. Mas ambos se tinham desiludido com as tendências autoritárias que se seguiram às suas primeiras reformas. O panfleto, *Putin: Os Resultados*, desafiava os próprios fundamentos dos discursos de despedida de Putin, em que reivindicava ter ressuscitado o país das cinzas da década de noventa. Os autores reconheciam a assombrosa ascensão do PIB e do rendimento médio, as reduções do desemprego e da pobreza, mas argumentavam que o milagre económico de Putin era uma miragem ao estilo das construções destinadas a iludir os observadores, as «aldeias Potemkin», erguida com os lucros do aumento dos preços do petróleo e dos paliativos aplicados aos problemas estruturais, e com o crescimento entorpecedor da corrupção. Quando Putin tomou posse, a Rússia estava em octogésimo segundo lugar na lista anual da Transparência Internacional dos países menos corruptos; segundo as suas avaliações, desde então tinha caído para centésimo quadragésimo terceiro lugar, o que a punha na companhia de países como Angola, Guiné-Bissau e Togo. A revelação de noventa mil dólares em adiantamentos contabilísticos durante a presidência de Ieltsine tinha criado um escândalo político que levou à demissão de Anatoli Tchubais e outros assessores presidenciais, mas «os atuais profissionais da corrupção riem-se deste montante patético», escreveram. «Hoje em dia, o roubo por funcionários do Estado é medido em mil milhões e está escondido dos olhares das pessoas: grandes acionistas encobrem dúzias de beneficiários secretos, "amigos do presidente Putin", que se escondem por trás deles. As informações sobre quem são os

O PROBLEMA DE 2008

verdadeiros proprietários são cuidadosamente protegidas pelos serviços secretos, e o tema da corrupção nos mais altos escalões do poder é tabu para os meios de informação controlados pelo Kremlin.»

O panfleto, tal como o artigo no *Moskovski Korrespondent*, procurava quebrar a *omertà* que tinha rodeado o Kremlin no tempo de Putin, especialmente quando envolvia as partes mais secretas da biografia do presidente: a sua vida pessoal e a sua riqueza. Os autores não só descreviam em pormenor a ascensão de Kovaltchuk, como questionavam a descarga dos ativos da Gazprom, os lucros de Roman Abramovitch, o negócio turvo do intermediário de gás na Ucrânia, RosUkrEnergo, e a furtiva consolidação de exportações lucrativas por outro dos amigos de Sampetersburgo de Putin, Guenadi Timchenko, fundador da Gunvor, uma misteriosa empresa comercial com sede na Suíça. Com a exceção de Abramovitch, estes novos magnatas tinham permanecido relativamente desconhecidos ao longo dos oitos anos da presidência de Putin. Pouco eram mencionados nos meios de comunicação social e, quando eram, isso ocorria geralmente com abundantes reservas sobre as fontes de informação. As empresas de Timchenko tratavam agora dos contratos para quase um terço das exportações de petróleo da Rússia, incluindo a maioria dos da Rosneft, desde que esta empresa tinha adquirido os ativos da Iukos. Timchenko, magro e de cabelo prateado, partilhava o amor de Putin pelos mercados da energia e pela política, bem como pelo judo, mas mantinha-se tão misterioso, que persistiam as suspeitas de que tinha um passado no KGB, algo que negaria mais tarde. Erã portador de um passaporte finlandês, além de um russo, e vivia em Cologny, Suíça, num palacete com vista para o lago Lemano. Nessa altura, existiam poucas fotografias dele, e concedia ainda menos entrevistas. (Quando finalmente deu uma ao *The Wall Street Journal*, quatro meses depois de aparecer o panfleto, fê-lo na condição de não ser fotografado e de não ser revelada a localização da sede da sua companhia.) [24] Timchenko negava ter tido mais do que um contacto fortuito com Putin, insistindo, falsamente, que não eram amigos, tendo até processado o *The Economist* por sugerir o contrário num artigo intitulado «Grease My Palm» [«Unta as Minhas Mãos] [25]. Contudo, à medida que as suas fortunas aumentavam, foi-se tornando cada vez mais difícil para a oligarquia de Putin manter-se secreta. Tanto Kovaltchuk como Timchenko se estrearam na lista de

435

multimilionários da *Forbes* no mês a seguir ao aparecimento do panfleto. Seguiram-se os irmãos Rotenberg não muito depois disso.

Stanislav Belkovski, o malicioso estratego político, com a sua barba densa e os seus óculos, autor do relatório «O Estado e os Oligarcas» na véspera do assalto à Iukos, foi ainda mais longe do que Nemtsov e Milov. Afirmou que Timchenko agia enquanto procurador e sócio de Putin, que era proprietário de pelo menos uma parte da Gunvor, além de ter ações na Gazprom e na Surgutneftegaz. Calculava — na verdade, especulava — que o valor líquido de Putin atingia quarenta mil milhões de dólares, um número que se aproximava de uma estimativa secreta da CIA feita um ano antes, talvez porque os seus analistas estavam a avaliar as mesmas fontes que Belkovski, ou as próprias alegações de Belkovski ([26]). Belkovski insistia que as suas fontes eram de informadores no Kremlin — e as suas anteriores associações com Igor Sechin e outros dava-lhe plausibilidade —, mas também reconhecia que não tinha nenhuma prova documental. O facto de as suas críticas a Putin ao longo dos anos não o terem posto em perigo deu alguma credibilidade às suas afirmações.

Putin reagiu com humor e depois com um desprezo agitado, quando o interrogaram acerca das acusações na sua última conferência de imprensa enquanto presidente, realizada no mês anterior à eleição de Medvedev, nesse mês de março. Era verdade que Putin era o homem mais rico da Europa? «Isso é verdade», respondeu ele. «Sou a pessoa mais rica não só da Europa mas do mundo: coleciono emoções. Sou rico, porque o povo da Rússia me confiou a liderança de um país tão grandioso como a Rússia. Acredito que esta é a minha maior riqueza.» Depois, desvalorizou as alegações de Belkovski, que reconheceu que tinha lido, como sendo «lixo». «Eles desenterraram-no todo do nariz e esfregaram-no nos seus papéis.»

Se o registo documental da fortuna pessoal de Putin era impossível de localizar, estava a tornar-se cada vez mais difícil ao Kremlin ignorar as provas das ligações entrecruzadas entre o seu círculo de amigos, incluindo Kabaeva. Apenas semanas depois de Putin sair do Kremlin, o nome de Kabaeva surgiu no manifesto dos passageiros de um jato privado que viajou da Suíça para Praga e depois para Sochi, o futuro local para a realização dos Jogos Olímpicos, onde Putin gastaria cada vez mais do seu tempo à medida que distribuía os contratos para ali serem construídas a

O PROBLEMA DE 2008

instalações. No mesmo voo, estava Vladimir Kojine, que desde 2000 era chefe do gabinete de administração de propriedades no qual Putin tinha trabalhado primeiro quando foi para Moscovo, e dois homens de negócios e associados de Putin: Dmitri Gorelov, proprietário da empresa de material médico Petromed, e Nikolai Chamalov, que tinha encaminhado doações para ela. O que não seria conhecido durante mais de dois anos era que Chamalov e Gorelov também eram os principais acionistas de uma companhia *offshore* chamada Rosinvest, criada por instruções de Putin em 2005. Entre os seus supostos investimentos, figurava a construção de um enorme palacete na costa do mar Morto, perto de Sochi, aquele que tinha sido descrito como «perfeito para um imperador». Estava rodeado de um muro e portões de segurança decorados com o emblema do Estado russo; continha três heliportos, um edifício de serviços, um ginásio, um bangaló e um anfiteatro, além da casa principal. O jato privado que os tinha transportado, e a uma tripulação de três finlandeses, da Suíça para Sochi, nesse dia de maio, pertencia à Airfix Aviation, que nessa altura era totalmente propriedade de Guenadi Timchenko ([27]).

A emergência de todas estas alegações no fim da presidência de Putin criou uma expectativa — na realidade, uma vaga esperança — de que a transição política tornasse possível uma mudança. O relatório de Nemtsov e Milov apresentou-se como uma plataforma política para a oposição, numa campanha presidencial que, na realidade, nunca ocorreu. Apelava às reformas que Putin tinha prometido, mas que nunca tinha feito: uma luta contra a corrupção entre a polícia e os magistrados do Ministério Público; novas leis proibindo conflitos de interesse e negócio por legisladores; a profissionalização do Exército; a construção de estradas modernas; a criação de um sistema de cuidados de saúde que funcionasse, cuja ausência tinha contribuído para a quebra demográfica da população e uma esperança de vida especialmente para os homens que, embora agora a aumentar, se mantinha muito abaixo dos níveis da Europa ou da América do Norte. Argumentavam que Putin tinha desperdiçado a subida dos preços da energia, que alimentava a inegável expansão, especialmente em Moscovo, que cintilava como nunca antes tinha cintilado. Mesmo com Putin decidido a manter-se enquanto primeiro-ministro, muitos queriam acreditar que Putin planeava ceder um dia o controlo político a uma nova geração de líderes. Com Medvedev no leme, Putin podia vir a ser o Deng Xiaoping da Rússia, que entregaria oficialmente o poder enquanto o continuava a exercer nos bastidores, para garantir a realização das suas políticas — como fez Deng durante mais cinco anos, até à sua morte em 1997. Muitas pessoas próximas de Putin acreditaram nisso, e ele não lhes disse o contrário — nem sequer a Medvedev, que tinha passado os últimos oito anos a seu lado no Kremlin. Medvedev exprimiu muitas dessas mesmas preocupações que estes dois críticos tinham especificado. Acreditava na modernidade, numa transição para um mercado mais livre e para uma sociedade política, ou, pelo menos, era o que dizia. «A liberdade é melhor do que a não-liberdade», dizia ele com tanta frequência, que acabou por se transformar num lema da sua presidência. Era uma observação trivial, mas, depois do mandato de Putin, era suficiente para inspirar esperança.

Quando estalou o escândalo público sobre a relação de Putin com Kabaeva, a Duma arejou rapidamente uma legislação que endurecia as leis da difamação, equiparando a «disseminação de informação delibe-radamente falsa prejudicial à honra e à dignidade individuais» aos crimes de promoção do terrorismo ou aos conflitos étnicos. A legislação não só prescrevia sanções civis para as vítimas de difamação, como autorizava o governo a encerrar as organizações que veiculassem notícias ofensivas. Uma semana depois de Putin denunciar o artigo sobre o estado do seu casamento, a lei passou na sua primeira apreciação com 399 votos; só um deputado ousou votar contra ela. Mas quando a legislação foi apro-vada na sua forma final, Medvedev já tinha sido eleito presidente. Num dos primeiros sinais de que poderia tentar demonstrar um certo grau de independência, vetou-a.

QUARTA PARTE

Capítulo 19

A regência

Na noite de 7 de agosto de 2008, o terceiro presidente da Rússia, Dmitri Medvedev, estava num veleiro no rio Volga com a mulher, Svetlana, e o filho, Ilia, nessa altura apenas um adolescente. Era um descanso do trabalho no lânguido mês de férias. Medvedev tinha passado o dia na ancestral cidade de Kazan, capital da Tartária, a região inicialmente conquistada por Ivã, *o Terrível*, no século XVI. Revia os preparativos para a Universíada, a competição bienal multidesportiva internacional interuniversidades, que se realizaria nessa cidade no verão de 2013, como ensaio para acolher os Jogos Olímpicos de Inverno em Sochi, oito meses depois. Na véspera, tinha viajado por uma região próxima, a Chuváchia, onde tinha discutido planos para criar uma moderna rede de bibliotecas. Na manhã da antevéspera tinha acompanhado o funeral do icónico dissidente soviético Aleksandr Soljenítsine, que tinha morrido em Moscovo no dia 3 de agosto, totalmente reabilitado na cultura pós--soviética, admirador de Putin e condecorado pelo Estado ([1]).

Medvedev era presidente havia três meses, mas parecia que estava simplesmente a exercer as funções que tinha tido quando era o modesto primeiro primeiro-ministro adjunto, e não o comandante supremo de um Estado emergente com pretensões a nuclear. Tal como a de Putin quatro anos antes, a sua eleição em março não tinha sido posta em dúvida,

O NOVO CZAR

apesar de não ter base política própria, nem mandato de uma populaça esfomeada por mudanças, nem uma plataforma de apoio específica. Pelo contrário, a totalidade da presidência de Medvedev apoiava-se na premissa de que o povo não queria nenhuma alteração, mas sim estabilidade. Se tivesse sido dada alguma alternativa aos votantes, quase de certeza teriam voltado a eleger Putin, mas tinham aceitado a sua escolha porque Putin assim o desejava. Por isso, Medvedev foi em passeio até uma vitória convincente, numa eleição bem gerida que assistiu ao bloqueio de adversários preeminentes da governação de Putin, incluindo Mikhaíl Kasianov e Garry Kasparov, que foram impedidos de se registar enquanto candidatos, como também haviam sido nas eleições para a Duma em dezembro de 2007. Apesar da sua fama e dos seus recursos financeiros, Kasparov não conseguiu sequer alugar um salão com tamanho suficiente para realizar uma convenção para a sua nomeação, como era exigido por lei. Kasianov foi desqualificado com o pretexto de que a sua campanha tinha forjado mais de treze por cento das assinaturas necessárias para ser nomeado. Outro candidato «liberal», Andrei Bogdanov, não se deparou com tais obstáculos às suas assinaturas. Era um estratego político e mação proveniente da própria orla da obscuridade, eleito no ano anterior Grão-Mestre da Grande Loja da Rússia. O Kremlin orquestrou a sua candidatura como recurso no caso de mais ninguém se dar ao trabalho de se candidatar ([2]).

Medvedev desempenhou o papel que lhe tinha sido atribuído, evitando uma campanha de proximidade e recusando-se a debater com os seus concorrentes, que, além de Bogdanov, incluíam os velhos valentes que tinham renunciado a desafiar Putin em 2004: o comunista Guenadi Ziuganov e o bobo nacionalista Vladimir Jirinóvski. Medvedev limitou--se a continuar a cumprir as suas obrigações ministeriais de adjunto, tratado com consideração pelos canais da televisão estatal, sempre com o seu patrocinador não muito longe da fotografia. Ele foi a escolha de Putin e, portanto, o único. Era o herdeiro, simplesmente à espera da afirmação popular. A curta campanha política foi tão transparentemente inventada, que Mikhaíl Gorbatchov censurou publicamente o Kremlin. «Alguma coisa está mal nas nossas eleições», disse ele, mas a sua voz era de uma autoridade moral proveniente de um passado em vias de desaparecer e desacreditada, e poucos lhe prestaram atenção. Entre estes não figuravam, decerto, os meios de comunicação estatais ([3]). Quando os boletins de voto foram contados, Ziuganov ficou em segundo lugar, muito distanciado, com dezoito por cento dos votos. Bogdanov recebeu menos de um milhão de votos, na verdade um número ainda inferior ao de votos nulos ou em branco. Medvedev, que não tinha nenhuma experiência política própria, exceto os seus oito anos de serviços leais a Putin, foi o presidente eleito mais novo, apenas com quarenta e três anos. Teve 71,2 % dos votos, um resultado que foi conspicuamente — e amplamente visto como de forma deliberada — uma ligeira descida em relação aos 71,9 % de Putin quatro anos antes.

A partir do momento da sua tomada de posse em maio, Medvedev lutou para sair da sombra do homem que o tinha elevado às alturas do poder. Ieltsine tinha-se afastado discretamente das luzes da ribalta a partir do dia em que tinha nomeado Putin, mas agora Putin passeava confiantemente pela tomada de posse de Medvedev. Abriu a cerimónia no Kremlin com o seu próprio discurso inédito de despedida que afirmava, dirigindo-se inequivocamente ao escol reunido no Grande Palácio, que não tinha a mínima intenção de desaparecer do palco público. Medvedev tinha a esperança de causar rapidamente uma boa impressão na cena mundial, visitando a Alemanha, o parceiro comercial europeu mais próximo da Rússia, mas Putin antecipou-se à sua primeira visita oficial com a sua própria visita a França, previamente agendada. O presidente da comissão para os negócios estrangeiros do Conselho da Federação, Mikhaíl Marguelov, disse a um funcionário estado-unidense que estava de visita que Medvedev era um «estudante que tinha aprendido com os seus mestres», dotado, embora ainda não formado, mas que o «reitor da faculdade» continuava a ser Putin ([4]). Disse que Putin desejava genuinamente ceder, se bem que gradualmente, os deveres de chefe do Estado, especialmente os negócios estrangeiros, mas Medvedev lutava para estender a sua autoridade sobre uma burocracia condicionada, depois de passar oito anos a obedecer a Putin.

Contudo, com o seu temperamento ameno e estudioso, Medvedev, pelo menos, modificou o tom do Kremlin. Durante a sua campanha e as suas primeiras semanas em funções, falou de liberdades civis, modernização económica e da necessidade de acabar com a corrupção desenfreada e o «niilismo legal» que caracterizavam a política e a sociedade russas.

Putin tinha feito promessas semelhantes, mas Medvedev revelou-se muito menos belicoso e agressivo nos seus comentários, desejoso de apresentar uma imagem diferente de liderança, para provar que a transição era substantiva, e não puramente simbólica. Naquilo em que Putin era inflexível e irritadiço, Medvedev parecia ser amável e aberto. Adorava usar dispositivos modernos (Steve Jobs dar-lhe-ia um *iPhone* em 2010) e abria contas em redes sociais, nas quais publicava fotografias que tirava como passatempo.

Apesar da preeminência de Putin enquanto primeiro-ministro, muitos começavam a acreditar que Medvedev levaria a cabo as reformas liberalizantes que Putin não tinha concretizado. Um daqueles que encontrou esperança na promessa de Medvedev continuava na cela siberiana onde tinha sido confinado: Mikhaíl Khodorkovski era agora elegível a liberdade condicional, e em julho os seus advogados apelaram para uma libertação antecipada ([5]). Outro era o estado-unidense que pretendia substituir George Bush como presidente dos EUA: Barack Obama. Enquanto o barco de Medvedev oscilava na suave corrente do Volga nessa noite de agosto, a sua presidência parecia estar à beira de uma nova era otimista. Mas, pelo contrário, estava prestes a enfrentar o seu mais grave desafio. Ainda não tinha chegado aos cem dias de governação.

À uma da manhã de dia 8 de agosto, o ministro da Defesa, Anatoli Serdiukov, telefonou a Medvedev com a notícia de que tinha estalado a guerra no flanco sul da Rússia. As Forças Armadas da Geórgia, comandadas pelo pró-ocidental Mikheil Saakachvili, tinham iniciado um ataque por ar e por terra à Ossétia do Sul, região separatista do país. As tensões com a Ossétia do Sul e com outra região, a Abcásia, tinham aumentado durante todo o ano. Ambas se tinham separado da Geórgia durante os curtos mas violentos conflitos do início da década de noventa, depois do desmembramento da União Soviética, e tinham-se mantido desde então num limbo diplomático, reconhecidas como fazendo parte da Geórgia, mas, de facto, pequenos Estados independentes que procuravam relações — e financiamento — contra a Rússia, que mantinha forças de manutenção da paz em ambas as regiões por mandato das Nações Unidas. Na sequência da declaração de independência do Kosovo da Sérvia em fevereiro de 2008, Putin tinha aumentado o apoio às duas regiões.

A REGÊNCIA

Num dos seus últimos atos oficiais como presidente, ordenou o reforço da tropa para a existente missão russa de manutenção da paz na Abcásia, com o objetivo de fiscalizar a reconstrução do caminho de ferro que antes a tinha ligado a Sochi, mas que se tinha degradado. O destino das regiões tinha-se tornado alvo de enorme atenção de Putin nas suas últimas semanas enquanto presidente, depois de um irritado confronto em Bucareste com o presidente Bush e outros líderes da OTAN, que debatiam se iriam convidar a Geórgia e a Ucrânia a aderirem à aliança militar.

Durante todo o verão de 2008, tinham ocorrido confrontos nas fronteiras de cada região, enquanto a Rússia e a Geórgia trocavam acusações de que cada uma tencionava lançar uma invasão para solucionar o que se tinha tornado conhecido como «conflitos latentes». Medvedev teve uma série de reuniões com Saakachvili, que também tinha a esperança de que a sua presidência viesse a representar uma mudança em relação aos intermináveis confrontos com Putin que se tinham seguido à «Revolução das Rosas», incluindo um embargo comercial em 2006 desencadeado pela detenção de quatro agentes secretos russos. Saakachvili tinha proposto acordos políticos para as duas regiões, aos quais inicialmente Medvedev parecia recetivo, mas quando se encontraram no Cazaquistão em julho, apercebeu-se de que Medvedev já não estava interessado em os discutir, como se tivesse sido travado por outros poderes em Moscovo, isto é, por Putin ([6]). Parecia que um conflito seria inevitável, e os russos tinham-se preparado exaustivamente para ele, embora suspeitassem de que surgiria na Abcásia, e não na Ossétia do Sul. As Forças Armadas já tinham feito os seus planos para uma intervenção; mais tarde, Putin diria que os planos já estavam preparados desde o fim de 2006. No verão, por ordem de Medvedev, os comandantes tinham reunido um grande número de forças para uma grande operação de treino no norte do Cáucaso, a distâncias de ataque tanto da Abcásia como da Ossétia do Sul, um estratagema que se tornaria característico de futuras operações militares na Rússia.

Contudo, nessa noite, Medvedev foi surpreendido e teve uma reação cética ao relatório urgente que interrompeu o seu cruzeiro no rio. «Devíamos confirmar isto», disse a Serdiukov pelo telefone. Pensou: «Estará Saakachvili completamente louco? Talvez seja apenas um ato provocador, talvez ande sob tensão, a testar os ossetas e a tentar enviar-nos uma espécie de mensagem?» Pediu ao ministro que lhe telefonasse de volta.

445

O NOVO CZAR

Putin já tinha saído de Moscovo e ia a caminho de Pequim, onde ele, e não o chefe do Estado, planeava assistir, no dia seguinte, à cerimónia de abertura dos Jogos Olímpicos de Verão com dezenas de outros líderes, incluindo o presidente Bush. Serdiukov telefonou a Medvedev uma hora depois para lhe dizer que os relatórios eram verdadeiros. A Geórgia não estava a fazer *bluff*; tinha desencadeado um ataque de artilharia na capital da Ossétia do Sul, Tskhinvali. «Muito bem», disse Medvedev. «Vou esperar por outra atualização.»

Afirmou que não conseguia falar com Putin, em Pequim, numa linha telefónica segura, mas o facto de sentir a necessidade de telefonar mostrava que não estava seguro de dever comprometer as forças russas numa batalha fora das fronteiras do país, pela primeira vez desde a desintegração da União Soviética. A hesitação de Medvedev viria a atormentá-lo depois. Por fim, Serdiukov telefonou-lhe uma terceira vez. Um míssil tinha atingido uma tenda cheia de pacificadores russos, «matando-os todos». Viria a verificar-se que era um exagero, o primeiro de muitos que seriam proferidos nos dias seguintes, ([7]) mas, de facto, a tropa russa e as suas colaboradoras da milícia irregular da Ossétia do Sul foram atacadas. Mais de quatro horas depois de os mísseis terem começado a cair sobre e à volta de Tskhinvali, Medvedev emitiu a ordem para entrarem em guerra.

«Ataquem», disse a Serdiukov, e depois apressou-se a apanhar o avião de regresso a Moscovo.

Quando chegou, o batalhão da Geórgia tinha começado a avançar para dentro da Ossétia do Sul. A aviação da Rússia começou a atacar não só dentro das regiões, mas também na própria Geórgia, na esperança de prevenir o avanço. A informação sobre o assalto da Geórgia chegou a Putin em Pequim, e ele ficou furioso — basicamente, com Saakachvili, mas também com a falta de «determinação» de Medvedev ([8]). Falando aos repórteres de manhã, Putin fez a primeira declaração pública acerca da crise, garantindo que a Rússia iria retaliar pela incursão da Geórgia. Fez repetidos telefonemas a Medvedev, que, na manhã de 8 de agosto, se reuniu com o seu Conselho de Segurança ([9]). Eram dez da manhã quando Medvedev fez a sua primeira declaração pública, muito depois da de Putin. Declarou que a Geórgia tinha violado a lei internacional e cometido um ato de agressão que já tinha custado vidas, incluindo as

A REGÊNCIA

da tropa russa em missão de paz. «Civis, mulheres, crianças e idosos estão hoje a morrer na Ossétia do Sul e são, na sua maioria, cidadãos da Federação Russa», disse ele. «De acordo com a Constituição e as leis federais, é meu dever, na minha qualidade de Presidente da Federação Russa, proteger as vidas e a dignidade dos cidadãos russos, estejam eles onde estiverem.» ([10]) Por volta do meio-dia, as forças russas tinham começado a atravessar a fronteira.

O presidente Bush também estava em Pequim, quando um assessor lhe sussurrou ao ouvido que uma «ofensiva russa» tinha tido início na Geórgia ([11]). Bush estava na fila numa receção diplomática no Grande Salão do Povo para cumprimentar o presidente da China, Hu Jintao. Putin estava alguns lugares à sua frente na fila, mas o protocolo exigia que Bush falasse primeiro com o seu homólogo presidencial, pelo que esperou até regressar ao seu hotel para telefonar a Medvedev, advertindo-o de que devia suspender a contraofensiva. «Nós vamos estar com eles», disse-lhe Bush, referindo-se aos georgianos.

O que o presidente Bush não entendeu foi até que ponto os russos responsabilizavam a sua administração pelo conflito. Mesmo que não tivesse dado luz verde ao plano de Saakachvili para se apoderar da Ossétia do Sul, como os russos suspeitavam, Bush tinha apoiado Saakachvili com treino militar e a promessa de adesão à OTAN na cimeira de Bucareste em abril, apesar dos avisos pessoais que Putin lhe fez de que um convite seria uma provocação à Rússia. O que Saakachvili não compreendeu foi que, apesar de todos os esforços que desenvolveu para convencer os estado-unidenses, elogiando Bush e enviando tropa para combater no Iraque, nem os EUA nem a OTAN estavam preparados para vir em seu auxílio numa guerra contra a Rússia. O erro de avaliação custaria muito caro à Geórgia.

Na sua conversa com Bush, Medvedev comparou Saakachvili a Saddam Hussein e disse a Bush que os georgianos já tinham matado mil e quinhentas pessoas, um flagrante exagero ([12]). Era agora evidente que Medvedev não tinha nenhuma intenção de retirar. Posteriormente, Bush confrontou Putin em Pequim no Estádio Nacional, conhecido como «Ninho de Ave», enquanto esperavam pela cerimónia de abertura dos Jogos Olímpicos nessa noite. Ficaram sentados na mesma fila de lugares para os VIP, e Bush pediu à esposa e ao rei da Tailândia que mudassem de lugares para ele próprio poder sentar-se ao lado de Putin para lhe comunicar um duro aviso. Com um intérprete inclinado entre eles, numa posição difícil, Putin levantou-se do seu lugar, momentaneamente aproximando-se de Bush de uma forma ameaçadora, até que este último, mais alto, conseguiu pôr-se de pé e endireitar-se por completo, e disse-lhe que Saakachvili era um criminoso de guerra.

«Avisei-o várias vezes de que Saakachvili fervia em pouca água», disse Bush.

«Também eu fervo em pouca água», replicou Putin.

Mais tarde, Bush escreveu que também ele tinha olhado de frente para o homem com quem se tinha encontrado mais vezes do que com qualquer outro líder mundial, exceto Tony Blair. Tinha tido a esperança de construir uma nova relação com a Rússia, uma relação que ultrapassasse as suspeitas mútuas do tempo da Guerra Fria, para afinal se aperceber de que tinha avaliado mal o homem, quando se tinham conhecido na Eslovénia em 2001.

«Não, Vladimir, você é impiedoso», disse ele ([13]).

Depois do encontro com Hu Jintao na manhã a seguir à cerimónia de abertura, Putin saiu de Pequim e voltou de avião para a Rússia — não para Moscovo, mas para o palco frenético onde atuava a força da Rússia para a grande invasão. Chegou no sábado à noite ao quartel-general do 58.º Exército, em Vladikavkaz, a capital da Ossétia do Norte, a república russa na encosta norte do Cáucaso que tinha sido separada dos seus compatriotas do lado georgiano por um decreto de Estaline. Foi Putin quem apareceu nos meios de comunicação estatais a receber as atualizações militares dos generais de uniforme no terreno, enquanto Medvedev transmitia orientações escassas do seu escritório no Kremlin. Putin disse que a Geórgia, encorajada pelo seu «namorico» com os EUA e a OTAN, procurava devorar a Ossétia do Sul e, agora, iria perdê-la para sempre. «O que está a acontecer na Geórgia é genocídio», disse ele em fúria, exagerando manifestamente a realidade no terreno ([14]). Nessa altura, os tanques russos tinham chegado a Tskhinvali e depois tinham avançado na direção da cidade georgiana de Gori, berço de Estaline. Os navios de guerra russos bloquearam o porto de Poti, a sul da fronteira com a Abcásia. As forças da Geórgia, apesar de anos a ser equipadas e

A REGÊNCIA

treinadas pelos estado-unidenses, desfizeram-se em desordem, incapazes de comunicar de forma eficaz, porque os russos tinham bloqueado ou interrompido a cobertura dos telemóveis, o seu único meio de comunicação. Um Saakachvili humilhado teve de suplicar ajuda. Os EUA organizaram uma ponte aérea para os dois mil soldados que a Geórgia tinha destacado para o Iraque como comparticipação na guerra que os estado-unidenses ali travavam e, mais tarde, o presidente Bush enviou ajuda adicional e equipamento, mas também ele deixou claro que os EUA não viriam em seu auxílio militarmente. Mais de cem conselheiros militares estado-unidenses que tinham ficado na Geórgia depois do exercício de verão retiraram-se para longe dos combates para evitar ser envolvidos neles. Com a tropa fraturada da Geórgia a recuar perante um avanço russo na direção da capital, Tblisi, ela própria sob bombardeamento, Saakachvili não teve outra opção além de solicitar a paz.

Putin concedeu ostensivamente o devido respeito ao seu protegido enquanto comandante-chefe, mas todo o sistema — a burocracia, os militares, os meios de comunicação — tinha ficado tão condicionado pelo seu papel de líder primordial, que tinha de se esforçar por preservar sequer a aparência de que Medvedev estava no comando. O próprio Putin não foi capaz ou não quis afastar-se para segundo plano, sugerindo, em reuniões televisionadas durante a crise, instruções que Medvedev transmitia devidamente. Em público, Putin procurava salientar o importante posto de Medvedev, mas, em privado, mostrava-se fanfarrão e bajulava os seus interlocutores, continuando a ser o homem responsável. Quando o presidente francês Nicolas Sarkozy foi a Moscovo para mediar um cessar-fogo em 12 de agosto, encontrou Medvedev calmo e otimista, capaz de negociar, mas Putin também assistiu à reunião e foi bombástico e grosseiro, a ferver com uma cólera e uma impaciência em relação a Saakachvili que pareciam profundamente pessoais ([15]). Sarkozy pressionou os russos a cancelarem a invasão que parecia agora decidida a atingir a capital da Geórgia e derrubar o seu presidente. O ministro das Relações Exteriores, Serguei Lavrov, havia exigido à secretária de Estado de Bush, Condoleezza Rice, a retirada de Saakachvili do poder enquanto condição de paz ([16]). Numa conversa com o embaixador francês, Lavrov havia até menosprezado a capacidade de Medvedev e dos outros líderes do Kremlin para resolverem o conflito ([17]). Sarkozy argumentou que o mundo não aceitaria que fosse derrubado um líder eleito, mas este argumento enfureceu Putin ainda mais.

«Saakashvili — vou pendurá-lo pelos *tomates*», disse Putin, a ferver de cólera, provocando uma reação de alarme no líder francês.

«Enforcá-lo?», perguntou.

«Porque não?», replicou Putin, com uma expressão petulante. «Os estado-unidenses enforcaram Saddam Hussein.»

A única coisa que pareceu acalmar Putin foi Sarkozy perguntar-lhe se queria ficar na história com uma reputação igual à de Bush ([18]).

Foi na manhã seguinte, bem cedo, depois de Sarkozy ter apanhado o avião para a capital da Geórgia para formalizar um acordo com Saakachvili, que Medvedev anunciou um cessar-fogo no quinto dia do conflito. Apareceu sozinho no Kremlin e adotou um tom «putinesco» para declarar que «o agressor tinha sido punido». Estava pálido e parecia cansado. Apesar do cessar-fogo, as forças russas consolidaram as suas posições no vazio criado pelos georgianos destroçados, ao mesmo tempo que as forças da Ossétia do Sul conduziam uma campanha de pilhagem e saque das casas dos aldeões georgianos no interior da região, por vezes sob o olhar dos russos ([19]). Dois dias depois do cessar-fogo, quando Condoleezza Rice chegava à Geórgia para transmitir um compromisso de apoio político e humanitário dos EUA, uma coluna russa de blindados avançava para leste, em direção à capital, parando só a quarenta quilómetros dos limites da cidade de Tblisi. A última tropa russa só se retiraria do território georgiano passados dois meses, e, mesmo então, deixara ficar reforços na Ossétia do Sul e na Abcásia. No dia 26 de agosto, quando os destroços da guerra ainda estavam a ser retirados, Medvedev anunciou que a Rússia reconheceria os dois encraves como nações independentes. Ele e outros citaram o precedente do Kosovo, a província da Sérvia, que tinha declarado a sua independência seis meses antes, numa jogada que os russos tinham chamado de ilegítima. A Rússia tinha transformado o ressentimento de Putin — as humilhações que julgava que tinha suportado quando o Ocidente tinha rejeitado os seus pontos de vista — em política nacional que, simplesmente, arrastava Medvedev consigo.

Apesar de algumas insuficiências óbvias das forças russas, a guerra, curta e vitoriosa, alimentou um fervor nacional, ampliado pela glorificação feita pelos meios de comunicação estatais das ações dos libertadores russos e pela vilipendiação do inimigo com uma intensidade nunca vista desde a Grande Guerra Patriótica. A glória recaiu sobre Putin tanto como sobre Medvedev, dado que era evidente para todos que continuava a ser o líder supremo. Medvedev ocupava uma presidência com menos poderes, porque Putin tinha efetivamente levado esses poderes consigo — juntamente com uma grande parte da sua equipa presidencial — para o gabinete de primeiro-ministro, situado na Casa Branca, no extremo oposto da Avenida Nova Arbat em relação ao Kremlin. Medvedev continuava a ser o chefe de Estado nominal, mas agora era visto como um regente no Kremlin, «aguentando» a posição para a verdadeira autoridade. A sua gestão dos negócios estrangeiros era desordenada e confusa, porque tinha de examinar todas as decisões fundamentais com o seu primeiro-ministro. Os seus próprios esforços para refletir o tom autoritário, agressivo e implacável que Putin manejava tão habilmente revelavam-se embaraçosos.

No dia a seguir aos votantes dos EUA terem elegido Barack Obama, em novembro de 2008, um momento amplamente celebrado em todo o mundo como o fim da presidência Bush, Medvedev fez o seu primeiro discurso ao país desde a sua tomada de posse. Depois das relações tóxicas no fim da presidência de Bush, em que Putin chegou a sugerir que os EUA tinham instigado a guerra na Geórgia para reforçar as possibilidades do adversário de Obama, John McCain, talvez tivesse sido uma boa oportunidade para acolher a mudança das administrações. Mas, quando falou no Grande Palácio do Kremlin, Medvedev nem sequer mencionou Obama. Responsabilizou os EUA pela guerra na Geórgia e ameaçou instalar mísseis balísticos em Kalininegrado, o encrave russo na Europa de Leste anexado como tributo depois da Grande Guerra Patriótica, se os estado-unidenses construíssem o seu sistema de defesa antimísseis na Europa. Em vez de se apresentar como determinado e firme, Medvedev pareceu desafinado. Nem sequer era claro que acreditasse na sua própria fanfarrice.

A formulação da política externa da Rússia tinha sido notoriamente opaca e pesada desde a era de Ieltsine, mas tornou-se ainda pior com dois centros de poder político. Medvedev apresentou um pedido de desculpa pelos seus comentários durante a sua primeira visita a Washington, duas

O NOVO CZAR

semanas depois, quando se encontrou com o presidente Bush, mas não com o presidente eleito. Reivindicou que tinha sido um simples lapso o facto de ter emitido o seu aviso provocador no dia em que os líderes de todo o mundo estavam a felicitar Barack Obama. «Com todo o meu respeito pelos EUA, esqueci-me completamente do importante acontecimento político que tinha ocorrido naquele dia», disse ele, incrivelmente. «Não há aqui nada de pessoal.» [20] Tal como a guerra na Geórgia, Medvedev parecia tropeçar nos seus próprios pés — ou nos de Putin.

Um segundo duro golpe na emergente presidência de Medvedev foi desferido apenas algumas semanas depois do fim da guerra na Geórgia. A inesperada queda dos rendimentos do petróleo e do gás, cujo preço tinha aumentado regularmente, estimulando o crescimento económico do país, fez subir os preços de revenda de tudo, de automóveis estrangeiros a mobiliário e alimentos. A economia tinha crescido uma média de sete por cento ao ano durante a presidência de Putin; Putin tinha pago a dívida do país ao estrangeiro, acumulado centenas de mil milhões de dólares em reservas de moeda estrangeira e, resistindo à pressão para gastar à vontade, criado um fundo de estabilização que protegeria o país de qualquer recessão. Recém-instalado na sua função de primeiro-ministro, Putin agiu como se o seu maior legado fosse irreversível. Coincidindo com a transição política de 2008, a economia da Rússia começou a abrandar. Com a inflação em subida, Putin procurou exercer a sua vontade sobre o mercado e os oligarcas. Em julho, pressionado pelas queixas dos executivos da área da energia por causa dos custos cada vez mais elevados do aço para os oleodutos, convocou uma reunião da indústria metalúrgica em Níjni Novgorod, cujo objetivo se tornou claro quando destacou o multimilionário proprietário da maior fábrica de aço da Rússia, Mechel, por vender o seu carvão de coque no mercado doméstico a preços superiores aos do estrangeiro, evitando assim os impostos. (Foi Igor Sechin quem lhe tinha chamado a atenção para este assunto, alegadamente devido aos problemas económicos que a Rosneft estava a sentir.) O proprietário da empresa, Igor Ziuzin, já alvo de pressões de clientes e concorrentes, cometeu o erro de faltar à reunião e dar entrada num hospital para cardíacos. A reação de Putin foi agressiva. Sugeriu que talvez as autoridades antimonopólio, até mesmo o procurador-geral, devessem investigar os negócios da companhia. «Claro que doença é doença, mas penso que ele deve melhorar o mais depressa possível», disse. «Caso contrário, teremos de lhe enviar um médico para resolver todos os problemas.» No fim do dia, as ações da Mechel, negociadas na Bolsa de Valores de Nova Iorque, tinham perdido mais de um terço do seu valor — quase seis mil milhões de dólares — afundando os mercados, já em queda, da Rússia.

A Mechel emitiu com toda a rapidez uma declaração contrita, prometendo atender às preocupações do primeiro-ministro, mas Putin tinha enviado uma mensagem clara. Não tinha a mínima tenção de levantar as mãos do leme do comando da economia da Rússia, intervindo sempre que sentisse esse impulso e sabotando os esforços iniciais de Medvedev de cultivar um clima mais atraente para os investimentos. Medvedev e os seus assessores pareceram surpreendidos com o ataque de Putin. Um dos seus conselheiros, Arkadi Dvorkovitch, tentou acalmar os mercados, mas, alguns dias depois, Putin reiterou as suas acusações de que a Mechel fugia ao pagamento de impostos, voltando a lançar, pela segunda vez, as suas ações para o fundo. Putin agia como se a Rússia fosse invencível, uma ilha de prosperidade crescente, impermeável à tempestade financeira que tinha estado a fermentar durante todo o verão, desde o momento em que o preço do petróleo tinha atingido o pico, a mais de cento e quarenta dólares o barril.

Inicialmente, a crise económica global desencadeada pelo incumprimento do reembolso dos empréstimos nos EUA em 2008 parecia pouco ameaçadora para a economia da Rússia, dado que os seus bancos não tinham emitido os créditos hipotecários de alto risco que se tinham tornado tóxicos. Mas a falência do banco de investimento estado-unidense Lehman Brothers no dia 15 de setembro — o mesmo dia em que o petróleo desceu para menos de cem dólares por barril — repercutiu-se por todo o mundo, e atingiu a Rússia com mais violência do que a maior parte dos outros mercados. No fim do dia seguinte, o principal índice bolsista tinha caído dezassete por cento. As vendas desencadeadas pelo pânico obrigaram repetidamente à suspensão das negociações ao longo das semanas seguintes, e mesmo com a intervenção dos governos para sustentar as ações, o mercado perdeu um bilião de dólares numa questão de meses. Entre outubro e dezembro, cento e trinta mil milhões de capital voaram

O NOVO CZAR

para fora do país. Embora menos capitais russos tivessem sido investidos na bolsa — em comparação, por exemplo, com os estado-unidenses, muitos dos quais viram evaporar-se as suas economias —, a crise atingiu os russos, dos mais pobres aos mais ricos. Os rendimentos disponíveis caíram quase imediatamente, quando as companhias cortaram nos custos, reduzindo as despesas dos consumidores, o que só fez que a produção encolhesse mais. Os próprios oligarcas arrogantes «estavam a penhorar os seus iates e a vender os seus jatos privados» ([21]). A economia florescente da Rússia faliu tão precipitadamente, que Putin se encontrou a presidir a uma derrocada tão grave como a crise de 1998. Parecia marcar o fim de uma década de prosperidade que tinha impulsionado a sua presidência.

Numa questão de dias, o governo de Putin tinha aprovado quarenta mil milhões de dólares em créditos para escorar bancos e outros cinquenta mil milhões em empréstimos a 295 companhias que representavam oitenta por cento da economia do país. O Banco Central lutava para abrandar a queda do valor do rublo, esgotando quase duzentos mil milhões de dólares das reservas em divisas, um terço do máximo de 598 mil milhões de dólares atingidos em agosto. As políticas macroeconómicas conservadoras de Putin — equilibrar os orçamentos e acumular reservas e um fundo para os dias maus, apesar dos apelos populistas de algumas pessoas do Kremlin para gastar mais à vontade — revelaram-se prescientes. Mesmo naquela altura, Putin sentiu a pressão para resgatar os oligarcas privilegiados e renacionalizar as empresas em dificuldades para serem adquiridas a baixo custo, mas ficou do lado dos conselheiros que recomendavam cautela, «desviando mais poder para tomada de decisões por aqueles que conheciam o assunto e podiam fazer alguma coisa pela economia», como escreveu mais tarde um dos conselheiros económicos do governo, Serguei Guriev ([22]). Os liberais, aliados a Medvedev, incluindo o ministro das Finanças, Andrei Kudrin, pareciam ter triunfado no curto prazo, e nenhuma das piores profecias de derrocada económica se tornara realidade, mas o esforço ficou caro. A economia da Rússia contraiu oito por cento em 2009, o pior desempenho das vinte maiores economias mundiais. Pela primeira vez, a popularidade de Putin diminuiu de forma significativa, arrastada pelo descontentamento popular que, em certas ocasiões, desceu à rua com trabalhadores a protestar por causa de salários em atraso.

Nos seus oitos anos enquanto presidente, Putin tinha conseguido sempre desviar as críticas para o governo, que era chefiado pelo primeiro-ministro. Agora que detinha o posto fundamentalmente responsável pela economia desviou a culpa para outro lado. Tal como com a guerra na Geórgia, atacou o que considerava a causa externa dos infortúnios da Rússia: os EUA. Em outubro, deu o passo invulgar de visitar a Duma para se encontrar com os comunistas enquanto grupo de delegados, pela primeira vez após todos estes anos no poder. O gesto refletia a sua apreensão acerca do impacto da crise nos votantes — pensionistas, trabalhadores e os que ainda tinham saudades da era soviética — que apoiavam o único partido da oposição que tinha cargos eletivos. O líder comunista, Guenadi Ziuganov, denunciou respeitosamente a «política monetária» de Kudrin como sendo ineficaz para controlar a circulação de rublos, e apelou a mais gastos em indústrias-chaves como a agricultura, lamentando que a produção russa de ceifeiras-debulhadoras e tratores fosse agora inferior à da Bielorrússia. (Também aproveitou a oportunidade para apelar a Putin que aliviasse a intimidação aos candidatos do seu partido nas eleições regionais.) Mas Putin tinha pouco interesse nas propostas dos comunistas; Ziuganov e o seu grupo eram simplesmente um pretexto para Putin transmitir a sua mensagem populista. Quando os EUA mergulharam na Grande Depressão, Ziuganov observou, num longo e desconexo discurso, que Franklin Delano Roosevelt tinha enviado «os seus melhores conselheiros económicos» para a União Soviética para aprenderem uma ou duas coisas, mas agora a irresponsável ganância capitalista estado-unidense tinha trazido a calamidade ao mundo. Com as câmaras a funcionar, Putin concordou com satisfação. «Fez uma boa observação quando disse que a fé nos EUA enquanto líder do mundo livre e da economia de mercado foi abalada, tal como a confiança em Wall Street enquanto centro deste mundo», disse-lhe. «E nunca mais será recuperada. Concordo consigo neste caso. As coisas nunca mais voltarão a ser as mesmas.»

A crise pôs em destaque a fraqueza estrutural subjacente da economia na Rússia, a sua dependência de recursos energéticos, a base industrial decadente, a corrupção omnipresente, as infraestruturas em degradação. (O país tinha menos quilómetros de estradas pavimentadas em 2008 do que tinha tido em 1997.) ([23]) Economistas como Serguei Guriev

O NOVO CZAR

argumentavam que a Rússia devia prestar atenção às lições da crise e aprovar mudanças significativas, e os conselheiros do Kremlin de Medvedev, como Arkadi Dvorkovitch, estavam de acordo ([24]). A economia da Rússia precisava da regulamentação proporcionada pelas leis, da proteção dos direitos de propriedade e dos contratos, de concorrência e transparência reais e de algumas limitações aos funcionários predadores e corruptos que chantageariam as empresas e as sangrariam dos seus lucros diretamente para os seus próprios bolsos, escondendo os procedimentos ilícitos em bens no estrangeiro e contas secretas *offshore*. A equipa de Medvedev no Kremlin tinha delineado propostas para enfrentar, pelo menos, alguns destes problemas. Na sua primeira comunicação ao país, que fez no dia a seguir à eleição de Barack Obama, apelou à liberalização da economia, libertando-a da burocracia que tinha crescido durante a liderança de Putin. «A burocracia estatal, tal como há vinte anos, está a ser guiada pela mesma antiga desconfiança do indivíduo livre e da livre iniciativa», disse ele no discurso, que tinha sido adiado duas vezes devido à crise. «Um Estado forte e uma burocracia omnipotente não são a mesma coisa. O primeiro é um instrumento de que a sociedade precisa para se desenvolver, para manter a ordem e reforçar as instituições democráticas. A segunda é extremamente perigosa.» ([25])

Mas as crises gémeas do verão e do outono esvaziaram as aspirações políticas de Medvedev. Os seus assessores mais próximos culparam as crises pela sabotagem da sua agenda, mas Putin foi o maior obstáculo. Putin tinha vetado minutas do primeiro discurso importante de Medvedev, papel que nunca nenhum primeiro-ministro tinha desempenhado quando ele era presidente. Insistia numa linguagem agressiva em relação aos EUA e ao Ocidente em geral que deixava Medvedev desconfortável — daí a ameaça de pôr mísseis em Kalininegrado ([26]).

Preocupado com as repercussões políticas da crise económica, Putin também tinha insistido em incluir outra proposta no discurso do seu protegido, concebida como uma potencial válvula de segurança no caso de o caos económico ameaçar o próprio sistema político. As primeiras minutas não a incluíam; Putin tinha-a proposto durante a sua reunião com Medvedev na véspera do discurso. Quando Medvedev a inseriu nos seus comentários — quase como um aparte, uma única frase num discurso de mais de oito mil palavras —, nem sequer os seus assessores

456

mais próximos sabiam que estava para vir ([27]). Medvedev pedia a revisão da Constituição, algo a que Putin tinha resistido durante anos, insistindo que a sua alteração minaria a estabilidade política. A alteração proposta alargaria o mandato do presidente de quatro para seis anos e o mandato dos membros da Duma de quatro para cinco. Não apresentou nenhuma explicação para a mudança, apenas a justificação de que muitas democracias, como a de França, tinham mandatos presidenciais mais longos. Mais tarde, insistiu que as modificações, as primeiras alterações à Constituição desde que tinha sido formulada em 1993, eram apenas «ajustamentos» que não «alteravam a essência política e legal das atuais instituições». Na verdade, reforçavam ainda mais a presidência e reduziam a frequência dos ciclos eleitorais, que Putin receava que viessem a tornar-se focos de «revoluções coloridas» que tinham varrido algumas das anteriores repúblicas soviéticas.

A proposta deixou a gema política atordoada, pois, na altura, ninguém compreendeu a lógica subjacente. Agitaram-se as especulações de que o objetivo final era abrir caminho para o regresso de Putin à presidência, a seguir a uma demissão-surpresa de Medvedev. A alteração foi realizada da mesma forma que outras operações especiais de Putin — com grande celeridade. Nove dias depois, a proposta passou pela Duma, só com a oposição dos comunistas, que apenas há algumas semanas eram os seus dóceis apoios. No fim do ano, a alteração tinha sido aprovada em ambos os parlamentos com pouco debate e, indiscutivelmente, sem nenhum contributo do público. Os democratas, cercados, tentaram congregar protestos contra as emendas, e também contra a incapacidade do governo de dar a volta à economia cambaleante, mas enfrentaram a intimidação implacável das autoridades e dos seus mandatários, especialmente dos grupos juvenis que o Kremlin tinha criado.

Naquele inverno de descontentamento, Garry Kasparov, Boris Nemtsov, Vladimir Milov e outros, tentaram formar uma nova coligação de oposição, com a esperança de usar a crise económica para moldar um movimento dissidente. Chamaram-lhe Solidariedade, imitando o grupo de oposição na Polónia, formado nos anos mais sombrios do comunismo e da lei marcial, mas a oposição manteve-se profundamente fragmentada, consumida por rivalidades pessoais e dividida a respeito das táticas. Alguns dos críticos de Putin ainda tinham a esperança de trabalhar

O NOVO CZAR

dentro do sistema para concretizar mudanças, enquanto outros queriam desencadear uma revolução. Alguns líderes preeminentes da oposição recusaram-se a aderir por não gostarem de Kasparov ou Kasianov. O Solidariedade realizou um congresso fundador num fim de semana de dezembro, mas teve de fazer esforços extraordinários para manter secretos o seu calendário e a sua localização. Os esforços anteriores para se encontrarem não tinham tido sucesso depois de os locais de encontro serem cancelados na sequência de telefonemas provenientes do Kremlin. As táticas contra um movimento de oposição, mesmo marginal, realçavam a ansiedade do Kremlin, mas ao mesmo tempo demonstravam a sua capacidade de sufocar qualquer esforço para organizar um sentimento anti-Putin em torno de uma força política significativa. Quando finalmente os líderes do Solidariedade se encontraram num centro de conferências nos subúrbios de Khimki, apareceu um autocarro cheio de ativistas da Guarda da Juventude, filiada no Rússia Unida, para assediar os participantes. O seu autocarro foi carregado com carneiros com chapéus e *T-shirts* com o emblema do Solidariedade. Outros contestatários traziam máscaras e atiravam bananas, a primeira de muitas alusões racistas ao novo presidente estado-unidense. A mensagem era clara: os opositores de Putin eram animais conduzidos pela mão perversa dos EUA. Os ativistas puseram os carneiros fora do autocarro, muitos deles aparentemente feridos ou doentes. Os carneiros ficaram a cambalear e a balir no pavimento, onde vários acabaram por morrer [28].

No dia 30 de dezembro, Medvedev assinou a legislação que alterava a Constituição. A alteração mais significativa do sistema político do país desde o cancelamento das eleições para governadores em 2004 passou de proposta a realidade em menos de dois meses. Menos de um ano desde o início da sua presidência, era evidente que Medvedev era o parceiro minoritário do «tandem» que governava o país. Para o exterior, Putin podia submeter-se a ele enquanto chefe de Estado, mas, em momentos de crise, roubava constantemente o palco a Medvedev. Em dezembro, em vez de dar a primazia ao seu sucessor, Putin avançou com o seu espetáculo anual de fim de ano de um programa de entrevistas, selecionando setenta perguntas cuidadosamente filtradas, provenientes de todo o país. Garantiu que os efeitos da crise económica seriam mínimos, prometendo aumentar as pensões e os benefícios para os desempregados. Os desempenhos de Putin minaram a autoridade política de Medvedev, tornando-lhe mais difícil mexer na burocracia que queria mudar. Obedientemente, Medvedev nunca revelou as suas objeções em público, mas, em privado, exprimiu frustração, e os seus assessores mais próximos ressentiram-se profundamente da interferência constante do primeiro-ministro. Medvedev lutou para construir uma coligação mais alargada de apoiantes na burocracia, mas os lealistas de Putin ocuparam demasiados lugares, incluindo dentro da sua administração no Kremlin. Depois da guerra na Geórgia, sondagens secretas da estrutura militar russa revelaram a «consideração absolutamente terrível» que os oficiais de comando tinham pelo novo comandante supremo. Em última análise, a autoridade final estava agora na Casa Branca, e toda a gente compreendia isso. Nas palavras agrestes de um diplomata estado-unidense, Medvedev estava «a brincar ao Robin com o Batman de Putin» [29].

Capítulo 20

Homem de ação

No dia 15 de maio de 2009, a única central elétrica que aquecia a minúscula cidade de Pikalevo encerrou as suas fornalhas. O proprietário da instalação tinha pagamentos em atraso à Gazprom na ordem dos 4,5 milhões de dólares, e, na Rússia de Putin, as contas da Gazprom tinham sempre prioridade. Pikalevo, com vinte e dois mil habitantes, era uma «monocidade», criada em 1957 a leste de Sampetersburgo, isto é, era dominada por uma única empresa, que prestava serviço à economia do comando soviético. Englobava três fábricas interligadas que faziam cimento, potassa e alumina (óxido de alumínio), um composto químico usado na fundição de alumínio. Toda a subsistência da cidade, nos tempos soviéticos tal como agora, dependia das fábricas. Só que agora as fábricas tinham sido privatizadas em três empresas separadas que lutavam pela sobrevivência já antes da crise chegar em setembro, debilitadas pelo legado do planeamento central e por uma complexa disputa a respeito de preços que, na sequência da agitação geral, já não permitiam que a produção em Pikalevo fosse economicamente viável ([1]).

A fábrica de cimento desapareceu primeiro, tendo fechado em outubro e despedido centenas de trabalhadores. A fábrica de potassa encerrou em fevereiro, seguida em maio pela fábrica de alumina, que também era a proprietária da central elétrica. Na sua maioria, os quatro mil e quinhentos trabalhadores estavam sem trabalho ou tinham sido forçados a licenças sem vencimento. O governador da região, ainda conhecida como Leninegrado, porque, ao contrário da cidade, não tinha mudado de nome, interveio, logo em fevereiro, apelando a Dmitri Medvedev que tentasse negociar uma solução, mas nada foi feito. O encerramento da central elétrica transformou um descontentamento latente em revolta, e os moradores da cidade invadiram as ruas.

O governador desvalorizou os protestos dos residentes, dizendo que os sindicatos da cidade estavam meramente a fomentar uma crise. Explicou que todas as cidades encerravam a água quente durante períodos de manutenção, como se fosse um transtorno temporário. «Quanto ao aquecimento, bem, não penso que seja assim tão necessário durante o verão.» [2] No dia 20 de maio, várias centenas de residentes invadiram uma reunião de emergência no escritório do presidente da câmara, exigindo não só a sua água quente como também os seus empregos e salários por regularizar. Contudo, os funcionários da cidade não tinham mais poder sobre as fábricas do que os residentes. Os seus proprietários eram magnatas distantes cujos problemas financeiros eram muito maiores do que a miséria de uma cidade pequena no norte. Entre eles, figurava um dos homens mais ricos do país, Oleg Deripaska, um oligarca que tinha sobrevivido ao fim da era Ieltsine e agora desfrutava de um estatuto de favorecimento na de Putin. Quando a invasão do escritório do presidente da câmara não conseguiu resolver nada, centenas de residentes levaram o seu protesto para a autoestrada federal de duas vias de Vologda a Novaia Ládoga, próximo de Sampetersburgo. Bloquearam a estrada durante várias horas criando um engarrafamento que se dizia que se tinha estendido por quatrocentos quilómetros.

O protesto foi só um de muitos que tinham varrido o país — de Baikalsk, onde trabalhadores organizaram uma greve de fome por causa de salários em atraso numa fábrica de papel, a Vladivostoque, onde irromperam protestos depois de as novas tarifas sobre a importação de automóveis arrasarem as vendas de automóveis usados provenientes do Japão. O Kremlin monitorou o descontentamento com extrema cautela. Medvedev e os seus principais assessores instalaram um programa para acompanhar a agitação nos seus computadores, mostrando as regiões com perturbações de acordo com uma matriz de medidas, incluindo — o que é revelador — a popularidade do novo primeiro-ministro [3].

Pikalevo não estava em pior situação do que as outras cidades em luta, mas aqui a espiral de protestos tornou-se tão pronunciada, que forçou Putin a agir. No dia 4 de junho, Putin foi a Pikalevo e convocou os proprietários das fábricas fechadas para se encontrarem com ele para uma reprimenda pública que, mesmo pelos seus padrões, foi de uma agressividade impressionante. «Porque não resolveram isto antes?», repreendeu-os quando se encontrou com eles em frente do conjunto de câmaras de televisão do Kremlin. «Andaram a correr de um lado para outro como baratas tontas quando eu disse que vinha.» No exterior, centenas de pessoas rodeavam a fábrica onde se realizava o encontro, esperando, à chuva, a notícia daquilo que se assemelhava a uma intervenção divina. Putin, com uma gabardina cinzenta e uma camisa com o colarinho desabotoado, inclinou-se sobre a mesa, a ferver de desdém. «Transformaram estas pessoas em reféns com a vossa ambição, falta de profissionalismo e, talvez, pura ganância — milhares de pessoas. É absolutamente inaceitável.»

Fez um gesto com um pequeno monte de papéis, o acordo que já tinha feito. Tinha sido assinado por todos? Olhou fixamente para Deripaska, que tinha a barba por fazer, cujas fortunas tinham sido abaladas pela crise económica. Alguém respondeu «sim», mas Deripaska acenou perplexamente. Não havia nenhum documento que precisasse de assinatura, mas Putin convocou-o, de qualquer forma, para a frente da sala, para o humilhar diante de todos e, o que era mais importante ainda, dos espectadores da televisão que sintonizariam as notícias naquela noite e que se assombrariam com a força da sua vontade. Putin atirou a caneta para cima do acordo. Deripaska fingiu dar uma vista de olhos ao texto antes de assinar e virou as costas, mas Putin foi ainda mais longe: «E devolva-me a minha caneta.» Lá fora, os trabalhadores começaram a receber mensagens de texto dos seus bancos quando Putin ainda estava lá dentro a repreender os seus patrões. Os seus salários por pagar — mais de um milhão de dólares — seriam depositados até ao fim do dia. Putin assegurou-se disso.

Nos últimos meses, Putin tinha parecido cada vez mais distante; trabalhava com mais frequência na residência de Novo-Ogariovo do que no seu escritório remodelado, delegando a gestão corrente do governo num dos seus adjuntos, Igor Chuvalov. A elaboração de um novo orçamento do Estado arrastou-se ao longo de meses, enquanto os burocratas esperavam por decisões que ele não tinha nenhuma pressa de tomar ([4]). No entanto, com o seu desempenho em Pikalevo, pareceu ter acordado para a ameaça política da crise económica — e para a receita para a aliviar. No próprio dia em que Putin apareceu em Pikalevo, Medvedev avisou de que, embora o pior da crise tivesse passado, ainda não estava na hora «de abrir o champanhe», mas era Putin quem sabia que aquilo de que as pessoas precisavam era apenas um pouco de auxílio.

O espetáculo em Pikalevo mostrou que Putin não tinha o menor desejo de largar as alavancas do poder. A descompostura que Putin deu aos proprietários das fábricas tinha sido severa, mas ele também deixou claro que não permitiria que a ralé criasse um precedente para manifestar agravos contra um governo que parecia cada vez mais estagnado. Deripaska compreendeu a charada e aceitou a sua humilhação pública, porque sabia que era o preço do seu estatuto privilegiado no escol do Kremlin. Nem sequer ficou pior no acordo para o reinício das fábricas: o principal fornecedor do material de que precisava a fábrica em Pikalevo, nefelina, foi obrigado a vendê-la abaixo do preço de custo. Foi o próprio Putin quem mediou os pormenores do seu abastecimento, fornecido pelas Vias-Férreas Russas, chefiadas pelo velho camarada de Sampetersburgo de Putin, Vladimir Iakunin. O fornecedor, a PhosAgro, brevemente expandiria os seus ativos, passando a incluir a fábrica de fertilizantes que Mikhaíl Khodorkovski tinha sido acusado de roubar, a Apatit. Um dos seus mais recentes acionistas era o homem que tinha aprovado a discutida tese de Putin em 1997, Vladimir Litvinenko. O acordo para reabrir Pikalevo nada fez para resolver o problema subjacente com a produção no local, nem a falta de procura de alumínio, que se tornou ainda mais complicada devido à crise económica, mas essa não era a questão. Deripaska já tinha recebido milhares de milhões em créditos para ajudar a reestruturar a sua pesada dívida — e até um empréstimo adicional para manter a produção aberta em Pikalevo. Contudo, a crítica pública avisou outros magnatas de que deviam solucionar quaisquer crises que pudessem fomentar a agitação pública, antes de Putin ser forçado a acrescentar novas paragens ao seu itinerário furioso. Em vez de usar a crise económica como uma oportunidade para resolver as fraquezas ímplicitas da economia do país — que Medvedev especificaria num manifesto online, em setembro, com um título do tipo soviético, «Rússia, em Frente!» —, Putin intensificou o seu papel enquanto distribuidor final dos recursos do país, castigando aqueles que resistissem à sua visão de como o dinheiro devia ser gasto e recompensando aqueles que alinhassem. Quando o governo criou um mecanismo para distribuir fundos do pacote de estímulos em 2009, Putin decidiu unilateralmente quais as companhias que os receberiam. Era assim que o negócio funcionava na cabeça de Putin, mediante ligações e acordos que, por vezes, requeriam a sua mão firme, e não mediante uma economia liberalizada em que o mercado tomava as decisões.

Por vezes, o controlo pessoal de Putin sobre a política económica provocava confusão. Enquanto ele se exibia, cheio de arrogância, por Pikalevo, em maio, os conselheiros económicos do Kremlin estavam a dar os toques finais num acordo com os EUA para o avanço da proposta, então num impasse, de adesão à OMC. O próprio Putin tinha criticado a exclusão da Rússia da OMC, mas, poucos dias depois, tinha declarado inesperadamente que, pelo contrário, a Rússia ressuscitaria uma aliança económica com a Bielorrússia e o Cazaquistão e só aderiria à OMC com eles, enquanto um bloco. Medvedev tinha feito uma grande pressão para chegar a um acordo com o novo presidente estado-unidense, mas Putin limitou-se a puxar o tapete de debaixo do que tinham sido quinze anos de negociações. Economicamente, a inversão fazia pouco sentido, dado que a Rússia tinha muito mais comércio externo com a Europa e com os EUA do que com outros. Vincular a proposta da Rússia a um bloco comercial que nem sequer tinha sido criado atrasaria indefinidamente a adesão. Também revelava as divisões no interior do Kremlin. Alexei Kudrin, ainda ministro das Finanças no gabinete de Putin, tentou três vezes convencer Putin a não fazer a comunicação nessa semana, mas nem ele nem Medvedev conseguiram vencer ([5]).

Em vez de abrir a economia da Rússia, Putin cedeu ao populismo e aos instintos autárquicos, animado pelos defensores da linha dura que acreditavam que as variações do mercado global podiam ser, e estavam a ser, manipuladas para castigar a Rússia. Fê-lo porque acreditava que tinha escolhido o melhor caminho. A crise económica tinha sido ruinosa para a Rússia, mas as medidas de emergência do Kremlin tinham conseguido evitar uma falência económica. Em meados do ano de 2009, o preço do petróleo tinha voltado a subir, aliviando algumas das pressões sobre o orçamento; o rublo recuperou uma parte do seu valor, e a bolsa de valores começou a recuperar as suas perdas. Em 2010, a economia da Rússia estava a crescer, com muito mais vigor do que as economias da Europa e dos EUA. Longe de encorajar uma adoção mais completa da modernização económica, a crise só convenceu Putin de que a segurança económica da Rússia se situava no sistema de controlo que ele próprio tinha criado — e no poder da sua vontade. As terríveis previsões de que o sistema de Putin, e o próprio Putin, não conseguiria sobreviver ao tumulto económico e político demonstraram ser exageradas.

No dia 28 de setembro de 2009, o diretor-executivo da Gazprom, Alexei Miller, reuniu-se com funcionários locais e regionais numa colina que dava para o vale Imereti, a sul de Sochi, a extensa planície fluvial que Putin tinha aprovado pessoalmente como um dos dois principais locais para os Jogos de Inverno, que já se realizariam dali a cinco anos. Estavam ali para a instalação das fundações de uma nova central elétrica que, quando estivesse terminada, seria a estrutura mais visível da paisagem citadina costeira, rematada pelo logótipo da companhia. A necessidade de construir uma central elétrica sublinhava o subdesenvolvimento em que a região estava. Adoradas pelos líderes soviéticos, especialmente por Estaline, que ali construiu uma casa de campo, as estâncias tinham entrado em decadência ainda antes do desmoronamento da União Soviética. Com a prosperidade a chegar a uma classe consumidora florescente, milhões e milhões de russos eram, pelo contrário, atraídos por pacotes de viagens baratos para a Tailândia, a Turquia e o Sinai, e Sochi tornou--se num local atrasado.

Tendo ganho a realização dos Jogos Olímpicos, Putin estava determinado a devolver Sochi à sua glória anterior, Sochi tal como a recordava das suas primeiras visitas quando jovem. A crise económica nada tinha feito para reprimir essas ambições; na verdade, eram uma resposta para ela. Com Sochi, Putin reviveu o legado do megaprojeto soviético, os gigantescos empreendimentos completos que industrializaram a União Soviética, conquistaram o Ártico e construíram a máquina militar que derrotou os nazis e que, ao longo de quatro décadas, tinham confrontado os EUA e a OTAN. Esses eram os triunfos ideológicos da memória histórica de Putin — da Campanha das Terras Virgens para estimular a produção agrícola na década de cinquenta do século xx à linha ferroviária Baikal-Amur, ou BAM, na década de setenta. Tal como nos tempos soviéticos, o objetivo era ideológico tanto quanto económico, uma demonstração do progresso e do prestígio do país no mundo. Sochi veio a ser o maior projeto de infraestruturas desde a queda da União Soviética, mas não foi o único. Putin aprovou vinte mil milhões de dólares para desenvolver Vladivostoque no Extremo Oriente — incluindo uma universidade numa ilha do porto que tinha sido zona militar fechada e uma ponte suspensa que a ligava à cidade —, tudo como preparação para uma cimeira de dois dias em 2012 das nações da Cooperação Económica Ásia-Pacífico. Gastou sete mil milhões de dólares na reconstrução de uma grande parte de Kazan, a antiga cidade nas margens do Volga, para receber a Universíada de 2013, a competição atlética bienal de estudantes universitários que dificilmente podia ser considerada um importante acontecimento internacional, mas que justificou um dispendioso plano de reabilitação. Radiante por ter assegurado os Jogos Olímpicos, Putin elaborou uma oferta para acolher o Campeonato Mundial de Futebol de 2018, prometendo construir ou renovar estádios em doze cidades, incluindo o de Kazan, que seria usado para a Universíada, e o de Sochi, onde se realizariam as cerimónias de abertura e de encerramento em 2014. Para Putin, cada um destes projetos servia vários propósitos: apresentar a Rússia como grande potência, proporcionar estímulo económico a uma economia vacilante e distribuir recursos do Estado por aqueles que estavam em posição de lucrar mais.

A atenção prestada por Putin a Sochi tornou-se tão obsessiva durante o seu mandato enquanto primeiro-ministro, que os Jogos Olímpicos, de modo geral, foram vistos como o seu projeto de estimação. Os jogos de Putin não eram só a manifestação do seu poder, mas também um instrumento para o manter. Tinha nomeado um dos seus conselheiros mais próximos e em quem mais confiava, Dmitri Kozak, para gerir o projeto, e criou uma nova companhia estatal, Olimpstroi, para construir as estruturas de que Sochi precisava. Por decreto, Putin suspendeu a supervisão legal e legislativa da construção, incluindo questões de custo e de impacto ambiental, numa área que a Unesco tinha designado para estatuto de proteção, considerando-a «a única grande área montanhosa da Europa que não tinha sofrido nenhum impacto humano significativo» ([6]). Manteve o controlo formal da distribuição dos contratos celebrados para construir os locais dos acontecimentos olímpicos. Tinha lugar no conselho de supervisão da entidade estatal de desenvolvimento, Vnecheconombank, que acabaria por proporcionar os créditos para a maior parte dos projetos, cujos adjudicatários também eram decididos por Putin. Na cerimónia inaugural da Gazprom, pouco foi dito acerca das companhias que construiriam a central ou as condutas — e nada sobre os seus proprietários. O contratante encarregado da construção das condutas chamava-se Stroigazmontaj, que nem sequer tinha existido antes do ano anterior. A companhia tinha emergido da crise económica em 2008, apoderando-se, por quatrocentos milhões de dólares, de várias subsidiárias e subcontratantes da Gazprom que tinham construído a vasta rede de condutas. O homem por trás da Stroigazmontaj era Arkadi Rotenberg, desde a juventude, parceiro de treino de Putin no judo.

Nesta altura, Rotenberg tinha transformado a sua posição no monopólio estatal de vodca numa fortuna. (Uma das suas fábricas produzia mesmo uma marca nova, Putinka, um diminutivo brincalhão do nome de Putin, que não tardou a ser uma das marcas mais populares e lucrativas da Rússia.) ([7]) A entrada de Rotenberg para o negócio das condutas tornou-o rico a uma escala completamente nova. Brevemente, muitos dos projetos de expansão da Gazprom foram para a sua empresa — da construção do Nord Stream, o gasoduto que tinha enredado Gerhard Schröder num escândalo, à conduta que forneceria calor ao novo complexo insular que Putin estava a construir em Vladivostoque. Em 2010, Rotenberg e o seu irmão, Boris, ocupavam os dois últimos lugares na lista da *Forbes* dos cem russos mais ricos, valendo cada um deles setecentos milhões de dólares. Arkadi Rotenberg era tão recatado, que só deu uma entrevista quando o seu aparecimento entre os mais ricos da Rússia começou a causar especulações acerca da espantosa origem da sua riqueza. «Não nos limitámos a sair das ruas», disse ele ao *Kommersant* ([8]).

Os megaprojetos de Putin serviram para impulsionar a ascensão de Rotenberg. Em 2010, com o filho, ficou com a companhia que construía a central elétrica por cima da futura Aldeia Olímpica, e recebia contrato atrás de contrato para os jogos — vinte e um ao todo, valendo quase sete mil milhões de dólares, o equivalente ao custo total dos Jogos Olímpicos de 2010, em Vancôver. Não negava que a sua amizade com Putin tinha ajudado à sua ascensão meteórica, mas descrevia a sua relação como um dever, um fardo, e, como tinha dito o treinador de judo de ambos, uma questão de confiança. «Conhecer funcionários governamentais de um nível tão elevado nunca fez mal a ninguém, mas também não há dúvida de que não ajudou toda a gente», disse ao jornal. «Não é uma garantia. Repito, Putin tem muito mais amigos do que aqueles que hoje são famosos e têm sucesso. Além disso, por qualquer razão, toda a gente esquece a responsabilidade colossal de tal amizade. Para mim, é uma responsabilidade. Tento comportar-me de maneira que nunca o traia.»

À medida que o governo de Putin repartia contratos sem concursos públicos nem escrutínio público, a esmagadora maioria ia para aqueles que, como Rotenberg, Putin tinha elevado. As Vias-Férreas Russas, lideradas por Vladimir Iakunin, supervisionavam o maior projeto separado — e, em última análise, o mais caro; nem o estádio principal nem qualquer outro local, mas sim o ramal ferroviário que ligava a costa às montanhas onde se realizariam as competições de esqui. O projeto, chamado «estrada combinada», era simultaneamente uma maravilha da engenharia que ultrapassava enormes desafios geológicos e, para os críticos, um exercício de futilidade que criava uma calamidade ambiental num vale até então intacto. O caminho de ferro segue uma rota pela margem esquerda do rio Mzimta, segundo a palavra que significa «selvagem» na língua perdida ubikh, que era falada nas montanhas antes de o Império Russo ter conquistado a região no século XIX. A autoestrada seguia paralelamente a ele e à antiga estrada de duas vias na margem direita. Em certos locais, o desfiladeiro do rio é tão estreito, que quase quarenta dos cinquenta quilómetros da via-férrea tiveram de passar por túneis (doze ao todo, incluindo um com quase cinco quilómetros de comprimento) ou sobre pontes, centenas de pilares que foram enterradas no rio ou nas suas margens, alterando irreparavelmente o seu estado selvagem. Os ambientalistas organizaram uma campanha para pôr o projeto em causa, mas Putin também tinha suspendido as leis que normalmente teriam bloqueado o trabalho: os ambientalistas que protestavam foram assediados e, em último caso, presos. As Vias-Férreas Russas subcontra-

O NOVO CZAR

taram uma grande parte do trabalho a companhias que também estavam ligadas a amigos de Putin, incluindo a construtora da ponte, SK Most. Uma participação maioritária dessa companhia foi subsequentemente adquirida por outro amigo, Guenadi Timchenko.

Desde o princípio, a construção olímpica foi atormentada por atrasos e, pouco depois, por custos a aumentar em espiral, obrigando Putin a intervir, por vezes energicamente, para fazer que o projeto continuasse a avançar. Putin despediu três vezes os diretores da Olimpstroi, manifestamente porque se sentia frustrado com o avanço lento e os aumentos de custos. A prioridade que Putin determinou para os jogos era um convite aos enormes aumentos de custos — tinha-se tornado numa prioridade tão urgente, que nenhuma despesa era poupada e para muitas delas desviava-se dinheiro de outros lados. Como a adjudicação dos contratos era tão opaca, havia muito pouca responsabilização. Em 2009, um esforço da Duma para impor uma supervisão dos custos que não paravam de aumentar foi bloqueado pelo Rússia Unida.

Havia muitas provas de corrupção, com enormes comissões incluídas nos contratos, mas, apesar de repreender publicamente os funcionários por causa dos custos e dos perigos da corrupção, Putin nada fez para a castigar, mesmo quando era revelada. Em 2009, um homem de negócios de Moscovo, Valeri Morozov, queixou-se publicamente de que um funcionário do Gabinete dos Assuntos Presidenciais do Kremlin, Vladimir Lechevski, lhe tinha extorquido doze por cento de um contrato de quinhentos milhões de dólares para remodelar um sanatório, propriedade do governo, em Sochi. Pagou em dinheiro ou através de pagamentos a uma companhia *offshore*, mas quando sentiu que estava a ser excluído do negócio, foi à polícia, que preparou uma operação em Slivovitsa, um restaurante que vendia cerveja não longe do Kremlin. Até levou uma câmara oculta no cinto para gravar o último pagamento em dinheiro de cinco milhões de dólares. Lechevski recebeu o dinheiro, mas escapuliu-se sem ser preso. Frustrado pelo fracasso da operação, Morozov veio a público, apelando diretamente ao gabinete de Dmitri Medvedev e indiretamente por intermédio das imprensas britânica e russa. Medvedev anunciou uma investigação, que morreu discretamente dois anos depois ([9]). Em vez dela, os procuradores abriram uma investigação à empresa de Morozov. Morozov fugiu para a Grã-Bretanha e pormenorizou as suas acusações

HOMEM DE AÇÃO

num extenso requerimento de asilo político, que lhe foi concedido. A lição foi clara para quem quer que ousasse desafiar o sistema.

Um homem que o fez, Serguei Magnitski, morreu numa cela na prisão de Matrosskaia Tichina, em Moscovo, em 16 de novembro de 2009. Tinha sido transferido para ali para um tratamento médico de emergência a pancreatite e colecistite. Já tinha estado na prisão durante quase um ano — o tempo máximo que podia estar detido sem julgamento —, com base em acusações que envolviam a fraude fiscal que tinha descoberto e denunciado às autoridades. Em vez de o levarem para o hospital da prisão, oito guardas levaram-no para uma cela de isolamento, algemaram-no e espancaram-no com bastões. Só tinha trinta e sete anos, um revisor de contas tão modesto, que ninguém o tomaria por um radical que burlasse o sistema de Putin. Representava a geração pós-soviética que tinha chegado à idade adulta na nova Rússia, altamente instruído e profissional, pai de dois filhos, que acreditava na «ditadura da lei» que Putin tinha prometido — e no fim do «niilismo legal» que Medvedev prometia. Tinha a certeza de que, em última análise, a lei o protegeria depois da sua detenção, mas, em vez disso, passou semanas a ser transferido de uma cela cheio de lixo para outra cela cheia de lixo, tendo-lhe sido permitido ver a mulher e a mãe uma única vez enquanto esteve detido. Manteve um diário meticuloso das indignidades e dos abusos que sofreu, bem como do declínio constante da sua saúde. Para passar o tempo, lia as tragédias de Shakespeare ([10]). O seu tratamento na prisão e, finalmente, a sua morte poderiam ter sido rapidamente esquecidos, tal como tinham sido esquecidos muitos outros no medonho sistema judiciário da Rússia, em que cinco mil prisioneiros morreram nesse ano, mas Magnitski tinha trabalhado para um patrão poderoso, William Browder, em tempos o mais preeminente investidor estrangeiro no país. Inicialmente, Browder tinha sido um apoiante da presidência de Putin, acreditando nas reformas económicas com que ele se tinha comprometido, mas, nesta altura, já se tinha tornado num dos seus adversários mais amargos.

Browder tinha acumulado uma fortuna investindo em ações em companhias russas e usando depois essas participações de acionistas para exercer pressão com vista a uma boa gestão empresarial e transparência. Era ousado e agressivo, processando com frequência as companhias, e, embora quase sempre perdesse em tribunal, entendia que partilhava um objetivo comum com Putin de tornar a Rússia numa economia verdadeiramente competitiva, depois da oligarquia corrupta da década de noventa. Mas, em 2005, tinha sido inesperadamente mandado embora no aeroporto de Moscovo, com o visto revogado por uma questão de segurança nacional. A agressiva estratégia de investimento de Browder tinha ultrapassado alguns limites — talvez envolvendo a Gazprom ou a Surgutneftgaz, ambas com ligações próximas a Putin —, mas nunca viria a saber ao certo quais. Inicialmente, teve a esperança de que a sua deportação tivesse sido um erro que seria rapidamente corrigido. Apelou aos homens que acreditava serem seus aliados no Kremlin, mas, em 2007, os procuradores tinham desviado as suas atenções para os escritórios da sua empresa em Moscovo, e Browder começou discretamente a alienar os ativos do seu fundo, Hermitage Capital, e a deslocá-los para Londres. Nesse mês de junho, duas dúzias de oficiais do Ministério do Interior invadiram o escritório em Moscovo, já então uma estrutura mínima, e apreenderam os registos corporativos da empresa: os certificados e selos das *holdings* que tinham constituído o seu portefólio.

No fim do ano, três das empresas tinham sido misteriosamente registadas em nome de novos proprietários, todos eles criminosos condenados. Depois, estes proprietários requereram o reembolso de impostos no montante de duzentos e trinta milhões de dólares, concedido num único dia, em dezembro. Browder dirigiu-se a uma firma de advogados de Moscovo, a Firestone Duncan, para compreender o que tinha sucedido. O contabilista que desemaranhou aquele esquema rebuscado era Serguei Magnitski. Testemunhou perante a comissão de inquérito estatal, identificando os agentes, juízes e inspetores de impostos que tinham orquestrado o complexo roubo dos selos da companhia e a subsequente fraude fiscal. O ministério ordenou uma investigação ao roubo — e nomeou como principal investigador o major que Magnitski tinha acusado de orquestrar a fraude, Artiom Kuznetsov. Magnitski foi preso dezoito dias depois.

A morte de Magnitski quase um ano mais tarde chocou profundamente a fina-flor da Rússia. Estavam há muito tempo habituados às medidas duras usadas contra ativistas políticos e homens de negócios desobedientes, mas Magnitski não era nem uma coisa nem outra. Mesmo que Browder constituísse uma ameaça para os poderosos interesses de alguém,

HOMEM DE AÇÃO

Magnitski era claramente uma vítima colateral e a sua morte revelou uma rede abrangente de abusos e mentiras — acerca do caso que investigava, da sua prisão e detenção, da ausência de tratamento da sua saúde cada vez mais deteriorada, do espancamento final que o matou. O próprio Dmitri Medvedev pareceu chocado. Ordenou ao procurador-geral que investigasse e formasse um grupo de trabalho para rever o caso de forma independente, nomeando defensores dos direitos que Putin tinha progressivamente marginalizado quando estava no Kremlin. Em dezembro, Medvedev demitiu vinte funcionários dos serviços prisionais, embora a maioria deles viesse de regiões distantes; só um tinha alguma ligação ao tratamento de Magnitski durante a detenção. Entretanto, Browder usou de todos os seus recursos para localizar a receita proveniente dos duzentos e trinta milhões de dólares em recibos de receitas fiscais que tinham sido reembolsados. O principal investigador tinha comprado dois apartamentos que valiam mais de dois milhões de dólares (registados nos nomes dos seus pais), bem como um *Mercedes-Benz*, um *Range Rover* e um *Land Rover*, cada um valendo muito mais do que o seu salário anual de dez mil e duzentos dólares. A mulher do serviço de finanças que tinha aprovado os reembolsos tinha uma propriedade em Moscovo, uma vivenda à beira-mar no Dubai e onze milhões de dólares em dinheiro em contas em paraísos fiscais em nome do marido, segundo os investigadores de Browder. Os burocratas envolvidos viviam de tal maneira acima dos seus meios oficiais, que era evidente que a fraude do Hermitage tinha sido repetida em centenas, talvez milhares, de casos. Magnitski tinha revelado não só os atos corruptos de alguns funcionários mas também a corrupção de todo o sistema.

Para Medvedev, a acontecer apenas poucos meses depois das suas exortações de «Rússia, em Frente!», o caso podia ter sido uma oportunidade para dar o exemplo, castigando os envolvidos no desfalque e na morte de um contabilista inocente. Contudo, a investigação oficial arrastou-se em silêncio, mesmo quando Browder transformou o caso numa causa famosa internacional, apresentando uma petição no Congresso dos EUA e nos parlamentos da Europa para imporem sanções a sessenta pessoas que tinham estado envolvidas. Na véspera do primeiro aniversário da morte de Magnitski, o gabinete do procurador anunciou finalmente a conclusão da sua investigação, e foi uma situação tão kafkiana como tudo aquilo que Medvedev tinha combatido: o procurador anunciou, triunfalmente, que Magnitski tinha sido o mentor do desfalque que tinha revelado.

O grupo de trabalho que Medvedev tinha criado demorou quase dois anos a apresentar o seu relatório final. Os seus principais autores fizeram a sua entrega numa reunião com Medvedev no Kremlin, concluindo que a sua detenção tinha sido ilegal, a sua morte, um crime, a investigação, um embuste, e os tribunais, colaboradores disponíveis. Medvedev reconheceu na reunião que tinham sido cometidos crimes, mas foi impotente para fazer fosse o que fosse acerca do assunto. No dia seguinte, o Ministério do Interior, ostensivamente responsável perante ele, desvalorizou o relatório do grupo referindo-se-lhe como irrelevante. Depois, o gabinete do procurador anunciou que, depois de uma investigação exaustiva, ia reabrir o processo criminal contra Magnitski e acusá-lo de fraude fiscal. Nem durante os piores julgamentos encenados do Grande Terror, na década de trinta do século xx, tinham as autoridades levado a tribunal um homem morto. Viriam mesmo a chamar a mãe dele para testemunhar em tribunal.

Os EUA, em particular com o presidente Obama, manifestaram uma esperança fora do comum na presidência de Dmitri Medvedev. Vendo a sua eleição como uma transição evolutiva no desenvolvimento político da Rússia, Obama prometeu um «reset», um reinício das relações, depois do final desastroso dos anos Bush. Embora realista quanto ao continuado predomínio político de Putin, Obama e os seus assessores esforçaram-se por lidar diretamente com Medvedev, de acordo com o protocolo, e tinham esperança de que ele acabasse por construir os seus próprios alicerces de poder político. Putin tinha «um pé na velha maneira de negociar», disse Obama, muito pouco diplomaticamente, apenas algumas semanas antes de se encontrar com o novo, e fundamental, líder, mas com Medvedev tinha a esperança de avançar para uma nova era. Ninguém na Casa Branca ou no Departamento de Estado tinha alguma ilusão de que Medvedev pudesse agir sem o consentimento de Putin em assuntos de Estado importantes, mas inicialmente a aceitação pareceu produzir resultados. Em 2009, os dois líderes negociaram um tratado, o New START [START é sigla de Strategic Arms Reduction Treaty — Tratado de Redução de Armas Estratégicas], para substituir o acordo que Putin tinha negociado com George Bush em 2002 e reduzir mais os arsenais nucleares das duas nações. Tal como Putin já tinha feito, Medvedev ajudou os EUA no Afeganistão, permitindo aos estado-unidenses retirarem milhares de peças de equipamento e abastecimentos do exército (embora não armas) por caminho de ferro atravessando território russo ([11]). Quando lhe foram apresentadas provas de que o Irão tinha um programa secreto de enriquecimento de urânio, a Rússia aliou-se aos EUA no Conselho de Segurança das Nações Unidas para impor novas sanções à economia iraniana.

Fazendo a sua própria concessão a um dos maiores bodes expiatórios da Rússia, Obama pôs de lado planos para instalar defesas antimíssil na República Checa e na Polónia — precisamente as mesmas instalações que tinham provocado a ira de Putin antes do seu discurso em Munique em 2007. A administração de Obama até minimizou os esforços estado--unidenses para apoiar a alteração democrática na Ucrânia e na Geórgia, que, de toda maneira, não tinha tido grande sucesso em nenhum dos países. A Geórgia continuava a ser um aliado próximo, mas fraturado depois da guerra de 2008. Victor Ianukovitch, cuja vitória fraudulenta na Ucrânia em 2004 tinha sido invertida, conseguiu explorar as lutas internas dos seus rivais e derrotar Iúlia Timochenko numa eleição honesta em fevereiro de 2010, depois da qual ela foi julgada e enviada para a prisão, ironicamente por ter negociado um acordo com Putin para terminar uma segunda suspensão de gás natural no inverno de 2009. O «reinício» das relações que Obama tinha conduzido com tanto zelo com Medvedev não se estendeu ao próprio Putin. E logo outros acontecimentos gelaram a tendência para o aquecimento.

Só dois meses depois de Medvedev e Obama assinarem o New START, em abril de 2010, é que o FBI desmascarou a existência de onze agentes «adormecidos» que tinham vivido secretamente nos EUA durante todo o período da ascensão de Putin ao poder. Eram, no jargão da espionagem, «ilegais» que fingiam ser estado-unidenses suburbanos comuns, a trabalhar e a criar os filhos perto de Boston, Nova Iorque e Washington, sem a proteção da imunidade diplomática. Tal como em 2009, o FSB da Rússia lembrava aos seus agentes, numa mensagem codificada intercetada pelo FBI, que «procurassem e desenvolvessem ligações nos círculos ligados à política e enviassem informações a C» ([12]).

A inicial remetia para o Centro, para onde enviavam relatórios, bem como pedidos de reembolsos para a educação e o alojamento de que os agentes sentiam que precisavam para viver o Sonho Americano. O FBI informou o presidente Obama na véspera da segunda visita oficial de Medvedev aos EUA, durante a qual visitou Silicon Valley e promoveu investimentos e comércio com o estrangeiro, mas só avançaram com detenções depois das reuniões de Medvedev na Casa Branca e de um almoço amistoso com Obama num popular restaurante que servia hambúrgueres em Arlington, Virgínia. Apoiado pela divertida cobertura dos meios de comunicação social daquilo que parecia ser uma rede de espiões ineficazes a desfrutar dos privilégios da vida estado-unidense, os assessores de Obama desvalorizaram a espionagem encarando-a como esforços inofensivos para respigar informações de fácil acesso em fontes públicas, mas o alcance do esforço era testemunha da intensidade da desconfiança persistente da Rússia para com as intenções estado-unidenses. Os funcionários russos, furiosos, sugeriram que a oportunidade das detenções se destinava a minar as relações entre os dois novos presidentes.

Dez dos agentes declararam-se culpados e foram deportados em julho. O décimo primeiro agente tinha fugido para Chipre e, aparentemente, regressado à Rússia. Os outros foram trocados, com um dramatismo que lembrava os tempos da Guerra Fria, no aeroporto de Viena, por quatro russos que tinham sido feitos prisioneiros na Rússia por espiarem para o Ocidente. Quando os «adormecidos» regressaram, Putin reuniu-se secretamente com eles, homenageando os que tinham vivido e trabalhado na vida secreta que, em tempos, tinha imaginado para si mesmo.

Juntos cantaram canções, incluindo o tema sentimental de *O Escudo e a Espada*, o filme que, em 1968, tinha lançado Putin para o KGB e que ainda agora parecia servir de fundamento para a sua visão do mundo cada vez mais isolada e paranoica. Putin ainda sabia a letra e tinha aprendido a tocar a música no piano (o que faria num leilão de beneficência, alguns meses depois.) ([13])

> *Onde começa a Pátria?*
> *Com as imagens no nosso livro da escola*
> *Com camaradas bons e em quem confiamos*
> *A viver no pátio vizinho.*

HOMEM DE AÇÃO

Putin revelou as suas reuniões durante uma visita oficial, em julho, a Sebastópolis, o porto da Crimeia que era a sede da Frota do Mar Negro. Estava a assistir a uma concentração internacional de motocicletas, em que figuravam os Lobos da Noite, a versão russa dos Hell's Angels [Anjos do Inferno], motociclistas que combinavam patriotismo, ortodoxia russa e veneração por Putin. Andou de motocicleta com eles, embora num motociclo de três rodas especialmente «artilhado» para ele, aquele género de oportunidade para a fotografia que se tornou cada vez mais comum durante o verão de conflitos e estagnação de 2010. A traição dos ilegais enfureceu-o profundamente e garantiu que a fonte — que, como dizia, já era conhecida — seria castigada por isso. «Os traidores têm sempre um mau fim», disse. «Por regra, morrem ou de excesso de álcool ou de abuso de drogas.» Depois aludiu a Serguei Tretiakov, um agente secreto superior que tinha desertado para os EUA em 2000. Era conhecido pelos seus orientadores estado-unidenses como Camarada J, e entre as suas revelações, figuravam pormenores acerca do próprio chefe da segurança de Putin, Victor Zolotov. Morreu apenas alguns dias antes de ter sido quebrada a rede de espiões, mas a mulher dele manteve a sua morte fora dos jornais até o FBI poder completar uma autópsia, que não revelou nada de criminoso. Tendo sido chefe das atividades de espionagem nas Nações Unidas antes da deserção, poderá talvez ter desempenhado algum papel na denúncia dos ilegais, embora a sua mulher o negasse ([14]).

«Na verdade», disse Putin acerca de Tretiakov, «a sua vida foi uma grande perda».

Os contrastes entre Medvedev e Putin inspiravam especulações intermináveis sobre desavenças no seio desta dupla de liderança. Todavia, dada a exigência de lealdade de Putin, raramente vinham à superfície provas disso. Pelo menos publicamente, os dois homens e os seus assessores representavam o seu relacionamento como unido numa visão partilhada do futuro da Rússia. «Não podem existir, por definição, quaisquer desacordos na articulação Medvedev-Putin», declarou o porta-voz da Duma Estatal, Boris Grizlov, em 2010 ([15]). No início da presidência, os dois homens tinham chegado a um acordo de que poucos tinham conhecimento, respeitando os deveres dos respetivos cargos, embora Putin tivesse uma influência maior em assuntos militares e de espionagem

O NOVO CZAR

do que qualquer outro primeiro-ministro antes dele ([16]). Na primeira metade da sua presidência, Medvedev nunca pronunciou diretamente uma palavra de crítica a respeito do próprio Putin ou das suas políticas, mesmo quando usava um tom muito mais liberal em discursos que alguns interpretavam como censuras implícitas. Mas nos bastidores os debates eram violentos. As rivalidades tornavam-se mais duras entre os dois gabinetes e os seus quadros, os dois centros de poder. Medvedev tinha desenvolvido a sua própria equipa de conselheiros no Kremlin, e estes, tal como ele, ficavam com os cabelos em pé por causa dos obstáculos que surgiam às políticas pessoais do presidente e à visão de uma sociedade e de uma economia mais progressivas. Ao saberem que a autoridade de Medvedev só se estendia até onde a tolerância de Putin permitia, os seus ressentimentos tornaram-se cada vez mais acentuados. «Havia divergências — é normal», disse certa vez um dos conselheiros mais próximos de Medvedev, embora se recusando sequer a dizê-lo publicamente ([17]). De facto, nas questões que mais lhe importavam, Putin não só detinha o veto decisivo como também impunha os pormenores.

Aos olhos do público, Medvedev passou a ser o homem das palavras — «Rússia, em Frente!» —, enquanto Putin era o homem de ação, fotografado na motocicleta de três rodas, a arpoar uma baleia, a caçar na taiga, sem camisa, a conduzir um carro de corrida Fórmula Um. Quando nocivas fogueiras de turfa envolveram Moscovo e outras cidades em fumo asfixiante no verão de 2010, foi Putin quem veio em auxílio delas, tal como tinha feito em Pikalevo. Os fogos, alimentados por uma vaga de calor, arderam incontrolavelmente durante semanas, matando dezenas de pessoas e destruindo aldeias inteiras. O governo parecia impotente para os controlar, induzindo críticas invulgarmente ferozes. Uma diatribe recheada de blasfémias de um bloguista, publicada na página de Internet da estação de rádio Ecos de Moscovo, foi tão incendiária, que Putin teve de reagir; Medvedev estava de férias no mar Negro e demorou a regressar, mesmo quando o desastre aumentava cada vez mais.

«Para onde vai o nosso dinheiro?», perguntava o bloguista, que se identificava como Aleksandr, de uma aldeia perto de Tver. Queixava-se de que a aldeia tinha perdido os escassos equipamentos que possuía para combater os fogos que invadiam as casas dos moradores. Depois, destacou uma das propostas com a assinatura de Medvedev: criar um centro do tipo de Silicon Valley para a inovação tecnológica em Skolkovo, um subúrbio de Moscovo. «Porque nos afastamos, ano após ano, cada vez mais de um sistema social, mesmo primitivo? Que raio é para nós o vosso centro de inovação de Skolkovo, se não temos carros básicos de combate aos incêndios?» ([18])

Que a ladainha criticasse um projeto associado de perto à presidência de Medvedev, e não o próprio Putin, talvez tenha sido a única razão para receber a atenção que recebeu. Uma diatribe como aquela contra Putin, pessoalmente, teria sido demasiado tóxica para que qualquer meio de informação a discutisse tão abertamente. Nove dias depois, Putin apareceu na televisão a pilotar uma aeronave anfíbia para combater pessoalmente os fogos. Aterrou no rio Oka para carregar a aeronave com água, que descarregou numa turfeira fumegante a sueste de Moscovo.

«Correu bem?», perguntou Putin, virando-se para o piloto.

«Em cheio!», replicou.

Estas imagens, obviamente encenadas pelos conselheiros do Kremlin para os meios de informação e para os dóceis canais televisivos, revelaram-se de uma eficácia notável. Putin foi a celebridade suprema do *reality show* privativo do Kremlin, o líder indispensável, até um «ícone sexual sedutor, de escol» cujas proezas pareciam destinadas a induzir «reações apaixonadas, até mesmo sexualizadas» das mulheres ([19]). Medvedev nunca desfrutou da mesma adulação, espontânea ou forjada. Quando noutros tempos levantava objeções às exibições de fidelidade, dizendo que manifestações de reverência pelo líder da nação estavam impropriamente impregnadas de estalinismo, agora Putin parecia adotá-las.

Os truques publicitários não serviam só a política de Putin; também alimentavam a sua vaidade. E ele parecia levar a sua vaidade muito a sério. Só semanas depois de ter feito cinquenta e oito anos é que Putin apareceu em público com a cara tão fortemente coberta de maquilhagem, que os jornalistas repararam. Estava em Kiev, agora em negociações para fundir o construtor de aeronaves da Ucrânia com uma das recém-reestruturadas empresas estatais, a United Aviation Corporation. Embora as ligações com o país tivessem melhorado consideravelmente depois da eleição de Ianukovitch em 2010, Putin não parecia à vontade, evitando mesmo olhar para as câmaras de televisão. Sob a maquilhagem, eram visíveis hematomas debaixo dos olhos. «Provavelmente, é

O NOVO CZAR

só a maneira como a luz incidiu», disse o seu porta-voz, Dmitri Peskov. «O primeiro-ministro está cansado.» Mas os hematomas eram inegáveis e suscitaram especulações de que tinha iniciado um programa de cirurgia plástica ([20]). A especulação — sempre negada, mas nunca de forma inequívoca — aumentava à medida que as alterações no aspeto de Putin se tornavam evidentes em fotografias e despertavam a atenção de funcionários estrangeiros que se encontravam com ele, pelo menos um deles falou confidencialmente do trabalho cosmético como a simples constatação de um facto. Os pés de galinha nas têmporas desapareceram, tal como as rugas fundas na testa e os papos visíveis debaixo dos olhos. A pele estava esticada, as faces, mais cheias. Com o cabelo mais escasso mas cuidadosamente penteado, o rosto parecia mais redondo e os olhos mais estreitos. Um cirurgião plástico de Cheliabinsk, Aleksandr Pukhov, chegou mesmo a apresentar-se para reivindicar que conhecia o médico que tinha executado o processo, que incluía blefaroplastia. Disse em tom de aprovação: «Gostariam realmente de ver o presidente velho e flácido?» ([21])

As tensões entre Medvedev e Putin tornaram-se mais pronunciadas no verão de 2010, quando irromperam protestos por causa da construção de uma nova autoestrada entre Moscovo e Sampetersburgo. Ninguém duvidava da necessidade de melhores estradas, e o projeto, avaliado em oito mil milhões de dólares, fazia parte dos megaprojetos aprovados por Putin para estimular o crescimento económico, mas um debate intenso tinha-se desencadeado ao longo dos anos a propósito do itinerário, e agora o projeto estava a avançar. Em julho de 2010, de repente, apareceram escavadoras que começaram a deitar abaixo árvores da floresta de Khimki, uma reserva protegida nos limites de Moscovo a que muitos chamavam de os «pulmões» da cidade. O trabalho, que se iniciou sem aviso público, desencadeou uma vaga de protestos dos vizinhos da floresta, aos quais se aliaram ativistas ambientais locais e de outras regiões. Temendo a fúria pública por causa dos incêndios no verão, Medvedev anunciou em agosto que suspenderia a construção enquanto o governo considerava percursos alternativos.

A controvérsia em torno da construção da autoestrada transformou-se num inesperado teste à autoridade de Medvedev enquanto presidente,

HOMEM DE AÇÃO

e que lhe correu mal. O presidente da câmara de Moscovo, Iuri Lujkov, criticou a suspensão do projeto no jornal oficial do governo, o *Rossiskaia Gazeta*, uma repreensão pública que nunca tinha ousado fazer contra Putin. Lujkov, que noutros tempos se tinha oposto à autoestrada por razões pessoais, de repente tinha passado a apoiá-la. A sua razão era, evidentemente, saber que o projeto tinha o apoio de Putin, que tinha adjudicado o contrato de construção em 2008 e um ano depois levantado o estatuto protegido da floresta para permitir a continuação da construção. Lujkov, que tinha presidido a Moscovo durante dezoito anos, apelou ostensivamente ao restabelecimento do «verdadeiro significado e autoridade» do governo ([22]). Muitos entenderam que se tratava de um apelo a Putin para que regressasse à presidência, uma provocação que Medvedev dificilmente poderia ignorar.

Os assessores de Medvedev no Kremlin lançaram a televisão estatal contra Lujkov, tal como Boris Ieltsine tinha feito havia mais de uma década, quando Lujkov e Primakov surgiram preparados para emergir enquanto líderes de uma coligação pós-Ieltsine. Em 17 de setembro, o chefe de gabinete de Medvedev convocou Lujkov e pediu-lhe que se demitisse e «saísse discretamente». Quando este recusou, o Kremlin disse--lhe que fosse de férias durante uma semana para pensar no assunto ([23]). Mas Medvedev, que, em privado, denunciou Lujkov com uma vulgaridade terra a terra, desbocada, que pode traduzir-se aproximadamente por «aquele que amassa os tomates», pareceu incapaz de agir sem a aprovação de Putin. Aos líderes da oposição, como Boris Nemtsov, só faltou desafiar Medvedev a demonstrar a sua autoridade, mas foi só quando Lujkov regressou a Moscovo e escreveu uma carta a Medvedev, troçando das suas pretensões democráticas e exigindo o restabelecimento de eleições para presidentes de câmara e governadores (que Putin tinha cancelado) que Medvedev finalmente recebeu aprovação para o demitir. Lujkov, que não tinha abandonado as suas próprias ambições políticas, pelo menos em Moscovo, onde agia enquanto presidente da câmara vitalício, tinha-se tornado num empecilho com as eleições de 2011 e 2012 no horizonte — não para Medvedev, mas para Putin. Duas semanas depois, Putin forçou Medvedev a nomear presidente da câmara o seu chefe de gabinete, Serguei Sobianin, antigo governador da Sibéria que tinha pouca experiência ou conhecimento da capital. Parecia que Medvedev havia

481

triunfado, ao mostrar determinação removendo Lujkov do poder, mas o confronto também ilustrou os limites do seu poder enquanto presidente.

Mais tarde, a construção da autoestrada avançou, tal como planeado. O principal empreiteiro, o único licitante, era propriedade de uma complicada e cumulativa corrente de companhias registadas em Chipre e nas Ilhas Virgens Britânicas. Uma delas chamava-se Croisette Investments, metade da qual era propriedade de uma outra chamada Olpon Investments. O seu único proprietário era Arkadi Rotenberg. Quando Medvedev foi pressionado para explicar por que razão o governo tinha autorizado o recomeço do trabalho, só conseguiu dizer, entre os dentes, que havia «interesses privados» envolvidos [24].

A liderança de Medvedev desiludiu os críticos de Putin, e as restrições à sua autoridade deixavam o próprio Medvedev frustrado. No fim de 2010, os seus ressentimentos extravasaram pela primeira vez, publicamente, quando o destino de Mikhaíl Khodorkovski estava mais uma vez na balança. Com o fim da sua primeira sentença de prisão a aproximar-se, as autoridades tinham lançado uma nova investigação contra ele e o seu sócio, Platon Lébedev, para garantir a sua permanência na prisão. O segundo julgamento tinha-se iniciado em 2009, este com acusações de desvio de lucros num valor superior ao valor do petróleo que a Iukos tinha extraído ao longo de um período de seis anos [25]. Tinha-se arrastado durante dezanove meses. Os advogados de Khodorkovski procuraram destacar os motivos políticos por trás do caso, chamando como testemunha o próprio Putin, bem como Igor Sechin; o ministro das Finanças, Alexei Kudrin; e vinte outros funcionários. O juiz recusou, mas permitiu que alguns funcionários preeminentes testemunhassem, esperando demonstrar alguma adesão aos procedimentos adequados. Incluíram um dos colegas mais antigos de Putin, Guerman Gref, que pareceu agitado por ser questionado pelo próprio Khodorkovski, através de um compartimento de vidro. Um momento crucial surgiu quando Gref reconheceu a questão que estava no centro da defesa de Khodorkovski: que lhe teria sido impossível roubar o que equivalia a um ano de produção total de petróleo do país sem que ninguém do governo desse por isso à época.

Nessa época, os tribunais na Rússia tinham-se tornado tão politizados, que Khodorkovski tinha pouca esperança de ser bem-sucedido. Em

HOMEM DE AÇÃO

alternativa, a sua defesa foi um exercício de deslegitimação do processo judicial, e aí teve sucesso. A acusação foi ainda mais rebuscada e confusa do que no seu primeiro julgamento, ridicularizando o compromisso de Medvedev de acabar com o «niilismo legal». Foi minada por erros processuais, acusações confusas ou contraditórias, e sem o menor simulacro de imparcialidade. Dado o destaque de Khodorkovski, o caso foi rotundamente condenado fora da Rússia como uma indicação do Estado autoritário em que o país se tinha transformado.

Na véspera do veredicto do juiz, Putin interveio energicamente com outra declaração de sua autoria. «É minha convicção de que "um ladrão deve estar na prisão"», declarou na sua presença anual no programa de chamadas de 16 de dezembro, aludindo a uma frase de uma popular série televisiva de 1979, *O Ponto de Encontro não Pode Ser Alterado*. Falou da anterior condenação de Khodorkovski como se já tivesse sido provada a sua culpa das novas acusações e comparou-o ao financeiro estado-unidense Bernard Madoff, que tinha sido recentemente sentenciado a cento e cinquenta anos de prisão por ter gerido um dos maiores esquemas Ponzi da história. A reação de Putin pareceu profundamente emocional, cheio de raiva e indignação pessoais. Foi ainda mais longe do que as próprias acusações, sugerindo que Khodorkovski tinha ordenado ao seu chefe de segurança que executasse o assassínio do presidente da câmara de Nefteiugansk, onde se situavam os principais campos de petróleo da Iukos. «Uma mulher em Moscovo recusou-se a entregar a sua pequena propriedade e também a mataram. E depois mataram o assassino que tinham contratado para executar esses homicídios. Tudo o que encontraram foi o cérebro dele, espalhado por toda a sua garagem.»

Neste ponto, o próprio Medvedev levantou objeções. Pela primeira vez, criticou abertamente Putin, dizendo que ninguém, nem o presidente, nem o primeiro-ministro, tinha o direito de se pronunciar sobre o julgamento antes de este ser emitido pelo tribunal. A sua advertência não teve nenhum efeito. De facto, o veredicto já tinha sido decidido, as suas 878 páginas estavam escritas para o juiz ler, como o seu próprio adjunto revelaria mais tarde, descrevendo encontros recorrentes e uma pressão implacável de funcionários superiores. O julgamento fez mais do que expor o vazio dos compromissos de Medvedev; assinalou uma fissura emergente entre os dois que só pioraria, assinalando o fim da «colaboração» e das esperanças que tantos tinham investido nela. O juiz sentenciou Khodorkovski a treze anos de prisão, embora mais tarde o prazo tenha sido ligeiramente reduzido. Garantia-se assim que, com a sua sentença já cumprida, continuaria atrás das grades até 2016, muito além das eleições parlamentares e presidenciais seguintes. Khodorkovski reagiu com uma série de recursos públicos e legais, todos fúteis. Troçou de Medvedev pela sua falta de autoridade e compadeceu-se de Putin pela sua índole vingativa. Numa carta aberta no *Nezavisimaia Gazeta*, escreveu que Putin «era incapaz de se afastar do já ingovernável "remo" da monstruosa "galera" que ele próprio tinha construído, uma galera que navega apaticamente por cima dos destinos das pessoas, uma galera acima da qual cada vez mais os cidadãos da Rússia parecem ver uma negra bandeira-pirata a adejar» [26].

Capítulo 21

O regresso

Pelo segundo dia no outono de 2011, os delegados do único partido político que realmente tinha importância na Rússia reuniram-se no Estádio Lujniki, a principal arena desportiva do país, construído na década de cinquenta no auge do poderio soviético. Nele, ocorreram os únicos Jogos Olímpicos alguma vez realizados na União Soviética, em Moscovo em 1980, e brevemente seria renovado para funcionar como principal palco para o Mundial de Futebol em 2018. Em dezembro de 2010, a Rússia tinha ganho a competição para acolher o campeonato, apesar de uma licitação sem brilho que parecia condenada, até Putin intervir pessoalmente para supervisionar a proposta e pressionar os oligarcas do país para obter contribuições. A Rússia foi acusada de trocar votos com o Quatar, que também licitou e ganhou a taça de 2022, e até de oferecer pinturas dos depósitos do Museu Estatal Hermitage em Sampetersburgo como ofertas aos delegados, que, em última análise, votariam para a adjudicação da taça. Dizia-se que uma das pinturas era um Picasso; outra, uma paisagem descrita pelo destinatário como «absolutamente feia» ([1]).

Naquele dia de setembro, mais de dez mil delegados do Rússia Unida encheram as bancadas decoradas com faixas do partido e bandeiras vermelhas, brancas e azuis. Só faltavam dois meses e meio para a mais recente ronda de eleições para o parlamento, que, evidentemente, o partido

O NOVO CZAR

ganharia. O encontro reunia não uma convenção partidária à maneira estado-unidense, mas antes uma exibição de fidelidade ao partido e ao Estado que, não poucos observadores notaram, tinha um toque dos antigos congressos do Partido Comunista, com filas e filas de homens carecas ou grisalhos e generais de uniforme, enfeitados com medalhas do glorioso passado soviético. Só que agora a produção era muito mais habilidosa: uma coisa feita para a televisão que amalgamava a propaganda ao estilo soviético com as técnicas e a tecnologia mais avançadas do Ocidente.

Por trás da exibição orquestrada, nem tudo corria bem. A reputação do partido estava em queda depois do fracasso da Duma em fazer fosse o que fosse de benéfico para os russos comuns durante a sua última sessão. O partido tinha-se tornado objeto de escárnio, alvo de anedotas e escândalo, povoado por delegados nomeados, como a atleta olímpica repetidamente associada a Putin, Alina Kabaeva, ou Andrei Lugovoi, que tinham sido recrutados e eleitos nas listas do partido em vez de políticos com círculos genuínos de apoiantes. Em fevereiro de 2011, Alexei Navalni, um advogado que tinha obtido a atenção do público ao expor a corrupção galopante num blogue que mantinha, tinha apelado a uma campanha popular para destruir o Rússia Unida em nome do futuro democrático do país. Numa entrevista à rádio, disse que o partido se tinha transformado numa manifestação de tudo o que corria mal na Rússia e acrescentou, quase como um aparte, uma denominação que teve o poder de se manter: chamou ao Rússia Unida «o partido de vigaristas e ladrões» ([2]).

Navalni tinha sido ativo na política democrática desde finais da década de noventa, data em que aderiu ao partido Iabloko, mas foi ficando cada vez mais frustrado com a importância cada vez menor do partido e com as lutas internas. Acabou por ser expulso depois de participar na Marcha Russa, um desfile anual de nacionalistas que era anátema para os liberais do Iabloko. Abriu uma firma de advocacia durante algum tempo, mas só ganhou preeminência quando, como William Browder, começou a investigar os negócios das opacas corporações estatais que dominavam a economia da Rússia. A sua tática era simples: adquirir participações e investigar as suas contas. Sendo titular de apenas duas ações da Transneft, o monopólio do transporte de petróleo, exigiu saber por que razão a companhia tinha doado trezentos milhões de dólares para beneficência em 2007 e, não obstante, tinha pago dividendos tão mesquinhos aos seus acionistas (^{3}). Ao que parecia, tinha descoberto o esquema da companhia para encaminhar enormes quantias de dinheiro para o Kremlin, especificamente para o Serviço Federal de Proteção, que fornecia segurança a funcionários do Estado e que era chefiado pelo guarda-costas de longa data de Putin, Victor Zolotov.

Navalni não tinha poder legal para investigar, mas usou o último espaço livre para comunicação pública na Rússia, a Internet, para compilar um catálogo virtual de ilegalidades, conflitos de interesses e especulação voraz dos cofres do orçamento estatal. Aprofundando para lá da Transneft, realçou os contratos suspeitos e geralmente selvaticamente inflacionados de agências e corporações governamentais; as atividades ligadas a negócios suspeitos dos delegados da Duma; e as luxuosas propriedades que eles e funcionários governamentais conseguiam adquirir para si mesmos e para os seus filhos apesar dos seus modestos salários oficiais. Fez o que Serguei Magnitski tinha feito, reconstituindo um trilho de provas a partir de registos públicos que eram agora mais abertos, embora não exatamente transparentes, parcialmente devido a iniciativas propostas pelo presidente Medvedev, incluindo uma que exigia que todos os concursos para o governo fossem publicados na Internet. Criou uma página online, RosPil.ru, que se transformou num fórum para escrutinar esses concursos, e conseguiu gerar um escândalo público suficiente para obrigar ao cancelamento de alguns contratos, embora daí tenham resultado poucas acusações públicas significativas.

Navalni aproveitou um descontentamento latente com a Duma, com o sistema, até mesmo com o próprio Putin. Isso tornou-o famoso, e não fez segredo das suas ambições de chefiar um movimento político que orientaria a Rússia noutra direção. Alto, louro e bem-parecido, com um queixo forte e um sentido de indignação jubilosa, foi a primeira figura política a destacar-se da oposição fragmentada e com os atributos para se tornar num adversário viável do sistema político que Putin tinha erigido. Tal não podia passar despercebido durante muito tempo. Nem o papel que as reformas liberalizadoras de Medvedev tinham desempenhado para permitir o perigoso e inesperado desafio ao poder de Navalni.

Até ao segundo julgamento de Khodorkovski, Medvedev nunca tinha contradito Putin abertamente, nunca o tinha desafiado de forma nenhuma, mas à medida que se aproximava o fim do seu mandato como presidente, veio à superfície uma campanha não declarada entre os campos leais a cada homem. Em janeiro de 2011, um dos conselheiros de Medvedev, Arkadi Dvorkovitch, avisou publicamente de que o segundo julgamento de Khodorkovski tinha prejudicado o clima de investimentos na Rússia, reforçando a perceção de que a justiça no país era arbitrária e profundamente corrupta. Semanas depois, Medvedev regressou a Davos, onde, quatro anos antes, tinha feito a sua estreia internacional e, mais uma vez, delineou planos ambiciosos para modernizar a economia da Rússia, assegurando aos investidores que, apesar do caso Khodorkovski, o país acolhia bem investidores e capitais estrangeiros. Apenas alguns dias antes da sua viagem para Davos, Medvedev tinha pressionado o acordo New START negociado com Barack Obama através da Duma, e enquanto esteve na Suíça, comprometeu-se a reativar as conversações para entrar na OMC, que Putin tinha suspendido em 2009. Com a eleição de um novo parlamento agendada para o fim do ano e a eleição presidencial três meses depois disso, os dois líderes pareciam cada vez mais representar caminhos concorrentes para o futuro, e as fontes internas do Kremlin e do governo gravitavam para um lado ou para outro.

A primeira pergunta com que Medvedev foi confrontado em Davos era sobre uma questão a que não tinha respondido nos seus comentários — e que viria a revelar-se decisiva. Era acerca da Primavera Árabe, que tinha começado em Tunis em dezembro de 2010 e inspirado protestos que varreram todo o mundo árabe, derrubando Hosni Mubarak no Egito e ameaçando o coronel Muammar Kadhafi na Líbia. Medvedev disse que reconhecia as aspirações democráticas dos milhares de pessoas que invadiram as ruas da Tunísia para protestar contra a corrupção, a pobreza e a falta de direitos políticos, mas também sugeriu que os governos tinham a responsabilidade de responder a essas queixas. Continuou salientando a importância do relacionamento entre os governados e o governo de formas que podiam ser igualmente aplicadas à Rússia, onde a vontade do povo tinha sido gerida fora do processo eleitoral. Os que eram presos com frequência devido a protestos públicos incluíam líderes da oposição como Boris Nemtsov, cujas publicações acerca das ilegalidades e da corrupção continuam a surgir, ignoradas pelos que detêm o poder, mas, não obstante, enfraquecendo a sua fina camada de legitimidade. «Quando os governos não conseguem acompanhar as mudanças sociais e não conseguem corresponder às esperanças do povo, daí resultam, infelizmente, a desorganização e o caos», continuou Medvedev em Davos, aparentemente se entusiasmando com o tema. «Este é um problema dos próprios governos e da responsabilidade com que arcam. Mesmo que os governos que estão no poder considerem inaceitáveis muitas das exigências que lhes são feitas, continuam a ter de manter o diálogo com todos os diferentes grupos, porquê, de outro modo, perdem os seus fundamentos reais.»

Os protestos no mundo árabe tinham galvanizado a ameaçada oposição da Rússia, pelo menos no espaço ainda seguro da Internet, e os comentários de Medvedev pareciam solidários com as coisas que Putin mais temia. Nesse contexto, embora dificilmente apoiasse os protestos dentro do país, Medvedev parecia indeciso. O vice-presidente estado-unidense, Joseph Biden, teve mesmo a audácia de citar Medvedev durante um discurso na Universidade Estatal de Moscovo em março de 2011, no qual declarou que os russos queriam os mesmos direitos que tinha qualquer outra pessoa. «A maioria dos russos quer escolher os seus líderes nacionais e locais em eleições competitivas», disse Biden no que equivalia ao reconhecimento da campanha não declarada pela liderança da Rússia que já estava a tomar forma. «Eles querem ter a possibilidade de se reunir livremente e querem meios de comunicação que sejam independentes do Estado. E querem viver num país que combata a corrupção. Isso é democracia. Esses são os ingredientes da democracia. Portanto, exorto todos vós, estudantes aqui presentes: não façam concessões nos elementos básicos da democracia. Não precisam de fazer esse pacto faustiano.» ([4])

Nos bastidores, Biden também usou a sua visita a Moscovo para pressionar Medvedev a apoiar a resolução do Conselho de Segurança das Nações Unidas para autorizar uma intervenção militar na Líbia, onde protestos pacíficos se tinham transformado numa insurreição armada contra o ditador do país, Muammar Kadhafi. Os EUA, os seus aliados da OTAN e algumas nações árabes queriam criar uma zona de exclusão aérea sobre o país para impedir a supressão sangrenta dos rebeldes. Medvedev concordou, convencido da razão humanitária para a intervenção, apesar da oposição do Ministério dos Negócios Estrangeiros e de outros funcionários da segurança que viam a perspetiva de uma campanha dirigida pela OTAN fora das suas fronteiras como uma ampliação da hegemonia estado-unidense para outras partes do mundo. Medvedev tinha-se afastado perigosamente do caminho de Putin, fazendo um confronto parecer inevitável.

Apenas algumas semanas antes, Putin tinha avisado de que as sublevações na Líbia e noutros países alimentariam a ascensão de extremistas islâmicos aliados da Alcaida, apoiados e incitados por simpatizantes de visão limitada do Ocidente que tentavam derrubar líderes autocráticos. «Olhemos para o que a história nos ensina, se não se importam», disse Putin em Bruxelas, em fevereiro. «Onde vivia Khomeini, o cérebro da revolução iraniana? Vivia em Paris. E foi apoiado pela maioria da sociedade ocidental. E agora o Ocidente é confrontado com o programa nuclear iraniano. Recordo que os nossos parceiros apelavam a eleições justas e democráticas nos territórios palestinianos. Excelente! Essas eleições foram ganhas pelo Hamas.» Não estava enganado acerca da ascensão do extremismo, que mais tarde consumiria a Líbia e exacerbaria uma guerra civil destruidora na Síria, uma aliada muito mais importante da Rússia no Médio Oriente.

O apoio de Putin aos ditadores autocráticos da Líbia e da Síria foi amplamente visto pelo prisma dos interesses económicos e geopolíticos da Rússia, incluindo projetos ligados à energia e um contrato para construir uma linha férrea ligando as cidades costeiras da Líbia (negociado pelo amigo de Putin Vladimir Iakunin), colossais vendas de armas e, no caso da Síria, a única base militar da Rússia fora da antiga União Soviética. Na verdade, a sua cautela ia muito mais fundo. Estava claramente a estruturar na sua mente a sombria associação entre as aspirações de democracia e o aumento de radicalismo, entre eleições e o caos que inevitavelmente resultaria. Reflexivamente, instintivamente, imaginava a insurreição na Líbia simplesmente como mais um passo para uma revolução que estava a ser orquestrada para Moscovo.

Talvez porque era mais novo, talvez porque nunca tinha trabalhado nos serviços de segurança, talvez devido à sua natureza acolhedora, mas Medvedev não partilhava desta desconfiança sombria do Ocidente, da democracia, da natureza humana. Tinha passado os três primeiros anos da sua presidência a ser cortejado pela administração de Barack Obama, e agora não só os EUA como países com relações muito mais próximas com a Rússia, incluindo França e Itália, apelavam que trabalhasse com eles para impedir uma matança de civis na Líbia. E assim, por instruções suas, a Rússia absteve-se quando o Conselho de Segurança votou nas Nações Unidas, em 17 de março, a Resolução 1973, que autorizava o uso de força militar para impedir as forças de Kadhafi de avançarem sobre o reduto dos revoltosos no leste da Líbia. A decisão de Medvedev provocou uma revolta declarada entre os diplomatas e funcionários dos serviços de segurança da Rússia. O embaixador da Rússia na Líbia, Vladimir Chamov, enviou um telegrama ao presidente avisando-o da perda de um aliado importante. Medvedev despediu-o, mas o embaixador regressou a Moscovo e declarou publicamente que Medvedev estava a agir contra os interesses do país. Quando, dois dias depois, a OTAN lançou os seus primeiros ataques aéreos — uma barragem inicial muito mais punitiva para destruir as defesas aéreas do que muitos esperavam —, Medvedev foi olhado por muitos na Rússia como conivente em mais uma guerra dirigida pelos estado-unidenses.

Um dos conselheiros de segurança mais próximos do primeiro-ministro afirmou mais tarde que Putin não tinha lido a resolução do Conselho de Segurança antes da votação, aceitando a decisão do presidente, preocupado como estava com a «diplomacia económica» mais do que com a política externa. Contudo, logo que os bombardeamentos começaram, Putin apercebeu-se do seu alcance; o objetivo não declarado dos ataques aéreos da OTAN não era meramente a proteção dos civis apanhados em fogo cruzado, mas sobretudo derrubar o regime de Kadhafi. Acreditou que Medvedev tinha sido ludibriado. «Putin leu o texto da resolução e viu que alguns países podiam usar a linguagem flexível para agir da maneira que agiam», disse o assessor ([5]). Enquanto as bombas choviam sobre a Líbia, Putin pronunciou-se. Ao visitar uma fábrica de armamento, denunciou a resolução das Nações Unidas por ser «viciada e inadequada». «Se alguém a ler, torna-se imediatamente claro que autoriza quem quer que seja a tomar quaisquer medidas contra um Estado soberano. Em suma, recorda-me um apelo medieval às cruzadas, quando alguém apela aos outros que vão a algum lado para libertar outra pessoa.» Comparou-a às guerras estado-unidenses da década anterior, aos bombardeamentos da Sérvia, do Afeganistão e, com um pretexto forjado, do Iraque. «Agora é a vez da Líbia.»

Mais tarde, o seu porta-voz alegou que Putin estava simplesmente a exprimir uma opinião pessoal, mas, dado que Medvedev já estava a ser confrontado com críticas por causa da decisão, era uma censura inequívoca. Medvedev reuniu imediatamente a imprensa acreditada no Kremlin na sua casa de campo nos arredores de Moscovo para defender a abstenção e criticar Putin, pelo menos indiretamente. Apresentou-se com um blusão de aviador de cabedal, com uma gola de pele e o fecho corrido até cima. Com uma expressão severa e um pouco desconfortável, talvez até nervosa, disse que a ação do Conselho de Segurança tinha sido justificada à luz das ações da Líbia. Parecia estar na defensiva. A decisão da Rússia de não vetar a resolução tinha sido «uma decisão por maioria qualificada» para ajudar a encontrar uma resolução para o conflito explosivo. «Tudo o que está a suceder na Líbia é resultado do comportamento absolutamente intolerável da liderança líbia e dos crimes que têm cometido contra o seu próprio povo.» Mesmo exprimindo preocupação com a dimensão da campanha de bombardeamentos dos aliados (que continuaria durante mais oito meses), avisou de que a linguagem de Putin não ajudaria a acabar com os combates. «Penso que precisamos de ser muito cuidadosos na nossa escolha de palavras. É inadmissível dizer alguma coisa que possa conduzir a um choque de civilizações, falar de "cruzadas", etc. Isso é inaceitável.»

À medida que diminuía o prazo do seu mandato, Medvedev redobrava esforços para fazer reformas de liberalização da economia, decretando mesmo, num caso, que os ministros do governo já não poderiam fazer parte da administração das corporações estatais que Putin tinha transformado na peça central da sua política económica. O próprio Medvedev tinha sido membro da administração da Gazprom enquanto era chefe de gabinete e mais tarde primeiro-ministro adjunto, mas o movimento para impedir os funcionários de ter duas pastas foi visto como um esforço para enfraquecer o seu principal rival no campo de Putin, Igor Sechin, que tinha sido primeiro-ministro adjunto e presidente da Rosneft. (Putin acabou por concordar com a medida, mas isentou a Gazprom, na qual o seu grande aliado e ex-primeiro-ministro Victor Zubkov se manteve no lugar.) Era palpável o desejo de Medvedev de continuar enquanto presidente mais um mandato, embora não pudesse arriscar-se a dizê-lo abertamente. Ele e Putin podiam estar a apostar numa campanha não declarada para a presidência, uma espécie de primárias, mas o único voto que contava era o de Putin, e Medvedev sabia-o.

Em maio, após três anos em funções, Medvedev deu a sua primeira conferência de imprensa, o momento que Putin tinha usado em cada ano, com grande impacto, para demonstrar o seu domínio da política e do governo. Mas a de Medvedev foi uma pálida imitação dos desempenhos de Putin. Parecia um ato de desespero político. Realizou-a em Skolkovo, o novo centro tecnológico, ainda em evolução, que esperava que um dia se tornasse no Silicon Valley da Rússia. Embora declarasse lealdade a Putin e louvasse o seu compromisso mútuo para com os interesses do país, disse que não pensava que as relações com a OTAN «fossem assim tão más», apesar da guerra na Líbia, e declarou que a Ucrânia tinha todo o direito de prosseguir com a sua integração na Europa, algo que Putin tinha considerado uma ameaça cataclísmica. Em resposta a uma pergunta acerca da substituição dos governadores regionais, pareceu aludir à perpetuidade do poder de Putin, dizendo que os líderes não deviam agarrar-se ao cargo durante demasiado tempo, mas antes dar lugar à nova geração, como estava a acontecer na Tunísia e no Egito. «Penso que isto é importante porque ninguém pode ficar no poder para sempre», disse. «As pessoas que acalentam tais ilusões geralmente têm um mau fim, e ultimamente o mundo tem-nos dado bastantes exemplos disso.»

Enquanto a guerra na Líbia se arrastava, a maneira como Medvedev tratava das responsabilidades da presidência tornou-se num alvo acessível às críticas dos meios de informação, sem dúvida sinalizado pelos próprios passos de Putin. Em maio, Putin anunciou a criação de uma nova organização, a Frente Popular PanRussa, que se destinava a expandir a coligação política que estava no cerne do seu poder e a distanciar--se do «partido de vigaristas e ladrões». Poucos dias depois, centenas de organizações, uniões, associações e fábricas corriam para aderir a um projeto amorfo, com pouca finalidade evidente além de posicionar Putin, não o presidente em exercício do país, enquanto o «líder nacional» que os uniria. Entretanto, Medvedev continuava a avançar com as suas propostas para reformar a economia, libertando capital e inovação, mas estava a perder terreno. Teve encontros privados com vinte e sete dos principais homens de negócios do país — os oligarcas que esperavam a resolução das «primárias» presidenciais com apreensão crescente —, para os instar a apoiar as suas propostas, e implicitamente a sua candidatura, ou a aceitar o estagnado *statu quo*. Alguns dos presentes interpretaram os comentários de Medvedev como um ultimato para escolherem, mas a sua mensagem foi tão confusa, que os participantes não conseguiram ter a certeza do seu desejo — ou da sua capacidade — para lutar para manter o cargo. Depois, segundo um dos presentes, brincaram uns com os outros: «Já decidiu?» [6]

Em junho, numa entrevista ao *The Financial Times*, Medvedev reconheceu, pela primeira vez, que queria cumprir um segundo mandato, mas teve então de admitir que a decisão não seria só dele. «Penso que qualquer dirigente que ocupe um cargo como o de presidente tem simplesmente de querer concorrer», disse. «Mas outra questão é se vai decidir se vai concorrer a presidente ou não. Portanto, a sua decisão é um pouco diferente da sua disponibilidade para concorrer. Portanto, é esta a minha resposta.» [7]

Se Medvedev queria reivindicar uma real independência política em relação ao seu patrono, não a manifestou. Podia ter usado qualquer uma das suas presenças ou entrevistas para declarar abertamente a sua intenção de concorrer, talvez mesmo contra o próprio Putin, apresentando aos votantes uma verdadeira possibilidade de escolha. Pelo contrário, manteve-se desajeitadamente sem responder à pergunta que, chegado o verão de 2011, parecia ter arrastado o país para uma prolongada crise política. Ocorreram desastres anormais, como tristes sintomas da paralisia do país, incluindo o naufrágio de um ferribote no rio Volga, em julho, em que se afogaram mais de cento e vinte pessoas, e a queda de um avião que transportava os jogadores e os treinadores de uma das equipas profissionais de hóquei do país, o Lokomotiv Iaroslavl. Estava programado que, alguns dias mais tarde, Medvedev realizaria uma conferência na terra natal da equipa, Iaroslavl.

Nessa altura, até os ministros veteranos tinham medo de assistir a essas conferências, temendo que a sua presença fosse vista como apoio a Medvedev contra Putin. O carisma inflexível de Putin, a sua determinação absoluta, a sua capacidade para se manter acima das provações da vida russa, protegiam-no de críticas quando ocorriam tragédias como aquelas. Mas Medvedev parecia esmagado enquanto presidente. Talvez fosse o destino, mas a culpa pelas tragédias correu em direção a ele.

Ao longo de todo o verão, a preeminência de Putin nos meios de comunicação estatais aumentou consideravelmente, uma campanha orquestrada que parecia pôr em destaque as diferenças pessoais, até mesmo físicas, entre os dois homens. Putin apareceu no acampamento de verão do grupo de juventude Nashi; rezou num mosteiro no lago Ládoga, um dos locais mais sagrados da ortodoxia russa; mergulhou no mar Negro até às ruínas de uma antiga cidade grega e, veja-se, voltou à superfície a segurar duas ânforas. Que o seu porta-voz, Dmitri Peskov, mais tarde tenha reconhecido que a «descoberta» tinha sido encenada foi uma nota de rodapé que passou despercebida na imagem televisiva de um homem de fato de mergulho justo, ainda em forma e na flor da vida.

Quando os delegados do Rússia Unida se reuniram em Lujniki em setembro, houve um estremecimento de incerteza, até mesmo de perplexidade, com a aproximação de mais uma transição política. Na história da Rússia, estas tinham geralmente anunciado uma nova ronda de agitação e purgas. Quando ainda estavam a elaborar a sua nova plataforma partidária para as eleições, nessa altura apenas a dez semanas de distância, ninguém — nem sequer os líderes partidários ou os assessores mais próximos de Putin ou de Medvedev — sabia que opção tinha sido feita ou se o doloroso limbo continuaria. Dentro do estádio, naquela manhã de sábado, os delegados ouviram discursos exaltando a assombrosa transformação de um império ideológico que tinha apodrecido e entrado em ruína e que agora se tinha voltado a erguer, presidido por — e isto foi deixado claro — um homem: Putin. Boris Grizlov, o porta-voz do parlamento, parecia um *apparatchik*, um burocrata do Partido Comunista de antigamente, com rosto severo e contraído, ao ler a plataforma do partido, repetindo a mesma lengalenga de compromissos de prosperidade e competência.

Por fim, as luzes foram reduzidas e a multidão aquietou-se. Vindos das alas laterais, iluminados como estrelas *rock*, entraram Putin e Medvedev, caminhando lado a lado, com os ombros a oscilar em sintonia. Putin tinha uma expressão de total segurança, que era o que os seus apoiantes tinham dito que o país sempre desejara, não o semblante envergonhado de um líder temeroso de um poder diminuído. Putin falou primeiro, respeitando o protocolo da posição hierárquica. Começou por se referir aos «desafios mais prementes que a nossa nação enfrenta», e depois

O NOVO CZAR

debruçou-se sobre a questão mais urgente nas mentes dos delegados com um tom de elaborada brincadeira. Calou-se antes de revelar qual era exatamente a resposta — tal como tinha feito nas reuniões privadas que tinha realizado com os seus variados assessores nos dias anteriores. Ninguém do governo tinha sido informado, nem sequer os assessores mais próximos de Medvedev. «Estou ciente de que os membros e os apoiantes do Rússia Unida e os delegados desta conferência estão à espera de que o presidente russo e o primeiro-ministro expressem propostas sobre a configuração do poder do país e sobre a estrutura do governo depois das eleições», disse ele. «Quero dizer-vos diretamente que já há muito tempo chegámos a um acordo sobre o que iremos fazer no futuro. Esse acordo foi alcançado há vários anos. Contudo, ao acompanharmos este debate como observadores, tanto o senhor Medvedev como eu dissemos que dificilmente essa será a questão mais importante: quem fará este ou aquele trabalho e ocupará esta ou aquela posição. O que é mais importante é a qualidade do trabalho, que resultados alcançamos e como o nosso povo encara os nossos esforços, qual é a sua reação às nossas propostas para o desenvolvimento futuro da nação e se nos apoiam.»

As palavras de Putin falavam por si acerca do seu entendimento de democracia: não compete à sociedade decidir quais os seus líderes mediante um qualquer simulacro de campanha eleitoral, mas sim ratificar os que já foram escolhidos. Anunciou que, de acordo com uma «tradição» que nem sequer tinha uma década, Medvedev chefiaria o escrutínio do partido nas eleições parlamentares de dezembro, e assim «garantiria a sua vitória previsível e honesta». Os aplausos que se seguiram pareceram rotineiros; Putin ainda não tinha esclarecido qual o destino de qualquer um dos homens do grupo.

Medvedev seguiu-o para o estrado. «Naturalmente, é um prazer falar aqui», começou por dizer, sorrindo desajeitadamente. Mesmo depois de quatro anos em funções, ainda não tinha dominado a arte do discurso político. «Há uma energia especial nesta sala. Está simplesmente repleta de emoções.» Louvou a democracia da Rússia e o «novo nível de cultura política» que tinha alcançado, mas prosseguiu avisando que «o formalismo e a burocracia excessivos» constituíam um perigo para ela. Os delegados escutavam, impassíveis; a sua importância parecia esbater-se a cada palavra. «Eles conduzem à estagnação e à degradação do sistema político», disse ele. «E infelizmente, já testemunhámos isto mesmo na história do nosso país.» Delineou uma agenda política em oito pontos, os quais tinha prometido durante quase quatro anos e ainda não tinha cumprido: modernização da economia e da indústria; garantia de salários, pensões e cuidados de saúde, todos ainda precários; luta contra a corrupção; reforço dos sistemas de justiça judiciária e criminal; combate à imigração ilegal, simultaneamente protegendo a «paz interétnica e inter--religiosa» do país; estabelecimento de um «sistema político moderno»; criação da polícia e das Forças Armadas da nação; e estabelecimento de uma «política externa independente e sensata».

Com estas palavras, aceitou a nomeação de Putin para encabeçar a lista do partido e, por fim, referiu o acordo que Putin tinha mencionado que tinha sido alcançado há anos. Medvedev falou como um homem a ler o seu próprio obituário político; foi, na verdade, um dos mais bizarros discursos de renúncia da história. Esteve a estruturar e a defender a sua visão para o país, ao mesmo tempo que renunciava ao cargo que, talvez, a tornasse exequível.

«Proponho que tomemos uma decisão sobre outra matéria muito importante que naturalmente preocupa o partido e todo o nosso povo que acompanha a política, nomeadamente o candidato para a função de presidente. À luz da proposta para que eu encabece a lista do partido, trabalhe para o partido, e, se o nosso desempenho for bom nas eleições, a minha disponibilidade para me envolver em trabalho concreto no governo, penso que será correto que o congresso do partido apoie a candidatura do atual primeiro-ministro, Vladimir Putin, para a função de presidente do país.»

No fim, talvez não fosse uma surpresa. A cotação política de Medvedev tinha vindo a descer, dia após dia, durante a maior parte do ano. Mas o choque foi audível no estádio cavernoso, um arquejo coletivo que não tardou a transformar-se em vagas sucessivas de aplausos estrondosos. Putin pôs-se de pé diante do seu lugar na assistência, desfrutando das luzes da ribalta, com os olhos azuis a cintilar, embora o seu sorriso fosse tenso, irónico e fugaz. Não ergueu os braços em triunfo, nem agiu de qualquer outra forma como um candidato a quem é oferecida a oportunidade de alcançar um cargo mais elevado. Limitou-se a fazer deliberadamente um aceno de cabeça, como se o seu regresso à presidência estivesse predestinado.

O NOVO CZAR

Depois de Medvedev terminar de falar, Putin avançou mais uma vez a passos largos para o palco e fez um discurso extenso, cheio de pormenores e carregado de política, em que delineava os seus planos para apoiar veteranos e agricultores, médicos, professores, cientistas, soldados. Foram todos os aspetos práticos da governação, aquilo que os russos se tinham habituado a esperar ao longo dos anos em que o tinham visto insistir na política certa, nas decisões certas, em nome do povo. Comprometeu-se a ultrapassar as incómodas dificuldades da crise global da economia, cujas raízes, voltou a salientar significativamente, «não estavam na Rússia». Mal mencionou a nomeação de Medvedev para encabeçar a lista do partido ou o seu próprio regresso à presidência, que, em determinado momento, se tinha tornado inexorável. «Já entrámos num prolongado ciclo eleitoral. As eleições para a Duma Estatal decorrerão no dia 4 de dezembro, e a elas seguir-se-á a formação das suas comissões e corpos governamentais. A eleição presidencial está programada para a próxima primavera. Gostaria de vos agradecer pela resposta positiva à proposta para eu concorrer à presidência. Esta é uma grande honra para mim.» Falou como se ele próprio não tivesse decidido tudo.

O acordo tinha sido alcançado havia vários anos, tinha explicado Putin. Medvedev também sugeriu o mesmo, embora, de facto, não tivesse sucedido dessa forma. Medvedev tinha alimentado a esperança de regressar para um segundo mandato, pelo menos até ao princípio de setembro, quando a sua postura pública começou a sugerir que isso talvez não viesse a suceder. Mas só tinha sabido os pormenores da decisão final de Putin na noite anterior, durante uma reunião tardia em Novo-Ogariovo. Quando as tipografias imprimiram os boletins de voto para os delegados usarem para elevar Medvedev à chefia do partido, o espaço para o seu nome tinha sido deixado em branco, e só foi preenchido depois do anúncio. De acordo com um relato, Putin nem sequer o teria deixado dizer à esposa antes de a decisão ser tornada pública ([8]). Se Putin tinha sabido desde sempre que tencionava reaver a presidência, mais ninguém no governo ou no seu círculo mais próximo tinha sido autorizado a saber, e muito menos a influenciar a deliberação. Ele tomou a decisão mais importante da sua carreira política sem ouvir a opinião de ninguém. Um dos lealistas de Medvedev, Arkadi Dvorkovitch, reagiu com um sarcasmo angustiado, à medida que os acontecimentos se desenrolavam no congresso. Numa entrevista concedida no ano anterior, Dvorkovitch tinha reconhecido que os planos de Medvedev — e, na verdade, toda a sua presidência — tinham enfrentado a oposição «daqueles que prosperam no sistema antigo, na ineficácia orçamental e numa economia baseada em recursos» ([9]). Nunca falou em nomes, mas era evidente que se referia aos que se juntavam à volta de Putin. «Agora», escreveu ele na rede social Twitter quando ainda estava na sala do congresso do partido, «está na hora de mudar para o canal de desporto».

Putin nunca se preocupou com explicar as suas razões para voltar à presidência. Podia ter-se mantido enquanto o líder fundamental, mesmo se Medvedev cumprisse outro mandato como presidente, mas, segundo os seus apoiantes mais entusiastas, sentia que o seu sucessor não tinha sido um líder suficientemente forte. Nos dias e meses depois do anúncio, os mesmos apoiantes começaram a rebaixar Medvedev, citando as suas fraquezas na chefia da guerra da Geórgia e ao ter sido incapaz de impedir a guerra da OTAN na Líbia. Até a historieta de que Medvedev tinha sido impedido de informar a esposa foi misturada com a insinuação de que dificilmente seria homem bastante para confiar que a mulher não insistiria que voltasse a candidatar-se. Estas explicações procuravam justificar a jogada de Putin, mas não explicavam o seu motivo. Ele nunca sentiu que tivesse de o fazer. A posição pertencia-lhe se a quisesse, o que, aparentemente, no seu pensamento, era explicação suficiente.

Subitamente, a relevância da alteração constitucional para prolongar o prazo do mandato presidencial surgiu naqueles que estavam menos entusiasmados com uma nova presidência de Putin. Em vez de mais quatro anos, Putin cumpriria seis, até 2018. Se depois disso concorresse a outro mandato — o quarto — podia ser presidente da Rússia até 2024. Ultrapassaria Brejnev em longevidade política; só Estaline, no poder durante trinta e um anos, tinha ficado mais tempo no cargo. Os críticos de Putin, e sem dúvida alguns apoiantes, começaram a contar os anos das suas próprias vidas, imaginando as suas idades quando, na «democracia controlada» que o Kremlin tinha imposto, talvez surgisse outro líder na Rússia. Fotografias manipuladas para mostrar o processo de envelhecimento de Putin tornaram-se virais na Internet. O jornal da oposição *Novaia Gazeta* publicou caricaturas a lápis de Putin no presumível fim da sua carreira política, com o rosto vincado pela idade, a linha do cabelo ainda mais recuada, o fato decorado com cachos de medalhas e fitas de marechal de campo. Os seus assessores superiores também estavam todos lá, parecidos com os encurvados veteranos da Grande Guerra Patriótica, ainda reverenciados e homenageados por feitos de um passado distante ([10]).

Medvedev, a esperança dos liberais e dos reformadores, enfrentava ainda mais ridiculização do que Putin. A decisão de trocar de posições tornou-se rapidamente conhecida pela palavra russa para roque, do xadrez, *rokirovka*, em que o rei troca de posição com a torre, geralmente para consolidar a defesa do rei. Ninguém duvidava agora de quem tinha sido sempre o senhor do poder, mesmo aqueles que tinham esperado que Medvedev se afirmasse como um líder verdadeiramente independente. A raiva destes era a raiva amarga da desilusão. Quer a decisão tivesse sido tomada em 2008 ou em 2011 — ou não —, Medvedev revelou-se um simples peão na manobra de Putin para contornar a letra da lei. Ignorando os apelos públicos de Medvedev à modernização, os russos consideraram que o seu maior feito tinha sido a redução das onze zonas horárias para nove e a transição permanente para a luz do dia, com economia de tempo. Um dia depois do anúncio, um putativo aliado, o ministro das Finanças Alexei Kudrin, cortou publicamente relações com Medvedev, dizendo que se recusaria a manter num governo tendo Medvedev enquanto primeiro-ministro. Medvedev tentou explicar a «sua» decisão, dizendo que ele e Putin tinham concordado em deixar que as sondagens de opinião decidissem quem concorreria — como se, na Rússia, as sondagens fossem reflexos genuínos dos sentimentos dos votantes —, mas tornou as coisas ainda piores ao usar os odiados EUA como padrão. Era inconcebível, disse, imaginar que Barack Obama e Hillary Clinton, que eram do mesmo partido, alguma vez concorressem um contra o outro. «São ambos do Partido Democrático, portanto tomaram uma decisão baseada em quem seria capaz de obter o melhor resultado», disse ele, menos de uma semana depois do congresso. «Nós tomámos o mesmo tipo de decisão.» O facto de a sua comparação ignorar as acaloradas primárias democráticas de 2008 só serviu para alimentar o escárnio ([11]).

Tendo Putin, na sua mente, observado e respeitado a letra da Constituição Russa, calculou mal a reação ao seu regresso. Parecia estar a ficar cada vez mais isolado e afastado do sentimento popular que acreditava compreender intuitivamente. Os sucessos que tantas vezes perseguia — estabilidade e, apesar da crise económica, um bem-estar cada vez mais generalizado — já não eram suficientes para apaziguar uma geração nova que os tomava como certos. O caos da década de noventa era uma recordação distante, e agora muitos daqueles que mais tinham beneficiado do rápido crescimento de Putin estavam também à espera de uma cultura política mais moderna, mais aberta. O Kremlin mantinha a sua mão de ferro sobre a narrativa televisiva, mas a «videocracia» no centro da sua mística tinha ficado bolorenta, sujeita à sátira que tinha sido uma característica da literatura russa desde Gógol. A oposição ao *rokirovka* fervilhava na arena, ainda em grande medida fora do alcance das manipulações do Kremlin. A frustração provocada pelo seu regresso encheu os meios de comunicação social e as redes sociais na Internet — Twitter, YouTube, Facebook e o seu clone russo, VKontakte —, e a animosidade transformou-se numa insurreição, se bem que, por enquanto, virtual. Os arquitetos da rebelião eram desproporcionalmente da classe instruída, aqueles que tinham dinheiro e conhecimento técnico, aqueles que navegavam com facilidade nos meios de comunicação que tinham eliminado fronteiras. Chamavam-lhes «*hamsters* da Internet», e produziam uma corrente primária de denúncias e jeremiadas, sátiras e troças que, com toda a liberdade, ridicularizavam Putin, as suas esquisitices, a sua óbvia operação estética, o seu humilhado braço-direito, de um modo que os meios de comunicação oficiais havia muito tinham deixado de fazer.

O descontentamento não tardou a espalhar-se. Quando Putin apareceu no ringue de um «combate decisivo» no Estádio Olímpico de Moscovo, em novembro, foi saudado com vaias e assobios, embora os apoiantes do Kremlin tentassem, de forma pouco convincente, sugerir que a ira da assistência se dirigia ao perdedor do combate, um estado-unidense, ou às longas filas para os sanitários. Um vídeo fortemente editado apareceu nos noticiários da noite, com as vaias abafadas, mas o vídeo não editado espalhou-se na Internet, «apanhado» por Alexei Navalni, que jubilosamente anunciou a dura receção feita a Putin pelos fãs como «o fim de uma era» ([12]). Putin já antes tinha enfrentado constituintes irados, mas, neste caso, as vaias vieram de uma multidão de fãs de boxe que presumivelmente estariam entre os seus apoiantes mais fervorosos.

O NOVO CZAR

Os adversários de Putin ganharam ânimo com esta exibição inconveniente, que desafiou o mito de que só existia oposição a Putin na nata intelectual — a *intelligentsia*, como já tinha sido chamada — ou na nova geração que preferia uma moderna adaptação do Ocidente, os *hipsters*, provenientes de um contexto social subcultural da classe média urbana.

Com a notícia do seu regresso ao Kremlin, a popularidade de Putin desceu para os seus níveis mais baixos desde 2000. O partido que os seus estrategos tinham construído escorregou ainda mais, rejeitado pela sua crescente legião de críticos, classificado como um mal reconstituído Partido Comunista da União Soviética — apenas mais corrupto. Quando as eleições para o parlamento se realizaram, em dezembro, tornou-se evidente que os alicerces do poder de Putin se tinham desmoronado. A criação pelo Kremlin de um novo partido da «oposição» pró-negócios chamado Causa Justa, destinado a injetar uma aparência de intriga na política do país, transformou-se numa farsa quando o líder que foi recrutado para ele, o multimilionário Mikhaíl Prokhorov, viu os seus apoiantes serem habilmente impedidos de assistir ao congresso do partido organizado para o nomear. Ninguém tinha dado ao partido nenhuma hipótese de ganhar, mas Medvedev tinha convencido Prokhorov a entrar para a política, só para que as maquinações do cérebro político do Kremlin, Vladislav Surkov, o empurrassem para o lado ([13]). Prokhorov, um homem de negócios que comprou o New Jersey (depois Brooklyn) Nets da Associação Nacional de Basquetebol em 2010, tinha ingenuamente partido do princípio de que poderia exercer alguma independência política. Afirmou que o poder de Putin não era monolítico e que tinha apoiantes dentro das suas fileiras, mas a sua expulsão deixou claro que andavam à solta. «Na Rússia», disse, «todas as lutas são no interior» ([14]).

Assim, as eleições parlamentares decorreram como as anteriores, com os mesmos partidos atrofiados, sancionados pelo Estado, que se tinham transformado em dispositivos envelhecidos do *statu quo* político. Tornaram-se conhecidos como «oposição do sistema», nominalmente um controlo do poder, mas que era absolutamente subserviente a ele: os comunistas de Ziuganov, os liberais-democratas de Jirinóvski e a versão reestruturada dos nacionalistas, agora chamada Rússia Justa e chefiada por Serguei Mironov, o acólito de Putin que o tinha «desafiado» em 2004. Outros partidos mais pequenos que poderiam constituir um desafio, como o Iabloko ou o de Boris Nemtsov, foram asfixiados pela burocracia eleitoral ou legal, molestados ou totalmente impedidos de se registar. Mesmo que pudessem chegar à votação, os genuínos adversários de Putin eram tão diversos e difusos, tão sem rumo depois de mais de uma década nas orlas políticas, que não conseguiam unir-se atrás de qualquer um dos partidos ou líderes. Alguns tinham-se resignado ao boicote, mas ativistas como Navalni incentivavam-nos a votar de qualquer maneira, fosse em quem fosse, menos no «partido dos vigaristas e ladrões». O seu objetivo nunca foi ganhar; era denunciar as eleições na Rússia como o «artifício do Potemkin» em que se tinham transformado.

Putin manteve-se desafiador — a ponto de parecer inconsciente do perigoso descontentamento que fervilhava sob a quimera do progresso e da prosperidade da Rússia. «É demasiado cedo para organizar o meu funeral», disse na reunião de Valdai cerca de uma semana antes da votação, pondo de lado as próprias perguntas elogiosas ou obrigatórias dos que assistiam ([15]). O destino do Rússia Unida era outra questão. A sua popularidade tinha caído a pique, e as sondagens sugeriam que iria perder a sua maioria constitucional; podia nem sequer conquistar a maioria dos lugares. Todos os burocratas e boiardos que dependiam do sistema de Putin eram atormentados pelo espectro da Revolução Laranja, e agora pela Primavera Árabe, que tinha derrubado ditador atrás de ditador como dominós. Mubarak estava na prisão, Kadhafi estava morto e Assad estava cercado de uma rebelião armada que tinha fraturado a Síria ao longo de «falhas sísmicas» sangrentas. Putin não seria o seguinte.

A crescente ansiedade do Kremlin manifestava-se em esforços violentos para assegurar uma participação e uma votação suficientemente elevadas a favor do Rússia Unida, sufocando ao mesmo tempo o descontentamento fervilhante que se tinha espalhado. Ainda antes do dia da eleição, uma organização para os direitos de voto chamada Golos — a palavra que significa «voto», mas também «voz» — registou milhares de violações das leis eleitorais do país. Financiada por organizações estrangeiras de apoio à democracia, a Golos registava as violações num mapa na Internet que não tardou a tornar-se viral, recolhido até por jornais e páginas online relativamente leais. Putin disse aos metalúrgicos de Sampetersburgo que os observadores da eleição eram agentes de poderes estrangeiros que tentavam desestabilizar o país. Chegou mesmo a comparar a Golos com Judas. O grupo foi imediatamente multado por violar a lei eleitoral que estava decidido a fazer aplicar com a publicação do seu mapa; a sua diretora foi detida durante várias horas no aeroporto de Moscovo, na noite anterior à eleição, e só foi libertada depois de entregar o seu computador portátil. A página na Internet da organização foi imediatamente alvo de um ataque informático que a encerrou logo que a votação teve início. Aconteceu o mesmo a outras páginas online, incluindo a da popular e influente estação de rádio Ecos de Moscovo, que se manteve *off-line*, quase certamente não por coincidência, até as votações fecharem ([16]). O Kremlin, que já tinha agido como se a Internet fosse inofensiva, avançava agora decididamente para restringir a sua influência.

Embora todas as eleições anteriores da Rússia de Putin tivessem sido manchadas por abusos e manipulação, a fraude que decorreu no dia 4 de dezembro foi muito mais generalizada e cínica. Apesar dos esforços das autoridades, agora a Internet permitia que as violações se espalhassem através da consciencialização do público, muito mais do que antes. Os observadores oficiais da eleição não podiam estar em todo o lado, mas vídeos amadores registados por intermédio de telemóveis apareceram na Internet mostrando *apparatchikis* a encherem urnas eleitorais, a encaminharem autocarros cheios de votantes de uma secção de voto para outra, até a usarem tinta invisível. Num vídeo gravado por um ativista voluntário e imediatamente disponibilizado no YouTube, o idoso diretor da Secção de Voto N.º 2501, em Moscovo, sentado a uma secretária, marcava cuidadosamente uma pilha de boletins de voto. Os observadores internacionais da Organização para a Segurança e Cooperação na Europa concluíram que uma em cada três secções de voto foi alvo de algum tipo de atividade suspeita — mas só contaram a pequena percentagem quando os observadores estavam presentes ([17]).

O desprezo pela dignidade eleitoral provocou indignação quando os resultados não oficiais mostraram que o Rússia Unida tinha tido ligeiramente menos de cinquenta por cento dos votos — o suficiente, considerando os partidos que não chegaram ao limite para conquistar lugares, para lhe dar a maioria na nova Duma. Foi evidente que até esse resultado parco era uma fraude que exigiu a cumplicidade de milhares e milhares de pessoas para ser executada — de funcionários das eleições como Vladimir Churov, um colega de Putin no KGB proveniente de

O REGRESSO

Sampetersburgo, a trabalhadores do Estado, forçados pelo medo ou por favores a preencher os lugares necessários nas mesas de voto, passando pelos jornalistas dos meios de informação estatais que lutavam para relatar tudo aquilo sem se desmancharem. O próprio Putin, ao aparecer para declarar vitória com Medvedev na sede da campanha do Rússia Unida, não parecia propriamente triunfante. Foi o suficiente para afastar da apatia política milhares de pessoas que tinham acompanhado a ascensão do putinismo e a absurda estagnação burocrática que este tinha produzido.

Na noite a seguir à eleição, quando os resultados finais e oficiais foram anunciados, o pequeno partido da oposição chamado Solidariedade realizou um comício em Chistie Prudi, perto do centro de Moscovo. Os protestos periódicos do Solidariedade atraíam geralmente poucas centenas de pessoas, que eram sempre ultrapassadas pelo número de elementos da polícia que as vigiavam de perto. Desta vez, apesar de uma chuva fria, apareceram milhares, atraídos pelos apelos na Internet. Orador após orador, agarraram num microfone e fizeram toda a espécie de exigências e ultimatos. As pessoas presentes eram variadas, e as suas ideias, incipientes. Alguns dos antigos chefes da oposição — os veteranos da *glasnost* e os liberais dos anos de Ieltsine — estavam lá, mas muitos outros nunca antes tinham ido a um protesto. O orador que despertou mais atenção foi Alexei Navalni, cuja campanha contra a corrupção foi, sem dúvida, a maior responsável pela explosão de ativismo anti-Putin. Já tinha um enorme número de seguidores virtuais, mas agora estava ali, em carne e osso, a gritar para um microfone. «Eles podem chamar-nos microbloguistas ou *hamsters* da Internet», gritou para uma multidão que acenava com bandeiras e faixas feitas à mão com lemas como «Putin — Ladrão» e o dificilmente imaginável «Rússia sem Putin». «Eu sou um *hamster* da Internet», prosseguiu ele desafiadoramente, «e estarei de mãos na garganta desses monstros!» ([18]).

Navalni e dúzias de outros manifestantes e organizadores de protestos foram presos quando saíram do parque marchando para a sede da comissão eleitoral. Esteve preso durante quinze dias, acusado de resistir à prisão, não obstante, os protestos continuaram. Começaram mesmo a crescer. No sábado seguinte, dezenas de milhares de pessoas apareceram na Praça Bolotnaia, do outro lado do rio, diante do Kremlin.

O NOVO CZAR

Não se deixaram intimidar pelas detenções; não se deixaram intimidar pelos contraprotestos que tinham sido organizados pelo agressivo grupo juvenil Nashi, criado depois da Revolução Laranja na Ucrânia precisamente com este objetivo; não se deixaram intimidar pelas ameaças veladas das autoridades, incluindo um aviso de que os jovens em idade para ser recrutados seriam chamados e alistados no Exército. Duas semanas depois, no dia 24 de dezembro, quase cem mil se reuniram, desta vez na avenida que tem o nome de Andrei Sakharov, o físico nuclear e dissidente soviético cujo legado de defender uma sociedade democrática já se tinha então reduzido de forma significativa. Desta vez, Navalni estava lá; depois dos seus quinze dias na prisão, tinha aparecido ante uma multidão de apoiantes que entoava o seu nome, num fim de dia escuro e nevoso. Disse que tinha ido para a prisão num país e tinha saído dela para entrar num país novo. A sua atenção desviou-se da fraude nas eleições parlamentares para se debruçar na fraude da eleição presidencial marcada para 4 de março. «O que vai acontecer no dia 4 de março», disse-lhes, «se acontecer, será uma sucessão ilegal ao trono» ([19]).

Os protestos foram os maiores da era Putin, na verdade, os maiores desde os de 1991 que tinham resistido ao golpe de Estado de agosto. Espalharam-se a outras cidades, atraindo um largo espectro da sociedade: trabalhadores governamentais, operários, pensionistas, estudantes, os trabalhadores que enchiam os escritórios das novas atividades empresariais que o capitalismo tinha trazido. O facto de os protestos serem pacíficos fez que fossem ainda mais aterradores para o Kremlin. Inicialmente, Putin tinha dito pouca coisa, ignorando as alegações de fraude, mas recebeu a perspetiva de um levantamento popular com zombaria gélida. Três dias depois da votação, falando com organizadores da sua próxima campanha presidencial, culpou dos protestos permanentes a secretária de Estado Hillary Rodham Clinton, que tinha criticado o desenrolar da eleição. «Ela marcou o tom para alguns atores do nosso país e deu-lhes um sinal», disse ele. «Eles ouviram o sinal e, com o apoio do Departamento de Estado, iniciaram o trabalho ativo.» Até a sua utilização da expressão «trabalho ativo» — termo que tinha aprendido no KGB — sublinhou a sua convicção de que os protestos não eram nem endógenos nem espontâneos, mas antes uma operação de serviços secretos. No seu programa anual de televisão com chamadas telefónicas de dezembro, foi mais longe. Troçou das fitas brancas que os manifestantes tinham adotado como símbolo da sua causa, dizendo que lhe lembravam preservativos presos aos casacos. Comparou os manifestantes com Bandar-log, os macacos selvagens de *O Livro da Selva*, de Rudyard Kipling, que tinham aparecido numa série da televisão soviética quando Putin era adolescente. Na verdade, não era possível argumentar logicamente com eles, os macacos, mas tinham medo da cobra Kaa, que, em última análise, os dominou com o seu poder hipnótico. «Sempre adorei Kipling desde criança», disse Putin com um sorriso travesso.

Apesar da sua despreocupação, a vasta burocracia atrás de Putin parecia profundamente abalada, e o seu desdém pareceu encorajar os que protestavam e atrair ainda mais. Os manifestantes apareciam agora nos comícios com preservativos cheios como balões, com animais empalhados e cartazes representando todo o tipo de macacos e chimpanzés — e Putin como Kaa, estrangulando a nação. A unidade visível do governo começava a manifestar sinais das divisões internas. Medvedev começou por afirmar que os vídeos virais do enchimento de urnas com votos eram falsos, mas mais tarde prometeu que as autoridades investigariam quaisquer acusações. O porta-voz da Duma, Boris Grizlov, prometeu autorizar membros dos partidos da oposição a servirem como presidentes de comissões, na esperança de moderar a cólera por causa da posição dominante do Rússia Unida. Depois, sob pressão, demitiu-se. O Kremlin despromoveu a sua «eminência parda», Vladislav Surkov, o estratego a quem era atribuído o crédito — e a injúria — de ter criado a «democracia controlada» que era o foco dos protestos. Apenas poucos dias antes, Surkov tinha dito que os manifestantes representavam «a melhor parte da nossa sociedade, ou, mais rigorosamente, a parte mais produtiva». Jornalistas da NTV, propriedade da Gazprom, negaram-se a ir para o ar se o canal recusasse cobrir o protesto de 10 de dezembro, e, pela primeira vez, os senhores dos meios de informação do Kremlin cederam, permitindo que a exibição pública de dissidentes aparecesse nos canais de televisão que transmitiam para todo o país (embora sem mencionar a fúria dirigida a Putin) [20]. Membros do escol de Putin — os académicos, estrategos políticos, burocratas, até os líderes religiosos da Igreja Ortodoxa, que se tinham mantido sempre leais — começaram a levantar questões acerca da fraude, incluindo Alexei Kudrin, que falou no comício de 24 de dezembro e instou os seus ex-patrões a tornarem o sistema mais responsável.

Poucos, nem sequer os manifestantes que desafiavam o frio, acreditavam que os protestos conseguiriam provocar uma nova eleição, nem sequer uma investigação importante à fraude, e menos ainda duvidavam de que Putin fosse reeleito em março, mas, pela primeira vez, a incerteza atormentava o regime de Putin. A bolsa de valores russa entrou em queda depois da eleição, e, tal como em todas as crises, aumentou a fuga de capitais. O medo infiltrou-se no escol e, sobretudo, em todos aqueles que tinham apostado tão profundamente na liderança de Putin. Vladimir Litvinenko, o reitor do Instituto de Mineração de Sampetersburgo onde Putin tinha escrito a sua tese, exprimiu os sentimentos de muitos deles. Tinha mantido a proximidade em relação ao seu ex-estudante, e era agora um homem rico, recompensado, segundo reivindicava, pelo trabalho de consultoria que tinha feito para o governo com ações na PhosAgro, uma companhia cujo principal ativo tinha sido confiscado ao império financeiro de Mikhaíl Khodorkovski depois da sua condenação. Apenas há alguns meses, a companhia tinha entrado na Bolsa de Valores de Londres. O seu medo era agora o mesmo que Putin tinha tido no passado: o medo das turbas, das multidões incontroláveis nas ruas a exigirem respeito e justiça, da ralé a derrubar os que detinham o poder e a cobrir as ruas de sangue. «Eu tenho um medo horrível da rua», disse quando os protestos aumentaram. «Isto é uma insurreição. Isto é uma revolução, não é evolução, com todas as consequências negativas dos distúrbios na rua. Tenho a certeza de que esta é a via para o nada. Isto é uma catástrofe. Tudo faremos para impedir isto no meu país.» [21]

QUINTA PARTE

Capítulo 22

A restituição

Numa fria manhã de fevereiro do ano de 2012, a menos de duas semanas da reeleição de Putin, cinco jovens mulheres entraram numa adornada e reconstruída igreja de Moscovo, a Catedral de Cristo Salvador, que, para os crentes, é um marco da ressurreição da fé ortodoxa após a repressão do Estado soviético. Subiram para a *solea*[*] em frente da iconóstase da igreja e despiram os casacos de inverno revelando vestidos coloridos, sem mangas, e perneiras de cores descoordenadas. Puseram balaclavas coloridas sobre os rostos e começaram a dançar e a gritar, agitando os braços no ar. As suas vozes dissonantes ecoavam e reverberavam na igreja quase vazia. Uma delas, Ekaterina Samutsevitch, nem chegou a pôr a alça da guitarra sobre o ombro antes de um guarda a empurrar para fora da igreja. As outras quatro continuaram a sua intervenção, sendo difícil de perceber, por vezes, o que diziam, embora algumas palavras fossem claras.

Virgem Maria, Mãe de Deus, bane o Putin! Bane o Putin!

O episódio invulgar durou menos de um minuto. As mulheres, acompanhadas por alguns homens, foram expulsas da igreja e detidas

---

[*] Uma espécie de plataforma ou alpendre em frente da iconóstase, muito comum nas igrejas ortodoxas. [N. da T.]

pelos guardas. Nessa mesma noite, apareceu na Internet um vídeo de música que continha excertos previamente gravados numa outra igreja de Moscovo, desta vez com iluminação e som, e cujo pano de fundo podia facilmente ser confundido com a Catedral de Cristo Salvador. Começava com um hino melódico, mas depressa dava lugar aos acordes triturados do *punk* mais agressivo, pontuado aqui e ali por palavras como «merda» e «cabra». A letra da música condenava a igreja e os seus líderes acusando-os de serem colaboradores do KGB, defensores dos interesses económicos e corruptos, repressivos em relação às mulheres e precon-ceituosos com os homossexuais. O título da música era «Oração Punk», e fazia uso da palavra litúrgica numa oração especial em tempos de crise nacional, o *moleben* [*](¹). Tratou-se do mais recente protesto de um amorfo grupo ativista e coletivo de arte que se autointitulava Pussy Riot. Dizia ser inspirado pela terceira onda feminista, pelo movimento Riot Grrrl iniciado nos EUA e pelo iminente regresso de Putin à presidência.

As mulheres do grupo Pussy Riot — cerca de uma dúzia que mantinha no anonimato a sua identidade e a associação ao grupo — criaram-no no rescaldo da candidatura de Putin à reeleição como presidente, juntando--se assim à onda difusa e sem liderança de dissidentes que começara a aparecer depois das eleições parlamentares. O grupo incluía membros do Voina, um coletivo de arte especializado em intervenções artísticas provocatórias e de teor político. Uma dessas intervenções de arte consistia num filme com cinco casais a ter relações sexuais no museu de biologia de Moscovo, nas vésperas da eleição de Medvedev em 2008, escarnecendo dos apelos do governo para aumentar a taxa de natalidade com o objetivo de prevenir a queda demográfica. Numa outra intervenção, pintaram um pénis branco gigante numa ponte levadiça em Sampetersburgo que, ao erguer-se, ficava virada para o edifício dos serviços secretos na Avenida Liteini, local onde Putin trabalhara. O iminente regresso de Putin ao Kremlin tornou-o no foco de interesse deste grupo.

A primeira atuação pública furtiva das Pussy Riot decorreu em outu-bro de 2011, um mês após a *rokirovka*. Fizeram filmagens de si próprias em vários locais do metropolitano de Moscovo, onde, em determinada

---

[*] *Moleben* é um ofício de súplicas fervorosas, especialmente dos vivos, constitu-ído por pedidos gerais ou particulares e feito pelo sacerdote após a Divina Liturgia ou conforme o costume local. [N. da T.]

altura, apareciam em cima de um andaime da construção civil. Os rostos tapados com balaclavas coloridas, enquanto grunhiam e cantavam uma música que aludia aos protestos na praça central da cidade do Cairo para derrubar Mubarak e apelavam a atos semelhantes na Praça Vermelha. Em janeiro do ano seguinte, atuaram na Praça Vermelha, em cima da Lobnoie Mesto, uma plataforma de pedra construída no século XVI, usada para a leitura dos decretos dos imperadores. Nessa ocasião, oito membros do grupo interpretaram uma canção intitulada «Putin Mijou-se». Dessa vez, as intérpretes inspiraram-se na confusão evidente e no medo palpável do governo ante os protestos. A canção propagava a exortação de Alexei Navalni da primeira noite de protestos: «Revolta na Rússia», cantavam, «nós existimos».

Quando apareceram, as autoridades pareciam não estar muito interessadas no grupo. As artistas eram habitualmente detidas e interrogadas, mas tinham o cuidado de adotar nomes falsos e acabavam por ser libertadas no fim de algumas horas. Os vídeos, contudo, corriam a grande velocidade pelo mundo virtual, no qual os movimentos de protesto russos ganharam ímpeto. Os protestos do grupo, bem como o seu nome — suavizado na língua inglesa, porque o equivalente em russo é bem mais vulgar —, adequavam-se, na perfeição, ao espírito de insurreição que sobrevivera ao inverno e se prolongara pelo início do ano seguinte, durante o período das eleições presidenciais. Os alicerces do Kremlin pareciam estar em perigo, e contra todas as expectativas, surgiu uma centelha de esperança de que este movimento de protestos pudesse impedir a inevitável reeleição de Putin em março de 2012.

«Ele está um pouco mais desanimado», referiu Henry Kissinger pouco depois do seu encontro com Putin em Moscovo, em janeiro de 2012, na continuidade dos protestos ([2]). O estadista mais antigo da *realpolitik* encontrava-se regularmente com Putin desde que este subira ao poder. Putin recordava com orgulho o primeiro encontro entre ambos, quando foi buscar Kissinger ao aeroporto de Sampetersburgo nos anos noventa e este o cumprimentara, de forma elogiosa, dizendo que «todas as pessoas decentes têm o seu início nos serviços secretos». Putin considerava Kissinger um conselheiro de confiança, por quem se sentia respeitado e que honrava os interesses nacionais da Rússia, independentemente da situação em que estivessem as relações da nação com os EUA. Kissinger, o velho guerreiro da Guerra Fria que desde muito cedo defendera a necessidade de relações de cooperação mais próximas com a Rússia, retribuía a sua admiração. «Putin não é um Estaline que sente a necessidade de destruir alguém apenas por representar uma ameaça futura contra si», afirmava. «Putin é alguém que pretende acumular o poder necessário para cumprir as suas tarefas prementes.» ([3]) No início da campanha para a sua reeleição, a tarefa premente de Putin era travar os protestos na rua.

O Kremlin, ainda sob a liderança de Dmitri Medvedev, fez algumas concessões para atenuar a ira dos manifestantes. Entre elas, incluem-se o restabelecimento das eleições regionais que Putin abolira em 2004 e a diminuição das restrições na criação de novos partidos políticos, bem como a garantia da sua inclusão nos boletins de voto presidenciais. Até mesmo a Igreja Ortodoxa apelou ao Governo que resolvesse os protestos dos manifestantes. Numa entrevista à televisão estatal por altura do Natal ortodoxo, em 7 de janeiro, o líder da igreja, o patriarca Cirilo, comentou que uma repressão violenta dos manifestantes seria tão errada quanto a opressão da era soviética. Uma declaração surpreendente por parte da instituição que tão alinhada estava com as diretrizes das autoridades ([4]). Líderes de outras igrejas começaram a ecoar semelhantes preocupações, oferecendo-se para mediar os conflitos entre o governo e os protestantes.

Subitamente, o tom das igrejas mudou. Cerca de um mês mais tarde, Putin convocou os líderes das diferentes religiões do país — ortodoxa, judaica, budista, muçulmana, católica romana, católica arménia e, mesmo, a adventista de sétimo dia, uma fé evangélica que conseguia sobreviver apesar de não ter nenhum reconhecimento oficial ou apoio — para uma reunião no Mosteiro de Danilov em Moscovo. Cirilo, o anfitrião, tecia agora louvores a Putin, sendo seguido pelos restantes clérigos, rabinos, lamas e imames. Relembrava as provações sentidas nos anos noventa, antes de Putin ter surgido em cena, comparando-as com o Tempo de Dificuldades no virar do século XVII, com as invasões napoleónicas em 1812 e com a investida de Hitler em 1941. «E que foram os anos de 2000?», perguntava. «Por um milagre de Deus, e com a participação ativa da liderança do país, fomos capazes de vencer essa horrível e sistémica crise.» Dirigindo-se a Putin, agradeceu-lhe pelo «desempenho notável» que realizou na correção «desse tortuoso período da nossa história» ([5]).

A RESTITUIÇÃO

O apoio da igreja a Putin, um crente ostensivo e profundamente devoto, não representava grande surpresa. Mas tratando-se a Rússia de um Estado secular cuja Constituição separava formalmente a igreja do Estado, esta demonstração coreografada de lealdade a Putin no auge de um período turbulento de eleições provocou indignação geral, incluindo o protesto das Pussy Riot na Catedral de Cristo Salvador. Corriam rumores de que o Kremlin pressionara o patriarca e os representantes das outras igrejas a figurarem ao lado de Putin. Não tardaram a aparecer artigos na imprensa russa que divulgavam novamente as suspeitas sobre a filiação de Cirilo no KGB, os seus empreendimentos comerciais na importação de tabaco nos anos noventa e a sua predileção por pequenos luxos, que incluíam uma extensa propriedade, um iate privado e relógios dispendiosos. (O patriarca negou possuir qualquer tipo de relógio até ao momento em que a manipulação de uma fotografia oficial revelou o reflexo de um relógio sofisticado no tampo de uma mesa brilhante.) A igreja, que sempre fora fortemente reprimida, emergiu do desmoronamento soviético como uma das instituições mais respeitadas da Rússia, vista por muitos dos seus seguidores como uma instituição acima das políticas do país. Agora, Cirilo conduzia os crentes a uma aliança com o Estado; apenas um mês após as suas declarações de solidariedade com os manifestantes, contestava as exigências destes, dizendo que se tratava de «guinchos ensurdecedores» que valorizavam a cultura consumista do Ocidente, incompatível com as tradições russas.

A mudança de sentido do patriarca era notável, mas refletia a emergência de um discurso central alinhado com o regresso de Putin, cujas consequências se revelariam profundas. Era um discurso que se baseava não na nostalgia dos tempos soviéticos, mas na glória desvanecida da era dos imperadores, expressa na escrita de, entre outros, Ivan Ilin, o filósofo político muitas vezes citado por Putin nos seus discursos desde 2005. Existia algo de messiânico nos avisos de Putin nessa altura, fazendo uma campanha que apelava ao voto dos eleitores, ampliada pela televisão nacional. Putin apresentava-se não apenas como o guardião dos proveitos conseguidos após o período soviético, mas como o líder da nação de forma mais profunda, protetor dos valores sociais e culturais. Num conjunto de sete declarações proferidas em campanha e impressas nos principais jornais, delineava claramente uma nova visão conservadora do país, referindo-se a um «modelo civilizacional» russo diametralmente oposto aos valores decadentes do Ocidente, representados, em grande parte, por aqueles que agora protestavam contra o seu governo.

No auge dos protestos dos meses de dezembro e janeiro, as sondagens sugeriam que seria difícil conquistar metade dos votos, o que obrigava a uma segunda volta. Porém, no mês de fevereiro, as suas percentagens começavam a subir. O aparelho de suporte de comunicações do Kremlin permanecia ao dispor de Putin, apresentando-o como o firme comandante de uma nação sitiada. Os seus opositores eram demasiado fracos ou excessivos, coadjuvados pelos sabotadores dentro das fronteiras do país e fora delas, determinados em destruir a nação. A chegada de um novo embaixador estado-unidense, Michael McFaul, e o inoportuno encontro que realizou com os líderes da oposição no segundo dia após assumir o cargo, foram um tónico para a televisão nacional, que retratou os protestos como uma invasão estrangeira. A oposição queria uma confrontação, afirmava Putin no final de fevereiro, a ponto de cometer homicídio. «Tenho a certeza disto», disse, referindo-se às declarações que circularam depois das mortes de Anna Politkovskaia e de Aleksandr Litvinenko, e usando as mesmas expressões que dirigiu aos rebeldes na Chechénia. «Procuram um mártir, alguém que tenha exposição. Será exterminado, passo a expressão, para depois culparem o governo.» [6] No dia anterior, o Canal Um da televisão estatal divulgara imagens, com algumas semanas, em que se via dois suspeitos ucranianos a serem detidos por conspirarem para assassinar Putin, ou talvez outro representante oficial de topo, atacando a parada de Moscovo. À medida que as eleições se aproximavam, a escolha que se apresentava aos russos parecia ser evidente e existencialista, como se pretendia: ou Putin ou o abismo.

À semelhança das eleições anteriores, Putin não participou ativamente na campanha, dedicando-se aos deveres oficiais, que tinham cada vez mais um carácter manifestamente militar. Em janeiro de 2012, no aniversário do levantamento do cerco à, então, cidade de Leninegrado, Putin visitou o cemitério onde uma equipa de investigação determinara que o seu irmão, Victor, fora supostamente enterrado durante a guerra. Alguns dias depois, visitou os cientistas no centro de engenharia Sarov (onde se produz todo o polónio-210 do mundo) e prometeu equipar dez novos regimentos com mísseis com capacidade para atacar o centro

A RESTITUIÇÃO

da Europa. A sua única intervenção pública decorreu em fevereiro, no Estádio Lujniki, por ocasião das comemorações do Dia do Exército Vermelho, agora conhecido como Dia dos Defensores da Pátria. Os canais da televisão estatal relataram uma afluência de cento e trinta mil pessoas, apesar de a capacidade do estádio ser de apenas oitenta mil, sendo muitos dos presentes membros do governo, alguns deles convocados de cidades distantes. No interior do estádio, Putin caminhou pela plataforma, coberta com um tapete azul, até ao centro do campo, vestindo um anoraque preto para bloquear o reflexo da luz projetada na neve e com um microfone na mão. Sozinho, no meio de um mar de bandeiras e estandartes, começou a discursar, desajeitado. «Amamos a Rússia?», perguntou num grito. Enquanto caminhava pelo palco, uma fúria parecia crescer no seu âmago. Exortava o público presente a «não olhar além mar, não fugir para a esquerda ou para o lado, não atraiçoar a sua pátria, mas a juntar-se a nós, trabalhar pela Rússia e amá-la tanto quanto nós — de todo o coração». Tal como Cirilo fizera na reunião no mosteiro, Putin evocou a Batalha de Borodino nos arredores de Moscovo, na qual Napoleão foi derrotado. Apelou à consagrada tradição do país de resistir às invasões estrangeiras. Chegou a citar o famoso poema de Mikhaíl Lérmontov, publicado no vigésimo quinto aniversário da batalha, em que um coronel reúne os seus homens para fazer o derradeiro sacrifício pela defesa da pátria.

«Homens, Moscovo não é nossa?
Então, morreremos perto de Moscovo
Como os nossos irmãos morreram
E prometemos morrer
E mantemos a nossa palavra
Nós que combatemos na Batalha de Borodino»

Dois séculos depois, a batalha pela Rússia continuava, declarou Putin em jeito de conclusão, e o seu rosto tenso expressou um esgar ao proferir que a vitória «está nos nossos *genes*».

Na noite de 4 de março, a vitória de Putin foi assegurada, tal como esperado. Ganhou com sessenta e três por cento dos votos na primeira volta, menos do que nas eleições anteriores, tanto dele como de Medvedev, mas tratou-se ainda assim de uma maioria sólida. Ziuganov, candidato pela quarta vez, alcançou um segundo lugar numa posição muito distante, como habitualmente, com dezassete por cento dos votos. Para neutralizar as acusações que envolveram as eleições parlamentares, Putin ordenou que fossem instaladas câmaras de vídeo em praticamente todas as assembleias de voto do país, mas algumas provas de fraude, incluindo a votação-carrossel* e o enchimento prévio das urnas antes de as votações começarem, lançaram dúvidas na contagem dos votos. Segundo algumas estimativas, milhões de votos contribuíram para os totais de Putin, apesar de até mesmo os seus mais duros críticos terem reconhecido que ele possuía o apoio da maioria do povo russo. Putin ganhou em todas as regiões do país exceto em Moscovo, o epicentro do escol descontente, onde, ainda assim, alcançou uma percentagem de quarenta e sete por cento. Em Sampetersburgo, a sua cidade natal, onde irrompera um forte ativismo político depois das votações de dezembro, conseguiu cinquenta e nove por cento dos votos. Putin declarou a vitória num discurso breve na Praça do Manege, com as torres do Kremlin como pano de fundo para as imagens televisivas. Uma multidão reuniu-se diante de uma plataforma, e muitos vieram de fora da cidade de Moscovo, à semelhança do que aconteceu no único comício de campanha anterior, trazidos em autocarros para a zona fortemente protegida onde Putin faria a sua aparição. Estes eram os homens de Putin, e não os modernos *hipsters*, os intelectuais ou radicais, os «cosmopolitas desenraizados» que afastariam a Rússia das suas raízes históricas e das suas tradições. «Demonstrámos que o nosso povo é capaz de distinguir uma coisa da outra», disse Putin nessa noite, depois de Medvedev o apresentar, «distinguir o desejo genuíno de alcançar a modernidade das provocações políticas que têm apenas um objetivo: destruir a Rússia enquanto nação e usurpar o poder». Enquanto discursava, Putin chorou, as primeiras lágrimas que jorrou em público desde o funeral de Anatoli Sobtchak, doze anos antes. Pareceu ser uma genuína desmonstração de sentimento, mas, mais tarde, o Kremlin insistiu que tinham sido provocadas pelo vento frio da noite.

As eleições deixaram os opositores de Putin desmoralizados e desorientados. O espírito de celebração dos primeiros protestos transformou-se

---

* Prática em que os eleitores são transportados entre várias assembleias de voto, depositando o seu boletim em cada uma delas. [N. da T.]

em desânimo. Os manifestantes reuniram-se por uma causa, ou um conjunto de causas, mas não tinham uma resolução. Tornou-se claro que pouco se alterara, e talvez nunca viesse a mudar. Tirando as noções abstratas de uma sociedade pluralista e democrática, quem ou quê daria um passo em frente numa «Rússia sem Putin»? Estava planeado um protesto para a Praça Púchkine na noite do dia seguinte, a menos de dois quilómetros do Kremlin, mas qual era o seu propósito? Ao invés das massas que participaram nos protestos iniciais, desta vez apenas estiveram presentes cerca de vinte mil pessoas.

«Sobrevalorizámos a nossa força», referiu Navalni nessa noite. No fim de duas horas de protesto, o tempo que as autoridades consideraram ser suficiente para lançar uma carga para pôr fim à tensão, pouco mais de duas mil pessoas permaneciam no local. Pareciam incertas sobre se deviam responder aos apelos de Navalni e de outro líder da oposição mais fervoroso, Serguei Udaltsov, permanecer nas ruas ou montar acampamentos como os ucranianos haviam feito em Kiev em 2004, ou os protestantes no Cairo no ano anterior. Ao invés, a carga policial varreu a multidão remanescente, desta vez à força de bastão. Mais de duzentas e cinquenta pessoas foram detidas, dezenas ficaram feridas, e as ruas de Moscovo, limpas.

Os protestos continuaram nas semanas e meses que se seguiram, mas de ímpeto gradualmente mais fraco. Muitos russos desejavam acabar com um sistema que se tornara profundamente cínico e corrupto, mas eram poucos, mesmo no seio dos críticos mais fervorosos de Putin, aqueles que desejavam uma revolução, ação necessária para que ocorresse a mudança. No auge dos protestos, um dos estrategos políticos do Kremlin, Serguei Markov, comparava os manifestantes a um grupo de crianças que exigia um brinquedo, e o Kremlin, a um pai frustrado mas firme. «Não é aconselhável ceder à criança e comprar-lhe o brinquedo», disse Markov, «mas sim distraí-la com algo diferente» ([7]).

Regressando a fevereiro de 2011, ao chegar à Catedral de Cristo Salvador para a atuação das Pussy Riot, a guitarrista Ekaterina Samutsevitch pressentiu que algo não estava bem com os planos clandestinos. Na igreja estavam alguns homens com câmaras de vídeo. Os guardas reagiram tão prontamente, que parecia que estavam à espera da chegada das jovens

O NOVO CZAR

mulheres. Ekaterina — Kátia para os amigos — suspeitou de uma fuga
de informação por parte de um dos operadores de câmara que gravara o
seu vídeo. Ou talvez o FSB tenha começado a monitorar as atividades
do grupo quando os seus vídeos começaram a disseminar-se pelo movimento de protesto. Nunca teve a certeza, mas quando saíram da igreja
estavam jornalistas no exterior à espera delas ([8]). Talvez tenha sido uma
armadilha. De qualquer maneira, era evidente que as autoridades passaram a interessar-se pelas proezas do grupo e queriam pôr-lhes cobro.

No dia seguinte ao da emissão do vídeo, o porta-voz da catedral, o
arcebispo Vsevolod Chaplin, denunciou-o como um pecado mortal contra
Deus. Pouco depois, os magistrados anunciavam que tinham dado início
a uma investigação. Um dia antes da reeleição de Putin, a polícia prendeu
três mulheres e um homem; no dia seguinte, foram detidas mais duas
mulheres. A polícia, sem certezas sobre a identidade dos elementos do
grupo, libertou quatro delas, mas manteve duas mulheres por considerar
serem membros do grupo que esteve na catedral naquele dia do mês de
fevereiro: Nadejda Tolokonnikova e Maria Aliokhina. Kátia foi detida
duas semanas mais tarde, em 16 de março. Foram acusadas não de simples vandalismo, um crime menor que habitualmente é sentenciado com
o pagamento de uma multa, mas de vandalismo perpetrado por um grupo
organizado com motivações religiosas, um sinal mais ameaçador dos
intuitos do governo de fazer das ações do grupo um exemplo a condenar.
A instauração do processo que se seguiu acusava-as de ameaçarem os
«fundamentos espirituais» não só da igreja mas também do «Estado» —
o que, em caso de condenação, lhes granjearia uma pena até sete anos
de encarceramento. Os membros das Pussy Riot almejavam despertar a
atenção pública para a junção entre igreja e Estado, e estavam prestes
a descobrir da pior forma o quanto tinham razão. As três jovens mulheres
ficaram detidas sem caução, apesar de Nadejda e Maria serem mães de
crianças pequenas.

As detenções e a gravidade das acusações provocaram uma onda
de indignação, aumentada pelo descontentamento relativamente à incapacidade de os protestos fazerem algo mais do que apenas manchar a
tranquila vitória eleitoral de Putin. As três mulheres tornaram-se celebridades internacionais, admiradas pelo seu espírito arrojado que desafiava
um regime autoritário. A Amnistia Internacional declarou-as prisioneiras

A RESTITUIÇÃO

de consciência, enquanto músicos preeminentes — Faith No More, Madonna, Pete Townshend e Paul McCartney — defenderam a sua causa. Na Rússia, contudo, a sua sorte provou ser mais complicada: os protestos das ativistas dividiram ainda mais uma oposição que já se apresentava fraturada e contribuíram para o seu descrédito, como tudo o resto, com o Kremlin a assistir satisfeito na primeira fila. Alexei Navalni, visto pelos liberais com extrema prudência devido às suas posições nacionalistas, condenou as detenções dos membros do grupo, mas considerou as suas proezas idióticas. «Se eu estivesse na igreja naquele momento, para ser franco, não gostaria de assistir a umas jovens loucas a entrar por ali dentro e a correr em redor do altar», escreveu Navalni no seu blogue ([9]). Ao invés de provocar um debate sobre política, como era intenção das ativistas, o caso levantado contra elas alimentou a guerra cultural dentro da sociedade russa, o que, em última instância, acabou por favorecer Putin. Apesar dos escândalos em torno das atividades comerciais e da corrupção da igreja, esta continuou a ser uma das mais respeitadas instituições da Rússia, a par da própria presidência. Mais de setenta por cento dos russos são ortodoxos, mas, por legado de um ateísmo soviético oficial, muitos praticam a sua fé de forma leviana, raramente participando ou estando presentes nos cultos das igrejas.

Como tal, saiu o tiro pela culatra à *Oração Punk*. Conseguiu que os paladinos da fé se reunissem para defender a igreja. Em abril, no domingo depois da Páscoa, dezenas de milhares de pessoas responderam ao apelo do patriarca para assistirem a uma celebração especial na Catedral de Cristo Salvador. A multidão atingiu números na ordem das sessenta e cinco mil pessoas, segundo as estimativas oficiais. Mesmo que esse número pudesse estar inflacionado, a celebração reuniu tantas pessoas, senão mesmo mais, quantas as que estiveram presentes nos protestos episódicos que continuaram a verificar-se depois da vitória eleitoral de Putin. Nesse dia, Cirilo encabeçava uma procissão de bispos e padres que transportavam ícones que foram profanados no período soviético, incluindo um que apresentava buracos de balas, datado dos anos vinte. O «ataque dos perseguidores» da fé nos dias de hoje, disse o patriarca, em nada se compara com a repressão soviética. No entanto, alertou ele, o liberalismo do Ocidente representa uma ameaça, porque considera «a blasfémia, o sacrilégio e o desrespeito dos santuários» a «manifestação

O NOVO CZAR

legítima da liberdade humana, epíteto de algo que deve ser preservado nas sociedades modernas». Em momento algum, Cirilo mencionou as Pussy Riot, mas o grupo tornara-se no símbolo da decadência que se infiltrara através das fronteiras da Rússia. Referindo-se aos padres que rogaram clemência pelas três mulheres encarceradas, e era um número significativo de clérigos, e citando os ensinamentos de Jesus, o patriarca apelidou-os de «traidores de sotaina» ([10]).

Na véspera da tomada de posse de Putin, em 7 de maio, os líderes dos protestos planearam mais uma manifestação que foi autorizada a realizar--se na Praça Bolotnaia, do lado oposto do rio em frente do Kremlin, onde Medvedev entregaria formalmente as rédeas do poder. A temperatura era amena com o início da primavera, o que terá contribuído para a grande afluência de participantes, tal como acontecera com as manifestações contra a condenação das Pussy Riot. A aglomeração na praça era de tal forma maciça, que as falanges de agentes da polícia bloquearam abruptamente a entrada, criando uma desordem entre os protestantes, encurralados nas ruas. Aqueles que estavam fora do perímetro de bloqueio sitiaram o lugar; houve alguém que montou inclusivamente uma tenda, um sinal de perigo para a polícia, que tinha ordens para não permitir o tipo de acampamento visto na Revolução Laranja de Kiev. Durante alguns momentos, a manifestação manteve-se pacífica, mas quando os agentes policiais começaram a deter os manifestantes, degenerou em confrontos. A multidão começou a insurgir-se contra as detenções, e a polícia respondeu desferindo bastonadas; alguns no meio da multidão responderam arremessando bocados de asfalto. Boris Nemstov gritava «A Rússia será livre» do topo de uma plataforma quando os agentes da polícia o arrastaram. Quando Navalni foi detido junto do palco, repreendeu o agente da polícia, e a injúria proferida foi gravada por um pequeno microfone que usava para o registo de um documentário sobre o movimento anti-Putin. «Ponho-te na prisão mais tarde», disse, cuspindo os nomes de Putin e dos seus comparsas de negócios, Arkadi Rotenberg e Guenadi Timchenko, que jurou inserir numa «lista de procurados» quando chegasse ao poder ([11]). No final da noite, a confrontação terminara com cerca de quatrocentas pessoas detidas. Dezenas ficaram feridas, incluindo vinte e nove agentes da polícia, que foram devidamente entrevistados nas macas do hospital

A RESTITUIÇÃO

pela televisão do Estado, retratando cenas que muitos consideraram ser encenações. O habitualmente afável secretário de imprensa de Putin, Dmitri Peskov, conhecido por ser o homem capaz de canalizar os sentimentos do seu superior, demonstrava grande pesar por a polícia ter sido tão branda. «Gostaria de que tivessem agido de forma mais severa», declarou Peskov ([12]).

As ações repressivas continuaram no dia seguinte, uma segunda-feira, apesar de as ruas centrais de Moscovo terem sido desimpedidas para a realização da cerimónia de tomada de posse. A polícia que se dirigia à capital deteve mais algumas dezenas de pessoas, muitas delas sem nenhuma razão aparente a não ser a de usarem uma fita branca. Um esquadrão de patentes mais baixas chegou mesmo a invadir o que se tornara conhecido como quartel-general não oficial do movimento de oposição. Tratava-se de um restaurante francês, o Jean-Jacques, o exemplo de espaços que proliferaram durante os anos de crescimento económico e que tornaram a cidade semelhante a uma capital europeia vibrante e moderna, repleta de jovens e criativos moscovitas que escolhiam cervejas de marca estrangeira e vinhos a partir de ementas escritas em ardósias. No final do dia, mais de setecentas pessoas foram detidas em toda a capital. Um grande número de jovens que rondava locais como o restaurante Jean-Jacques foi levado para os escritórios de recrutamento militar e induzido a ingressar no Exército, tal como tinha sido alertado no início dos protestos. «As pessoas estão a ser detidas por nenhuma razão concreta, simplesmente por permanecerem nos passeios», afirmou Oleg Orlov da Memorial, uma organização pela defesa dos direitos humanos. «Começaram, inclusive, a deter pessoas que estão apenas sentadas a beber uma cerveja. Penso que o intuito é mostrar quem é que manda. Chegou um novo imperador, e ele quer mostrar quem é.» ([13])

A cerimónia de tomada de posse de Putin decorreu ao meio-dia com o mesmo esplendor das anteriores, transmitida pela televisão nacional de forma solene e protocolar. Mas desta vez, as câmaras televisivas acompanharam-no do gabinete de primeiro-ministro na Casa Branca, seguiram-no pela escada coberta com um tapete, da entrada principal até ao *Mercedes-Benz* que aguardava por ele, e seguiram a caravana até à Praça Central do Kremlin, onde Medvedev fora já filmado a fazer continência à guarda de honra. Durante seis minutos, uma câmara aérea acompanhou a pequena procissão de motocicletas da polícia que escoltava o veículo de Putin e outros dois veículos. Passaram por ruas que tinham sido não só esvaziadas de tráfego, mas também de pessoas. Ninguém assistia à cerimónia no local. Ninguém acenava, nem se ouviam congratulações nessa manhã soalheira. Ninguém se atrevia a ir para as ruas.

No ano de 2000, Putin fizera o seu primeiro juramento de tomada de posse num enquadramento económico e político instável e de situação de guerra na Chechénia. A segunda tomada de posse, com a mesma nobreza mas mais contida, ocorrera na sombra da guerra da Chechénia, no seio de restrições das liberdades políticas e do desmantelamento da Iukos, mas, também, no palco de um revivalismo da economia que se estendia a mais russos do que em qualquer outro momento da história do país. Medvedev prestara juramento em 2008 numa época de esperança para a Rússia de que tivesse ultrapassado os momentos turbulentos, que o poder passasse para as mãos da nova geração de líderes, que, presto, seriam líderes que apenas conheceriam a Rússia moderna, sem os fantasmas da União Soviética. Agora, Putin regressava ao poder, fazendo o juramento pela terceira vez e o apelo para liderar e proteger o país durante mais seis anos. Porém, regressava ao poder dividindo a nação, fomentando o medo entre os inimigos internos que desejavam usurpar o poder e reverter tudo o que fora conquistado desde o seu primeiro juramento. Regressava ao poder por se ter tornado na única escolha real nos boletins de voto. Já não era o presidente de toda a Rússia; era o presidente para a maioria que votara em Putin, representando um sapo difícil de engolir aos olhos dos membros da oposição.

Voltou a percorrer o longo caminho do Palácio do Kremlin que fizera havia doze anos. Os candidatos derrotados estavam presentes, embora não na primeira fila, onde constavam figuras como Mikhaíl Gorbatchov e líderes estrangeiros, como Silvio Berlusconi, que se tornara num amigo próximo, cujos três mandatos enquanto primeiro-ministro de Itália quase igualavam a longevidade de Putin, embora a sua vida política tivesse terminado no meio de uma amálgama de investigações sobre as suas finanças e vida privada. Medvedev discursou em primeiro lugar, dizendo, de forma sucinta, que a continuidade era essencial para o futuro da Rússia e demorando-se no reconhecimento das fraquezas da sua presidência, à semelhança de Ieltsine e ao contrário de Putin. «Não tivemos êxito a fazer tudo o que desejávamos, nem conseguimos completar tudo o que tínhamos planeado», disse Medvedev. Putin parecia compenetrado e imperturbável. Estava mais velho, o rosto fora esticado pela cirurgia plástica, o cabelo estava mais fino e recuara um pouco mais, mas, aos cinquenta e nove anos de idade, mantinha uma aparência ágil e em forma. «O propósito da minha vida é servir a nossa pátria e o nosso povo, cujo apoio me transmite toda a inspiração e auxílio de que necessito», começou Putin o seu discurso. Continuou salientando que os anos que se avizinhavam seriam cruciais na formação daquilo em que a Rússia se iria tornar, um país que restabelecera a sua «dignidade enquanto grande nação que é» e que seria o centro de gravidade da Eurásia. «O mundo testemunhou um renascer da Rússia.»

Depois da sua breve intervenção, abandonou a tribuna, passando por Ludmila, que permanecera ao lado da esposa de Medvedev e do patriarca Cirilo durante a cerimónia, parecendo consternada nalguns momentos. O seu desaparecimento da vida pública era fonte de especulação, compaixão e chacota. Putin deteve-se a dois passos de Ludmila, voltou-se e aproximou-se dela. Inclinou-se sobre a corda vermelha e beijou-a na fácies, retomando depois o seu caminho.

Se existia alguma expectativa de que o terceiro mandato de Putin anunciasse uma abordagem mais suave e menos autoritária, isso dissipou-se imediatamente. As autoridades encetaram uma investigação arrasadora às confrontações em Bolotnaia, cujos órgãos oficiais descreviam como um motim em massa ou golpe de Estado. Foram conduzidas acusações criminais contra vinte e sete pessoas — não os líderes dos movimentos de protesto, nem radicais, mas sim pessoas normais que se juntaram aos protestos num desejo ardente de fazer ouvir a sua voz. Incluíam-se nesse grupo estudantes, um jornalista por conta própria, um diretor de vendas, um artista, um trabalhador do metropolitano e o assessor de comunicação de um dos poucos membros legisladores da oposição presentes na Duma. Um ativista na lista negra, Leonid Razvozjaev, fugiu para a Ucrânia, mas foi detido por agentes mascarados e expatriado para Moscovo, onde alegou ter sido raptado e torturado [14]. Os arguidos enfrentavam a possibilidade de passar anos na prisão, com base em provas frágeis conseguidas pelas imagens de vídeo e pelo testemunho dos agentes da polícia feridos ou lesados nas confrontações. As investigações continuaram durante um ano, com novos focos de rusgas e detenções nos meses seguintes. Não houve detenções em massa, nenhum Grande Terror contra os dissidentes, mas um aumento firme e seletivo de processos criminais. As autoridades oficiais recorreram à investigação Bolotnaia como pretexto para desencadear outras investigações por todo o país, mesmo em casos com pouca ou nenhuma ligação às confrontações desse dia, como é exemplo disso a investigação, em 2013, contra dois ativistas dos direitos humanos em Orel, a centenas de quilómetros de Moscovo ([15]).

Quando os manifestantes planearam um novo protesto para dia 12 de junho, o feriado que celebra a declaração de independência da Rússia da União Soviética em 1990, equipas de detetives da polícia percorreram Moscovo, fazendo rusgas aos apartamentos dos líderes da oposição mais preeminentes, incluindo Alexei Navalni, Boris Nemtsov, Ilia Iachin e Ksenia Sobtchak, estrela da televisão russa, celebridade e filha do mentor político de Putin, um homem que fora em tempos considerado um símbolo da jovem democracia da Rússia. O papel de Ksenia nos protestos — vista por muitos com ceticismo devido à sua notoriedade, riqueza e ligações da família com Putin — sublinha a profundidade da oposição que Putin teve de suportar desde o seu regresso ao Kremlin. «Nunca pensei dizer isto», disse, abalada, Ksenia Sobtchak a uma estação de televisão depois da rusga ao seu apartamento, «mas ainda bem que o meu pai não estava aqui para assistir a isto» ([16]).

No dia seguinte, todos os líderes dos protestos foram convocados para ser interrogados, apesar de se tratar de um feriado, para evitar a sua presença na manifestação. Navalni encorajou os manifestantes pelos canais virtuais, publicando mensagens sarcásticas no Twitter mesmo enquanto aguardava para ser interrogado. Ainda assim, mais de cinquenta mil pessoas estiveram presentes no protesto, motivadas pelas buscas e detenções. Os discursos dos intervenientes juravam manter o ímpeto dos protestos iniciais, mas a tensão aumentou, e a perseguição a Sobtchak, a figura mais importante do movimento de protesto, enviava um sinal inequívoco de que nem mesmo as ligações pessoais a Putin estavam salvaguardadas.

Era como se existisse um filtro das hierarquias burocráticas. A polícia, os magistrados e os novos delegados da Duma Estatal e do Conselho

A RESTITUIÇÃO

da Federação tinham, agora, uma licença para aplicar todos os meios necessários com o propósito de travar a doença contagiosa que desafiava Putin. Algumas semanas após a sua tomada de posse, foi aprovada uma lei na Duma que agravava as multas para quem participasse em protestos não autorizados, passando de cinco mil rublos para trezentos mil rublos, ou seja, cerca de dez mil dólares à taxa de câmbio da altura e muito superior à média salarial mensal do país. A cidade de Moscovo proibiu a exibição de fitas brancas nos carros. A Duma aprovou uma lei que atribuía o poder às autoridades de encerrarem sítios na Internet que ostensivamente publicassem conteúdos e informações inadequados para crianças, e outra que proibia a disseminação de «propaganda homossexual». Em julho, uma nova lei exigia que as organizações que recebessem financiamento estrangeiro se registassem enquanto «agentes estrangeiros» — uma expressão com assustadores ecos soviéticos — e outra aprovava uma sentença máxima de vinte anos de prisão para quem «fornecesse consultoria a uma organização estrangeira» que tivesse intuitos claros contra o Estado. Questionado pela sua própria comissão de direitos humanos sobre a severidade e abrangência desta legislação, Putin respondeu que iria pessoalmente tratar da sua revisão. Ratificou as leis nesse mesmo dia. Os alvos desta legislação eram não só os grupos políticos, de que era exemplo a associação Golos, mas também grupos de outras naturezas, como o Observatório para o Meio Ambiente do Cáucaso Norte, que monitorava o impacto ambiental da construção das instalações olímpicas em Sochi. Em outubro, a Duma alterou a definição de «traição», alargando de tal forma o seu âmbito, que alguém que transmitisse involuntariamente «segredos do Estado» a um país estrangeiro ou organização internacional podia ser acusado de traição, mesmo que essa informação estivesse disponível ao público.

A Duma Estatal e o Conselho da Federação nessa altura, em que já nem existia a preocupação de encenar a ilusão de um debate cerrado, aprovavam leis em catadupa. A calúnia e a difamação, que Medvedev descriminalizara, foram novamente consideradas crime, e as suas penas, aumentadas, especialmente nos casos em que os alvos eram entidades oficiais do governo. Também foram criminalizadas a blasfémia e a «ofensa a crenças religiosas», inspiradas pelas Pussy Riot. Aqueles que discordassem sofriam retaliações. Um dos deputados que ousaram juntar-se

O NOVO CZAR

aos protestos viu a sua imunidade e o seu mandato serem-lhe tirados. A mãe de Ksenia Sobtchak, Ludmila Narusova, foi expulsa do lugar que ocupava há mais de uma década no Conselho da Federação, apesar da sua relação pessoal direta com Putin.

O rebuliço legislativo reunia uma amálgama de medidas severas de uma confrontação autoritária com evocações patrióticas e religiosas. O resultado foi uma potente fermentação. Deu-se início a uma guerra cultural no centro da nova presidência de Putin, e o julgamento das Pussy Riot foi a primeira grande batalha. O processo começou no dia 30 de julho, o mesmo dia em que Putin ratificou a lei sobre calúnia e difamação e as restrições à liberdade na Internet. Nas suas declarações iniciais, fechadas num cubículo de vidro rodeadas de guardas e de um cão que rosnava, as três jovens mulheres pediram desculpa pelas ofensas que causaram, mas insistiram que as suas ações não eram a demonstração de uma animosidade religiosa, antes um protesto político em defesa da liberdade de expressão. Esse foi o núcleo da sua defesa que ninguém esperava que prevalecesse. O julgamento foi marcado por irregularidades judiciais e pelo árduo esforço dos advogados de acusação em demonstrar os «danos morais» provocados pela breve atuação das jovens na igreja, não só nos presentes no local como em todos aqueles que visualizaram o vídeo mais tarde. Uma das advogadas de defesa, Violetta Volkova, reclamou pelo facto de não ser permitido às arguidas analisar as provas contra elas, uma vez que incluíam centenas de horas de imagens em vídeo não autorizadas nas instalações onde foram detidas; por os documentos terem sido forjados; por ela e os seus colegas não terem permissão para reunir em privado com as clientes; por os peritos da defesa serem impedidos de testemunhar; pelas objeções da defesa serem constantemente ignoradas. «Neste momento, existe um sentimento de que não estamos a viver no século xx, na Rússia, mas antes num universo alternativo, como no conto de fadas de *Alice no País das Maravilhas* ou *Alice do Outro Lado do Espelho*», disse Volkova, ridicularizando as alegações da acusação de que uns segundos de protesto das jovens fossem capazes de destruir as fundações de uma igreja com mais de mil anos de história, «e, agora, toda esta realidade absurda irá desaparecer e cair como um castelo de cartas» [17].

Foi um julgamento mediático que repercutia os julgamentos da época de Estaline ou Brejnev, mas, desta vez, com a exposição de cada revi-

528

A RESTITUIÇÃO

ravolta e declaração espelhada num canal de televisão ou impressa na Internet. Embora os advogados de acusação se tenham esmerado em retratar as jovens como delinquentes mal-educadas, elas apresentavam-se compostas e corajosas, conhecedoras de história e assuntos religiosos. Nas suas declarações finais, citaram os exemplos da rebelião intelectual e moral de pensadores como Sócrates e Jesus, Dostoiévski (que também foi alvo de uma execução simulada) e Soljenítsine, juntando-se à tradição de subir ao patíbulo pela defesa da liberdade. Nos seus argumentos finais, Maria Aliokhina comparou a prisão a uma «Rússia em miniatura», onde as pessoas perderam a noção daquilo que são, tornando-se vítimas apáticas à mercê dos carcereiros.

O julgamento era demonstrativo da reviravolta autoritária de Putin, que passou a estar no centro das atenções internacionais, cada vez mais indignadas. Putin estava rodeado de controvérsia sempre que viajava para fora do país. Fez as suas primeiras declarações públicas sobre o caso das Pussy Riot na sua visita a Londres a propósito dos Jogos Olímpicos de verão, em 2012, os últimos realizados antes dos de Sochi. Declarou que não falara sobre o assunto com David Cameron, apesar de os assessores do primeiro-ministro afirmarem que eles tinham conversado. As declarações incorretas de Putin, o seu desrespeito pelos factos, começavam a ser difíceis de ignorar.

«Sabe, isto não tem nada de bom», respondeu quando lhe fizeram perguntas sobre o julgamento. «Realmente, não vou comentar. Mas se estas jovens estivessem, por exemplo, em Israel e profanassem algo (e muitos de vós sabem que existem por lá homens jovens muito fortes), dificilmente escapariam com tanta facilidade.» Se as jovens tivessem atuado numa mesquita no Cáucaso Norte, disse Putin, a polícia não seria capaz de as deter a tempo de as salvar de um destino mais fatídico. Magnânimo, expressou alguma esperança de que não fossem julgadas «com severidade», embora a realização do julgamento nunca tivesse estado em causa.

Em 17 de agosto, sem grande surpresa, as três jovens foram condenadas, com o juiz a exonerar a defesa de que o protesto das jovens teria sido de cariz político e contra os líderes do Estado. Os advogados de acusação solicitaram uma pena de três anos de prisão, mas foram certamente as declarações de Putin que influenciaram o juiz a aplicar

O NOVO CZAR

uma pena de dois anos. Centenas de apoiantes do grupo reuniram-se às portas do tribunal, enquanto outros percorreram as ruas de Moscovo pondo balaclavas coloridas nas estátuas. A polícia estava a postos e foi implacável. Mesmo antes da leitura do veredicto, Garry Kasparov foi levado de uma conferência de imprensa improvisada nos degraus do tribunal e agredido pela polícia enquanto era forçado a entrar numa carrinha. Assim que o veredicto foi conhecido, iniciaram-se algumas altercações em redor do tribunal, o que levou a dezenas de detenções pela polícia. Foi tudo transmitido pela televisão estatal, alimentando o sentimento anti-Ocidente que se tornara no epíteto do contra-ataque do Kremlin. Nas suas declarações finais, Nadejda citou corajosamente a ode de Soljenítsine sobre o poder da palavra no seu romance *O Primeiro Círculo*. «Tal como Soljenítsine, acredito que a palavra romperá através do cimento.» Mas o caso Pussy Riot dividira e enfraquecera a oposição. O entusiasmo dos protestos iniciais fora, agora, atenuado, remetendo-se à clandestinidade ou ao estrangeiro. As Pussy Riot tornaram-se estrelas internacionais, mas dentro das fronteiras da Rússia o movimento sofrera um significativo revés. Os dois outros elementos do grupo, identificados como Balaclava e Serafima, fugiram do país depois do veredicto.

Em outubro, as três jovens recorreram da sentença. Até mesmo Dmitri Medvedev, agora primeiro-ministro, afirmou que, apesar de se sentir revoltado com o protesto das jovens mulheres, o seu encarceramento era contraproducente. Nessa altura, tinham cumprido sete meses de prisão. Kátia contratara um novo advogado e, ao invés de tentar justificar o protesto, argumentava que a sua condenação teria de ser retirada, pois nem sequer tivera tempo de tocar a guitarra antes de ser empurrada da *solea*. Os advogados de Nadejda e Maria argumentaram que os comentários proferidos por Putin e Medvedev prejudicaram o julgamento em tribunal, o que, por si só, justificava a anulação do processo ou a realização de um novo julgamento. O juiz aceitou o argumento de Kátia, que saiu em liberdade com pena suspensa, mas rejeitou o recurso de Nadejda e Maria. Houve suspeitas de que Kátia fizera um acordo paralelo, ou que o Kremlin pretendera demonstrar que o poder judiciário era, de facto, livre para deliberar com justiça. Poucos acreditavam que o apelo de recurso de Kátia ganhara por mérito próprio.

A RESTITUIÇÃO

Depois da sua libertação, Kátia retirou-se da vida pública. Continuava a encontrar-se com os restantes elementos das Pussy Riot em Moscovo, mas não atuava. Estava certa de que continuavam a ser vigiadas. Num café vegetariano em Moscovo, depois da sua libertação, explicou que o significado das suas atuações fora distorcido a favor dos fins políticos do Kremlin e que o público em geral não fora recetivo à mensagem que pretendiam transmitir ([18]): o público não estava preparado para desafiar o sistema que, gradualmente, se apoderara da sociedade. O vilão na condenação delas não era Putin, acrescentou Kátia. Ele era simplesmente o rosto que representava toda a sociedade conservadora profundamente patriarcal. O verdadeiro vilão era a conformidade entorpecida, tanto na cultura como na política, com um sistema que considerava qualquer desvio um risco demasiado grande. «O problema não estava em sermos consideradas inocentes, no facto de as acusações contra nós serem ilegais ou em Putin ser uma pessoa má, fazendo telefonemas e emitindo ordens sobre o caso», explicou Kátia. «O problema residia em *todos* acreditarem na nossa culpabilidade.»

Capítulo 23

Sozinho no Olimpo

Em outubro de 2012, Putin fez sessenta anos, a idade oficial para a reforma dos homens russos. Esse prazo não se aplicava aos presidentes e a outros representantes oficiais do Estado, mas, enquanto estava na presidência, Dmitri Medvedev fizera questão de baixar a idade da reforma de sessenta e cinco para sessenta anos de idade. O objetivo era o «rejuvenescimento» das fileiras de um sistema burocrático pesado permitindo que elementos mais jovens subissem na hierarquia. Com o aproximar do seu aniversário, e porque muitos dos seus aliados no governo haviam atingido esse marco, Putin aumentou a idade da reforma para os setenta anos. Aparentava ser um pequeno ajustamento. No entanto, fazia parte de um padrão que consistia em reverter, passo a passo, o legado deixado pela presidência de Medvedev. Complementando a alteração da idade da reforma e da reposição da penalização da calúnia e difamação, Putin restabeleceu as zonas de fusos horários eliminadas por Medvedev, revertendo a sua tão impopular decisão que evitava que se alterasse a hora legal duas vezes por ano. As reformas políticas de Medvedev, anunciadas como uma concessão aos protestos que decorreram no inverno de 2011–2012 e transformadas em lei como último ato enquanto presidente, foram deste modo enfraquecidas para que as eleições dos líderes regionais envolvessem apenas candidatos aprovados pelo Kremlin.

O NOVO CZAR

Apesar de Medvedev permanecer primeiro-ministro e líder do Rússia Unida, o Kremlin parecia querer eliminar os seus vestígios do panteão de líderes do país, como se a presidência de Vladimir Putin nunca tivesse sido interrompida. Putin chegou mesmo a incentivar a revisão da história da guerra na Geórgia, em que seria ele, e não Medvedev, o protagonista da liderança determinante no processo. Em agosto, no quarto aniversário destes acontecimentos, surgiu no YouTube um misterioso vídeo com a duração de quarenta e sete minutos e de ampla divulgação. Com o título «Dia Perdido», e citando alguns dos comandantes militares de topo, o vídeo continha alegações pormenorizadas de que a indecisão de Medvedev nas horas iniciais do conflito resultara num número superior de mortes entre as forças da Rússia e da Ossétia do Sul. Tratava-se de publicidade negativa, pura e dura, uma técnica camuflada muito usada pelos estrategos de comunicação da Rússia para provocar um efeito inibidor nos adversários políticos ou rivais empresariais; mas desta vez, o alvo era o protegido de longa data de Putin. As minudências do vídeo eram contraditórias, com alguns pormenores manifestamente falsos e outros, simplesmente confusos. A verdade pouco interessava, desde que as insinuações, com uma música sinistra como pano de fundo, provocassem o efeito desejado. A principal mensagem do filme era a de que Medvedev seria o responsável pela morte de milhares de pessoas, apesar de a contabilização oficial das vítimas mortais de ambos os contendedores ser de 884. A crítica mais severa presente no filme era do general Iuri Baluievski, que, apesar de se ter retirado da vida militar dois meses antes do início da guerra, alegava que os georgianos tinham lançado o ataque à Ossétia do Sul mais cedo do que se afirmava e que Medvedev apenas agira quando Putin interveio pessoalmente dos Jogos Olímpicos de verão em Pequim. «Até levarem um chuto no traseiro — primeiro de Pequim, e depois, como dizem, ao vivo, de Vladimir Vladimirovitch — todos, para dizer de forma suave, tinham medo de alguma coisa», declarou o general.

Nunca foi muito claro qual seria a fonte do vídeo, e ninguém reivindicou a sua autoria; no mundo da publicidade negativa, reina a anonímia. O vídeo foi publicado na conta de YouTube de alguém com o nome de Aslan Gudiev, e os créditos da produção estavam a cargo de uma empresa de nome Alfa, embora não existisse nenhum estúdio na Rússia com esse nome. A edição russa da *Forbes* associava o filme a uma cadeia de televisão pertencente ao National Media Group, cuja propriedade era parcialmente detida e controlada pelo Banco Rossia e pelo seu principal acionista, Iuri Kovaltchuk, amigo de longa data de Putin ([1]). Quando o filme começou a circular, um jornalista do grupo de imprensa do Kremlin questionou Putin sobre o assunto, que confirmou muitas das alegações aí levantadas, incluindo a de ele ter telefonado a Medvedev, de Pequim, duas vezes, o que contradizia as afirmações avançadas pelo seu protegido. Dado que o Kremlin faz um controlo rigoroso das perguntas feitas pela imprensa, o facto de a pergunta ter sido sequer enunciada, por um jornalista da agência noticiosa estatal, a RIA Novosti, sugere que Putin queria atrair as atenções para o vídeo. Podia ter facilmente rejeitado as insinuações terríveis contra o seu assessor de longa data, seu amigo e protegido, mas não o fez.

Especula-se que as lutas internas do governo se intensificaram com o regresso de Putin à presidência, especialmente depois de Medvedev insistir nos seus planos de privatizar as ações do Estado em centenas de empresas públicas. Os principais rivais de Medvedev no governo de Putin continuavam a ser Serguei Ivanov, que era agora o chefe de gabinete do Kremlin, e Igor Sechin e os outros *siloviki*, cujos interesses financeiros nas empresas estatais eram ainda mais acentuados. Medvedev declarara que não excluía a possibilidade de se candidatar novamente à presidência em 2018, uma afirmação que provocou a cólera no Kremlin, entre aqueles que o acusavam de ser responsável pelos protestos que mancharam a reeleição de Putin. Apenas alguns meses após o início das suas funções enquanto primeiro-ministro, o vídeo e a regressão de muitas das suas iniciativas enquanto presidente arrasaram a fraca posição política de Medvedev. O seu precioso projeto de construir um Silicon Valley nos arredores de Moscovo era subitamente alvo de investigações criminais, com base no facto de os seus executivos, alegadamente, canalizarem fundos para o movimento de protestos. As críticas ao trabalho de Medvedev enquanto primeiro-ministro começaram a transparecer, mesmo nos meios de comunicação alinhados com o Kremlin, ao passo que Putin criticava duramente o orçamento governamental pela sua morosidade em instituir as metas ambiciosas e extremamente pormenorizadas — para

O NOVO CZAR

muitos, metas amplamente simbólicas — decretadas por si no início do seu novo mandato, para o melhoramento de áreas como a habitação, a educação infantil, a investigação científica e a esperança média de vida.

A denigração do legado de Medvedev foi igualmente sentida nas relações internacionais. Alguns dias após a sua tomada de posse, Putin sublinhava que o «reinício» defendido pela administração de Obama chegara ao fim. Informou bruscamente a Casa Branca de que não estaria presente na cimeira do Grupo dos 8 que iria decorrer em Washington durante esse mês, o que representava uma rejeição deliberada, não só dos EUA, mas dos líderes das restantes nações que, em tempos, o presidente cortejara. Enviou Medvedev no seu lugar, sob o pretexto de que estaria demasiado ocupado com a formação do novo governo. Ninguém na Casa Branca era favorável ao regresso de Putin ao Kremlin, mas Obama enviara Thomas Donilon, o seu conselheiro de defesa nacional, a Moscovo depois da eleição de Putin, na expectativa de assegurar que a Rússia continuaria a dar o seu apoio na redução de armas nucleares e na resolução da terrível guerra civil que consumia a Síria. Em março, Obama, a braços com a sua própria campanha de reeleição, tentara reiterar perante Medvedev que, tanto ele como Putin, conseguiriam progressos na superação da oposição russa no que dizia respeito às defesas antimísseis na Europa, mas que teriam de esperar pelas eleições nos EUA. Esta conversa privada, tida numa reunião de líderes mundiais sobre segurança nuclear, foi inadvertidamente captada por um microfone.

«Todas estas matérias, particularmente no que concerne às defesas antimísseis, podem ser resolvidas, mas é importante que ele me conceda algum espaço», disse Obama a Medvedev ([2]).

«Sim, compreendo», respondeu Medvedev. «Compreendo o que quer dizer com lhe dar espaço. Espaço para que possa...»

«Estas são as minhas últimas eleições», explicou Obama. «Depois da minha reeleição terei maior flexibilidade.»

«Compreendo. Vou transmitir essa informação a Vladimir.»

Este deslize embaraçoso de Obama motivou o seu adversário republicano, Mitt Romney, a afirmar que a Rússia era «o nosso principal adversário geopolítico» — pior do que uma Coreia do Norte equipada com armamento nuclear ou do que um Irão candidato a potência nuclear, devido à proteção que fornecia aos «piores atores do mundo» por meio

SOZINHO NO OLIMPO

do veto no Conselho de Segurança das Nações Unidas. Obama não foi igualmente capaz de compreender que apesar de ele poder ter maior flexibilidade depois da sua reeleição, Putin estaria mais inflexível do que nunca nessa altura. Em junho, quando Obama se reuniu com Putin na região costeira da Baixa Califórnia no âmbito da cimeira do Grupo dos 20, nenhum dos dois fez grande esforço para disfarçar o desdém sentido um pelo outro. Putin fez Obama esperar cerca de meia hora, e quando terminaram a reunião, não sorriram nem conversaram um com o outro; ambos olhavam para o chão enquanto respondiam às perguntas dos jornalistas. Também não fizeram progressos em nenhum dos assuntos em que estavam em desacordo, especialmente o agravamento do conflito na Síria. Os assessores de Obama elaboraram um plano para negociar o exílio do presidente da Síria, Bashar al-Assad, que se baseava no pressuposto ingénuo de que Assad renunciaria ao cargo — e que seria Putin a persuadi-lo. Ciente da «capitulação» de Medvedev sobre a Líbia, em 2011 nas Nações Unidas, Putin tornou claro que não permitiria que os EUA liderassem a intervenção noutro país estrangeiro com o intuito de derrubar um líder soberano, independentemente do número de vidas que seriam perdidas num conflito progressivamente mais violento. O governo de Assad continuava a ser um dos últimos aliados da Rússia no Médio Oriente, um importante comprador de armas e o anfitrião de uma base naval russa no Mediterrâneo, localizada na cidade de Tartus. Porém, a principal preocupação de Putin era, na sua perspetiva, evitar que os EUA libertassem, mais uma vez, as forças do radicalismo. As autoridades de Washington e de outras capitais minimizaram o sentimento anti-EUA da campanha política de Putin, dizendo tratar-se de um apelo cínico à resistência patriótica contra as ameaças externas à Rússia, mas não entenderam quão profundamente essa tendência moldava agora o pensamento de Putin. A palpável deceção internacional com que o seu regresso à presidência foi recebido, os graves conflitos desencadeados nos protestos, o julgamento das Pussy Riot e as manifestações de Bolotnaia, serviram para corroborar a perspetiva de Putin de que o Ocidente estava hostilmente contra si e os seus interesses e, como tal, contra a Rússia enquanto nação.

O discurso de Putin ecoava gradualmente os piores momentos da Guerra Fria, apoiado e ampliado pelo círculo de homens determinados que constituíam, agora, o seu conselho de ministros, relegando para a periferia as vozes mais moderadas que se juntavam a Medvedev. A recuperação do selo «agentes externos» sugeria que o Kremlin considerava agora a defesa dos direitos humanos e os esforços como os de Navalni para impor a responsabilidade governamental crimes contra um Estado soberano. Com efeito, Navalni usufruíra de uma bolsa escolar para participar num curso executivo sobre liderança na Universidade de Yale. Isso era suficiente para apresentar motivos de suspeita.

No verão de 2012, o Ministério Público reabriu o processo de investigação criminal contra Navalni, acusando-o de um desfalque no valor de quinhentos mil dólares em madeira, na região de Kirov, pelos serviços prestados enquanto consultor não remunerado para o governo regional. Surgiu uma semana depois de Navalni ter divulgado provas que sugeriam que o diretor da comissão de investigação, Aleksandr Bastrikin, era proprietário de uma empresa e de um apartamento na República Checa. Não tardou até as investigações serem alargadas a outros negócios em que Navalni estivera envolvido, obrigando-o a despender mais tempo e energia a defender-se em tribunal.

A contestação ao putinismo que emergiu no inverno de 2011–2012 foi gradualmente desaparecendo das ruas, com as manifestações de protesto a diminuir de dimensão e ímpeto, à medida que o Kremlin pressionava cada vez mais os seus detratores. Muitos dos opositores de Putin — os *hamsters* e *hipsters*, as «classes criativas» que se manifestaram ao lado de Navalni — regressaram à Internet, onde continuaram com o furor, embora impotentes.

Em setembro, em mais um sinal da deterioração das relações externas, em particular com os EUA, o Kremlin terminou com o trabalho na Rússia da Agência Estado-Unidense para o Desenvolvimento Internacional (USAID). Esta agência apoiava a organização Golos e outras organizações civis envolvidas na política, mas também muitos programas políticos inócuos, incluindo os que se destinavam a auxiliar em questões como as hipotecas habitacionais ou o combate à sida. Em outubro, uma nova legislação expandiu a definição de «traição» para passar a incluir todo o tipo de «consultoria financeira, técnica ou material e outros tipos de assistência» a um país estrangeiro ou organização internacional.

O seu espectro era tão alargado, que qualquer crítico do governo que agora tivesse alguma espécie de contacto com uma organização não governamental estrangeira poderia ser julgado por traição. Duas relevantes organizações estado-unidenses que apoiaram as campanhas eleitorais, o Instituto Nacional Democrático e o Instituto Internacional Republicano, foram forçadas a abandonar o país à semelhança de outros grupos europeus, sob pena de os seus trabalhadores ou colaboradores enfrentarem acusações que poderiam resultar em vinte anos de prisão.

Deu-se início a um ciclo de retaliações mútuas, ao estilo olho por olho, dente por dente, com cada ação de um dos países a ter uma resposta equivalente do outro. Em 2012, o Congresso dos EUA, com a oposição da Casa Branca, que ainda esperava repor a cooperação com Putin, adotou uma nova lei com o nome de Serguei Magnitski, que impunha a interdição de viajar e sanções aos funcionários russos envolvidos na acusação e morte do advogado russo. Os magistrados estado-unidenses acabaram por conseguir localizar parte dos duzentos e trinta milhões de dólares de proveitos ilícitos de que Magnitski seguira o rasto até Manhattan, levando-o a quatro condomínios de luxo e outras propriedades comerciais, emitindo uma ordem judicial para os apreender. Foram adquiridos por uma empresa imobiliária de fachada sediada em Chipre, com montantes branqueados através de empresas-fantasmas na antiga república soviética da Moldávia ([3]). A Lei Magnitski enfureceu Putin, que, apesar de ser improvável, negava ter qualquer conhecimento dos pormenores do caso de Magnitski e dizia que os EUA teriam encontrado forma de punir a Rússia independentemente da morte do advogado na prisão. «Se Magnitski não existisse», disse Putin, «teriam encontrado outro pretexto».

Os russos retaliaram impondo sanções a dezoito funcionários estado-unidenses envolvidos na detenção e tortura de prisioneiros na prisão de Guantánamo e noutros locais. Tal como os propagandistas soviéticos de outras épocas, Putin fez uso destes paralelismos — embora por vezes despropositados — para defletir as críticas contra a Rússia, indo um pouco mais longe. Propôs que se criasse legislação que aplicasse sanções aos juízes estado-unidenses e outros oficiais envolvidos em casos de abuso contra crianças russas adotadas, um tema de tensões periódicas com os EUA que parecia ter sido resolvido por um acordo bilateral para aumentar a monitoração do processo. Todavia, no seio do furor das sanções Magnitski, a Duma foi ainda mais além, aprovando legislação que bania *todas* as adoções de crianças russas por estado-unidenses. A votação final foi praticamente unânime, apesar de a lei ser tão cínica e cruel, que provocou a objeção de alguns membros do próprio governo de Putin. Os orfanatos da Rússia estavam repletos de crianças com necessidade urgente de uma família — segundo as estimativas, seriam cerca de oitocentas mil crianças num país onde a adoção continuava a ser estigmatizada e, como tal, rara. Os estado-unidenses adotaram cerca de cinquenta mil crianças desde 1999; a interdição faria que as adoções a decorrer ficassem suspensas. Os EUA tinham direcionado as sanções a burocratas corruptos; a Rússia sancionava as suas próprias crianças. No dia anterior à votação final da legislação na Duma, Putin deparou-se com algumas perguntas inusitadamente duras durante a conferência de imprensa anual. Foi questionado oito vezes sobre a razão de estar a prejudicar os interesses das crianças como retaliação a uma disputa política. Putin perdeu a compostura com a inesperada hostilidade das questões, retorquindo furiosamente, em determinada altura, que a responsabilidade era dos EUA, que se mostravam indiferentes perante o abuso das crianças russas adotadas. Alegava que os EUA tinham rejeitado as averiguações de diplomatas russos que investigavam situações em que as crianças russas tinham sido alvo de abusos naquele país.

«Considera isto normal?», perguntou, furioso. «Como pode ser normal ser-se humilhado? Julga que é agradável? É algum masoquista?»

Uma semana mais tarde, apesar da invulgar onda de protestos no país, Putin ratificou a lei que bania a adoção.

O aniversário dos sessenta anos de Putin, em 7 de outubro de 2012, foi celebrado pela nação de forma condizente com o culto de personalidade, que Putin sempre afirmara que considerava ser de extremo mau gosto. Nos dias anteriores, decorrera uma exposição de pinturas em Moscovo denominada, sem ironia, *Putin: O Homem mais Bondoso do Mundo*. Um grupo de jovens filiados no Rússia Unida produziu um filme com a duração de quatro minutos, repleto de tensão sexual, com mulheres lindas a retratar as mais ilustres façanhas: de montar a cavalo nas montanhas, a pilotar um avião de combate, passando pela condução de um *Lada* de cor amarela na Sibéria. Realizaram-se leituras de poesia e concursos de escrita para as crianças nas escolas. O acontecimento tinha um eco político de interesse especial na história russa, em que os destinos do líder e do país pareciam estar inexoravelmente interligados. O dia do sexagésimo aniversário de Estaline, em 1939, fora considerado feriado nacional e ofuscara a Guerra de Inverno contra a Finlândia. Fora-lhe atribuída a medalha da Ordem de Lenine. Adolf Hitler chegou a enviar um telegrama com os desejos «de um futuro próspero para o povo da pátria amiga da União Soviética». Nikita Krutchov recebeu a mesma condecoração no seu sexagésimo aniversário, em 1954, e a Leonid Brejnev foi atribuída a condecoração de Herói da União Soviética.

O aniversário dos sessenta anos de Putin não lhe granjeou uma medalha e, apesar da adulação oficial, trouxe um intangível sentimento de apreensão aos seus apoiantes e opositores. Compareceu na cimeira da Cooperação Económica Ásia-Pacífico, em setembro, na cidade de Vladivostoque, visivelmente a coxear, sem que o Kremlin parecesse disposto a explicar a razão. (Mais tarde, um assessor sénior explicou que Putin se lesionara nas costas numa partida de hóquei no gelo.) Depois de um ano tumultuoso, Putin sobrevivera a uma onda de marchas de protesto que degradaram a sua reeleição, mas a incerteza quanto ao seu estado de saúde sugeria uma inquietação que fluía pelo sistema. O líder aparentava debater-se com algumas dificuldades em recuperar o vigor da sua primeira presidência; era como se tivesse regressado ao poder sem um objetivo concreto, como se a eleição não tivesse sido um meio para alcançar um fim, mas o fim em si mesmo.

Em setembro, voara num ultraleve motorizado, no âmbito de um programa de conservação de uma espécie rara de grous na Sibéria, ajudando-os a regressar à natureza. Putin maravilhara os seus apoiantes com vários encontros com animais selvagens (muitos deles sedados), mas essas proezas aparentavam já não ser convincentes. Acabara com essas demonstrações no auge dos tumultos na época da sua reeleição, talvez pelo embaraço causado pela sua falsa «descoberta» de ânforas gregas no mar Negro, mas agora retomava as encenações. Com um fato-macaco branco, juntou-se ao piloto do ultraleve para reintroduzir na natureza os grous criados em cativeiro junto do rio Ob na Sibéria ocidental, conduzindo-os de volta ao seu espaço natural. O ultraleve, equipado com câmaras,

O NOVO CZAR

teve de fazer duas tentativas para que as aves os acompanhassem. Supostamente, Putin tinha pago pelo voo no ultraleve e perdido várias horas de treino, no entanto, a sua demonstração foi ridiculizada como uma forma de hagiografia soviética moderna. Ao invés de atrair as atenções para os assuntos relacionados com a conservação da natureza, os grous não passavam de mais um adereço da vaidade de Putin. Gleb Pavlovski, o estratego caído em desgraça, descreveu as proezas de Putin como irrefletidas e pouco convincentes, como se o Kremlin estivesse a passar por uma crise de criatividade. Pavlovski contribuíra muito no passado para moldar a imagem política de Putin, recorrendo ao mesmo tipo de encenações televisivas que o tornaram no líder político que é, mas, no seu regresso ao poder, Putin parecia não conhecer outro caminho para se reunir de novo com a nação depois de quatro anos de interregno. «O líder foi ao cinema e nunca mais regressou», afirmou, com pesar, Pavlovski ([4]).

A hagiografia continuou no próprio dia de aniversário de Putin. Embora celebrasse o dia em privado com os amigos chegados e a família na residência oficial em Sampetersburgo, todos os canais televisivos estatais elaboraram programações especiais que teciam louvores ao líder. No programa semanal noticioso do canal Rossia, Dmitri Kiseliov comparou Putin a Estaline em forma de homenagem. «Em termos de abrangência das suas atividades, Putin enquanto político está entre os seus predecessores do século xx, igualando-se apenas a Estaline», declarou o jornalista num enaltecimento a Putin com a duração de trinta minutos, em que referiu o aumento dos salários e pensões, a revitalização do Exército e o restabelecimento da paridade nuclear com os EUA ([5]). O canal NTV emitiu um documentário com a duração de cinquenta minutos que procurava apresentar uma nova faceta do homem que, sozinho, era o centro do interesse público há doze anos. Com o título *Visitando Putin*, o documentário visava mostrar um lado de Putin apenas conhecido pelo seu «círculo de amigos mais próximos», embora não acrescentasse nada de novo ao que já se conhecia do presidente. O apresentador, Vadim Takmenev, acompanhou Putin durante uma semana, do seu escritório em Novo-Ogariovo até ao Kremlin, passando por uma visita ao Tajiquistão. Numa série de entrevistas realizadas ao longo dessa semana, Putin limitou-se a reiterar a sua perspetiva sobre a reeleição, sobre aqueles que o criticavam, sobre a corrupção e as relações externas, desvalorizando as críticas enquanto meros incómodos (⁶). Os líderes do movimento de protesto — pessoas como Navalni, cujo nome Putin parecia não ser capaz de proferir — representavam o «joio» soprado para longe, afirmou o presidente, para dar lugar às «figuras carismáticas e verdadeiramente interessantes» da vida pública e política. A corrupção era sobrestimada, e, afinal de contas, o rendimento médio anual dos russos passara de menos de mil dólares por ano, altura em que tomou posse, para cerca de dez mil dólares àquela data. «É da maior importância para a compreensão de qualquer pessoa que viva no território russo ter a perceção de que, não só vive neste território, como é também um cidadão de uma forte potência que desfruta do respeito do resto do mundo.» O mais importante, continuou Vladimir, era que apenas a Rússia gozava de uma paridade nuclear estratégica com os EUA.

A resposta de Putin ignorava a humilhação e irritação diária dos russos forçados a pagar subornos pela utilização de praticamente qualquer serviço público, os valores exorbitantes que Navalni se tornou especialista em expor, a classificação desoladora da Rússia na lista da Transparência Internacional, que a situava na centésima trigésima terceira posição, num total de cento e setenta e seis países. Apenas dois dias antes, a NTV transmitira um documentário que acusava os grupos de protesto que ocuparam as ruas de conspiração para derrubar o governo, desta vez, com o apoio dos oligarcas da Geórgia e dos seus financiadores do Ocidente. Ambos os documentários retratavam Putin enquanto um patriota simples e honesto, a desempenhar o seu trabalho de forma incansável, exclusivamente dedicado aos assuntos do Estado, ao passo que os seus opositores apareciam enquanto estrangeiros com desejos anarquistas. Contrastando com as evidentes demonstrações de corrupção e favoritismo que enriqueceram os seus amigos e aliados, Putin era apresentado como alguém com uma vida modesta, quase ascética, numa residência que, apesar dos confortos e comodidades, era sóbria, com poucos adornos e sem ostentações de riqueza. Em 2012, o então mais recente artigo técnico de Boris Nemtsov e seus colaboradores sobre a corrupção e riqueza do núcleo duro de Putin minuciava as vinte residenciais estatais que o presidente tinha ao seu dispor, nove delas construídas durante a época em que esteve no poder, bem como dezenas de iates e aviões privados. Ainda assim, este mesmo autor reconhecia que Putin se preocupava menos com estas ostentações de riqueza do que com aquelas que lhe garantiam poder.

Embora reverencial, o documentário da NTV *Visitando Putin* fornecia um esboço da rotina presidencial oficial que permanecera um mistério para os cidadãos russos durante doze anos, depois da demissão de Boris Ieltsine. Os dias de Putin eram descritos num guião que parecia um conjunto desapaixonado de reuniões e cerimónias. Começava o seu dia tarde — acordando às oito e meia no segundo dia do projeto de Takmenev —, com as suas pastas informativas compiladas diariamente pelo FSB e pelo Serviço de Inteligência Estrangeira. Depois, como na maior parte dos dias, dedicava umas horas ao exercício físico: primeiro nas máquinas de pesos no ginásio da sua residência, enquanto assistia aos programas noticiosos televisivos, e depois a nadar um quilómetro na piscina interior. Perto do meio-dia, Putin comia o seu pequeno-almoço, uma refeição simples de papas de aveia, ovos de codorniz crus, requeijão, que lhe era enviado, sublinhou, pelo patriarca Cirilo das quintas propriedade da igreja, e sumo de beterraba e rabanete. O seu dia de trabalho começava, portanto, tarde, e prolongava-se pela noite dentro. As reuniões com os ministros decorriam quando a maioria das pessoas se preparava para se deitar. Certa vez, era quase meia-noite quando dispensou Takmenev para se poder reunir com o seu chefe de combate às drogas, Victor Ivanov, e o ministro da Defesa, Anatoli Serdiukov, que, tal como o jornalista, aguardavam na antecâmara antes de ser recebidos. Putin referiu que os seus ministros estavam sempre em serviço, mas que apenas os incomodava quando havia necessidade. Quando lhe perguntaram, respondeu que não confiava nos meios de comunicação social por os considerar tendenciosos, o que, em si, era uma afirmação curiosa, dada a obsessão do Kremlin em controlar praticamente todos os canais disponíveis. Afirmava preferir a informação que recebia nas reuniões com os seus homens, tais como Serdiukov e Ivanov, por se tratar de informações «mais pormenorizadas e rigorosas». Na secretária do seu escritório, não tinha computador que o ligasse à Internet, na qual, se assim o desejasse, poderia obter informações que desafiassem uma visão circunscrita do mundo, reforçada pelos seus aduladores que raramente ousavam desafiá-lo.

Este documentário, à semelhança de outro realizado na língua alemã e coincidente com a sua tomada de posse cinco meses antes, mostrava

Putin constantemente rodeado dos seus assessores e guardas, mas de mais ninguém. Fazia exercício físico sozinho. Nadava sozinho. Tomava o pequeno-almoço sozinho. A sua família não aparecia em nenhum dos documentários — nem a mulher, nem as filhas, Maria, com vinte e sete anos, e Kátia, com vinte e seis —, nem qualquer um dos seus amigos. A sua única companhia aparentava ser o *labrador* preto, *Koni*, que esperava por ele à beira da piscina enquanto Putin completava as voltas. No documentário da NTV, a única alusão a Medvedev, em tempos o seu assessor mais próximo e, ainda, primeiro-ministro, surgiu quando Putin se referiu a uma bicicleta dupla vermelha que estava solitariamente à porta do ginásio. Fora um presente de Medvedev, explicou Putin, enquanto se exercitava nos pesos, «obviamente uma brincadeira». Um crítico televisivo considerou que a solidão do líder era uma invenção improvável, com o intuito de convencer a audiência de que Putin não era a figura corrupta e insensível que os manifestantes pretendiam veicular, mas antes o funcionário público dedicado que se sacrificava pela nação.

A vida privada de Putin continuava a ser um segredo bem guardado de todos, exceto dos que lhe eram mais próximos, um grupo muito restrito e discreto que permanecera consistente ao longo dos anos, mas que era fortemente resguardado e retraído. Tudo o que os russos conheciam sobre a vida de Putin era-lhes apresentado desta forma, em pequenos e controlados excertos que o Kremlin preparava ou autorizava, sempre circunscritos, revelando alguns pormenores ocasionais. A propensão de Putin para trabalhar até horas tardias e manter os visitantes à espera durante horas tornara-se notória. Mesmo os seus amigos esperavam para falar com ele já de madrugada. Igor Chadkhan, o realizador que o tinha entrevistado duas décadas antes, recorda-se da última vez em que se encontrou com Putin, à uma da madrugada, depois de uma longa espera e de uma fila de funcionários e executivos se ter reunido com ele, à vez, no seu escritório ([7]). Putin já não tinha o espírito descontraído que conquistara Chadkhan em 1991. Tentou dizer uma piada, mas Putin não se riu. «A propósito», disse numa entrevista em 2013, «Estaline era também uma pessoa noturna». Reproduzindo a dramatização de Soljenítsine dos monólogos interiores de Estaline em *O Primeiro Círculo*, Chadkhan descrevia agora Putin como alguém «terrivelmente exausto», solitário, rígido nas suas doutrinas, desconfiado e receoso mesmo em relação à sua comitiva, de quem esperava «vingança assim que ele sair do poder, pois muitos deles estão humilhantemente dependentes de Putin».

Aqueles que em tempos orbitavam na periferia da vida de Putin — ministros, empresários, conhecidos – reuniam-se com ele cada vez menos. Parecia ter-se modificado. Guerman Gref, um dos seus conselheiros liberais desde a época em que trabalhavam juntos em Sampetersburgo, acompanhava o seu colega há tanto tempo, mas, ainda assim, tinha dificuldade em compreender a evolução do seu carácter. Quando lhe perguntaram se Putin se modificara, fez uma pausa desconfortável, procurando uma resposta que não fosse ofensiva. Tudo o que foi capaz de dizer resumiu-se a «O poder modifica as pessoas» ([8]). Aqueles que em tempos foram próximos de Putin viam-se agora excluídos das suas relações. A viúva de Anatoli Sobtchak, Ludmila Narusova, descreveu Putin como um homem diferente daquele a quem o marido podia chamar, por brincadeira, de «Stirlitz», o agente duplo da minissérie televisiva *Dezassete Instantes de uma Primavera**. «Tem um sentido de humor apurado — ou, pelo menos, costumava ter», afirmou Ludmila à imprensa, depois de ser expulsa do Conselho da Federação no outono de 2012. O exílio político foi o preço que a viúva teve de pagar por ser a voz rara que se opunha à enxurrada de legislação que varria os movimentos de protesto, dos quais a sua filha Ksenia fazia parte ([9]). «A destruição das ilusões que tenho não inclui Vladimir Vladimirovitch, que considero uma pessoa absolutamente honesta, decente e dedicada, mas sim a sua comitiva», afirmou Narusova. «Sinto uma aversão por aqueles que o rodeiam.» Ele deixou de ver os «baixos padrões morais» dos líderes políticos em quem confia. «Será possível que não compreendam — mesquinhos, exigentes e gananciosos como são — que, assim que mentem, nunca mais conseguirão recuperar a confiança? Mentem uns aos outros, mentem a Putin, mas ainda assim, ele confia neles.» Continuou dizendo que, no poder, ocorre uma «espécie de *embronzeamento*», usando a palavra «bronze» para sugerir um sentimento tal de egos insuflados, que acaba por os endurecer como estátuas de bronze, tornando-se algo menos humano. Relembrou a última reunião

---

* Baseada nos livros de ficção do romancista Iulian Semionov, escritos nos anos sessenta do século xx, cuja personagem principal (Stirlitz) era uma espécie de «James Bond russo». [N. da T.]

de Sobtchak com Putin, quando ele se dirigia a Kalininegrado para fazer campanha por ele, no ano de 2000. «Volodia», advertiu Sobtchak, «não te transformes em bronze». E no entanto, parece que foi nisso mesmo que ele se transformou.

Enquanto primeiro-ministro, Vladimir Putin continuou a viver na sua residência oficial em Novo-Ogariovo, mas a partir do momento em que regressou à presidência, passou a viver sozinho. A sua filha mais velha, Maria, casou-se com um holandês, Jorrit Faassen, que pertencia ao grupo de executivos da empresa de energia russa Gazprom. A sua ligação com a família de Putin transpareceu para a opinião pública a propósito de um incidente violento, em novembro de 2010, quando conduzia um *BMW* numa autoestrada congestionada em direção a Rubliovka, os subúrbios repletos de multimilionários da alta-roda de Moscovo. Depois de uma quase colisão com um *Mercedes* de um jovem banqueiro, Matvei Urin, um grupo de guarda-costas saiu abruptamente de uma carrinha *Volkswagen* e agrediu Faassen de forma violenta. O incidente foi investigado não pela polícia de trânsito, mas pelos Serviço de Segurança Presidencial, e em poucas semanas, tanto os guarda-costas como Urin foram detidos. Foi condenado por agressão e sentenciado a quatro anos e meio de prisão, agravados por subsequentes condenações de desfalque e fraude que levaram ao desmantelamento do seu império bancário. Jorrit e Maria casaram--se em segredo — nunca sendo muito claro o local da cerimónia, embora os rumores sugerissem uma ilha grega — e em 2012, pouco depois do sexagésimo aniversário de Putin, tiveram um filho. Putin tornara-se avô, facto que nunca foi divulgado pela imprensa russa ([10]).

Ainda menos se conhecia sobre a filha mais nova de Putin, Kátia, de quem se dizia ter-se formado em Estudos Asiáticos na universidade. Há muito que corriam rumores de que Kátia estaria a namorar o filho de um almirante sul-coreano — e com quem se supunha ter-se casado, mas não era verdade. Ao invés, enveredou pela dança competitiva, tornando-se na vice-presidente da Confederação Mundial de *Rock and Roll*, com o nome de Katerina Vladimirovna Tikhonova; o nome de família foi claramente retirado do patronímico da mãe de Ludmila. No final de 2012, com vinte e seis anos, passou a ser a diretora da Fundação Nacional para o Desenvolvimento Intelectual, uma organização que edificou um

O NOVO CZAR

centro de investigação de alta tecnologia na Universidade de Moscovo, no valor de 1,6 mil milhões de dólares ([11]). Os mandatários do fundo incluíam muitos dos aliados mais próximos de Putin, agora, executivos abastados de empresas estatais, como Igor Sechin e Serguei Chemezov. Os rumores eram de que Kátia se casara com Cirilo Chamalov, o filho de Nikolai Chamalov, que fora membro da cooperativa de habitações Ozero de Putin. Cirilo juntara-se, igualmente, às fileiras executivas da Gazprom depois de se formar na mesma universidade que Kátia. Depois, fez parte da direção e, mais tarde, tornou-se acionista da Sibur, a maior empresa petroquímica do país, detida parcialmente por Guenadi Timchenko. As interligações e laços nepotistas do círculo de amigos de Putin e dos seus aliados aparentavam estar a alargar-se à geração seguinte.

Na ausência de informações oficiais ou, sequer, fidedignas sobre as vidas privadas dos elementos da família Putin, os rumores proliferavam, sobretudo nos quadrantes mais intriguistas e dados à conspiração da Internet. Existiam especulações sobre o estado de saúde de Ludmila, que incluíam surtos depressivos ou comportamentos aditivos; uma das lendas preferidas era a de que fora banida para um mosteiro perto de Pskov, à semelhança do que acontecera com as mulheres dos imperadores ao longo da história. Mas a verdade era mais prosaica. Serguei Rolduguin, um dos mais antigos amigos de Putin, declarou que a relação entre os Putins se mantinha cordial, mas que se tornara gradualmente distante. Por sua vez, Putin passava mais tempo com o círculo de amigos que mantinha desde a infância, da época em que fazia parte do KGB, e dos negócios que criou nos anos noventa. Seria no seio destes amigos que Putin relaxaria, sendo o anfitrião de festas que se prolongavam pela noite dentro, na sua residência de Moscovo ou nalgum dos retiros oficiais citados por Boris Nemtsov no seu artigo. Nestes encontros, dizia Rolduguin, Putin nunca falava abertamente de negócios — essas conversas aconteciam em privado com cada um dos intervenientes —, nem de política. Os temas habituais variavam entre a história e a literatura. Os interesses de Putin esgotavam-se com relativa rapidez. Tinha pouca paciência para temas estafados, mas uma avidez por novas temáticas e informações. Lera a tradução de Pasternak de *Rei Lear*, de Shakespeare, e testou os seus amigos para averiguar se sabiam, tal como referia Pasternak nas suas notas de tradução, que a inspiração histórica da tragédia datava do século IX.

SOZINHO NO OLIMPO

Convidava músicos e cantores para concertos privados, preferindo as baladas *pop* e *rock* de cantores como Grigori Leps e Philippe Kirkorov; os convidados e o anfitrião chegavam a qualquer hora aos encontros festivos, de carro ou de helicóptero. Certa vez, pediu a Rolduguin que trouxesse músicos da Casa da Música de Sampetersburgo, local onde este seu amigo exercia funções de diretor artístico. Os três músicos convidados — um violinista, um pianista e um clarinetista — tocaram excertos de Mozart, Weber e Tchaikovski. Putin ficou comovido e, com a graça digna de um imperador, voltou a convidá-los na noite seguinte para mais uma atuação para o mesmo grupo de amigos. Estes encontros festivos incluíam figuras como as de Iuri Kovaltchuk e Guenadi Timchenko, mas cada vez menos, a mulher de Putin.

As suas obsessões continuavam a ser o trabalho e o desporto. O hóquei no gelo tornou-se num novo passatempo, em 2011, depois de assistir a um campeonato juvenil. Era um desporto praticado pelos seus amigos Timchenko e os irmãos Rotenberg, Boris e Arkadi, donos de equipas profissionais que faziam parte da Liga Continental de Hóquei da Rússia. Putin dedicou horas a aprender a equilibrar-se nos patins e a manusear o taco de hóquei, um exemplo do mesmo zelo que demonstrou ao aprender artes marciais nos tempos da adolescência, e depressa começou a disputar partidas de hóquei em arenas vazias, em que os únicos presentes eram os seus convidados. Entre os colegas de equipa e professores, constavam algumas lendas do hóquei, tais como Slava Fetisov e Pavel Bure, bem como amigos como os Rotenbergs, os seus ministros do governo e, até mesmo, o presidente bielorusso, Aleksandr Lukachenko. Os guarda-costas do seu destacamento de segurança bem como os de Medvedev — mas não o primeiro-ministro — preenchiam os restantes lugares da equipa. Nos preparativos para os Jogos Olímpicos, Putin decretou a criação de uma liga noturna amadora de hóquei, destinada a homens com idades superiores a quarenta anos, mas que depressa se alargou para incluir jogadores de todas as idades. Encarou isso como uma forma de revitalização do país pela prática do desporto e do exercício físico. Os jogos amadores rapidamente conquistaram adeptos e eram notícia nos boletins desportivos que, incansavelmente, acompanhavam a perícia do presidente no hóquei. Com o número onze na camisola, marcava golos com surpreendente facilidade — numa ocasião, chegou

549

a marcar seis golos num só jogo! Na noite dos primeiros protestos em massa de dezembro de 2011, estava a jogar hóquei, referiu o presidente de forma evasiva. No dia da sua tomada de posse em 2012, saiu do Kremlin como o novo presidente para participar num jogo de exibição contra jogadores de hóquei reformados, que contava na audiência com dois políticos aposentados, Silvio Berlusconi e Gerhard Schröder, enquanto espectadores. Putin marcou dois golos, incluindo a grande penalidade que deu a vitória à sua equipa no prolongamento ([12]).

Foi em maio, no dia da sua tomada de posse, que Ludmila foi vista com Putin em público pela última vez. Antes disso, tinham aparecido um com o outro no dia das eleições na assembleia de voto, onde Putin, provocadoramente, fez uma piada à custa da mulher. Quando um funcionário indicou ao candidato a informação que estava afixada na parede, Putin respondeu que ele não precisava de ler, mas que talvez a mulher necessitasse. «Ela não está atualizada», disse Putin ([13]). A ausência de Ludmila durante a presidência de Putin tornou-se flagrante, alimentando rumores de que estavam prestes a divorciar-se. Estivera conspicuamente ausente nos serviços religiosos da Páscoa nesse ano, aos quais Putin compareceu com Medvedev e a mulher deste, acompanhados pelo presidente da câmara de Moscovo, Serguei Sobianin. Putin escusou-se de estar presente no aniversário dos cinquenta e cinco anos de Ludmila na véspera do Natal ortodoxo, em 6 de janeiro de 2013; estava em Sochi, garantindo um passaporte a Gérard Depardieu (para que o ator fosse eximido de pagar impostos em França) e praticando esqui nas novas pistas olímpicas ([14]).

Apenas foram vistos em público, novamente em conjunto, em junho seguinte, quando surgiram, depois do primeiro de três atos de um espetáculo de bailado que decorria no Kremlin, *La Esmeralda*, para responder a uma pergunta de um jornalista que era tão atrevida, que só podia ter sido encenada como a atuação a que assistiam. «Gostaram de *Esmeralda*?», perguntou o correspondente do canal Rossia 24. Depois de Putin e Ludmila terem feito algumas observações comuns sobre a «beleza» da música e a «leveza» dos movimentos dos bailarinos, o correspondente abordou delicadamente a questão que, noutras circunstâncias, teria provocado a ira de Putin: «É tão raro aparecerem juntos, e existem rumores de que já não estão a viver na mesma casa. Isso é verdade?»

Putin respirou fundo, olhou para Ludmila, e passados alguns momentos respondeu: «É verdade. Todas as minhas atividades, o meu trabalho, são públicos, totalmente públicos. Algumas pessoas gostam disso. Outras não. Algumas incompatibilizam-se totalmente com isso.» Referiu-se formalmente à mulher como Ludmila Aleksandrovna, como se se tratasse de uma estranha ou de uma pessoa idosa. Ela «fartou-se de esperar», disse Putin. «Passaram-se oito anos, ou nove, sim, nove. Por isso, resumindo, foi um acordo mútuo.» Permaneceram ligeira e desconfortavelmente afastados um do outro. Ludmila aparentava dor, e Putin uma certa inflexibilidade. «O nosso casamento acabou porque raramente nos vemos», acrescentou ela. «Vladimir Vladimirovitch está completamente absorvido pelo seu trabalho. As nossas filhas já cresceram. Vivem as suas próprias vidas. Todos nós vivemos.» Mostrou-se grata por Putin «continuar a sustentar-me e às nossas filhas» e afirmou que continuariam amigos. Numa altura em que muitos dos políticos e figuras oficiais da Rússia combatiam contra as revelações de os seus filhos estudarem ou viverem no estrangeiro, Putin aproveitou o momento para reforçar o facto de as filhas permanecerem no país.

O jornalista parecia confuso. Significava isso que iriam efetivamente divorciar-se?

«Pode dizer-se que se trata de um divórcio civilizado», respondeu Ludmila.

A decisão de Putin de levantar o véu sobre a sua vida privada coincidiu com a reviravolta socialmente conservadora das suas políticas, anunciando a confiança e a moralidade da Rússia na luta para definir e defender a sua ideia de Estado. A maioria dos russos reagiu com indiferença ou com alguma solidariedade. A única surpresa era o sentido de oportunidade do momento escolhido. O divórcio seria oficial apenas no ano seguinte. A separação de ambos, entretanto, originou novas especulações de que Putin pretendia casar-se novamente — talvez com Alina Kabaeva, que se supunha ter tido um filho do presidente em 2010 (e uma filha em 2012). Kabaeva, que aparecia na capa da edição russa da revista *Vogue* em janeiro de 2011, envergando um deslumbrante vestido Balmain, negava sistematicamente que tivesse filhos (o rapazinho que aparecera na sua vida era o seu sobrinho). Surgiram rumores de outras relações amorosas, como o caso da ex-espia Anna Chapman e da fotógrafa oficial de Putin, Iana Lapikova, uma ex-modelo e ex-concorrente a Miss Moscovo. Os rumores sempre foram um pouco inconsistentes, todos eles rigorosamente negados pelo porta-voz de Putin, Dmitri Peskov. O estratego político e colunista ocasional, Stanislav Belkovski, alegava que os rumores sobre a vida amorosa de Putin eram invenções da máquina de relações públicas do próprio Kremlin, com o intuito de promover a imagem do presidente. Belkovski publicou um livro, em germânico, que retratava Putin como um homem solitário, um líder desconfiado, que se sentia mais próximo dos seus cães de estimação do que das pessoas, mesmo dos seus amigos. O livro, com o título simples *Putin*, era uma amálgama de especulações, boatos e factos — incluindo, por exemplo, minudências rigorosas sobre a vida das filhas do presidente — que se interligavam de forma tão harmoniosa, que era quase impossível distinguir uns dos outros, quanto mais saber a verdade sobre a vida privada de Putin. Até mesmo Belkovski não tinha a certeza, distanciando-se posteriormente do retrato psicológico que tinha inicialmente delineado ([15]). Putin não parecia ser mais genuíno do que qualquer uma das proezas políticas que aperfeiçoara. Depois de mais de doze anos no centro das atenções públicas, tornara-se numa figura distante, mais isolado do que os secretários-gerais e imperadores antes dele, tão poderoso e desconhecido quanto o esquivo funcionário Klamm de *O Castelo* de Kafka. «Já não se trata de Putin», disse Gleb Pavlovski. «Falamos de Putin em demasia. Putin é o início, a tábua rasa, o ecrã onde projetamos os nossos desejos, as nossas preferências e os nossos ódios.» ([16])

Capítulo 24

Putingrado

Em fevereiro de 2013, Putin conduzira uma extensa comitiva de oficiais russos e membros do Comité Olímpico Internacional até Sochi, para efetuarem reuniões durante dois dias, exatamente um ano antes da planeada cerimónia de abertura. Não parecia satisfeito.

Cinco anos de construções transformaram a zona costeira — os assessores de Putin diriam para melhor, enquanto os seus críticos consideravam que fora desastrosa. A configuração circular das principais arenas olímpicas no vale Imereti fora drenada e limpa de quaisquer vestígios das centenas de casas e habitações aninhadas no meio de estuários que eram zona de nidificação de aves migratórias. As arenas erguiam-se na planície como se fossem artefactos alienígenas — modernas e brilhantes em comparação com os vestígios neoclássicos do glorioso passado soviético de Sochi. O vale revelava uma paisagem danificada e enlameada, repleta de detritos produzidos pelas construções, salpicado aqui e ali de guindastes em funcionamento dia e noite. Os trabalhos eram igualmente intensos nas montanhas de Krasnaia Poliana, onde as águas turvas do rio Mzimta se agitavam para lá da linha férrea e da autoestrada que ainda não estavam terminadas. A dimensão das construções nas montanhas e ao longo da estreita linha costeira de Sochi era impressionante: cerca de trezentos e vinte quilómetros de novas estradas; dezenas de túneis e pontes; oito novas estações ferroviárias e trinta e uma paragens mais pequenas; uma nova central elétrica construída pela Gazprom e uma rede de subestações menores; um novo aeroporto e um novo porto marítimo, construídos por Oleg Deripaska, o magnata repreendido por Putin em Pikalevo em 2009; dezenas de novos hotéis, escolas e centros clínicos. Representava, na altura, o maior projeto de construção do planeta, um esforço que, na Rússia, foi comparado à reconstrução das cidades devastadas pela Grande Guerra Patriótica. Anatoli Pakhomov, o presidente da câmara de Sochi, afirmou que o gigantesco projeto de construção de uma segunda variante da autoestrada que passaria por um túnel, aliviando assim os congestionamentos de tráfego, era algo que Estaline propusera cerca de meio século antes, mas apenas agora, com Putin, possível de ser realizado. Vladimir Iakunin, amigo de longa data de Putin, comparou a construção ferroviária no valor de cerca de dez mil milhões de dólares a um plano ainda mais antigo de unificar a nação: a Ferrovia Transiberiana, construída no crepúsculo do império russo pelo imperador Alexandre III e o seu filho, Nicolau II ([1]).

Desde o início, Vladimir Putin esteve íntima e obsessivamente envolvido no projeto olímpico, atribuindo contratos de construção (muitas vezes sem os devidos concursos públicos), aprovando projetos e fiscalizando a calendarização de todo o processo. Visitava Sochi com muita frequência, tanto em viagens oficiais como privadas quando se deslocava até à sua residência de verão em Bocharov Ruchei, ou a uma nova residência construída pela Gazprom nas montanhas. Mais do que qualquer outro megaprojeto, o da construção em Sochi seria símbolo do aumento da riqueza do país, do seu prestígio internacional, do triunfo sobre o terrorismo e o separatismo do Cáucaso Norte, situado do outro lado da cordilheira montanhosa onde os Jogos Olímpicos decorreriam. Para Putin, as Olimpíadas tinham um intuito mais profundo do que as razões meramente políticas. Representavam um paliativo para um país que tanto sofrera nas décadas anteriores. «Depois do desmembramento soviético, depois dos negros e, sejamos francos, sangrentos acontecimentos no Cáucaso, a opinião pública na Rússia tornou-se muito negativa e pessimista», admitiu Putin certa vez a um grupo de jornalistas estrangeiros. «Temos de nos recompor e perceber que conseguimos realizar projetos de grande escala, dentro dos prazos e com altos padrões de qualidade, e, por projetos, refiro-me não só a um reforço do potencial de defesa, mas a desenvolvimentos na área humanitária, incluindo grandes conquistas no âmbito do desporto.» Os Jogos Olímpicos, continuou, reforçariam «o moral da nação».

Mesmo os críticos de Putin reconheciam a grandeza do empreendimento, mas nem sempre de forma favorável. Konstantin Remchukov, jornalista e editor do jornal independente *Nezavisimaia Gazeta*, comparou a reconstrução de Sochi à ambição de Pedro, *o Grande*, de criar uma nova Sampetersburgo no século XVIII, não só para substituir Moscovo enquanto cidade capital mas para tirar o país do atraso em que se encontrava. «Aprendemos na escola como esta cidade foi erguida sobre ossos, quantos caíram sem fôlego à sua custa, quantos tiveram de cortar as barbas e quanto a cidade de Moscovo estava descontente com o facto de Sampetersburgo ser construída em terrenos podres e pantanosos», disse Remchukov. «Este local é, para Putin, a sua Sampetersburgo. Reparem como ele construiu Sochi, em Krasnodar! Dentro de cinquenta ou sessenta anos — não sei —, passará a ser conhecida como Putingrado.» ([2])

Tal como acontecera com as indústrias estratégicas da nação, Putin entregava os projetos de maior envergadura a pessoas em quem confiava ou que controlava, tornando-as ainda mais ricas. Não toleraria nenhum tipo de divergência ou atraso. «Depois de os jornalistas saírem», censurou os seus subordinados reunidos para uma infeliz visita de inspeção, documentada em registo fotográfico em 2012, «falaremos sobre em quanto ultrapassaremos o orçamento devido aos atrasos dos prazos previstos. Não quero assustar ninguém, mas preciso de falar convosco como pessoas que conheço há largos anos».

Seja como for, o megaprojeto sofreu atrasos, desastres e escândalos: derrapagens orçamentais, acidentes, roubos, corrupção, abusos. Em 2009, uma terrível tempestade de inverno destruiu o porto de carga criado especificamente para descarregar os materiais de construção, assim como milhares de metros de muros que cercariam o local. Putin viu-se obrigado a despedir consecutivamente três diretores da principal empresa empreiteira, a Olimpstroi, até conseguir manter o quarto. Compareceram dezenas de milhares de trabalhadores estrangeiros com salários de miséria — de locais como a Moldávia, Ucrânia e Ásia Central, fomentando o ressentimento entre os cidadãos russos da região —, e muitos deles foram sujeitos a maus tratos e chantagens, enganados, mal pagos e deportados para os seus países. Dezenas morreram em acidentes ([3]).

Putin desejava que os Jogos Olímpicos fossem um símbolo da Rússia, e teve êxito. A corrupção esteve presente ao longo de todo o projeto, aumentando de tal forma os custos, que se tornaram difíceis de ignorar ou ocultar. No início do ano de 2013, Dmitri Kozak, um assessor próximo de Putin, então vice-primeiro-ministro e responsável por Sochi, deixou escapar, em declarações públicas, que os custos de preparação de Sochi para os Jogos Olímpicos tinham subido dos doze mil milhões de dólares que Putin acordara com o Comité Olímpico Internacional até uns impressionantes cinquenta e um mil milhões de dólares. Foram os Jogos Olímpicos mais caros alguma vez organizados — mais sete vezes o valor dos Jogos Olímpicos de inverno de Vancôver em 2010 e muito mais do que Pequim desembolsou enquanto anfitriã dos Jogos Olímpicos de verão em 2008, de dimensão consideravelmente maior. Num país que se debatia, ainda, com o desenvolvimento da sua economia, o valor era tão politicamente delicado, que Kozak e outros ministros foram instruídos para nunca mais o mencionarem. O esbanjamento era ridículo. A edição russa da revista *Esquire* publicou um gráfico humorístico que estimava que, com as verbas gastas na construção da autoestrada e da ferrovia para as montanhas, os engenheiros poderiam ter pavimentado o percurso com um centímetro de caviar preto, seis centímetros de trufas negras e vinte e dois centímetros de *foie gras*, entre outras iguarias ([4]). As entidades oficiais envolvidas atribuíram o gasto das elevadas somas às condições geológicas ou às exigências do Comité Olímpico Internacional, mas a verdade é que os custos de praticamente todos os projetos da empreitada eram largamente superiores quando comparados com projetos em qualquer outra área geográfica. Existiam relatórios generalizados que comprovavam que os empreiteiros tinham inflacionado os seus preços em todos os níveis, para conseguirem pagar subornos às autoridades oficiais, como sublinhou Valeri Morozov em 2010. O gasoduto que a empresa de Arkadi Rotenberg construiu no mar Negro para abastecer os Jogos Olímpicos custou mais de cinco milhões de dólares por quilómetro, comparativamente aos quatro milhões do gasoduto do mar Báltico, o Nord Stream (que, já por si, era várias vezes mais dispendioso do que a média europeia) ([5]). Boris Nemtsov denominou Sochi «um festival de corrupção», estimando, em junho de 2013, no seu relatório mais recente sobre a corrupção na era de Putin, que cerca de metade do total dos cinquenta e um mil milhões de dólares foi esbanjado ou roubado. Até mesmo as entidades oficiais russas reconheceram o desperdício de vastas somas de dinheiro. A Câmara de Auditoria russa estimava que pelo menos quinhentos milhões de dólares daqueles que tinham sido gastos não estavam contabilizados — e rapidamente classificou os relatórios trimestrais como segredos de Estado. Porém, nunca se materializaram processos criminais contra qualquer um dos aliados de Putin, os quais se tornaram muito, muito ricos, por causa dos Jogos Olímpicos.

Os custos, e a suposição de que grande parte do dinheiro fora roubado, fez que muitos questionassem a sensatez da realização dos Jogos Olímpicos. Era uma reação que muitos países anfitriões vivenciavam, mas na Rússia os encargos surgiram numa época desfavorável. A economia russa dependia fortemente dos recursos naturais, e, depois de conseguir recuperar da pior crise económica de todos os tempos, voltou a estagnar. O crescimento económico abrandou dos três por cento em 2012 para pouco mais de um por cento em 2013. A bolha consumista insuflada pelos preços do petróleo não se traduziu em melhorias nos serviços públicos. Os índices de popularidade de Putin — uma aferição imperfeita dada a influência do Estado nos meios de comunicação social e no sentido do discurso — caíram em 2013 para os níveis mais baixos registados desde que se tornara presidente pela primeira vez em 2000. Segundo uma das agências, os níveis de popularidade de Putin atingiram o pico no mês seguinte ao da guerra na Geórgia, nos oitenta e oito por cento, mas na altura dos preparativos para as Olimpíadas desceram para pouco mais de sessenta por cento ([6]). Era ainda mais diminuta a taxa de inquiridos que tinha fé na direção do país ou nas políticas do presidente, e quase inexistentes aqueles que acreditavam numa burocracia voraz e ineficaz que parecia resistir, inclusivamente, aos decretos de Putin.

Nas pistas de esqui de Krasnaia Poliana nesse mesmo mês de fevereiro, a frustração de Putin transbordou enquanto vistoriava pessoalmente o local, onde existiam estruturas que batalhavam para ficar prontas dentro do prazo. Nessas vistorias, afirmou o presidente da câmara Pakhomov, Putin raramente expressava o seu contentamento por um trabalho bem

O NOVO CZAR

realizado; ele era um «capataz» que estabelecia as metas e ficava furioso quando não eram cumpridas. Pakhomov referia-se a estas inspeções com um sentimento de admiração pela força de vontade de Putin. Tal como em outras ocasiões, Putin estava determinado a encenar um espetáculo dos seus desagrados. Com um sobretudo preto, permaneceu no meio dos seus assessores no novo centro olímpico para as provas de trenó que acabara de ser construído. O responsável pela comissão de organização em Sochi, Dmitri Chernichenko, explicava a disposição dos lugares quando Putin, inesperadamente, mudou o assunto para a rampa de saltos de esqui, que, de todos os exemplos de desperdício e atraso nos prazos, se tornaria no mais famoso.

O projeto denominava-se Gornaia Karusel, ou seja, Carrossel da Montanha, e era supervisionado por Akhmed Bilalov, um vice-presidente do Comité Olímpico da Rússia, que, por acaso, fora proprietário do terreno onde iria ser construída a pista e, até há pouco tempo, fora acionista da empresa responsável pela empreitada. Vendera o terreno e as ações ao seu irmão. Bilalov, um empresário do Daguestão que prestara serviço na Duma, era próximo de Medvedev e da sua equipa de conselheiros. Fora nomeado para o Comité Olímpico durante a presidência de Medvedev, bem como para a direção de um projeto que o, então, presidente esperava que desenvolvesse o Cáucaso Norte, por intermédio da construção de um conjunto de estâncias de esqui, incluindo uma na Chechénia, como meio para conter os resquícios insurgentes da região, criando oportunidades económicas. A plataforma de saltos de esqui sofria de uma localização deficiente, uma conceção desleixada e técnicas de construção que, segundo os ambientalistas, muito provavelmente provocaram o deslizamento de terras de 2012 que quase enterrou o estaleiro. Tiveram de ser construídos muros de retenção onerosos, bem como uma estrada para o local que não estava prevista no contrato inicial. O orçamento previsto para o projeto, que era, no início, de quarenta milhões de dólares, disparou para mais de duzentos e sessenta milhões de dólares, e, ainda assim, a pista continuava inacabada e lamacenta, repleta de lixo proveniente dos materiais e detritos da construção.

Os membros da sua comitiva pareciam constrangidos. Chernichenko não soube o que responder a Putin quando este o questionou sobre os atrasos. Putin lançou um olhar inquiridor pelos homens, até que Dmitri

Kozak se chegou à frente para explicar que estavam dois anos atrasados em relação ao prazo, sempre com Putin a bombardeá-los com perguntas. Queria saber quem era o responsável por aquela situação. «O camarada Bilalov», respondeu Kozak, enquanto a comitiva se movia agitada em torno dele.

«E que anda ele a fazer entretanto?»

Kozak gaguejou que não sabia do seu paradeiro. Putin virou-se e olhou para os outros. Alguém respondeu que era responsável pela Companhia das Estâncias do Cáucaso Norte e que fazia parte do Comité Olímpico da Rússia, cujo responsável, Aleksandr Jukov, também estava presente na comitiva.

«Então, ele é o seu vice-presidente, não é?», perguntou Putin. Jukov apenas foi capaz de assentir enquanto Putin continuava a pressionar, incansável. «E o vice-presidente do Comité Olímpico do país está envolvido neste tipo de empreendimentos?»

«Ele tem uma empresa de construção», respondeu alguém no fundo do grupo. Putin dirigiu-se novamente a Kozak, conduzindo-o como um advogado de acusação faz com uma testemunha hostil.

«Os custos com a construção das instalações sofreram algum aumento?», indagou Putin. Kozak, de olhos postos no chão, notavelmente despreparado para este interrogatório ou, talvez, apenas nervoso, apresentou os custos no geral e a proveniência dos fundos. Porém, Putin exigiu saber os valores exatos e quando Kozak o informou, repetiu a informação mostrando repugnância.

«Muito bem, camaradas!», disse com um sarcasmo glacial que, claro está, passaria em destaque nas televisões nacionais. «Vamos continuar.» E então virou-se e saiu.

Bilalov, ordenado por Putin, foi despedido no dia seguinte de todas as suas funções. Deu-se início a um rol de investigações sobre o seu trabalho nas Estâncias do Cáucaso Norte, incluindo as despesas extravagantes necessárias para viajar até Londres para os Jogos Olímpicos de verão, em 2012. Bilalov, juntamente com o seu irmão, Magomed, rapidamente fugiu do país, existindo rastos da sua presença em abril seguinte numa clínica em Baden-Baden, na Alemanha, onde deu entrada devido a elevados níveis de mercúrio no sangue, suspeitando-se de que fora deliberadamente envenenado. Os médicos que o observaram

O NOVO CZAR

disseram, mais tarde, que o veneno no organismo de Bilalov era arsénico e molibdénio ([7]). Os irmãos Bilalov mudaram-se para Londres, enquanto Putin atribuía a tarefa de completar a pista de esqui ao banco Sberbank, administrado por Guerman Gref. Putin conhecia Gref desde os anos noventa e, apesar das suas intermitentes críticas indiretas às políticas de Putin (testemunhando no caso Khodorkovski, por exemplo), confiava nele para finalizar os trabalhos.

A pista de esqui não era o único projeto atrasado e acima do orçamento, e alguns suspeitavam de que Putin destacara este em detrimento de outros por os seus responsáveis estarem associados à equipa de Medvedev e, como tal, serem dispensáveis ([8]). Outros, contudo, consideraram a encenação uma prova de que Putin estava, finalmente, a apertar o cerco à corrupção que corroía a Rússia ou, pelo menos, a fazer deste um exemplo para desviar as crescentes críticas do projeto olímpico. Porém, a justiça permaneceu seletiva e não deu lugar a acusações significativas, mesmo no caso de Bilalov. A corrupção tornara-se tão insidiosa, que estava institucionalizada, sendo um mecanismo de adulteração e coerção. Qualquer um podia ser processado, quando necessário, pois quase todos eram cúmplices — e mesmo que não o fossem, podiam ser igualmente acusados. Para Putin, a ameaça da corrupção pairava sobre qualquer pessoa e, como tal, dominava-a. No caso de Bilalov, a preocupação de Putin residia menos na confrontação da corrupção e mais no envio de uma advertência muito pública, para aqueles que estavam envolvidos no sonho olímpico, de que seria melhor terminarem os projetos dentro do prazo. De facto, quando voltou a visitar a pista de esqui em dezembro, desta feita com a presença de Gref, tudo estava pronto — contudo, com grandes perdas para os resultados líquidos do Sberbank ([9]).

Em 23 de junho de 2013, um voo da Aeroflot de Hong Kong aterrou em Moscovo com aquilo que Putin viria sarcasticamente a apelidar de «um grande presente de Natal para nós». A bordo do avião vinha Edward Snowden, o jovem e desiludido funcionário da Agência de Segurança Nacional estado-unidense que entregara ao *The Guardian* e ao *The Washington Post* dezenas de milhares de documentos altamente confidenciais que pormenorizavam a insidiosa vigilância estado-unidense das redes telefónicas e informáticas, muitas vezes com a colaboração dos seus países aliados, como o Canadá, o Reino Unido, a Austrália e a Nova Zelândia. Procurado pelos EUA por acusações de espionagem após as suas revelações, Snowden escapuliu-se de Hong Kong depois de um encontro com agentes oficiais do consulado russo na cidade, acompanhado por um advogado da WikiLeaks. Snowden planeara apenas trocar de avião em Moscovo para continuar a sua viagem até Cuba, mas o Departamento de Estado revogou-lhe o passaporte num esforço de abreviar a sua viagem. A jogada correu mal quando os chineses permitiram a sua saída para Moscovo. Estava efetivamente retido sem documentos no Aeroporto Sheremetievo, onde passou as cinco semanas seguintes num limbo diplomático e sob vigilância, presume-se, apertada do FSB.

Em Washington, os agentes oficiais entraram em pânico. Suplicaram à Rússia que o pusesse num avião com destino aos EUA, inquietando-se, em privado, com o grave risco de Snowden poder partilhar mais informações sensíveis com os russos. Putin pareceu apreciar este desafio aos estado-unidenses. Snowden não cometera nenhum crime em solo russo, referiu numa visita à Finlândia dois dias mais tarde, permitindo a presença de Snowden na sala de trânsito do aeroporto russo. Seja como for, Snowden era um defensor dos direitos humanos que se «bate pela liberdade de informação», referiu Putin. «Perguntem a vós mesmos se será necessário pôr alguém como ele na cadeia ou não.» Continuou dizendo que não queria perder muito tempo com as minudências do caso de Snowden, remetendo isso para o diretor do FSB, Aleksandr Bortnikov, um colega de longa data que se juntara ao KGB na cidade de, então, Leninegrado, em 1975, no mesmo ano de Putin. «Seja como for, prefiro não me envolver pessoalmente neste assunto, porque é como cisalhar um leitão: envolve muitos guinchos, mas pouca carne.»

Depois de anos a enfrentar duras críticas dos EUA sobre o seu histórico em matéria de direitos humanos, a ironia era doce. A imprensa russa aclamou Snowden como um herói, comparando-o a Andrei Sakharov, fazendo um paralelo entre as revelações do primeiro contra os EUA e as deste contra a União Soviética. Passadas três semanas no limbo diplomático na restrita sala de trânsito, o Kremlin permitiu a Snowden permanecer numa sala onde pudesse reunir-se com os advogados e representantes das organizações de defesa dos direitos humanos, incluindo três — a Human Rights Watch, a Amnistia Internacional e a Transparência

Internacional — cujos escritórios sofreram rusgas por parte dos investigadores russos no âmbito da caça aos «agentes estrangeiros». Snowden leu uma declaração escrita afirmando que procurava asilo político ao invés de um regresso a um país que violava as suas próprias leis. «Há pouco mais de um mês», disse, «eu tinha uma família, uma casa no paraíso e vivia com grande conforto. Tinha igualmente a capacidade de, sem qualquer mandado, procurar, apreender e ler todas as vossas comunicações — as de qualquer pessoa em qualquer altura. Isso é o tipo de poder que altera o destino das pessoas» ([10]).

A odisseia de Snowden até Moscovo foi um golpe diplomático e de informação para Putin. Apesar de a magnitude da cooperação de Snowden com os serviços de inteligência russos ser desconhecida — e ferozmente contestada pelos seus apoiantes —, o FSB monitorava, de muito perto, o seu inesperado «presente». «Ele está literalmente rodeado desta gente», disse Andrei Soldatov, um jornalista que escreveu exaustivamente sobre as agências de serviços secretos russas e que, mais tarde, reclamou contra Snowden não poder ou não querer reunir-se com jornalistas russos independentes como ele ([11]). O caso Snowden comprovou a Putin as suas denúncias sobre a hegemonia e perfídia dos EUA, sobre a hipocrisia das três administrações estado-unidenses com as quais teve de lidar. As revelações de Snowden mancharam a reputação do presidente Obama e da sua política de negócios estrangeiros, agravando as relações do país até com aliados como a Alemanha, cuja chanceler, Angela Merkel, ficou a saber que as suas conversas telefónicas tinham sido postas sob escuta. Mitigou, igualmente, as revelações que os jornalistas como Soldatov e a sua mulher, Irina Borogan, andavam a fazer sobre a extensa vigilância da própria Rússia aos seus cidadãos, por meio de um programa denominado SORM, ou *System of Operative-Investigative Measures**. Descreveram o sistema SORM como «uma rede *orwelliana* que compromete a privacidade e a capacidade de fazer uso das telecomunicações contra o governo» ([12]), expandindo o alcance dos serviços de informações cada vez mais profundamente no seio da Internet e das redes sociais, que, até recentemente, aparentavam estar livres da interferência governamental. O número de escutas duplicara desde 2007, capturando as comunicações

---

* Na língua portuguesa: Sistema de Medidas Operativas de Investigação. [N. da T.]

dos líderes da oposição como Boris Nemtsov e Alexei Navalni, que chegavam às agências noticiosas favoráveis ao Kremlin através de fugas de informação intencionais. Dadas as revelações de Snowden, como poderiam os EUA opor-se ao arrepiante sistema de vigilância russo?

Quase seguramente com a aprovação de Putin, os serviços de migração da Rússia concederam asilo temporário a Snowden, em 1 de agosto, atribuindo-lhe uma licença que lhe permitia viver e até trabalhar no país; Snowden pôde sair da sala de trânsito do aeroporto e começar uma nova vida na obscuridade, em Moscovo. Essa decisão, da qual a Casa Branca estado-unidense teve conhecimento por meio das informações noticiosas, deu a estocada final no «reinício» das relações que Obama pretendera restabelecer com Medvedev, e que definhavam lentamente desde que Putin regressara ao poder. Uma semana mais tarde, Obama cancelou os planos de uma reunião privada com Putin a realizar antes da cimeira do Grupo dos 20, programada para setembro em Sampetersburgo. A frustração de Obama em relação a Putin transbordou. Numa conferência de imprensa, referiu que lhe parecia haver pouco interesse em se reunir com Putin, dadas as suas diferenças sobre políticas e perspetivas mundiais — os diferendos sobre a defesa antimísseis, sobre a turbulência no Médio Oriente, sobre as repressões em relação à oposição na Rússia, sobre a proibição das adoções de crianças russas pelos estado-unidenses, sobre a aprovação de uma nova lei que barrava a distribuição de «propaganda homossexual» a menores —, para não mencionar a crescente onda anti-EUA que figurava nas televisões estatais russas e nas declarações oficiais. Obama descreveu Putin como alguém mal-humorado e insolente, um insulto que enfureceu Putin, segundo um dos seus assessores. «Ele tem aquele tipo de postura», disse Obama, «como se fosse o miúdo que está sempre aborrecido no fundo da sala de aulas». Os assessores de Obama convenceram-se de que Putin ansiava pelo respeito que a reunião dos dois líderes mundiais lhe granjearia, mas Putin agiu como se não se interessasse pelo assunto tanto como eles assumiram. «Não podemos dançar o tango sozinhos», declarou o porta-voz de Putin, Dmitri Peskov ([13]).

Em poucas semanas, os acontecimentos na Síria provaram que Peskov tinha razão. Em agosto, uma chuva de foguetes com agentes tóxicos atingiu os subúrbios da capital da Síria, Damasco, matando cerca de mil e quatrocentas pessoas. Obama advertira, dois anos antes, de que o uso de armas químicas pelo governo sírio ultrapassaria a «linha vermelha» que desencadearia uma resposta militar estado-unidense, e no espaço de uma semana, o Pentágono elaborara um plano de retaliação com mísseis contra as Forças Armadas da Síria. Putin não fez declarações públicas, mas os representantes oficiais russos tentaram confundir o debate, lançando a dúvida sobre a responsabilidade das Forças Armadas do presidente Bashar al-Assad neste ataque. Putin disse ao primeiro-ministro britânico, David Cameron, não existirem provas «de ter ocorrido um ataque químico» e, caso tenha acontecido, de quem seria o responsável. Putin tinha pouca simpatia pelo presidente Assad, mas opunha-se veementemente a outro ataque liderado pelos EUA no Médio Oriente. Estava convicto, desde o início, de que os EUA aguardavam apenas por qualquer pretexto para atacar e derrubar Assad, e a sua determinação em impedir isso era bem maior do que a de Obama em punir a Síria pelo uso de armas químicas, com o registo mais mortal de sempre desde a Guerra Irão-Iraque nos anos oitenta.

Com os ataques aéreos estado-unidenses prestes a iniciar-se, Obama retrocedeu subitamente, dizendo que tentaria obter a autorização do Congresso antes de avançar. A coligação que esperava construir não se concretizou, e até mesmo os aliados dos EUA, como o Reino Unido e a Alemanha, se recusaram a apoiar um ataque. Quando os líderes das nações do Grupo dos 20 se reuniram em Sampetersburgo em setembro, a posição internacional de Obama era tão indeterminada como a «linha vermelha» que ele estabelecera contra o uso de armas químicas. Putin estivera isolado contra as ferozes oposições a Assad, mas, agora, os outros líderes juntavam-se a ele, insistindo que qualquer intervenção requeria uma autorização por parte do Conselho de Segurança das Nações Unidas, no qual Putin mantinha a vantagem de veto da Rússia. Até mesmo o Papa Francisco enviara uma carta a Putin, exortando os líderes a que «pusessem de lado a fútil prossecução de uma solução militar» ([14]).

Um mês depois de, vincadamente, ter cancelado os planos de se reunir em privado com Putin, Obama chamou-o de parte, no Palácio de Constantino, durante a cimeira do Grupo dos 20, e ambos se sentaram nas poltronas de uma das salas, acompanhados apenas dos respetivos tradutores. Nesse encontro não planeado, Putin apresentou uma proposta para forçar a Síria a eliminar o seu arsenal de armas químicas sob supervisão internacional, com a qual Obama concordou. Quando a proposta se tornou pública, o quase inexistente apoio a uma intervenção militar estado-unidense evaporou-se.

Putin, que fora vilipendiado pelo seu cunho pesado na Rússia após a sua reeleição, era agora proclamado herói que evitara uma potencial escalada violenta da guerra. Mesmo tendo Obama continuado a requerer uma autorização do Congresso para uma potencial ação militar — em grande parte, para pressionar o governo de Assad a cumprir com as inspeções internacionais —, Putin esboçou um artigo que as relações públicas estado-unidenses do Kremlin, a empresa Ketchum, conseguiu que fosse publicado na edição de 12 de setembro do *The New York Times*. Nesse artigo, argumentava que teriam sido os EUA a ameaçar a ordem internacional estabelecida desde a Grande Guerra Patriótica. As suas intervenções no Afeganistão, no Iraque e na Líbia provaram ser «ineficazes e desnecessárias». A lei internacional, continuou Putin, apenas autoriza o recurso à força em legítima defesa ou quando sancionado pelo Conselho de Segurança das Nações Unidas. «Não estamos a proteger o governo da Síria, mas sim a lei internacional. Devemos manter a atuação do Conselho de Segurança das Nações Unidas e acreditar que preservar a lei e a ordem, no complexo e turbulento mundo atual, é um dos poucos meios de evitar que as relações internacionais resvalem para o caos. A lei continua a ser a lei, e devemos segui-la quer nos agrade ou não.» Putin termina o artigo contestando a alegação de Obama sobre a «excecionalidade estado-unidense», efetuada num discurso amplamente divulgado pelas cadeias de televisão estatais em que explica a sua decisão de não atacar a Síria. «É extremamente perigoso encorajar o povo a julgar-se excecional, seja qual for a motivação. Existem países grandes e países pequenos, ricos e pobres, aqueles que têm uma tradição democrática antiga e aqueles que ainda estão a caminhar nesse sentido. As políticas de todos diferem igualmente. Somos todos diferentes, mas quando pedimos a bênção do Senhor, não devemos esquecer-nos de que Deus nos criou a todos iguais.» ([15]) O artigo — num tom de sermão e com alusões inequívocas à Declaração da Independência estado-unidense — enfureceu os representantes de Washington. Muitos deles sublinharam a hipocrisia da Rússia por não ter requerido autorização para intervir na Geórgia em

O NOVO CZAR

2008 e por continuar a fornecer armamento que permitiu ao exército de Assad aniquilar os rebeldes. O artigo de Putin também incluía a alegação não fundamentada de terem sido os rebeldes sírios a usarem armas químicas e de que o próximo alvo seria Israel.

No entanto, a manobra de Putin estendeu uma tábua de salvação a uma nação como os EUA, cansada de guerras, e Obama, que enfrentava a oposição do Congresso, aproveitou para a agarrar. A NTV iniciou uma das suas emissões alegando que Putin deveria ganhar o Prémio Nobel por ter evitado um ataque aéreo estado-unidense. No discurso russo controlado, isso não constituía surpresa, mas a posição de Putin granjeou-lhe também aplausos nos EUA — mesmo que a maioria fosse dos conservadores satisfeitos por ver um Obama fraco, primorosamente manipulado no palco internacional. Um mês mais tarde, a revista *Forbes* classificou Putin como a pessoa mais poderosa do mundo, ultrapassando Obama pela primeira vez; estas classificações são irrelevantes, mas a imprensa russa repetiu-a vezes sem conta. «Qualquer pessoa que assistisse, neste ano, ao jogo de xadrez entre a Síria e as fugas de informação da Agência de Segurança Nacional, ficaria com uma ideia clara da alteração ocorrida nas dinâmicas individuais de poder», escreveu o editor da *Forbes* ([16]). O bloguista estado-unidense Matt Drudge denominou Putin «o líder do mundo livre».

Seguiu-se um triunfo diplomático ainda maior para Putin, desta vez na Ucrânia. Depois de vários anos de negociações que culminaram no outono de 2013, a Ucrânia ficou mais próxima de um acordo de associação com a União Europeia, um tratado que aprofundaria as relações políticas e comerciais de ambas as partes. Desde as eleições de 2010, o presidente ucraniano, Victor Ianukovitch, manteve relações estreitas com a Rússia, conservando o seu país na órbita russa. Contudo, antes de a sua popularidade começar a dissipar-se com o aproximar das eleições em 2015, retomara a possibilidade de reforçar as suas ligações à Europa, algo fortemente apoiado pela oposição interna, e pôs em execução reformas políticas impostas pela União Europeia enquanto condição de assinatura do acordo. Os europeus negociavam acordos semelhantes com a Moldávia, a Geórgia e a Arménia, na esperança de lhes conceder acesso ao mercado único europeu. Para os diplomatas nas capitais europeias, a integração destas economias, com a perspetiva de uma total adesão no futuro, iria expandir de forma estável e pacífica o espaço europeu, uma ideia antiga que se tornara num artigo de fé no século XXI.

Todavia, para Putin, a expansão da Europa para incluir a Ucrânia representava uma usurpação da Rússia pela União Europeia, que seria, na sua perspetiva, inevitavelmente seguida de uma penetração adicional na OTAN. As próprias relações da Rússia com o bloco estavam num impasse, devido às desconfianças sentidas por muitas das nações europeias, particularmente aquelas que pertenceram à esfera soviética, relativamente às políticas energéticas e de direitos humanos; uma cimeira decorrida em maio em Ecaterimburgo não conseguiu assegurar um acordo que permitisse a deslocação de representantes oficiais do governo russo sem visto, devido ao debate que ocorria sobre a adoção ou não no continente das «sanções Magnitski» estado-unidenses. Os esforços pessoais de Putin para tornar a Ucrânia mais ajustada à Rússia, proposta que fez a Leonid Kutchma, pela primeira vez, nas vésperas da Revolução Laranja em 2004, granjearam-lhe poucos progressos, bloqueados pelas divisões políticas internas na Ucrânia. Dez anos mais tarde, a visão de Putin de um bloco comercial e económico no Leste, com Moscovo ao centro, evoluiu além dos acordos aduaneiros negociados com a Bielorrússia e o Cazaquistão. Uma das suas primeiras políticas declaradas em 2011, depois de anunciar a sua intenção de regresso ao Kremlin, foi a de estabelecer um pacto mais abrangente para reunificar as economias que passivamente se distanciaram após o desmembramento soviético. Chamou-lhe União Económica Euro-Asiática. Excluindo as três nações bálticas*, resguardadas pela União Europeia e pela OTAN, Putin idealizava um bloco de leste que surgisse não só como contraponto da União Europeia, mas como um império que fizesse a ponte entre a Rússia europeia e a vasta estepe que se estendia do mar Negro à Ásia Central e à Sibéria. E a Ucrânia era uma componente essencial desse bloco.

Mais do que um mero bloco comercial, a União Euro-Asiática representava a manifestação de uma ideologia que se apoderara de Putin e do seu círculo restrito, uma ideologia que fazia falta ao pragmatismo que caracterizara o governo de Putin até então. O eurasianismo na Rússia

---

* A Estónia, a Letónia e a Lituânia. [N. da T.]

era uma filosofia profundamente conservadora remetida para a clandestinidade (ou para o exílio) pela ideologia internacionalista da União Soviética. Ressurgiu nos anos noventa, combinando as ideias religiosas e monárquicas de exilados como Ivan Ilin, o filósofo que Putin passou a citar, e teorias geopolíticas como as de Halford Mackinder, cuja «Heartland Theory» tornava a Eurásia na «área-suporte» na batalha pelo controlo das «Ilhas Mundiais», as zonas terrestres europeia, asiática e africana. Estas ideias, defendidas em artigos e livros publicados por estrategos conservadores como Aleksandr Duguin, alastraram-se para lá das fronteiras do debate académico, tornando-se ainda mais excelsas. Eram ideias que circulavam pelo grupo mais íntimo de Putin e que eram debatidas nos seus encontros tardios; gradualmente, foram apimentando as declarações públicas de Putin e dos seus conselheiros mais preeminentes.

A geopolítica era coincidente com o emergente conservadorismo das políticas internas que proclamavam — e protegiam — os valores da Igreja Ortodoxa, bem como os do Islão, e deram origem a novas leis que criminalizavam a blasfémia e baniam a disseminação de «propaganda homossexual» a menores. Vladimir Iakunin, outro confidente de Putin, considerava os esforços de imposição de valores culturais do Ocidente uma nova frente na histórica luta geopolítica entre as potências marítimas e terrestres, com a Rússia (um vasto poder terrestre) a defender a sua própria existência contra os EUA (um novo poder marítimo), tal como Mackinder teorizava. Descrevia o domínio estado-unidense na geopolítica e na esfera financeira como uma conspiração para suprimir qualquer potencial adversário, razão pela qual a União Euro-Asiática surgia, segundo Iakunin, como uma ameaça ao Ocidente. «A Rússia foi, é e será sempre, uma espécie de rival geopolítico para os interesses da civilização anglo-saxónica», disse ([17]). A ironia da nova ideologia era que o escol russo, especialmente aqueles com poder de compra, se tornara profundamente ocidentalizado, gozando de férias e possuindo propriedades nas nações cujos valores injuriavam. Até mesmo o filho de Iakunin vivia em Londres, o que motivou Alexei Navalni a criar um blogue satírico. «Para a garganta voraz do Ocidente odioso, desprovido de valores espirituais, Vladimir Ivanovitch Iakunin atirou os seus tesouros mais preciosos — excluindo a sua dedicação a Putin —, ou seja, a sua família.» ([18])

Em setembro, no rescaldo do triunfo diplomático sobre as armas químicas da Síria, Putin descreveu os «países euro-atlânticos» como estando desprovidos das suas raízes cristãs. «Estão a negar os princípios morais e todas as identidades tradicionais: nacionais, culturais, religiosas e, até mesmo, sexuais. Estão a introduzir políticas que equacionam famílias alargadas com parceiros do mesmo sexo, acreditando em Deus com a crença em Satanás. Os excessos do politicamente correto chegaram a um ponto em que as pessoas estão seriamente a falar de registar partidos políticos cuja agenda partidária é promover a pedofilia.» Pior do que isso, acrescentou, estas nações querem exportar as suas ideias perigosas. Isso representa um «caminho direto para a degradação e o primitivismo que resultará numa profunda crise moral e demográfica».

De todos os países que Putin esperava juntar na União Euro-Asiática, nenhum era mais importante do que a Ucrânia, com os seus profundos laços históricos, sociais e religiosos com a Rússia. Muitos ucranianos eram russos étnicos, apartados da sua terra natal, na perspetiva de Putin, pela «maior catástrofe geopolítica» do século xx. E agora a Ucrânia pendia para o acolhimento da União Europeia, encorajada pelos europeus e os estado-unidenses, em detrimento da sua União Euro-Asiática. Putin baseava esta sua perspetiva num comentário de Hillary Rodham Clinton, que, em dezembro de 2012, advertira de que a União Euro-Asiática era uma mera tentativa de subjugar os seus vizinhos numa nova aliança ao estilo soviético — e «nós estamos a tentar descobrir formas eficazes de a abrandar ou mesmo a impedir» ([19]).

A União Europeia estabeleceu um prazo para a Ucrânia adotar o acordo comercial antes da cimeira na Lituânia em novembro, e, nos meses que precederam a reunião, Putin exerceu fortes pressões para persuadir a Ucrânia a resistir. Tal como fizera antes da Revolução Laranja em 2004, realizou diversas visitas. Em julho de 2013, para realçar os laços religiosos que uniam os dois países, esteve presente na cerimónia em Kiev das comemorações de aniversário do batismo do príncipe Vladimir em 988. «Somos todos herdeiros espirituais dos acontecimentos ocorridos há 1025 anos», referiu Putin, comparecendo com Ianukovitch no Mosteiro das Grutas, um dos locais mais sagrados da Igreja Ortodoxa russa. Putin recorreu, igualmente, a alavancas económicas. Algumas semanas após o aniversário, a Rússia proibiu as importações de automotoras* e doces fabricados pelo grupo Roshen, o maior fabricante de confeitaria da Rússia, cujo proprietário era o oligarca e antigo ministro Petro Porochenko, favorável a uma maior integração na Europa. Em agosto, a Rússia praticamente suspendeu todas as relações comerciais na fronteira com a Ucrânia, ao reforçar, com zelo excessivo, as regulamentações aduaneiras do país com a Bielorrússia e o Cazaquistão. Era uma forma de fazer ver, publicamente, que o futuro económico da Ucrânia seria muito mais fácil se o país se agregasse à união russa ao invés da europeia. O enviado especial de Putin à Ucrânia, o seu antigo «adversário» presidencial Serguei Glaziev, viajou até Ialta em setembro e alertou, numa conferência, de que a adesão da Ucrânia à União Europeia seria o seu suicídio. «Assinar este tratado», disse Glaziev, ominoso, «levará à instabilidade política e social» ([20]). Mais tarde, forneceu a Ianukovitch uma tradução russa dos milhares de páginas do acordo da União Europeia (que, como era evidente, os ucranianos não haviam traduzido) e alertou-o de que se fosse assinado o acordo, isso significaria que a Rússia teria de fechar as suas fronteiras para impedir o afluxo de produtos europeus.

Dizia-se que Putin tinha uma antipatia palpável por Ianukovitch, um líder fisicamente imponente mas sem escrúpulos que ele sentia que o tinha traído ao tentar seduzir os europeus. Putin reuniu-se com Ianukovitch em finais de outubro e, novamente, no início de novembro, para, friamente, explicar que um acordo com a União Europeia iria custar muito caro à Ucrânia. Os prejuízos já sentidos com o reforço das regulamentações aduaneiras seriam insignificantes quando comparados com os milhares de milhões de dólares de dificuldades económicas que o país sofreria com os novos entraves ao mercado russo e com os preços mais elevados do gás natural.

Depois dos dois últimos encontros, os interlocutores europeus das negociações com Ianukovitch notaram uma alteração no seu comportamento. Suspeitavam de que Putin tivesse ameaçado com algo mais do que as dificuldades económicas, apresentando-lhe *kompromat* que não gostaria que fosse do conhecimento público. A venalidade de Ianukovitch

---

* Os negócios de Porochenko estendem-se a áreas tão variadas como transportes, estaleiros, canais de televisão e ao império do chocolate e das confeitarias, por intermédio do grupo Roshen. [N. da T.]

570

—— as informações privilegiadas e negócios que o enriqueceram, à sua família e aos seus associados —— tornava-o vulnerável. Não se tratou de chantagem, insistiu um conselheiro credenciado do Kremlin mais tarde, mas sim de uma análise sóbria de quão interligadas estão as economias dos dois países. Nas suas reuniões com os europeus, Ianukovitch afirmava agora que a Ucrânia se arriscava a perder cerca de cento e sessenta mil milhões de dólares no comércio com a Rússia e valores ainda mais elevados no caso das energias, um número improvável que praticamente igualava o produto interno bruto do país ([21]). Tratou-se de um último e desesperado estratagema de Ianukovitch para persuadir os europeus a suavizarem a sua proposta, que foi recusada. Putin triunfara.

Em 21 de novembro, uma semana antes da cimeira na Lituânia, o governo de Ianukovitch surpreendeu os seus interlocutores europeus, e muitos ucranianos, ao anunciar que o país desistia do acordo, uma reviravolta que destruiu meses de conversações intensivas. A comunicação de Ianukovitch provocou a indignação no seio dos ucranianos que anteviam ligações mais profundas com a Europa como uma evolução inevitável do passado soviético do país. Nessa mesma noite, milhares de manifestantes protestaram na praça central de Kiev, a Praça da Independência. Iúlia Timochenko emitiu uma declaração que a punha em risco de ser encarcerada, instando as pessoas a reagirem «como fariam em caso de golpe de Estado» e a apoderarem-se das ruas. No dia seguinte, a afluência de pessoas era ainda maior ([22]). No fim de semana, a multidão aumentara, e ergueram-se tendas, tal como acontecera depois das eleições fraudulentas de 2004 —— contudo, desta vez, as bandeiras que esvoaçavam nas ruas não eram cor de laranja, mas sim azuis com um círculo de estrelas amarelas, o estandarte da União Europeia. Chamaram ao protesto «EuroMaidan», refletindo a colisão de ideais dos quarenta e seis milhões de cidadãos da Ucrânia. Os manifestantes depressa direcionaram a sua fúria para a estátua de Lenine, que ainda permanecia no topo da principal avenida de Kiev. A estátua de Lenine não era somente um símbolo anacrónico, mas sim a exibição remanescente do domínio de Moscovo.

No início, Ianukovitch pouco fez para apaziguar os protestos, esperando passivamente que a chegada do inverno tratasse do assunto. Nos primeiros dias de dezembro, com a intensificação dos protestos, Ianukovitch deslocou-se à China para angariar negócios comerciais que, esperava, pudessem mitigar a cólera provocada pela rejeição da parceria económica com a Europa. Na viagem de regresso, fez uma paragem em Sochi para se encontrar com Putin, onde assegurou um negócio secreto que seria apenas revelado em 17 de dezembro, quando apareceram de novo juntos no Kremlin. Putin anunciou que a Rússia faria um resgate financeiro da Ucrânia no valor de quinze mil milhões de dólares, recorrendo ao Fundo de Reserva Nacional da Rússia, para comprar dívida ucraniana. Como complemento, a Gazprom baixaria o preço do gás natural de quatrocentos dólares por metro cúbico para duzentos e sessenta e oito dólares. Putin sublinhou, com alguma hipocrisia, que não insistira que a Ucrânia fizesse parte da União Euro-Asiática enquanto contrapartida, embora muitos suspeitassem de que os dois líderes tivessem acordado isso mesmo para uma data posterior, assim que a cólera popular tivesse abrandado. Putin revelou, então, os seus planos de celebrar o septuagésimo aniversário da libertação de Sebastópolis, a cidade portuária da Crimeia, do jugo nazi em 1944. Essas celebrações decorreriam em 9 de maio de 2014, em circunstâncias não antecipadas naquele dia invernoso em Moscovo. Putin, mais uma vez, parecia ter superado os seus rivais, assegurando uma vitória diplomática sobre os europeus.

Tendo assegurado golpe diplomático atrás de outro no estrangeiro, Putin podia permitir-se ser magnânimo no seu país. Depois de um ano de duras confrontações e de novas leis repressivas, o Kremlin assinalava algum desanuviamento para o verão de 2013. Em julho, o tribunal de Kirov condenara Navalni por acusações de desfalque, mas após uma noite agitada que incluiu protestos e consultas desenfreadas entre o Kremlin e o tribunal, foi libertado com uma pena suspensa. De seguida, o Kremlin autorizou a campanha de Navalni — de início furtivamente, e depois oficialmente — enquanto candidato às eleições autárquicas para a câmara de Moscovo em agosto, contra o estabelecido Serguei Sobianin. Foi a primeira campanha para essa função desde que Putin abolira as eleições de líderes regionais depois de Beslan em 2004. Sobianin, após a demissão de Iuri Lujkov em 2010, esperava instaurar a sua própria legitimidade política e demitiu-se antecipadamente com o intuito de conquistar o lugar através de, aquilo que jurara, serem eleições livres e justas. Apesar da familiar intimidação dos opositores e da usual disponibilização dos recursos do governo ao presidente em exercício, as eleições que se desenrolaram foram certamente mais justas do que a maior parte na Rússia em mais de uma década, como sublinharam até mesmo os críticos de Putin. Navalni baseou a sua campanha numa que vira na série televisiva estado-unidense *The Wire*[*], à procura de votos nos discursos públicos por toda a cidade, em condições pouco habituais para os candidatos russos.

Dois anos de protestos públicos depreciativos pouco fizeram para enfraquecer o poder de Putin, e ele parecia agora confiante o suficiente para abrandar a pressão que exercera. Tendo Putin sufocado a oposição com tanta mestria depois do seu regresso, o outono de 2013 trouxe uma serenidade política. Quando os votos para a presidência da câmara foram contabilizados, Sobianin ganhara, mas Navalni conseguira vinte e sete por cento dos votos, uma demonstração respeitável e muito mais elevada do que as previsões indicavam. Assegurou a sua posição de líder opositor mais destacado do país — mas ainda assim sem representar uma ameaça terrível.

A moderação política continuou no mês de dezembro quando, sob a instigação de Putin, a Duma aprovou uma lei que amnistiava milhares de prisioneiros. Muitos deles foram condenados por «crimes» económicos impostos para lhes expropriar bens ou empresas, mas a lista de indivíduos elegíveis para a amnistia incluía alguns prisioneiros políticos relevantes. Os dois elementos das Pussy Riot, Nadejda Tolokonnikova e Maria Aliokhina, saíram em liberdade alguns meses antes do término das suas sentenças, tal como aconteceu com alguns dos manifestantes detidos na Praça Bolotnaia. Os tribunais amnistiaram, de seguida, cerca de trinta ativistas da Greenpeace Internacional, que tinham sido presos em setembro de 2013 depois de o navio da organização, o *Arctic Sunrise*, ter montado um protesto no mar contra a primeira plataforma petrolífera russa ao largo do mar de Kara no Ártico.

A maior surpresa de todas foi a libertação de Mikhaíl Khodorkovski, que alcançara a meta dos dez anos de encarceramento no mês de outubro anterior, sobretudo porque os procuradores russos haviam anunciado recentemente que tinham em vista um novo processo criminal contra ele.

---

[*] Em Portugal, é transmitida com o título *The Wire — A Escuta*. [N. da T.]

No fim de dois anos de negociações secretas mediadas pela Alemanha, Khodorkovski interpôs recurso diretamente a Putin, dirigindo-lhe duas cartas que escrevera em novembro. Nunca foram tornadas públicas. A decisão de amnistiar com esta amplitude parecia, em retrospetiva, ter sido engendrada para alcançar a libertação do homem preso em 2003 que marcara uma reviravolta tenebrosa na moderna história do país. Putin exigira de início que Khodorkovski admitisse a sua culpa, coisa que este, resolutamente, recusou. Ao invés, Putin aceitou o seu pedido de clemência por razões humanitárias, referindo-se à deterioração do estado de saúde da mãe de Khodorkovski. Com a benevolência de um imperador, Putin concordou. «Já passou mais de dez anos em cativeiro — é um castigo significativo», referiu Putin na conferência de imprensa anual que decorreu em dezembro.

Algumas horas após o discurso de Putin em Moscovo, Khodorkovski foi despertado do seu sono às duas da madrugada na Carélia, onde passara os últimos anos detido, metido num avião para voar, primeiro, para Sampetersburgo e, depois, para Berlim, tornando-se noutro exilado da nova Rússia. No dia seguinte, deslocou-se ao Museu Checkpoint Charlie (Museu do Muro), dedicado aos heróis dissidentes da Guerra Fria e às vítimas das divisões que o Muro de Berlim representou. Com o cabelo mais cinzento e cortado à escovinha, Khodorkovski parecia alguém que passara «do frio e da escuridão para uma sala fortemente iluminada e demasiado quente», escreveu o jornalista Arkadi Ostrovski, que acompanhou a sua visita. Khodorkovski, que passara grande parte do seu tempo na prisão a ler e a escrever, não aparentava estar quebrado nem amargo ([23]). «Em todos estes anos, todas as decisões a meu respeito foram tomadas por um único homem: Vladimir Vladimirovitch Putin. Por isso, hoje, é difícil dizer que estou agradecido. Refleti durante algum tempo sobre quais seriam as palavras que expressam o que sinto. Estou satisfeito com esta decisão, penso que seja isso.» Como condição para a sua libertação, concordou em não se envolver em assuntos políticos durante um ano, embora jurasse estar empenhado em forjar uma sociedade civil na Rússia — a distância. «O problema da Rússia não é apenas o presidente enquanto pessoa», referiu. «O problema reside nos nossos cidadãos, que, na sua maioria, não compreendem que têm de ser responsáveis pelo seu próprio destino. Estão satisfeitos por poder delegar esse destino nas mãos de, digamos, Vladimir Vladimirovitch Putin, para depois confiar noutra pessoa qualquer, e considero que, para um país com a dimensão da Rússia, isso é o caminho para um beco sem saída.»

A libertação de Khodorkovski teve a intenção de parecer menos a expulsão de um dissidente e mais um ato de misericórdia. Muitos, incluindo Khodorkovski e as jovens das Pussy Riot, viram as amnistias como parte dos esforços do Kremlin para aliviar a pressão das crescentes críticas internacionais, antes da realização dos Jogos Olímpicos de Sochi, que estavam, agora, a menos de dois meses de distância. A pressão de Putin sobre a Ucrânia, o reforço das leis sobre oposição política, as declarações e legislações homofóbicas de alguns legisladores e representantes oficiais, as preparações escandalosamente dispendiosas dos recintos olímpicos em Sochi e as operações punitivas antiterroristas no Cáucaso levaram a esse desfecho — tudo sob duras críticas. Os líderes mundiais, incluindo Barack Obama, Angela Merkel e David Cameron, foram inequívocos ao recusar estar presentes nos Jogos Olímpicos, para não correrem o risco de a sua presença ser interpretada como um apoio ao governo de Putin. Limpar a imagem da Rússia era certamente uma das motivações por trás das ações de Putin, mas também demonstraram a sua capacidade extraordinária de «dobrar os braços do poder» de acordo com a sua vontade. Mesmo outros países sucumbiriam a isso. Putin assegurou as amnistias da mesma forma que fizera os contratos de construção em Sochi entregando-os aos magnatas em quem confiava, da mesma forma que gastara, sem debates, quinze mil milhões do fundo nacional de emergência para manter Ianukovitch no governo sob a influência de Moscovo. Khodorkovski estava certo. Putin fazia o que pretendia, por mote próprio, porque o povo lhe «confiara» o seu destino para ser governado por ele, tornando-se no derradeiro líder, o imperador de uma democracia simulada. Não existia ninguém — do russo mais comum aos cúmplices *apparatchikis* do sistema político e económico que Putin construíra — que assumisse, ou pudesse assumir, a responsabilidade de alterar as coisas.

Na noite de 7 de fevereiro, Putin, com uma frase curta que constava da Carta Olímpica, inaugurou os Jogos Olímpicos de inverno de 2014 em Sochi. Nem tudo estava pronto dentro do prazo, apesar de um esforço descomunal que continuou mesmo depois de as competições desportivas se terem iniciado: os passeios inacabados foram precipitadamente cobertos; campos repletos de detritos das construções permaneciam escondidos atrás de painéis de cor azul-forte. A incapacidade de completar a construção de muitos hotéis, principalmente aqueles que iriam albergar os jornalistas estrangeiros, ameaçara transformar o acontecimento num desastre de relações públicas. O esforço para reunir as pontas soltas, possivelmente para as resolver, tornou-se no padrão repetitivo mais frequente das coberturas jornalísticas antes do início das competições desportivas, seguido das somas colossais necessárias à reconstrução de Sochi e da ameaça do terrorismo, rematado, no final de dezembro, com os dois ataques de bombistas suicidas em Volgogrado que provocaram trinta e quatro vítimas. Existia algum frenesi jubiloso nas coberturas jornalísticas de alguns elementos, relativamente aos brutais e inflacionados preparativos da Rússia, mas havia uma sinceridade generalizada nas preocupações internacionais no que concernia às novas e duras leis russas — particularmente aquelas que diziam respeito à blasfémia e à «propaganda homossexual» —, e aos sufocantes protestos que, ainda assim, continuaram até e durante a cerimónia de abertura dos jogos.

Dois dias antes de os jogos começarem, mais de duas centenas de escritores de cerca de trinta países diferentes publicaram uma carta aberta, no *The Guardian*, apelando à revogação das leis que abafavam a liberdade de expressão e que tinham sido aprovadas desde o regresso de Putin à presidência. Quatro dos vencedores do Prémio Nobel — Günter Grass, Wole Soyinka, Elfriede Jelinek e Orhan Pamuk — constavam dos nomes dos signatários. Oficialmente, Putin simulou indiferença em relação a estas ofensas, fossem elas insignificativas ou graves, mas consta que as críticas o enfureceram. Numa entrevista ao *Kommersant*, Dmitri Peskov, o porta-voz do presidente, desvalorizou as reclamações sobre a corrupção e os desperdícios como sendo exageros ([24]). «Venham a Sochi», disse Peskov, «e vejam o que construímos». Era prova suficiente de que «pelo menos, nem todo o dinheiro fora desviado ou roubado». De seguida, relatou uma conversa tida com «uma pessoa muito sábia», referindo-se nitidamente a Putin.

«Esta pessoa sábia disse: "Sabes quando é que seremos amados por todos e vão deixar de nos criticar, e tudo mais, incluindo censurarem-nos por qualquer coisa?"

«E eu perguntei: "Quando?"

«E essa pessoa respondeu: "Quando dissolvermos as nossas Forças Armadas, entregarmos todos os nossos recursos naturais como concessão e vendermos todo o nosso território aos investidores do Ocidente — só então vão parar de nos criticar."»

Na verdade, a censura abrandou com o início dos acontecimentos desportivos. A cerimónia de abertura foi uma expressão sumptuosa e deslumbrante do ideal de Rússia de Putin, coreografada pelo diretor do Canal Um russo, Konstantin Ernst, que também realizou o tradicional Desfile da Vitória, cerimónia anual que se realiza na Praça Vermelha, e as conferências de imprensa anuais de Putin. O espetáculo, denominado «Sonhos da Rússia», com a duração de cerca de três horas, começou com uma menina de nome Liubov, ou Amor, a recitar o alfabeto cirílico. Com cada letra pronunciada, surgia uma projeção representando artistas, inventores e lugares famosos: Б para Baical, C para Sputnik, П para a Tabela Periódica de Mendeleev, e por aí adiante. Alguns deles eram exilados ou estrangeiros cujo trabalho fora considerado, em tempos, desviante ou fundamento para traição, como sejam Chagall, Kandinski ou Nabokov, mas aos quais se restituía agora o seu lugar no panteão da gloriosa história da Rússia. Liubov foi então absorvida pela vasta história e geografia do país, do império de Pedro, *o Grande* (a letra И para «Império») a *Guerra e Paz*, representada por um deslumbrante bailado, das cúpulas bolbosas da Catedral de São Basílio à resplandecente troica* usada por Gógol como metáfora da Rússia no livro *Almas Mortas*: «Rússia, para onde voas? Responde! Ela não responde.» A cerimónia não ignorou os bolcheviques, nem o Terror Vermelho, nem o Gulag, mas não se demorou nesse período. A cerimónia foi uma manifestação do «ideal nacional» no centro da estrutura política de Putin, que conseguiu, de alguma forma, adaptar os melhores momentos do turbulento passado do país transformando o arco da história em algo de que o povo se pudesse orgulhar, não envergonhar. O único deslize da cerimónia aconteceu quando cinco flocos de neve iluminados se abriam para dar lugar aos anéis do símbolo olímpico. Um dos flocos de neve não se abriu, mas os hábeis produtores televisivos rapidamente substituíram a imagem por outra recolhida nos ensaios;

---

* Carruagem puxada por três cavalos. [N. da T.]

quem estivesse a assistir noutras televisões que não a russa não daria pela falha. O percurso final da tocha olímpica, que, em conformidade com a narrativa superlativa dos acontecimentos desportivos, atravessou o país do fundo do lago Baical até ao espaço sidérico, incluiu alguns dos mais famosos atletas olímpicos russos. A mais relevante foi a laureada com a medalha de ouro nos Jogos de Atenas em 2004, Alina Kabaeva.

Os Jogos Olímpicos serviram o propósito de Putin. Mesmo Alexei Navalni, cuja organização contra a corrupção publicou uma página online interativa sobre os desperdícios titânicos envolvidos, deu consigo comovido com a cerimónia de abertura. «É tão bela e tão unificadora.» À medida que a atenção pública se direcionava para as competições desportivas, como sempre insistiram Putin e os seus assessores, os Jogos Olímpicos pareceram acalmar as críticas mais duras contra a sua governação. O próprio presidente Putin corria de um evento para outro, deleitando-se com as provas e com a atenção em torno dele. Posava com os atletas nas sessões fotográficas, bebia cerveja na Casa da Holanda* com o rei Guilherme Alexandre, fazendo inclusivamente uma visita ao Comité Olímpico dos EUA, para ostensivamente sublinhar que, apesar das diferenças políticas entre os dois países, ele dava as boas-vindas à sua participação — e que ele era melhor homem do que Obama, que se recusara a estar presente. Putin alcançara o seu sonho: a Rússia estava no centro de gravidade internacional, uma nação unida, rica e indispensável, que servia de anfitriã ao resto do mundo. A Rússia, no seu entender, alcançara a glória e o respeito que a União Soviética tivera quando ele era um rapazinho, quando Gagarine foi ao espaço, quando o Exército Vermelho era grandioso e temível.

Ainda assim, sob o auspicioso espetáculo desportivo e as próprias competições em si, sentia-se uma corrente sub-reptícia de desconforto e medo. A unidade nacional que se apresentava em Sochi, por muito genuína que fosse, desenrolou-se com a mão estável e firme do poder estatal que estrangulava qualquer sinal de dissidência. Os protestos na Ucrânia, que não se dissiparam, repercutiram-se em Moscovo como se

---

* A Casa da Holanda é a Holland Heineken House, ponto de encontro temporário durante os Jogos Olímpicos (e outros acontecimentos) para todos os que estão envolvidos poderem conviver enquanto decorrem as provas. [N. da T.]

de um terremoto distante se tratasse, fazendo tremer o solo de forma ténue mas agoirenta. Nas semanas que antecederam os jogos, Putin pusera preventivamente de quarentena qualquer surto de contágio dos protestos. Em dezembro, decretou uma reformulação da RIA Novosti, a agência noticiosa estatal que, sob o governo de Medvedev, se tornara numa agência relativamente moderna, conquistando o respeito por meio das suas perspetivas equilibradas e diversificadas. Em janeiro, o canal televisivo liberal denominado Dojd, ou Chuva, sofreu represálias dos distribuidores de televisão por cabo, por ter disponibilizado na Internet um questionário sobre se teria sido possível salvar mais vidas na, então, cidade de Leninegrado caso o Exército Vermelho tivesse entregado a cidade e desistido, ao invés de resistir, permanecendo a cidade cercada durante 872 dias, que lhe custaram um milhão de vidas. Depois de Putin reconstruir o seu ideal olímpico da história da Rússia, o Kremlin parecia determinado a silenciar quem o contradissesse.

Desafiando a promoção da liberdade de expressão da Carta Olímpica, a polícia, de Sampetersburgo ao Cáucaso, deteve os grupos de pessoas que tentaram protestar por uma ou outra razão, no dia da cerimónia de abertura. A meio dos acontecimentos desportivos, um tribunal em Krasnodar condenou um ativista da Environmental Watch do Cáucaso Norte a três anos de prisão, enquanto outros membros do grupo foram detidos para os impedir de entregar um relatório sobre os danos ecológicos causados pelas construções em Sochi. As mulheres do grupo Pussy Riot reuniram-se em Sochi para apresentar uma nova canção de protesto, «Putin Vai Ensinar-vos a Amar a Pátria», tendo sido imediatamente atacadas por cossacos brandindo os seus chicotes em cima de cavalos, e, depois, detidas pela polícia, que alegou estar a investigar uma queixa de roubo no hotel onde elas estavam hospedadas. O documentário *A Bioquímica da Traição* surgiu no canal Rossia no auge das competições desportivas, em 18 de fevereiro, equiparando escabrosamente a oposição na Rússia ao comandante soviético tenente-general Andrei Vlasov, que colaborou com os nazis depois de capturado em 1942. Quando o julgamento dos oito manifestantes de Bolotnaia presos nos protestos de 2012 acabou com condenações, e à medida que os jogos aumentavam em furor, duzentas e doze pessoas foram detidas nas ruas à porta do tribunal; quando as suas sentenças foram anunciadas três dias mais tarde,

O NOVO CZAR

ocorreram mais protestos que, por sua vez, deram origem a mais duzentas e trinta e duas detenções, incluindo, uma vez mais, Alexei Navalni e as jovens das Pussy Riot.

Putin investira tanto nas Olimpíadas, que qualquer tipo de censura em torno delas — qualquer protesto que pudesse contestar os seus benefícios — era considerado uma blasfémia ou um ato de traição contra um Estado ressurgente. Num artigo da página de Internet *Iejednevni Jurnal*, o humorista Victor Chenderovitch, cujo retrato de Putin tirara do ar o seu programa satírico com fantoches, *Kukli*, em 2000, ponderou sobre o orgulho que sentia pela Rússia durante os Jogos Olímpicos, ao mesmo tempo que reconhecia que as respostas como as dele apenas fomentariam e promoveriam o poder de Putin. Indagava-se se um crítico como ele podia aclamar, sem culpa, a equipa da Rússia, cuja primeira medalha de ouro da equipa de patinagem artística surgira imediatamente a seguir à maravilhosa atuação (e questionável votação dos juízes) de uma atleta de quinze anos, Iúlia Lipnitskaia. «Gosto mesmo da miúda dos patins. Muito mesmo», escreveu ele. «Se soubessem quantos berlinenses, no verão de 1936, gostavam do arremessador de peso Hans Wölke, o primeiro campeão alemão de atletismo: um tipo sorridente, um belo homem, símbolo da juventude da nova Alemanha! Contudo, algo nos impede hoje de desfrutar da sua vitória.» ([25])

Não explicou propositadamente qual foi o destino de Wölke, mas mencionou Dachau e os bombardeamentos de Coventry, o Cerco de Leninegrado e um massacre menos conhecido em Khatin, perto de Minsk, a capital do que é agora a Bielorrússia. A vila inteira foi brutalmente exterminada em 1943, como retaliação ao ataque da resistência a uma coluna militar nazi, o 118.º Batalhão Auxiliar da Polícia. Wölke, um dos oficiais do batalhão, foi morto no ataque. Foi um famigerado crime de guerra que os leitores de Chenderovitch certamente recordariam. «Claro que a culpa não foi de Hans», escreveu ele, «mas acontece que ele contribuiu para os acontecimentos». Chenderovitch pretendia ser provocador — talvez demasiado. A sua alusão aos nazis provocou uma reação furiosa num momento em que a Rússia retratava os protestos nas ruas da Ucrânia como nada menos do que uma insurreição fascista. A reação ao seu artigo foi rápida e cruel. Foi denunciado nos meios de comunicação social, e, no dia seguinte ao aparecimento do seu artigo, foram transmitidos no canal Rossia excertos de um vídeo com Chenderovitch a masturbar-se na cama com uma mulher que não era a sua ([26]). Algumas semanas mais tarde, o sítio na Internet do humorista foi encerrado, juntamente com os portais da oposição Grani.ru e Kasparov.ru. O Kremlin, ignorando em tempos a ética permissiva da Internet, percebera o perigo que ela representava e apertou o cerco com regulamentos contra a promoção do «extremismo». As medidas repressivas contra os dissidentes — a campanha de denúncias eloquentes que só podia ter sido orquestrada pelos profissionais de comunicação do Kremlin — faziam o país sentir que estava a ser novamente mobilizado para a guerra.

Capítulo 25

A nossa Rússia

Vladimir Putin não esperava que a crise que eclodiu antes dos Jogos Olímpicos de Sochi tivesse um fim. Apesar de a ter antecipado havia seis anos, quando alertou o presidente George Bush de que a OTAN não devia considerar a candidatura da Ucrânia, embora tivesse ordenado a reorganização das forças convencionais da Rússia para dar resposta às debilidades que se tornaram evidentes na guerra na Geórgia em 2008, e apesar de ele e os seus conselheiros terem assistido, com extrema prudência, às convulsões políticas em Kiev causadas pelo indeferimento da adesão à União Europeia, Putin nunca planeara arrastar o seu país para a guerra sem o preparar para isso. Não consultou os diplomatas do país nem os seus comandantes, e certamente não o fez com os seus legisladores eleitos, que já não tinham nenhuma influência na forma como Putin governava.

Na noite de 18 de fevereiro, os protestos nas ruas de Kiev, que se atenuaram mas nunca desapareceram por completo, mesmo após Putin ter resgatado a economia de Ianukovitch com uma injeção no valor de quinze mil milhões de dólares, voltaram a eclodir num excesso de violência e incêndios, à medida que a polícia de choque tentava desimpedir as ruas na zona da Praça da Independência. Caída a noite, mais de duas dezenas de pessoas tinham morrido, na sua maioria manifestantes, em que se incluíam igualmente alguns polícias. No amanhecer do dia seguinte, existia um campo de batalha no centro da cidade, com polícias e manifestantes envolvidos em tiroteios. O número de vítimas mortais depressa ultrapassou os cem, o pior registo de violência da cidade desde a Grande Guerra Patriótica. Embora a maioria das vítimas se encontrasse do lado dos manifestantes, os relatórios que chegavam até Putin no Kremlin — e, como tal, às cadeias televisivas russas — retratavam os confrontos como uma insurreição armada, acicatada por diplomatas estado-unidenses e europeus que não só encorajavam os manifestantes como os alimentavam com comida e bolachas.

O que se iniciara como uma manifestação pacífica a favor de um entendimento com a União Europeia transformou-se, a partir de novembro, num movimento mais abrangente com o intuito de expulsar o regime corrupto de Ianukovitch. A existência de grupos radicais na praça — atiradores encapuzados dos dois grupos nacionalistas mais ferozes, o Svoboda e o Pravi Sector de extrema-direita — convenceu Putin de que o irresponsável presidente Ianukovitch perdera o controlo a favor das forças anarquistas e fascistas. Putin nunca compreendeu as principais reivindicações que mantiveram a maioria dos manifestantes nas ruas durante os meses de inverno, a ânsia do povo de acabar com o punho corrupto de um líder ganancioso, a radicalização que inevitavelmente daí resultou, até mesmo quando as exigências mais básicas foram ignoradas. Putin considerou que seria capaz de «comprar» o presidente e, como tal, o povo, tal como tinha sucedido havia catorze anos, na Rússia, onde algumas generosidades económicas foram disponibilizadas em momentos críticos. Como o escritor James Meek escreveu, no momento em que os protestos em Kiev degeneraram em violência naquele dia de fevereiro: «É o ideal de um completo cínico, Vladimir Putin, o único ideal que um completo cínico pode ter — que o povo não tenha ideais.» ([1])

Uma troica de diplomatas europeus — os ministros dos Negócios Estrangeiros de França, Alemanha e Polónia — acorreu a Kiev em 20 de fevereiro para tentar conter a violência na Maidan*. Putin, que con-

---

* Durante os primeiros momentos dos protestos na Ucrânia, foi criada uma *hashtag* no Twitter com o termo «Euromaidan» para se referir aos acontecimentos que estavam a decorrer. Depressa, o termo foi adotado de forma generalizada. Trata-se de uma junção entre a palavra Europa (Euro) e a palavra que se refere à Praça da Independência

tinuava com a atenção focada em Sochi, não fez nenhum comentário público no início, o que tornou a resposta da Rússia confusa e contraditória. O ministro dos Negócios Estrangeiros russo, Serguei Lavrov, denunciou os esforços europeus como uma «missão não solicitada», mesmo tendo Ianukovitch servido de anfitrião aos ministros. Depois de esmiuçarem um compromisso político que esperavam que travasse os acontecimentos nas ruas — e que passava por eleições presidenciais antecipadas em 2014, garantindo amnistia para todos os manifestantes —, Ianukovitch interrompeu as conversações para telefonar a Putin, que voltara para Moscovo. Apesar de todos os seus esforços para simular a sua independência, Ianukovitch não podia firmar nenhum acordo sem a aprovação de Putin. Confessou ao presidente russo que iria demitir-se a favor de novas eleições e que iria ordenar a retirada da polícia de choque das barricadas de fogo da Praça da Independência. Para Putin, isso constituía uma abdicação humilhante e um sinal perigoso de fraqueza perante os confrontos.

«Vais abrir caminho para a anarquia», Putin alegou ter dito a Ianukovitch. «Será o caos na cidade.»

Mesmo assim, Ianukovitch aceitou o compromisso com os europeus, que foi anunciado publicamente às duas da tarde de dia 21 de fevereiro. Na noite desse mesmo dia, contudo, os aliados políticos de Ianukovitch começaram a abandoná-lo, e a sua autoridade sobre a polícia e a tropa interna dissipou-se, quando surgiram relatos credíveis de que um arsenal de armamento roubado das esquadras da polícia da Ucrânia ocidental estava a caminho da capital (²). Depois de proferir uma declaração congratulante às atletas olímpicas ucranianas das provas de revezamento de biatlo pela vitória, em Sochi, da primeira medalha de ouro para o país, Ianukovitch saiu da capital. Primeiro, refugiou-se na parte leste da Ucrânia antes de ir para a Crimeia, para, finalmente, ser conduzido secretamente para o sul da Rússia, numa operação especial ordenada por Putin em 23 de fevereiro, depois de se reunir durante toda a noite com os seus assessores (³). No rescaldo dos acontecimentos com Ianukovitch, o acordo discutido para pôr fim aos confrontos desvaneceu-se antes

---

(maidan), onde se concentravam os protestos. Durante os acontecimentos, a palavra «maidan» passou a ser utilizada para denominar todos os desenvolvimentos em torno dos protestos. [N. da T.]

O NOVO CZAR

mesmo de ser posto em prática. O parlamento ucraniano, com os seguidores de Ianukovitch contra ele, prontamente votou a favor da destituição do presidente num processo que levantava algumas dúvidas legais. Os deputados elegeram, então, um novo líder parlamentar e nomearam um presidente em exercício até à realização de novas eleições. Um dos primeiros atos do reconfigurado parlamento foi o de tornar o ucraniano na língua oficial do país, revertendo uma lei anterior aprovada pelo governo de Ianukovitch que reconhecia, igualmente, a língua russa como língua oficial. O novo presidente em exercício, Oleksandr Turchinov, bloqueou a proposta, não sem que antes isso incendiasse a divisão étnica da Ucrânia, que nunca chegara a ser colmatada em cerca de um quarto de século de independência. Entretanto, em Moscovo, os acontecimentos de Kiev confirmaram os piores receios de Putin de não se tratar, efetivamente, de uma insurreição popular contra um líder fraco e desacreditado, mas antes de uma revolução usurpada pelos nacionalistas e radicais ucranianos, que Putin comparou ao oficial alemão nazi Ernst Röhm, apoiada pelos inimigos da Rússia, os europeus e os estado-unidenses ([4]).

Dois dias mais tarde, em 23 de fevereiro, Putin presidiu à cerimónia de encerramento dos Jogos Olímpicos de Sochi, depois de pôr uma grinalda de flores no Túmulo do Soldado Desconhecido em Moscovo, na manhã desse dia. Os Jogos Olímpicos não só desafiaram os terríveis vaticínios feitos anteriormente, como culminaram com os atletas russos a conquistarem a maior parte das medalhas de ouro — treze — e o maior número de medalhas no total — trinta e três. As convulsões na vizinha Ucrânia, no entanto, ofuscaram o triunfo que Putin orquestrara. Um acontecimento desportivo de dezasseis dias que trouxera uma tal importância simbólica e ideológica a Putin e à Rússia apenas fez que a insurreição na Ucrânia parecesse mais humilhante; alguns dos apoiantes de Putin referiram mesmo que os acontecimentos de Kiev foram incentivados com o intuito de mancharem o momento. Putin passara as horas anteriores à cerimónia de encerramento — uma ode sumptuosa à Rússia, com um piscar de olho intencional e autodepreciativo ao floco de neve que se recusou a abrir para formar o anel olímpico na cerimónia de abertura — a reclamar, ao telefone com Angela Merkel, de que os europeus não haviam cumprido o acordo assinado com Ianukovitch, como se pudessem tê-lo forçado a permanecer em Kiev.

Putin absteve-se de qualquer declaração pública sobre a Ucrânia nesse dia em Sochi, nem se pronunciou no dia seguinte quando preparou um pequeno-almoço para a comissão organizadora, condecorou os atletas russos medalhados e plantou trinta e três árvores, uma por cada medalha conquistada. Na verdade, permaneceu silencioso sobre o assunto nos nove dias que se seguiram, uma vez que tinha elaborado uma resposta que tinha sido desencadeada na manhã de 23 de fevereiro, e que nem sequer era do conhecimento dos seus ministros. Em 25 de fevereiro, reuniu-se com o Conselho de Segurança nacional pela segunda vez desde que a violência eclodira em Kiev. Os doze membros do conselho incluíam Medvedev, os ministros da Defesa, dos Negócios Estrangeiros e da Administração Interna, os líderes de ambas as câmaras do parlamento e os diretores dos serviços secretos estrangeiros e do FSB. Um desses membros, Valentina Matvienko, presidente do Conselho da Federação, declarou, ao sair da reunião, que seria impensável que a Rússia pudesse intervir militarmente na Ucrânia para deter o caos.

Nem a presidente nem muitos dos oficiais do Kremlin conheciam, na altura, os planos de Putin, que desencadeara uma operação secreta para punir a Ucrânia, efetuando o seu desmembramento. No dia seguinte, Putin anunciou um rápido exercício militar que mobilizou dezenas de milhares de soldados na zona ocidental da Rússia, conjuntamente com as bases de comando e de defesa aérea. O exercício fora planeado havia meses, mas a oportunidade do momento permitiu ao Kremlin camuflar a repentina movimentação de milhares de militares de escol de operações especiais russas. O secretismo era essencial bem como a negação dos planos. Putin não estava certo de qual seria a potencial resposta internacional, sobretudo da OTAN, e queria testar quais seriam as resoluções dos líderes mundiais antes de tornar públicos os planos da sua operação.

Na madrugada de dia 27 de fevereiro, antes de amanhecer, os comandos da Rússia e a tropa da base naval do mar Negro e de outras bases na Crimeia tomaram de assalto o parlamento regional da Crimeia e outros edifícios relevantes na península, bem como dois aeródromos. A tropa estava bem equipada e fortemente armada, mas os uniformes não ostentavam nenhuma insígnia; os soldados tinham recebido ordens para as remover. Nas vinte e quatro horas que se seguiram, milhares de soldados aterraram nos aeródromos e dispersaram-se, controlando a península sem violência significativa, apesar de alguns confrontos mais tensos com tropa ucraniana sobressaltada que, devido ao caos político em Kiev, tinha ordens para não resistir. Os comandos russos ficaram conhecidos como «homenzinhos verdes» ou «pessoas educadas», sustentando a negação russa de qualquer envolvimento, que aparentava ser pouco convincente. Precipitou-se a organização de uma sessão regional parlamentar que ocorreu a portas fechadas, em que se elegeu um novo governo e se declarou, em violação da lei ucraniana, que seria realizado um referendo em 25 de maio sobre a questão de conferir maior autonomia à Crimeia.

Putin agiu depois de se aconselhar com um reduzido círculo de assessores que incluía os homens em quem sempre confiara, e que sempre permaneceram a seu lado desde que ingressaram no KGB: Serguei Ivanov, Nikolai Patrutchev e Aleksandr Bortnikov. Partilharam os seus planos mais secretos, as suas suspeitas relativamente às ambições da OTAN e a sua fúria em relação à culpabilidade das nações do Ocidente, que se apressaram a acolher o novo governo que começara a formar-se depois do afastamento de Ianukovitch. Ouviram-se os ecos inquietantes da decisão, em 1979, de invadir o Afeganistão, que também fora tomada a portas fechadas, por um grupo restrito da liderança soviética, sob falsos pretextos.

Desde o seu regresso em 2012, Putin estreitara o funil de informação que chegava até ele, excluindo os diplomatas, ministros da Economia ou outros que pudessem contribuir com a sua opinião sobre as consequências do que estava a acontecer. O privado circuito de decisão de Putin e a sua insistência relativamente ao secretismo fizeram que o seu porta-voz e o seu ministro dos Negócios Estrangeiros, Serguei Lavrov, repetissem falsidades aos seus congéneres em pânico, reforçando a negação da presença da Rússia na Crimeia, mesmo depois de se terem apoderado de pontos estratégicos no local, um após outro. Quando o Conselho de Segurança das Nações Unidas convocou uma reunião de emergência em Nova Iorque em 27 de fevereiro, no dia seguinte ao do aparecimento dos «homenzinhos verdes», o embaixador russo, Vitali Churkin, estava despreparado para explicar até mesmo os factos mais básicos que se desenrolavam, muito em parte por não os conhecer. Nesse mesmo dia, Ianukovitch reapareceu na Rússia, uma semana após ter saído de Kiev, para uma conferência de imprensa num centro comercial em Rostov-sobre-o-Don, no sul da Rússia, não muito longe da fronteira com a Ucrânia. Alegou que continuava a ser o legítimo presidente da Ucrânia, mesmo estando os manifestantes e os jornalistas a vasculhar a pente fino a sua residência presidencial nos arredores de Kiev, remexendo nas provas da sua extravagância pessoal e corrupção profissional. Ianukovitch afirmou que defendia a integridade territorial do país e que se opunha a qualquer intervenção militar por parte da Rússia; também ele desconhecia que Putin já tinha iniciado uma.

No dia seguinte ao reaparecimento de Ianukovitch, Putin submeteu uma proposta ao Conselho da Federação para que este autorizasse o uso da força militar na Ucrânia. A porta-voz do conselho, Valentina Matvienko, que, apenas há três dias, afastara a hipótese de qualquer intervenção desta natureza, rapidamente convocou uma sessão extraordinária que se realizou num sábado e que, com grande entusiasmo, aprovou automaticamente o pedido de Putin. Depois de um «debate» acrimonioso em que todos os oradores levantaram a sua voz contra o infortúnio da Ucrânia e a maldade dos EUA, noventa dos cento e sessenta e seis membros presentes votaram, por unanimidade, a autorização que dava carta branca a Putin para invadir o país vizinho. Apenas depois disso, em 2 de março, Putin convocou Ianukovitch para a sua residência nos arredores de Moscovo e obrigou-o a redigir e assinar uma carta, com a data do dia anterior — ou seja, antes da votação do Conselho da Federação —, solicitando à Rússia que intercedesse. «A Ucrânia está à beira de uma guerra civil. O país é palco do caos e da anarquia», referia a carta, combinando factos irrefutáveis com desconfianças paranoicas que imbuíram o espírito do grupo restrito de conselheiros de Putin. «Sob a influência das nações ocidentais, ocorrem atos declarados de terror e violência. As pessoas são perseguidas por razões linguísticas e políticas. Neste contexto, imploro ao presidente da Rússia, Sr. Putin, que recorra às Forças Armadas da Federação Russa para restabelecer a legitimidade, paz, ordem e estabilidade, e para defender o povo da Ucrânia.» ([5])

No dia em que pressionou Ianukovitch a assinar a carta, Putin efetuou vários telefonemas para outros líderes mundiais que se esforçavam por compreender o que estava exatamente a desenrolar-se. O mais importante de todos foi com Angela Merkel. Apenas dois dias antes, Putin confirmara-lhe que não existia tropa russa na Crimeia, mas, agora, admitia o contrário — algo que nenhum representante oficial russo admitira publicamente até Putin o fazer em abril, seis semanas após os factos terem ocorrido ([6]). Putin reforçou os seus alertas de que as etnias russas enfrentavam violência na Ucrânia, o que o obrigava a agir. Merkel, a líder que mostrou ser a melhor interlocutora de Putin na Europa, virava-se agora contra ele. A chanceler contactou com Barack Obama, mesmo estando este, mais tarde, em contacto com Putin, e apresentou a sua posição cautelosa sobre a crise com uma atitude muito mais severa. Os EUA, logo seguidos da União Europeia e de outros membros do Grupo dos 8, advertiram de que a Rússia punha em risco o seu estatuto internacional e graves sanções se fizesse reivindicações territoriais na Crimeia.

A estratégia de Putin, nesse momento, passou a desenrolar-se de forma atabalhoada, apanhando desprevenidos até mesmo os seus colaboradores. Tomava as decisões sozinho e de improviso. Depois de uma presença conspícua nos exercícios militares na zona de Kirillovski, a norte de Moscovo, Putin regressou a Moscovo em 4 de março e, pela primeira vez, falou publicamente da crise que dominou a Ucrânia — e o mundo — no decorrer das duas semanas anteriores. Reuniu-se com um pequeno grupo de jornalistas do Kremlin, em Novo-Ogariovo, mas, ao contrário das habituais conferências de imprensa anuais orquestradas, esta foi convocada com alguma precipitação. As respostas do presidente às perguntas foram confusas e, por vezes, contraditórias. Putin parecia desconfortável, sentando-se curvado ou contorcendo-se na cadeira. Declarou que Ianukovitch era o único presidente legítimo da Ucrânia, mas que considerava não existir nenhum líder da Ucrânia com quem pudesse falar. («Creio que Ianukovitch não tem futuro político», acrescentou Putin, condescendente, «e disse-lhe isso mesmo».) Acreditava que uma mudança de poder na Ucrânia seria «provavelmente necessária», mas o que aconteceu em Kiev foi uma «tentativa de tomada de poder armada» que, «tal como o génio da lâmpada quando é subitamente libertado», inundou a capital com nacionalistas, «semifascistas» de suástica e antissemitas. «Mas não temos inimigos na Ucrânia», acrescentou por fim.

Novamente, levantou a questão das guerras estado-unidenses no Afeganistão, no Iraque e na Líbia, que, no seu entender, pareciam inexoravelmente ligadas à crise. Obama demorou, de facto, a reagir aos acontecimentos na Ucrânia, distraído com as crises do Médio Oriente, mas Putin estava convicto de que os estado-unidenses, mais do que os europeus, estariam no centro das insurreições. «Tenho, por vezes, a impressão de que algures para lá daquela grande poça de água [referindo-se ao Atlântico], nos EUA, existem pessoas num laboratório a conduzir experiências, como fazem com os ratos, sem efetivamente compreenderem as consequências do que estão a fazer.» Indiretamente, reconheceu que a Rússia reforçara o contingente de tropa nas sedes de comando da Frota do Mar Negro em Sebastópolis, mas quando os jornalistas o pressionaram sobre os soldados com uniformes russos, embora sem insígnias, que ocupavam edifícios relevantes, dissimuladamente denominou-os «unidades de defesa local». «Qualquer um consegue entrar numa loja e comprar qualquer tipo de uniforme», disse Putin.

Expressou o seu apoio ao direito do povo da Crimeia de fazer um referendo, mas sublinhou que descartava a possibilidade de a Crimeia se anexar à Rússia. No entanto, dois dias mais tarde, com a crescente oposição internacional, o novo parlamento da Crimeia anunciou, subitamente, que tinha antecipado os seus planos e que realizaria um referendo sobre o destino da península dentro de apenas dez dias, em 16 de março. Apesar da oposição das etnias ucranianas e dos tártaros* da Crimeia, que sofreram grandes repressões sob o jugo de Estaline, tendo regressado apenas depois do desmembramento soviético, os resultados do referendo eram uma mera formalidade. No dia seguinte, não obstante a desresponsabilização de Putin dias antes, o Kremlin tornou claro que a Crimeia estaria a regressar à Pátria, quando os líderes da Duma e do Conselho da Federação se reuniram com uma delegação da Crimeia, ao mesmo tempo que na Praça Vermelha decorria uma manifestação em massa sancionada pelas autoridades, com bandeiras e estandartes esvoaçantes, nos quais podia ler-se «A Crimeia é Território Russo». As palavras de ordem, tal como a nova missão de Vladimir Putin, não tardaram a ser condensadas numa espécie de encantamento que,

---

* Etnia turca na Crimeia. [N. da T.]

simultaneamente, transmitia orgulho e ressentimento, a contestação de Putin ao que considerava serem anos de crescente desrespeito pela Rússia. Acabaria por se tornar num grito de manifestação com uma surpreendente e profunda ressonância, que Putin, devido a uma inesperada cadeia de acontecimentos, não previra que definisse o seu legado e o da Rússia nos anos vindouros: *Krim nash! A Crimeia é nossa!*

Em 18 de março, dois dias após o referendo amplamente denunciado como sendo uma farsa, a Crimeia fazia parte da Rússia. Putin assomou ao Palácio do Kremlin em frente da nata política do país — que, pelo menos de modo oficial, o apoiava inteiramente — para declarar que a Crimeia e, também, Sebastópolis eram os novos territórios da Federação Russa. «Tudo na Crimeia reflete a nossa história e orgulho comuns», declarou Putin, evocando o lendário local onde o príncipe Vladimir fora batizado, e as batalhas, de Balaclava a Sebastópolis, símbolos da «bravura extraordinária e da glória militar russa». O público aplaudia e aclamava repetidamente, interrompendo o discurso de Putin. Alguns tinham lágrimas nos olhos. Putin compareceu mais tarde na concentração na Praça Vermelha, onde decorria um concerto organizado como celebração nacional que se tornaria num feriado sagrado. «Após uma longa, dura e cansativa travessia pelo mar, a Crimeia e Sebastópolis estão de regresso a casa, à sua costa de origem, ao seu porto seguro, à Rússia!», declarou à multidão entusiasmada. Do repertório de músicas dessa noite constava uma melodia soviética com forte cariz emocional de nome «Valsa de Sebastópolis». Fora escrita depois da Grande Guerra Patriótica, em 1953, um ano depois do nascimento de Putin, e a maioria dos russos com determinada idade e temperamento conseguia acompanhá-la.

Regressamos a casa
No limiar do território soviético
Uma vez mais, tal como dantes, os castanheiros florescem
E uma vez mais, eu esperava por ti...
Ao longo das avenidas caminharemos
E, como nos tempos de juventude, juntos cantaremos.

A última nação que anexara território alheio fora o Iraque em 1990, quando o exército de Saddam Hussein invadiu o Kuwait. A invasão, ocupação e anexação iraquianas desencadearam uma condenação internacional que resultou, em última instância, na formação de uma coligação militar liderada pelos EUA, que, sob o auspício das Nações Unidas e sem nenhuma objeção por parte da União Soviética, expulsou os iraquianos nuns escassos sete meses. Putin compreendia isso; sabia os riscos que tomava ao apoderar-se de território estrangeiro. Mesmo em 2008, quando a Rússia invadiu a Geórgia, a Ossétia do Sul e a Abcásia foram territórios controlados por forças de paz russas e sob o ataque de militares da Geórgia. No entanto, a Crimeia fazia indiscutivelmente parte da Ucrânia e não enfrentava nenhuma ameaça militar ou de segurança. Numa questão de dias, Putin não só violara a soberania de uma nação vizinha, como invertera o que muitos consideravam ser a ordem imutável da estrutura pós-Guerra Fria que se consolidara depois do violento desmoronamento jugoslavo nos anos noventa, representando para muitos europeus o arauto de uma era de cooperação pacífica e de integração depois do massacre do século xx. O próprio Putin advogava constantemente esse princípio, denunciando o uso unilateral da força por parte dos EUA e dos seus aliados como uma ameaça ao sistema internacional que protegia a soberania das nações de ataques estrangeiros. Usou esse mesmo argumento alguns meses antes quando Barack Obama defendera um ataque militar contra a Síria pelo uso indevido de armas químicas.

Putin compreendia qual seria a reação à anexação da Crimeia, mas também sabia que o mundo não se atreveria a agir do mesmo modo que fizera contra Saddam Hussein em 1990. O Iraque fora uma nação fraca, mas a Rússia ressurgia enquanto superpotência. O Ocidente não atacaria a Rússia — e muito menos em defesa da Ucrânia —, tal como não intercedera em 2008 para preservar a integridade territorial da Geórgia. A Rússia não era mais uma União Soviética debilitada em fase de declínio, e Putin estava preparado para agir no âmbito daquilo que ele, e apenas ele, considerava ser os interesses nacionais do país. Tomou a Crimeia da Ucrânia simplesmente porque podia — porque considerava que uma superpotência tinha o direito legal e a autoridade moral de o fazer, tal como os EUA faziam frequentemente desde o final da Guerra Fria.

As operações ordenadas por Putin na Crimeia refletiam aquilo que as Forças Armadas aprenderam na guerra na Geórgia, bem como os benefícios da modernização militar que Putin supervisionara desde que era primeiro-ministro. O orçamento militar russo quase duplicara desde 2005, atingindo uma estimativa de cerca de oitenta e quatro mil milhões de dólares em 2014. Ficou aquém dos valores atingidos por países como os EUA ou a China, mas, em termos percentuais do produto interno bruto, ultrapassou qualquer outra economia de relevo ([7]). Os efeitos da modernização manifestaram-se em novos armamentos, incluindo navios e aviões de combate que gradualmente desafiavam a defesa aérea estado-unidense e da OTAN, mas também no treino e dotação das forças de elite, como aquelas enviadas para a Ucrânia. A tomada da Crimeia demonstrou uma máquina de guerra mais competente — e para muitos dos vizinhos europeus, mais ameaçadora — do que qualquer outra desde a desintegração do Exército Vermelho. Era uma amálgama de poder tradicional com poder de influência, de rapidez e camuflagem, de dissimulação e propaganda implacável, com o intuito de desviar as atenções dos culpados até ser demasiado tarde para se fazer algo em relação ao assunto. Quando Putin admitiu que as forças russas tinham tomado, efetivamente, o controlo de toda a península da Crimeia antes da realização do referendo sobre a sua condição, já a anexação era um facto consumado. E apesar da condenação internacional, essa situação não seria revertida tão cedo.

Putin teve dificuldade em justificar a anexação, e a sua constante alteração de argumentos ressoou pelas instituições diplomáticas e militares e, por conseguinte, pelos meios de comunicação controlados pelo Kremlin. Alegou que a Crimeia fizera, em tempos, parte do histórico império russo, que fora administrada de Moscovo na época soviética até ao momento em que Nikita Krutchov a deu como legado à República Socialista da Ucrânia em 1954, que continuava a albergar a atual Frota do Mar Negro russa, que o governo ucraniano era ilegítimo, que o povo da Crimeia votara pela sua independência da Ucrânia e que a nação enfrentava agora uma iminente ameaça por parte de sequestradores fascistas. Noutras ocasiões, limitou-se a reivindicar uma equivalência moral, fazendo notar que os EUA agiram de forma semelhante ao invadirem outros países e, como tal, por que razão a Rússia não poderia fazer o mesmo? Para muitos, o fundamento mais execrável era o de Putin ter intercedido para proteger os seus «compatriotas» russos na Crimeia — ou seja, não os cidadãos da Rússia, mas os russos que, como frequentemente referia, se encontravam à ventura em «países estrangeiros» desde a fragmentação da

União Soviética em 1991 em diversas nações sucessoras. Durante anos, Putin exaltou o *russki mir*, ou seja, o «mundo russo», uma comunidade unida além-fronteiras pelo idioma, pela cultura e pela fé, mas nunca usara esse argumento como fundamento para justificar uma intervenção militar. Tratava-se de um argumento com reminiscências inconfortáveis, idêntico aos argumentos usados por Adolf Hitler em 1938 para reclamar a Áustria e, mais tarde, os Sudetos* na, então, Checoslováquia, para os *Volksgenossen***. A questão principal centrava-se agora em saber até onde iria a política de Putin. Outras zonas da Ucrânia incluíam números significativos de populações étnicas russas, o mesmo acontecendo com o Cazaquistão e as três antigas repúblicas soviéticas (a Lituânia, a Letónia e a Estónia), agora sob a alçada da OTAN e protegidas pelo pacto de defesa mútua estabelecido no Artigo 5.º da carta da aliança. Poucos consideravam que Putin fosse capaz de arriscar um confronto militar com a OTAN, atacando um dos seus membros, mas ninguém estava realmente seguro de os planos de Putin serem totalmente racionais.

Alguns dias antes da anexação da Crimeia, manifestantes no leste da Ucrânia, instigados ou reunidos pelos agentes dos serviços de inteligência militar russos e combatentes voluntários, começaram a ocupar edifícios administrativos em diversas cidades. Em duas províncias capitais, Donetsk e Lugansk, denunciaram as novas autoridades centrais de Kiev e declararam a criação das «Repúblicas Populares», agendando os seus próprios referendos para o mês de maio. Os acontecimentos desenrolaram-se tal como as autoridades locais tinham alertado após a insurreição política que ocorreu em 2004, apoiada por compatriotas além-fronteiras, na Rússia. Ambas as províncias eram constituídas por largas comunidades de etnias russas, embora não fossem uma maioria absoluta, cujas afinidades políticas estavam mais próximas da Rússia de Putin do que de Kiev, sobretudo após as convulsões do inverno de 2013 e 2014. Estavam mais suscetíveis à propaganda dos meios de comunicação controlados pelo Kremlin, cuja disseminação era muito abrangente no leste da Ucrânia e que retratava os atuais detentores do poder do país

---

* Cadeia montanhosa na fronteira entre a República Checa, a Polónia e a Alemanha que também pode designar as populações de origem alemã dessas regiões. [N. da T.]

** Poderá ser traduzido, aproximadamente, para a língua portuguesa como «compatriotas» ou «nações compatriotas». [N. da T.]

como nacionalistas radicais que iriam negar os direitos básicos aos russos, reprimi-los, e até mesmo torturá-los ou matá-los. Embora Putin tivesse deixado de fazer declarações públicas de apoio aos protestos, continuava a denunciar constantemente as autoridades ucranianas e reafirmava o direito da Rússia de proteger os interesses do mundo russo. Nas semanas seguintes, usou o termo *Novorossia*, ou seja, «Nova Rússia», para evocar uma reclamação histórica da faixa territorial da Ucrânia que abrangia a cidade costeira de Odessa até à fronteira com a Rússia, e que fazia parte do império russo desde o declínio do Império Otomano no século XVIII. As clivagens étnicas que fraturavam a Ucrânia — tal como acontecia com outros deixados para trás por causa da rutura da União Soviética — rompiam agora, talvez de forma irrevogável.

Os estado-unidenses e europeus foram apanhados de surpresa pelos acontecimentos na Crimeia, tal como acontecera quando se deu o massacre em Kiev e quando Ianukovitch subitamente partiu, em fuga, em 22 de fevereiro. A inicial reação internacional à anexação — e aos tumultos no leste da Ucrânia — foi confusa e hesitante, desconcertada pelos subterfúgios de Putin e pela surpreendente facilidade com que a tropa russa fora capaz de dominar mais de vinte e seis mil quilómetros quadrados de território onde vivia uma população com mais de dois milhões de pessoas. Nos dias anteriores à realização do referendo na Crimeia, havia a expectativa por parte dos líderes europeus e dos EUA de que a pressão diplomática produzisse resultados; quando o referendo ainda assim prosseguiu avante, consideraram que as ameaças das sanções económicas — e da reprovação internacional — seriam suficientemente dissuasoras.

Em 17 de março, o dia seguinte ao da realização do referendo, os EUA e a União Europeia anunciaram sanções a cerca de uma dúzia de funcionários da Rússia e da Crimeia, mas incluíam apenas representantes como Valentina Matvienko do Conselho da Federação e o antigo estratego político do Kremlin Vladislav Surkov, que, embora preeminentes, não tinham nenhuma influência nas decisões agora tomadas por Putin, não dando este nenhuma relevância às reações iniciais. Putin ignorou totalmente as duras advertências não só de Barack Obama, com quem, depois de episódios como as leis de proibição de adoção, Edward Snowden e a Síria, a sua relação era praticamente irreparável, mas também de líderes como Angela Merkel, que continuava a ser a sua parceira no continente europeu com maior empenho em manter relações próximas com a Rússia. Imprimia tal credulidade nas conversas efetuadas com Merkel ao denunciar as infames ações europeias contra a Rússia, que a chanceler confidenciou a Obama a sua convicção de que Putin vivia «noutro mundo» ([8]).

A intransigência de Putin provou ser unificadora ao reforçar a oposição internacional. A Rússia foi afastada do Grupo dos 8, cuja cimeira anual decorreria no verão de 2014 na nova e reconstruída Sochi. Dois dias após a anexação da Crimeia, os EUA aumentaram as sanções, seguidos da União Europeia. Desta vez, as sanções tinham como alvo aqueles que estavam mais próximos de Putin, com o intuito de provocar uma alteração no comportamento do presidente russo ao infligir punições aos amigos que reuniram as suas fortunas durante a sua presidência. Incluíam-se no grupo os seus antigos parceiros de judo, Arkadi e Boris Rotenberg; Vladimir Iakunin, Iuri Kovaltchuk e Andrei Fursenko, da cooperativa de casas de campo Ozero; e Guenadi Timchenko. Fazendo eco das alegações dos críticos de Putin durante anos, o Departamento do Tesouro dos EUA declarou que Putin detinha investimentos na empresa de Timchenko, a Gunvor, e que «poderia ter acesso a fundos do grupo». Os estado-unidenses acusaram o Banco Rossia de Kovaltchuk de agir como «banqueiro pessoal» de altos funcionários do Kremlin, incluindo Putin ([9]). As sanções impediam os seus alvos de viajarem para os EUA, congelavam os seus bens e proibiam as empresas estado-unidenses de realizarem negócios com esses indivíduos, o que efetivamente restringia as suas atividades relacionadas com dólares em praticamente qualquer parte. As sanções estado-unidenses e europeias continuaram a aumentar o seu leque de atuação, visando mais funcionários do governo e empresas, entre as quais o banco de Rotenberg, o SMP, abreviatura russa para a Rota do Mar do Norte que atravessa o Ártico, e, por último, setores completos da economia que incluíam a petrolífera Rosneft e os seus planos ambiciosos de extrair petróleo no Ártico.

No entanto, estas novas sanções não produziram maiores consequências evidentes do que as sanções aos conselheiros e seguidores da esfera de poder mais alargada de Putin, não mais do que se nem sequer existissem. A determinação de Putin não era desafiada sequer pelos que estavam mais próximos dele. Todos os que sofreram sanções — os mais altos funcionários e os mais modestos, os amigos próximos e os meros conhecidos, os agentes de influência e os simples penduras — deviam a Putin as suas posições dentro do sistema. Representavam o novo escol da era de Putin que estava acima da lei e, como tal, protegido pela justiça de um único homem. O poder e as fortunas destas figuras dependiam do poder de Putin e da lealdade deles para com este homem. Vladimir Iakunin, que considerava as sanções uma afronta pessoal, referiu que o seu amigo de longa data nunca permitiria que alguém o dissuadisse de qualquer decisão que tomasse no melhor interesse da Rússia. Na verdade, julgaria a mera tentativa um ato de traição. «Ele não esquecerá isso — nem perdoará», declarou Iakunin ([10]).

E ninguém se atreveu. Um após outro, todos aqueles que eram alvo de sanções expressaram a sua lealdade e solidariedade para com o líder, proclamando estarem dispostos a fazer qualquer sacrifício que fosse necessário. «Temos de pagar por tudo nesta vida», referiu Guenadi Timchenko, enriquecido, uma vez que conseguira vender as ações que detinha no grupo Gunvor ao seu sócio, precisamente no dia *anterior* ao anúncio das sanções, sugerindo que tinha tido informações privilegiadas da ameaça iminente e agido com rapidez para evitar que os seus bens fossem apreendidos. Timchenko admitiu que o seu jato particular estava em terra por não conseguir sustentar a sua manutenção, que os cartões de crédito da mulher tinham sido suspensos e que deixara de conseguir gozar férias na Europa de forma segura com a sua família e o seu cão, *Romi*, descendente do amado *Koni* de Putin. «Mas uma pessoa consegue suportar os custos de ter um negócio ou os inconvenientes pessoais quando o que está em causa são os interesses do Estado. São ninharias no panorama dos problemas globais.» ([11])

Os protestos que se materializaram em Simferopol e noutras cidades da Crimeia, em fevereiro, proliferaram pela Ucrânia. Em Odessa, no mês de maio, uma violenta confrontação entre manifestantes pró--Rússia e apoiantes do governo culminou num incêndio no velho edifício da Casa dos Sindicatos do Comércio, fazendo quarenta e oito vítimas. Os referendos realizados nesse mês pelas repúblicas populares de Donetsk e de Lugansk foram tão apressadamente organizados e legalmente dúbios quanto o referendo na Crimeia. Os serviços secretos militares da Ucrânia alegaram ter capturado a gravação de um telefonema de um dos líderes rebeldes, Dmitri Boitsov do Exército Ortodoxo Russo, que protestava por não poder supervisionar as votações devido à larga escala de forças militares ucranianas e armamento que ainda permaneciam na região. «Não temos a oportunidade de o conduzir legalmente enquanto estes estupores aqui estiverem», declarou. Alegadamente, o indivíduo do outro lado da linha seria Aleksandr Barkachov, um conhecido neonazi russo que, em 1993, se juntara aos que defendiam a Casa Branca de Moscovo contra os decretos de Boris Ieltsine. Dizia-lhe que insistisse e avançasse assim mesmo, assegurando o resultado de, pelo menos, oitenta e nove por cento. «Mas vais andar a recolher votos?» gritava Barkachov. «Estás completamente louco?» ([12])

Quando os votos foram contabilizados, o total aproximava-se da recomendação sugerida na gravação — com oitenta e nove por cento de votos a favor —, ao passo que em Lugansk a contagem excedia uns improváveis noventa e seis por cento. Os referendos foram seguidos de crescentes e violentos confrontos. O país mergulhou numa guerra aberta, que fora aparentemente antecipada pelo chefe do Estado-Maior russo, Valeri Guerassimov, no ano anterior, quando delineou a nova doutrina militar elaborada depois do regresso de Putin à presidência, como resposta às sublevações do mundo árabe. «No século XXI, temos assistido a uma tendência do comprometimento dos limites dos estados de guerra e de paz», escreveu o general Guerassimov ([13]). «As guerras não são mais declaradas e, uma vez iniciadas, prosseguem de acordo com um padrão pouco familiar. A experiência de conflitos militares — em que se incluem os relacionados com aquilo que se chama de revoluções coloridas no norte de África e no Médio Oriente — confirma que um Estado perfeitamente próspero pode, no espaço de meses ou até mesmo de dias, ser transformado num palco de ferozes conflitos armados, tornar-se vítima de intervenção estrangeira e mergulhar numa rede caótica de catástrofes humanas e de guerra civil.» E foi isso mesmo que aconteceu.

A anexação da Crimeia decorrera sem grandes atritos, mas a situação no leste da Ucrânia revelou-se muito mais complicada, e a incerteza quanto às intenções de Putin atrapalhou os esforços dos insurretos. O novo presidente eleito que substituiu o autoexilado Ianukovitch, o magnata do chocolate Petro Porochenko, agiu de forma mais determinada no seu intuito de manter as regiões revoltosas do Leste do que o governo provisório da Crimeia tinha feito no mês de março. As forças militares ucranianas, em conjunto com milícias irregulares formadas durante os acontecimentos na Praça da Independência, contra-atacaram e movimentaram-se para retomar o território que não estava sob o controlo do governo, e com o decorrer dos dias os confrontos deram origem a uma guerra civil. Pelo menos oficialmente, Putin manteve uma diligente distância em relação àqueles que reclamavam a independência de Donetsk e Lugansk; com o apertar do cerco das sanções mais profundamente do que ele próprio antecipara, chegou a solicitar um adiamento do referendo sobre a independência. Os estado-unidenses e europeus esperavam que o isolamento diplomático que a Rússia enfrentava e a intensificação das sanções pudessem, pelo menos, alterar as opções de Putin, obrigando a que ele e os seus funcionários recorressem a desmentidos cada vez mais improváveis do envolvimento da Rússia.

Contudo, os insurretos usufruíam de um amplo apoio russo, tanto oficial como oficiosamente. No início, os seus líderes eram russos étnicos, incluindo um antigo ou possivelmente ainda ativo agente dos serviços secretos militares, Igor Guirkin, que era conhecido pelo nome de guerra Igor Strelkov. As milícias formadas — e existiam muitas, com cadeias de comando pouco claras — incluíam combatentes locais e «voluntários» russos que, segundo o Kremlin insistia em declarar de forma pouco convincente, se juntaram às sublevações por um desejo puramente fraternal de defender o *russki mir*. Alguns deles lutaram em conflitos anteriores espoletados nas periferias do extinto império soviético no início dos anos noventa, como foram o caso da Abcásia e da Ossétia do Sul na Geórgia, e da faixa de território moldavo conhecida como Transnístria. Foram reforçadas por comandos russos e agentes dos serviços secretos militares e, mais tarde, por tropa regular, enviada enquanto «voluntária» pelos seus comandantes com a promessa de pagamentos suplementares, e a quem o Kremlin ordenou que se demitisse e que não usasse qualquer insígnia russa. Putin não queria arriscar uma intervenção russa declarada, e esta dissimulação ocultou a extensão da atividade russa a ponto de criar confusão e, tal como esperava, de lançar o debate e criar divergência na Europa relativamente ao grau de firmeza com que deveria responder.

A NOSSA RÚSSIA

Tal como Guerassimov previu, o conflito na Ucrânia toldou a linha de separação entre a guerra e a paz, entre instigador e defensor. O Kremlin continuou a negar a presença de tropa e de armamento russo na Ucrânia muito depois de começarem a regressar à nação os caixões dos soldados, enterrados em segredo, à semelhança dos corpos daqueles que morreram pela União Soviética no Afeganistão. E persistiu nessa posição mesmo depois de terem sido capturados soldados russos na Ucrânia e expostos pelas autoridades locais.

Em 6 de junho, Putin viajou até França por ocasião das cerimónias comemorativas do septuagésimo aniversário do desembarque da tropa Aliada na Normandia no Dia D. O seu ostracismo era palpável. O Grupo dos 7, depois da expulsão da Rússia, reunira-se nessa semana em Bruxelas ao invés de Sochi. Ao incluí-lo nas cerimónias em memória dos acontecimentos foi prestada homenagem à União Soviética pelo seu contributo na derrota dos nazis, mas a intervenção russa numa nova guerra tornou ainda mais tensa essa cortesia. Os líderes europeus mostravam-se mais frustrados com as constantes negações de Putin sobre a sua culpabilidade e com a sua insistência de que apenas uma resolução política seria possível, do mesmo modo que ele se sentia frustrado com os esforços ucranianos para reassumirem o controlo das regiões do Leste. Angela Merkel e François Hollande testaram as suas alegadas intenções de uma resolução política pacífica servindo de intermediários às conversações de paz. Pela primeira vez, desde que a crise tivera início, Putin reuniu-se com Petro Porochenko na Normandia, agindo enquanto representante das regiões rebeldes às quais negara qualquer apoio oficial. Contudo, os conflitos intensificaram-se, com as forças governamentais e os insurgentes a envolverem-se numa disputa bélica com armamentos mais agressivos, que incluíam morteiros e artilharia pesada.

Um mês mais tarde, Putin reuniu-se novamente com Merkel no Brasil, antes da final do Mundial de Futebol entre a Alemanha e a Argentina. Compareceu enquanto líder da nação anfitriã do campeonato de futebol de 2018, um acontecimento esperado com grande expectativa, para o qual Putin lançara já um novo megaprojeto de construção de um estádio, assolado, desde logo, por questões sobre as irregularidades da proposta russa vencedora ([14]). Mesmo quando se encontraram novamente, comprometendo-se a negociar um novo cessar-fogo, surgiram notícias

601

sobre equipamento russo a atravessar a fronteira. Um dia depois, um avião militar de carga AN-26 ucraniano que voava a uma altitude aproximada de seis mil metros foi abatido perto da fronteira com a Rússia, em Lugansk; este abate, que ocorreu depois da destruição de outro avião militar de transporte no momento em que aterrava, em junho, era um impressionante sinal do crescente poder de fogo dos insurgentes. Dois dias mais tarde, um avião de caça Sukhoi caiu, atingido por um sofisticado míssil terra-ar que se desconhecia que os rebeldes pudessem ter.

Na tarde de 17 de julho, na rede social de Igor Strelkov, era publicada a notícia do abate de outro AN-26, desta vez perto da cidade de Torez, localizada entre Donetsk e a fronteira russa. «Foram avisados — não atravessem "os nossos céus"», tendo sido esta declaração triunfante atribuída ao próprio Strelkov ([15]). Posteriormente, os ucranianos alegaram ter intercetado uma comunicação entre um rebelde e um agente dos serviços secretos militares russos que confirmava o abate do avião. No entanto, não se tratava de um avião militar ucraniano. Os detritos que caíam dos céus pertenciam a um Boeing 777, que transportava 283 passageiros e quinze membros da tripulação no voo MH17 da companhia aérea da Malásia Malaysia Airlines, com origem em Amesterdão e destino em Kuala Lumpur. Os corpos ficaram espalhados juntamente com os destroços do avião numa extensão de diversos quilómetros quadrados de campos cultivados com trigo.

De acordo com todos os relatos, exceto o dos russos, o avião foi atingido por um míssil terra-ar autopropulsionado de um sistema de defesa antiaéreo conhecido como 9K37 Buk, quando atravessava a zona aérea da região de Donetsk. Testemunhas, incluindo os jornalistas da Associated Press, afirmaram ter visto o sistema Buk a movimentar-se nas cidades circundantes, ao passo que relatos subsequentes traçavam a origem do equipamento numa unidade militar russa, nomeadamente a 53.ª Brigada Antimíssil Aérea situada na cidade de Kursk. Alegadamente, a brigada teria atravessado a fronteira russa na noite anterior e regressado apenas com três dos seus quatro mísseis. Uma investigação preliminar do governo holandês concluiu que o avião explodira em pleno voo, sendo os estragos da fuselagem consistentes com os provocados por um míssil Buk, e não por um míssil disparado de um avião de caça, como depressa sustentara o ministro da Defesa da Rússia ([16]).

A NOSSA RÚSSIA

Putin, que regressava da sua viagem ao Brasil quando ocorreu a tragédia, conversou telefonicamente com Merkel e Obama nesse mesmo dia, mas proferiu apenas breves comentários públicos. Não fez nenhuma afirmação sobre a evidente origem do míssil — nem confirmou nem negou o envolvimento da Rússia —, mas atribuiu a responsabilidade do incidente à retoma dos conflitos no leste da Ucrânia, sugerindo que a culpa deveria ser atribuída ao governo ucraniano por tentar recuperar o controlo dos territórios detidos pelos rebeldes armados. «Ninguém deveria, nem tem o direito de usar esta tragédia para alcançar os seus objetivos políticos», referiu Putin, numa invulgar intervenção televisiva efetuada nas primeiras horas da manhã de dia 21 de julho. Aparentava estar cansado e retraído, permanecendo pouco estável junto da sua mesa de escritório e com os olhos avermelhados. «Ao invés de nos dividir, tragédias como esta deveriam aproximar as pessoas. Todos os responsáveis pela situação na região deverão assumir uma responsabilidade ainda maior ante os seus cidadãos e ante os países cujos cidadãos morreram neste acidente.» No entanto, não assumiu nenhuma responsabilidade pessoal sobre qualquer intervenção nesta tragédia, ou no conflito cada vez mais letal que viria a matar milhares de pessoas e a forçar centenas de milhares de outras a abandonarem as suas casas, num continente que sonhava em esquecer a sua história sangrenta.

O resto do mundo — sobretudo o Ocidente — virou-se contra Putin depois da tragédia do voo MH17. «O míssil de Putin», declarava o tabloide britânico *The Sun*, e mesmo outros meios de comunicação social mais moderados estabeleciam uma linha inexorável de responsabilidade. Sem Putin, não teria ocorrido a anexação da Crimeia, a guerra no leste da Ucrânia, a dispersão de destroços pelos campos de trigo. Esta era a guerra de Putin, e todos os esforços propagandistas do Kremlin para turvar as águas — ao divulgar falsas alegações e teorias da conspiração — pouco fizeram para excluir as culpas. Mesmo que Putin não o entendesse, outros à sua volta apercebiam-se disso. Poderia ter controlado os líderes rebeldes, retirado as forças russas e os equipamentos da região, facilitado as investigações internacionais sobre o abate de aviões, e procurado e entregado à justiça os responsáveis pela morte de 298 pessoas. No entanto, não podia fazer nada disso, do mesmo modo que não podia assumir outros falhanços da sua presidência, outros crimes sensacionais,

603

a corrupção que se instalou no sistema de lealdades por ele construído. Putin criou-se enquanto símbolo da Rússia ressurgente que teria de ser mantido sem nenhum reconhecimento de falhas. Apenas no culto do poder, um líder pode surgir indissolúvel do Estado. «Existe Putin, e existe a Rússia», disse Viatcheslav Volodine em 2014, que substituiu Vladislav Surkov em 2011 enquanto estratego político do Kremlin. «Não há Putin — não há Rússia.» ([17])

O fosso entre a Rússia e o Ocidente parecia agora irrevogável, e era deliberado. Os EUA alargaram as sanções no dia anterior ao do abate do voo MH17, e no rescaldo do acidente, a oposição na Europa contra a intensificação das sanções tinha-se igualmente evaporado. Setores inteiros da economia, incluindo a banca e a energia, enfrentavam agora sanções, além dos representantes oficiais e amigos próximos de Putin. Em meados de 2014, as fugas de capitais atingiram o valor de setenta e cinco mil milhões de dólares relativos ao exercício do ano, o mesmo acontecendo com capitais salvaguardados em paraísos fiscais; no final do ano, cerca de cento e cinquenta mil milhões de dólares tinham saído do país. A economia, que já se encontrava numa fase de abrandamento, caiu a pique, à medida que os investimentos se atrofiavam. O valor do rublo decresceu, apesar dos esforços do Banco Central para o recuperar. O preço do petróleo diminuiu — com Putin a atribuir a culpa a uma conspiração entre os EUA e a Arábia Saudita —, e isso pesou sobre o orçamento, esgotando as reservas que Putin havia resolutamente construído ao longo dos anos no poder. A Rússia mergulhou numa crise económica tão nefasta quanto as que ocorreram em 1998 e 2009. As táticas de Putin deram para o torto. Muitos no Ocidente se regozijaram, considerando a crise económica a prova de uma ferida autoinfligida, consequência das ações de Putin. Porém, este isolamento reafirmava a perspetiva de Putin de que as crises económica e diplomática sentidas pela Rússia faziam parte de uma conspiração mais vasta que almejava enfraquecer o país — enfraquecer a sua governação e poder.

No dia seguinte ao do abate do voo MH17, o Tribunal de Arbitragem Internacional em Haia emitiu, finalmente, o veredicto sobre os casos apresentados pelos acionistas da Iukos referentes à expropriação da empresa petrolífera, que condenava a Rússia a pagar mais de cinquenta

A NOSSA RÚSSIA

mil milhões de dólares pelos prejuízos causados, citando o próprio apoio de Putin, uma década antes, ao leilão da joia da coroa da empresa petrolífera como prova do conluio do governo ([18]). Cada movimento contra a Rússia era agora interpretado por Putin como um ataque pessoal cínico e intencional. As suas atitudes denotavam um grande sentimento de traição e ressentimento, agravado pela crise que se desenrolou precisamente no momento de glória do sonho olímpico. Demonstrava ser impermeável à ameaça das sanções e ao isolamento internacional, pois acreditava que a perspetiva russa, os seus interesses, nunca seriam respeitados tal como sentira anteriormente e, com maior intensidade, desde que regressara ao Kremlin em 2012, depois de quatro anos de interregno enquanto primeiro-ministro.

Putin não cometera um erro crasso nas suas ações contra a Crimeia nem, mais tarde, no leste da Ucrânia. Apenas não se preocupava mais com a resposta do Ocidente. A alteração no comportamento de Putin agravou-se depois do que aconteceu com o voo MH17, de acordo com o seu amigo de longa data Serguei Rolduguin. «Reparei que quanto mais ele é provocado, mais rígido se torna», referiu Rolduguin. Foi como se a sublevação na Ucrânia afetasse Putin de forma profunda e pessoal, como se tivesse sido provocado no recreio da escola e isso o obrigasse a revoltar-se. Merkel, segundo Rolduguin, enfureceu-o ao desconsiderar as preocupações que Putin levantara sobre os radicais que faziam parte das fileiras do novo governo ucraniano, sobre as ameaças às minorias russas daquele país e sobre as atrocidades que a tropa ucraniana perpetrava contra os civis. Todos estavam prontos a culpar Putin pelo míssil que destruíra o avião de passageiros, mas e quanto às atrocidades cometidas pelo governo da Ucrânia sobre as pessoas no leste do país? Quando antes fora paciente com Merkel e outros líderes, agora demonstrava irritação; quando antes cedera a compromissos, era agora inflexível. «Tudo isto o irritou e ele tornou-se mais… não quero dizer agressivo, mas mais indiferente», explicou Rolduguin. «Ele sabe que vamos conseguir solucionar a questão de uma forma ou de outra, mas já não quer fazer compromissos.»

Para Putin, o que era pessoal tornou-se político. O pragmatismo dos seus dois primeiros mandatos enquanto presidente terminara havia muito tempo, e a atual convulsão na Ucrânia assinalava uma quebra na trajetória que ele delineara e seguira desde que Ieltsine, inesperadamente, lhe entregara a presidência na aurora do novo milénio. Durante catorze anos no poder, concentrara-se em restituir o lugar da Rússia ao lado das potências mundiais, integrando-a por meio de uma economia globalizada, lucrando e tirando partido das instituições financeiras do mercado livre — bancos, mercado de valores, parcerias comerciais —, em benefício, sem dúvida, dos magnatas à sua volta, mas, também, a favor de todos os russos em geral. Estava agora disposto a repor o poder da Rússia com ou sem o reconhecimento do Ocidente, rejeitando os seus «valores» internacionais, a sua noção de democracia e de Estado de direito, como algo estranho para a Rússia, algo que não pretendia incluir a Rússia mas, sim, a subjugá-la. A nação russa tornou-se «refém das peculiaridades psicossomáticas do seu líder», escrevia o romancista Vladimir Sorokin depois da anexação. «Todos os seus medos, paixões, fraquezas e complexos se transformaram em políticas de Estado. Se estiver num estado paranoico, todo o país deve recear os inimigos e os espiões; se tiver insónias, todos os ministros têm de trabalhar durante a noite; se estiver a passar por uma fase abstémia, todos devem deixar de beber; se estiver bêbedo, todos devem embebedar-se; se não gostar dos EUA, contra quem o seu amado KGB tanto lutou, toda a população deve estar contra os EUA.» ([19])

A oposição a Putin — ao putinismo — continuou a existir, mas os acontecimentos de 2014 relegaram-na ainda mais para as margens da sociedade. Os líderes que efetivamente representavam um desafio, ou em tempos eram uma ameaça, estavam debaixo de cerco mais do que nunca. Alguns deles partiram muito antes dos acontecimentos na Ucrânia, incluindo Garry Kasparov, que receava um iminente encarceramento depois de a comissão de investigação a Aleksandr Bastrikin ter telefonado e conversado com a sua mãe enquanto ele estava ausente em viagem. Um telefonema da comissão era agora um aviso tão ameaçador quanto fora, em tempos, o KGB a bater à porta ([20]). Kasparov foi seguido por outros, expulsos da Rússia por estarem a ser investigados: o economista Serguei Guriev, conselheiro de Medvedev; um antigo vice-presidente do Banco Central russo, Serguei Aleksachenko; e Vladimir Askurov, um dos assessores de Alexei Navalni que trabalhou na sua campanha anticorrupção e que recebeu asilo político no Reino Unido. Pavel Durov, o criador da versão russa do Facebook, a rede social VKontakte, e um exemplo da

A NOSSA RÚSSIA

dinâmica nova geração da Rússia, vendeu a sua restante participação na empresa e saiu do país, afirmando, mais tarde, que «uma vez que sou, obviamente, a favor dos mercados livres, é difícil para mim compreender o atual percurso do país» ([21]).

Boris Berezovski, o homem que proclamava ser o progenitor de Putin tornando-se no seu maior rival, morreu em 2013 nos arredores de Londres, num suicídio manifesto, pendurado numa corda na casa de banho de sua casa. Como sempre acontecera quando Berezovski estivera envolvido, suspeitava-se de um fim mais perverso da sua vida que nunca foi inteiramente afastado. Mikhaíl Khodorkovski, amnistiado por Putin no inverno de 2013, mudou-se para a Suíça e restabeleceu o movimento Rússia Aberta para promover a democracia na Rússia. Voluntariou-se para ser um possível líder de um governo provisório que pudesse servir de fase transitória para uma nova Rússia, mas não se atreveu a regressar ao país.

Dentro das fronteiras, os que se atreviam a desafiar o discurso do Kremlin sobre a Ucrânia eram banidos. Andrei Zubov, um preeminente historiador, foi demitido do seu lugar no Instituto Estatal de Relações Internacionais de Moscovo por ter feito uma comparação entre a anexação da Crimeia e a *Anschluss** de Hitler na Áustria em 1938, um acontecimento que, sublinhou o historiador, foi seguido de uma guerra e, por fim, da queda do Terceiro Reich. «Amigos», implorava ele no jornal *Vedomosti*, «a história repete-se» ([22]). O seu afastamento foi tão rápido e severo quanto o do humorista satírico Victor Chenderovitch, por causa do seu comentário sobre uma patinadora russa vencedora da medalha de ouro nos Jogos Olímpicos. O próprio editor fundador do *Vedomosti*, Leonid Berchidski, anunciou o seu exílio num artigo do jornal pouco tempo depois, referindo-se a uma geração de intelectuais que viam a Rússia de Putin como já não sendo compatível com as relativas liberdades a que se acostumaram. Escreveu no *The Moscow Times* que ele não era um rato em pânico que fugia do navio Rússia que se afundava. «Sou mais um marinheiro que, ao ver que o capitão do navio alterou o seu curso rumo a um porto de má reputação — a alardear as suas intenções com

---

* Tradução para a língua portuguesa: conexão ou anexação. O termo refere-se historicamente à anexação da Áustria pela Alemanha nazi, em 1938. [N. da T.]

megafones —, devagar e sem entrar em pânico, baixou o bote salva-
-vidas e começou a remar em direção ao porto de onde originalmente
todos tinham partido.» ([23])

Outros permaneceram na Rússia, lutando numa batalha cada vez mais
solitária contra Putin e as forças nacionalistas que ele atiçara. Alexei
Navalni, depois de ter sido detido por protestar contra os veredictos dos
casos Bolotnaia por altura do encerramento das Olimpíadas de Sochi, passou grande parte do ano de 2014 em prisão domiciliária, confinado a um
pequeno apartamento da era soviética no sul de Moscovo. O único líder
da oposição que emergiu das camadas populares da sociedade — que não
estava em dívida com o Kremlin, nem era suficientemente carismático
para ganhar aceitação independente da sua influência — foi proibido
durante meses de se encontrar com alguém, além dos seus familiares,
e de usar a Internet, o meio que explorou com tanta mestria, a ponto de
se tornar numa ameaça para o sistema de Putin. Com equipamentos
de vigilância descaradamente espalhados pelo seu apartamento, Navalni
ocupava o seu tempo jogando Grand Theft Auto no computador e saindo
do apartamento apenas para estar presente nas audiências do tribunal,
sempre com escolta policial. À medida que os magistrados abriam novos
casos — incluindo um sobre o «roubo» de um cartaz de rua para oferecer e outro que acabaria por condenar e levar à prisão o seu irmão,
Oleg —, a presença de Navalni em audiências no tribunal era cada vez
mais frequente. A sombra do Kremlin pairava sobre ele tal como sobre
os dissidentes do passado.

«Que ganhámos nós?», comentou Navalni dentro do seu apartamento no final do ano de 2014, quando os termos da sua detenção foram
de algum modo refreados, refletindo sobre a anexação da Crimeia por
Putin e sobre a consequente demonização internacional. «Agora, literalmente, ninguém gosta de nós», disse ele. Até mesmo a Ucrânia, uma
aliada natural da Rússia, deixara de gostar da nação, se não mesmo
dos russos. A guerra suplantou o esforço da campanha anticorrupção de
Navalni, que continuava a expor as ligações neofeudais entre o poder e
o capital. Transformou-se numa guerra contra tudo o que era ocidental,
incluindo contra aqueles que advogavam uma maior abertura política e
maior transparência. Penetrou de tal forma na sociedade, que até mesmo
os boletins meteorológicos a que Navalni assistia na televisão ao serão,

alertavam de que a situação no leste da Ucrânia estava a «aquecer». Putin mergulhara a nação numa «guerra perpétua» e, como tal, numa «permanente mobilização», nas palavras de Navalni. Mobilizou a nação em torno de um destino manifesto outrora perdido, independentemente das perdas de estatuto internacional que isso representava. No entanto, quanto mais desastrosas eram as decisões de Putin, mais poderoso se tornava. Com o país em guerra, a posição de Putin parecia ser ainda mais inatacável. Era uma contradição que tanto Navalni como outros, dentro e fora do país, tinham dificuldade em compreender. «No que diz respeito ao fortalecimento do seu regime, Putin saiu vencedor», comentou Navalni com resignação. «No que se refere aos interesses estratégicos da Rússia, saímos a perder.» ([24])

Boris Nemtsov, que conseguiu ser eleito para a assembleia regional de Iaroslavl, continuou com a sua campanha contra Putin, apoiando-se na imunidade legal que a sua posição legislativa lhe conferia como forma de proteção. Reprimia violentamente a guerra em comentários no Facebook e no Twitter, descrevendo Putin como um vampiro que necessitava de sangue para sobreviver. Também ele reconhecia a resistência de Putin aos crescentes indícios da presença de russos a combater e a morrer na Ucrânia. Reclamava de que as sanções internacionais e o isolamento diplomático tinham pouca convicção. Desejava que os esforços internacionais fossem mais resolutos a travar o regime de Putin e que não procurassem um compromisso com ele. «Ele não está isolado», declarou Nemtsov. «Ele fala com Merkel. Fala com todos.» Nemtsov continuou, intrépido, reunindo informação para mais um dos seus panfletos, como aqueles que se referiram à Gazprom, à corrupção, a Sochi. Desta vez, documentaria o envolvimento da Rússia nos conflitos do leste da Ucrânia — sob ordens diretas de Putin — e tentaria despertar a consciência política da população russa para os crimes que estavam a ser cometidos. Dar-lhe-ia o título simples de «Putin. Guerra.». No entanto, não chegaria a terminá-lo ([25]). Numa noite de fevereiro de 2015, foi assassinado ao caminhar sobre a ponte que parte da Praça Vermelha. Morreu à vista do Kremlin, sendo ele, tal como Politkovskaia em 2006, vítima de uma guerra mais abrangente. Não foi um ato aleatório de violência, mas um assassínio altamente organizado, executado no âmago de um dos lugares mais fortemente policiados do planeta. O seu assassínio foi rastreado até homicidas na Chechénia alegadamente com ligações a Ramzan Kadirov, o homem em quem Putin confiara para reestabelecer o controlo sobre uma região que, outrora, ameaçara libertar-se da Rússia e cujo regime brutal opera atualmente sem quaisquer constrangimentos. Dmitri Peskov, o incansável porta-voz de Putin, tornou público que o presidente russo estaria chocado com a tragédia, mas que a influência de Nemtsov também não fora a melhor. Tal como no assassínio de Politkovskaia — ou de Aleksandr Litvinenko ou de Serguei Magnitski —, Putin pode não ter estado pessoalmente envolvido ou não ter tido conhecimento prévio, como insistiam os seus apoiantes. Nessa altura, contudo, tornava-se difícil argumentar que a sua era não tinha sido banhada pelo sangue dos seus mais duros críticos.

Em 31 de julho de 2014, alguns dos homens mais ricos da Rússia reuniram-se em Moscovo, na sede da federação de futebol russa, para resolver uma das consequências mais inesperadas da anexação da Crimeia. Estavam presentes nessa reunião os representantes da federação, bem como os proprietários das equipas de futebol profissionais mais preeminentes: Serguei Galitski, o dono de uma cadeia de supermercados e da equipa de futebol FC Krasnodar; Suleiman Kerimov, o magnata dono da equipa de futebol Anji Makhachkala do Daguestão; e Vladimir Iakunin, cuja empresa de vias-férreas russa patrocinava a equipa Loko-motiv de Moscovo. Na ordem de trabalhos da reunião, estava a votação da comissão executiva da federação para incluir as três equipas de futebol da Crimeia na liga russa, e os elementos presentes na reunião tinham reservas quanto ao risco de as sanções internacionais se estenderem a eles pessoalmente e às suas equipas. Poderiam ser impedidos de viajar para o Ocidente ou expulsos das competições europeias. «Não tenho nenhuma dúvida de que seremos todos vítimas de sanções», afirmou Galitski, segundo uma transcrição da sua nervosa alteração, que foi sub-repti-ciamente gravada e divulgada no jornal *Novaia Gazeta* ([26]). Expressou frustração por tudo o que construiu no último quarto de século — uma cadeia de lojas designada Magnit, que empregava cerca de duzentas e cinquenta mil pessoas e valia trinta mil milhões de dólares — estar em risco de ser perdido. Outros elementos na sala de reuniões da comis-são partilhavam deste receio — bem como do seu receio de desagradar ao «chefe-executivo». Galitski e os restantes evitavam claramente uma votação, debatendo sinuosamente se haveria necessidade disso e se uma declaração do ministro do Desporto, Vitali Mutko, seria tão válida quanto a palavra do próprio Putin. Nenhum deles desejava que ficasse registado o respetivo voto, como insistia o presidente da federação; nem queriam desobedecer a Putin não votando.

«É evidente que estou preparado para sofrer as consequências», dizia Galitski, mas apenas se o «chefe-executivo» tornasse claras as suas escolhas quanto ao assunto. «Apenas depois de isso acontecer, estarei disposto a arruinar o que levei vinte e cinco anos a construir», declarou Galitski.

Quando o presidente e coproprietário do CSKA de Moscovo, Evgueni Guiner, demonstrou a sua relutância, o presidente da federação e Iakunin dirigiram-se a ele com severidade, acusando as suas perspetivas de serem «indecentes». «O nosso país está sujeito a sanções», disse-lhe Iakunin. «O nosso presidente está sozinho à beira do abismo. E estás a falar de dar cabo do país a ponto de nos imporem mais sanções adicionais? É isso que eles vão fazer. Não importa o que faças, mesmo que rastejes sobre o estômago em frente deles — é isso que eles vão fazer! Percebes? Por isso, sai do país ou comporta-te de forma adequada, como cidadão desta nação.»

Nove dias mais tarde, depois de Putin tornar clara a sua vontade, a comissão executiva da federação aceitou as três novas equipas na liga de futebol profissional russa. Serguei Stepachin, o antecessor de Putin enquanto primeiro-ministro e atualmente membro da comissão executiva, alertou-os. «Nem sequer são necessárias diretivas. A Crimeia é *a priori* território da Rússia!».

A Crimeia transformara-se no novo grito de guerra em torno do qual a nação se juntaria a Putin, no argumento que encerraria o debate. A anexação elevou a sua taxa de popularidade acima dos oitenta e cinco por cento, e o estado de sítio que se seguiu — amplificado por uma propaganda *orwelliana* da televisão estatal — sustentou o apoio popular de Putin na Rússia durante meses. Depois de um quarto de século de abertura após o desmoronamento soviético, de intercâmbios económicos e sociais, muitos russos viam de novo o exterior como um inimigo à porta, para ser temido e contra quem se devia resistir. A mentalidade de estado de sítio

O NOVO CZAR

justificava qualquer sacrifício. «Quando um cidadão russo sente algum tipo de pressão estrangeira, nunca abandonará o seu líder», afirmou um dos primeiros-ministros de Putin, Igor Chuvalov, considerado um dos liberais do seu gabinete ([27]). «Iremos sobreviver a qualquer provação no país — comeremos menos, usaremos menos eletricidade.»

O medo da censura, ou de consequências piores, silenciou as vozes dissidentes, mas Putin reassegurou o seu lugar nos pináculos do poder, o líder incontestável de um país que não é mais uma democracia, senão nos momentos de simulação eleitoral. Depois de regressar ao poder em 2012, sem nenhum outro propósito a não ser o de exercer o poder por si só, Putin descobrira agora o fator unificador de uma nação de grandes dimensões e muito diversificada, que ainda procurava uma razão para a união. Encontrou uma razão milenar para o poder que detinha, um poder que deu forma à nação como nenhum outro líder ousara fazer em todo o século XXI. Não restaurou a União Soviética nem a Rússia imperialista, mas uma nova Rússia com as características e instintos de ambas, em que Putin aparecia enquanto secretário-geral e soberano tão indispensável quanto a excecionalidade da nação. *Não há Putin, não há Rússia*. Unificou o país atrás do único líder que a nação era agora capaz de imaginar, porque, à semelhança de 2008 e de 2012, não estava disposto a tolerar a emergência de qualquer alternativa.

Quando Putin «desapareceu» da vida pública durante dez dias em março de 2015, a gema política parecia paralisada, e os meios de comunicação social foram preenchidos com especulações férteis. Estaria Putin doente? Teria acontecido um golpe de Estado? Debatia-se com algum conflito interno resultante do assassínio de Nemtsov, cuja ligação aos seus homicidas fora rastreada até à Chechénia, até Ramzan Kadirov, que se mantinha na órbita da Rússia? Existiam inclusive rumores de que teria sido pai de uma criança com Alina Kabaeva, que, nessa altura, se demitira do seu posto na Duma e se juntara ao National Media Group, controlado pelo Banco Rossia e pelo amigo de longa data de Putin, Iuri Kovaltchuk. Outros alegaram que o presidente apenas se teria submetido a uma nova ronda de tratamentos para os problemas de dores nas costas — ou a algum tipo de cirurgia plástica. Qualquer que fosse a explicação para a sua breve e inconsequente ausência dos olhares públicos, tornava-se claro que apenas ele proporcionava a estabilidade que mantinha o

A NOSSA RÚSSIA

complexo e cleptocrático sistema no seu lugar e em funcionamento, e que apenas ele conseguia manter as fações do seu escol em equilíbrio estável.

O domínio de Putin era tão permanente agora quanto fora inevitável. No entanto, aparentava ser inexorável. Não enfrentava nenhuma contestação evidente ao seu poder antes das eleições presidenciais agendadas para 2018. Por lei, poderia continuar em funções mais seis anos. Quando — e se — se retirasse em 2024, ainda não teria setenta e dois anos. Brejnev faleceu, estando ainda em funções, aos setenta e cinco anos; Estaline, aos setenta e quatro. Putin poderá nessa altura entregar o poder a um novo líder, talvez a Medvedev ou a outro membro do seu círculo mais próximo. Em última instância, a opção será sua. O futuro da Rússia estava agora entrelaçado com o de Putin, cavalgando em frente como a troica de Gógol no livro *Almas Mortas*, rumo a um destino desconhecido. Provavelmente, Putin também não saberia para onde ir — a não ser em frente, de forma impetuosa, sem remorsos e destemido. «O ar estala, despedaçando-se, transformando-se em vento», escreveu Gógol sobre a troica ([28]). «Voas e deixas tudo o que há na terra para trás, e, olhando de soslaio, os outros povos e as outras nações afastam-se e dão-te passagem.»

Agradecimentos

Na escrita deste livro, estou profundamente grato a muitas, muitas, pessoas e a duas grandes instituições.

Este livro não poderia existir sem o *New York Times*, no qual tive o privilégio de trabalhar desde 1989. Estou muito grato aos editores que me enviaram como correspondente para Moscovo em 2002, e depois em 2013, e que autorizaram uma licença para que pudesse escrever este livro. Incluo aqui os editores-executivos Joe Lelyveld, Howell Raines, Bill Keller, Jill Abramson e Dean Baquet, e os editores de assuntos externos Roger Cohen, Susan Chira e Joe Kahn. A estrutura deste livro nasceu dos meus artigos para o *Times* na Rússia, mas também por causa dos meus colegas, passados e presentes, nos escritórios de Moscovo: Steven Erlanger (que entrevistou Vladimir Putin pela primeira vez para o jornal em abril de 1992), Frank Clines, Serge Schmemann, Felicity Barranger, Celestine Bohlen, Michael Specter, Alessandra Stanley, Michael Gordon, Michael Wines, Sabrina Tavernise, Sonia Kishkovsky, Seth Mydans, Erin Arvedlund, Rachel Thorner, Chris Chivers, Andrew Kramer, Michael Schwirtz, Cliff Levy, Ellen Berry, Andrew Roth, David Herszenhorn, Patrick Reevell e, finalmente, James Hill. Nenhum do nosso trabalho seria possível sem os colaboradores do escritório de Moscovo, particularmente Natacha Bubenova, Oleg Chevchenko, Pavel Cherviakov e Alexandra Ordinova, e especialmente os excelentes tradutores, organizadores, companheiros de viagens e amigos: Nikolai Khalip e Victor Klimenko. Quero agradecer também a Maria Goncharova pela assistência prestada numa série de artigos para o *Times* em 2014, sobre os pilares económicos do governo de Putin, escritos em parceria com os meus colegas Jo Becker e Jim Yardley.

A outra instituição à qual gostaria de agradecer é ao Centro Internacional para Académicos Woodrow Wilson, em Washington D.C., que me disponibilizou uma bolsa e estada no Instituto Kennan, onde o ambiente era sério, apartidário e extremamente acolhedor. Agradeço à diretora do centro, Jane Harman, bem como a Blair Ruble, Robert Litwak e Will Pomeranz; à minha assistente de investigação no local, Grace Kenneally; e aos colaboradores da biblioteca do centro — Janet Spikes, Dagne Gizaw e Michelle Kamalich — que me orientaram não só para as pilhas de livros da coleção George Kennan, mas também da Biblioteca do Congresso, que permite um acesso especial aos académicos do Centro Wilson.

Baseei-me profundamente nas investigações de Almut Schoenfeld, em Berlim e Dresden, e de Noah Sneider, em Moscovo. Bryon MacWilliams, meu velho amigo, autor, tradutor e companheiro de *banya*, esquadrinhou fontes de informação obscuras, ao mesmo tempo que atuava enquanto guia das cambiantes linguísticas e culturais russas. Outros leram a totalidade ou partes deste livro e partilharam comigo as suas perspetivas, conselhos e incentivos, e incluem pessoas como Nina Krutchova, Geraldine Fagan, Frank Brown, Nathan Hodge, Max Trudoliubov e Rory MacFarquhar. Solicitei o parecer, igualmente, de muitos outros consultores na Rússia, muitos dos quais publicaram os seus próprios livros sobre os assuntos aqui abordados, tais como Anders Aslund, Harley Balzer, Karen Dawisha, Clifford Gaddy, Mark Galeotti, Thane Gustafson, Fiona Hill, Oleg Kaluguin, Andrew Kuchins, Cliff Kupchan, Andrei Mirochnichenko, Robert Orttung, Peter Reddaway, Andrei Soldatov e Dmitri Trenin.

Houve também muitos agentes oficiais na Rússia e nos EUA que forneceram informações em condições que não me permitem identificá-los; agradeço a confiança que depositaram em mim. Uma das fontes para os meus artigos ao longo dos anos, ele próprio um participante dos acontecimentos deste livro, foi Boris Nemtsov, assassinado perto do Kremlin, em fevereiro de 2015, quando estava prestes a terminar este livro. Que a justiça prevaleça.

AGRADECIMENTOS

Estou particularmente em dívida para com Larry Weissman, o agente literário que me contactou há mais de uma década e plantou a semente que deu origem a este livro. Gostaria ainda de agradecer à equipa da Alfred A. Knopf, que concordou em publicar este livro e que contribuiu para a sua elaboração, especialmente ao seu refinado editor, Andrew Miller.

Muitos outros me apoiaram de várias formas. Estou hesitante em os nomear com receio de me esquecer de alguém, mas incluo aqui Boris Shekhtman, o meu primeiro professor de russo, e Sveta Prudnikova, cujo espírito irreprimível nunca lhe permitiu desistir de tentar melhorar o meu russo; e os meus colegas do *Times* noutros locais: Catherine Belton, Alan Cowell, Alan Cullison, Peter Finn, Nicole Gaouette, Isabel Gorst, Nick Kulish, Albina Kovaliova, Mark Mazzetti, Anna Nemtsova, Arkadi Ostrovski e Sharon Weinberger.

Finalmente, agradeço à minha mulher, Margaret Xavier Myers, e às nossas filhas, Emma e Madeline, que toleraram os inúmeros inconvenientes envolvidos neste esforço e a quem dedico este livro.

Notas

CAPÍTULO 1: *HOMO SOVIETICUS*

(^{1})   A data do ferimento de Vladimir Spiridonovitch Putin e o destacamento da sua unidade foram relatados pela agência oficial de imprensa da Rússia, por ocasião de uma visita comemorativa de Putin ao campo de batalha ocorrida em 2004. Em 2014, a agência foi rebatizada Sputnik; ver http://sputniknews.com/online-news/20040127/39906137.html

(^{2})   Michael Jones, *Leningrad: State of Siege* (Nova Iorque: Basic Books, 2008), p. 139.

(^{3})   Gevorkyan, Nataliya, Natalya Timakova e Andrei Kolesnikov, *First Person: An Astonishingly Frank Self-Portrait by Russia's President Vladimir Putin* (Nova Iorque: Public Affairs, 2000), p. 7. Putin recorda que «os nossos rapazes» aguentaram a cabeça de ponte ao longo de toda a guerra, o que não é verdade.

(^{4})   Testemunho registado nos Processos de Nuremberga, http://avalon.law.yale.edu/imt/02-22-46.asp. Anna Reid, *Leningrad: The Epic Siege of World War II, 1941-1944* (Nova Iorque: Walker, 2011), também cita esta ordem, p. 135. Além das histórias do cerco de Reid e Jones, cf. igualmente Harrison E. Salisbury, *The 900 Days: The Siege of Leningrad* (Nova Iorque: Harper & Row, 1969), assim como Alexander Werth, *Russia at War, 1941-1945* (Nova Iorque: E. P. Dutton, 1964), parte 3.

(^{5})   Reid, p. 114.

(^{6})   Gevorkyan *et al.*, p. 3.

(^{7})   Christopher Andrew e Vasili Mitrokhin, *The Sword and the Shield: The Mitrokhin Archive and the Secret History of the KGB* (Nova Iorque: Basic Books, 1999), p. 99.

(^{8})   Gevorkyan *et al.*, p. 6.

(^{9})   Oleg M. Blotski, *Vladmir Putin: Istoriya Zhizni* [Vladmir Putin: A História de Uma Vida] (Moscovo: Mezhdunarodniye Otnosheniya, 2004), p. 83.

O NOVO CZAR

(^{10}) Werth, p. 308.

(^{11}) Max Hastings, *Inferno: The World at War, 1939–1945* (Nova Iorque: Alfred A. Knopf, 2011), p. 169. Hastings assinala que os privilegiados «ficavam livres da maior parte do sofrimento».

(^{12}) Gevorkyan *et al.*, p. 5. A tradução inglesa refere-se erroneamente ao irmão de Maria como se chamando Peter, quando na realidade Putin não referiu o nome do irmão. O capitão foi Ivan Ivanovitch Chelomov. De facto, Maria teve um irmão, Piotr, que morreu logo nos primeiros dias da guerra.

(^{13}) Gevorkyan *et al.*, p. 6. O próprio Putin contou esta história repetidamente, embora fosse com alterações de pormenor impossíveis de verificar. Em 2012, contou a Hillary Rodham Clinton que o seu pai tinha encontrado Maria no meio de uma pilha de cadáveres, tendo-a reconhecido pelos seus sapatos. Pediu que recuperasse o seu cadáver e descobriu que ainda estava viva. Clinton reproduz o episódio em *Hard Choices* (Nova Iorque: Simon & Schuster, 2014), p. 243.

(^{14}) Gevorkyan *et al.*, pp. 8–9.

(^{15}) Jones, p. 249. Ver igualmente Werth, p. 309, e *Nezivisimoye Voyennoye Obozreniye* [Revista Militar Independente], 14 de março de 2003.

(^{16}) Jones, p. 141.

(^{17}) Gevorkyan *et al.*, pp. 8–9.

(^{18}) *Leningrad* de Reid dá-nos um relato confrangedor do cerco; o mesmo se aplica a *Inferno* de Hastings, pp. 164–171. Ver igualmente Salisbury e Jones.

(^{19}) Nikolai Zenkovitch, *Putinskaia Entsiklopedia* (Moscovo: Olma-Press, 2006), p. 363.

(^{20}) Em 2012, um grupo em Sampetersburgo encontrou um registo da morte e da inumação do seu irmão no referido cemitério, do qual Putin disse não ter ouvido falar previamente, embora o mencione em Gevorkyan *et al.*, *First Person*; assim como no *New York Times* de 28 de janeiro de 2012.

(^{21}) Os nomes dos tios de Putin que morreram durante a guerra podem ser encontrados numa lista de vítimas da guerra pesquisável online, www.obd-memorial. ru. Richard Sakwa, em *Putin: Russia's Choice* (Londres: Routledge, 2004), relata as perdas sofridas pela família materna de Putin.

(^{22}) Os russos usam o patronímico do nome do pai: Vladimir Spiridonovitch é o filho de Spiridone; Vladimir Vladimirovitch, o filho de Vladimir; etc. O uso tanto do nome como do patronímico ao dirigirmos a palavra a alguém é um sinal de respeito e solenidade.

(^{23}) Reid, p. 402.

(^{24}) Gevorkyan *et al.*, p. 3.

(^{25}) *Ibidem*, p. 17.

(^{26}) Há anos que circula o boato de que, na realidade, Putin nasceu filho de outra mulher, tendo mais tarde sido adotado por familiares distantes, Vladimir e Maria Putin. O boato voltou a circular em 2008, quando uma mulher na Geórgia afirmou ser sua mãe, mas não emergiram nenhumas provas que lhe dessem alguma credibilidade.

(^{27}) Putin contou esta história em várias ocasiões com pormenores diferentes. Evidentemente, não teria uma memória pessoal da ocorrência, de forma que fazia fé na história que a sua mãe lhe tinha contado. Relatou esta versão falando com repórteres no exterior da catedral no Natal de 2000. Ver http://www.youtube.com/watch?feature=player_detailpage&v=u3d_yxJhmjk

NOTAS

(^{28})   Sakwa, p. 3.

(^{29})   Gevorkyan *et al.*, p. 11. Na recordação que Putin tinha do vizinho, ele não parecia muito impressionado com a sua fé, recordando como este andava a «cantarolar» em hebraico. «Certa vez, não consegui conter-me e perguntei-lhe o que ele andava a salmodiar. Começou a explicar-me coisas acerca do Talmude, e eu logo perdi o interesse.»

(^{30})   *Ibidem*, p. 10.

(^{31})   *Ibidem*, p. 18.

(^{32})   *Ibidem*, p. 16.

(^{33})   *Ibidem*, p. 11.

(^{34})   Victor Borisenko, citado no jornal *Moskovski Komsomolets,* 1 de agosto de 2003; ver também Allen C. Lynch, *Vladimir Putin and Russian Statecraft* (Washington, D.C.: Potomac Books, 2011), p. 14.

(^{35})   Gevorkyan *et al.*, p. 18.

(^{36})   *Ibidem*, p. 18.

(^{37})   *Ibidem*, p. 19.

(^{38})   *Moskovski Komsomolets,* 1 de agosto de 2003.

(^{39})   Entrevistado em 2012 num documentário alemão, *I, Putin,* que posteriormente seria emitido pela NTV, por ocasião da tomada de posse de Putin para um terceiro mandato em 7 de maio de 2012.

(^{40})   *Moskovski Komsomolets,* 1 de agosto de 2003.

(^{41})   Vera Gurevitch, *Vspominaniya o Budushchem Prezidente* [Recordações do Futuro Presidente] (Moscovo: Mezhdunarodniye Otnosheniya, 2001), p. 31.

(^{42})   Vadim Kozhevnikov, *Shield and Sword* (Londres: MacGibbon & Kee, 1970).

(^{43})   *Kommersant*, 25 de julho de 2010.

(^{44})   Gevorkyan *et al.*, p. 22.

(^{45})   Chris Hutchins com Alexander Korobko, *Putin* (Leicester, Reino Unido: Matador, 2012), p. 26.

(^{46})   Gevorkyan *et al.*, p. 23.

(^{47})   Ver http://www.scotsman.com/news/international/mccartney-rocking-back-in-the-ussr-1–1385940

(^{48})   *Moskovski Komsomolets,* 1 de agosto de 2003.

(^{49})   Blotski, *Vladimir Putin: Istoriya Zhizni,* p. 180.

(^{50})   Gevorkyan *et al.*, p. 21.

(^{51})   *Komsomolskaia Pravda,* 4 de outubro de 2007. Numa entrevista, Mina Iuditskaia revelou que Putin lhe tinha dado um apartamento por ocasião de uma visita oficial a Israel, para onde ela tinha emigrado pouco tempo depois de ele ter terminado a escola. Ver www.kp.ru/daily/23979.3/74288

(^{52})   *New York Times,* 20 de fevereiro de 2000.

(^{53})   Gevorkyan *et al.*, p. 22. Numa entrevista, Vera Gurevitch disse: «Volodia não se interessava especialmente pelas raparigas, mas lá que elas estavam interessadas nele, estavam.»

(^{54})   Ver http://english.pravda.ru/society/stories/04–03–2006/76878-putin-0/. Cf. igualmente Hutchins e Korobko, p. 27.

(^{55})   Gevorkyan *et al.*, p. 22.

(^{56})   Lynch, p. 23; Masha Gessen, *The Man Without a Face: The Unlikely Rise of Vladimir Putin* (Nova Iorque: Riverhead Books, 2012), p. 55.

O NOVO CZAR

(^{57}) Putin contou a história do seu casaco e da viagem a Gagri numa entrevista que deu a jornalistas, na Abcásia, em 12 de agosto de 2009, disponível, como quase todas as suas observações públicas, em www.kremlin.ru ou en.kremlin.ru. No que se segue, salvo indicações contrárias, todas as observações oficiais de Putin que citamos podem ser encontradas efetuando uma busca nos sítios referidos, quer por data, quer por assunto, tanto em russo como em inglês. Uma palavra de aviso: as versões inglesas de alguns discursos ou comentários podem estar truncadas ou editadas, especialmente no caso de se tratar de comentários controversos.

(^{58}) Gevorkyan *et al.*, p. 32.

(^{59}) *Ibidem*, p. 36.

(^{60}) *Ibidem*, p. 41.

(^{61}) Blotski, *Vladimir Putin: Istoriya Zhizni,* p. 266.

(^{62}) Gevorkyan *et al.*, p. 40.

(^{63}) *Ibidem*, p. 42.

CAPÍTULO 2: CORAÇÃO QUENTE, CABEÇA FRIA E MÃOS LIMPAS

(^{1}) Gevorkyan *et al.*, p. 42.

(^{2}) Blotski, *Vladimir Putin: Istoriya Zhizni,* pp. 288–89.

(^{3}) J. Michael Waller, *Secret Empire: The KGB in Russia Today* (Boulder, CO: Westview Press, 1994), pp. 14–17.

(^{4}) Iuri C. Bortsov, *Vladmir Putin* (Moscovo: Fenix, 2001), p. 74.

(^{5}) Blotski, *Vladimir Putin: Istoriya Zhizni,* p. 105.

(^{6}) A. A. Mukhin, *Kto Ect' Mister Putin i Kto c Nim Prishol* (Moscovo: Gnom i D, 2002), p. 27.

(^{7}) Andrew e Mitrokhin, p. 5.

($^{8.}$) Vladimir Usoltsev, *Sosluzhivets: Neizvestniye Stranitsi Zhizni Prezidenta* [Camarada: As Páginas Desconhecidas da Vida do Presidente] (Moscovo: Eksmo, 2004), p. 186. Usoltsev, que escreve sob pseudónimo, refere-se ao trabalho de Putin no Quinto Diretório Principal de forma sumária e não faz muito caso dele numas memórias, fora isso, laudatórias do tempo que passaram juntos em Dresden. Putin negou ter trabalhado contra os dissidentes, mas os pormenores das memórias de Usoltsev nunca foram especificamente refutados.

(^{9}) Koenraad De Wolf, *Dissident for Life: Alexander Ogorodnikov and the Struggle for Religious Freedom in Russia,* traduzido por Nancy Forest-Flier (Grand Rapids, MI: William B. Eerdmans, 2013), pp. 116–117.

(^{10}) Gevorkyan *et al.*, p. 40. Os editores da tradução inglesa assinalam que a descrição que Putin fez dos informadores não figurou nos artigos publicados em jornais russos com base nas entrevistas.

(^{11}) Oleg Blotski, *Vladimir Putin: Doroga k Vlasti* [Vladimir Putin: O Caminho para o Poder] (Moscovo: Osmos Press, 2002), p. 95.

(^{12}) *Ibidem*, p. 113.

(^{13}) Yuri B. Shvets, *Washington Station: My Life as a KGB Spy in America* (Nova Iorque: Simon & Schuster, 1994), p. 84.

(^{14}) Blotski, *Vladimir Putin: Doroga k Vlasti,* p. 121.

(^{15}) Gevorkyan *et al.*, p. 52.

NOTAS

(16)   *Ibidem*, p. 44.

(17)   Andrew e Mitrokhin, p. 5.

(18)   Bortsov, p. 77; ver também Kaluguin, citado em Lynch, p. 18.

(19)   Andrew e Mitrokhin, p. 214.

(20)   Christopher Andrew e Oleg Gordievsky, *KGB: The Inside Story of Its Foreign Operations from Lenin to Gorbachev* (Nova Iorque: HarperCollins, 1990), p. 615.

(21)   Gevorkyan *et al.*, p. 39.

(22)   *Ibidem*, p. 56. O nome da sua primeira noiva, Ludmila Khmarina, foi referido por Vladimir Pribilovski na sua página de Internet, *Antikompromat,* http://www.anticompromat.org/putin/hmarina.html, e citado em Karen Dawisha, *Putin's Kleptocracy: Who Owns Russia* (Nova Iorque: Simon & Schuster, 2014), p. 142.

(23)   Gevorkyan *et al.*, p. 57.

(24)   Blotski, *Vladimir Putin: Doroga k Vlasti,* p. 15.

(25)   Bortsov, p. 80.

(26)   Ludmila Putina faz longos relatos das suas experiências e do namoro com Putin em Blotski, *Vladimir Putin: Doroga k Vlasti,* p. 35.

(27)   Gevorkyan *et al.*, p. 58.

(28)   Blotski, *Vladimir Putin: Doroga k Vlasti,* p. 57.

(29)   *Ibidem*, pp. 57–58.

(30)   *Ibidem*, pp. 58–60.

(31)   *Ibidem*, pp. 59–60.

(32)   *Ibidem*, pp. 43–44.

(33)   Gevorkyan *et al.*, pp. 59–60.

(34)   Blotski, *Vladimir Putin: Doroga k Vlasti,* p. 53.

(35)   *New York Times,* 20 de fevereiro de 2000.

(36)   Andrew e Gordievsky, p. 612.

(37)   Gevorkyan *et al.*, p. 68.

(38)   Andrew e Gordievsky, p. 613.

(39)   Gevorkyan *et al.*, p. 53.

(40)   Andrew e Mitrokhin, p. 416.

(41)   Gevorkyan *et al.*, p. 63.

(42)   Andrew e Gordievsky, p. 614.

(43)   Entrevista do autor com Serguei Rolduguin, setembro de 2014.

(44)   Gevorkyan *et al.*, p. 55.

CAPÍTULO 3: O OFICIAL DEDICADO
DE UM IMPÉRIO MORIBUNDO

(1)   Gary Bruce, *The Firm: The Inside Story of the Stasi* (Oxford: Oxford University Press, 2010), p. 12.

(2)   Gevorkyan *et al.*, p. 73.

(3)   Andrew e Mitrokhin, *The Sword and the Shield,* pp. 271–272.

(4)   Entrevista do autor com Herbert Wagner, antigo presidente da câmara municipal de Dresden e diretor do museu da Stasi, dezembro de 2012.

(5)   Usoltsev, p. 50. «Porque é que vocês se sentem tentados pelo Ocidente?», lembra-se Usoltsev de ter inquirido os alemães. «Já aqui têm um verdadeiro paraíso.»

O NOVO CZAR

(⁶)   *Ibidem*, p. 123.

(⁷)   *Ibidem*, p. 105; Andrew e Gordievsky afirmam que a pressão exercida pelo quartel-general do KGB era tanta, que «era comum que, em relatórios sobre assuntos particulares, atribuíssem a agentes não referidos nominalmente informações obtidas dos meios de comunicação social ou mesmo inventassem pormenores que pensavam que iriam agradar à Central» (p. 618).

(⁸)   Usoltsev, p. 68.

(⁹)   *Ibidem*, p. 49.

(¹⁰)   Blotski, *Vladimir Putin: Doroga k Vlasti,* pp. 234, 238.

(¹¹)   Gevorkyan *et al.*, p. 75.

(¹²)   Usoltsev, p. 64.

(¹³)   Entrevista do autor com Horst Jehmlich, Dresden, janeiro de 2013.

(¹⁴)   Usoltsev, pp. 124, 228.

(¹⁵)   Blotski, *Vladimir Putin: Doroga k Vlasti,* pp. 251, 49.

(¹⁶)   *Ibidem*, pp. 86, 256.

(¹⁷)   O relatório sobre a espiã VARANDA foi publicado por Erich Schmidt--Eenboom, um jornalista que escreveu muito sobre o BND e a Stasi, no *Berliner Zeitung* de 31 de outubro de 2011, após muitos anos de presidência de Putin. Um relatório mais circunstanciado sobre as atividades de Putin na Alemanha está disponível em http://www.geheimdienste.info/texte/beutezug.pdf. A autenticidade do relato, baseado no acesso a relatórios sujeitos a elevado sigilo, nunca foi verificada.

(¹⁸)   Usoltsev, p. 110.

(¹⁹)   Correspondência com Uwe Müller, um antigo oficial da Stasi convertido em analista.

(²⁰)   Entrevista do autor com Siegfried Dannath, Dresden, novembro de 2012.

(²¹)   O livro *Doroga k Vlasti* de Blotski inclui uma fotografia de grupo dos oficiais dos serviços de informações alemães e russos em Dresden. Matvéiev está sentado ao centro, Putin está de pé longe dele, à sua direita.

(²²)   Usoltsev fez este comentário numa entrevista com a revista *Der Spiegel,* 20 de outubro de 2003, antes da publicação do seu livro de memórias.

(²³)   Usoltsev, p. 130.

(²⁴)   *Ibidem*, p. 211.

(²⁵)   *Ibidem*, p. 185.

(²⁶)   Bortsov, p. 83.

(²⁷)   Andrew e Gordievsky, p. 535.

(²⁸)   Blotski, *Vladimir Putin: Doroga k Vlasti,* p. 251.

(²⁹)   *New York Times,* 7 de outubro de 1989.

(³⁰)   Gevorkyan *et al.*, pp. 77, 85.

(³¹)   Blotski, *Vladimir Putin: Doroga k Vlasti,* pp. 260–261.

(³²)   *Ibidem*, p. 260; Gevorkyan *et al.*, p. 79.

(³³)   Gevorkyan *et al.*, p. 79, embora a tradução não esteja inteiramente exata.

(³⁴)   Blotski, *Vladimir Putin: Doroga k Vlasti,* pp. 261–263.

(³⁵)   Entrevista do autor com Siegfried Dannath.

NOTAS

CAPÍTULO 4: A DEMOCRACIA ENFRENTA
UM INVERNO DE FOME

(¹)   Gevorkyan *et al.*, p. 80.

(²)   *Ibidem*, p. 79.

(³)   Markus Wolf com Anne McElvoy, *The Man Without a Face: The Autobiography of Communism's Greatest Spy Master* (Nova Iorque: Times Books, 1997), pp. 5, 224.

(⁴)   John O. Koehler, *Stasi: The Untold Story of the East German Secret Police* (Boulder, CO: Westview Press, 1999), p. 23. Ele indica o escritório de Böhm como o local da sua morte, ao passo que relatos noticiosos afirmam que faleceu no seu apartamento.

(⁵)   Entrevista do autor com Horst Jehmlich, Dresden, janeiro de 2013.

(⁶)   Entrevistado pelo *Voenno-Promichlenni Kurier*, 14 de fevereiro de 2005, vpk-news.ru/articles/3728. Putin, na sua própria memória da destruição dos ficheiros, refere-se ao rebentamento da fornalha; não se sabe bem se recordava o mesmo incidente ou apenas se fazia eco dos relatos — quiçá exagerados — que tinham chegado aos seus ouvidos.

(⁷)   Zuchold, entrevistado por Mark Franchetti no *The Sunday Times,* 19 de março de 2000. Alguns aspetos dos relatos noticiosos sobre os últimos esforços de recrutamento de Putin em Dresden têm sido disputados, ao passo que outros relatos confundem mitos com factos, mas o relato do próprio Zuchold não foi posto em causa.

(⁸)   Adam Tanner, Reuters, 26 de maio de 2000, http://www.russialist.org/archives/4327.html#2

(⁹)   Entrevista do autor com Serguei Rolduguin, setembro de 2014.

(¹⁰)   Entrevista do autor com Jörg Hoffman em Dresden, obtida em novembro de 2012.

(¹¹)   Gevorkyan *et al.*, p. 87.

(¹²)   Blotski, *Vladimir Putin: Doroga k Vlasti,* p. 271.

(¹³)   Gevorkyan *et al.*, p. 86.

(¹⁴)   Fiona Hill e Clifford G. Gaddy, *Mr. Putin: Operative in the Kremlin* (Washington, D.C.: Brookings Institution Press, 2013), pp. 123–127. Os autores alegam que a comissão de serviço de Putin na Alemanha de Leste fez dele um inadaptado que não absorveu no seu ADN as mudanças ocorridas na sociedade naqueles anos decisivos. Ao mesmo tempo, sobrestimam o seu isolamento intelectual em Dresden, sendo que muitos russos que viveram as mudanças em primeira mão acabaram por formar opiniões muito semelhantes às suas.

(¹⁵)   Gevorkyan *et al.*, p. 89.

(¹⁶)   Blotski, *Vladimir Putin: Doroga k Vlasti,* pp. 281–286.

(¹⁷)   Oleg Kalugin, *Spymaster: My Thirty-Two Years in Intelligence and Espionage Against the West* (Nova Iorque: Basic Books, 2009), p. 336.

(¹⁸)   Olga B. Bain, *University Autonomy in the Russian Federation Since Perestroika* (Nova Iorque: RoutledgeFalmer, 2003), pp. 139, 40.

(¹⁹)   Gevorkyan *et al.*, p. 85.

(²⁰)   *New York Times*, 30 de março de 1989.

(²¹)   Anatoly Sobtchak, *For a New Russia: The Mayor of St. Petersburg's Own Story of the Struggle for Justice and Democracy* (Nova Iorque: Free Press, 1992), p. 10.

O NOVO CZAR

[22] *Ibidem*, p. 13.

[23] *Ibidem*, capítulo 5, «The Tbilisi Syndrome».

[24] Robert W. Orttung, *From Leningrad to St. Petersburg* (Nova Iorque: St. Martin's Press, 1995), p. 130. Orttung faz um extenso historial da transição política na cidade antes e depois de 1991; Putin, embora fosse um dos assessores de Sobtchak, não figura no livro, o que será sinal do papel marginal que inicialmente desempenhava.

[25] Entrevista do autor com Oleg Kaluguin, outubro de 2012.

[26] Gevorkyan *et al.*, pp. 88–89. A tradução refere-se incorretamente a Merkuriév como presidente, em vez de reitor, como acontece no original, e serve a obscenidade de uma forma apropriada a uma audiência mais delicada.

[27] Entrevista do autor com Carl M. Kuttler Jr., janeiro de 2013.

[28] Sobtchak, p. 10.

[29] Entrevista com Kuttler.

[30] Sobtchak, pp. 158–59.

[31] Lechtchev citado em Blotski, *Vladimir Putin: Doroga k Vlasti,* pp. 310–311.

[32] Associated Press, 13 de novembro de 1990; também *Chicago Tribune*, 23 de novembro de 1990.

[33] Lisa A. Kirschenbaum, *The Legacy of the Siege of Leningrad, 1941–1995: Myth, Memories, and Monuments* (Nova Iorque: Cambridge University Press, 2006), pp. 268–69.

[34] Orttung, p. 137.

[35] Andrei Piontovsky, «Stasi for President», *Russian Journal,* 17 a 23 de janeiro de 2000, citando uma entrevista televisiva com Serguei Stepachin, um general no Ministério do Interior em Leninegrado e futuro primeiro-ministro da Rússia.

[36] Gevorkyan *et al.*, p. 91.

[37] Blotski, *Vladimir Putin: Doroga k Vlasti,* p. 319.

[38] Sobtchak, p. 178. David Remnick, *Lenin's Tomb: The Last Days of the Soviet Empire* (Nova Iorque: Random House, 1993), retrata o golpe como uma farsa e inclui pormenores sobre o papel desempenhado por Sobtchak, pp. 462–463 e 468–469.

[39] Orttung, p. 143.

[40] *New York Times*, 10 de setembro de 1991.

[41] *St. Petersburg Times*, 17 de agosto de 1991.

[42] Sobtchak, p. 180.

[43] Relato de Ludmila em Blotski, *Vladimir Putin: Doroga k Vlasti,* p. 319.

[44] Gevorkyan *et al.*, pp. 93–94.

[45] Remnick, p. 482.

[46] *New York Times*, 10 de setembro de 1991.

[47] Foreign Broadcast Information Service, citando um relato do jornal *Smena*, 25 de outubro de 1991.

[48] Gevorkyan *et al.*, p. 91.

[49] Gevorkyan *et al.*, p. 94.

[50] Blotski, *Vladimir Putin: Doroga k Vlasti,* pp. 310–311.

[51] *Ibidem*, p. 337.

NOTAS

CAPÍTULO 5: OS ESPIÕES REGRESSAM DO FRIO

(¹) Chadkhan entrevistado na edição número 21 da *Mishpokha*, uma revista, bielorrussa dedicada a temáticas judaicas, www.mishpoha.org

(²) Orttung, p. 200.

(³) Gevorkyan *et al.*, p. 96.

(⁴) Chadkhan no programa «Vecherni Razgovor [Conversa ao Serão]», emitido em 7 de outubro de 2002. A emissão incluía excertos da entrevista de Putin em 1991.

(⁵) *Mishpokha*, edição n.º 21.

(⁶) Uma tradução de *Dezassete Instantes de uma Primavera* de Iulian Semionov foi publicada por Fredonia Books, Amesterdão, 2001.

(⁷) Chadkhan, entrevistado por *Moscow News*, 9 de fevereiro de 2000.

(⁸) «Vecherni Razgovor», 7 de outubro de 2002.

(⁹) *Chas Pik* [*Hora de Ponta*], 25 de novembro de 1991.

(¹⁰) «Vecherni Razgovor», 7 de outubro de 2002.

(¹¹) Interfax, 4 de outubro de 1991, também Orttung, p. 145.

(¹²) Gevorkyan *et al.*, p. 81. Kissinger referiu-se ao seu serviço enquanto soldado nos serviços de informações militares durante a Segunda Guerra Mundial, o que era bem diferente, mas Putin contou o episódio com frequência.

(¹³) «The Rebirth of St. Petersburg», *Time*, 14 de outubro de 1991.

(¹⁴) Michael McFaul, *Russia's Unfinished Revolution* (Ithaca, NY: Cornell University Press, 2001), pp. 182–183.

(¹⁵) Orttung, p. 202.

(¹⁶) Yegor Gaidar, *The Collapse of an Empire: Lessons for Modern Russia* (Washington, D.C.: Brookings Institution Press, 2007), p. 239.

(¹⁷) Yuri Felshtinsky e Vladimir Pribylovsky, *The Corporation: Russia and the KGB in the Age of President Putin* (Nova Iorque: Encounter Books, 2008), p. 83. Os autores reproduzem o decreto de Sobtchak, com a data de 24 de dezembro de 1991.

(¹⁸) Gevorkyan *et al.*, p. 101.

(¹⁹) Karen Dawisha, em *Putin's Kleptocracy*, pp. 126–32, elenca muitas das relações entre o crime organizado e os casinos, embora a extensão da cumplicidade de Putin permanecesse por estabelecer.

(²⁰) Gevorkyan *et al.*, p. 102.

(²¹) Felshtinsky e Pribylovsky, p. 72.

(²²) «Vecherni Razgovor», 7 de outubro de 2002.

(²³) *Smena*, 1 de abril de 1992.

(²⁴) Dmitri Vassílievitch Kandoba, «Sankt-Peterburg v 1990–1996», www.gramota.net/materials/3/2011/6–3/21.html

(²⁵) *New York Times*, 27 de abril de 1992.

(²⁶) Felshtinsky e Pribylovsky, p. 78. Iakunin, numa entrevista em janeiro de 2014, disse que se cruzou pela primeira vez com Putin ao instalar o seu negócio no Centro Internacional de Negócios que Sobtchak tinha criado.

(²⁷) Gevorkyan *et al.*, p. 99.

(²⁸) O relatório de Salie e Gladkov foi reproduzido numa página de Internet anti-Putin, http://anticompromat.org/putin/salye92.html

(²⁹) *Sankt Peterburgskie Vedomosti*, 14 de maio de 1992, reproduzido pelo Foreign Broadcast Information Service.

O NOVO CZAR

([30]) Kristie Macrakis, *Seduced by Secrets: Inside the Stasi's Spy-Tech World* (Nova Iorque: Cambridge University Press, 2008), p. 49.

([31]) A fotografia fazia parte dos ficheiros fornecidos a pedido pela agência alemã que gere os arquivos da Stasi, a Bundesbeauftragte für die Unterlagen des Staatssicherheitsdienstes der ehemaligen Deutschen Demokratischen Republik, ou BStU. A fotografia estava incluída no ficheiro MfS BV Dresden, AKG N.º 10852. Karen Dawisha também inclui a fotografia na p. 54 do livro *Putin's Kleptocracy*.

([32]) *New York Times,* 5 de abril de 1992.

([33]) Entrevista do autor com Kaj Hober em fevereiro de 2013.

([34]) Gevorkyan *et al.*, p. 100.

([35]) Blotski, *Vladimir Putin: Doroga k Vlasti,* p. 357.

([36]) Gevorkyan *et al.*, p. 97.

([37]) Joyce Lasky Reed, Blair A. Ruble e William Craft Brumfield, eds., *St. Petersburg, 1993–2003: The Dynamic Decade* (Washington, D.C.: St. Petersburg Conservancy, 2010), p. 8.

([38]) Hill e Gaddy, p. 165.

([39]) *Financial Times*, 14 de maio de 2008.

([40]) Muito foi escrito sobre a ligação de Putin à SPAG. Apesar dos desmentidos oficiais, Putin continuou a ser membro do conselho de administração da empresa até à sua tomada de posse como presidente. Ver http://www.newsweek.com/stain-mr-clean-152259, assim como Dawisha, *Putin's Kleptocracy,* pp. 132–41.

([41]) Thane Gustafson, *Wheel of Fortune: The Battle for Oil and Power in Russia* (Cambridge, MA: Belknap Press of Harvard University Press, 2012), p. 127. Ver igualmente Dawisha; também Richard Sakwa, *The Crisis of Russian Democracy: The Dual State, Factionalism and the Medvedev Succession* (Nova Iorque: Cambridge University Press, 2011), p. 174.

([42]) Timothy J. Colton, *Yeltsin: A Life* (Nova Iorque: Basic Books, 2008), p. 277.

([43]) *Obshchaia Gazeta,* «"A Plague on Both Your Houses" Overtook Petersburg Last Week», 1 de outubro de 1993.

([44]) Colton, p. 278. As ordens escritas do comandante supremo demonstraram ser de uma importância crucial para estabelecer a autoridade legal necessária para que as Forças Armadas passassem à ação. Mikhaíl Gorbatchov não emitiu ordens escritas quando autorizou o uso da força na Geórgia, na Lituânia e no Azerbaijão. Ver Robert V. Barylski, *The Soldier in Russian Politics: Duty, Dictatorship and Democracy Under Gorbachev and Yeltsin* (New Brunswick, NJ: Transaction Publishers, 1998).

([45]) «A Tried and True Official», *Vremia*, 10 de agosto de 1999.

([46]) Gevorkyan *et al.*, p. 96.

([47]) A última entrevista de Sobtchak, com Arkadi Sonov, consta do artigo «He Knew How to Make Himself Irreplaceable», *Russian Social Science Review* 41, n.º 2 (março–abril de 2001): 91.

([48]) Roi Medvedev, *Vladimir Putin: Chetire Goda v Kremle* [Quatro Anos no Kremlin] (Moscovo: Vremia, 2004), p. 32.

NOTAS

CAPÍTULO 6: A DEMOCRACIA MAL GERIDA

[1] *Kommersant,* 8 de julho de 1995.

[2] Entrevista de Sobtchak em *Russian Social Science Review,* p. 90.

[3] Blotski, em *Vladimir Putin: Doroga k Vlasti,* estabeleceu a data do acidente, que Putin mais tarde disse erroneamente ter ocorrido em 1994.

[4] Ludmila relata o acidente e o seu rescaldo em Gevorkyan *et al.,* pp. 104–10, bem como em Blotski, *Vladimir Putin: Doroga k Vlasti.*

[5] Gevorkyan *et al.,* p. 108.

[6] O *The Wall Street Journal* revelou o passado de oficial da Stasi de Warnig e as suas negociações com Putin em Sampetersburgo, incluindo o tratamento médico de Ludmila depois do acidente de automóvel, em 23 de fevereiro de 2005; ver também *Moscow Times,* 25 de fevereiro de 2005.

[7] Orttung, p. 210–212.

[8] *Los Angeles Times,* 17 de agosto de 1994.

[9] *New York Times,* 25 de julho de 1994.

[10] Anatoli Sobtchak, *Dujina Nojei v Spinu* [*Uma Dúzia de Facas nas Costas*] (Moscovo: Vagrius, 1999), p. 88.

[11] Gevorkyan *et al.,* p. 111.

[12] Sobtchak, p. 88.

[13] *Ibidem,* p. 76. Também no *Los Angeles Times,* 16 de maio de 1996, Sobtchak responsabiliza personagens do crime organizado ligadas aos seus opositores.

[14] Gevorkyan *et al.,* p. 11.

[15] Amy Knight, *Spies Without Cloaks: The KGB's Successors* (Princeton: NJ: Princeton University Press, 1996), p. 54.

[16] Sobtchak, *Dujina Nojei v Spinu,* p. 78; igualmente *Nezavisimaia Gazeta,* 7 de fevereiro de 1996.

[17] Boris Vichnevski, um jornalista e político próximo do Partido Iabloko, dá os pormenores dos ludíbrios de Putin em http://www.yabloko.ru/ Publ/2006/2006_03/060321_kasp_vishn.html. Ver também Timothy J. Colton e Michael McFaul, *Popular Choice and Managed Democracy: The Russian Elections of 1999 and 2000* (Washington, D.C.: Brookings Institution Press, 2003), p. 172.

[18] Sobtchak, *Dujina Nojei v Spinu,* p. 79.

[19] Robert W. Orttung, ed., com Danielle N. Lussier e Anna Paretskaya, *The Republics and Regions of the Russian Federation: A Guide to Politics, Policies and Leaders* (Armonk, Nova Iorque: M. E. Sharpe, 2000), p. 467.

[20] Gevorkyan *et al.,* p. 112.

[21] Zenkovitch, p. 556.

[22] Strobe Talbott, *The Russia Hand: A Memoir of Presidential Diplomacy* (Nova Iorque: Random House, 2002), pp. 200–201.

[23] Rosemary Mellor, «Through a Glass Darkly: Investigating the St. Petersburg Administration», *International Journal of Urban and Regional Research* 1, n.º 3 (setembro de 1997): 482.

[24] Colton e McFaul, p. 172.

[25] *Ibidem.*

[26] Hill and Gaddy, pp. 178–79, também Felshtinsky e Pribylovsky, pp. 60–61.

[27] Sobtchak, *Dujina Nojei v Spinu,* p. 19.

O NOVO CZAR

(28) Gazeta.ru, 8 de setembro de 1999: http://gazeta.lenta.ru/daynews/09–08–1999/30bio.htm. Também *Moskovskie Novosti*, 26 de maio a 2 de junho de 1996.

(29) Hill e Gaddy, citando Alexander Rahr, p. 178; assim como Gevorkyan *et al.*, p. 113.

(30) Sobtchak, *Dujina Nojei v Spinu,* p. 92.

(31) *Moscow News*, 6 de junho de 1996.

(32) Sobtchak, *Dujina Nojei v Spinu,* p. 92.

(33) *Ibidem*, p. 88.

(34) *New York Times*, 4 de junho de 1996.

(35) Sobtchak, *Dujina Nojei v Spinu,* pp. 92–93.

(36) Gevorkyan *et al.*, p. 113.

(37) Felshtinsky e Pribylovsky, p. 61.

(38) Dawisha, p. 95.

(39) Blotski, *Vladimir Putin: Doroga k Vlasti,* p. 377.

(40) *Ibidem*, p. 365.

(41) Gevorkyan *et al.*, p. 122; Felchtinski e Pribilovski referem a data do incêndio na p. 106.

(42) *Ibidem*, p. 121.

(43) Blotski, *Vladimir Putin: Doroga k Vlasti,* p. 380.

(44) Putin contou a história a Larry King, na CNN, em 8 de setembro de 2000 (transcripts.cnn.com/transcripts/0009/08/lkl.00.html), e ao presidente George W. Bush em 2001. Bush escreve que «Ele recriou dramaticamente o momento em que um trabalhador abriu a mão e revelou o crucifixo. Disse que tudo estava "tal como devia"». George W. Bush, *Decision Points* (Nova Iorque: Crown, 2010), p. 196.

CAPÍTULO 7: UM CAMINHO INESPERADO RUMO AO PODER

(1) Boris Yeltsin, *Midnight Diaries* (Nova Iorque: PublicAffairs, 2000), pp. 16–17.

(2) *Ibidem*, p. 21.

(3) David M. Katz e Fred Weir, *Russia's Path from Gorbachev to Putin: The Demise of the Soviet System and the New Russia* (Nova Iorque: Routledge, 2007), pp. 260–61; e Paul Klebnikov, *Godfather of the Kremlin: The Decline of Russia in the Age of Gangster Capitalism* (Orlando, FL: Harcourt, 2000), capítulo 8.

(4) Klebnikov, capítulo 8. Para o cômputo final dos fundos dispendidos pela campanha, ele cita um relatório elaborado pelo Centro de Estudos Estratégicos e Internacionais em Washington: *Russian Organized Crime: Global Organized Crime Project,* 1997.

(5) Yeltsin, p. 70.

(6) *New York Times*, 28 de junho de 1996.

(7) Yeltsin, pp. 61–62, 70.

(8) *Ibidem*, p. 32.

(9) O *The New York Times* conduziu uma sondagem à boca das urnas. 4 de julho de 1996.

(10) Tim McDaniel, *The Agony of the Russian Idea* (Princeton, NJ: Princeton University Press, 1996), p. 163.

(11) Hill e Gaddy, pp. 204–205.

NOTAS

(^{12}) Gevorkyan *et al.*, pp. 192–194. Nas entrevistas que deu para o livro, Putin referiu-se longamente a Tchubais. Reconheceu os seus talentos de administrador, mas arrasou o seu programa de privatizações e a sua decisão de desfazer a primeira nomeação de Putin para um posto em Moscovo. «Evidentemente, não posso dizer que na altura tivesse ficado doido de alegria», disse, apenas para acrescentar magnanimamente, «mas não senti raiva dele». Mais, referiu que Tchubais tinha «uma má notação de crédito. Quero dizer que o seu crédito público — a confiança do público nele — é reduzido».

(^{13}) *Ibidem*, p. 127.

(^{14}) *St. Petersburg Times*, 12 de abril de 2002.

(^{15}) Gevorkyan *et al.*, p. 128.

(^{16}) Entrevista do autor com Dmitri S. Peskov, março de 2014.

(^{17}) Gevorkyan *et al.*, pp. 127–128.

(^{18}) Conferência de imprensa de Borodine, 11 de março de 1997, transcrita pelas Notícias Oficiais do Kremlin para Retransmissão Internacional; igualmente Felshtinsky e Pribylovsky, pp. 111–115.

(^{19}) Colton, p. 327.

(^{20}) *Ibidem*, p. 255.

(^{21}) Peter Baker e Susan Glasser, *Kremlin Rising: Vladimir Putin's Russia and the End of Revolution* (Nova Iorque: Scribner, 2005), p. 48; igualmente uma entrevista do autor com John Evans, o cônsul-geral dos EUA em Sampetersburgo. Mais tarde, Borodine enfatizou os seus laços estreitos com Putin e afirmou, talvez por esperanças de autopreservação, que tinha sido ele quem levou Putin para Moscovo.

(^{22}) Alena V. Ledeneva, *Can Russia Modernise? Sistema, Power Networks, and Informal Governance* (Cambridge: Cambridge University Press, 2013), pp. 7–9.

(^{23}) Putin foi entrevistado ao abandonar Sampetersburgo em 1996, literalmente no Aeroporto de Pulkova, enquanto embarcava num avião com destino a Moscovo. Uma gravação da entrevista foi difundida, em dezembro de 2012, no canal televisivo Kalamari (choco). www.iarex.ru/news/32524.html

(^{24}) Felshtinsky e Pribylovsky, p. 113.

(^{25}) Entrevista com a televisão Kalamari.

(^{26}) Blotski, *Vladimir Putin: Doroga k Vlasti,* pp. 369–70.

(^{27}) *Ibidem*, p. 397.

(^{28}) Gevorkyan *et al.*, p. 128, e Blotski, *Vladimir Putin: Doroga k Vlasti,* p. 368.

(^{29}) Felshtinsky e Pribylovsky, p. 112.

(^{30}) Entrevista dada ao *Novaia Gazeta*, 27 de dezembro de 1999.

(^{31}) *Moskovskie Novosti*, 11 de agosto de 1998.

(^{32}) Felshtinsky e Pribylovsky, p. 115.

(^{33}) *Kommersant*, 15 de abril de 1997.

(^{34}) Interfax, 14 de abril de 1997.

(^{35}) Interfax, 24 de abril de 1997; Rossia TV, 24 de maio de 1997, de acordo com a monitorização por parte da BBC; e Rádio Rossia, 17 de setembro de 1997, de acordo com a monitorização por parte da BBC.

(^{36}) Hill e Gaddy, pp. 204–209.

(^{37}) Este episódio, relatado por Boris Nemtsov, foi publicado a título póstumo, quatro dias após o seu assassínio em Moscovo no dia 27 de fevereiro de 2015, num artigo sem data que pode ser consultado em http://glavpost.com/post/3mar2015/History/18080-boris-nemcov-kak-putin-stal-preemnikom.html

O NOVO CZAR

(38) O governo dos EUA reparou neste aspeto do caráter de Putin ao compará-lo com Dmitri Medvedev, que tinha uma carreira académica mais vincada e realizada do que Putin. A análise fazia parte de um dos memorandos transmitidos ao Departamento de Estado e publicados pela WikiLeaks em 2010: http://cablegatesearch.net/cable.php?id=07Moscow5800

(39) Gustafson, p. 247.

(40) Vladimir Litvinenko descreveu as origens da dissertação de Putin com o colega do autor Andrew E. Kramer, que disponibilizou a transcrição. Ver igualmente Harley Balzer, «Vladimir Putin's Academic Writings and Russian Natural Resource Policy», *Problems of Post-Communism* 52, n.º 1 (janeiro–fevereiro de 2006): 48.

(41) Ao longo de anos, os investigadores tiveram dificuldade em localizar o original da tese de Putin. Uma tradução inglesa da dissertação de Putin foi publicada em *The Uppsala Yearbook of Eastern European Law* (Londres: Wildy, Simmonds & Hill Publishing, 2006). Foi traduzida por Kaj Hober, um jurista e especialista em arbitragem sueco que negociou com Putin em Sampetersburgo nos anos noventa, quando Putin era vice-presidente da câmara. Em 2005, Hober pediu e obteve a permissão de Putin para publicar a tradução. A tradução foi publicada novamente no *The Journal of Eurasian Law* 2, n.º 1 (2008). Numa entrevista, Hober caracterizou o texto como chato. «Não foi um prazer traduzi-lo», disse.

(42) A filha que estava de relações cortadas com Litvinenko, Olga, ficou envolvida numa disputa com o pai pela guarda da sua filha, ver http://ester-maria.com/olga. Harley Balzer, em «The Putin Thesis and Russian Energy Policy», *Post-Soviet Affairs* 21, n.º 3 (2005): 215, sugeriu que também Alexei Kudrin poderia ter ajudado na escrita.

(43) Hill e Gaddy, p. 22; também *New York Times*, 1 de março de 2012.

(44) O plágio não foi objeto de uma ampla divulgação até 2006. Dois investigadores da Brookings Institution em Washington, Igor Danchenko e Clifford Gaddy, localizaram e digitalizaram um original numa biblioteca em Moscovo e compararam-no com a versão russa do manual de King e Cleland citado na bibliografia. Nem eles nem outros académicos determinaram ao certo quem escreveu a tese, mas o consenso geral é de que foi escrita por outra pessoa a mando de Putin, embora contasse com a sua contribuição e aprovação final. Confira-se a apresentação da Brookings Institution em http://www.brookings.edu/events/2006/03/30putin-dissertation. Gaddy disponibilizou um exemplar ao autor.

(45) Lynch, p. 36.

(46) Harley Balzer, «Vladimir Putin on Russian Energy Policy», *The National Interest*, 1 de dezembro de 2005.

(47) John Helmer, «US Law Firm Mines Legal Prospects in Russia Gold Project», *Journal of Commerce*, 18 de novembro de 1997.

(48) «Zapiski — Gorny Institut [Registos do Instituto de Mineração]», janeiro de 1999, reimpressos e traduzidos por Harley Balzer em «Vladimir Putin's Academic Writings and Russian Natural Resource Policy», *Problems of Post-Communism* 52, n.º 1 (janeiro–fevereiro de 2006): 52. Este ensaio foi muitas vezes confundido com a tese de Putin. Os seus temas são muito mais latos do que o foco estreito da sua tese e mais representativos das políticas que aplicava.

(49) *Literaturnaia Gazeta*, 26 de novembro de 1997.

(50) *Rossiskaia Gazeta*, 21 de maio de 1997.

(51) Sobtchak entrevistado pela Interfax, 18 de janeiro de 1997.

NOTAS

(⁵²) *Moscow Times*, 3 de outubro de 1997.
(⁵³) Itar-Tass, 4 de outubro de 1997.
(⁵⁴) Yeltsin, p. 234.
(⁵⁵) Felshtinsky e Pribylovsky, p. 232.
(⁵⁶) Gevorkyan *et al.*, 118–119.
(⁵⁷) Yeltsin, pp. 234, 329.

CAPÍTULO 8: NADAR DUAS VEZES NO MESMO RIO

(¹) Gevorkyan *et al.*, p. 128.
(²) Roi Medvedev, *Post-Soviet Russia: A Journey Through the Yeltsin Era*, traduzido por George Shriver (Nova Iorque: Columbia University Press, 2000), p. 288.
(³) Yeltsin, *Midnight Diaries,* p. 88.
(⁴) Medvedev, p. 285.
(⁵) Yeltsin, p. 110.
(⁶) *Ibidem*, p. 113.
(⁷) Klebnikov, p. 242.
(⁸) *Ibidem*, p. 278.
(⁹) Gevorkyan *et al.*, p. 129.
(¹⁰) Interfax, 4 de junho de 1998.
(¹¹) Medvedev, p. 294.
(¹²) Andrei Soldatov e Irina Borogan, *The New Nobility: The Restoration of Russia's Security State and the Enduring Legacy of the KGB* (Nova Iorque: Public Affairs, 2010), pp. 12–13.
(¹³) Yeltsin, p. 327.
(¹⁴) Soldatov e Borogan, p. 25.
(¹⁵) Alex Goldfarb com Marina Litvinenko, *Death of a Dissident: The Poisoning of Alexander Litvinenko and the Return of the KGB* (Nova Iorque: Free Press, 2007), pp. 135–136.
(¹⁶) Berezovski entrevistado em Gessen, *Man Without a Face,* p. 15.
(¹⁷) Yeltsin, p. 326.
(¹⁸) Gevorkyan *et al.*, p. 130.
(¹⁹) NTV, 3 de setembro de 1997, conforme transcrição e tradução da BBC. O porta-voz do FSB, Aleksandr Zdanovitch, designou os boatos «uma atoarda» com a intenção de «instilar a insegurança e produzir um elemento de instabilidade». Seis semanas depois de Putin ser nomeado para chefe do FSB, viu-se obrigado a desmentir boatos de que a exoneração de Putin estava iminente.
(²⁰) Gevorkyan *et al.*, p. 130.
(²¹) Ludmila relatou a conversação em Gevorkyan *et al.*, p. 132.
(²²) Itar-Tass, 27 de julho de 1998.
(²³) Gevorkyan *et al.*, p. 132.
(²⁴) *Kommersant*, 30 de julho de 1998.
(²⁵) Yeltsin, p. 328. Putin, na sua entrevista ao *Kommersant*, três dias antes, tinha dado uma versão um pouco diferente da questão da patente, dizendo que era com Ieltsine dirimir a questão. No entanto, acrescentou: «Com toda a sinceridade, a questão da patente não me causa incómodo. O presidente deu-me a sua confiança; isso é óbvio.

O NOVO CZAR

Há vinte e três anos, depois de me licenciar, juntei-me ao KGB como operacional de baixa patente, corria o ano de 1975. E agora subi ao topo de todo o sistema. Se o presidente me disser que seja o primeiro diretor civil do serviço de segurança, aceitarei o convite.»

(26) Enquanto este livro estava a ser redigido, foram apenas dois os homens que detiveram o posto depois de Putin, Nikolai Patrutchev e Aleksandr Bortnikov, ambos amigos de Putin que detinham a patente militar de generais do Exército.

(27) Goldfarb e Litvinenko, p. 163.

(28) Yeltsin, p. 329.

(29) Gevorkyan *et al.*, p. 131.

(30) Elena Tregubova, *Baiky Kremlovskovo Diggera* [Contos de Um Punhal do Kremlin] (Moscovo: Marginem, 2003), p. 161.

(31) *Segodnia,* 26 de agosto de 1998; e *Moscow Times,* 28 de agosto de 1998.

(32) O caso foi debatido numa conferência da Unesco celebrada em 3 de maio de 1999 em Bogotá, na Colômbia, por ocasião do evento World Press Freedom. Ver os arquivos-trim.un.org/webdrawer/rec/504045/view/item-in-KAAPressmatters--General1999.pdf

(33) Colton, p. 416.

(34) Interfax, 1 de setembro de 1998.

(35) Associated Press, 13 de novembro de 1998.

(36) Yeltsin, p. 328.

(37) Medvedev delineia um retrato biográfico nas pp. 323–335.

(38) Andrew e Mitrokhin, *The Sword and the Shield,* p. 13.

(39) Gevorkyan *et al.*, p. 133.

(40) Colton, p. 419.

(41) *Kommersant*, 13 de novembro de 1998.

(42) Soldatov e Borogan, p. 17.

(43) Transcrição da conferência de imprensa das Notícias Oficiais do Kremlin para Retransmissão Internacional, 17 de novembro de 1998.

(44) *Kommersant,* 17 de novembro de 1998.

(45) Litvinenko a escrever no *Mail on Sunday*, 25 de novembro de 2006.

(46) Goldfarb e Litvinenko, p. 136.

(47) Notícias Oficiais do Kremlin para Retransmissão Internacional, 19 de novembro de 1998.

(48) *Argumenti I Fakti*, 9 de dezembro de 1998, conforme transcrição e tradução do serviço de monitorização mundial da BBC.

(49) Starovoitova entrevistada na TV6 em Moscovo, 19 de setembro de 1998, conforme transcrição e tradução da BBC.

(50) Entrevista do autor com Ruslan Linkov, *New York Times,* 22 de novembro de 2002.

(51) *New York Times*, 23 de novembro de 1998.

(52) *New York Times*, 24 de novembro de 1998.

(53) *Washington Post*, 6 de dezembro de 1998.

(54) Yeltsin, pp. 210–111.

(55) Interfax, 18 de dezembro de 1998.

NOTAS

CAPÍTULO 9: *KOMPROMAT*

(¹)   Irena Lesnevskaia, a presidente da REN TV, citada no *Kommersant*, 19 de março de 1999.

(²)   *Kommersant*, 19 de março de 1999.

(³)   Yeltsin, *Midnight Diaries,* p. 223.

(⁴)   *Ibidem*, pp. 222, 236.

(⁵)   *Washington Post*, 8 de março de 1999.

(⁶)   David Hoffman, *The Oligarchs: Wealth and Power in the New Russia* (Nova Iorque: PublicAffairs, 2002), p. 459.

(⁷)   Yeltsin, p. 227.

(⁸)   Associated Press, 17 de março de 1999.

(⁹)   Iuri Skuratov, *Variant Drakona* [A Variante Dragão] (Moscovo: Detectiv Press, 2000), p. 235.

(¹⁰)   *Ibidem*, p. 147.

(¹¹)   *Ibidem*, p. 236.

(¹²)   *New York Times*, 20 de dezembro de 1998.

(¹³)   Skuratov, pp. 7–8.

(¹⁴)   Yeltsin, p. 225. Independentemente de toda a amargura nua e crua e da controvérsia sobre o assunto, os relatos dessa reunião de Skuratov e Ieltsine não diferem substancialmente — só relativamente ao tom e, evidentemente, ao significado daquilo que foi dito. A versão de Putin, embora truncada, aparece em Gevorkyan *et al.*, *First Person,* pp. 198–199, e também condiz em grande medida com as dos outros dois.

(¹⁵)   A popularidade do xadrez na Rússia faz do jogo uma metáfora óbvia para a política. O título das memórias de Skuratov, *Variant Drakona* [A Variante Dragão], refere-se a uma das aberturas principais no âmbito da Defesa Siciliana. Ieltsine referia- -se às suas frequentes remodelações governamentais como algo semelhante ao Roque, a jogada em que o rei e a torre trocam de lugares; o termo em russo, *rokirovka*, seria posteriormente aplicado ao estratagema mais importante de Putin.

(¹⁶)   *New York Times*, 24 de março de 1999.

(¹⁷)   Yeltsin, p. 236.

(¹⁸)   *New York Times*, 22 de março de 1999.

(¹⁹)   *The Russia Hand* de Strobe Talbott oferece um excelente relato de primeira mão da diplomacia entre os EUA e a Rússia durante a guerra do Kosovo. Ver os capítulos 12 e 13.

(²⁰)   *Ibidem*, p. 336.

(²¹)   *Ibidem*, p. 335.

(²²)   Anos mais tarde, Strobe Talbott chegou à conclusão de que, na realidade, Putin tinha mentido. «O que, de facto, pasmou os meus colegas e a mim foi a desenvol- tura, a convicção e o descaramento com que Putin mentiu.» Ver Strobe Talbott, «The Making of Vladimir Putin», *Politico*, 19 de agosto de 2014.

(²³)   O autor testemunhou esta cena cómica, tendo voado para o Aeroporto de Pristina a bordo de helicópteros da OTAN vindos da Macedónia.

(²⁴)   Wesley K. Clark, *Waging Modern War: Bosnia, Kosovo and the Future of Combat* (Nova Iorque: PublicAffairs, 2001), p. 394.

(²⁵)   Talbott, *Russia Hand,* p. 344.

(²⁶)   Yeltsin, pp. 273–74.

O NOVO CZAR

(27)   *Ibidem*, p. 276.
(28)   *Ibidem*, p. 275.
(29)   Interfax, 19 de maio de 1999.
(30)   *Komsomolskaia Pravda*, 8 de julho de 1999.
(31)   Medvedev, p. 314.
(32)   Yeltsin, p. 329.
(33)   Colton, pp. 430, 586 e ss. Colton diz que a filha e conselheira de Ieltsine, Tatiana, com quem ele debatia todos os assuntos de importância política, não tinha abordado o assunto com ele de antemão. Talbott escreve que o primeiro-ministro israelita, Ehud Barak, visitou Moscovo — em 2 de agosto — e posteriormente telefonou ao presidente Bill Clinton para uma troca de ideias sobre essa visita, que se centrou na ameaça iraniana. Barak tinha ficado bem impressionado com Stepachin, mas descobriu que este seria substituído nas próximas horas por «um tipo qualquer chamado Putin».
(34)   Associated Press, 18 de julho de 1999.
(35)   Gevorkyan *et al.*, p. 138.
(36)   Yeltsin, p. 331.
(37)   *New York Times*, 10 de agosto de 1999.
(38)   Zenkovitch, p. 364.
(39)   Gevorkyan *et al.*, pp. 139–141.

CAPÍTULO 10: NA LATRINA

(1)   *Nezavisimaia Gazeta*, 14 de janeiro de 2000.
(2)   Colton, p. 433.
(3)   *Ibidem*, p. 432.
(4)   Matthew Evangelista, *The Chechen Wars: Will Russia Go the Way of the Soviet Union?* (Washington, D.C.: Brookings Institution Press, 2002), pp. 90–96. O núcleo duro dos combatentes de Bassaiev conseguiu pelo visto retirar-se do Daguestão sem grandes baixas, facto que alimentou teorias da conspiração de que os seus combatentes tinham recebido salvos-condutos no quadro de uma vasta trama que visava o lançamento da segunda guerra da Chechénia. Essas teorias ignoram a intensidade dos combates no Daguestão, como o demonstra a destruição das aldeias. Partem igualmente do princípio de que a contraofensiva russa tinha sido mais eficaz do que provavelmente foi.
(5)   Reportagem da NTV, 27 de agosto de 1999, conforme transcrita e traduzida pela BBC.
(6)   *New York Times*, 8 de setembro de 1999.
(7)   *Moscow Times*, 11 de setembro de 1999.
(8)   Talbott, p. 359.
(9)   *Ibidem*, pp. 359–360.
(10)   Itar-Tass, 13 de setembro de 1999.
(11)   *New York Times*, 20 de setembro de 1999.
(12)   Itar-Tass, 10 de setembro de 1999; *Moscow Times*, 11 de setembro de 1999.
(13)   Citação referida na *New York Review of Books*, 22 de novembro de 2012.
(14)   *Moscow Times*, 17 de setembro de 1999.
(15)   Interfax, 23 de setembro de 1999. Esta é uma das expressões mais célebres da vida política de Vladimir Putin, tendo sido objeto de um sem-fim de citações e mesmo

NOTAS

de estudos académicos. É difícil traduzir à letra, pelo que existem muitas variações. Putin empregou o verbo *zamochit*, que significa literalmente «molhar». No calão dos criminosos, evoca o derramamento de sangue. *Mocha* também significa «urina»; pelo que «acabar com» parece a tradução mais apropriada. Prosseguiu empregando palavras russas de origem francesa como *pardon* e *v sortire,* vindo esta última do verbo «partir» ou «sair», o que, no calão russo, veio a significar «a latrina». A maioria das pessoas entendeu-a na sua conotação mais vulgar. Ver *Kultura,* publicada pela Universidade de Bremen, na Alemanha, outubro de 2006, p. 3. http://www.kultura-rus.uni-bremen.de/kultura_dokumente/ausgaben/englisch /kultura_10_2006_EN.pdf

[16] Sobre a ocorrência de Riazan, foram escritos múltiplos relatórios que diferem na análise final, mas não nos pormenores. O livro *Darkness at Dawn: The Rise of the Russian Criminal State*, de David Satter (New Haven, CT: Yale University Press, 2003), inclui uma reconstrução meticulosa do caso. Também John B. Dunlop acredita que os atentados à bomba foram parte de uma conspiração governamental com o fim de justificar uma segunda guerra na Chechénia. Ver *The Moscow Bombings of September 1999: Examinations of Russian Terrorist Attacks at the Outset of Vladimir Putin's Rule* (Estugarda: *ibidem*, 2012).

[17] Soldatov e Borogan, p. 111.

[18] *Moscow Times,* 25 de setembro de 1999.

[19] Evangelista, p. 68. Evangelista diz que Putin, antes do início da segunda guerra, perdeu a oportunidade de explorar as divisões entre Maskhadov e Bassaiev.

[20] *New York Times*, 30 de setembro de 1999.

[21] Charles King, *The Ghost of Freedom: A History of the Caucasus* (Oxford: Oxford University Press, 2008), p. 238.

[22] *Vremia,* 27 de setembro de 1999.

[23] Rossiya TV, 20 de outubro de 1999, conforme transcrição da BBC.

[24] Primakov na TV6, transcrito pelas Notícias Oficiais do Kremlin para Retransmissão Internacional, 1 de outubro de 1999.

[25] Yeltsin, pp. 338, 344.

[26] Goldfarb e Litvinenko, p. 191.

[27] Hoffman, pp. 461–470.

[28] *New York Times*, 14 de outubro de 1999.

[29] *Nezavisimaia Gazeta*, 19 de novembro de 1999.

[30] Colton e McFaul, p. 56.

[31] *Sevodnia*, 25 de novembro de 1999.

[32] Yeltsin, p. 361.

[33] *Vremia*, 27 de setembro de 1999.

[34] Colton, p. 434.

[35] Yeltsin, p. 6. Putin, em Gevorkyan *et al.*, p. 204, relata uma reação similar: «Não estou pronto para isto.»

[36] Yeltsin, pp. 355–356.

[37] Talbott, p. 7.

[38] Yeltsin, pp. 7–8.

[39] *Ibidem.*

[40.] Interfax, 30 de dezembro de 1999.

[41] O extenso relatório da Human Rights Watch pode ser encontrado no sítio de Internet da organização, www.hrw.org

O NOVO CZAR

([42]) Interfax, 30 de dezembro de 1999.

([43]) O discurso de Ieltsine e os subsequentes de Putin encontram-se traduzidos e arquivados no sítio de Internet oficial do Kremlin: http://archive.kremlin.ru

([44]) Blotski, *Vladimir Putin: Doroga k Vlast,* p. 417.

([45]) Gevorkyan *et al.*, p. 138.

([46]) Relato da NTV, 25 de dezembro de 2001.

([47]) A publicação do livro na Alemanha mereceu, na altura, uma ampla cobertura dos meios de comunicação social. Ver *St. Petersburg Times,* 23 de fevereiro de 2001. E mais tarde, foi publicado na Rússia com o título traduzido como «Pikantnaia Amizade», como em «picante» ou «atrevido», refletindo a sua perspetiva intriguista do casamento dos Putins.

([48]) Gevorkyan *et al.*, p. 206.

([49]) *Ibidem*, p. 189.

([50]) Yeltsin, p. 14.

([51]) *Ibidem*, p. 366.

([52]) Gevorkyan *et al.*, pp. 144–145.

CAPÍTULO 11: CHEGAR A PORTUGAL

([1]) Sakwa, *Putin: Russia's Choice,* p. 43.

([2]) Sakwa, *Putin: Russia's Choice,* inclui a tradução, pp. 251–262.

([3]) *Ibidem*, p. 44.

([4]) *New York Times*, 5 de fevereiro de 2000.

([5]) Colton e McFaul, pp. 176–177. Vassili Starodubtsev, o governador de Tula, foi citado no *The New York Times* de 6 de janeiro de 2000.

([6]) Entrevista com Natália Timakova, uma dos três jornalistas que conduziram as entrevistas no mês de março de 2013. Esta antiga jornalista começou a trabalhar para o gabinete de imprensa de Putin quando este se tornou primeiro-ministro, em 1999. Continua a trabalhar como porta-voz para o primeiro-ministro atual.

([7]) Ver o ensaio de Richard Torrence em Lasky, Ruble e Brumfield, *St. Petersburg, 1992–2003.*

([8]) Aleksandr Oslon, *Putinskoye Bolshinstvo Kak Socialni Fact* [A Maioria de Putin Enquanto Facto Social], março de 2001, Fundo Obshchestvennoye Mneniye, Fundo de Opinião Pública.

([9]) A carta, disponível no sítio de Internet do Kremlin, http://archive.kremlin.ru/eng, saiu nos jornais *Izvestia, Kommersant* e *Komsomolskaia Pravda.*

([10]) Mesmo hoje, as estimativas do número total de baixas russas na guerra é objeto de disputas. As perdas do lado dos chechenos — entre rebeldes e civis — nunca serão conhecidas.

([11]) Michael Gordon, "The Grunts of Grozny", *New York Times Magazine*, 27 de fevereiro de 2000.

([12]) Numa entrevista televisiva conduzida na altura do cativeiro de Babitski, Putin comprometeu-se a apoiar a liberdade de imprensa, mas também caracterizou os meios de comunicação social russos como mais ligados a interesses particulares do que ao Estado. Desde cedo, Putin compreendeu a importância do controlo da opinião pública por meio do controlo da informação. Considerava ser esta uma das lições

NOTAS

mais importantes da sua carreira no KGB. «O serviço secreto é, na base, um serviço de informações. O seu trabalho passa sobretudo pela recolha e análise de informações.» Entrevistado pela ORT, 7 de fevereiro de 2000; pode ser consultada no arquivo do Kremlin.

([13]) *New York Times*, 3 de fevereiro de 2000.

([14]) *New York Times*, 8 de fevereiro de 2000.

([15]) Entrevista da BBC, 5 de março de 2000.

([16]) Ben Judah, *Fragile Empire: How Russia Fell In and Out of Love with Vladimir Putin* (New Haven, CT: Yale University Press, 2013), capítulo 2.

([17]) *Moscow Times*, 9 de setembro de 2000.

([18]) Medvedev, p. 360.

([19]) No livro *Darkness at Dawn*, Satter identifica-o como Alexei Piniaev, p. 30. Mais tarde, Piniaev desmentiu na televisão estatal que alguma vez tivesse contado a história ao jornal.

([20]) *Novaia Gazeta*, 10 de março de 2000.

([21]) *Moscow Times*, 17 de março de 2000.

([22]) Gevorkyan *et al.*, pp. 143–144.

([23]) *Moskovskaia Pravda*, 22 de julho de 1999.

([24]) *New York Review of Books*, 13 de abril de 2000. Soros disse que «tivera alguma dificuldade em acreditar» que as explosões tivessem sido realizadas para justificar a guerra. «Era simplesmente demasiado diabólico», escreveu, embora acrescentasse que tão-pouco era capaz de excluir tal hipótese por completo. «Do ponto de vista de Berezovski, os atentados à bomba fazem todo o sentido. Não só tais ataques ajudariam a eleger um presidente que concedesse imunidade a Ieltsine e à sua família, como dariam a ele, Berezovski, um ascendente sobre Putin. Até à data, não apareceu nenhuma prova que contradissesse esta teoria.»

([25]) Colton e McFaul, p. 191.

([26]) Entrevista do autor com Mikhaíl Kásianov, março de 2013.

([27]) Em *The Corporation,* Felshtinsky e Pribylovsky afirmam, sem contudo apresentar provas, que ele poderá não ter estado só quando morreu. E sugerem que tenha sido envenenado pelo seu próprio assessor, Vladimir Putin: pp. 461–463. Semelhante afirmação parece absurda, mas, em 2000, os críticos de Putin já tinham começado a encontrar padrões repetitivos em determinadas mortes extemporâneas.

([28]) *New York Times*, 10 de agosto de 1996.

([29]) Yeltsin, p. 383.

([30]) *Ibidem*, p. 384.

([31]) Gevorkyan *et al.*, pp. 153–161.

([32]) Serguei Pugachev, um banqueiro e homem de negócios em tempos próximo dos Putins e que em 2010 já se encontrava num exílio autoimposto, disse numa entrevista conduzida pelo autor em Londres, em dezembro de 2014, que Ludmila se continuou a envolver ativamente em negócios ao longo de toda a presidência do seu marido, embora o fizesse sempre com discrição. O mesmo foi também afirmado por um antigo agente secreto dos EUA que apenas aceitou falar em condições de anonimato, embora nunca tivessem vindo a lume provas da existência de quaisquer investimentos ou ativos.

([33]) *Novaia Gazeta*, 28 de janeiro de 2009.

([34]) Entrevista do autor com Vladimir Iakunin, janeiro de 2014.

O NOVO CZAR

(^{35})   Dawisha, p. 96.

(^{36})   Página online do Kremlin, entrevista com a ORT, 7 de fevereiro de 2000.

(^{37})   Gevorkyan *et al.*, p. 159.

(^{38})   Daniel Treisman, *The Return: Russia's Journey from Gorbachev to Medvedev* (Nova Iorque: Free Press, 2011), p. 232.

(^{39})   Hoffman, p. 479.

(^{40})   *Ibidem*, capítulo 7, fornece uma trajetória biográfica.

(^{41})   Klebnikov, pp. 153–154. Berezovski sempre negou que tivesse pedido a Korjakov que organizasse o assassínio.

(^{42})   *Los Angeles Times*, 3 de junho de 2000; e *New York Times*, 18 de junho de 2000.

(^{43})   Ver a entrevista de Putin com a rádio Mayak [Farol], 18 de março de 2000.

(^{44})   Talbott, p. 7, oferece uma avaliação da fase inicial da presidência de Putin: «Não tinha a certeza se ele estava a esconder muitas ou poucas jogadas adiante. Parecia ter um dom para estar no lugar certo, na altura certa, com o protetor certo; tinha sido promovido muito além de tudo para o que a sua experiência ou capacidades aparentes o tivessem preparado. Era hábil em termos táticos, mas, segundo desconfiava, estava a leste em termos estratégicos. Eu ainda encarava Putin, no essencial, como um polícia bem-falante que, por sorte, tinha alcançado um posto muito importante que iria reque- rer muitíssimo mais do que sorte para se safar.»

(^{45})   *New York Times*, 29 de agosto de 2000.

(^{46})   As cartas de Kolesnikov apenas foram encontradas em outubro, quando os primeiros cadáveres foram recuperados do submarino. As suas notas, testemunhos da sua valentia e do amor que tinha à sua mulher, reavivaram a dor dos russos e ressoaram profundamente na cultura russa. Em 2007, o grupo de rock DDT e Iuri Chevchuk gra- varam uma canção pungente baseada nas cartas, «O Capitão Kolesnikov Escreveu-nos uma Carta».

(^{47})   *Moscow Times*, 2 de setembro de 2000.

(^{48})   Goldfarb e Litvinenko, p. 209.

(^{49})   *Ibidem*, pp. 210–211.

(^{50})   Hoffman, p. 488. A fonte de Hoffman é o próprio Berezovski, cuja versão da reunião final de ambos variava nalguns pormenores de cada vez que a contava, mas não quanto à substância.

(^{51})   Peter Truscott, *Kursk: The Gripping True Story of Russia's Worst Submarine Disaster* (Londres: Simon & Schuster, 2004), p. 85.

(^{52})   *The Moscow Times* publicou uma transcrição traduzida do encontro, em 12 de setembro de 2000, disponível online em http://www.themoscowtimes.com/news/ article/face-the-nation-putin-and-the-kursk-families/258935.html

(^{53})   *Kommersant*, 24 de agosto de 2000. O título do artigo foi «Como Putin con- quistou Vidiaievo».

(^{54})   Ver Robert Brannon, *Russian Civil-Military Relations* (Farnham, Reino Uni- do: Ashgate, 2009), capítulo 6.

(^{55})   Hill e Gaddy, p. 208.

(^{56})   Entrevista do autor com Serguei Pugachev, Londres, dezembro de 2014.

NOTAS

CAPÍTULO 12: A ALMA DE PUTIN

(1) Baker e Glasser, p. 122, citando Serguei Prikhodko, consultor de política externa de Putin.

(2) Condoleezza Rice, *No Higher Honor: A Memoir of My Years in Washington* (Nova Iorque: Crown, 2011), p. 75. Anteriormente nas suas memórias, Rice recorda um encontro com Putin em 1992, quando visitou Sampetersburgo na qualidade de professora de Stanford para discutir com Anatoli Sobtchak a criação de uma universidade europeia. Sobtchak foi anfitrião de uma receção que lhe pareceu povoada de pessoas chamadas Tolstói ou Púchkine — «e um homem que parecia completamente deslocado, no seu fato característico de burocrata superior soviético», ou seja, Putin (p. 61).

(3) Arquivos do Kremlin, 11 de setembro de 2001.

(4) Bush, p. 196.

(5) Karen Hughes, *Ten Minutes from Normal* (Nova Iorque: Viking, 2004), p. 218.

(6) Bush, p. 196.

(7) Ver georgewbush-whitehouse.archives.gov/news/releases/2001/06/20010618.html

(8) *New York Times,* 16 de junho de 2001.

(9) *Breakfast with David Frost*, BBC, 5 de março de 2000.

(10) Dale R. Herspring, *The Kremlin and the High Command: Presidential Impact on the Russian Military from Gorbachev to Putin* (Lawrence: University Press of Kansas, 2006), p. 180.

(11) Dmitri Trenin, «Military Reform: Can It Get off the Ground Under Putin?» *Demokratizatsia,* 22 de março de 2001.

(12) Do sítio de Internet do Kremlin, 9 de fevereiro de 2000. Putin retomou a frase cinco anos mais tarde numa entrevista com a televisão alemã, em 5 de maio de 2005. «As pessoas na Rússia dizem que aqueles que não lamentam o desmembramento da União Soviética não têm coração, e que aqueles que o lamentam não têm cérebro. Nós não o lamentamos. Simplesmente, registamos o facto e sabemos que precisamos de olhar em frente, não para trás. Não permitiremos que o passado nos derrube e impeça que avancemos.» O general Aleksandr Lébed usou uma frase idêntica nas suas memórias, *My Life and My Country,* publicadas em 1997, tornando claro que Putin não cunhou a frase.

(13) *New York Times,* 3 de fevereiro de 2003. Putin compareceu no sexagésimo aniversário da vitória em Estalinegrado, mas evitou o uso desse nome. Aquando do septuagésimo aniversário, a cidade tinha já adotado cerimonialmente o antigo nome, seis dias por ano, para assinalar datas importantes na guerra, e o antigo nome apimentou os seus comentários. «Estalinegrado, obviamente, permanecerá sempre como símbolo da invencibilidade do povo russo», disse, «da unidade do povo russo». *Volga-Media,* http://www.vlg-media.ru/society/vladimir-putin-pozdravil-volgogradcev-2222.html

(14) *Izvestia,* 5 de dezembro de 2000, acesso através de Johnson's Russia List, http://russialist.org

(15) *Komsomolskaia Pravda,* 7 de dezembro de 2000.

(16) *Kommersant,* 21 de março de 2001.

(17) *Izvestia,* 9 de novembro de 2000. Numa entrevista com jornalistas, incluindo o autor, em dezembro de 2006, Ivanov disse que se tinham encontrado em 1977, mas acrescentou: «Não quero entrar em pormenores.»

(18) Thomas Gomart, *Russian Civil-Military Relations: Putin's Legacy* (Washington, D.C.: Carnegie Endowment for International Peace, 2008), p. 52.

O NOVO CZAR

(¹⁹)   Rossia TV, 28 de março de 2001, tal como transcrito e traduzido pela BBC.

(²⁰)   *New York Times,* 20 de fevereiro de 2008. Os suíços detiveram Adamov com base num mandado de captura estado-unidense em 2005, mas os russos resistiram à sua extradição para os EUA, receando que ele pudesse divulgar segredos nucleares. Em vez disso, os procuradores soviéticos acusaram-no de abuso de poder e condenaram-no num tribunal russo em fevereiro de 2008. Contudo, foi libertado com pena suspensa dois meses mais tarde, e saiu para uma reforma tranquila, afastado da atenção pública.

(²¹)   *Izvestia,* 29 de março de 2001.

(²²)   Associated Press, 14 de setembro de 2001.

(²³)   Schröder pressionou Putin para intervir num dos mais notórios julgamentos surgidos da guerra — e um dos poucos. Na noite da eleição de Putin, o coronel Iuri Budanov, um comandante condecorado, raptou uma mulher chechena, Elza Kungaieva, que tinha acabado de completar dezoito anos. Levou-a para os seus aposentos, ostensivamente para a interrogar, agredir, violar e depois a estrangular até à morte.

(²⁴)   Peggy Noonan descreveu a cena numa coluna do *Wall Street Journal,* 25 de junho de 2001.

(²⁵)   Bush, p. 431.

(²⁶)   *Ibidem,* p. 200; Rice, p. 97.

(²⁷)   Hughes, pp. 284–85.

(²⁸)   Peter Pomerantsev, «Putin's Rasputin», *London Review of Books,* 20 de outubro de 2011. Lenta.ru apresenta também uma biografia pormenorizada da sua vida e carreira. http://lenta.ru/lib/14159273/full.htm

(²⁹)   *Moscow Times,* 4 de abril de 2002.

(³⁰)   Human Rights Watch, «Swept Under: Torture, Forced Disappearances, and Extrajudicial Killings During Sweep Operations in Chechnya», 2 de fevereiro de 2002.

(³¹)   Pavel K. Baev, «Putin's War in Chechnya: Who Steers the Course?» Programa sobre Novas Abordagens à Segurança Russa, novembro de 2004, http://www.ponarseurasia.org/sites/default/files/policy-memos-pdf/pm_0345.pdf

(³²)   Pavlov entrevistado no *Nezavisimaia Gazeta,* 9 de setembro de 2002.

(³³)   *New York Times,* 23 de agosto de 2002.

(³⁴)   *Moscow Times,* 26 de setembro de 2002.

(³⁵)   Ver «Terror in Moscow», um documentário britânico estreado em 2003 no Channel 4 na Grã-Bretanha e na HBO nos EUA. O verdadeiro nome de Movsar era Salamov, mas adotou o apelido Baraiev após a morte do seu tio.

(³⁶)   RIA Novosti, 12 outubro de 2002. Fora erradamente dado como morto também em agosto de 2001.

(³⁷)   Entrevista com um alto funcionário que naquele período se encontrava no Kremlin com Putin, que falou sob a condição de ser mantido o seu anonimato.

(³⁸)   Soldatov e Borogan, pp. 135–136.

(³⁹)   «Terror in Moscow», o documentário britânico de 2003 (ver n. 35). Também aparecem relatos vívidos em *Kremlin Rising,* de Peter Baker e Susan Glasser, em *Putin's Progress: A Biography of Russia's Enigmatic President, Vladimir Putin,* de Peter Truscott (Londres: Simon & Schuster, 2004), e em *A Russian Diary: A Journalist's Final Account of Life, Corruption and Death in Putin's Russia* de Anna Politkovskaya (Nova Iorque: Random House, 2007).

(⁴⁰)   Entrevista da NTV com os sequestradores dos reféns em 25 de outubro, o segundo dia do sequestro, tal como transcrita pela BBC. A NTV foi proibida pelo

NOTAS

Ministério da Comunicação de transmitir o áudio da entrevista durante o sequestro e mostrou apenas as imagens. O facto de não ter sido incluído o som irritou os terroristas.

(⁴¹) Entrevista do autor com Mikhaíl Kasianov; Angus Roxburgh, *The Strongman: Vladimir Putin and the Struggle for Russia* (Londres: I. B. Tauris, 2012), p. 70.

(⁴²) Iavlinski entrevistado pela Rádio Liberty, 28 de outubro de 2002.

(⁴³) Anna Politkovskaia, *Is Journalism Worth Dying For?* (Nova Iorque: Melville House, 2011), p. 229.

(⁴⁴) *New York Times,* 1 de novembro de 2002.

(⁴⁵) Soldatov e Borogan, p. 142.

(⁴⁶) *New York Times,* 27 de outubro de 2002.

(⁴⁷) As informações sobre o número de vítimas foram confusas nos primeiros dias após o sequestro, mas o número final e fiável de vítimas é mantido por uma organização, Nord-Ost, que as representa: www.nord-ost.org

(⁴⁸) O Tribunal Europeu dos Direitos do Homem sentenciou em dezembro de 2011 que a Rússia tinha violado os direitos de sessenta e quatro vítimas por não lhes ter proporcionado assistência médica adequada e determinou uma indemnização de cerca de dois milhões de dólares. O tribunal não julgou se o próprio resgate violara quaisquer normas dos direitos.

(⁴⁹) *New York Times,* 13 de novembro de 2002.

CAPÍTULO 13: OS DEUSES DORMIAM NAS SUAS CABEÇAS

(¹) *Izvestia,* 25 de fevereiro de 2000.

(²) Gustafson, p. 283.

(³) Mikhaíl Khodorkovski e Natália Gevorkian, *Turma i Volya* [*Prisão e Vontade*] (Moscovo: Howard Roark, 2012), pp. 228–29.

(⁴) Richard Sakwa, *Quality of Freedom: Khodorkovsky, Putin and the Yukos Affair* (Oxford: Oxford University Press, 2009), p. 143.

(⁵) Khodorkovski e Gevorkian, p. 356.

(⁶) Entrevista do autor com Illarionov, abril de 2013. O confronto foi transmitido pela televisão e largamente divulgado pela imprensa. Gustafson, Sawka, e Baker e Glasser também relataram o encontro. A coautora de Khodorkovski, Natália Gevorkian, descreve-o em *Turma i Volya* [*Prisão e Vontade*], p. 52.

(⁷) Entrevista de Illarionov.

(⁸) Baker e Glasser, p. 282.

(⁹) Victor Gerachuenko entrevistado pelo *Novaia Gazeta,* 10 julho de 2008, traduzido no sítio de Internet de Khodorkovski, www.khodorkovsky.com

(¹⁰) Gustafson, p. 247.

(¹¹) Sakwa, *Quality of Freedom,* p. 97.

(¹²) *New York Times,* 31 de maio de 2001.

(¹³) Gustafson, p. 320.

(¹⁴) *Ibidem*, p. 233.

(¹⁵) *Ibidem*, p. 234.

(¹⁶) As Nações Unidas criaram uma comissão independente para investigar a corrupção no programa «petróleo por alimentos», ver http://www.cfr.org/corruption-and-bribery/independent-inquiry-committee-report-manipulation-un-oil—food-

O NOVO CZAR

programme/p9116. O seu relatório final foi tornado público em outubro de 2005 e nomeava Jirinóvski e Volochine recetores dos recibos que Saddam Hussein emitia para permitir às empresas e aos indivíduos revenderem o petróleo iraquiano com um grande lucro.

([17]) Charles Duelfer, *Hide and Seek: The Search for Truth in Iraq* (Nova Iorque: PublicAffairs, 2009), p. 448.

([18]) Bush, p. 233.

([19]) Baker e Glasser, p. 216.

([20]) Bush recorda a conversa em *Plan of Attack* de Bob Woodward, pp. 404–405.

([21]) *New York Times*, 25 de março de 2003.

([22]) *New York Times*, 16 de janeiro de 2003.

([23]) *New York Times*, 23 de abril de 2003.

([24]) Entrevista de Kasianov, março de 2013.

([25]) *New York Times*, 2 de maio de 2003.

([26]) Sakwa, *Quality of Freedom*, p. 91.

([27]) *Ibidem*, p. 91.

([28]) Gustafson, p. 296.

([29]) Sakwa, *Quality of Freedom*, p. 144.

([30]) *Ibidem*, p. 144.

([31]) Entrevista do autor com um antigo funcionário superior do Kremlin, abril de 2013. O mesmo funcionário contou uma versão semelhante a correspondentes em Moscovo no verão de 2003 quando o caso se desenvolveu, chamando-lhe «um assalto claramente organizado», embora por pessoas desconhecidas.

([32]) O autor juntou-se a outros correspondentes baseados em Moscovo para a entrevista em Novo-Ogariovo em 19 de setembro de 2003.

([33]) Sakwa, *Quality of Freedom*, p. 89.

([34]) Gustafson, p. 304.

([35]) Khodorkovski e Gevorkian, p. 56.

([36]) Gustafson, pp. 299–300.

([37]) Khodorkovski, entrevistado pelo *New York Times*, outubro de 2003.

([38]) John Browne com Philippa Anderson, *Beyond Business* (Londres: Phoenix, 2011), citado por David Remnick em «Gulag Lite», *The New Yorker*, 20 de dezembro de 2010.

([39]) Uma transcrição da entrevista, publicada em 5 de outubro de 2003, está disponível em www.nytimes.com/2003/10/05/international/06PTEXT-CND.html

([40]) Entrevista com ex-funcionário superior do Kremlin, abril de 2013.

([41]) Anton Drel, citado no *New York Times*, 1 de novembro de 2003.

([42]) *New York Times*, 28 de outubro de 2003.

([43]) Entrevista com ex-funcionário superior do Kremlin, abril de 2013.

([44]) Mikhaíl Kasianov com Evgueni Kiseliov, *Bez Putina* (Moscovo: *Novaia Gazeta*, 2009), p. 222.

([45]) *New York Times*, 1 de novembro de 2003.

([46]) Entrevista com funcionário superior do Kremlin, abril de 2013.

([47]) Ver decisão do Tribunal Arbitral Permanente em 18 de julho de 2014, *Yukos Universal Limited v. The Russian Federation*, p. 64.

([48]) *New York Times*, 7 de dezembro de 2003.

([49]) RIA Novosti, 9 de abril de 2005.

NOTAS

(^{50})   *Express Gazeta*, 16 de agosto de 2006, www.eg.ru/daily/animal/8134

(^{51})   «O cão não a incomoda, pois não?», perguntou Putin à chanceler Angela Merkel quando esta o visitou em Sochi em 2007, embora estivesse certamente a par do seu medo de cães. *Koni* sentou-se então aos pés de Merkel, para seu evidente desconforto. Merkel falou mais tarde com funcionários estado-unidenses sobre o encontro, incluindo o comentário em *off* de Putin que ela interpretou como uma referência ao seu perfil, preparado pelos serviços de espionagem: «Sei tudo sobre si.»

(^{52})   Bush, p. 433. Bush contou mais tarde a história ao primeiro-ministro do Canadá, Stephen Harper, que respondeu, «Teve sorte por ele só lhe ter mostrado o cão».

(^{53})   *New York Times*, 8 de dezembro de 2003.

(^{54})   *New York Times*, 8 de dezembro de 2003.

CAPÍTULO 14: *ANNUS HORRIBILIS*

(^{1})   Em www.newsru.com, 19 de abril de 2005.

(^{2})   O autor visitou o apartamento das mulheres e reconstituiu partes da sua história em setembro de 2004. *New York Times*, 10 de setembro de 2004.

(^{3})   Paul J. Murphy, em *Allah's Angels: Chechen Women in War* (Annapolis, MD: Naval Institute Press, 2010), descreve o destino das quatro mulheres e cita referências de que Rosa Nagaieva não foi a bombista na estação de metropolitano, mas, em vez disso, esteve com Mariam Taburova em Beslan.

(^{4})   *Washington Post*, 27 de outubro de 2003.

(^{5})   Gustafson, p. 264.

(^{6})   *Vedomosti*, 12 de janeiro de 2004.

(^{7})   Kasuianov, p. 226.

(^{8})   Vladimir Rijkov, «The Liberal Debacle», *Journal of Democracy* 15, n.º 3 (julho de 2004).

(^{9})   *The New York Times*, 9 de janeiro de 2004.

(^{10})   Itar-Tass, 13 de fevereiro de 2004.

(^{11})   Goldfarb e Litvinenko, p. 308.

(^{12})   Interfax, 10 de fevereiro de 2004.

(^{13})   *The New York Times*, 3 de fevereiro de 2004.

(^{14})   *Kommersant*, 11 de novembro de 2006.

(^{15})   *The New York Times*, 6 de março de 2004.

(^{16})   Relatório da Missão de Observação das Eleições da OSCE, 2 de junho de 2004.

(^{17})   Baker e Glasser, p. 325.

(^{18})   Kasianov, p. 241.

(^{19})   *Ibidem*, p. 241.

(^{20})   Anna Politkovskaya, *Putin's Russia* (Londres: Harvill Press, 2004), p. 274.

(^{21})   *Vedomosti*, 2 de março de 2004.

(^{22})   *Novaia Gazeta*, 11 de outubro de 2007. Fradkov tornou-se no diretor do serviço de espionagem no estrangeiro em 2007, sublinhando a sua presumível experiência.

(^{23})   Felshtinsky e Pribylovsky, p. 80.

(^{24})   Transmissão Oficial Internacional do Kremlin, 16 de março de 2004.

(^{25})   *Vremia Novosti*, 15 de março de 2004.

645

O NOVO CZAR

(²⁶) Rijkov, pp. 54, 57.

(²⁷) *Vedomosti*, 29 de março de 2004; Khodorkovski reimprimiu a carta, incluindo uma tradução, no seu sítio na Internet, www.khodorkovsky.com

(²⁸) O mais credível e exaustivo relato do sequestro em Beslan é a arrepiante reconstituição de C. J. Chivers, baseada em entrevistas com os reféns, «The School», *Esquire*, junho de 2006, p. 140.

(²⁹) *The New York Times*, 10 de maio de 2004.

(³⁰) *The New York Times*, 12 de maio de 2004.

(³¹) *The New York Times*, 2 de setembro de 2004.

(³²) Aslambek Aslakhanov, consultor-chefe de Putin nos assuntos da Chechénia, citado por Baker e Glasser, p. 23.

(³³) Hutchins e Korobko, p. 292.

(³⁴) Soldatov e Borogan, p. 159.

(³⁵) *Kommersant*, 3 de setembro de 2004.

(³⁶) Ledeneva, p. 36. Cita um oficial não identificado que fora forçado a repetir a mentira acerca do número de reféns e que, como outros, ficara «destroçado» com o caso Beslan. Ele «era uma pessoa diferente quando regressou de Beslan», escreve a autora.

(³⁷) Politkovskaya, *Is Journalism Worth Dying For?*, pp. 251–52.

(³⁸) Soldatov e Borogan, p. 157.

(³⁹) *The New York Times*, 4 de setembro de 2004.

(⁴⁰) *Ibidem*.

(⁴¹) Soldatov e Borogan, p. 159.

(⁴²) *Ibidem*, p. 162.

(⁴³) *The New York Times*, 4 de setembro de 2004.

(⁴⁴) Comentários completos de Putin, conforme tradução do *The New York Times*, 5 de setembro de 2004.

(⁴⁵) *Moskovski Novosti*, 17–23 de setembro de 2004.

(⁴⁶) Entrevista do autor com Aleksandr Drozdov, diretor-executivo do Centro Ieltsine, em Moscovo, junho de 2014.

(⁴⁷) Marie Mendras, *Russian Politics: The Paradox of a Weak State* (Nova Iorque: Columbia University Press, 2012), p. 185. No encontro Valdai annual no rescaldo do ataque, Putin fez um comentário idêntico; recordou a disputa eleitoral que tinha mediado em Carachai-Cherquéssia enquanto chefe do Conselho de Segurança de Ieltsine como exemplo de quão perigosas eram as eleições, de acordo com Clifford Kupchan, um dos presentes.

(⁴⁸) *The New York Times*, 15 de setembro de 2004.

CAPÍTULO 15: O CONTÁGIO LARANJA

(¹) *New York Times*, 20 de dezembro de 2004.

(²) J. V. Koshiw, *Abuse of Power: Corruption in the Office of the President* ([s. l.] Artemia Press, 2013), p. 149.

(³) Roxburgh, pp. 108–109.

(⁴) *Ibidem*, p. 116.

(⁵) *Ibidem*, p. 129.

646

NOTAS

(⁶)   Anders Aslund, *How Ukraine Became a Market Economy and Democracy* (Washington, D.C.: Peter G. Peterson Institute for International Economics, 2009), p. 170.

(⁷)   Ver também «It's a Gas—Funny Business in the Turkmen-Ukraine Gas Trade», um relatório da Global Witness, disponível em www.globalwitness.co.uk

(⁸)   *Kyiv Post*, 29 de julho de 2004.

(⁹)   Koshiw, p. 136.

(¹⁰)   Boris Volodarsky, *The KGB's Poison Factory: From Lenin to Litvinenko* (Minneapolis: Zenith Press, 2009), p. 98.

(¹¹)   Aslund, p. 180.

(¹²)   Uma transcrição completa da entrevista de Putin encontra-se nos arquivos online do Kremlin, 27 de outubro de 2004.

(¹³)   Mark MacKinnon, *The New Cold War: Revolutions, Rigged Elections and Pipeline Politics in the Former Soviet Union* (Nova Iorque: Carroll & Graf, 2007), p. 181.

(¹⁴)   Nikolai Petrov e Andrei Ryabov, «Russia's Role in the Orange Revolution», em Anders Aslund e Michael McFaul, eds., *Revolution in Orange: The Origins of Ukraine's Democratic Breakthrough* (Washington, D.C.: Carnegie Endowment for International Peace, 2006), p. 158.

(¹⁵)   *Ibidem*, p. 157.

(¹⁶)   *New York Times*, 22 de novembro de 2004.

(¹⁷)   Roxburgh, p. 138.

(¹⁸)   *New York Times*, 3 de dezembro de 2005.

(¹⁹)   Entrevista do autor com Victor Iuschenko, 2006.

(²⁰)   *Kyiv Post*, 29 de outubro de 2009.

(²¹)   RIA Novosti, 24 de fevereiro de 2005.

(²²)   Peter Baker, *Days of Fire: Bush and Cheney in the White House* (Nova Iorque: Doubleday, 2013) p. 383.

(²³)   Bush, p. 432.

(²⁴)   Rice, p. 366.

(²⁵)   *New York Times*, 9 de outubro de 2005.

(²⁶)   O trecho foi retirado de uma tradução online de um jornal russo em Paris, *Возрождение* (ou *Renovação*), publicado em 27 de junho de 1925. A tradução, de autor desconhecido, aparece em www.freerepublic.com/focus/news/30343571/posts. Hill e Gaddy discutem Ilin em *Mr. Putin*, pp. 106–107, tal como Geraldine Fagan em *Believing in Russia—Religious Policy After Communism* (Londres: Routledge, 2013).

(²⁷)   *New York Times*, 3 de julho de 2005.

(²⁸)   *New York Times*, 17 de maio de 2005.

CAPÍTULO 16: KREMLIN, INC.

(¹)   Entrevista com um ex-funcionário superior do Kremlin, sob condição de anonimato, abril de 2013. Tanto Thane Gustafson como Richard Sakwa defendem que o papel de Putin no assalto à Iukos foi menos premeditado e mais improvisado do que frequentemente é apresentado pelos seus críticos, embora o resultado permaneça o mesmo.

(²)   *Wheel of Fortune* de Gustafson oferece uma excelente história da indústria petrolífera soviética e russa, e do leilão da Iukos. Ver especialmente o capítulo 5, «The Russian "Oil Miracle"».

647

O NOVO CZAR

(³) Citado em Baker e Glasser, p. 347.

(⁴) Uma década mais tarde, em julho de 2014, o Tribunal Arbitral Permanente decidiu que o caso era «um esforço deliberado e sustentado para destruir a Iukos, ganhar o controlo sobre os seus ativos e eliminar» Khodorkovski enquanto «um potencial opositor político». Ver pronúncia do tribunal, 18 de julho de 2014, *Yukos Universal Limited v. The Russian Federation*, p. 30.

(⁵) Sakwa, *Quality of Freedom*, p. 92. Defende que Putin não iniciou o assalto persecutório, mas que foi convencido por outros de que era necessário. Descreve o «politburo» por trás do desmantelamento da Iukos na p. 106.

(⁶) Gustafson descreve a história da Rosneft em *Wheel of Fortune*, capítulo 8, «Russia's Accidental Oil Champion: The Rise of Rosneft».

(⁷) *New York Times*, 28 de outubro de 2004.

(⁸) Gustafson, p. 343.

(⁹) *Ibidem.*

(¹⁰) Ver capítulo 8 de Gustafson.

(¹¹) *New York Times*, 20 de dezembro de 2004.

(¹²) *New York Times*, 21 de dezembro de 2004.

(¹³) *Moscow Times*, 29 de dezembro de 2004.

(¹⁴) O próprio Putin o reconhece numa entrevista com jornalistas espanhóis em 7 de fevereiro de 2006, disponível nos arquivos digitais do Kremlin.

(¹⁵) Gustafson, p. 348.

(¹⁶) O Tribunal Arbitral Permanente citou a afirmação de Putin como prova maldita de que o leilão era uma vasta conspiração; ver pronúncia do tribunal, 18 de julho de 2014, *Yukos Universal Limited v. The Russian Federation*, p. 330. Ver também o blogue Alphaville do *The Financial Times*, 28 de julho de 2014, http://ftalphaville. ft.com/2014/07/28/1910622/yukos-putins-loose-lips/

(¹⁷) Foi publicada uma tradução pelos apoiantes de Khodorkovski durante o julgamento em http://mikhaíl_khodorkovsky_society_three.blogspot.com/2005/04/finalstatement-in-meshchansky-court.html

(¹⁸) Richard Sakwa, *Putin and the Oligarch: The Khodorkovsky-Yukos Affair* (Londres: I. B. Tauris, 2014), p. 107.

(¹⁹) Associated Press, 25 de junho de 2005.

(²⁰) Kraft relatou a pressão da Casa Branca em comentários durante uma sessão de beneficência em sua honra no Carnegie Hall em Nova Iorque, conforme noticiado pelo New *York Post*, 15 de junho de 2013.

(²¹) *Boston Globe Magazine*, 19 de março de 2007.

(²²) Um telegrama diplomático do embaixador estado-unidense, William Burns, datado de 2 de abril de 2007, e divulgado pela WikiLeaks em 2010.

(²³) Treisman, p. 115.

(²⁴) *Moscow Times*, 19 de abril de 2005.

(²⁵) Marshall I. Goldman, *Petrostate: Putin, Power and the New Russia* (Oxford: Oxford University Press, 2008), p. 124.

(²⁶) Boris Nemstov e Vladimir Milov, ambos antigos funcionários governamentais e líderes da oposição, questionaram acutilantemente a venda numa série de relatórios que começaram a aparecer em 2008. Ver «Putin and Gazprom», publicado originalmente no *Novaia Gazeta*, em 28 de agosto e 4 de setembro de 2008. Também Anders Aslund, em *Russia's Capitalist Revolution: Why Market Reform Succeeded*

NOTAS

and Democracy Failed (Washington, D.C.: Peter G. Peterson Institute for International Economics, 2007), p. 253, e, em outros textos e entrevistas, defende que muitos dos negócios da Gazprom eram corruptos.

([27]) O telegrama, datado de 2 de abril de 2007, foi um das centenas de milhares divulgados pela WikiLeaks em 2010, citado na nota 22 acima.

([28]) Citado em Edward Lucas, *The New Cold War: Putin's Russia and the Threat to the West* (Nova Iorque: Palgrave Macmillan, 2008), p. 168. No capítulo «Pipeline Politics», descreve as consequências geopolíticas da ascensão da Gazprom.

([29]) *Wall Street Journal*, 16 de dezembro de 2005.

([30]) Tom Bower, *Oil: Money, Politics, and Power in the 21st Century* (Nova Iorque: Grand Central Publishing, 2009), p. 375.

([31]) *New York Times*, 6 de outubro de 2006.

([32]) Bower, p. 387.

([33]) *New York Times*, 22 e 29 de dezembro de 2006. O autor participou na cerimónia de devolução do projeto Sacalina ao controlo do Kremlin.

([34]) Telegrama WikiLeaks, 8 de dezembro de 2008, «Ukraine: Firtash Makes His Case to the USG».

([35]) Koshiw, p. 65. Também a Jamestown Foundation, *Eurasian Daily Monitor*, 25 de março de 2009, «The Strange Ties Between Semion Mogilevich and Vladimir Putin».

([36]) Margarita M. Balmaceda, *Energy Dependency, Politics and Corruption in the Former Soviet Union: Russia's Power, Oligarchs' Profits and Ukraine's Missing Energy Policy, 1995–2006* (Londres: Routledge, 2008), p. 137.

([37]) Treisman, p. 116.

([38]) As revelações sobre o palácio e as alegações do seu financiamento furtivo e de outros investimentos não vieram a público antes de dezembro de 2010, quando um dos envolvidos, Serguei Kolsenikov, escreveu uma carta aberta a Dmitri Medvedev, divulgada numa coluna de David Ignatius no *The Washington Post*, e em artigos subsequentes no *Novaia Gazeta*, em fevereiro de 2011, (http://en.novayagazeta.ru/politics/8779.html) e no *The Financial Times*, em 30 de novembro de 2011, confirmando aspetos dos negócios, apesar das consistentes negações do Kremlin.

([39]) *Wall Street Journal*, 25 de setembro de 2007.

([40]) Entrevista do autor com Mikhaíl Kasianov, junho de 2014.

([41]) Biografia de Kovaltchuk em lenta.ru (http://lenta.ru/lib/14149560).

([42]) Citado em *Forbes Russia*, 3 de agosto de 2008.

([43]) Mark Galeotti cunhou a frase em http://inmoscowsshadows.wordpress.com/2013/08/10/the-rise-of-the-russian-judocracy/

([44]) Mark Lawrence Schrad, *Vodka Politics: Alcohol, Autocracy and the Secret History of the Russian State* (Oxford: Oxford University Press, 2014), capítulo 22.

([45]) Entrevista do autor com Andrei Illarionov, outubro de 2012 e agosto de 2014.

([46]) Illarionov, citado no *The New Times*, newtimes.ru, 4 de novembro de 2011.

([47]) Publicado novamente no *New York Times*, 4 de fevereiro de 2006.

([48]) Gustafson, p. 354.

([49]) O prospeto está disponível no sítio na Internet da empresa, http://www.rosneft.com/attach/0/58/84/rosneft_prospectus.pdf

([50]) Relatório anual da Rosneft em 2006: http://www.rosneft.com/attach/0/58/80/a_report_2006_eng.pdf

O NOVO CZAR

CAPÍTULO 17: VENENO

([1]) *New York Times*, 25 de novembro de 2006. Aqui, a história do envenenamento de Litvinenko, um dos assassínios alvo de mais intensa cobertura da história, baseia-se em relatos da época feitos pelo autor e pelos seus colegas em Moscovo e em Londres, especialmente Alan Cowell, que posteriormente escreveu *The Terminal Spy: The Life and Death of Alexander Litvinenko, a True Story of Espionage, Betrayal and Murder* (Londres: Doubleday, 2008) [edição portuguesa: O Último Espião, Livros d'Hoje, 2010]. Outros relatos que foram úteis e interessantes incluem *The Death of a Dissident*, de Alex Goldfarb e Marina Litvinenko [edição portuguesa: Morte de um Dissidente, Ideias de Ler, s.d.), baseado no seu relacionamento pessoal com ele; *The Litvinenko File: The Life and Death of a Russian Spy*, de Martin Sixsmith (Nova Iorque: St. Martin's Press, 2007); e *Putin's Labyrinth: Spies, Murder, and the Dark Heart of the New Russia*, de Steve LeVine (Nova Iorque: Random House, 2008).

([2]) Goldfarb e Litvinenko, p. 330.

([3]) O livro foi publicado em inglês depois do assassínio de Litvinenko com o título *Blowing Up Russia: The Secret Plot to Bring Back KGB Terror* (Nova Iorque: Encounter Books, 2007). A citação encontra-se na p. 3.

([4]) Skuratov, p. 147. Este rumor foi repetido ao autor por um ex-agente do KGB e do FSB que foi um dos expurgados na época em que Putin foi diretor do serviço de segurança.

([5]) Entrevista do autor com Oleg Kaluguin, outubro de 2012.

([6]) Entrevistado em Cowell, p. 209.

([7]) Cowell, p. 239.

([8]) Os encontros de Litvinenko e os pontos de vista de Grinda apareceram em telegramas inicialmente revelados pela WikiLeaks, datados de 31 de agosto de 2009 e 8 de fevereiro de 2010. Luke Harding pormenoriza-os em *Expelled: A Journalist's Descent into the Russian Mafia State* (Nova Iorque: Palgrave Macmillan, 2012), pp. 235–39.

([9]) Politkovskaya, *Is Journalism Worth Dying For?*, p. 5.

([10]) Telegramas diplomáticos da WikiLeaks, datados de 9 de outubro de 2006.

([11]) LeVine, p. 125.

([12]) Os pormenores da primeira tentativa de envenenamento de Litvinenko no escritório da Erinys foram revelados nas audições públicas ocorridas na Grã-Bretanha em 2015. As transcrições do inquérito estão disponíveis em www.litvinenkoinquiry.org

([13]) O autor entrevistou Lugovoi e Kovtun em Moscovo, em março de 2007, com Alan Cowell. *New York Times*, 18 de março de 2007.

([14]) Roxburgh, p. 177.

([15]) *Financial Times*, 25 de novembro de 2006.

([16]) Sakwa, *Crisis of Russian Democracy*, p. 186; também *St. Petersburg Times*, 28 de setembro de 2004.

([17]) Entrevista do autor a um funcionário diplomático britânico, abril de 2013.

([18]) Entrevista do autor a Lugovoi e Kovtun, 18 de março de 2007.

([19]) Uma das primeiras vezes em que abordou a questão de um terceiro mandato — e a descartou — foi em dezembro de 2003. *New York Times*, 19 de dezembro de 2003.

([20]) Esta e outras fontes acerca da luta pela sucessão de Putin provêm do artigo do autor «Post-Putin», na *The New York Times Magazine*, 27 de fevereiro de 2007.

NOTAS

(²¹)   O embaixador estado-unidense, William J. Burns, dissertou sobre a teoria da utilização da redistribuição de mais-valias para apoio aos candidatos em 2 de abril de 2007, telegrama para Washington que foi divulgado pela WikiLeaks e já citado.

(²²)   *Novaia Gazeta*, 11 de outubro de 2007.

(²³)   Sakwa, *Crisis of Russian Democracy*, pp. 188–89.

(²⁴)   Roxburgh, p. 196. Roxburgh, ex-jornalista, trabalhou para a empresa de relações públicas Ketchum, que o Kremlin tinha contratado para polir a imagem da Rússia, experiência frustrante que ele narra no livro.

(²⁵)   Disponível no arquivo online do Kremlin, 10 de fevereiro de 2007. Este discurso, um dos mais famosos de Putin, também aparece em numerosos vídeos na Internet.

(²⁶)   *New York Times*, 11 de fevereiro de 2007.

(²⁷)   Citado e traduzido pelo *Der Spiegel*, 12 de fevereiro de 2007: http://www. spiegel.de/ international/the-world-from-berlin-a-calculating-simulation-of-the-cold -war-a-465811.html

(²⁸)   *New York Times*, 29 de maio de 2007.

(²⁹)   *The Guardian*, 12 de abril de 2007.

(³⁰)   *New York Times*, 1 de junho de 2007.

(³¹)   *New York Times*, 19 de julho de 2007.

CAPÍTULO 18: O PROBLEMA DE 2008

(¹)   Boris Nemtsov recordou este episódio numa entrevista com o autor em dezembro de 2013.

(²)   Entrevista do autor a Anatoli Pakhomov, presidente da câmara de Sochi, dezembro de 2013.

(³)   Aleksandr Jukov, entrevistado pelo autor em janeiro de 2014, relatou as deliberações do Politburo acerca de futuras localizações para os Jogos Olímpicos, que só foram reveladas mais tarde num relatório tornado público.

(⁴)   Associated Press, 1 de julho de 2007.

(⁵)   Associated Press, 4 de julho de 2007.

(⁶)   Sakwa, *Crisis of Russian Democracy*, p. 163.

(⁷)   Roxburgh, p. 208.

(⁸)   *Ibidem*, p. 211.

(⁹)   Hill e Gaddy, pp. 181–82.

(¹⁰)   *Ibidem*, p. 182. Richard Sakwa também assistiu; ver *Crisis of Russian Democracy*, p. 178.

(¹¹)   Sakwa, p. 178.

(¹²)   *Kommersant*, 9 de outubro de 2007.

(¹³)   Segundo transcrição de *Ecos de Moscovo*, 30 de outubro de 2007.

(¹⁴)   Uma versão desta análise foi revelada pela WikiLeaks num telegrama do embaixador estado-unidense, William Burns, datado de 18 de outubro de 2007. «Na ausência de instituições políticas», escreveu ele, «o aglutinador do sistema criado por Putin é o seu poder personalizado e a lealdade dos que ele nomeou para posições- -chaves. Putin tem tentado preservar esse poder mantendo em desequilíbrio todos os que estão empenhados numa influência continuada».

O NOVO CZAR

([15]) Sakwa, *Crisis of Russian Democracy*, p. 197.

([16]) *Time*, 19 de dezembro de 2007. A transcrição completa da entrevista está disponível em http://content.time.com/time/specials/2007/printout/0,29239,1690753 _1690757_1695787,00.html

([17]) Arquivo online do Kremlin, 10 de dezembro de 2007.

([18]) Richard Sakwa defende que Sechin privilegiou, até ao fim, um terceiro mandato para Putin, embora Sechin, famoso pelo seu isolamento, nunca tenha tornado públicas as suas posições. *Crisis of Russian Democracy*, p. 272.

([19]) Entrevista do autor a Serguei Rolduguin, Sampetersburgo, setembro de 2014.

([20]) Michael S. Gorham, *After Newspeak: Language Culture and Politics in Russia from Gorbachev to Putin* (Ithaca, NI: Cornell University Press, 2014), p. 157.

([21]) Julie A. Cassiday e Emily D. Johnson, «A Personality Cult for the Postmodern Age», em Helena Goscilo, ed., *Putin as Celebrity and Cultural Icon* (Londres: Routledge, 2013), p. 43. O filme *Potselui ne dlya Pressi* [Um Beijo Extraoficial] apareceu à venda em formato DVD no Dia de São Valentim de 2008, embora tivesse sido filmado vários anos antes. O facto de não ter aparecido nas salas de cinema sugeria que era demasiado arriscado politicamente ou, como referiram alguns críticos, que era perfeitamente medonho.

([22]) O jornal *L'Espresso* publicou excertos de conversas que D'Addario gravou em segredo durante a sua escapadela com Berlusconi em 20 de julho de 2009. Segundo os telegramas diplomáticos publicados pela WikiLeaks, diplomatas estado-unidenses também registaram as relações cada vez mais profundas e a admiração mútua entre Berlusconi e Putin, salientando que tinham tido de, prudentemente, rejeitar os esforços de Berlusconi para servir de intermediário quando as relações com os EUA azedaram fortemente.

([23]) *Putin: Itogi* também apareceu no sítio na Internet de Nemtsov, nemtsov.ru. Uma tradução para inglês por David Essel, que é citada aqui, aparece no blogue *La Russophobe*, larussophobe.wordpress.com/2008/03/31/boris-nemtsovs-white-paper--in-full/, com o título «Putin: The Bottom Line» [Putin: A Última Linha].

([24]) *Wall Street Journal*, 11 de junho de 2008.

([25]) O artigo sobre Timchenko e a sua companhia, a Gunvor, apareceu no *The Economist* em 29 de novembro de 2008. Depois de Timchenko a ter processado por difamação, a revista publicou um esclarecimento em 30 de julho de 2009, dizendo que aceitava «as garantias da Gunvor de que nem Vladimir Putin nem outras figuras políticas superiores da Rússia têm qualquer interesse como proprietários na Gunvor».

([26]) A existência do estudo da CIA foi revelada ao autor por dois funcionários do governo estado-unidense que o conheciam, embora nunca tivesse sido tornado público e não o tivessem discutido em pormenor. Belkovski fez pela primeira vez as suas alegações acerca da riqueza de Putin numa entrevista com o jornal alemão *Die Welt*, publicada em 12 de novembro de 2007, e repetiu-as em dezembro ao *The Daily Telegraph*, e depois disso a praticamente toda a gente que quisesse escutá-lo.

([27]) Os pormenores do voo foram inicialmente comunicados por Boris Nemtsov no seu blogue no dia 18 de dezembro de 2010, quando lutava contra um processo por difamação interposto por Timchenko devido à sua descrição do mesmo enquanto amigo de Putin, num artigo posterior sobre corrupção na Rússia: b-nemtsov.livejournal.com/93781.html. A Reuters também descreveu o voo e a construção do palácio num

NOTAS

artigo que fez parte de um conjunto de investigações chamado «Comrade Capitalism» [Camarada Capitalismo], 21 de maio de 2014. As alegações — acompanhadas por um número considerável de provas — vieram de um dos seus sócios, Serguei Kolesnikov, que veio a público, em finais de 2010, com uma carta aberta a Dmitri Medvedev acerca do esquema. Depois disso, descreveu o palácio em numerosas entrevistas, incluindo, especialmente, no *The Financial Times*, 11 de novembro de 2013. Karen Dawisha também relata pormenorizadamente o escândalo em *Putin's Kleptocracy*, pp. 295–304, bem como Ben Judah em *Fragile Empire*, pp. 116–21.

CAPÍTULO 19: A REGÊNCIA

(¹)   Ver a entrevista de Soljenítsine ao *Der Spiegel* um ano antes da sua morte, 23 de julho de 2007, http://www.spiegel.de/international/world/spiegel-interview-with--alexander-solzhenitsyn-i-am-not-afraid-of-death-a-496003.html

(²)   *New York Times,* 28 de janeiro; Sakwa, *Crisis of Russian Democracy,* p. 279.

(³)   *New York Times,* 29 de janeiro de 2008.

(⁴)   De um telegrama diplomático de um funcionário superior do Departamento de Estado, datado de 20 de junho de 2008, publicado pela WikiLeaks.

(⁵)   *New York Times,* 17 de julho de 2008.

(⁶)   Roxburgh, p. 237.

(⁷)   De acordo com as investigações posteriores feitas pela União Europeia e pela Organização para a Segurança e Cooperação na Europa, só dois soldados russos morreram na barreira inicial, embora vários outros tivessem ficado feridos.

(⁸)   Iuri Uchakov, ex-embaixador da Rússia que tinha regressado a Moscovo para servir enquanto conselheiro de Putin para a política externa no gabinete do primeiro--ministro, citado num telegrama diplomático do embaixador estado-unidense em Moscovo, John Beyrle, de 26 de agosto de 2008, publicado pela WikiLeaks.

(⁹)   A calendarização dos telefonemas de Putin a Medvedev continua a ser um assunto controverso. Medvedev garantiu que emitiu a ordem para o início da ação militar antes de falar com Putin, mas Putin e outros responsáveis dizem que houve múltiplos contactos entre os dois na primeira manhã, com Putin a insistir numa resposta mais determinada.

(¹⁰)   Os comentários de Medvedev durante a sua presidência encontram-se no arquivo online Kremlin.ru, 8 de agosto de 2009.

(¹¹)   Bush, p. 434.

(¹²)   Segundo o relatório da União Europeia, que atribuiu as culpas tanto à Rússia como à Geórgia, as perdas em combate de todas as partes totalizaram 844. A Ossétia do Sul comunicou 365 mortes, incluindo pessoal uniformizado e civis; a Geórgia perdeu 170 soldados, 14 oficiais da polícia e 228 civis; a Rússia, 67. Muitas centenas de pessoas ficaram feridas, e milhares foram deslocados das suas residências na Ossétia do Sul e em zonas da Geórgia.

(¹³)   Bush, p. 435.

(¹⁴)   RIA Novosti, 10 de agosto de 2008.

(¹⁵)   *New York Times,* 21 de Agosto de 2008.

(¹⁶)   Rice, p. 688.

(¹⁷)   Telegrama diplomático de John R. Beyrle, 26 de Agosto de 2008, revelado pela WikiLeaks.

O NOVO CZAR

([18]) Esta conversa foi relatada pelo conselheiro de Sarkozy, Jean-David Levitte, em *Le Nouvel Observateur*. Embora inicialmente negado pelo porta-voz de Putin, todo o artigo foi mais tarde disponibilizado no sítio na Internet do gabinete do primeiro--ministro: http://archive.premier.gov.ru/eng/premier/press/world/1182/print/

([19]) Relatório da Human Rights Watch sobre o conflito, «Up in Flames» [Em Chamas], (2009), p. 130. A organização relatou crimes de guerra praticados por todas as partes envolvidas no conflito e pediu investigações que nunca foram realizadas.

([20]) *New York Times,* 16 de novembro de 2008.

([21]) Sergei Guriev e Aleh Tsyvinski, «Challenges Facing the Russian Economy After the Crisis», em Anders Aslund, *et al.,* eds., *Russia After the Global Economic Crisis* (Washington, D.C.: Peter G. Peterson Institute for International Economics and the Center for Strategic and International Studies, 2010), p. 17. O estudo proporciona uma panorâmica da crise e da reação do governo e muitos dos pormenores aqui citados.

([22]) *Ibidem*, p. 24.

([23]) Anders Aslund, Sergei Guriev e Andrew Kuchins, «Russia's Course: Viable in the Short Term but Unsustainable in the Long Term», em Aslund *et al.*, eds., *Russia After the Global Economic Crisis,* p. 259.

([24]) Roxburgh, p. 280.

([25]) *New York Times,* 6 de novembro de 2008.

([26]) A sabotagem da agenda de Medvedev baseia-se numa entrevista com um assessor sénior que só falaria na condição de manter o anonimato. O controlo prévio do discurso e o desconforto de Medvedev em relação à linguagem que foi inserida foram descritos num telegrama do embaixador estado-unidense para o Departamento de Estado datado do dia do discurso, o qual foi revelado pela WikiLeaks.

([27]) *New York Times,* 6 de novembro de 2008.

([28]) Pode encontrar-se um relato do incidente, com vídeo, em www.theotherrussia.org, numa publicação datada de 14 de dezembro de 2008.

([29]) Um telegrama para o Departamento de Estado enviado pelo chefe da missão em exercício em Moscovo, Eric Rubin, datado de 19 de novembro de 2008 e publicado pela WikiLeaks.

CAPÍTULO 20: HOMEM DE AÇÃO

([1]) Steven Fortescue, «Putin in Pikalevo», *Australian Slavonic and East European Studies* 23, n.ºs 1–2 (2009).

([2]) Os comentários do governador foram citados na página de Internet www.theotherrussia.org, 21 de maio de 2009. Ver também Anna Arutunyan, *The Putin Mystique: Inside Russia's Power Cult* (Northampton, MA: Olive Branch Press, 2014) [ed. portuguesa *A Mística de Putin*, Quetzal Editores, 2014], que inclui um capítulo pormenorizado sobre o «The Pikalevo Effect» [«Efeito de Pikalevo»]; e o *New York Times*, 5 de junho de 2009.

([3]) Daniel Treisman, «Russian Politics in a Time of Economic Turmoil», em Aslund *et al.*, eds., *Russia After the Global Economic Crisis,* p. 54.

([4]) Os relatos do distanciamento de Putin nos primeiros meses de 2009 foram discutidos num telegrama do Departamento de Estado datado de 4 de março de 2009 e revelado pela WikiLeaks.

NOTAS

(^{5})   As maquinações internas em torno da decisão de Putin de dificultar as conversações com a OMC foram analisadas pelos próprios funcionários em discussões com os frustrados funcionários estado-unidenses e europeus, como está relatado em pormenor num telegrama para o Departamento de Estado datado de 19 de junho de 2009 e divulgado pela WikiLeaks.

(^{6})   Ver o sítio na Internet da Unesco, whc.unesco.org/en/list/900

(^{7})   Schrad, pp. 354–56.

(^{8})   *Kommersant*, 28 de abril de 2010.

(^{9})   O arquivamento da investigação acerca das acusações de Morozov foi comunicado, sem comentários, pela RIA Novosti em 12 de abril de 2012. Morozov pormenorizou as suas acusações numa entrevista ao *Novaia Gazeta*, publicada em 4 de junho de 2010. A experiência de Morozov também foi apresentada num documentário, *Putin's Games*, [*Os Jogos de Putin*] divulgado em 2014. O autor tem uma cópia do seu recurso para asilo político, que foi concedida em abril de 2010.

(^{10})   Os pormenores do caso de Serguei Magnitski são da reconstituição de Ellen Barry no *The New York Times* de 23 de dezembro de 2010, juntamente com entrevistas a William Browder e documentos que ele disponibilizou ao autor, bem como do seu livro *Red Notice: A True Story of High Finance, Murder, and One Man's Fight for Justice* (Nova Iorque: Simon & Schuster, 2015).

(^{11})   Angela Stent, *The Limits of Partnership: U.S.-Russian Relations in the Twentieth-First Century* (Princeton, NJ: Princeton University Press, 2014), p. 231.

(^{12})   O FBI divulgou centenas de documentos relacionados com a investigação, com o nome de código Operação Histórias-Fantasmas, na sua página de Internet: http://vault.fbi.gov/ghost -stories-russian-foreign-intelligence-service-illegals/

(^{13})   *Kommersant*, 25 de julho de 2010.

(^{14})   Peter Earley, que escreveu uma biografia de Tretiakov chamada *Comrade J: The Untold Secrets of Russia's Master Spy in America After the End of the Cold War* (Nova Iorque: Berkley Books, 2007), e que o considerava um amigo, fez um relato das circunstâncias da sua morte na sua página na Internet: www.peteearley. com/2010/07/09/sergei-tretyakov-comrade-j-has-died/. Um ano depois, os russos julgaram e condenaram, *in absentia*, outro oficial dos serviços secretos, Aleksandr Potéiev, acusando-o de ter traído os agentes inativos.

(^{15})   Entrevistado no Gazeta.ru, 30 de março de 2010.

(^{16})   Vários funcionários que trabalhavam para um dos dois líderes descreveram o seu acordo de respeitarem as suas responsabilidades como primeiro-ministro e presidente, embora ninguém sustentasse que Putin não tinha a autoridade final.

(^{17})   Entrevistado pelo autor, abril de 2013.

(^{18})   O blogue apareceu em top-lap.livejournal.com/1963.html

(^{19})   Ver Helena Goscilo, "VVP as VIP *Objet d'Art*," p. 8; e Julie A. Cassiday e Emily D. Johnson, "A Personality Cult for the Postmodern Age," p. 43, ambos em Helena Goscilo, ed., *Putin as Celebrity and Cultural Icon*.

(^{20})   Gazeta.ru, 28 de outubro de 2010.

(^{21})   Os comentários do médico — e a dimensão da cirurgia cosmética de Putin — surgiram em outubro de 2012 numa página na Internet da indústria: http://tecrussia.ru/starplastica/308-vladimir-putin-plasticheske-operacii-foto.html

(^{22})   *Rossiskaia Gazeta*, 6 de setembro de 2010.

O NOVO CZAR

(^{23}) A carta provocadora de Lujkov apareceu na Rádio Europa Livre/Rádio Liberdade em 29 de setembro de 2010, http://www.rferl.org/content/Text_Of_Yury_Luzhkovs_Letter_To_President_Medvedev/2171682.html

(^{24}) Ver um relatório sobre o projeto pelo CEE BankWatch, uma organização não governamental que promove a gestão empresarial, em http://bankwatch.org/public-private-partnerships/case-studies/moscow-st-petersburg-motorway-section-15--58-km-deal-involvi

(^{25}) Sakwa, em *Putin and the Oligarch*, pormenoriza o segundo julgamento de Khodorkovski, pp. 136–145.

(^{26}) *Nezavisimaia Gazeta*, 24 de dezembro de 2010.

CAPÍTULO 21: O REGRESSO

(^{1}) No dia 30 de novembro de 2014, o *The Times* de Londres publicou documentação escrita por anteriores oficiais dos serviços secretos sobre as propostas para os campeonatos mundiais de futebol de 2018 e 2022. A comissão para a licitação de Inglaterra tinha contratado os investigadores depois de ter concorrido e perdido o campeonato de 2018. As acusações de corrupção nas licitações foram investigadas e rejeitadas pela FIFA, o órgão internacional de gestão deste desporto, no meio de grande controvérsia. Em maio de 2015, contudo, oficiais estado-unidenses e suíços anunciaram que as propostas foram o foco de uma investigação mais extensa que poderia ainda forçar uma reapreciação das propostas vencedoras da Rússia e do Quatar.

(^{2}) Numa entrevista à rádio na Finam FM, 2 de fevereiro de 2011, disponível em www.stolica. fm/archive-view/3626

(^{3}) *The New Yorker*, 4 de abril de 2011.

(^{4}) Em www.whitehouse.gov/the-press-office/2011/03/10/vice-president-bidens-remarks-moscow-state-university, 10 de março de 2011

(^{5}) O agente da segurança falou com o autor numa entrevista em Moscovo, em dezembro de 2013, sob condição de anonimato.

(^{6}) *Vedomosti*, 13 de julho de 2011.

(^{7}) *The Financial Times* publicou uma transcrição completa da entrevista em 19 de junho de 2011.

(^{8}) A decisão final do regresso de Putin à presidência foi descrita por três pessoas que tinham conhecimento de alguns dos pormenores, embora, em última análise, os pormenores completos da sua reunião final na noite anterior à nomeação de Medvedev só sejam conhecidos dos dois homens que estiveram na sala.

(^{9}) Descreveu e defendeu o programa de modernizações de Medvedev numa entrevista extensa e, largamente, favorável com o *The Wall Street Journal*, 10 de julho de 2011.

(^{10}) *Novaia Gazeta*, 26 de setembro de 2011.

(^{11}) *New York Times*, 30 de setembro de 2011.

(^{12}) Arutunyan, p. 207.

(^{13}) Prokhorov descreveu o recrutamento de Medvedev numa entrevista ao *New York Times*, 17 de setembro de 2011.

(^{14}) *New York Times*, 13 de dezembro de 2011.

(^{15}) Segundo Serge Schmemman, que estava entre os presentes. *New York Times*, 23 de novembro de 2011.

656

NOTAS

([16]) Ver globalvoicesonline/2011/12/05/russia-election-day-ddos-alypse, para um relato pormenorizado dos ataques informáticos antes e durante a eleição.

([17]) O vídeo do velho a preencher boletins de voto foi largamente relatado nos meios de comunicação russos e citado no *New York Times*, 6 de dezembro de 2011. O relatório final dos observadores da missão da Organização para a Segurança e Cooperação na Europa sobre as eleições encontra-se em www.osce.org/odihr/86959

([18]) Citado em www.opendemocracy.net, por Olga Breininger, 28 de março de 2013.

([19]) *New York Times*, 22 de dezembro de 2011.

([20]) *Kommersant*, 10 de dezembro de 2011.

([21]) Citações da entrevista de Litvinenko foram publicadas no *The New York Times* em 1 de março de 2012; o meu colega, Andrew Kramer, partilhou a transcrição completa.

CAPÍTULO 22: A RESTITUIÇÃO

([1]) Ver Dmitry Uzlaner, «The Pussy Riot Case and the Peculiarities of Russian Post-Secularism», *State, Religion and Curch* 1 (2004), p. 24. O estudo de Uzlaner deste caso e do papel da igreja e do Estado na Rússia fornece um interessante enquadramento, com tradução de April French para a língua inglesa. Ver, igualmente, Pussy Riot, *Pussy Riot! A Punk Prayer for Freedom* (Nova Iorque: Feminist Press, 2013), que compila as declarações e testemunhos do grupo em tribunal. Marc Bennetts, *Kicking the Kremlin: Russia's New Dissidents and the Battle to Topple Putin* (Londres: Oneworld, 2014); e Miriam Elder, «What Does Pussy Riot Mean Now», *Buzzfeed*, 7 de fevereiro de 2014. Existem muitas traduções das letras das músicas do grupo; o autor escolheu as que mais se aproximavam do seu significado principal.

([2]) Entrevistado pelo autor em Washington, em fevereiro de 2012.

([3]) Kissinger em entrevista para a revista *Time*, sobre o assunto de capa, declarou que o considerava o Homem do Ano em 2007, disponível no seu sítio na Internet, henrykissinger.com

([4]) *New York Times*, 8 de janeiro de 2012.

([5]) Reuters, 8 de fevereiro de 2013.

([6]) *Moscow News*, 1 de março de 2012.

([7]) *New York Times*, 8 de dezembro de 2011.

([8]) Entrevista do autor a Ekaterina Samutsevitch, em março de 2013.

([9]) A publicação inicial de Navalni sobre as Pussy Riot data de 7 de março de 2012, e encontra-se disponível em navalny.livejournal.com/690551.html

([10]) Andrei Zolotov Jr. forneceu um relato pormenorizado da cerimónia religiosa à agência noticiosa RIA Novosti, em 23 de abril de 2012. De momento, não se encontra disponível no sítio de Internet da agência, que passou a ser conhecida como Sputnik. Foi de novo publicada no seguinte endereço: http://www.angelfire.com/pa/Imperial-Russian/news/481news.html

([11]) Bennetts, p. 164.

([12]) *New York Times*, 7 de março de 2012.

([13]) *Ibidem*.

([14]) *New York Times*, 6 de dezembro de 2012.

O NOVO CZAR

(¹⁵) Relatório da Human Rights Watch, «Laws of Attrition», publicado em abril de 2013.
(¹⁶) *New York Times,* 12 de junho de 2012.
(¹⁷) Pussy Riot, p. 55.
(¹⁸) Entrevista com Ekaterina Samutsevitch, março de 2013.

CAPÍTULO 23: SOZINHO NO OLIMPO

(¹) Uma apresentação de sete minutos do filme continua disponível em http://rutube.ru/video/eddef3b31e4bdff29de4db46ebdd4e44. A *Forbes* publicou um registo sobre o vídeo e a sua misteriosa produção em http://www.forbes.ru/sobytiya/vlast/85216-kto-zdes-glavnokomanduyushchii
(²) Ver http://abcnews.go.com/blogs/politics/2012/03/president-obama-asks-medvedev-for-space-on-missile-defense-after-my-election-i-have-more-flexibility/
(³) http://www.justice.gov/usao/nys/pressreleases/September13/PrevezonHoldingsForfeiturePR.php
(⁴) *Novaia Gazeta*, 11 de novembro de 2012; traduzido para a língua inglesa em http://en.novayagazeta.ru/politics/55288.html
(⁵) BBC Worldwide Monitoring, 9 de outubro de 2012.
(⁶) «Visiting Putin», NTV, 7 de outubro de 2012, www.ntv.ru.novosti/348821
(⁷) *Bloomberg Business Week*, 27 de agosto de 2013.
(⁸) Entrevista com o autor em abril de 2013.
(⁹) A entrevista de Ludmila Narusova foi publicada no *Novaia Gazeta*, em 11 de novembro de 2012.
(¹⁰) Serguei Rolduguin, padrinho de Maria, revelou o casamento da afilhada e o nascimento do neto de Putin numa entrevista em setembro de 2013. A Radio Netherlands Worldwide fazia referência ao incidente envolvendo Jorrit Faassen em 12 de janeiro de 2011, http://www.rnw.org/archive/russias-mysterious-dutch-businessman. Para mais pormenores sobre os problemas legais de Matvei Urin consultar: http://sobesednik.ru/kriminal/matvei-urin-sgorel-na-erunde e http://rapsinews.com/judicial_news/20140528/271420339.html
(¹¹) Os pormenores da ligação de Ekaterina Putina com a Universidade Estatal de Moscovo surgiram num artigo do jornal russo *RBK* em janeiro de 2015: http://top.rbc.ru/business/28/01/2015/54c8b4659a794730dbef8851. O jornalista Oleg Kachin foi o primeiro a identificar a filha de Putin no seu sítio na Internet, http://kashin.guru/2015/01/29/ona/, e a identidade de Ekaterina foi confirmada nos dias que se seguiram pela Reuteurs, em 29 de janeiro de 2015, e pela Bloomberg, em 30 de janeiro.
(¹²) O *The Guardian* publicou um vídeo dos principais momentos do encontro na sua página na Internet, em 9 de maio de 2012: http://www.theguardian.com/world/video/2012/may/09/vladimir-putin-ice-hockey-russia-video
(¹³) *New York Times*, 6 de maio de 2012.
(¹⁴) *Daily Beast*, 13 de janeiro de 2013.
(¹⁵) O *Der Spiegel* publicou uma crítica ao livro, com o título *Putin*, em 2 de dezembro de 2013: http://www.spiegel.de/international/europe/new-book-on-vladimir-putin--claims-russian-president-flees-from-people-a-936801.html. Belkovski afastou algumas das suas próprias conclusões, numa entrevista posterior em Moscovo, em setembro de 2014.
(¹⁶) *Novaia Gazeta*, 11 de novembro de 2012.

NOTAS

CAPÍTULO 24: PUTINGRADO

(¹)   Entrevista do autor a Vladimir Iakunin, em janeiro de 2013. Os pormenores do projeto de construção em Sochi, incluindo as entrevistas a Iakunin e a Anatoli Pakhomov, foram igualmente publicadas na *The New York Times Magazine*, em 22 de janeiro de 2014.

(²)   Numa entrevista à rádio Ecos de Moscovo, em 11 de novembro de 2013.

(³)   Ver «Race to the Bottom», um relatório da Human Rights Watch, publicado em 6 de fevereiro de 2013 e disponível na página de Internet desta organização.

(⁴)   *Esquire*, 7 de julho de 2010, disponível em esquire.ru/sochi-road

(⁵)   Boris Nemtsov e Leonid Martinuk divulgaram muitas das derrapagens orçamentais num panfleto com o título «Winter Olympics in the Sub-Tropics: Corruption and Abuse in Sochi», lançado em 20 de maio de 2013 e atualizado em 6 de dezembro de 2013. Está disponível uma tradução de Catherine A. Fitzpatrick em www.interpretermag. com/winterolympics-in-the-sub-tropics-corruption-and-abuse-in-sochi. Nemtsov chamou-lhe um «festival de corrupção», numa entrevista com o autor em dezembro de 2013.

(⁶)   A agência Levada-Tsentr, uma das empresas de sondagens de maior confiança na Rússia, tem registado os índices de popularidade de Putin ao longo da sua vida governativa. Depois de atingir o pico de oitenta e oito por cento em 2008, desceu para sessenta e um por cento em novembro de 2013, www.levada.ru/indeksy

(⁷)   Interfax, 29 de abril de 2013.

(⁸)   Tatiana Stanovaya, «Beware Medvedev», Institute of Modern Russia, 6 de março de 2013, http://imrussia.org/en/analysis/politics/405-beware-of-medvedev

(⁹)   A Associated Press relatou em 4 de fevereiro de 2015 que o Sberbank entregou a pista de esqui ao governo, amortizando deste modo um empréstimo no valor de 1,7 mil milhões de dólares.

(¹⁰)   A declaração de Snowden foi divulgada pela WikiLeaks no seu sítio na Internet, em 12 de julho de 2013.

(¹¹)   Citado no *The New York Times*, em 1 de novembro de 2013.

(¹²)   *World Policy Journal*, outono de 2013.

(¹³)   Numa entrevista ao autor, citado na edição do *The New York Times*, em 2 de agosto de 2013.

(¹⁴)   Disponível no sítio na Internet do Vaticano em: http://w2.vatican.va/content/francesco/en/letters/2013/documents/papa-francesco_20130904_putin-g20.html

(¹⁵)   *New York Times*, 12 de setembro de 2013.

(¹⁶)   Ver artigo em: http://www.forbes.com/sites/carolinehoward/2013/10/30/the--worlds-most-powerful-people-2013

(¹⁷)   Entrevistas com o autor em janeiro e março de 2014.

(¹⁸)   *Moscow Times*, 8 de outubro de 2013.

(¹⁹)   Ver Rádio Europa Livre/Rádio Liberdade, de 7 de dezembro de 2012, www. rferl.org/content/clinton-calls-eurasian-integration-effort-to-resovietize/24791921.html

(²⁰)   *The Guardian*, 22 de setembro 2013.

(²¹)   *Der Spiegel*, 24 de novembro de 2014, http://www.spiegel.de/international/europe/war-in-ukraine-a-result-of-misunderstandings-between-europe-and-russia-a-1004706–2.html. O comentário do conselheiro credenciado de Putin foi efetuado numa sessão informativa, em Moscovo, no mês de dezembro de 2013, realizada em condições de anonímia.

659

O NOVO CZAR

(^{22})   *New York Times*, 23 de novembro de 2013.
(^{23})   *The Economist*, 23 de dezembro de 2013.
(^{24})   *Kommersant*, 6 de fevereiro de 2014.
(^{25})   *Iejednevni Jurnal*, 10 de fevereiro de 2014, http://ej.ru/?a ote&id=24384
(^{26})   Leonid Bershidsky, «Olympics Bring Back the 1980s in Russia», Bloomberg, 17 de fevereiro de 2014.

CAPÍTULO 25: A NOSSA RÚSSIA

(^{1})   James Meek, «Romantics and Realists», *London Review of Books,* 20 de fevereiro de 2014.
(^{2})   Andrew Higgins e Andrew E. Kramer recriaram o desvanecimento do poder de Ianukovitch na noite de 21 de fevereiro na edição do *The New York Times* de 3 de janeiro de 2015.
(^{3})   Putin revelou a sua ordem secreta de tirar Ianukovitch da Crimeia, juntamente com alguns outros pormenores sobre a crise na Ucrânia, numa entrevista para um documentário televisivo no canal estatal Rossiya-1 que foi transmitido em 15 de março de 2015, por ocasião do primeiro aniversário da anexação. Tinha o título «Crimeia: O Caminho para a Pátria» e está disponível online em vários endereços, incluindo: http://en.krymedia.ru/politics/3373711-Documentary-Crimea-Path-to-Motherland-Call-and-Warning
(^{4})   Putin fez essa comparação nas suas primeiras declarações públicas sobre os acontecimentos na Ucrânia, em 4 de março de 2014.
(^{5})   O representante russo nas Nações Unidas leu a carta numa reunião do Conselho de Segurança em 3 de março de 2014.
(^{6})   Andreas Rinke, «How Putin Lost Berlin», *IP Journal*, Conselho Alemão das Relações Externas, 29 de setembro de 2014. Ver também: Reuters, 20 de março de 2014, que regista a confissão de Putin a Merkel.
(^{7})   Ver o artigo do Instituto de Investigação para a Paz Internacional de Estocolmo (SIPRI) «Trends in World Military Expenditure, 2014», disponível em http://books.sipri.org/files/FS/SIPRIFS1504.pdf
(^{8})   *New York Times*, 3 de março de 2014.
(^{9})   O Departamento do Tesouro dos EUA anunciou a segunda ronda de sanções, mais substanciais, em 20 de março de 2014, quatro dias após a anexação da Crimeia. Ver https://www.treasury.gov/press-center/press-releases/Pages/jl23331.aspx
(^{10})   Entrevista do autor a Vladimir Iakunin em março de 2014.
(^{11})   Timchenko deu uma extensa entrevista à agência noticiosa Tass, que foi publicada em 4 de agosto de 2014, em tass.ru/en/Russia/743432.
(^{12})   A gravação dos serviços secretos da Ucrânia, conhecidos como SBU, foi amplamente citada nos meios de comunicação internacionais e ucranianos, como guerra de informação de ambos os lados. Apesar de os rebeldes terem negado a manipulação dos resultados do referendo, aparentemente não puseram em causa o envolvimento dos intervenientes nessa gravação, mas apenas o conteúdo da conversação. Foi publicada uma tradução da transcrição em http://ukrainianpolicy.com/sbu-audio-links-donetsk-republic-to-russian-involvement/
(^{13})   Mark Galeotti analisou a doutrina, pouco notada na altura da sua publicação, e sublinhou a sua relevância nos acontecimentos de 2014 na Ucrânia numa re-

NOTAS

flexão analítica que incluía esta tradução em https://inmoscowsshadows.wordpress.com/2014/07/06/the-gerasimov-doctrine-and-russian-non-linear-war/

[14] Em maio de 2015, magistrados dos EUA e da Suíça anunciaram as detenções de altos dirigentes da FIFA como resultado de um ano de investigações sobre corrupção e suborno na escolha das propostas vencedoras para a organização dos campeonatos mundiais de futebol. O escândalo levou à demissão do presidente da FIFA, Sepp Blatter. Putin acusou sobretudo os estado-unidenses, alegando que as investigações eram «mais uma tentativa flagrante dos EUA de alargarem a sua jurisdição a outros países».

[15] A publicação de Strelkov na rede social VKontakte foi posteriormente removida, mas permaneceram algumas versões dessa publicação, incluindo uma transcrição disponível em http://www.interpretermag.com/was-col-strelkovs-dispatch-about-a--downed-ukrainian-plane-authentic/

[16] As investigações da Holanda e da Malásia sobre a destruição do voo MH17 era suposto terem terminado em finais de 2015. Provas substanciais apontavam para um envolvimento militar russo. Ver https://www.bellingcat.com/wp-content/uploads/2014/11/Origin-of-the-Separatists-Buk-A-Bellingcat-Investigation1.pdf e http://interpretermag.com/evidence-review-who-shot-down-mh17

[17] A frase em russo é muito simples, embora difícil de traduzir literalmente, tanto mais que têm existido diferentes versões: «Yest Putin, Yest Russiya — niet Putina, niet Rossii», http://izvestia.ru/news/578379

[18] Consultar a decisão do Tribunal Permanente de Arbitragem de 18 de julho de 2014, *Yukos Universal Ltd v. The Russian Federation*, p. 330, disponível em http://www.pca-cpa.org

[19] *New York Review of Books*, 8 de maio de 2014.

[20] Entrevista do autor a Garry Kasparov em Macau, em junho de 2014, por ocasião da elaboração de um artigo para a *New York Times Magazine* sobre a sua proposta de se tornar presidente da Federação Internacional de Xadrez, ou FIDE, publicado em 6 de agosto de 2014.

[21] *New York Times*, 2 de dezembro de 2014.

[22] *Vedomosti*, 1 de março de 2014.

[23] *The Moscow Times*, 18 de junho de 2014.

[24] Entrevista do autor a Alexei Navalni em dezembro de 2014.

[25] O relatório de Nemtsov foi terminado postumamente pelos colegas da oposição. Foi divulgado na primavera de 2015 e está disponível na língua inglesa em http://www.4freerussia.org/putin.war/

[26] *Novaia Gazeta*, 11 de agosto de 2014, http://novayagazeta.ru/politics/64784.html

[27] *New York Times*, 24 de janeiro de 2015.

[28] Nikolai Gógol, *Almas Mortas*, traduzido para a língua inglesa por Richard Pevear e Larissa Volokhonsky (Nova Iorque: Vintage, 1996) p. 253.

Bibliografia

Albats, Yevgenia. *The State Within a State: The KGB and Its Hold on Russia — Past, Present and Future*. Nova Iorque: Farrar, Straus and Giroux, 1994.

Albright, Madeleine, with Bill Woodward. *Madame Secretary: A Memoir*. Nova Iorque: Miramax Books, 2003.

Alekperov, Vagit. *Oil of Russia: Past, Present and Future*. Minneapolis: East View Press, 2011.

Andrew, Christopher, and Oleg Gordievsky. *KGB: The Inside Story of Its Foreign Operations from Lenin to Gorbachev*. Nova Iorque: HarperCollins, 1990.

Andrew, Christopher, and Vasili Mitrokhin. *The Sword and the Shield: The Mitrokhin Archive and the Secret History of the KGB*. Nova Iorque: Basic Books,1999.

_____. *The World Was Going Our Way: The KGB and the Battle for the Third World*. Nova Iorque: Basic Books, 2005.

Anthony, Ian, ed. *Russia and the Arms Trade*. Stockholm International Peace Research Institute (Sipri). Oxford: Oxford University Press, 1998. Applebaum, Anne. *Gulag: A History*. Nova Iorque: Anchor Books, 2003. Arutunyan, Anna. *The Putin Mystique: Inside Russia's Power Cult*. Northampton, MA: Olive Branch Press, 2014.

Aslund, Anders. *Russia's Capitalist Revolution: Why Market Reform Succeeded and Democracy Failed*. Washington, DC: Peter G. Peterson Institute for International Economics, 2007.

_____. *How Ukraine Became a Market Economy and Democracy*. Washington, DC: Peter G. Peterson Institute for International Economics, 2009.

Aslund, Anders, and Michael McFaul, org. *Revolution in Orange: The Origins of Ukraine's Democratic Breakthrough*. Washington, DC: Carnegie Endowment for International Peace, 2006.

Aslund, Anders, Sergei Guriev, and Andrew Kuchins, org. *Russia After the Global Economic Crisis*. Washington, DC: Peter G. Peterson Institute for International Economics and the Center for Strategic and International Studies, 2010.

Babchenko, Arkady. *One Soldier's War.* Nova Iorque: Grove Press, 2007.

Bain, Olga B. *University Autonomy in the Russian Federation Since Perestroika.* Nova Iorque: RoutledgeFalmer, 2003.

Baker, Peter. *Days of Fire: Bush and Cheney in the White House.* Nova Iorque: Doubleday, 2013.

Baker, Peter, and Susan Glasser. *Kremlin Rising: Vladimir Putin's Russia and the End of Revolution.* Nova Iorque: Scribner, 2005.

Balmaceda, Margarita M. *Energy Dependency, Politics and Corruption in the Former Soviet Union: Russia's Power, Oligarchs' Profits and Ukraine's Missing Energy Policy, 1995–2006.* Londres: Routledge, 2008.

Barylski, Robert V. *The Soldier in Russian Politics: Duty, Dictatorship and Democracy Under Gorbachev and Yeltsin.* New Brunswick, NJ: Transaction Publishers, 1998.

Bennetts, Marc. *Kicking the Kremlin: Russia's New Dissidents and the Battle to Topple Putin.* Londres: Oneworld, 2014.

Blotsky, Oleg M. *Vladimir Putin: Doroga k Vlasti* [Vladimir Putin: The Road to Power]. Moscovo: Osmos Press, 2002.

_____. *Vladimir Putin: Istoriya Zhizni* [Vladimir Putin: A Life History]. Moscovo: Mezhdunarodniye Otnosheniya, 2001.

Bortsov, Yuri C. *Vladimir Putin.* Moscovo: Feniks, 2001.

Bower, Tom. *Oil: Money, Politics, and Power in the 21st Century.* Nova Iorque: Grand Central Publishing, 2009.

Brannon, Robert. *Russian Civil-Military Relations.* Farnham, UK: Ashgate, 2009. Browder, Bill. *Red Notice: A True Story of High Finance, Murder, and One Man's Fight for Justice.* Nova Iorque: Simon & Schuster, 2015.

Browne, John, with Philippa Anderson. *Beyond Business: An Inspirational Memoir from a Remarkable Leader.* Londres: Phoenix, 2011

Bruce, Gary. *The Firm: The Inside Story of the Stasi.* Nova Iorque: Oxford University Press, 2010.

Bush, George W. *Decision Points.* Nova Iorque: Crown, 2010.

Clark, Westley K., *Waging Modern War: Bosnia, Kosovo and the Future of Combat.* Nova Iorque: PublicAffairs, 2001

Clinton, Hillary Rodham. *Hard Choices.* Nova Iorque: Simon & Schuster, 2014. Cohen, Stephen F. *Soviet Fates and Lost Alternatives: From Stalinism to the New Cold War.* Nova Iorque: Columbia University Press, 2009.

Coll, Steve. *Private Empire: ExxonMobile and American Power.* Nova Iorque: Penguin, 2012.

Colton, Timothy J. *Yeltsin: A Life.* Nova Iorque: Basic Books, 2008.

Colton, Timothy J., and Michael McFaul. *Popular Choice and Managed Democracy: The Russian Elections of 1999 and 2000.* Washington, DC: Brookings Institution Press, 2003.

Cowell, Alan. *The Terminal Spy: The Life and Death of Alexander Litvinenko, a True Story of Espionage, Betrayal and Murder.* Londres: Doubleday, 2008. Dawisha, Karen. *Putin's Kleptocracy: Who Owns Russia?* Nova Iorque: Simon & Schuster, 2014.

De Waal, Thomas. *The Caucasus: An Introduction.* Oxford: Oxford University Press, 2010.

De Wolf, Koenraad. *Dissident for Life: Alexander Ogorodnikov and the Struggle for Religious Freedom in Russia.* Translated by Nancy Forest-Flier. Grand Rapids, MI: William B. Eerdmans, 2013.

BIBLIOGRAFIA

Dorofeyev, Vladislav, et al. *Dmitri Medvedev: Chelovek, Kotory Ostanovil Vremya* [The Man Who Stopped Time]. Moscovo: Eksmo, 2012.

Duelfer, Charles. *Hide and Seek: The Search for Truth in Iraq.* Nova Iorque: PublicAffairs, 2009.

Dunlop, John B. *The Moscow Bombings of September 1999: Examinations of Russian Terrorist Attacks at the Onset of Vladimir Putin's Rule.* Stuttgart: Ibidem, 2012.

_____. *The 2002 Dubrovka and 2004 Beslan Hostage Crises: A Critique of Russian Counter-Terrorism.* Estugarda: Ibidem, 2006.

Earley, Pete. *Comrade J: The Untold Secrets of Russia's Master Spy in America After the End of the Cold War.* Nova Iorque: Berkley Books, 2007.

Evangelista, Matthew. *The Chechen Wars: Will Russia Go the Way of the Soviet Union?* Washington, DC: Brookings Institution Press, 2002.

Fagan, Geraldine. *Believing in Russia-Religious Policy After Communism.* Londres: Routledge, 2013.

Felshtinsky, Yuri, ed. *Boris Berezovsky: The Art of the Impossible.* 3 vols. Falmouth, MA: Terra-USA, 2006.

Felshtinsky, Yuri, and Vladimir Pribylovsky. *The Corporation: Russia and the KGB in the Age of President Putin.* Nova Iorque: Encounter Books, 2008.

Freeland, Chrystia. *Sale of the Century: Russia's Wild Ride from Communism to Capitalism.* Nova Iorque: Crown Business, 2000.

Gaidar, Yegor. *Collapse of an Empire: Lessons for Modern Russia.* Washington, DC: Brookings Institution Press, 2007.

Gessen, Masha. *The Man Without a Face: The Unlikely Rise of Vladimir Putin.* Nova Iorque: Riverhead Books, 2012.

_____. *Words Will Break Cement: The Passion of Pussy Riot.* Nova Iorque: Riverhead Books, 2014.

Gevorkyan, Nataliya, Natalya Timakova, and Andrei Kolesnikov. *First Person: An Astonishingly Frank Self-Portrait by Russia's President Vladimir Putin.* Nova Iorque: PublicAffairs, 2000. Originally published in Russian as *Ot Pervovo Litsa: Razgovory c Vladimirom Putinim.*

Gilligan, Emma. *Terror in Chechnya: Russia and the Tragedy of Civilians in War.* Princeton, NJ: Princeton University Press, 2010.

Goldfarb, Alex, with Marina Litvinenko. *Death of a Dissident: The Poisoning of Alexander Litvinenko and the Return of the KGB.* Nova Iorque: Free Press, 2007.

Goldman, Marshall I. *Petrostate: Putin, Power and the New Russia.* Oxford: Oxford University Press, 2008.

_____. *The Piratization of Russia: Russian Reform Goes Awry.* Londres: Routledge, 2003.

Gomart, Thomas. *Russian Civil-Military Relations: Putin's Legacy.* Washington, DC: Carnegie Endowment for International Peace, 2008.

Gorham, Michael S. *After Newspeak: Language Culture and Politics in Russia from Gorbachev to Putin.* Ithaca, NY: Cornell University Press, 2014.

Goscilo, Helena, ed. *Putin as Celebrity and Cultural Icon.* Londres: Routledge, 2013.

Greene, Samuel A. *Moscow in Movement: Power and Opposition in Putin's Russia.* Stanford, CA: Stanford University Press, 2014.

Gurevich, Vera. *Bspominaniya o Budushchem Prezidente* [Recollections of the Future President]. Moscovo: Mezhdunarodniye Otnosheniya, 2001. Gustafson, Thane.

O NOVO CZAR

Wheel of Fortune: The Battle for Oil and Power in Russia. Cambridge, MA: Belknap Press of Harvard University Press, 2012.

Harding, Luke. *Expelled: A Journalist's Descent into the Russian Mafia State.* Nova Iorque: Palgrave Macmillan, 2012.

Hastings, Max. *Inferno: The World at War, 1939–1945.* Nova Iorque: Alfred A. Knopf, 2011.

Herspring, Dale R., ed. *The Kremlin and the High Command: Presidential Impact on the Russian Military from Gorbachev to Putin.* Lawrence: University Press of Kansas, 2006.

———. *Putin's Russia: Past Imperfect, Future Uncertain.* Lanham, MD: Rowman & Littlefield, 2003.

Hill, Fiona, and Clifford G. Gaddy. *Mr. Putin: Operative in the Kremlin.* Washington, DC: Brookings Institution Press, 2013. Updated and expanded in paperback in 2015.

Hoffman, David E. *The Oligarchs: Wealth and Power in the New Russia.* Nova Iorque: PublicAffairs, 2002.

Hughes, Karen. *Ten Minutes from Normal.* Nova Iorque: Viking, 2004.

Hutchins, Chris, with Alexander Korobko. *Putin.* Leicester, UK: Matador, 2012. Jack, Andrew. *Inside Putin's Russia: Can There Be Reform Without Democracy?* Oxford: Oxford University Press, 2004.

Jones, Michael. *Leningrad: State of Siege.* Nova Iorque: Basic Books, 2008.

Judah, Ben. *Fragile Empire: How Russia Fell In and Out of Love with Vladimir Putin.* New Haven, CT: Yale University Press, 2013.

Kalugin, Oleg. *Spymaster: My Thirty-Two Years in Intelligence and Espionage Against the West.* Nova Iorque: Basic Books, 2009.

Kasyanov, Mikhail, with Yevgeny Kiselyov. *Bez Putina.* Moscovo: Novaya Gazeta, 2009.

Katz, David M., and Fred Weir. *Russia's Path from Gorbachev to Putin: The Demise of the Soviet System and the New Russia.* Nova Iorque: Routledge, 2007.

Khodorkovsky, Mikhail, and Nataliya Gevorkyan. *Turma i Volya* [Prison and Will]. Moscovo: Howard Roark, 2012.

King, Charles. *The Ghost of Freedom: A History of the Caucasus.* Oxford: Oxford University Press, 2008.

King, William R., and David I. Cleland. *Strategic Planning and Policy.* Nova Iorque: Van Nostrand Reinhold, 1978.

Kirschenbaum, Lisa A. *The Legacy of the Siege of Leningrad, 1941–1995: Myth, Memories, and Monuments.* Nova Iorque: Cambridge University Press, 2006. Klebnikov, Paul. *Godfather of the Kremlin: The Decline of Russia in the Age of Gangster Capitalism.* Orlando, FL: Harcourt, 2000.

Knight, Amy. *Spies Without Cloaks: The KGB's Successors.* Princeton, NJ: Princeton University Press, 1996.

Koehler, John O. *Stasi: The Untold Story of the East German Secret Police.* Boulder, CO: Westview Press, 1999.

Koenker, Diane P., and Ronald D. Bachman, org. *Revelations from the Russian Archives: Documents in English Translation.* Washington, DC: Library of Congress, 1997.

Konitzer, Andrew. *Voting for Russia's Governors: Regional Elections and Accountability Under Yeltsin and Putin.* Washington, DC: Woodrow Wilson Center Press, 2005.

Koplanov, Andrei, and Andrei Yudin. *Tainy Bolshovo Doma* [Secrets of the Big House]. Moscovo: Astrel-SPB, 2007.

BIBLIOGRAFIA

Koshiw, J. V. *Abuse of Power: Corruption in the Office of the President.* n.p.: Artemia Press, 2013.

Kotkin, Stephen. *Armageddon Averted: The Soviet Collapse, 1970–2000.* Oxford: Oxford University Press, 2001.

Kozhevnikov, Vadim. *Shield and Sword.* Londres: MacGibbon & Kee, 1970. Lebed, Alexander. *My Life and My Country.* Washington, DC: Regnery Publishing, 1997.

Ledeneva, Alena V. *Can Russia Modernise? Sistema, Power Networks and Informal Governance.* Cambridge: Cambridge University Press, 2013.

LeVine, Steve. *Putin's Labyrinth: Spies, Murder, and the Dark Heart of the New Russia.* Nova Iorque: Random House, 2008.

Litvinenko, Alexander, and Yuri Felshtinsky. *Blowing Up Russia: The Secret Plot to Bring Back KGB Terror.* Nova Iorque: Encounter Books, 2007.

Lucas, Edward. *The New Cold War: Putin's Russia and the Threat to the West.* Nova Iorque: Palgrave Macmillan, 2008. Updated 2009.

_____. *Deception: The Untold Story of East-West Espionage Today.* Nova Iorque: Walker, 2012.

Lynch, Allen C. *Vladimir Putin and Russian Statecraft.* Washington, DC: Potomac Books, 2011.

MacKinnon, Mark. *The New Cold War: Revolutions, Rigged Elections and Pipeline Politics in the Former Soviet Union.* Nova Iorque: Carroll & Graf, 2007. Macrakis, Kristie. *Seduced by Secrets: Inside the Stasi's Spy-Tech World.* Nova Iorque: Cambridge University Press, 2008.

McDaniel, Tim. *The Agony of the Russian Idea.* Princeton, NJ: Princeton University Press, 1996.

McFaul, Michael. *Russia's Unfinished Revolution: Political Change from Gorbachev to Putin.* Ithaca, NY: Cornell University Press, 2001.

Medvedev, Roy. *Post-Soviet Russia: A Journey Through the Yeltsin Era.* Translated and edited by George Shriver. Nova Iorque: Columbia University Press, 2000.

_____. *Vladimir Putin: Chetyre Goda v Kremle* [Vladimir Putin: Four Years in the Kremlin]. Moscovo: Vremya, 2004.

Mendras, Marie. *Russian Politics: The Paradox of a Weak State.* Nova Iorque: Columbia University Press, 2012.

Merridale, Catherine. *Night of Stone: Death and Memory in Twentieth-Century Russia.* Nova Iorque: Penguin, 2000.

Moore, Robert. *A Time to Die: The Untold Story of the Kursk Tragedy.* Nova Iorque: Three Rivers Press, 2002.

Mukhin, A. A. *Kto Ect' Mister Putin i Kto c Nim Prishol* [Who is Mister Putin and Who Came with Him] Moscovo: Gnom i D, 2002.

Murphy, Paul J. *Allah's Angels: Chechen Women in War.* Annapolis, MD: Naval Institute Press, 2010.

O'Cleary, Conor. *Moscow, December 25, 1991: The Last Day of the Soviet Union.* Nova Iorque: PublicAffairs, 2011.

Orttung, Robert W. *From Leningrad to St. Petersburg.* Nova Iorque: St. Martin's Press, 1995.

Orttung, Robert W., ed., with Danielle N. Lussier and Anna Paretskaya. *The Republics and Regions of the Russian Federation: A Guide to Politics, Policies, and Leaders.* Armonk, NY: M. E. Sharpe, 2000.

Pepper, John. *Russian Tide: Building a Leadership Business in the Midst of Unprecedented Change*. Cincinnati: John Pepper, 2012.

Piontkovsky, Andrei. *Treti Put k Rabstvu* [The Third Road Is to Serfdom]. Boston: MGraphics, 2010.

Politkovskaya, Anna. *Is Journalism Worth Dying For?* Nova Iorque: Melville House, 2011. First published as *Za Chto,* Moscovo: Novaya Gazeta, 2007.

_____. *Putin's Russia*. Londres: Harvill Press, 2004.

_____. *A Russian Diary: A Journalist's Final Account of Life, Corruption and Death in Putin's Russia.* Nova Iorque: Random House, 2007.

_____. *A Small Corner of Hell: Dispatches from Chechnya*. Chicago: University of Chicago Press, 2003.

Pomerantsev, Peter. *Nothing Is True and Everything Is Possible: The Surreal Heart of the New Russia.* Nova Iorque: PublicAffairs, 2014.

Primakov, Yevgeny. *Vocem Mesyatsev Plus...*[Eight Months Plus...]. Moscovo: Mysl, 2001.

Pussy Riot. *Pussy Riot: A Punk Prayer for Freedom.* Nova Iorque: Feminist Press, 2013.

Reddaway, Peter, and Dmitri Glinski. *The Tragedy of Russia's Reforms: Market Bolshevism Against Democracy.* Washington, DC: United States Institute of Peace, 2001.

Reed, Joyce Lasky, Blair A. Ruble, and William Craft Brumfield, org. *St. Petersburg, 1993–2003: The Dynamic Decade*. Washington, DC: St. Petersburg Conservancy, 2010.

Reid, Anna. *Leningrad: The Epic Siege of World War II, 1941–1944.* Nova Iorque: Walker, Nova Iorque, 2011.

Remnick, David, *Lenin's Tomb: The Last Days of the Soviet Empire,* Random House, Nova Iorque, 1993.

_____. *Resurrection: The Struggle for a New Russia.* Nova Iorque: Random House, 1997.

Rice, Condoleezza. *No Higher Honor: A Memoir of My Years in Washington.* Nova Iorque: Crown, 2011.

Rose, Richard, William Mishler, and Neil Munro. *Popular Support for an Undemocratic Regime: The Changing Views of Russians.* Cambridge: Cambridge University Press, 2011.

Roxburgh, Angus. *The Strongman: Vladimir Putin and the Struggle for Russia.* Londres: I. B. Tauris, 2012.

Sakwa, Richard. *The Crisis of Russian Democracy: The Dual State, Factionalism and the Medvedev Succession.* Nova Iorque: Cambridge University Press, 2011.

_____. *Putin and the Oligarch: The Khodorkovsky-Yukos Affair.* Londres: I. B. Tauris, 2014.

_____. *Putin: Russia's Choice.* Londres: Routledge, 2004.

_____. *The Quality of Freedom: Khodorkovsky, Putin and the Yukos Affair.* Oxford: Oxford University Press, 2009.

Salisbury, Harrison E. *The 900 Days: The Siege of Leningrad.* Nova Iorque: Harper & Row, 1969.

Satter, David. *Darkness at Dawn: The Rise of the Russian Criminal State.* New Haven, CT: Yale University Press, 2003.

BIBLIOGRAFIA

_____. *It Was a Long Time Ago, and It Never Happened Anyway: Russia and the Communist Past.* New Haven, CT: Yale University Press, 2012.

Schrad, Mark Lawrence. *Vodka Politics: Alcohol, Autocracy and the Secret History of the Russian State.* Oxford: Oxford University Press, 2014.

Semyonov, Yulian. *Seventeen Moments of Spring.* Amsterdam: Fredonia Books, 2001.

Service, Robert. *A History of Modern Russia: From Tsarism to the Twenty-First Century.* 3rd ed. Cambridge, MA: Harvard University Press, 2009.

Shlapentokh, Vladimir, and Anna Arutunyan. *Freedom, Repression, and Private Property in Russia.* Nova Iorque: Cambridge University Press, 2013.

Shevtsova, Lilia. *Putin's Russia.* Washington, DC: Carnegie Endowment for International Peace, 2005.

_____. *Russia-Lost in Transition: The Yeltsin and Putin Legacies.* Washington, DC: Carnegie Endowment for International Peace, 2007.

Shvets, Yuri B. *Washington Station: My Life as a KGB Spy in America.* Nova Iorque: Simon & Schuster, 1994.

Sixsmith, Martin. *The Litvinenko File: The Life and Death of a Russian Spy.* Nova Iorque: St. Martin's Press, 2007.

Skuratov, Yuri. *Variant Drakona* [The Dragon Variation]. Moscovo: Detectiv Press, 2000. Republished in modified form as part of the series *Proekt Putin, Putin-Ispolnitel Zloi Voli* [Putin-Executor of Evil Will]. Moscovo: Algorithm, 2012.

Sobchak, Anatoly. *Duzhina Nozhei v Spiny* [A Dozen Knives in the Back]. Moscovo: Vagrius, 1999.

_____. *For a New Russia: The Mayor of St. Petersburg's Own Story of the Struggle for Justice and Democracy.* Nova Iorque: Free Press, 1992.

Soldatov, Andrei, and Irina Borogan. *The New Nobility: The Restoration of Russia's Security State and the Enduring Legacy of the KGB.* Nova Iorque: PublicAffairs, 2010.

Solovyov, Vladimir, and Elena Klepikova. *Behind the High Kremlin Walls.* Nova Iorque: Dodd, Mead, 1986.

Stent, Angela E. *The Limits of Partnership: U.S.-Russian Relations in the Twentieth-First Century.* Princeton, NJ: Princeton University Press, 2014. Stuermer, Michael. *Putin and the Rise of Russia.* Nova Iorque: Pegasus Books, 2009.

Svanidze, Nikolai and Marina. *Medvedev.* Sampetersburgo: Amfora, 2008.

Talbott, Strobe. *The Russia Hand: A Memoir of Presidential Diplomacy.* Nova Iorque: Random House, 2002.

Tregubova, Yelena. *Baiki Kremlyovskaya Diggera* [Tales of a Kremlin Digger]. Moscovo: Ad Marginem, 2003.

_____. *Proshchaniye Kremlyovskaya Diggera* [Farewell of the Kremlin Digger]. Moscovo: Ad Marginem, 2004.

Treisman, Daniel. *The Return: Russia's Journey from Gorbachev to Medvedev.* Nova Iorque: Free Press, 2011.

Trenin, Dmitri. *Post-Imperium: A Eurasian Story.* Washington, DC: Carnegie Endowment for International Peace, 2011.

Trenin, Dmitri V., and Aleksei V. Malashenko, with Anatol Lieven. *Russia's Restless Frontier: The Chechnya Factor in Post-Soviet Russia.* Washington, DC: Carnegie Endowment for International Peace, 2004.

Truscott, Peter. *Kursk: The Gripping True Story of Russia's Worst Submarine Disaster.* Londres: Simon & Schuster, 2004.

O NOVO CZAR

_____. *Putin's Progress: A Biography of Russia's Enigmatic President, Vladimir Putin.* Londres: Simon & Schuster, 2004.

Usoltsev, Vladimir. *Sosluzhivets: Neizvestniye Stranitsi Zhizni Prezidenta* [Comrade: Unknown Pages in the President's Life]. Moscovo: Eksmo, 2004.

Van Herpen, Marcel H. *Putin's Wars: The Rise of Russia's New Imperialism.* Lanham, MD: Rowman & Littlefield, 2014.

Volkov, Vadim. *Violent Entrepreneurs: The Use of Force in the Making of Russian Capitalism,* Cornell University Press, Ithaca e Londres, 2002.

Volodarsky, Boris. *The KGB's Poison Factory: From Lenin to Litvinenko.* Minneapolis: Zenith Press, 2009.

Waller, J. Michael. *Secret Empire: The KGB in Russia Today.* Boulder, CO: Westview Press, 1994.

Werth, Alexander. *Russia at War, 1941–1945.* Nova Iorque: E. P. Dutton, 1964. White, Stephen, ed. *Politics and the Ruling Group in Putin's Russia.* Nova Iorque: Palgrave Macmillan, 2008.

Wolf, Markus, with Anne McElvoy. *The Man Without a Face: The Autobiography of Communism's Greatest Spymaster.* Nova Iorque: Times Books, 1997.

Woodward, Bob. *Plan of Attack.* Nova Iorque: Simon & Schuster, 2004. Yeltsin, Boris. *Midnight Diaries.* Nova Iorque: PublicAffairs, 2000.

_____. *The Struggle for Russia.* Nova Iorque: Times Books, 1994.

Zenkovich, Nikolai. *Putinskaya Entsiklopediya* [Putin Encyclopedia]. Moscovo Olma-Press, 2006.